D1943052

INHALTSVERZEICHNIS

EINLEITUNG 7

STAAT UND VERWALTUNG 13

KANADA 14
BRITISH COLUMBIA 18
VANCOUVER ISLAND 22

HIGHLIGHTS 25

ROUTENBESCHREIBUNGEN

VANCOUVER BIS PORT HARDY **HAUPTROUTE** 33

Vancouver bis Fähranleger Tsawwassen
DER BEGINN EINER LANGEN REISE 39

Swartz Bay bis Victoria
SIE BETRETEN VANCOUVER ISLAND 50

Victoria bis Duncan
DIE REISE RICHTUNG NORDEN BEGINNT 53

Duncan bis Nanaimo
TOURISTENSTÄDTE UND KOHLEBERGBAU 57

Nanaimo bis Qualicum Beach
TOURISTENHOCHBURGEN 62

Qualicum Beach bis Courtenay / Comox
HÖHLENFORSCHER ON TOUR 65

Comox Valley bis Campbell River
SKI UND RODEL GUT 68

Informationen zur Straßenbeschaffenheit
WOHNMOBILE MÜSSEN DRAUSSEN BLEIBEN – NEBENSTRASSEN IM NORDEN 72

Campbell River bis Sayward
EINSAMKEIT PUR UND GUTE HAUSMANNSKOST 74

Sayward bis Port McNeill
NOCH MEHR EINSAMKEIT UND EIN KLEINOD MIT FLAIR 77

Port McNeill bis Port Hardy
ENDLICH WIEDER MENSCHEN – WELCOME TO FORT RUPERT 81

INHALTSVERZEICHNIS ◀

ROUTENBESCHREIBUNGEN

LANGFORD BIS PORT RENFREW **NEBENROUTE 1** 85

DUNCAN BIS LAKE COWICHAN **NEBENROUTE 2** 91

PARKSVILLE BIS UCLUELET & TOFINO **NEBENROUTE 3** 97

CAMPBELL RIVER BIS TAHSIS **NEBENROUTE 4** 109

WOSS BIS ZEBALLOS **NEBENROUTE 5** 119

PORT HARDY ZUM CAPE SCOTT PP **NEBENROUTE 6** 123

RÜCKFAHRMÖGLICHKEITEN 127

SUNSHINE COAST 130
PORT HARDY BIS SWARTZ BAY 140
INSIDE PASSAGE NACH PRINCE RUPERT 142
DISCOVERY PASSAGE NACH BELLA COOLA 144
NANAIMO BIS VANCOUVER 146

FAKTENTEIL

VANCOUVER BIS PORT HARDY **HAUPTROUTE** 151

VANCOUVER 152
FÄHRFAHRT TSAWWASSEN NACH SWARTZ BAY 183
SIDNEY 185
DISTRICT OF SAANICH 188
VICTORIA 193
COWICHAN VALLEY / DUNCAN 211
CHEMAINUS 216
LADYSMITH 218
NANAIMO 222
PARKSVILLE 230
QUALICUM BEACH 233
CUMBERLAND 238
COMOX VALLEY - COURTENAY / COMOX 240
CAMPBELL RIVER 250
SAYWARD 260
WOSS 265
TELEGRAPH COVE 268
PORT MCNEILL 271
PORT ALICE 274
FORT RUPERT 277
PORT HARDY 278

STAAT UND VERWALTUNG 13
HIGHLIGHTS 25

ROUTENBESCHREIBUNGEN

VANCOUVER BIS PORT HARDY **HAUPTROUTE** 33 HR
LANGFORD BIS PORT RENFREW **NEBENROUTE 1** 85 NR1
DUNCAN BIS LAKE COWICHAN **NEBENROUTE 2** 91 NR2
PARKSVILLE BIS UCLUELET & TOFINO **NEBENROUTE 3** 97 NR3
CAMPBELL RIVER BIS TAHSIS **NEBENROUTE 4** 109 NR4
WOSS BIS ZEBALLOS **NEBENROUTE 5** 119 NR5
PORT HARDY ZUM CAPE SCOTT PP **NEBENROUTE 6** 123 NR6
RÜCKFAHRMÖGLICHKEITEN 127 RM

FAKTENTEIL

VANCOUVER BIS PORT HARDY **HAUPTROUTE** 151 HR
LANGFORD BIS PORT RENFREW **NEBENROUTE 1** 285 NR1
DUNCAN BIS LAKE COWICHAN **NEBENROUTE 2** 305 NR2
PARKSVILLE BIS UCLUELET & TOFINO **NEBENROUTE 3** 315 NR3
CAMPBELL RIVER BIS TAHSIS **NEBENROUTE 4** 351 NR4
WOSS BIS ZEBALLOS **NEBENROUTE 5** 369 NR5
PORT HARDY ZUM CAPE SCOTT PP **NEBENROUTE 6** 377 NR6
SUNSHINE COAST **RÜCKFAHRMÖGLICHKEIT** 385 RM
INSELN 409

WISSENSWERTES, CHECKLISTEN UND **SPRACHHILFE** 435
STICHWORTVERZEICHNIS 483
KARTEN 499

Im **CONBOOK** VERLAG sind außerdem folgende Kanada-Routenreiseführer erschienen:

Kanada Nationalparkroute - Die legendäre Route durch Alberta und British Columbia ISBN 978-3-934918-39-9
Pazifikroute - Die traumhafte Küstenroute West-Kanadas ISBN 978-3-034918-33-7

Impressum

Autoren	Helga und Arnold Walter
Fotos & Abbildungen	Helga und Arnold Walter, wenn nicht anders angegeben
Bearbeitung	David Janik
Umschlagbild	© iStockphoto.com/Dave Logan
Gestaltung	Linda Kahrl, David Janik
Druck & Verarbeitung	GGP Media GmbH, Pößneck

Printed in Germany

ISBN 978-3-934918-53-5

FAKTENTEIL

LANGFORD BIS PORT RENFREW **NEBENROUTE 1** 285

COLWOOD UND LANGFORD 286
SOOKE 289
JUAN DE FUCA PROVINCIAL PARK 294
PORT RENFREW 298
WEST COAST TRAIL 302

DUNCAN BIS LAKE COWICHAN **NEBENROUTE 2** 305

COWICHAN RIVER PROVINCIAL PARK 306
LAKE COWICHAN 308
YOUBOU 313

PARKSVILLE BIS UCLUELET & TOFINO **NEBENROUTE 3** 315

COOMBS 316
MACMILLAN PP – CATHEDRAL GROVE 319
PORT ALBERNI 321
BAMFIELD 327
DELLA FALLS - STRATHCONA PP 331
UCLUELET 334
PACIFIC RIM NATIONAL PARK 339
TOFINO 345

CAMPBELL RIVER BIS TAHSIS **NEBENROUTE 4** 351

STRATHCONA PROVINCIAL PARK 353
GOLD RIVER 359
TREE TO SEA DRIVE 363
TAHSIS 365

WOSS BIS ZEBALLOS **NEBENROUTE 5** 369

ZEBALLOS 371

PORT HARDY ZUM CAPE SCOTT PP **NEBENROUTE 6** 377

HOLBERG 378
WINTER HARBOUR 379
CAPE SCOTT PROVINCIAL PARK 380

SUNSHINE COAST **RÜCKFAHRMÖGLICHKEIT** 385

LUND 389
SLIAMMON 391
POWELL RIVER 393
EGMONT 397
PENDER HARBOUR 400
HALFMOON BAY 402

FAKTENTEIL

SECHELT 403
GIBSONS 406

INSELN 409

CORMORANT ISLAND 410
MALCOLM ISLAND 413
DENMAN ISLAND 415
GABRIOLA ISLAND 417
LASQUETI ISLAND 420
QUADRA ISLAND 421
CORTES ISLAND 424
SALTSPRING ISLAND 427
TEXADA ISLAND 430
THETIS ISLAND 433
KUPER ISLAND 434

WISSENSWERTES 435

CHECKLISTEN 461

SPRACHHILFE 471

STICHWORTVERZEICHNIS 483

KARTEN 499

VANCOUVER – GROSSRAUM 500
VANCOUVER – DOWNTOWN 502
VICTORIA 504
PACIFIC RIM NATIONAL PARK - LONG BEACH 505
STRATHCONA PROVINCIAL PARK 506
JUAN DE FUCA PROVINCIAL PARK 508

EINLEITUNG

EINLEITUNG

Mit der Entscheidung, Vancouver Island als ein mögliches oder Ihr nächstes Reiseziel ins Auge zu fassen, haben Sie den Weg zu einer ganz besonderen und erlebnisreichen Zeit geebnet. Denn Vancouver Island ist nicht nur eine Insel – Vancouver Island ist die schönste, abwechslungsreichste und spannendste Insel des nordamerikanischen Kontinents.

Von vielen Urlaubern und auch Einheimischen auf den touristisch umfassend erschlossenen und sehenswerten Süden reduziert, zeigt sich die Insel vor allem auf der nördlichen Hälfte von ihrer schönsten Seite. Einmalige klimatische Verhältnisse, weite und unerforschte Waldgebiete und eine traumhafte und zugleich ursprüngliche Küstenlandschaft machen jeden Besuch zu einem unvergesslichen Erlebnis.

Mit dem vorliegenden Reiseführer möchten wir Ihnen diese einmalige Inselwelt vorstellen und zeigen, was Sie auf den rund 32.000 km² alles erwarten wird. Und das ist eine ganze Menge: Hübsche Städte und Ortschaften entlang einer gemäßigt temperierten Küstenlandschaft, erholsame Wanderwege durch Wälder und Provincial Parks und ein Freizeitangebot für Groß und Klein, das keine Wünsche offen lässt. Ebenso werden Sie aber auch surfertaugliche Brandungen an rauen Pazifikküsten erleben, eine Insel mit einer eigenen Währung entdecken, abenteuerliche Straßen durch ursprüngliche Wälder bezwingen und hoch im Norden am gefühlten „Ende der Welt“ ankommen.

Viele sehen Vancouver Island als „komprimiertes Kanada“ an – und ganz falsch ist diese Vorstellung auch nicht. Vieles, wofür Sie auf dem Festland etliche Kilometer zurücklegen müssen, findet sich auf der schönsten Insel des Pazifiks verhältnismäßig nahe beieinander – genauso gibt es aber auch Landstriche, die ebenso unerforscht und weitläufig sind wie in den großen Nationalparks.

Vancouver Island hat alles zu bieten, was Sie von einem Urlaub in Kanada erwarten, und wird Ihnen mit vielen Eindrücken lange in Erinnerung bleiben.

Der Aufbau dieses Reiseführers

Dieser Reiseführer bietet auf über 500 Seiten Informationen zu allen wichtigen Sehenswürdigkeiten, ausführliche Beschreibungen aller Städte, Parks und Ortschaften und viele praktische Reiseinformationen. Damit Sie sich vollends auf Ihre Urlaubserlebnisse konzentrieren können, haben wir den Reiseführer in der nun vorliegenden 4. Auflage noch stärker an Ihren Bedürfnissen ausgerichtet und so aufgearbeitet, dass er Ihnen zwar genügend Freiheit für eigene Erkundungen lässt – Ihnen bei Bedarf aber als ebenso zuverlässiger Begleiter zur Seite steht. Dominiert wird der Reiseführer von zwei wichtigen, großen Abschnitten:

a) Die **Routenbeschreibungen**: Beschreibung einer Reiseroute quer über die Insel, unterteilt in eine Hauptroute von Süd nach Nord und sechs Nebenrouten ins Hinterland. Mit dieser Route verpassen Sie keines der Highlights und werden Vieles entdecken, was Ihnen auf eigene Faust leicht entgehen kann.

b) Der **Faktenteil**: Ausführliche Informationen zu allen Städten, Sehenswürdigkeiten und Highlight. Zusätzlich viele Wanderempfehlungen, Freizeittipps und Hintergrundinformationen.

Darüber hinaus finden Sie zu Anfang und am Ende des Reiseführers Basisinformationen zu Kanada und den relevanten Provinzen, eine Auswahl der absoluten Highlights, ausführliche Reiseinformationen und eine Sprachhilfe. Das detaillierte **Kartenmaterial** bietet sich als Orientierungshilfe an, in der Übersichtskarte (vordere Buchklappe) sind zusätzlich die einzelnen Routen eingezeichnet. Als weitere Unterstützung empfehlen wir Ihnen, sich mit einer ausführlichen Straßenkarte auszustatten.

Die Routenbeschreibungen

Damit Ihnen die anstrengende und zeitintensive Vorbereitung einer Reiseroute erspart bleibt und Sie trotzdem kein Highlight verpassen, haben wir eine ausführliche **Reiseroute** mit allen wichtigen Informationen zusammengestellt. Diese Route ist eine besondere Empfehlung an alle Reisenden, die Vancouver Island entdecken möchten und sich nicht nur im touristisch besonders ausgebauten Süden bewegen.

Um Ihnen einen bestmöglichen Überblick zu gewähren, sind diese Routenbeschreibungen aufgeteilt in eine **Hauptroute** entlang der Ostküste (von Swartz Bay im Süden bis in den äußersten Norden nach Port Hardy) und mehrere **Nebenrouten**, die von der Hauptroute ins Hinterland und an die Westküste abzweigen. Die Verbindungen zwischen Hauptroute und Nebenrouten sind in der Routenbeschreibung eindeutig gekennzeichnet, so können Sie jederzeit entscheiden, ob Sie Lust und Zeit für die Absolvierung einer Nebenroute haben.

Wir empfehlen grundsätzlich, alle Nebenrouten zu befahren, da sich im Hinterland besondere Highlights verbergen, die vielen Touristen entgehen, aber das wahre Bild von Vancouver Island prägen. Natürlich ist die schöne und bekannte Stadt Victoria ein Muss – es wird Sie aber ebenso (wenn nicht mehr) faszinieren, den wilden Pazifik an der abgelegenen Westküste der Insel zu erleben.

Jede Routenbeschreibung startet mit einer detaillierten

▶ Die **Nebenrouten 5** (Woss bis Zeballos, ▶ Seite 119) und **6** (Port Hardy zum Cape Scott Provincial Park, ▶ Seite 123) bleiben denjenigen Vorbehalten, die mit Ihrem Fahrzeug eine abenteuerliche Logging Road befahren können und dürfen - oder die ein entsprechendes Fahrzeug vor Ort mieten. Detaillierte Informationen hierzu erhalten Sie in der Routenbeschreibung.

Kilometer-Tabelle, die Sie als Navigationshilfe einsetzen sollten. Dadurch erhalten Sie ein besseres Gefühl für die doch sehr ungewohnten Entfernungen und den damit zusammenhängenden Zeitbedarf. Auf der Kilometer-Tabelle sind alle Stationen der nachfolgenden Routenbeschreibung aufgeführt, jeweils mit km-Angabe und dem für die Station relevanten Highway.

Die in den **Routenbeschreibungen** aufgeführten Sehenswürdigkeiten verstehen sich als Empfehlungen und Vorgeschmack, meist gibt es vor Ort noch wesentlich mehr zu entdecken. Sie sollten also bei jedem für Sie interessant klingenden Ziel nicht vergessen, die entsprechenden Seiten im Faktenteil genauer zu studieren. Um Ihnen die Zuordnung zu erleichtern, sind alle aufgeführten (und auch noch weitere) Highlights am Rand mit entsprechenden Querverweisen in den Faktenteil versehen.

Da Vancouver Island keine Rundreise ermöglicht, haben wir die **Rückreise** als gesondertes Routenkapitel aufbereitet und Ihnen mehrere Möglichkeiten beschrieben. Besonders empfehlenswert ist die Rückfahrt über die **Sunshine Coast** am Festland – ebenfalls beeindruckend sind natürlich die Fährfahrten über die Inside oder Discovery Coast Passage.

► Die Fahrt über die **Passages** benötigt eine zusätzliche Vorbereitung. Es müssen nicht nur Tickets reserviert werden, auch die Rückfahrt über das Festland (bis zu 1.500 km lang) sollte durchgeplant sein, da dort natürlich viele, weitere Highlights auf Sie warten.

Die gesamte Reiseroute umfasst je nach Art der Rückreise etwa 2.000 bis 2.500 Kilometer, ideal ist es, wenn Sie für die Entdeckungen von Vancouver Island mindestens zwei, besser drei Wochen Zeit einplanen. Sollten Sie einen der zahlreichen mehrtägigen Ausflüge (z.B. Della Falls) in Angriff nehmen wollen, rechnen Sie diese Zeit hinzu.

In der Planung Ihres **Reisezeitraumes** sollten Sie die nordamerikanischen Ferienzeiten berücksichtigen, da diese erfahrungsgemäß zu einem wahren Ansturm, vor allem in den touristisch stärker ausgebauten Gebieten, führen. Je nach Ihrem Bedürfnis nach Ruhe, kann daher ein Reisezeitpunkt im Bereich Mitte Mai oder ab Anfang September als ideal angesehen werden.

Der Faktenteil

Im Faktenteil finden Sie all das, was Sie von einem guten Reiseführer erwarten: Alle wichtigen Städte, ausführliche Beschreibungen aller Sehenswürdigkeiten und viele Reiseempfehlungen und Freizeittipps. Hinzu kommen natürlich top-aktuelle Reiseinformationen, alle Eintrittspreise, Öffnungszeiten, Kontaktinformationen uvm.

Wenn Sie sich ausschließlich auf eigene Faust bewegen möchten und die Insel nicht auf Basis unserer Routenempfehlung entdecken, können Sie den Faktenteil als umfangreiches Nachschlagewerk benutzen – und werden kein Highlight verpassen.

Die **Anordnung der Faktenteile** richtet sich nach der Routenbeschreibung, da dies auch die Reihenfolge ist, in der die meisten Urlauber die Insel erkunden werden. Sollten Sie nur einzelne Ziele selektieren wollen, finden Sie über das Stichwortverzeichnis unmittelbar zum gewünschten Ziel und aufgrund der Anordnung nach Reiserichtung praktischerweise die umliegend erreichbaren Städte und Sehenswürdigkeiten jeweils davor und dahinter. Alle im Reiseführer erwähnten und beschriebenen **Inseln** finden Sie am Ende des Faktenteils in einem gesonderten Kapitel.

Für eine bessere Nutzbarkeit sind alle Fakten mit leicht verständlichen Symbolen versehen, die in der hinteren Buchklappe erläutert werden. Die **Preisauszeichnung** von Unterkünften erfolgt mit ein bis drei Sternen, je nach durchschnittlichem Übernachtungspreis. Der genaue Preis schwankt je nach Art des Zimmers/der Lodge o.ä., nach Saison, teilweise sogar je nachdem, ob in der Region eine Veranstaltung stattfindet – über das Sternesystem wissen Sie trotzdem direkt, ob es sich um eine günstige oder eher teure Übernachtungsmöglichkeit handelt. Übernachtungen auf Campgrounds sind mit den genauen CAD-Preisen angegeben, da diese nicht diesen beschrieben Schwankungen unterliegen.

Parkabkürzungen
PP = Provincial Park
NP = National Park
RP = Regional Park

Sternesystem
★ < CAD 80/Zimmer
★★ < CAD 160/Zimmer
★★★ > CAD 160/Zimmer

Reiseinformationen zum Start

Wir empfehlen allen Leserinnen und Lesern die in diesem Reiseführer abgedruckten Informationen vor Reiseantritt genau zu studieren. Dazu gehört nicht nur das Kapitel „Wissenswertes“, sondern auch der Anfang der Routenbeschreibung, der vor allem für Wohnmobilurlauber wichtige Fakten bereithält.

Wissenswertes ▶ S. 435
Checklisten ▶ S. 461
Informationen zum Reisestart ▶ S. 39

Ebenso sollten Sie sich über die **Straßenverhältnisse** im Klaren sein. Der Süden von Vancouver Island ist touristisch gut erschlossen, daher auch entsprechend ausgebaut und auf den Highways und Hauptrouten jederzeit und mit allen Fahrzeugen sicher befahrbar. Gleiches gilt für die Highways in den Norden, auch diese können bis Port Hardy problemlos befahren werden. Aufpassen müssen Sie allerdings bei allen Neben- und Seitenstraßen, vor allem nördlich von Campbell River. Zwar gehören auch dort Touristen zum täglichen Umgang der Einheimischen, die Quantität ist allerdings nicht mit dem Süden vergleichbar. Aufgrund der Abgeschiedenheit fühlen sich hier vor allem Naturliebhaber, Outdoor-Aktive und Abenteurer wohl, die nicht mit dem Massentourismus-Publikum der südlichen Strände vergleichbar sind.

▶ Die **Inside** und **Discovery Coast Passage** starten von Port Hardy und enden am Festland. Die Inside Passage in Prince Rupert am Yellowhead Highway 16, die Discovery Coast Passage in Bella Coola am Highway 20.

Folglich unterscheidet sich auch der Ausbau der Straßen – ist der Highway 19 als Verbindung zu den Fähren der Inside und Discovery Passage noch sehr gut ausgebaut, halten die **Nebenstraßen** teilweise einige Überraschungen bereit. Als **Logging Roads** primär für den Holztransport gedacht, reihen sich Schlaglöcher an Bodenwellen und Steigungen an enge Streckenteile. Hier gilt es also im Einzelfall unsere Empfehlungen der Routenbeschreibungen und/oder Randnotizen zu beachten, eventuelle Versi-

▶ **Logging Roads:** Für den Holztransport und die Forstwirtschaft errichtete, sehr einfache Straßen, die meist Geländefahrzeugen vorbehalten bleiben sollten. Wohnmobilfahrer müssen auf ihren Versicherungsschutz achten. ▶ Seite 72

cherungsfragen mit dem Vermieter Ihres Fahrzeuges zu klären und den aktuellen Zustand der Straßen vor Ort zu erfragen. Bedenken Sie außerdem, dass vor allem auch der Norden von Vancouver Island noch ein sehr aktives Forstwirtschaftsgebiet ist, es werden Ihnen also große und schwere Holztransporter entgegenkommen –nicht nur auf den breit ausgebauten Highways, sondern auch mitten in der Wildnis auf den Logging Roads.

Da die Nebenstraßen aber oftmals einen Zugang zu besonderen Highlights darstellen, sollten Sie schon versuchen, diese im Einzelfall zu befahren – aber je nach Situation kann dann ein vor Ort gemieteter Geländewagen oder eine geführte Tour die bessere Alternative sein. Dies ist nicht nur von dem Einverständnis des Vermieters, sondern natürlich auch von Ihrer eigenen Wohnmobilerfahrung abhängig.

Bitte beachten Sie, dass die **Preisangaben** größtenteils exklusive Steuern gemacht sind. Die Übernachtungs- und Parkgebühren der National und Provincial Parks sind allerdings bereits inklusive Steuern. Damit folgen wir dem kanadischen Prinzip der Preisauszeichnung.

Zusätzlich sei darauf hingewiesen, dass die meisten **Tagesparkplätze** der Parks mittlerweile gebührenpflichtig sind – das Parken kostet ab CAD 1 (1 Stunde) bis maximal CAD 3 (pro Tag). Besonders für Wohnmobilfahrer ärgerlich ist die jüngste Anhebung der **Sanidump-Kosten** auf nun immerhin CAD 5 pro Nutzung.

▶Tipp: Nutzen Sie die fast immer kostenlosen Sanidump-Stationen in den Ortschaften. Den Standort erfahren Sie in der örtlichen Visitor Information.

Sie finden in diesem Reiseführer ein breites Angebot an **Wanderwegen** verschiedenster Schwierigkeitsstufen und immer auch Informationen zu **Übernachtungsmöglichkeiten** vor Ort. Wir weisen darauf hin, dass beides nur eine Auswahl der generellen Möglichkeiten darstellt. Wir haben uns bemüht, Ihnen ein Angebot zusammenzustellen, dass die meisten Bedürfnisse abdeckt und für jeden Konditionstypen und Geldbeutel etwas Passendes bereithält. Wohnmobilfahrern und Zeltern empfehlen wir – trotz Angabe von Hotel- und Motelempfehlungen – die Übernachtung außerhalb der Städte in den Provincial und National Parks, denn nur hier haben Sie die Möglichkeit, die wunderbare Natur wirklich hautnah zu erleben.

Auf ein umfassendes Restaurantverzeichnis wurde bewusst verzichtet, da die meisten Ortschaften auf Vancouver Island nicht mit einem auf Gourmets ausgerichteten Angebot ausgestattet sind. Mit Ausnahme des multi-kulturellen, kosmopolitischen Angebots in Vancouver und einer soliden Restaurantpräsenz in Victoria, finden Sie in den meisten Städten auf den kanadischen Geschmack ausgerichtete Küchen mit (teils sehr guter) Hausmannskost. Allgegenwärtig sind natürlich auch die einschlägig bekannten Fast-Food-Ketten.

Wir wünschen Ihnen viel Spaß bei Ihren eigenen Entdeckungen.

STAAT UND VERWALTUNG

KANADA

Bevölkerung	33.372.900 Einwohner (3 Einwohner pro km^2)
Sprachen	Englisch (22 Mill.) und Französisch (7 Mill.), Rest: Weltsprachen (Chinesisch, Panjabi uvm., sowie regionale Sprachen der First Nations)
Zeitzonen	**Pacific Standard Time MEZ** - 9 Std. **Mountain Standard Time MEZ** - 8 Std. **Central Standard Time MEZ** - 7 Std. **Eastern Standard Time MEZ** - 6 Std. **Atlantic Standard Time MEZ** - 5 Std. **Newfoundland Standard Time MEZ** - 4,5 Std.
Hauptstadt	**Ottawa** (1,13 Mill. Einwohner)
Größte Städte	**Toronto** (2,48 Mill. Einwohner) **Montréal** (1,8 Mill. Einwohner) **Calgary** (1,06 Mill. Einwohner) **Vancouver** (628.000 Einwohner) **Victoria** (82.700 Einwohner)
Kenndaten	**Gesamtfläche** 9.976.140 km^2 (28 mal größer als Deutschland) davon **Wasserfläche**: 7,6%
Größte Seen	**Großer Bärensee** 31.328 km^2 **Großer Sklavensee** 28.568 km^2, mit 614 m der tiefste See Kanadas **Winnipeg See** 23.750 km^2
Höchster Wasserfall	**Della Falls** 440 m
Längste Flüsse	**Mackenzie River** System (mit den Quellflüssen Finlay und Peace River) 4.241 km **Yukon River** 3.185km **St. Lorenz Strom** 3.058 km
Größte Insel	**Baffin Island** 507.451 km^2, ca. 1.600 km lang, fünftgrößte Insel der Welt
Höchste Erhebungen	**Mount Logan** 5.959 m (St. Elias Mountains) **Mount St. Elias** 5.489 m (St. Elias Mountains) **Mount Robson** 3.954 m (kanadische Rocky Mountains) **Mount Waddington** 4.016 m (Coast Mountains) **Keele Peak** 2.972 Meter (Mackenzie Mountains)

Provinzen	**Alberta** Hauptstadt: Edmonton www.alberta.ca
	British Columbia Hauptstadt: Victoria www.gov.bc.ca
	Manitoba Hauptstadt: Winnipeg www.gov.mb.ca
	New Brunswick Hauptstadt: Fredericton www.gnb.ca
	Neufundland / Labrador Hauptstadt: St. John www.gov.nf.ca
	Nova Scotia Hauptstadt: Halifax www.gov.ns.ca
	Ontario Hauptstadt: Toronto www.gov.on.ca
	Prince Edward Island Hauptstadt: Charlottetown www.gov.pe.ca
	Québec Hauptstadt:Québec www.gouv.qc.ca
	Saskatchewan Hauptstadt: Regina www.gov.sk.ca
Territorien	**Northwest Territories** Hauptstadt: Yellowknife www.gov.nt.ca
	Nunavut Hauptstadt: Iqaluit www.gov.nu.ca
	Yukon Territory Hauptstadt: Whitehorse www.gov.yk.ca
National Parks	42 National Parks
Strom	110 / 120 Volt 60 Hz Wechselstrom
Internet	www.canada.gc.ca

Kanada, im nördlichen Teil des nordamerikanischen Kontinents gelegen, ist das zweitgrößte Land der Erde. Umschlossen vom Pazifik, Atlantik und dem Nordpolarmeer hat es mit 202.080 km die längste Küstenlinie der Erde. Die Grenze zu den USA verläuft über 8.890 km. Die Hauptstadt von Kanada ist **Ottawa** mit ca. 1,1 Millionen Einwohnern. Die Stadt liegt im Osten des Landes. Die Amtssprachen Kanadas sind Englisch und Französisch.

Der Bundesstaat Kanada ist eine konstitutionelle Monarchie und parlamentarische Demokratie. Das Parlament hat zwei Kammern: das Unterhaus (*House of Commons*) und den Senat (*Senate*). Alle Provinzen besitzen eine eigene Verfassung. Der Ablauf der Regierungsgeschäfte gleicht denen der Bundesregierung. Vertreter der Zentralgewalt ist ein auf 5 Jahre ernannter Provinzgouverneur.

Die Provinzen verfügen über eine eigene Gesetzgebungskörperschaft, mit Ausnahme des höchsten Bundesgerichtshofs, der provinzübergreifende

Verfügungsgewalt besitzt. In der Gesetzgebungskompetenz gibt es Konkurrenz zwischen den Provinzen und dem Bund. Eine Provinz kann eigene Steuern erheben, Bürgerrechtsgesetze und die Gemeindeverwaltung betreffende Gesetze erlassen und Wohlfahrtsangelegenheiten regeln. Die Provinzen haben Verfügungsgewalt über das Gesundheitswesen, Erziehung und die Nutzung von Bodenschätzen.

Die 3 Territorien (Yukon, Northwest und Nunavut) unterstehen direkt der Bundesregierung, werden aber zunehmend verwaltungstechnisch eigenständig.

Königin Elisabeth II. von England ist auch Königin von Kanada und damit das Staatsoberhaupt, allerdings nicht die Regierungschefin - die Regierungsbefugnisse hat der kanadische Generalgouverneur, der ebenso die Repräsentationspflichten wahrnimmt und Gesetze unterzeichnet. Die gesetzgebende Gewalt teilen sich der Generalgouverneur, der Senat und das „House of Commons“ (Unterhaus). Der Senat setzt sich aus Senatoren der Provinzen und Territorien zusammen. Die ausführende Gewalt liegt beim Premierminister und dem Kabinett.

Die indigene Bevölkerung Kanadas besteht aus 3 Gruppen:

- **First Nations** (etwa 750.000 Angehörige): Die First Nations sind die indianischen Ureinwohner Kanadas, bestehend aus mehr als 52 Völkern, die über 90 unterschiedliche Sprachen sprechen.
- **Inuit** (etwa 50.400 Angehörige): Inuit sind eskimoische Völker, die in Nordostkanada leben, die ebenfalls viele unterschiedliche Sprachen sprechen.
- **Métis** (etwa 291.000 Angehörige): Dies sind Nachfahren von Siedlern und Pelzhändler, die mit Frauen der First Nations Verbindungen eingegangen waren. Diese Gruppen sprechen eine der 50 indigenen Sprachen.

Zudem ist Kanada ein klassisches Einwanderer-Land. Während in der Vergangenheit viele Europäer und Amerikaner einwanderten, kommen die heutigen Immigranten vorwiegend aus Fernost, überwiegend aus China. So wundert es nicht, dass viele Städte chinesische Viertel etabliert haben und Asiaten vor allem in den größeren Städten zum Straßenbild gehören.

Kanada hat noch etwa 24 Milliarden Tonnen Erdölreserven und liegt auf Platz 2 der erdölexportierenden Länder. Auch verfügt Kanada über weitere Bodenschätze wie Erdgas, Asbest, Schwefel, Aluminium, Diamanten, Gold, Nickel und viele mehr. Unglaublich große Naturgebiete liegen vorwiegend in der Tundra und in Bergregionen und bedecken fast Dreiviertel des Landes. Enorme Süßwasserreserven sind vorhanden und die vielen Seen und Flüsse liefern Energie und bilden die Grundlage für die Papierindustrie.

Kanada gehört zu den wichtigsten Getreideexporteuren der Welt. Die Anbaugebiete liegen überwiegend östlich der Rocky Mountains in den Prärien. Am Atlantik wird überwiegend Gemüse- und Obstanbau betrieben, aber auch der Weinbau erfreut sich in den letzten Jahrzehnten stetiger Umsatzzuwächse. Die fischreichen Meere und Flüsse erlauben einen ertragreichen Export von zum Beispiel Lachsen, Kabeljau und Hering.

Aufgrund des enormen Waldreichtums spielt natürlich die Forstwirtschaft in der kanadischen Okönomie eine ganz entscheidende Rolle. Das Holz wird dabei neben neben Bau- und Brennholz auch zur Papier- und Zellulosegewinnung genutzt. Die Kehrseite der Medaille ist eine extreme Waldrodung, die in Teilen schon dramatische Ausmaße angenommen hat. Glücklicherweise ist die Lobby der Umweltschützer in den letzten Jahren immer größer geworden. So wurden auch auf ihre Initiative hin staatliche Initiativen gestartet und große Teile der Waldflächen zu Schutzgebieten erklärt.

Das Klima Kanadas ist sehr heterogen und reicht von kaltem, polaren bis einem für Mitteleuropäer gewohnten gemäßigten Klima. Während im Sommer nicht selten Temperamenten über +25° C vorkommen, werden im Norden in den langen, kalten und dunklen Wintermonaten Temperaturen weit unter dem Gefrierpunkt gemessen, das Rekordtief wurde 1947 in Snag (Yukon) gemessen: -63° Celsius.

An der Westküste muss durch die vom Pazifik kommende, feuchte Luft mit viel Regen gerechnet werden, die Sommer sind warm und die Winter eher mild.

Die höchsten Gebirge liegen im Westen von Kanada, hier sind vor allem die Rocky Mountains, die Mackenzie Mountains, die St. Elias Mountains im Yukon und die Coast Mountains an der Pazifikküste, unterbrochen durch tief ins Land reichende Fjorde, bekannt.

Der Westteil Kanadas ist geprägt von flacher bis hügeliger Landschaft und niedrigeren Bergen und ist außerordentlich wasserreich. Im Norden überwiegt im unwegsamen und fast menschenleeren Teil Kanadas die Tundra, Felsen und Eis. Kanada ist Heimat vieler Tiere und Pflanzen. Dichte Wälder, unendliche Prärieflächen, endlos weite Tundren und die Gewässer in und um Kanada bieten vielen kleinen und großen Tierarten reichlich Lebensraum, dazu kommen jährlich Scharen von Zugvögel. Und entlang der Eisküste im hohen Norden ist der Eis- oder Polarbär heimisch, leider zunehmend bedroht durch die Klimaerwärmung. In den National Parks und großen Schutzgebieten wird versucht, durch besonderen Schutz das Aussterben bedrohter Tierarten entgegenzuwirken.

BRITISH COLUMBIA

Bevölkerung	4,4 Millionen Einwohner (4,5 Einwohner pro km^2)
Sprachen	Englisch 74,1 % fernöstliche Sprachen 8,5 % Deutsch 2,2 % Rest: andere Sprachen
Zeitzone	**Pacific Time** (MEZ -9 Std.) **Mountain Time** (MEZ -8 Std.)
Hauptstadt	**Victoria Stadt** (82.700 Einwohner) **Großraum Victoria** (366.162 Einwohner)
Städte	**Vancouver Stadt** (628.000 Einwohner) **Großraum Vancouver** (2.2 Millionen Einwohner) **Nanaimo** (83.469 Einwohner) **Kelowna** (107.400 Einwohner) **Prince George** (82.225 Einwohner) **Kamloops** (85.064 Einwohner)
Kenndaten	**Gesamtfläche** 944.735 km^2, entspricht etwa der Größe von Deutschland, Niederlande und Frankreich, davon 3.434 km^2 First Nation Reservation 75 % liegen oberhalb 1.000 m ü. M., 5 % kultivierbar, 60 % bewaldet **Wasserfläche** ca. 18.000 km^2 **Küstenlänge** ca. 27.000 km **Inseln** ca. 6.000, die meisten sind nicht bewohnt
Höchster Berg	**Mount Fairweather** 4.663 m (St. Elias Mountains)
Längster Fluss	**Fraser River** 1.375 km
Größter Binnensee	**Williston Lake** 1.375 km^2
Höchster Wasserfall	**Della Falls** 440 m, gleichzeitig die höchsten Wasserfälle Kanadas
Größte Insel	**Vancouver Island** 32.136 km^2, Länge: 451 km

National Parks	**Glacier National Park** Fläche: 1.349 km² www.pc.gc.ca/pn-np/bc/glacier/index_E.asp
	Kootenay National Park Fläche: 1.406 km² www.pc.gc.ca/pn-np/bc/kootenay/visit/visit11_e.asp
	Mount Revelstoke National Park Fläche: 260 km² www.pc.gc.ca/pn-np/bc/revelstoke/index_E.asp
	Yoho National Park Fläche: 1.313 km² www.pc.gc.ca/pn-np/bc/yoho/index_E.asp
	Pacific Rim National Park Reserve Fläche: 511 km² www.pc.gc.ca/pn-np/bc/pacificrim/edu/index_e.asp
	Gwaii Haanas National Park Fläche: 1.495 km² www.pc.gc.ca/pn-np/bc/gwaiihaanas/index_e.asp
	Gulf Islands National Park Landfläche: 35 km² www.pc.gc.ca/pn-np/bc/gulf/index_E.asp
Internet	www.gov.bc.ca

Die westlichste und drittgrößte Provinz Kanadas ist **British Columbia**, eine der gebirgigsten Regionen Nordamerikas. In British Columbia leben etwa 12 Prozent der Gesamtbevölkerung Kanadas. Die Provinz grenzt im Osten an Alberta, im Norden an das Yukon Territory, im Nordwesten an Alaska, im Osten an den Pazifischen Ozean und im Süden an die US-Staaten Washington, Idaho und Montana. Die Hauptstadt von British Columbia ist **Victoria**, sie liegt im Süden der Insel Vancouver Island. Die Stadt mit der höchsten Bevölkerungszahl ist die Weltmetropole Vancouver.

British Columbia ist in folgende Regionen gegliedert:

- **Kootenay Rockies**
- **Thompson Okanagan**
- **Vancouver Coast & Mountains**
- **Cariboo Chilcotin Coast**
- **Northern British Columbia**
- **The Islands**

Die am dichtesten besiedelten Regionen befinden sich rund um Vancouver im Fraser Valley und im Süden von Vancouver Island im Einzugsbereich der Hauptstadt Victoria. Vancouver Island liegt im Pazifischen Ozean und ist die größte Insel Nordamerikas. Sie ist vom Festland getrennt durch die Queen Charlotte Strait, Strait of Georgia und Juan de Fuca Strait.

Das sicherlich bekannteste Gebirge British Columbias sind die **Rocky Mountains,** die im Osten der Provinz liegen und ihrem Namen durch eine Vielzahl von felsigen, schroffen Berggipfeln und riesigen Gletschern alle Ehre machen. Entlang der Pazifikküste ragen die Coast Mountains empor, im Nordwesten die St. Elias Mountains, die mit der höchsten Erhebung der Provinz aufwarten, dem 4.663 m hohen Mount Fairweather.

So abwechslungsreich wie die Landschaft ist auch das Klima der Provinz. In den Küstenregionen und auf den Inseln ist das Klima zwar meist angenehm mild, im Gegenzug muss jedoch immer wieder mit relativ viel Regen und an der Pazifikküste auch mit stürmischen Winden gerechnet werden. Im Innern des Landes herrscht kontinentales Klima, der Norden der Provinz bekommt den arktischen Einfluss zu spüren, die kurzen, (leider mückenreichen) Sommer sind angenehm warm und die Winter kalt und schneereich.

Durch die häufigen Niederschläge ist **Vancouver Island** mit riesigen Regenwäldern bedeckt, der Westküstenbereich der Insel ist größtenteils rau, wild und felsig mit tief ins Land reichenden Fjorden.

Die Landschaft ist zwar generell sehr wald- und seenreich, überraschenderweise findet man in British Columbia aber auch wüstenähnliche Gebiete, besonders im südlichen zentralen Hochland rund um den Großraum Cache Creek und im Bereich des Okanagan - dort, wo auch das bekannteste Weinanbaugebiet des Westens liegt. Hier können die Sommertemperaturen durchaus schon einmal die 40° C Grenze erreichen und nur ständige Bewässerung der fast baumlosen Anbauflächen sorgt für landwirtschaftlichen Ertrag.

Die heutige Bevölkerung von British Columbia besteht zu einem großen Teil aus Einwanderern britischer, schottischer, irischer und deutscher Herkunft, weitere aus China und Indien, jedoch sind auch Migranten aller Herren Länder vertreten. Dadurch findet man in British Columbia die unterschiedlichsten kulturellen Traditionen, Sprachen und Religionen vor. Die Ureinwohner der Provinz waren u.a. Mitglieder der Stämme Tlingit (im Küstenbereich), Küsten- und Binnen-Salish, Kwakwaka'wakw, Nuuchah-nulth (Vancouver Island und im Süden BCs) und Haida (Queen Charlotte Islands). Ihre Spuren reichen mehr als 10.000 Jahre zurück.

Die ersten Berührungen mit Europäern fanden im 18. Jahrhundert statt, das 19. und 20. Jahrhundert brachte neben weiteren europäischen vor allem Immigranten aus dem asiatischen Raum mit sich. Heutzutage wächst die Bevölkerung jährlich um etwa 40.000 Migranten. Nur noch etwa 4,45 Prozent der Bewohner von British Columbia sind indigener Herkunft, etwa 1,2 Prozent sind Métis.

Die wichtigsten Einnahmen der Provinz stammen aus der Forstwirtschaft, (56 % der Provinz bedecken Wälder), dem Bergbau mit Kupfer-, Gold- und Zinkminen, der Förderung von Kohle, Erdöl, Erdgas, dem Tourismus, (jedes Jahr kommen etwa 15 Millionen Urlauber in die Provinz), der Landwirtschaft und dem Fischfang. In den letzten Jahren wurden in British Columbia zusätzlich zahlreiche Film- und TV-Produktionen abgedreht, heute ist die Provinz auf Platz 3 der größten Produktionsorte der Welt.

Das gesamte Straßennetz in British Columbia ist gut ausgebaut und ermöglicht so den Touristen eine gute Erreichbarkeit der wichtigsten Sehenswürdigkeiten. Im Norden und abseits der großen Highways sind einige Straßen noch *Gravelroads* (Schotterstraßen), die mehr oder weniger gut befahrbar sind. Daneben findet man auch *Logging Roads* (auch: *Forest Service Roads*), die aktiv zur Holzabfuhr genutzt werden und die mit äußerster Vorsicht und möglichst nur mit Allradfahrzeugen befahren werden sollten.

Auch Fahrten mit dem Greyhound Bus sind touristisch interessant. Die Busrouten verbinden viele Ziele in Alberta und British Columbia. Daneben dienen die Eisenbahnstrecken fast ausschließlich zum Gütertransport, eine Personenbeförderung ist auf wenige Strecken begrenzt, z.B. verkehrt zwischen Calgary / Jasper und Vancouver auf einer landschaftlich wunderschönen Route der Zug „Rocky Mountaineer".

Bei den Touristen besonders beliebt sind Reisen mit dem Wohnmobil. In British Columbia liegen sieben National Parks und circa 800 Provincial Parks, etwa 12,5 Prozent der Fläche unter Schutz gestellt. Die Parks haben zum Teil wunderschöne Campgrounds und Tages-Picknickplätze und bieten je nach Lage die unterschiedlichsten Outdoor-Aktivitäten an. **Bitte beachten Sie**, dass die meisten Parkplätze der Provincial Parks kostenpflichtig sind, normalerweise pro Stunde CAD 1, ein Tagesticket kostet CAD 3.

Die meisten Besucher kommen über Kanadas zweitwichtigsten internationalen Flughafen Vancouver International Airport nach British Columbia. Von dort aus gibt es zahlreiche inländische und internationale Flugverbindungen zu mehr als 200 Flugplätzen der Provinzen und Territories. Mit Fähren werden die Überquerungen der Binnenseen, der Flüsse und die Verbindungen zu Vancouver Island bestritten.

VANCOUVER ISLAND

Bevölkerung	700.593 Einwohner, davon fast die Hälfte wohnhaft in Victoria und Umgebung (22 Einwohner pro km²)
Zeitzone	**Pacific Time** (MEZ -9 Std.)
Temperaturen und Klima	**Nordteil:** Januar +1° C, Juli +14° C **Mitte:** Januar +3° C, Juli +18° C **Südteil:** Januar +3° C, Juli +17 ° C **Westküste:** Januar +2° C, Juli +14° C Im Winter ist mit wenig Frost aber viel Regen zu rechnen, der Regen ist an der West- und Nordküste das ganze Jahr über ständiger Begleiter. Milde Sommer mit deutlich weniger Regen und beständigerem Wetter gibt es an der Süd- und Ostküste.
Städte	**Victoria** (82.700 Einwohner) **Großraum Victoria** (366.162 Einwohner) **Nanaimo** (83.469 Einwohner) **Port Alberni** (17.740 Einwohner) **Parksville** (11.879 Einwohner) **Courtenay** (23.911 Einwohner) **Campbell River** (31.553 Einwohner)
Kenndaten	**Gesamtfläche:** 32.134 km² **Länge:** 451 km, **Breite**: ca. 50 bis 100 km Elftgrößte Insel Kanadas
Parks	**Pacific Rim National Park** Fläche: 511 km² **Strathcona Provincial Park** Fläche: 2.458 km² **Juan de Fuca Provincial Park** Fläche: 15 km²
Höchster Berg	**Golden Hinde** 2.200 m (Strathcona Provincial Park)
Größter See	**Kennedy Lake** 64,54 km², nordöstlich von Ucluelet
Wichtigste Tierarten	Seehunde, Seelöwen, See-Elefanten, Wale, Delfine, Meerotter, Schwarzbären, Pumas, Rotwild, Wölfe, Bergziegen, Elche, Stinktiere, Koyoten, Wapitis, Vancouver-Murmeltier
Wichtigste Fährverbindungen	**Swartz Bay - Tsawwassen** (Dauer: 1 Std. 30 Min.) **Duke Point (Nanaimo) – Tsawwassen** (Dauer: 2 Std.) **Departure Bay (Nanaimo) – Horseshoe Bay** (Dauer: 1 Std. 35 Min.) **Powell River – Comox** (Dauer: 1 Std. 30 Min.)

Die vor der Südwestküste Kanadas gelegene Insel **Vancouver Island** ist durch die Strait of Georgia, die Johnstone Strait und die Queen Charlotte Strait vom Festland getrennt, in denen viele waldreiche und malerische Inseln liegen. Vancouver Island ist die größte der über 6.000 Inseln British Columbias und gehört zu den größten Inseln Nordamerikas. Im Süden der Insel liegt die Hauptstadt British Columbias: **Victoria**.

Vancouver Island wird in folgende Regionen eingeteilt:

- **North Island**
- **North Central**
- **Pacific Rim**
- **Central Island**
- **Cowichan**
- **Gulf Islands**
- **South Islands**

Die Westküste der Insel ist stark zerklüftet und von dichtem Regenwald geprägt. Man findet „Strandgut“ in Form von riesigen Baumteilen, die von Wasser, Wind und Wetter geglättet wurden. Zahlreiche Fjorde reichen bis tief ins Land hinein und bieten neben dem kanadischen Postkartenpanorama eine einzigartige Ruhe und Abgeschiedenheit. Entlang der Südwestküste liegt der urwüchsige und wildromantische **Pacific Rim National Park**, der ein Paradies für Surfer und nach Abenteuer suchenden Wanderern ist.

Der Norden der Insel mit seinen dichten Regenwäldern und sumpfigen Uferzonen ist noch weitestgehend unerschlossen und touristisch wenig überlaufen. Gerade die abgeschiedenen Küstenbereiche des Pazifiks (wie z.B. im Cape Scott Provincial Park) sind durch die Unberührtheit und Naturnähe ein ganz besonderes Ziel für Outdoor-Freunde.

Die Ostküste ist vom Süden bis zur Mitte der Insel stark besiedelt, es reiht sich Touristenort an Touristenort, der Straßenverkehr ist besonders auf den ostküstennahen Highways 1 und 19 belebt - unbestrittener Höhepunkt ist die Hauptreisezeit im Sommer. Die nach Osten abzweigenden Highways dagegen sind weniger stark befahren. Alle wichtigen Verbindungsstraßen sind bis auf ganz wenige Kilometer asphaltiert. Die Straßen, die in entlegenere Gebiete abseits der Haupt-Highways führen, sind dagegen meist mehr oder weniger gut befahrbare *Gravelroads* oder *Forest Service Roads* (*Logging Roads*), die zwar für Allradfahrzeuge kein Problem darstellen, doch Wohnmobilfahrer sollten sich unbedingt vor dem Befahren dieser Straßen bei den örtlichen Visitor Informations nach dem Zustand erkundigen und Forest Service Roads (Logging Roads) unbedingt meiden.

Inmitten der Insel liegt der großflächige **Strathcona Provincial Park** mit der höchsten Erhebung Vancouver Islands, dem **Golden Hinde** mit 2.200 m. Der Park mit seinen wunderschönen Seen, Gletschern, plätschernden Wasserfällen und endlosen Wäldern bietet Wanderern und Bergsteigern vielfältige Touren durch die Einsamkeit der Bergwelt. Im Strathcona Provincial Park liegt auch Kanadas höchster Wasserfall, die **Della Falls**. Dort stürzt das Wasser des Della Lake 440 m in die Tiefe. Dieser Wasserfall ist allerdings nur sehr mühsam erreichbar, alle Informationen hierüber finden Sie im weiteren Verlauf dieses Reiseführers.

Das Klima der Insel ist im Gegensatz zum Festland ganzjährig mild und mit Ausnahme einiger Hochgebirgsgebiete fällt im Winter nur selten Schnee. In Norden und an der Westküste muss mit viel Niederschlag gerechnet werden, der Süden, der Osten und die Inseln zwischen dem Festland und Vancouver Island sind davon weniger betroffen. An der Westküste der Insel muss nicht nur zur Herbst- und Winterzeit mit heftigen Stürmen gerechnet werden, die besonders Surfer für die Ausübung ihrer Sportart nutzen.

Dichter Regenwald mit mächtigen, moosbewachsenen Baumriesen hat sich durch die häufigen Niederschläge gebildet und bedeckt einen Großteil der Insel. Durch diesen Holzreichtum sind die Holz-, Zellstoff- und Papierindustrien die wichtigsten Wirtschaftsfaktoren der Insel, deren Rücksichtslosigkeit in der Waldrodung zum Glück mittlerweile immer mehr Einhalt geboten wird. Auch deshalb, weil der Tourismus stetig an Bedeutung zunimmt und ein Erhalt der Natur zur Weiterführung dieses Trends als unerlässlich angesehen wird. Neben dem Tourismus sind die klassischen kanadischen Industrien Fischzucht und Bergbau natürlich auch auf Vancouver Island vertreten.

In den Gewässern rund um die Insel leben das ganze Jahr über zahlreiche Meerestiere wie Wale, Delphine, Seehunde und Seelöwen. In fast allen Küstenorten werden die beliebten Walbeobachtungs-Touren (*Whale-Watching-Tours*) angeboten. An Land lebt neben den bekannten Schwarzbären, Wölfen, Pumas und vielen weiteren Tieren eine ganz besondere Tierart: das „**Vancouver Island Marmot**“ – eine Murmeltierart, die ausschließlich auf Vancouver Island heimisch ist. Das Island Marmot lebt in Höhen zwischen 1.000 und 1.400 m und sein Fell richtet sich in seiner Farbe nach der Jahreszeit: im Frühjahr ist es fast schwarz, im Sommer dann hell- bis schokoladenbraun.

Schon lange bevor die ersten Europäer die Insel entdeckten, war Vancouver Island von First Nations besiedelt, an der Westküste waren es die Nuu-chah-nulth (Nootka) und im Norden und Innern der Insel die Ditidaht und die Kwakwaka‘wakw (Kwakiutl) und im Südosten die Coast Salish. Noch heute leben ihre Nachkommen auf der Insel, oft in entlegenen Gegenden, die nur über schlechte Straßen oder per Boot zu erreichen sind. Ein sehr großer Anteil der heutigen Bevölkerung hat seine Wurzeln in Europa, doch durch den Berg- und Eisenbahnbau kamen auch Japaner und Chinesen als Arbeitskräfte nach Vancouver Island und siedelten sich hier an.

Der erste Europäer, der die Insel entdeckte, war Sir Francis Drake Ende des 16. Jahrhunderts. Doch erst Ende des 18. Jahrhunderts, nachdem James Cook die Insel umsegelt hatte, an Land ging und Pelzhandel begann, kam es zur Besiedelung der Insel durch Europäer. Anfang des 19. Jahrhunderts gründete die Hudson‘s Bay Company einige Stützpunkte für den Handel mit Pelzen und zur Erschließung der Bodenschätze auf der Insel, 1843 wurde dann von der Hudson‘s Bay Company das Fort Victoria gegründet, dieses war die erste Siedlung auf der Insel, die ständig bewohnt war. Heute liegt an dieser Stelle Victoria, die Hauptstadt von British Columbia mit ihrem wunderschönen Stadtkern und den zahlreichen Sehenswürdigkeiten.

HIGHLIGHTS

CHEMAINUS

Zahlreiche Häuser und Mauerwände zeigen historische und aktuelle Ereignisse, von Künstlern liebevoll gestaltet und naturgetreu wiedergegeben.

PACIFIC RIM NATIONAL PARK

Erleben Sie die Urgewalten des Pazifiks, seine zerklüfteten und weitläufigen Strände und von Stürmen gezeichneten Bäume.

DUNCAN

Machen Sie sich auf die Suche nach mehr als 80 farbenfroh gestaltete Totempfähle, die in der ›*Stadt der Totems*‹ zu entdecken sind.

STRATHCONA PROVINCIAL PARK

Staunen Sie über die Vielfältigkeit und Unberührtheit der Natur, die der älteste Provincial Park von British Columbia zu bieten hat.

VICTORIA

Zu jeder Jahreszeit ein Erlebnis - blumenreich und *very british*: die Provinzhauptstadt Victoria.

TELEGRAPH COVE

Ein Kleinod von Vancouver Island, das auf keiner Reise fehlen sollte - die kleine, verträumte Bucht mit ihren bunten, ehemaligen Fischerhäuschen.

MACMILLAN PROVINCIAL PARK - CATHEDRAL GROVE

Staunend stehen Sie hier vor in den Himmel ragenden, über 800 Jahre alten imposanten Baumriesen.

PORT HARDY

Ausgangspunkt der Discovery & Inside Passage und das Ende einer langen Reise durch Einsamkeit der nördlichen Wälder.

JUAN DE FUCA PROVINCIAL PARK

Erleben Sie die stürmische Brandung entlang des nur 15 km² großen, schmalen Parks entlang der Juan de Fuca Strait.

CAPE SCOTT PROVINCIAL PARK

Wilde, raue Nordküste Vancouver Islands und ideales Ziel für Abenteurer, die auch Wetterkapriolen nicht scheuen.

VANCOUVER BIS PORT HARDY **HAUPTROUTE** **HR** 33

LANGFORD BIS PORT RENFREW **NEBENROUTE 1** **NR1** 85

DUNCAN BIS LAKE COWICHAN **NEBENROUTE 2** **NR2** 91

PARKSVILLE BIS UCLUELET & TOFINO **NEBENROUTE 3** **NR3** 97

CAMPBELL RIVER BIS TAHSIS **NEBENROUTE 4** **NR4** 109

WOSS BIS ZEBALLOS **NEBENROUTE 5** **NR5** 119

PORT HARDY ZUM CAPE SCOTT PP **NEBENROUTE 6** **NR6** 123

RÜCKFAHRMÖGLICHKEITEN **RM** 127

HAUPTROUTE
VANCOUVER BIS PORT HARDY

HR

km Hauptstrecke	km Teilstrecke	Stationen auf dem Highway	Highway
225	0	**AUSFLUG** - Abzweig Spider Lake & Horne Lake Cave Provincial Park	19/19A
	8	**Spider Lake Provincial Park**	
	12	**Horne Lake Cave Provincial Park**	
225	24	Zurück zum Highway	19/19A
233		Bowser	19A
249		Buckley Bay - Fähre nach **Denman Island**	19A
265		Royston - Abzweig nach **Cumberland**	19/19A
271		**Comox Valley - Courtenay und Comox**	19/19A
274		Abzweig **Mount Washington Skigebiet**	19/19A
277		Abzweig zur Fähre (Little River) nach Powell River / **Texada Island**	19A
286		**Kitty Coleman Provincial Park**	19A
297		**Miracle Beach Provincial Park**	19/19A
		50th Parallel Marker	19A
321		**Campbell River**	19/19A
		Fähre nach **Quadra Island** und **Cortes Island**	19A
		Kreuzung Highway 19 / 19A / 28 **▶ NEBENROUTE 4 „CAMPBELL RIVER BIS TAHSIS“ ▶ SEITE 109**	19/19A /28
334		Aussichtspunkt **Ripple Rock - Seymour Narrows**	19
335	0	**AUSFLUG** - Abzweig Morton Lake Provincial Park	19
	19	**Morton Lake Provincial Park**	
335	38	Zurück zum Highway	19
		Picknickplatz Roberts Lake	19
		Picknickplatz Big Tree Creek	19
385		Abzweig Sayward	19
389		**Cable Cook House**	
398		**Sayward**	

km Haupt-strecke	km Teil-strecke	Stationen auf dem Highway	Highway
408		Zurück zum Highway 19	19
		Picknickplatz Eve River	19
462	0	**AUSFLUG** - Abzweig Schoen Lake Provincial Park und Mount Cain Skigebiet	19
	12	**Schoen Lake Provincial Park**	
	16	**Mount Cain Skigebiet**	
462	32	Zurück zum Highway	19
		Picknickplatz Hoomac	19
467		Abzweig **Claud Elliot Provincial Park**	19
475		**Woss**	19
		Beginn Nimpkish Valley	19
499		**▶ NEBENROUTE 5 „WOSS BIS ZEBALLOS" ▶ SEITE 119**	19
529		**Nimpkish Lake Provincial Park**	19
539		**North Island Discovery Centre**	19
		Abzweig Telegraph Cove	19
553		**Telegraph Cove**	
567		Zurück zum Highway 19	19
571		**Port McNeill**	19
		Fährfahrt nach **Cormorant Island** und **Malcolm Island**	19
594	0	**AUSFLUG** - Abzweig Port Alice	19/30
	17	**Marble River Provincial Park**	30
	26	Link River Regional Park	30
	32	**Port Alice**	30
594	64	Zurück zum Highway 19	30/19
609		Abzweig **Fort Rupert**	19
		Abzweig Ferry Terminal	19

km Hauptstrecke	km Teilstrecke	Stationen auf dem Highway	Highway
612	0	**AUSFLUG** - Abzweig Coal Harbour	19
	12	**Coal Harbour**	
612	24	Zurück zum Highway 19	19
614		**Port Hardy**	19
		► NEBENROUTE 6 „PORT HARDY ZUM CAPE SCOTT PROVINCIAL PARK“ ► SEITE 123	19
		ENDE DER HAUPTROUTE	
		► RÜCKFAHRMÖGLICHKEITEN ► Seite 127	

DER BEGINN EINER LANGEN REISE

Vancouver bis Fähranleger Tsawwassen

Die Ankunft am Vancouver International Airport (YVR)

Die ersten Schritte auf kanadischem Boden

„*Welcome to Vancouver International Airport*" - spätestens, wenn die Kabinenlautsprecher diese Worte ausspucken, haben Sie Ihr Ziel erreicht, und ein erlebnisreicher Urlaub steht unmittelbar bevor.

Sobald Sie Ihre Uhren umgestellt und die *Gangway* betreten haben, werden Sie zielsicher mit guter Beschilderung zur Passkontrolle „*Canada Border Services & Immigration*" geleitet. Die dortigen Beamten prüfen Ihre Papiere und werden Ihnen zumeist einige Fragen zu Ihrem Aufenthalt in Kanada stellen. Danach führt Sie der Weg zum „*Baggage Claim*", wo Sie hoffentlich zügig Ihr Reisegepäck von den Gepäckbändern entgegennehmen können. Die bereitstehenden Gepäckwagen sind übrigens - im Unterschied zu vielen Flughäfen in der Heimat - kostenlos.

Wenn Sie Ihr komplettes Gepäck verstaut haben, begeben Sie sich durch den Zoll zum Ausgang *(Exit)*. Im Zollbereich wird ein Beamter Ihre zuvor im Flugzeug ausgefüllte Zollerklärung *(Declaration Card)* entgegennehmen und eventuell eine Gepäckkontrolle vornehmen.

Mit dieser Kontrolle haben Sie dann aber alle Einreiseformalitäten erledigt und können sich durch den Ausgang in den Ankunftsbereich des Flughafens begeben. Die weitere Orientierung ist durch eine gute Beschilderung problemlos, im Zweifelsfall helfen die Bediensteten des Flughafens gerne weiter.

▶Mögliche Fragen, auf die Sie bei der **Passkontrolle** vorbereitet sein sollten:

- Was ist der Zweck Ihres Aufenthalts? Mögliche Antworten: „*vacation*" oder „*holiday*"
- Wie lange bleiben Sie in Kanada? Mögliche Antworten: „*one/two/three weeks*" oder „*Until September 1st*" o.ä.
- Wohin geht Ihre Reise? Mögliche Antworten: „*Vancouver Island*" oder „*Round trip through British Columbia*" o.ä.
- Womit werden Sie unterwegs sein? Mögliche Antworten: „*With an RV/ Motor Home*" oder „*With a rental car*" o.ä.
- Wann fliegen Sie wieder zurück? Mögliche Antwort: „*September 1st*"

▶Zur schnellen Gewöhnung an die **Zeitverschiebung**

HR

empfehlen wir Ihnen, den kanadischen Tag- / Nachtrhythmus möglichst unmittelbar zu übernehmen. Sollten Sie also mittags oder nachmittags ankommen, versuchen Sie zumindest bis in die frühen Abendstunden durchzuhalten. Dadurch können Sie am nächsten Morgen zu einer normalen Zeit aufstehen und haben den *Jetlag* schon fast besiegt.

▶ Der **Zeitunterschied** zwischen der MEZ (Mitteleuropäische Zeit, im Englischen: *CET – Central European Time*) und der *PST* (*Pacific Standard Time*) in Vancouver beträgt normalerweise -9 Stunden. Die Kanadier haben ebenfalls eine Sommerzeit (*Daylight Saving Time*, Ausnahme: Die Provinz Saskatchewan verzichtet auf die Sommerzeit), diese verläuft allerdings nicht ganz synchron zu der unseren, außerdem dauert die kanadische Sommerzeit länger an. In den Zeitspannen zwischen der kanadischen und der heimatlichen Zeitverschiebung beträgt der Zeitunterschied -8 Stunden.

Sommerzeit Kanada 2010
14.03. bis 07.11.2010
(Deutschland: 28.03. bis 31.10.2010)

Sommerzeit Kanada 2011
13.03. bis 06.11.2010
(Deutschland: 27.03. bis 30.10.2010)

▶ **Trinkgeld** beim Taxifahren: Das Zahlen von Trinkgeld ist in Kanada absolut üblich, auch Taxifahrer erwarten

Per Taxi oder ÖPNV geht es weiter

Wie fast jeder internationale Flughafen liegt auch der Flughafen von Vancouver weder inmitten der Innenstadt, noch in deren unmittelbaren Nähe. Sie kommen also nicht umhin, einige Kilometer bis zu Ihrem nächsten Ziel entweder per **Taxi** oder per **Öffentlicher Verkehrsmittel** zu überbrücken. Entscheidend ist hierbei, welche Anlaufstelle für Sie nun relevant ist. Grundsätzlich sind folgende Wege denkbar:

a) Sie haben eine (mehrtägige) **Stadtbesichtigung** eingeplant und müssen nun zu Ihrem Hotel in die Innenstadt bzw. den stadtnahen Bereich. Alternativ haben Sie vor Übernahme Ihres Wohnmobils eine Übernachtung eingeplant bzw. müssen vor Übernahme aus versicherungstechnischen Gründen übernachten (z. B. wenn Sie eine bestimmte Uhrzeit überschritten haben o. ä.).
b) Sie wollen Ihr **Wohnmobil übernehmen** und müssen zu Ihrem Wohnmobilvermieter.
c) Sie planen eine **Reise mit einem Mietwagen** oder einem sonstigen Fahrzeug ohne Übernachtungsmöglichkeit und müssen diesen/dieses übernehmen.

Zur Stadtbesichtigung nach Downtown

Taxi: Im Außenbereich des Flughafens wird Ihnen am Taxistand von den Anweisern ein für Ihre Bedürfnisse (Gepäckvolumen, Personenzahl) passender Wagen zugewiesen, Sie müssen sich also nicht mit nach oben gerecktem Daumen an die Straße stellen. Dem Taxifahrer nennen Sie – wie gewohnt – Ihre Zieladresse und bezahlen ihn nach Beendigung der Fahrt. Der Preis für eine Fahrt in die Innenstadt beträgt ∞ ca. 35-40 CAD (inkl. Steuern).

Öffentliche Verkehrsmittel: Nach Downtown Vancouver kommen Sie schnell und preiswert per Zug, alle 7 Minuten verlässt ein Wagen der *Canada Line* den Bahnhof *Airport Vancouver* und erreicht sein Ziel, die *Waterfront Station* am *Burrard Inlet*, planmäßig nach 26 Minuten.

Die Weiterfahrt von der *Waterfront Station* ist für alle Stadt- und stadtnahen Bereiche mit Bussen oder dem *SkyTrain* problemlos möglich.

HR

Zu den Wohnmobilvermietern

Die meisten großen Wohnmobilvermieter haben Ihre Verleihstationen in **Delta**, einer Distriktgemeinde, die unmittelbar an das südliche Stadtgebiet von Vancouver grenzt. Sollten Sie Ihren Wagen bei einem Wohnmobilvermieter in einem anderen Bereich der Stadt gebucht haben, erkundigen Sie sich am besten bei diesem über die optimalen Anfahrtsmöglichkeiten oder einen Shuttle-Service.

Shuttle-Service: Sollte Ihr Wohnmobilanbieter einen Shuttle-Service anbieten, müssen Sie sich über den weiteren Transport zum Verleih oder in ein Hotel zur ersten Übernachtung keine weiteren Gedanken machen. Im Falle einer Übernachtung vor Übernahme bietet es sich natürlich an, ein Hotel in der Nähe des Wohnmobilvermieters zu reservieren, damit am nächsten Morgen keine großartigen, weiteren Anfahrtskosten entstehen.

Taxi: Die Fahrtkosten bis Delta betragen ca. 45-50 CAD (inkl. Steuern).

Öffentliche Verkehrsmittel: Die Erreichbarkeit der Wohnmobilvermieter in Delta mit öffentlichen Verkehrsmitteln ist nicht optimal, Sie müssen nicht nur umsteigen, sondern auch einige kürzere Fußwege in Kauf nehmen.

Sollten Sie diese Verkehrsmittel trotzdem in Erwägung ziehen, erreichen Sie Delta wie folgt: Vom Bahnhof Airport Vancouver fährt die Canada Line alle 7 Minuten nach Richmond Innenstadt (*Brighouse Station*). Von dort müssen Sie per Bus weiter nach Delta. Für die genaue Planung nutzen Sie den Tripplaner der Verkehrsbetriebe unter: www.translink.ca

Mietwagen

Sollten Sie Vancouver Island per Mietwagen erkunden wollen und/oder nur einen Abstecher vom Festland ohne Wohnmobil planen, so empfehlen wir ein Verleihunternehmen mit Übernahmestation am Flughafen Vancouver bzw. in der Nähe Ihres Hotels, sollten Sie nicht via Vancouver International Airport einfliegen. Dies ist

ein „*tip*". Als angemessen gilt ein Betrag von etwa 10 % vom Fahrpreis. Eventuell zusätzlich 1 CAD pro Gepäckstück.

▶ **Tripplanning:** Alle Möglichkeiten und Kombinationen der Öffentlichen Verkehrsmittel können Sie unter www.translink.ca einsehen. Direkt zum *Trip Planner* kommen Sie mit http://tripplanning.translink.ca

▶ **Mit dem Wohnmobil nach Downtown:** Grundsätzlich raten wir davon ab, sich mit dem Wohnmobil der Innenstadt unnötig zu nähern, da die Millionenmetropole Vancouver nichts mit der Idylle und Ruhe der Überland-Highways gemein hat und Sie hier dem normalen und hektischen Verkehrschaos ausgeliefert sind. Für eine Stadtbesichtigung sollten Sie lieber die Öffentlichen Verkehrsmittel oder einen normal dimensionierten Leihwagen benutzen. Für alle, die sich nicht von einem Besuch der Innenstadt mit dem Wohnmobil abhalten lassen, sei hier vor den **O(berleitungs)-Bussen** gewarnt, die grundsätzlich Vorfahrt und durch die Anbindung an Oberleitungen kaum Möglichkeiten zum Ausweichen haben.

▶ **Delta:** Der Distriktbereich Delta umfasst die Städte *Ladner, Tsawwassen* und *North Delta* und gehört kommunalpolitisch zum Bezirk *Metro Vancouver*.

Vancouver - O(berleitungs)-Bus

im Normalfall absolut unproblematisch, da alle großen Verleihfirmen eigene Stationen am Flughafen und in der Innenstadt betreiben. Eine Liste möglicher Firmen finden Sie im Kapitel „Wissenswertes" ▶ Seite 435.

Stadtbesichtigung Vancouver

VANCOUVER ▶ 152

STADTKARTEN ▶ ab 500
SKYTRAIN ▶ 153
STADTTEILE ▶ 156

INNENSTADT
Downtown ▶ 158
Vancouver Lookout ▶ 158
Chinese Garden ▶ 159
Chinatown ▶ 160
Stanley Park ▶ 161
Gastown ▶ 162
Steam Clock ▶ 162
Science World ▶ 163
Robson Street ▶ 163
Canada Place ▶ 164
Art Gallery ▶ 164
Granville Island ▶ 165
False Creek ▶ 165

Vancouver liegt vor Ihnen – die wohl quirligste und spannendste Metropole Kanadas. Egal, ob Sie eine Besichtigung der Stadt zu Anfang oder zum Ende Ihrer Reise eingeplant haben, Sie werden begeistert sein von der Vielfältigkeit und den Menschen, die diesen Ort prägen.

Tauchen Sie in unzähligen Museen ein in die Historie des kanadischen Westens und die Lebensweisen der **First Nations** oder begehen Sie im Stadtteil **Gastown** die historische Keimzelle der Metropole Vancouver. Eine Keimzelle, die wie kaum ein anderer Stadtteil den verschiedensten Entwicklungsströmen unterliegt – ursprünglich die Heimat der ersten Siedler und Arbeiter, liegen heute Kreativität, städtisches Flair und Armut ganz nah beieinander. In direkter Nachbarschaft verzaubert **Chinatown** mit exotischen Gerüchen, fernöstlicher Kunst und einer ganz eigenen Stimmung, während die hippen Stadtbewohner sich in den In-Vierteln von **Granville Island** und **Yaletown** treffen, um in unzähligen

Straßencafés gesehen zu werden.

Zu den Highlights der Stadt gehören sicherlich der riesige **Stanley Park** sowie die Shoppingmeilen von **Downtown**. Das architektonische Meisterwerk **Canada Place** ist ebenso einen Besuch wert wie die unzähligen Theater, Veranstaltungsorte und Kultureinrichtungen. Wer dem Großstadttrubel entfliegen möchte, findet im direkten Stadtumfeld viele naturnahe Sehenswürdigkeiten, z. B. den Hausberg **Grouse Mountain**, die **Capilano Parks** oder einen der vielen weiteren Natur- und Erlebnisparks rund um die Stadt.

In Vancouver gibt es unendlich viel zu entdecken – lassen Sie sich von den beschriebenen Sehenswürdigkeiten (Stadtbeschreibung ▶ Seite 152) zu einer Entdeckungsreise inspirieren, die Ihnen noch lange in Erinnerung bleiben wird.

Die meisten Sehenswürdigkeiten der Innenstadt sind über die Öffentlichen Verkehrsmittel gut zu erreichen, der *SkyTrain* steht ebenso bereit wie ein Sightseeing-Bussystem, bei dem Sie jederzeit zu- und aussteigen können. Für Erlebnisse in den umliegenden Naturparks ist teilweise ein Fahrzeug anzuraten.

NÖRDLICH DER INNENSTADT

Lions Gate Bridge ▶ 166
Capilano Susp. Bridge ▶ 167
Grouse Mountain ▶ 168
Cypress Prov. Park ▶ 170
Mt. Seymour Pr. Park ▶ 172
Lynn Canyon Park ▶ 173

SÜDLICH DER INNENSTADT

Queen Elizabeth Park ▶ 164
Botanical Garden ▶ 176
Maritime Museum ▶ 167
Vancouver Museum ▶ 177
Museum of Anthropology / Totempark ▶ 178

VANCOUVER's SECRETS
▶ 179

HR

Nach der Stadtbesichtigung

Sollten Sie Vancouver direkt zu Anfang Ihrer Reise besuchen und wahrscheinlich noch kein Wohnmobil abgeholt haben, führt Sie Ihr Weg nach der (mehrtätigen) Stadtbesichtigung zu den Wohnmobilvermietern. Wie beschrieben, befinden sich die meisten in *Delta*, eine Anbindung mit öffentlichen Verkehrsmitteln ist gegeben, aber recht umständlich.

Öffentliche Verkehrsmittel: Von *Downtown Vancouver/ Waterfront Station* fährt die *Canada Line* nach Richmond Innenstadt (*Brighouse Station*). Von dort müssen Sie per Bus weiter nach Delta. Für die genaue Planung nutzen Sie den Tripplaner der Verkehrsbetriebe unter: 💻 www.translink.ca

Taxi: Die Kosten für eine Taxifahrt sind natürlich stark davon abhängig, wo Sie im Stadtbereich von Vancouver übernachtet haben. Für eine Fahrt von *Downtown* nach

▶ Eine Auswahl der bekanntesten **Wohnmobilvermieter** in Delta:

CanaDream: ✉ 7119 River Road, Delta, BC V4G 1A9, ☎ 604-940-2171, ✉ res@canadream.com, 💻 www.canadream.com

Ambassador RV: ✉ 7973 River Road, Delta, BC V4K 4E2, ☎ 604-946-3696, ✉ info@ambassadorrv.com, 💻 www.ambassadorrv.com

Cruise Canada: ✉ 7731 Vantage Way, Delta, BC V4G 1A6, ☎ 1-800-983-3189 (gebührenfrei), ☎ 604-946-5775, 💻 www.cruisecanada.com

Fraserway RV: ✉ 747 Cliveden Place, Annacis Island Delta, BC V3M 6C7, ☎ 1-800-662-2441 (gebührenfrei), ☎ 604-527-1102, 💻 www.fraserwayrv.com

Delta müssen Sie mit etwa CAD 65-70 (inkl. Steuern) rechnen. Sollten Sie außerhalb von Downtown übernachten und/oder zu einem Wohnmobilvermieter an einem anderen Standort fahren, erfragen Sie die ungefähren Kosten am besten direkt beim Personal Ihrer Unterkunft.

Die Übernahme des Wohnmobils

Für alle Ersttäter, die noch nie ein Wohnmobil gemietet haben, ist die Übernahme der fahrbaren Urlaubsheimat mit Sicherheit ein großes Ereignis, da sich Vorfreude mit einer gehörigen Portion Respekt vermischen wird, sobald man, leibhaftig vor der immensen Kühlerhaube stehend, die tatsächlichen Dimensionen des Gefährts begreift. Bei einer Buchung hören sich *21 ft* oder *24 ft* vorstellbar an – in der Realität und mit dem Wissen, dass man dieses Wohnmobil durch Kurven und über Straßen und Pässe steuern wird, sieht das Ganze schon anders aus.

Natürlich wollen wir ausdrücklich darauf hinweisen, dass Sie mit dem Wohnmobil jederzeit mit wesentlich mehr Konzentration und Vorsicht unterwegs sein sollten, als Sie es vom heimischen Pkw gewohnt sind. Gleichzeitig soll Ihnen hier aber auch Mut gemacht werden: Sie werden nach den ersten Kilometern feststellen, dass das Fahren eines Wohnmobils nicht schwierig ist – und sogar richtig Spaß machen kann.

▶ **Video-Übergabe:** In Stoßzeiten kann es vorkommen, dass die technische Einführung per Video erfolgt. Halten Sie für diesen Fall Notizblock und Stift bereit und notieren Sie unbedingt alle Unklarheiten, um diese nach der Videoeinführung mit dem Personal zu klären.

Damit dieser Spaß von vornherein ungetrübt ist, werden Sie bei Ihrem Wohnmobilvermieter eine umfangreiche **Übergabeprozedur** durchlaufen, welche mit Versicherungsangelegenheiten und Fragen zu Ihrem Führerschein, dem Fahrer etc. startet. Zusätzlich wird meist eine Kaution in Form eines Blanko-Kreditkartenbeleges verlangt, der die Vermieter zusätzlich absichert. Für diese Formalitäten sowie alles Weitere steht bei den großen Vermietern der deutschen Sprache mächtiges Personal zur Verfügung, sodass Sie keine Angst haben müssen, eventuelle Aspekte nicht verstehen zu können. Trotzdem gilt immer: Sollte etwas unklar sein, fragen Sie sofort nach – die Kanadier sind sehr hilfsbereite Menschen und werden Ihnen stets mit Rat und Tat zur Seite stehen.

Nachdem dieser erste Formularkrieg überstanden ist, steht eine genaue, gemeinsame Inspektion des Wagens an. Diese **Inspektion** dient der Feststellung eventueller

Vorschäden oder sonstiger Auffälligkeiten, die dann in einem Protokoll festgehalten werden. So verhindern beide Seiten, dass bei Rückgabe eventuelle Beanstandungen falsch zugeordnet werden.

Der Inspektion folgt die genaue **Einweisung** in die Funktionalität des Wohnmobils, die nicht nur umfangreich sein kann, sondern auch extrem wichtig ist. Sie werden feststellen, dass so ein Wohnmobil tatsächlich eine ganze Reihe an Schaltern, Knöpfen und Funktionen bereithält, die im Fall der Fälle darüber entscheiden, ob Sie an kalten Tagen im Wagen frieren werden oder Ihnen unverhofft das fließend Wasser verweigert wird. Es gilt also, allen Erklärungen des Personals aufmerksam zu folgen und eventuelle Unklarheiten sofort zu beseitigen. Zusätzlich sollten Sie in jedem Fall darauf achten, dass sich eine **Bedienungsanleitung** in einer Ihnen vertrauten Sprache an Bord befindet. Zwar mögen Sie in diesem Moment noch alle Dinge verstehen und im Kopf haben - spätestens beim ersten Generatoreinsatz oder dem Auffüllen des Wassertanks kommen dann aber doch wieder Zweifel am eigenen Gedächtnis.

▶Sollten Sie kaum oder gar kein **Englisch sprechen** oder verstehen, versichern Sie sich vor Buchung der Reise, dass der Vermieter deutschsprachiges Personal bereitstellt. Professionelle Reiseanbieter stehen Ihnen im Extremfall bei Schwierigkeiten zusätzlich von der Heimat aus zur Seite.

Zur lückenlosen Unterstützung dieser wichtigen Wohnmobilübergabe finden Sie im Anhang dieses Reiseführers eine **Übernahme-Checkliste** (▶ Seite 456) und detaillierte Informationen zu Wohnmobilen, Vermietern, Versicherungen etc..

Wenn Sie die Übernahme hinter sich haben, kann es alsbald losgehen - Sie sollten vor Abfahrt allerdings nochmals überprüfen, ob Sie sich die Kontaktdaten des Vermieters (inklusive Telefonnummer) notiert haben, da eventuelle Reparaturen unterwegs ohne Ausnahme nur nach vorheriger Absprache durchgeführt werden dürfen. Sollte der Vermieter einen unterwegs fälligen Ölwechsel verlangen, so wird er Ihnen die damit anfallenden Kosten bei Rückgabe erstatten.

On the road - Die ersten Wege mit dem Wohnmobil

Sie haben nun erfolgreich Ihre Behausung für den Urlaub übernommen, den Zündschlüssel herumgedreht und damit die Entdeckungsreise per Wohnmobil gestartet.

HR

Allgemeine Hinweise zum Fahren mit einem Wohnmobil

▶ **Über Ampeln:** Ampeln stehen / bzw. hängen auf der gegenüberliegenden Seite der Kreuzung. Auch bei Rot darf nach kurzem Stopp rechts abgebogen werden (Achtung: Fußgänger), Ampelphasen: zum Stoppen: Grün-Gelb-Rot, zum Weiterfahren: Rot – Grün. Blinkende gelbe Ampel: Ampelphasen sind abgeschaltet, es gelten die Vorfahrtsbeschilderungen, Kreuzung trotzdem mit Vorsicht befahren.

▶ **HOV-Lanes** (*High-occupancy vehicle lanes*): Im Einzugsbereich von Großstädten finden Sie immer wieder Fahrbahnen, die erstaunlich leer sind. Dies sind oft sogenannte *HOV-Lanes*, Spuren, die nur befahren werden dürfen, wenn mindestens 2 Personen (manchmal auch 3, dies ist ausgeschildert) an Bord sind.

Ergänzend zu einer mit Sicherheit ausführlichen Einweisung in die Funktionen und technischen Details Ihres Wohnmobils empfehlen wir Ihnen, auf den ersten Kilometern besonders vorsichtig zu fahren. Sie werden merken, dass weder die Federung des Fahrwerks noch das Kurvenverhalten sich mit dem heimischen Pkw vergleichen lassen. Wenn Sie allerdings einige wenige Aspekte beachten, werden Sie sich schnell an Ihr neues Gefährt gewöhnt haben:

- Fahren Sie langsam und mit extra weitem Abstand zu Ihrem Vordermann, um sich an die Bremsleistung zu gewöhnen.
- Bewahren Sie in jedem Fall die Ruhe und bleiben Sie im Extremfall lieber stehen, als sich zu einem waghalsigen Manöver hinreißen zu lassen. Bedenken Sie, dass die anderen Verkehrsteilnehmer nicht wissen, dass sich ein *Greenhorn* auf der Straße befindet.
- Fahren Sie Kurven, indem Sie vor dem Einfahren weiter ausholen und dann stärker einschlagen, um den weiteren Radstand und die Ausmaße zu berücksichtigen.
- Lassen Sie sich generell von Ihrem Beifahrer/Ihrer Beifahrerin beim Parken am Straßenrand oder in Parklücken einweisen. Dies gilt auch für Stellplätze auf Campgrounds oder fürs Parken unterwegs.
- Gewöhnen Sie sich daran, dass permanent irgendetwas hinter Ihnen rumpelt und rappelt – zwar sollte alles sicher verstaut sein, es wird aber trotzdem keine Sekunde während der Fahrt geben, in der nicht irgendeine Tasse klappert. Sie können aber zuversichtlich sein – nach wenigen Stunden hören Sie diese Geräusche nicht mehr...

Ersteinkauf

▶ Die wichtigsten **Supermarktketten:** Safeway, Thrifty Foods, Overwaita Foods, Extra Foods, Save-on-Foods, Real Canadian Super Store.

Das erste große Ziel ist der Fähranleger in Tsawwassen, der direkt am Ende des Highways 17 (der direkten Verlängerung der *River Road*, an der die meisten Vermieter ihre Stationen haben) liegt. Um Ihre Vorräte aufzufüllen und sich mit allem Notwendigen für die weitere Fahrt auszustatten, empfehlen wir Ihnen einen Zwischenstopp in den Städten Ladner oder Tsawwassen, die beide auf dem direkten Weg liegen. Beide Städte bieten beste Einkaufsmöglichkeiten und sind durch eine ländlichere Atmosphäre und weniger Autoverkehr bestens für Wohnmobilanfänger geeignet.

Wer einen Zwischenstopp in **Ladner** einlegen möchte, folgt vom Highway 17 aus der *Ladner Trunk Rd West*, die inmitten der kleinen Ortschaft nach Westen abzweigt. Nach wenigen hundert Metern erreichen Sie ein typisch kanadisches Einkaufszentrum mit einem großen Safeway-Supermarkt, einer hervorragenden Bäckerei, einem Obst-/ Gemüsestand und einem Dollarshop, der für Sparfüchse auf engstem Raum ein breit gefächertes Non-Food-Sortiment bereithält.

Wer die Ortschaft **Tsawwassen** für den Ersteinkauf aufsuchen möchte, folgt dem Highway 17 weiter Richtung Fähranleger und zweigt dann über die *56th Street* nach Süden ab. Auch dort befindet sich ein gut ausgestattetes Einkaufszentrum mit Safeway, Thrifty Foods und einem Dollarshop.

Da in Ihrem Wohnmobil neben einem Kühlschrank auch ein Gefrierfach vorhanden sein wird, ist die Vorratshaltung unproblematisch - Sie können also ruhig größere Mengen einkaufen und z. B. auch tiefgekühltes Fleisch für die ersten Grillabende einlagern. Denken Sie daran, dass Sie sich zwar im Moment noch im direkten Einzugsgebiet von Städten befinden - es kann aber nicht schaden, sich direkt an den Umstand zu gewöhnen, im weiteren Verlauf Ihrer Reise nicht jederzeit einen Supermarkt aufsuchen zu können. Zumal Sie mit Sicherheit spannendere Dinge erleben möchten, als permanent im Supermarkt kleine Portionen nachzukaufen.

Nehmen Sie sich für diesen ersten Einkauf Zeit. Die kanadischen Supermärkte sind - gelinde gesagt - großzügig dimensioniert, bieten eine ungewohnte Auswahl und viele Lebensmittel, die Sie erst einmal durch das Studieren der Etiketten zuordnen müssen. Zusätzlich werden Sie weder die bekannte Auswahl an Käse- und Wurstsorten vorfinden, noch annähernd gewohntes Brot kaufen können - dafür aber eine unglaubliche Auswahl an Cheddarkäse- und Sandwichbrotsorten.

▶ **Sortiment:** Reichhaltiges Angebot an Lebensmittel und einheimische Produkte, abgestimmt auf den kanadischen Geschmack und die kanadischen Bedürfnisse (d. h. viele Waren in Großpackungen), Feinkost mit eingeführten Waren, alkoholfreie Getränke, Süßwaren, Non-Food-Bereich inkl. Haushaltszubehör, Drugstore, meist mit einer Abteilung zur Einlösung verschreibungspflichtiger Medikamente, Zeitschriften, Bäckerei. Zusätzlich, z.B. bei *Real Canadian Super Store*, gibt es Riesen-Supermärkte mit ggf. auch einer Auswahl an Bekleidung, Elektrogeräten, Campingbedarf uvm.

▶ **Wasserversorgung:** Wichtig ist die Einlagerung von Trinkwasser (*Springwater*), da das Wasser im Frischwassertank Ihres Wohnmobils nicht zum Trinken oder Kochen geeignet ist. Kaufen Sie am besten 4-Liter-Kanister, diese können Sie gut verstauen und unterwegs an Trinkwasserzapfsäulen auffüllen.

▶ **Punkte-Karten:** Bei Ihrem ersten Einkauf werden Sie sofort sehen, dass Punkte- und Bonussysteme keine heimatliche Erfindung sind, sondern in Kanada zur Perfektion getrieben wurden. Das Gute für Sie ist, dass Sie mit diesen Systemen im Urlaub richtig sparen können. Zwar sind die meisten Systeme für *Residents* (also tatsächlich Ansässige) gedacht, Sie werden aber mit ein wenig Freundlichkeit keine großen Probleme haben, bei

HR

jeder großen Supermarktkette eine entsprechende Plastikkarte o.ä. zu bekommen. Dadurch können Sie dann die vergünstigten Preise vieler Waren (diese Preise sind extra ausgezeichnet) in Anspruch nehmen.

►**Die erste Nacht auf Vancouver Island:** Sollten Sie die Fährfahrt schnell hinter sich bringen wollen, können Sie auch auf Vancouver Island in unmittelbarer Nähe des dortigen Fähranlegers (*Swartz Bay*) übernachten. Wir empfehlen den **McDonald Campground**, **► Seite 184**

Um Sie beim ersten Einkauf anzuleiten, finden Sie im Anhang dieses Reiseführers eine **Ersteinkaufs-Checkliste** (► Seite 468) mit all den Dingen, die Sie jetzt mit an Bord nehmen sollten.

Übernachtung vor der Überfahrt

Je nachdem, zu welcher Zeit Sie gelandet sind oder Ihr Wohnmobil übernommen haben, werden Sie sich dazu entschließen, vor der Überfahrt die erste Nacht im Wohnmobil noch am Festland zu verbringen. Dies kann nicht nur den zeitlichen Stress verringern, sondern auch hilfreich sein, falls Sie merken, dass auf den ersten Metern Fragen zum Wohnmobil auftauchen.

Besonders praktisch für die erste Übernachtung ist der **Parkcanada RV Park**, der nur einen Kilometer vom Fähranleger entfernt liegt. Der private Campground kann in der Hauptsaison allerdings gut gebucht sein, Sie sollten also – falls Sie sicher sind, dass Sie vor der Überfahrt am Festland übernachten wollen – vorab einen Platz telefonisch reservieren.

Sollten Sie der englischen Sprache nicht ausreichend mächtig sein, bitten Sie einfach Ihren Wohnmo-

Fähranleger Swartz Bay

bilvermieter, dies für Sie zu übernehmen. Gleiches gilt eventuell für die Rückfahrt, sollten Sie vor Rückgabe des Wohnmobils in der Nähe Ihres Vermieters übernachten wollen.

Die Fährfahrt nach Vancouver Island

Am Ende des Highways 17 erreichen Sie ohne Umwege den Fähranleger (*Ferry-Terminal*) in **Tsawwassen**. Sollten Sie die Fährfahrt vorgebucht haben, finden Sie sich zur vorgegebenen Zeit am Ferry-Terminal ein, ohne Reservierung müssen Sie in der Hauptreisezeit einige Wartezeit einkalkulieren. Als Information wird Ihnen schon einige Kilometer vor Erreichen des Anlegers über große Anzeigetafeln am Highway mitgeteilt, wie viele freie Plätze für die nächste Überfahrt zur Verfügung stehen.

Die Fähre verlässt Tsawwassen etwa stündlich, die Überfahrt dauert planmäßig 1 Stunde und 35 Minuten. Näheres zu Preisen, Abfahrtzeiten etc. ▶ Seite 183.

▶ **Fahrplanhinweise:**
www.bcferries.com

▶ **Achtung Gashahn:** Der Gashahn Ihres Wohnmobils muss während der Überfahrt in jedem Fall geschlossen sein. Denken Sie nach Verlassen der Fähre daran, diesen wieder zu öffnen.

HR

SIE BETRETEN VANCOUVER ISLAND

Swartz Bay bis Victoria

Die Halbinsel Saanich Peninsula

Mit Verlassen der Fähre am Anleger **Swartz Bay** betreten Sie den Boden von Vancouver Island und befinden sich auf der Halbinsel **Saanich Peninsula**, die sich vom Fähranleger (Gebiet *North Saanich*), vorbei an der Stadt *Sidney* bis nach *Central Saanich*, etwa mittig zwischen Fähranleger und Victoria, erstreckt.

Das Verlassen der Fähre wird vom Personal perfekt koordiniert und geht unproblematisch vonstatten. Wer allerdings erwartet, nun auf einem völlig verkehrsberuhigten Highway 17 (oder hier auch *Patricia Bay Highway/ Pat Bay Highway* genannt) zu landen, der täuscht sich. Der hier auf vier Spuren ausgebaute Highway ist ordentlich gefüllt und gibt noch nichts von der Einsamkeit und endlosen Weite Kanadas preis. Einzig ein manchmal zu erhaschender Blick auf die *Haro Strait*, in der die Grenze zwischen Kanada und den USA verläuft, lässt vermuten, was Sie im weiteren Verlauf Ihrer Reise erwarten wird.

▶ Benannt ist der *Patricia Bay Highway* nach der Patricia Bucht (*Bay*) an der Westküste der Saanich Peninsula.

Nach wenigen hundert Metern führt der Highway am **McDonald Provincial Park** vorbei, dem einzigen Campground des *Gulf Island National Parks*. Hier finden diejenigen, die vor der Überfahrt vom Festland keine Übernachtung eingeplant haben, eine erste und auch gute Möglichkeit, die Nacht zu verbringen und sich vom Flug oder der vorangegangenen Reise zu erholen.

Um sich mit aktuellem Informations- und Kartenmaterial einzudecken, empfiehlt sich ein Besuch der *Saanich Peninsula Visitor Information*, die wenige Kilometer nach Verlassen der Fähre auch mit kompetentem Personal für Sie bereitsteht.

▶ **Saanich Peninsula Visitor Information:** ✉ 10382 Highway 17, 3 km östlich von Sidney, 🕓 März-Okt tägl. mind. 8:30-17 Uhr

Kurze Zeit später durchquert der Highway **Sidney**, die erste Stadt der Insel, die mit ihrem Beinamen *„Booktown“* zeigen möchte, dass auffällig viele Buchhandlungen hier ansässig sind. Allerdings hat die Stadt ansonsten nur zwei kleine Museen und einen wenig spektakulären Jachthafen zu bieten - und ist schnell durchquert.

Der Highway führt entlang der *Bazan Bay* und wird Sie auf diesem Stück das erste Mal daran erinnern, dass Sie sich auf einer Insel befinden. Mit dieser Erkenntnis vor Augen wechseln Sie in das Gebiet von *Central Saanich* und erreichen wenig später die Abfahrt zum Highlight für Liebhaber der Gartenkunst: Die farbenprächtigen **Butchart Gardens** (seit 2004 eine *National Historic Site of Canada*) laden ebenso zu einer Verweilpause ein wie die unweit entfernten **Butterfly Gardens**, die ihre Besucher mit einem einzigartigen Artenreichtum an Schmetterlingen bezaubern. Astronomie-Interessierten empfiehlt sich ein Besuch des **Dominion Astrophysical Obervatory**, Geschichtsinteressierte haben die Möglichkeit, sich mit **Heritage-Touren** durch Saanich führen zu lassen.

Allen, die von der Neugier auf die nahende Provinzhauptstadt getrieben werden, können wir versichern: Der zunehmende Verkehr und die rechts und links des Highways startenden Häuserreihen sind die ersten Vorboten der nun bald erreichten Stadt **Victoria**.

Victoria

Wenn Sie konsequent dem Highway 17 folgen, wird dieser Sie sicher Ihrem ersten Etappenziel näherbringen: der blumenreichen Provinzhauptstadt von British Columbia, **Victoria**. Im Bereich des *Inner Harbour*, der gleichzeitig Zentrum und perfekter Ausgangspunkt für touristische Entdeckungen der Stadt ist, endet der Highway 17 und trifft auf den Trans-Canada Highway 1.

Dort, am **Inner Harbour**, sollten Sie Ihre Entdeckungen der Stadt starten - und sich mit den am Hafen liegenden Cafés und Restaurants auf eine wunderschöne Stadt einstimmen. Das altehrwürdige **Empress Hotel** und das inmitten eines Rasenteppichs liegende **Parlamentsgebäude** befinden sich ebenso in direkter Laufweite wie viele kleine Boutiquen und Souvenirshops,

SIDNEY ▶ 185
Emerald Sea Adv. ▶ 186
Fährverbindung ▶ 186
BC Aviation Museum ▶ 187
Sidney Hist. Museum ▶ 187

▶ Von Sidney aus gibt es die Möglichkeit, per Fähre in die USA überzusetzen. Ziel ist die Insel **Whidbey Island** im US-Bundesstaat Washington.

SAANICH ▶ 188
John Dean Prov. Park ▶ 188
Butchart Gardens ▶ 189
Butterfly Gardens ▶ 190
Marine Scenic Drive ▶ 191
Dominion Observatory ▶ 191
Heritage Touren ▶ 192
Mt. Douglas Park ▶ 192

▶ **Umfahren der Innenstadt:** Sollten Sie Victoria später bzw. bei der Rückfahrt besuchen wollen, können Sie die Innenstadt über den *Royal Oak Dr* (geht über in *Wilkinson Rd* und *Helmcken Rd*) oder wenig später gleichermaßen über die *McKenzie Ave* umfahren. Beide Wege münden wenige Kilometer nördliche der Innenstadt auf den Trans-Canada Highway 1.

VICTORIA ▶ 193
STADTKARTE ▶ 504
Festivals ▶ 196
Ale-Trail ▶ 198
Whale-Watching ▶ 198
Maritime Museum BC ▶ 199
Parlamentsgebäude ▶ 200
Empress Hotel ▶ 201
Undersea Garden ▶ 202
Royal BC Museum ▶ 202
London Wax Museum ▶ 203
Craigdarroch Castle ▶ 203
Chinatown ▶ 204
Market Square ▶ 204
Marine Scenic Drive ▶ 205

HR

Victoria - Inner Harbour

▶Tatsächlich hat der **Trans-Canada Highway** seinen Startpunkt auf einer Insel. Von hier führt er nach Norden bis Nanaimo und dort vom gegenüber liegenden Festland aus bis an die Ostküste Kanadas. Mit über 7.000 km ist der TCH damit nicht nur eine der längsten Straßenverbindungen der Welt, sondern gleichzeitig auch die einzige durchgehende Verbindung zwischen beiden kanadischen Küsten. Er endet in St. John in Neufundland. Die Markierung *„Mile 0"* befindet sich im **Beacon Hill Park**, südlich der Innenstadt an der Strait of Georgia.

▶Sehnsucht nach knackigem Brot und Brötchen? Die **Rheinland Bakery** bietet beste Backwaren nach deutscher Tradition. ✉ 730 Fort St, ☎ 250-385-1012

▶Schnitzelfreunde aufgepasst: **Rathskeller Schnitzelhouse:** ✉ 1205 Quadra St, ☎ 250-386-9348

die sich bis in die umliegenden Fußgängerzonen erstrecken. Allgegenwärtig ist der britische Ursprung der Stadt, zahlreiche Häuser lassen daran keinen Zweifel, auch der obligatorische *Five-O'Clock-Tea* wird zelebriert – besonders nobel, aber auch ebenso kostspielig im Empress Hotel.

Die chinesischen Einflüsse, die in jeder großen Stadt im westlichen Kanada zu spüren sind, zeigen sich in Victoria in einem eigenen **Chinatown**, wo sich die wahrscheinlich engste Gasse ganz Kanadas befindet: die **Fan Tan Alley**. Früher als „Räuberhöhle" verschrien, können Sie dort heutzutage durch allerlei kleine Geschäfte bummeln und bereitwillig die ersten Urlaubsdollars ausgeben.

Das meist sehr milde Klima, das selbst im Winter kaum frostige Temperaturen zulässt, gibt der Stadt eine ganz eigene Lebendigkeit und garantiert Besuchern zu jeder Jahreszeit einen lohnenswerten Aufenthalt. Unterstützt durch zahlreiche Festivals und Open-Air-Veranstaltungen, hat sich Victoria zu einem der beliebtesten Touristenmagnete im kanadischen Westen entwickelt.

Nach einer ausführlichen Stadtbesichtigung setzen Sie Ihre Reise über den Trans-Canada Highway 1 fort, der – wie beschrieben – am Inner Harbour startet und Sie zuverlässig aus der Stadt nach Norden geleitet.

HR

DIE REISE RICHTUNG NORDEN BEGINNT

Victoria bis Duncan

Die ersten Meilen auf dem TCH 1

Erwarten Sie nicht, dass Sie mit „Betreten" des Trans-Canada Highway 1 automatisch von einem Gefühl der Freiheit und Unendlichkeit übermannt werden – allein, bis Sie die Stadt wirklich hinter sich gelassen haben, vergeht einige Zeit. Und auch der weitere Weg nach Norden ist zunächst noch von Städten und dem dazugehörigen Berufsverkehr geprägt.

Wer bereits frühzeitig in das Hinterland eintauchen möchte, kann ab **Langford** (Kreuzung Highway 1 und 14) die erste **Nebenroute** „Langford bis Port Renfrew" in Angriff nehmen, die hier nach Westen abzweigt und Sie bis an die Westküste der Insel, bis zur Stadt Port Renfrew bringt.

LANGFORD ▶ 286

NEBENROUTE 1
Langford bis Port Renfrew
▶ ab Seite 285

Die Hauptroute allerdings führt weiter Richtung Norden und hält nach wenigen Kilometern eine gute Übernachtungsmöglichkeit für alle bereit, die sich von der Stadtbesichtigung erholen möchten. Der **Goldstream Provincial Park** liegt mitten im Wald und bietet einige entspannende Wandermöglichkeiten. Die etwa zwei Kilometer nördlich des Campgrounds gelegene **Freeman King Visitor Information** steht ihren Besuchern mit umfassendem Informationsmaterial und einer kleine Ausstellung über die regionale Flora und Fauna zur Verfügung.

P ▶ GOLDSTREAM PP ▶ 206

▶ Sollte Ihnen beim Besuch des *Goldstream Provincial Parks* der Name **Niagara Falls** auffallen, lassen Sie davon nicht täuschen – der örtliche Ableger dieser berühmten Wasserfälle überbrückt lediglich eine Höhe von 47 m und besteht bei trockener Witterung aus nicht mehr als einem Rinnsal.

Nach Passieren des Parks wird das Verkehrsaufkommen zwar nicht unbedingt geringer, zumindest führt der Highway nun aber durch dichte, grüne Wälder und vorbei an eigenen Aussichtspunkten. Achten Sie je nach herrschendem Betrieb auf die Beschilderungen, die nicht immer rechtzeitig erfolgen und daher leicht über-

▶Zu den Laichzeiten der **Lachse** im Herbst wimmelt es im Goldstream Provincial Park von Lachsen – was natürlich vermehrt Schwarzbären anzieht, die am Fluss die leichte Beute einfangen und sich damit ihre Reserven für den Winter anfressen. Seien Sie zu dieser Zeit besonders vorsichtig.

Goldstream Provincial Park - Niagara Falls

▶Wer auf dem vier-spurigen Highway eine Abfahrt verpasst hat, kann bei den sogenannten **U-Turns** den Highway verlassen und auf die entgegengesetzte Fahrbahn überwechseln.

WEST SHAWNIGAN LAKE, MEMORY ISLAND & KOKSILAH PR. PARK ▶ 207

BAMBERTON PP ▶ 210

WHIPPLETREE JCT. ▶ 210

sehen werden können. Besonders schöne Ausblicke bieten **Malahat Summit** und **Malahat Lookout**, die mit beschrifteten Hinweistafeln darüber informieren, was Sie beim Blick in die verschiedenen Richtungen gerade erspähen können.

Der kleine Bade- und Wassersportsee **Shawnigan Lake**, ein bei Touristen, aber auch bei Stadtbewohnern sehr beliebter Erholungsort, liegt westlich des Highways und lädt bei schönem Wetter zu einer kleinen Bootstour ein.

Die Ausfahrt zum besonders an Wochenenden von Stadtbewohnern stark frequentierten **Bamberton Provincial Park** erreichen Sie wenig später, ebenso **Whippletree Junction**, einen ganz besonderen Ort, wo eigentlich zum Abriss bestimmte Häuser des *Chinatowns* in Duncan wieder aufgebaut wurden und nun Schnickschnacklädchen, Cafés und Antiquitätengeschäfte be-

Malahat Lookout

herbergen. Einige dieser Läden stehen zwar mittlerweile leer, dennoch lohnt sich ein kurzer Stopp.

Die bereits seit einiger Zeit vermehrt bebauten Flächen links und rechts des Highways kündigen an: Es folgt die nächste Stadt, **Duncan.**

Duncan

Schon das Begrüßungsschild am Eingang der Stadt teilt Ihnen mit, dass **Duncan** die „Stadt der Totempfähle" (*City of Totems*) ist. Dies ist keinesfalls übertrieben, das Stadtbild ist tatsächlich geprägt von immerhin rund 80 Totempfählen, darunter auch der weltgrößte (nach Durchmesser), der vom First Nations Künstler *Simon Charlie* geschaffen wurde. Wer die *Totems* der Stadt bewundern möchte, kann einfach den auf dem Boden aufgemalten Fußspuren folgen – diese führen zu den interessantesten Werken.

Generell spielen in Duncan die ansässigen *Cowichan First Nations* eine wichtige Rolle, einen Einblick erhalten Sie im **Quw'utsun' Cultural Centre**, wo Angehörige der First Nations mit traditionellen Tänzen, Kunsthandwerk und Musik ihre Kultur präsentieren - im Riverwalk Café, das dem *Cultural Centre* angeschlossen ist, können Sie außerdem traditionelle Gerichte der *Cowichan People* probieren.

DUNCAN ▶ 211
Hockey-Schläger ▶ 212
Farmers Market ▶ 213
Cowichan V. Museum ▶ 213
BC Forest Disc. Centre ▶ 213
Quw'utsun' Centre ▶ 213
Mt. Tzouhalem Reserve ▶ 215

▶ Der längste **Hockey-Schläger** der Welt, angefertigt zur Expo 1986, befindet sich in Duncan.

▶ **Kostengünstig parken** Sie für einen Stadtbesuch auf dem großen Parkplatz an der *Trunk Rd*, westlich des Highways 1.

HR

Duncan - Totempfahl

► Der **Cowichan Valley Regional District** beheimatet etwa 80.000 Menschen und umfasst die Gemeinden Chemainus, Cobble Hill, Cowichan Bay, Duncan, Ladysmith, Lake Cowichan, Mill Bay und Youbou.

NEBENROUTE 2
Duncan bis Lake Cowichan
► ab Seite 305

Als Distrikthauptstadt des **Cowichan Valley** hat Duncan natürlich auch die Aufgabe, seinen Besuchern die geschichtliche Entwicklung der Region näher zu bringen. Die beste Umsetzung dieser Aufgabe hält das **Cowichan Valley Museum** bereit, das in der ehemaligen Bahnhofsstation untergebracht ist und umfassend die Entwicklung der Region dokumentiert.

Kurz nach Verlassen der Stadt Duncan auf dem Highway 1 erreichen Sie die Kreuzung mit dem Highway 18, wo die **Nebenroute 2** „Duncan bis Lake Cowichan" beginnt, über die Sie einen Abstecher nach Westen zum zweitgrößten Frischwasserreservoir der Insel, dem **Cowichan Lake**, unternehmen können. Die Hauptroute führt an dieser Kreuzung vorbei, weiter auf dem Highway 1 Richtung Norden.

SCHÖNE TOURISTENSTÄDTE UND TIEFE EINBLICKE IN DEN FRÜHEN KOHLEBERGBAU

Duncan bis Nanaimo

Farmland nördlich von Duncan

Auch wenn Sie zweifelsfrei feststellen werden, dass Sie sich immer noch im recht belebten und verkehrsreichen Teil von Vancouver Island befinden, so zeigt Ihnen die Landschaft deutlich, dass Sie sich im Farmland der Insel bewegen. Kleine Ortschaften reihen sich zwischen den großen Feldern aneinander und zeugen von der immer noch großen Bedeutung der Landwirtschaft für die Bewohner dieser Region.

Eine Seitenstraße, die Sie nach einigen Kilometern erreichen, zweigt zur Küste ab und endet in der kleinen Stadt *Crofton* an einem Fähranleger. Von dort können Sie einen Abstecher auf eine der größten Inseln der vorgelagerten *Gulf Islands* unternehmen: **Saltspring Island**. Diese beliebte Ferieninsel bezeichnet sich als *„Organic Capital of Canada“* und lockt Einheimische wie Besucher mit einer schönen Landschaft, einer angenehmen Ruhe und vielen Möglichkeiten für Wassersportler.

SALTSPRING ISL. ▶ 427

▶Saltspring Island besitzt sogar eine eigene Währung, den **Saltspring Dollar**. Diese Dollars sind aber kein Spielgeld, sondern ein rechtskräftiges Zahlungsmittel in fast allen Lokalitäten der Insel.

Wer den Ausflug nach Saltspring Island nicht eingeplant hat, erreicht kurze Zeit später wiederum eine Seitenstraße – diese führt diesmal aber zu einem sehenswerten Zwischenstopp, der Stadt **Chemainus**.

Chemainus

Chemainus, direkt an der Küste zur *Strait of Georgia* gelegen, ist ein idyllischer Ort, den Sie keinesfalls verpassen sollten. Markenzeichen und gleichzeitig Hauptattraktion des Ortes sind die hier überall zu sehenden,

CHEMAINUS ▶ 216
Valley Museum ▶ 218
Theatre Festival ▶ 218

An der Küste Nanaimos

PETROGLYPHS PP ▶ 221

vor der Innenstadt einen lohnenswerten Zwischenstopp: den **Petroglyph Provincial Park**. Über einen kurzen Fußweg kommen Sie hier zu einigen, viele Jahrhunderte alten Felsenzeichnungen (*Petroglyphs*) der First Nations, der ersten Bewohner von Vancouver Island.

Der **Highway 19** ist eher für die Pragmatiker geeignet, die möglichst zügig den Großraum Nanaimo umfahren möchten. Auf vier Spurten ausgebaut, führt die Straße zügig und die Stadt umfahrend nach Norden, bis er auf den Highway 19A trifft und diesem seine Nummer aufdrängt.

Nanaimo

NANAIMO ▶ 222
Heritage Walk/Town ▶ 225
District Museum ▶ 225
Fort Bastion ▶ 226
Military Museum ▶ 226
Bathtub Society ▶ 226
Bungee Jumping ▶ 227
Newcastle Marine PP ▶ 227

Die Innenstadt von **Nanaimo**, der zweitgrößten Stadt auf Vancouver Island, erreichen Sie automatisch, wenn Sie dem Highway 1 gefolgt sind. Zur Einstimmung auf die Ortschaft könnten Sie z. B. einen entspannenden Bummel durch die direkt am Hafen schön angelegten Parks **Muffeo Sutton Park** und **Georgia Park** einplanen, Parkmöglichkeiten befinden sich direkt am Muffeo Park.

Beobachten Sie das muntere Treiben im Hafen, wo kleine Wasserflugzeuge landen und die Passagierfähren zu der vorgelagerten Insel **Protection Island** und dem **Newcastle Island Provincial Park** starten.

Westlich des *Muffeo Sutton Park* startet die **Heritage Town**, durch die sich ebenfalls ein kurzer Rundgang lohnt. Hier finden Sie zahlreiche Kunst-, Kunsthandwerk- und Souvenirlädchen, ebenfalls nette Cafés und kleine Boutiquen.

Die interessanteste Sehenswürdigkeit Nanaimos ist das älteste Gebäude der Stadt, das **Fort Bastion**. Es liegt Ecke *Bastion St / Front St* und diente ursprünglich als sichere Unterkunft für im Kohlebergwerk beschäftigte Mitarbeiter im Falle eines Angriffs. Im Sommer wird jeden Tag um 12 Uhr einen Kanonenschuss abgefeuert, der von Dudelsackmusik begleitet wird.

Der Highway 1 endet am **Ferry Terminal Departure Bay**, wo die Fähre nach Horseshoe Bay (nördlich von Vancouver gelegen) startet. Kurz vor Erreichen des Fähranlegers wechseln Sie allerdings, wenn Sie nicht zur Fähre möchten, auf den Highway 19A und folgen diesem wieder aus Nanaimo heraus.

▶Sollten Sie zufällig im **Juli in Nanaimo** sein, können Sie beim *„International World Championship Bathtub Race“* erwachsene Menschen in originellen „Badewannen“ durch das Hafenbecken wettschwimmen sehen.

HR

TOURISTENHOCHBURGEN

Nanaimo bis Qualicum Beach

Von Nanaimo bis Parksville

►19 ↔ 19A: Auch außerhalb der Städte gibt es immer wieder Möglichkeiten, von dem einen Highway auf den anderen zu wechseln. Entlang beider Highways finden Sie ausreichend Möglichkeiten, Ihre Vorräte aufzufüllen.

Kaum haben Sie die Stadt Nanaimo hinter sich gelassen, treffen beide Highways (der schnelle 19 und der schöne 19A) wieder zusammen, nur um sich circa 20 km später, nahe *Parksville*, erneut und diesmal bis *Campbell River* zu trennen. Zwar sind beide Highways ausgeschildert, es kann trotzdem hilfreich sein zu wissen, dass der Highway 19 auch *„Inland Island Highway"* und der 19A *„Island Highway"* genannt wird. Wir empfehlen die Weiterfahrt auf dem **Highway 19A**, erreichbar sind die wichtigsten Sehenswürdigkeiten aber von beiden Highways aus.

RATHTREVOR BEACH PROVINCIAL PARK ► 229

Eine empfehlenswerte und leider auch außerordentlich beliebte Übernachtungsmöglichkeit ist der Campground des **Rathtrevor Beach Provincial Park**, den Sie kurz nach der erneuten Teilung des Highways über den Highway 19A und die *Rathtrevor Rd* erreichen. Mit langen Sandstränden, schönen Picknickanlagen und einem küstennahen Wanderweg, von dem aus Sie den Blick weit und bei klarer Sicht bis zum Festland und den *Coast Mountains* schweifen lassen können, macht Rathtrevor Beach Lust auf einen längeren Aufenthalt. Wer in der Hauptsaison oder an Wochenenden unterwegs ist, sollte unbedingt einen Platz vorreservieren oder früh am Nachmittag eintreffen.

NEBENROUTE 3
Qualicum Beach bis Tofino
► ab Seite 315

Weiter Richtung Norden erreichen Sie unmittelbar nach Rathtrevor die kleine Stadt Parksville und den **Highway 4A**, der Richtung Westen nach *Port Alberni*, *Ucluelet* und *Tofino* abzweigt und Ihnen die Möglichkeit bietet, sich auf unsere **Nebenroute 3** „Qualicum Beach bis Tofino" zu begeben. Sollten Sie dies nicht einplanen, können Sie sich nun der kleinen Küstenstadt **Parksville** widmen.

Parksville und Qualicum Beach

Parksville selber ist eine klassische Touristenstadt, die von seinen Besuchern, dem Wassersport und verschiedensten Outdoor-Aktivitäten lebt. Interessant ist ein Bummel durch den **Craig Heritage Park**, der mit einigen historischen Gebäuden aus der Zeit der Pioniere aufwartet. Alle weiteren Attraktionen befinden sich eher außerhalb.

So z. B. der **Englishman River Falls Provincial Park** (östlich am Highway 4A), der zwei reizvolle Wasserfälle beheimatet, die über einen Rundgang besichtigt werden können. Im Herbst staunen Besucher nicht schlecht über die massenhaft im Fluss „umherspringenden" Lachse.

Ebenfalls gen Osten (allerdings am Highway 4) liegt der **Little Qualicum Falls Provincial Park**, der ebenfalls zwei Wasserfälle per Rundgang zur Besichtigung bereithält. Beide Provincial Parks bieten Möglichkeiten zur Übernachtung und haben weiträumige Campgrounds.

PARKSVILLE ▶ 230
Englishman River Falls ▶ 231
Little Qualicum Falls ▶ 231
Craig Heritage Park ▶ 231
Anglican Church ▶ 233
Sand Sculpting Comp. ▶ 233

▶Alljährlich im August findet in *Parksville* das **Beach Festival** statt – Höhepunkt dieses Familienfestes ist ein Sandskulpturenwettbewerb. Die eindrucksvollen Skulpturen können danach noch etwa drei Wochen lang besichtigt werden.

▶Sollten Sie auf *Rathtrevor* (s.o.) keinen Platz mehr bekommen, sind diese beiden

Englishman River Falls

HR

Campgrounds eine echte Alternative. Zumindest, bevor Sie im Rathtrevor mit einem *Overflow*-„Strafplatz" vorlieb nehmen müssen. Denn diese sind, wie fast immer, auf asphaltierten Parkplätzen gelegen und zwingen Sie zu einer Tür-an-Tür-Übernachtung, meist trotzdem zum vollen Preis.

LASQUETI ISLAND ▶ 420

Nachdem Sie Parksville auf dem Highway 19A Richtung Norden verlassen haben, erreichen Sie fast mittig auf dem Weg nach *Qualicum Beach* den **Fähranleger French Creek**. Dort startet die Fähre nach **Lasqueti Island**, einer ganz besonderen Insel, auf der keine Fahrzeuge außer Taxis erlaubt sind. Diese, Fahrräder und die eigenen Füße sind die einzigen Transportmittel, die von den wenigen hundert Inselbewohnern akzeptiert und genutzt werden. Viele der Bewohner sind übrigens Künstler und Schriftsteller, die ganz bewusst auf die Bequemlichkeiten eines „normalen Lebens" verzichten und sich an der Abgeschiedenheit und Ruhe der Insel erfreuen.

QUALICUM BEACH ▶ 233
Milner Gardens & Wl. ▶ 234
Historical Museum ▶ 235

Ob mit oder ohne Besuch von Lasqueti Island erreichen Sie alsbald **Qualicum Beach**, eine äußerst gepflegte Ortschaft, wo sich viele Kanadier mit einem Altersruhesitz das Leben versüßen. Man fährt dort durch ruhige und saubere Straßen, vorbei an Häusern inmitten schöner Gärten. Das Ambiente der Innenstadt ist geprägt von gemütlichen Cafés, kleinen Boutiquen und natürlich den obligatorischen Souvenirlädchen. Wer die Chance zu einem Stopp nutzen möchte, dem sei ein Besuch der **Milner Gardens & Woodlands** empfohlen, wo man sich im **Milner House**, das einem englischen Teeplantagenhaus nachempfunden ist, eine köstliche Tasse Tee und einen kleinen Imbiss schmecken lassen kann.

HR

HÖHLENFORSCHER ON TOUR

Qualicum Beach bis Courtenay / Comox

Küstennah führt der Highway 19A aus *Qualicum Beach* hinaus und erreicht in der nächsten, sehr kleinen Küstengemeinde **Qualicum Bay** einen Abzweig zu zwei, wenige Kilometer im Inland liegenden Seen: **Spider Lake** und **Horne Lake**, beiden sind gleichnamige Provincial Parks angeschlossen.

Der **Spider Lake** ist der kleinere der beiden Seen und eignet sich für einen Zwischenstopp auf dem Weg zum **Horne Lake**. Diesen erreichen Sie zwar über eine stellenweise steile, holprige und enge *Gravelroad*, dafür erwartet Sie dort aber ein großer, wunderschön gele-

▶ Da die **Zufahrt zum Horne Lake** teilweise holprig und steinig ist, sollten Sie bei Bedenken vorher mit Ihrem Vermieter abklären, ob Sie diese Strecke mit Ihrem Wohnmobil befahren dürfen.

Courtenay

HR

SPIDER LAKE & HORNE LAKE PROV. PARK ▶ 236

▶ **Für alle Höhlenforscher**: Taschenlampen, warme Kleidung und festes Schuhwerk sollten Sie bereithalten – Schutzhelme können im *Cave Centre* ausgeliehen werden.

DENMAN ISLAND ▶ 415

CUMBERLAND ▶ 238
Museum & Archive ▶ 239
Heritage Walking Tours ▶ 239

COURTENAY UND COMOX ▶ 240
Sightseeing Rail Canada ▶ 242
Filberg Heritage Lodge ▶ 242
I-Hos Gallery ▶ 243
District Museum ▶ 243
Air Force Museum ▶ 245

gener See, der mit Badestränden, Bootsanlegestellen und vielen Wanderwegen zum Verweilen einlädt. Der angeschlossene **Horne Lake Cave Provincial Park** umfasst als besonderes Highlight mehrere Höhlensysteme verschiedener Schwierigkeitsgrade, die teilweise auch ohne Führung erforscht werden können. Wer eine längere Höhlenerforschung oder z. B. eine Bootstour auf dem See einplant, kann im *Horne Lake Regional Park Campground* übernachten.

Zurück in *Qualicum Bay* fahren Sie den Highway 19A weiter Richtung Norden. Die Straße bleibt meist in Küstennähe und lädt mehr als einmal zu einem Fotostopp ein. Sie passieren kleinste Ortschaften und schöne Buchten, bevor Sie in **Buckley Bay** den nächsten Fähranleger erreichen. Dort pendelt die Fähre zu der etwa 2 km vor der Küste liegenden Insel **Denman Island**. Auf Denman Island lebt eine sehr naturverbundene Bevölkerung, die das milde Klima schätzt und die ertragreichen Felder nach ökologischen Maßstäben bestellt. Neben klassischen landwirtschaftlichen Produkten liefern die Felder der Inselbewohner vor allem die Grundsubstanzen für den hochwertigen *Denman Island Tea* und die *Denman Island Schokolade*, die es in verschiedenen Geschmacksrichtungen zu kaufen gibt.

Wer nach diesem Abstecher Bedarf an ein wenig Bergbau-Geschichte verspürt, kann der nach wenigen Kilometern auf dem Highway 19A östlich gelegenen Kleinstadt **Cumberland** einen Besuch abstatten. Neben dem **Cumberland Museum** und einigen historischen Stadtführungen kann diese durch den „Kohleboom" gewachsene Stadt mit einem Rekord aufwarten: 1942 wurde hier eine Höchsttemperatur von 43,9° C gemessen – damit ist Cumberland die wärmste Stadt Kanadas.

Wesentlich mehr gibt es dort nicht zu entdecken, die meisten wird der Weg deshalb zügig weiter Richtung Norden führen, wo der Highway 19A Sie zwangsläufig in die Stadt **Courtenay** geleitet. Courtenay ist das Versorgungszentrum der Region, Sitz der Verwaltung des *Comox Valley* und ein beliebtes Ziel kanadischer und ausländischer Touristen. Der hübsche Ortskern lädt zu einem kurzen Bummel oder einer Kaffeepause ein. Besonders für Familien bietet das **District Museum** eine Fossilien-Tour an, bei der Groß und Klein unter Führung der örtlichen Museumsangestellten auf die Suche nach Überresten vergangener Zeiten gehen können. Die Touren sind allerdings sehr beliebt, wir empfehlen bei Interesse eine Voranmeldung.

Unmittelbar östlich von Courtenay liegt die „Schwesterstadt“ **Comox**, die sich vor allem durch eine außerordentlich schöne und blumenreiche Innenstadt auszeichnet. Die Pier-Anlage ist besonders bei schönem Wetter ein idyllischer Platz, um die Aussicht zu genießen und die Seele baumeln zu lassen. Leider ist die Parkplatzsuche im Innenstadtbereich für Wohnmobilfahrer nicht immer ein leichtes Unterfangen – darauf sollten Sie sich vor allem zu Saisonzeiten einstellen.

▶**Hämmerchen und Meißel** sollten Sie bei der Fossilien-Tour im Marschgepäck haben. Besonders wertvolle Funde können übrigens dem Museum gespendet werden – diese werden dann, mit ihrem Namen versehen, im Museum ausgestellt.

SKI UND RODEL GUT

Comox Valley bis Campbell River

Comox bis Campbell River

MT WASHINGTON ► 246

►Über den **Strathcona Parkway** können Sie nicht in den Hauptteil des riesigen *Strathcona Provincial Parks* gelangen, dies ist nur über den Highway 28 (Nebenstrecke 4 ► Seite 351) möglich.

Bereits in Comox werden Sie, egal, auf welchem Highway Sie unterwegs sind, auf ein nahendes Skigebiet hingewiesen, das **Mount Washington Alpine Resort**, Gipfelhöhe 1.588 m. Erreicht wird das Skigebiet über den *Strathcona Parkway* (auch als *Mt. Washington Rd* ausgeschildert), der vom Highway 19 Richtung Westen abzweigt. Vom Highway 19A müssen Sie also erst zum Highway 19 „übersetzen“, folgen Sie dazu am besten den Hinweisschildern des Skiresorts.

Comox Innenstadt

HR

Die Straße zum *Mt. Washington* ist zwar kurvenreich, aber durchgehend asphaltiert, Sie werden also keine Probleme haben, das Gebiet zu erreichen. Dort oben angekommen erwartet Sie eine touristisch gigantisch ausgebaute Ansammlung von Unterkünften, Chalets, Geschäften uvm.

Da fällt es auch in den Sommermonaten leicht, sich vorzustellen, was hier zur Skisaison los ist. Aber auch in den wärmeren Monaten bietet dieses Ausflugsgebiet eine Fülle an Wandermöglichkeiten und Bike-Touren. Besonders der Gipfel, den man über einen Sessellift erreicht, kann im Sommer durch eine grandiose Aussicht beeindrucken.

Unterhalb des Alpine Resorts führt eine Straße zum Parkplatz von **Paradise Meadows**, Ausgangspunkt für Wanderungen im Ostteil (*Forbidden Plateau*) des **Strathcona Provincial Parks** (▶ Seite 353).

Wer sich lieber der Inselwelt widmen möchte, kann ab **Little River** zur **Texada Island** übersetzen (mit Zwischenstopp in Powell River ▶ Seite 393, Sunshine Coast am Festland). Texada Island ist die größte der Gulf Islands und beherbergt auf einer Länge von über 50 km gerade einmal etwa 1.100 permanente Bewohner. Die Insel gilt als Vogelparadies und ist vor allem bei Outdoor-Fans für ihre Unberührtheit beliebt. Der **Fähranleger von Little River** liegt wenige Kilometer nördlich von Comox. Ein Besuch der Insel lohnt sich - aber nur, wenn Sie ausreichend Zeit einplanen.

TEXADA ISLAND ▶ 430

Wer direkt Richtung Norden weiterfährt, erreicht noch vor dem Stadtgebiet von Campbell River zwei lohnenswerte Übernachtungsmöglichkeiten. Als Erstes den **Kitty Coleman Provincial Park**, der zwar zu den kleineren Parks zählt, aber dafür Stellplätze mit freiem Meerblick bietet. Alternativ folgt wenige Kilometer danach die Abfahrt zum **Miracle Beach Provincial Park**, der über 200 weiträumige Stellplätze bereithält, allerdings während der Hauptreisezeit und an den Wochenenden der Nebensaison sehr gut besucht ist. Schöne Picknickplätze am Meer, kurze Wanderwege und ein weitläufiger Strandbereich machen diesen Park besonders beliebt - bei Übernachtungswunsch empfiehlt sich eine Reservierung oder zumindest frühzeitige Ankunft am Nachmittag.

KITTY COLEMAN ▶ 249
MIRACLE BEACH ▶ 250

50th Parallel Marker in Campbell River

Campbell River

CAMPBELL RIVER ▶ 250
Discovery Islands ▶ 252
Haig-Brown House ▶ 253
Wei Wai Kum House ▶ 254
Gildas Box of Treasures ▶ 254
Museum ▶ 255
Elk Falls Prov. Park ▶ 255

Vor Ihnen liegt nun „Das Tor zum Norden", die Stadt **Campbell River**, die exakt auf dem 50. Breitengrad liegt. Eine Markierung auf dem Highway 19A zeigt die genaue Position und ist für ein Erinnerungsfoto sehr beliebt. In der Innenstadt von Campbell River treffen Highway 19 und 19A wieder aufeinander, von dort führt dann nur noch der Highway 19 weiter nach Norden.

In Campbell River spielt vor allem die Historie eine große Rolle. In verschiedenen Museen (z. B. **Campbell River Museum**) können Sie sich nicht nur über die jüngere Geschichte des Ortes, sondern auch über die Historie der hier ansässigen *Kwakwaka'wakw*, eine Gruppe indianischer Stämme der First Nations, informieren. Am besten eignet sich dafür das **Wei Wai Kum House of Treasures**, das Sie mit drei besonders mächtigen und schönen Totempfählen begrüßt.

Sehenswert sind auch die 25 m hohen Elk Falls im **Elk Falls Provincial Park**, der nach kurzer Fahrt über den nach Westen abzweigenden Highway 28 erreicht werden kann. Zwei Abfahrten führen in den Park: die erste zum Campground, die zweite nach etwa 3 Kilometern zu einem Picknickplatz, von dem aus ein Rundweg zu den Wasserfällen startet. Wer in dem Park übernachtet, kann auch direkt vom Campground aus einen längeren Wanderweg zu den Wasserfällen unternehmen.

Wer die Region rund um Campbell River auf einer Landkarte betrachtet, wird sehen, dass sich vor der Küste eine Vielzahl verschieden großer Inseln befindet. Von diesen, **Discovery Island** genannten Inseln können allerdings nur **Cortes** und **Quadra Island** per Fähre besucht werden, alle anderen Inseln müssen auf eigene Faust (z. B. per Wasserflugzeug) erkundet werden. Diese *„Outer Island"* gehören dadurch zu den letzten einsamen und zum Teil auch unerschlossenen Wildnisgebieten der Region.

QUADRA ISLAND ▶ 421
CORTES ISLAND ▶ 424

Nutzen Sie vor der Weiterfahrt die Versorgungseinrichtungen von Campbell River zum Auffüllen der Vorräte und des Treibstofftanks, nördlich der Stadt beginnt die wirkliche Einsamkeit Vancouver Islands.

HR

WOHNMOBILE MÜSSEN DRAUSSEN BLEIBEN – NEBENSTRASSEN IM NORDEN

Informationen zur Straßenbeschaffenheit nördlich von Campbell River

► Informieren Sie sich genauestens bei Übernahme Ihres Fahrzeuges, welche Strecken Sie nicht befahren dürfen. Bei Zuwiderhandlungen verfällt Ihr Versicherungsschutz!

Bevor Sie endgültig in die Einsamkeit des Nordens eintauchen, möchten wir Sie mit den Gegebenheiten der Straßen vertraut machen.

Ungeachtet des Fahrzeugs, mit dem Sie unterwegs sind, können Sie auf dem Highway 19, der nun einzig und allein in den Norden führt, Ihre Fahrt auf einer asphaltierten und sehr gut befahrbaren Straße fortsetzen. Dies gilt ebenfalls für folgende, vom Highway abzweigende Straßen:

- Die Verbindung vom Highway 19 nach Sayward,
- Die Straße nahe Port McNeill nach Telegraph Cove
- Der südlich von Port Hardy abzweigende Highway 30 nach Port Alice.

Die **Nebenstrecke 5 nach Zeballos** (► Seite 369) nördlich von Woss und die **Nebenstrecke 6 zum Cape Scott Provincial Park** nahe Port Hardy (► Seite 377) sind beides Gravelroads mit teilweise schlechteren Straßenabschnitten (Logging Roads), die auch von schweren Trucks zum Holztransport genutzt werden.

Diese Straßen sind nach vorheriger Rücksprache in einer Visitor Information bedingt für Pickup-Camper befahrbar, die ein Allrad-Unterfahrzeug und hohe Bodenfreiheit haben.

Eventuell eignen sich auch kleinere Wohnmobile, dies sollten Sie aber unbedingt mit dem Personal der Visitor Information absprechen, da auch die Wetterbedingungen eine entscheidende Rolle spielen können. Zusätzlich sollten Sie diese Aspekte mit Ihrem Wohnmobilvermieter besprechen, um keine Probleme mit dem Versicherungsschutz zu bekommen.

Alle hier nicht genannten Abfahrten vom Highway 19 sind **Logging Roads**, die keinesfalls mit angemieteten Wohnmobilen befahren werden dürfen. Auf diesen Straßen, die nicht nur eng, kurvenreich und stellenweise sehr steil, sondern auch oft mit tiefen Spurrillen durchzogen sind, kommen Ihnen an Werktagen außerdem Holztransporter entgegen, die nicht ausweichen können. Diese Kolosse sind schwer genug, um sich durch Matsch und Dreck ihren Weg zu bahnen.

Auch auf **Gravelroads** kann Ihnen ein solcher Schwertransport durchaus entgegenkommen. Halten Sie sich dann so weit wie möglich an der rechten Fahrbahnseite und reduzieren Sie die Geschwindigkeit oder bleiben Sie stehen, bis das Fahrzeug vorbeigefahren ist. Bei Trockenheit ist es ratsam abzuwarten, bis sich die aufgewirbelte Staubschicht verflüchtigt hat und die Sicht wieder frei ist.

▶ **Trugschluss:** Viele Urlauber lassen sich vom ersten Bild täuschen, denn meist sind die Anfänge der abgehenden Straßen gut in Schuss. Wenn sich dann später urplötzlich das Bild wandelt und man sich auf einer nicht zu bezwingenden Holperstrecke wiederfindet, kann es schwierig werden, da Umkehrmöglichkeiten nur selten gegeben sind. Außerdem wird das Mobiltelefon größtenteils keine Verbindung zur Außenwelt signalisieren, sollten Sie also stecken bleiben, kann das Holen von Hilfe schwierig werden.

HR

EINSAMKEIT PUR – UND GUTE HAUSMANNSKOST

Campbell River bis Sayward

NEBENROUTE 4
Campbell River bis Tahsis
► ab Seite 351

►Sollte Ihnen plötzlich ein Schwung Wohnmobile entgegenkommen, dann handelt es sich vermutlich um die „Ladung" einer Fähre der *Inside Passage*, die vor einiger Zeit in Port Hardy angekommen ist.

RIPPLE ROCK ► 257

MORTON LAKE PP ► 258

Sie verlassen Campbell River über den **Highway 19** und werden merken, dass nun der Straßenverkehr gen Norden deutlich abnimmt. Sie passieren zuvor die Kreuzung mit dem Highway 28, der Sie bei Interesse auf die spannende **Nebenroute 4** „Campbell River bis Tahsis" in den **Strathcona Provincial Park**, den größten seiner Art auf Vancouver Island, führt.

Manch einer, der in der Nebensaison unterwegs ist, wird sich aufgrund der nun einsetzenden Einsamkeit die Frage stellen, ob er sich verfahren hat. Aber keine Angst, Sie befinden sich auf der einzigen Verbindung (zumindest für „normale" Fahrzeuge) nach Norden und können demnach nur auf dem richtigen Weg sein.

Nachdem Sie das Einzugsgebiet der Stadt hinter sich gelassen haben, lohnt sich ein kurzer Stopp am Aussichtspunkt **Ripple Rock – Seymour Narrows**. Dort wurde 1958 in einer der größten Sprengungen aller Zeiten ein Felsbrocken aus der Meerenge entfernt, der zuvor für regelmäßige Schiffsunglücke verantwortlich gewesen war.

Der Aussichtspunkt bedeutet gleichzeitig den Abschied von der Küste und der **Strait of Georgia**, denn der Highway führt nun ins Inland und wird erst wieder bei Port McNeill auf die Küste treffen. Kurz nach dem Aussichtspunkt haben Sie die Möglichkeit, über eine Gravel-Nebenstraße (*Menzies Rd*) zum **Morton Lake Provincial Park** abzubiegen. Der Morton Lake ist Teil eines seenreichen Gebietes, das vor allem bei Kanufahrern sehr beliebt ist. Der unmittelbar angrenzende **Mahun Lake** ist Teil einer bekannten Kanu-Tour, der 47 km langen **Sayward Forest Canoe Route**.

Sayward

Die Hauptroute auf dem Highway 19 bringt auf den nächsten 60 km bis auf einige an der Strecke liegende Picknickplätze wenig wirkliche Abwechslung, dafür aber die nicht zu unterschätzende Ästhetik einer unberührten und schier unendlichen Natur. Allen, die zwischendurch eine kurze Wanderpause einlegen möchten, sei der **Robert Lake Picknickplatz** ans Herz gelegt, der mit einem kleinen See sogar zum Angeln des Abendessens einlädt.

Wieder *„on the road again"* tauchen schließlich ein paar Häuser und eine Tankstelle mit angeschlossenem *Pub* auf, daneben das markante Gebäude der **Visitor Information Sayward** (dies ist die „Außenstelle", eine weitere Visitor Information befindet sich im Ort), dessen Rückfront mit einem Native-Gemälde geschmückt ist.

Dort verlassen Sie den Highway Richtung *Sayward* und erreichen etwa 1 km später die einspurige, ampelgesteuerte Brücke über den Salmon River. Kurz hinter der Brücke wartet das **Cable Cook House** auf Sie, ein *Kultklassiker* für Reisende und Bewohner der Region. In dem mit einem Stahlkabel umwickelten Haus gibt es gute Hausmannskost, leckere Süßspeisen und den berühmten *Blumbleberry Pie*, einen gedeckten Kuchen mit einer Füllung aus Äpfeln, Rhabarber und Heidelbeeren. Den dürfen Sie nicht verpassen!

CABLE COOK HSE ▶ 259

▶ Das **Stahlkabel** des Cable Cook House ist übrigens 2.600 m lang und wiegt knapp 26 Tonnen.

▶ Direkt nebenan können Sie *„World's Largest Yellow Cedar"* bewundern - eine über 960 Jahre alte **Gelbzeder** mit einem Durchmesser von 2,75 m.

HR

Frisch gestärkt geht es schließlich dem Endpunkt der Straße entgegen: dem kleinen Örtchen Sayward.

SAYWARD ▶ 260

Sayward liegt beschaulich an der *Strait of Georgia* und bietet Besuchern traumhafte Ausblicke und Möglichkeiten für erholsame Wanderungen in einsamer Natur. Am Ende der Ortschaft liegt **Kelsey Bay**, wo bis Ende der 1970er Jahre die Fähren der Inside Passage haltgemacht hatten.

Nach dem Besuch dieses kleinen Städtchens führt der Weg wieder zurück zum Highway 19 und von dort aus weiter nach Norden.

NOCH MEHR EINSAMKEIT UND EIN KLEINOD MIT FLAIR

Sayward bis Port McNeill

Sayward bis Woss

Nun sind Sie also mittendrin in der **Wildnis und Einsamkeit** von Vancouver Island. Entgegenkommende Fahrzeuge werden selten und die Chancen, in dieser Ruhe auf Wildtiere zu stoßen, immer größer. Vor allem **Schwarzbären** sind in dieser Gegend weit verbreitet und streunen auf Futtersuche nicht selten auch direkt am Highway entlang.

Mit Sicherheit werden Ihnen die großflächig abgeholzten Abhänge auffallen, die traurigen Zeugen, dass die Region forstwirtschaftlich durchaus intensiv genutzt wird und dieser Wirtschaftszweig zu den Haupteinnahmequellen des Landes zählt. Zwar drehen auch hier die Fahnen sich in Richtung nachhaltiger und ökologisch vertretbarer Bewirtschaftung, die Dimensionen des Kahlschlags sind aber nun einmal (wie alles in Kanada) um ein Vielfaches größer als aus der Heimat gewohnt.

Wer im Gegenzug an etwas Romantik interessiert ist, der wird auf den nächsten Kilometern mit besonderen Liebespaaren konfrontiert. Wenige Kilometer nach Überquerung des **Adam River** erreichen Sie den **Picknickplatz Eve River**, der wiederum den Blick freigibt auf ein felsiges Liebespaar: den Mount Romeo und Mount Juliet, deren Schmelzwasser jeweils in den Adam und Eve Lake münden. Um das literarische Drama zu vollenden, liegt zwischen beiden Flüssen der Montague Creek mit seinem Seitenarm, dem Capulet Creek.

Zurück in der Realität bietet der nun bald folgende Abstecher zum **Schoen Lake Provincial Park** vor allem für Kletter-, Wander- und Angelfreunde eine willkomme-

SCHOEN LAKE PP ▶ 262
Mt. Cain Skigebiet ▶ 263

HR

ne Abwechslung. Dort und im angrenzenden Gebiet der **Nisnak Meadows** kommen alle Outdoor-Freunde also vollends auf Ihre Kosten.

Über die gleiche Zufahrt erreichen Wintersportler das **Mount Cain Skigebiet**, das während der Wintersaison (meist Dezember bis Ende März) an Wochenenden seine Pforten öffnet und Besucher bis auf fast 1.800 m Höhe bringt. Im Sommer ist das Gebiet geschlossen.

CLAUD ELLIOT LAKE PROVINCIAL PARK ▶ 264

Kurz vor der nächsten Stadt, Woss, erreichen Sie noch den Picknickplatz am **Hoomak Lake** und die Abzweigung zum Naturschutzgebiet und Sportfischerparadies **Claud Elliot Lake Provincial Park**. Der Hoomak Lake bietet einen kurzen Rundweg um den See, der Provincial Park ein ganzes Arsenal an Wanderwegen (Zufahrt über die *Cloud Elliot Rd*, Achtung: Logging Road).

Wer vermutet, dass in dieser Einöde alles, nur keine menschliche Siedlung zu finden sein kann, der liegt völlig falsch. Mitten in der Einsamkeit der Natur erscheint links am Highwayrand ein Ortsschild, das mit einem herzlichen *„Welcome to Woss"* die nun erreichte Stadt ankündigt.

WOSS ▶ 265
Woss Lake Prov. Park ▶ 266
Old No. 113 ▶ 267

Woss ist allerdings weder ein turbulentes Städtchen noch für Touristen sonderlich interessant. Es bietet aber gute Möglichkeiten, die Vorräte ein wenig aufzustocken oder den Tank mit frischem Treibstoff zu befüllen. Wer mit einem entsprechenden Fahrzeug (und einem Kanu, wenn man wirklich etwas erkunden möchte) ausgestattet ist, kann außerdem einen Ausflug zum Wildnispark **Woss Lake Provincial Park** unternehmen, der südlich von Woss über eine Logging Road erreichbar ist.

▶ Das Südende des Sees grenzt an den **Rugged Mountain**, der für seine herausfordernden Kletter- und Wanderstrecken bekannt ist.

Woss bis Port McNeill

Nach Woss beginnt das **Nimpkish Valley**, und die Straße folgt dem namensgebenden Fluss bis zum ebenfalls gleichnamigen Nimpkish Lake, an dessen Ufer der Highway später zwar über 22 km entlang führt, der sich aber meist so gut hinter den Bäumen versteckt, dass er so gut wie nie sichtbar ist. So bleiben also dichte Wälder und eine grandiose Landschaft weiterhin die treuen Begleiter auf dem Weg nach Norden.

Kurz vor Erreichen des **Nimpkish Lake** weist ein Hinweisschild auf unsere nächste **Nebenroute 5** hin „Woss bis Zeballos“, die Sie nach **Zeballos** führt. Da diese Nebenstrecke über eine Gravel- bzw. Loggingroad verläuft, wird die Tour wahrscheinlich für die meisten Wohnmobil-Urlauber ein Traum bleiben. Wer allerdings mit einem geeigneten Fahrzeug unterwegs ist, sollte sich diesen Abstecher nicht entgehen lassen.

NEBENROUTE 5
Woss bis Zeballos
▶ ab Seite 369

Für alle Surfer, Kanuten und Abenteurer bietet sich wenig später ein Abstecher in den östlich vom See liegenden **Nimpkish Lake Provincial Park** an. Dieser ist allerdings nur über Logging Roads oder per Boot erreichbar.

NIMPKISH LAKE PROVINCIAL PARK ▶ 267

Die Einsamkeit des Hinterlandes endet schließlich mit Erreichen des **North Island Discovery Centre.** Dort können Sie sich auf einer geführten Tour durch Wälder und Sägewerke über die Hintergründe der Forstwirtschaft informieren.

▶ Für die Tour im **North Island Discovery Centre** müssen Sie sich anmelden.

Die asphaltierte Seitenstraße (*Beaver Cove Rd*), die nun nach Osten abzweigt, ist ein Muss für jeden Vancouver Island Besucher, denn sie führt Sie zu einem Kleinod mit Flair, das absolut einzigartig ist: **Telegraph Cove.**

TELEGRAPH COVE ▶ 268
Killer Whale Int. Centre ▶ 269
Cormorant Channel PP ▶ 269
Robson Bight Reserve ▶ 270
Whale-Watching ▶ 270

Das winzige, ehemalige Fischerdörfchen besteht aus kleinen Holzhütten, die auf Stelzen im Wasser stehen und über einen *Boardwalk* verbunden sind. Im Dorf und der umliegenden Region dreht sich alles um die größten Meeressäugetiere, die Wale. Neben dem **Killer Whale Interpretive Centre**, wo sich Meeresbiologen intensiv mit dem Verhalten und dem Schutz dieser wundervollen Tiere beschäftigen, bietet der **Cormorant Channel Marine Provincial Park** ein Schutzgebiet für Meerestiere, der von *Whale-Watching Touren* angefahren werden darf.

▶ Für alle, die **eine besondere Nacht** erleben möchten, stehen die Fischerhäuschen am Meer zur Anmietung bereit.

Besucher können sich aber auch einfach nur von der wunderschönen Natur beeindrucken lassen und die tolle Seeluft genießen. Sollte es Ihnen hier besonders gut gefallen, bieten zwei Campgrounds Möglichkeiten zur Übernachtung.

▶ Wer mit dem **Wohnmobil** unterwegs ist und nicht in Telegraph Cove übernachten möchte, sollte frühzeitig aufbrechen, da die Parkplatzmöglichkeiten begrenzt sind.

Nach dem Abstecher in das besondere Kleinod erreichen Sie wenig später über eine Seitenstraße des Highways 19 die Küstenstadt **Port McNeill**. Neben der Funktion eines wichtigen Versorgungszentrums ist der Ort für Touristen besonders wegen seines Fähranlegers,

PORT MCNEILL ▶ 271
Orca-Fest ▶ 272
District Museum ▶ 272
Baumwurzeln ▶ 272

Port McNeill

einigen Museen über die Zeiten der frühen Pioniere und des im August stattfindenden **Orca-Festes** interessant.

CORMORANT ISLAND
► 410
MALCOLM ISLAND
► 413

Der Fähranleger verbindet die Stadt mit den beiden Inseln **Cormorant** und **Malcolm Island**, letztere ist besonders spannend, wenn Sie sich mit der Kultur der First Nations beschäftigen möchten. Auf Cormorant Island gründeten finnische Siedler auf der Suche nach Freiheit, Gerechtigkeit und Frieden Ende des 19. Jahrhunderts den Ort **Sointula** (finnisch: *Harmonie*).

ENDLICH WIEDER MENSCHEN – WELCOME TO FORT RUPERT

Port McNeill bis Port Hardy

Ausflug nach Port Alice

Nach Port McNeill nähern Sie sich langsam dem Endpunkt des Highways 19, nur noch wenige Kilometer trennen Sie nun von Port Hardy. Wenn Sie Zeit für einen Ausflug haben, besuchen Sie doch die kleine Ortschaft **Port Alice** am *Neroutsos Inlet*. Hierzu biegen Sie etwa mittig zwischen Port McNeill und Port Hardy nach Südwesten auf den **Highway 30** ab, der zwar kurvenreich und stellenweise eng, aber vollständig asphaltiert ist. Planen Sie für die etwa 32 km genügend Zeit ein, um die abenteuerliche Strecke in Ruhe und mit Zeit für die Natur fahren zu können.

PORT ALICE ▶ 274
Chartertours ▶ 276

Auf halber Strecke nach Port Alice streifen Sie den **Marble River Provincial Park**, der den gleichnamigen Fluss umgibt. Der Provincial Park kann nur auf „Schusters Rappen" erkundet werden, ist aber besonders zur Herbstwanderung der Lachse ein besonderes Erlebnis. Zelten ist im Provincial Park erlaubt, Wohnmobile können auf einem sehr einfachen Western Forest Campground in Highwaynähe gegebenenfalls stehen bleiben.

▶ **Vorsicht Bären!** Sollten Sie zur Zeit der Lachswanderung den **Marble River Provincial Park** besuchen, berücksichtigen Sie, dass zu dieser Zeit auch viele Schwarzbären hier auf Futtersuche sind.

In Port Alice angekommen, werden Sie sich der Hauptattraktion kaum entziehen können: Die Lage der Stadt am **Neroutsos Inlet** ist einzigartig. Auch wenn die Stadt keine aufregenden Touristenattraktionen zu bieten hat, so lohnt sich der Weg alleine wegen der Aussicht und einigen Wanderungen am Ufer.

Wenn Sie ausreichend dieses wundervolle Fleckchen Erde genossen haben, nehmen Sie denselben Weg zurück zum Highway 19 und setzen von dort Ihre Fahrt Richtung Norden fort.

▶ Am Ende von Port Alice liegt ein privater Campground, der allerdings – unserer Meinung nach – nur im Notfall als Übernachtung dienen sollte, da er eher einem Abstellplatz gleicht. Naturnaher, aber nur über eine Gravelroad erreichbar ist der Campground des **Link River Regional Parks**, **▶ 274**

Fort Rupert

FORT RUPERT ► 277

►**Totempfähle** erzählen Geschichten. Sie berichten über Familien- und Stammeshistorie, erinnern an Katastrophen oder freudige Ereignisse. Tiere und Pflanzen, die für einen Stamm oder eine Person eine besondere Bedeutung hatten, wurden so verewigt. Doch es wurden auch verspottende Pfähle angefertigt, wenn z. B. Stammesrituale nicht befolgt wurden oder der Totempfahl nach Fertigstellung nicht bezahlt wurde. „Gelesen" werden die Totems von unten nach oben.

Einige Kilometer vor Port Hardy bietet sich Ihnen die Möglichkeit, sich auf die **Spuren der First Nations** zu begeben und einen dafür besonders geeigneten Ort aufzusuchen: **Fort Rupert** (*T'sakis Village*). Fahren Sie dazu vom Highway 19 über die *Airport Rd / Fort Rupert Rd* ab, rechts auf die *Byng Rd*, links auf die *Beaver Harbour Rd* und schließlich fast am Ufer rechts auf die *Tsakis Rd / Fort Rupert Rd*. Mit *„Welcome in our city"* werden Sie herzlich begrüßt, während Sie auf der Hauptstraße an vielen farbenfrohen Totems, bemalten Gebäuden und dem traditionellen Versammlungsort *„Big House"* vorbeikommen.

Wenn Sie der *Beaver Harbour Rd* weiter folgen (also nicht auf die *Tsakis Rd* nach rechts abbiegen), erreichen Sie an deren Ende den **Lex Lyon Trail** (► Seite 283), der entlang des *Queen Charlotte Sound* bis zum *Dillon Point* führt.

Ausflug nach Coal Harbour

Ähnlich wie zuvor nach Port Alice, so bietet sich kurz vor Port Hardy noch ein weiterer Ausflug ins Hinterland an.

Fort Rupert

Uferpromenade in Port Hardy

Über die *Coal Harbour Rd*, die etwa 2 km vor Port Hardy nach Süden abzweigt, erreichen Sie nach ca. 15 km den gleichnamigen Ort **Coal Harbour**, der idyllisch und einsam am **Holberg Inlet** liegt.

COAL HARBOUR ▶ 278

Seine Entstehung verdankt Coal Harbour – das verrät schon der Name – dem Abbau von Kohle, die sich allerdings als minderwertig herausstellte. Man sattelte auf Walfang um, mit Schließung der letzten Walfangstation 1967 schließlich auf den Kupferabbau. Die Kupfermine wurde Ende der 1990er ebenfalls geschlossen, seitdem leben die Bewohner vom Tourismus, dem Fischfang und der Landwirtschaft.

Gigantische Kieferknochen eines Blauwals zeugen von der lebhaften Historie des Ortes – heute ist besonders die einzigartige Lage für Touristen reizvoll. Nach diesem kurzen Ausflug geht es zurück und endgültig nach Port Hardy.

▶ **Inside / Discovery Coast Passage:** Reisende, die eine Inside Passage nach *Prince Rupert / Queen Charlotte Islands* oder eine Discovery Coast Passage nach *Bella Coola* gebucht haben, müssen vor dem Abzweig nach Coal Harbour über den **Beaver Cove Highway** nach Norden abbiegen. Dort erreichen Sie nach etwa 3 km den **Fähranleger** / Ferry Terminal.

Port Hardy

Nun sind Sie also in **Port Hardy** angekommen. Wer das erste Mal hier landet, wird sich vielleicht, ebenso wie wir beim ersten Mal, darüber wundern, was man hier vorfindet. Man kommt aus dem Süden, sieht tagelang

PORT HARDY ▶ 278
Whale-Watching ▶ 280
Great Bear Tours ▶ 281
Quatse River Hatchery ▶ 281
Filomi Days ▶ 282

Indian Summer Games ▶ 282
Storey's Beach ▶ 282
Port Hardy Museum ▶ 282
Lex Lyon Trail ▶ 283

HR

nur Wälder, Seen und endlose Weite – und plötzlich „erwacht" man in einer Stadt mit einer **kompletten Infrastruktur** und allen Versorgungsmöglichkeiten. Wir hatten damals ein typisches Örtchen erwartet und entsprechend Vorräte gehortet, nur um in Port Hardy dann eines Besseren belehrt zu werden.

Über die Geschichte der Stadt kann man sich im **Stadtmuseum** informieren, ebenso finden das ganze Jahr über interessante **Festivals und Veranstaltungen** statt (z. B. die *Indian Summer Games* der First Nations im September). Über die Stadt verteilt finden Besucher viele schöne Totempfähle, lebensnahe *Murals* (Wandzeichnungen) und mit einer Kettensäge geschnitzte Holzfiguren (z. B. *„Welcome to Port Hardy", „Three Bears"*). Hinzu kommt eine tolle Aussicht über die *Queen Charlotte Strait*, die Sie am besten entlang des Küstenweges bewundern können.

Nicht günstig, aber für alle Urlauber, die tatsächlich keine Bären zu Gesicht bekommen haben, durchaus eine Alternative: die **Great Bear Nature Tour**, die Sie per Wasserflugzeug zu einer rund 50 Flugmeilen entfernten Lodge bringt, wo Sie dann zusammen mit *Scouts* die Bärenwelt erkunden können.

Ebenfalls für alle Abenteurer und Outdoorbegeisterte zu empfehlen ist ein Ausflug zum **Cape Scott Provincial Park**. Über unsere **Nebenroute 6** „Port Hardy zum Cape Scott Provincial Park" erreichen Sie diesen einzigartigen Provincial Park, außerdem noch die Städte **Holberg** und **Winter Harbour**. Wenn Sie sich in dieses Abenteuer stürzen wollen, sollten Sie unbedingt gut vorbereitet sein und mit den Wetterverhältnissen angepasster Ausrüstung auf Tour gehen. Rechnen Sie mit häufigen Regenfällen und dementsprechend schlechten Straßen- und Wegverhältnissen ab Port Hardy. In den Cape Scott Provincial Park geht es nur zu Fuß, Fahrzeuge haben keine Zufahrtmöglichkeit. Campgrounds liegen am Parkeingang.

NEBENROUTE 6
Port Hardy zum Cape Scott Provincial Park
▶ ab Seite 377

NEBENROUTE 1
LANGFORD BIS PORT RENFREW

NEBENROUTE 1 - LANGFORD BIS PORT RENFREW ◄

NR1

km Hauptstrecke	km Teilstrecke	Stationen auf dem Highway	Highway
		Kreuzung Highway 1 / 14	1/14
0		**Langford**	14
3		**Colwood**	14
26		**Sooke Potholes Provincial Park**	14
29		**Sooke**	14
49		**French Beach Provincial Park**	14
60		Jordan River - Campground und Picknickplatz	14
62		**Juan de Fuca Provincial Park** - China Beach Campground	14
63		Juan de Fuca PP - China Beach Picknickplatz	14
81		Juan de Fuca PP - Sombrio Beach	14
90		Juan de Fuca PP - Parkinson Creek	14
101		**Port Renfrew**	14
		Beginn **West Coast Trail** - Pacific Rim National Park	
		ENDE NEBENROUTE 1	

ERSTE BEGEGNUNG MIT DER WILDEN PAZIFIKKÜSTE

Langford bis Port Renfrew

NR1

Der Weg nach Port Renfrew

Sie verlassen den Trans-Canada Highway 1 und biegen auf Höhe der Stadt Langford auf den **Highway 14** nach Westen ab. Der Highway 14, auch *West Coast Road* oder *Juan de Fuca Highway* genannt, führt zunächst durch den Innenstadtbereich von **Langford** und vorbei an verschiedenen Einkaufszentren, die sich hervorragend für das Auffüllen Ihrer Vorräte eignen. Vom Städtewechsel nach **Colwood** werden Sie vermutlich nichts bemerken, die Bebauung beider Städte geht fließend ineinander über.

LANGFORD ▶ 286
St John Baptist Church ▶ 286
Hatley Park ▶ 286
Fort Rodd Hill & Fisgard Lighthouse ▶ 288

In Colwood gibt es zwei Sehenswürdigkeiten, für die sich ein Zwischenstopp besonders lohnt: das **Hatley Castle**, ein Replikat eines Schlosses aus dem 15. Jahrhundert, das von einem wunderschönen Parkgelände umgeben ist. Außerdem der **Fort Rodd Hill**, wo sich das beliebte Postkartenmotiv **Fisgard Lighthouse** befindet.

▶ Das **Fisgard Lighthouse** ist nicht nur das Covermotiv dieses Reiseführers, sondern eine Navigationshilfe, die auch heute noch – allerdings vollautomatisch – ihren Dienst verrichtet.

Ein Lichtblick sind die Wohngebiete, die sich nun verstärkt rechts und links des Highways entlang schlängeln, lassen sie doch hoffen, bald das Stadtgebiet durchfahren zu haben. Tatsächlich wird es landschaftlich nach und nach immer „kanadischer", wenn sich zu allen Seiten weite Waldflächen und Blicke auf die *Juan de Fuca Strait* abwechseln.

Wenige Kilometer vor der nächsten Stadt *Sooke* zweigt die *Gillespie Road* nach Süden zum **East Sooke Regional Park** ab, der auf immerhin 50 km Wanderwegen landschaftlich enorme Abwechslung bietet: Vom Sumpfgebiet über Küstenwälder bis hin zu Steilküsten ist alles dabei, was die Herzen der Naturfreunde höher schlagen lässt.

NR1

Nach Passieren der Abzweigung verläuft der Highway 14 entlang der Bucht *Sooke Basin* weiter in Richtung Sooke, kurz vor Einfahrt in die Stadt zeigen Ihnen Wegweiser ein weiteres lohnenswertes Zwischenziel: den **Sooke Potholes Provincial Park**. Über eine gut befahrbare, asphaltierte Seitenstraße erreichen Sie diesen kleinen Provincial Park, den Sie vom angrenzenden Parkplatz aus zu Fuß begehen können. Mit Glück erhaschen Sie ein lauschiges Plätzchen am Flussbett des *Sooke Rivers* oder können gar ein Bad in einem der natürlichen **Pools** nehmen, die der Fluss hier ausgewaschen hat.

SOOKE POTHOLES ▶ 289

Weiter auf dem Highway 14 erreichen Sie schließlich **Sooke**, wo Sie unter anderem eine gute Visitor Information und ein kleines Regionalmuseum finden.

SOOKE ▶ 289
Regional Museum ▶ 290
East Sooke Reg. Park ▶ 291
Galloping Goose Trail ▶ 292
Kapoor Regional Park ▶ 292

Nördlich von Sooke liegen der **Kapoor Regional Park** und die Geisterstadt **Leechtown**, dort endet der legendäre **Galloping Goose Trail**, der im Südwesten von Vancouver Island auf der ehemaligen Bahnstrecke der *CN Railway* von Victoria über Saanich, Langford und Colwood bis zum Kapoor Regional Park verläuft. Er kann in Etappen aufgeteilt werden und wird gerne von Wanderern, Bikern und teilweise auch Reitern genutzt.

▶Sehnsucht nach feinen Backwaren und krossem Brot? Dann schauen Sie doch in der **Little Vienna Bakery** vorbei, sie befindet sich im westlichen Teil von Sooke direkt am Highway und wirbt mit dem vielsagenden Slogan *„Have you had your Schnecke today?“*.
✉ 6726 West Coast Rd
☎ 250-642-6833
💻 www.littlevienna.com

Sobald Sie Sooke auf dem **Highway 14 Richtung Westen** verlassen haben, nimmt der Verkehr schlagartig ab – ebenso die Qualität der Straße. Mit reichlich Schlaglöchern und Bodenwellen, dazu einem kurvenreichen, stellenweise engen Straßenverlauf und einigen einspurigen Brücken geht es langsamer, aber eben auch abenteuerlicher und naturnaher voran. Mit angemessener Geschwindigkeit und genügend Zeit ist diese Strecke unbedingt eine Reise wert, zumal westlich von Sooke die wilde Pazifikküste stets im Blickfeld liegt und der Highway küstennah verläuft.

Nach etwa 20 km erreichen Sie den **French Beach Provincial Park**, der einen empfehlenswerten, weiträumigen Campground und einen tollen, am Ozean verlaufenden Wanderweg bereithält.

FRENCH BEACH ▶ 294

Der nächste Ort ist **Jordan River**, das Surfer-Paradies von Vancouver Island. Auch wenn diese Beschreibung größer klingt, als das Örtchen in Wirklichkeit ist, ist der Pazifik hier nun wirklich zum Greifen nah. Bei Bedarf gibt es auch hier einen Campground mit Rastplatz, beides

French Beach Provincial Park

zwar nicht unglaublich einladend, dafür aber umso stürmischer gelegen. Dafür gibt es eine einmalige Aussicht gratis, die bei klarer Luft bis zu den Bergen des *Olympic National Parks* im US-Bundesstaat Washington reicht.

Nach Jordan River verläuft der Highway zwar immer noch küstennah, es schiebt sich aber alsbald ein schmaler Streifen Küstenregenwald des **Juan de Fuca Provincial Parks** zwischen Highway und Pazifik. Entlang dieses Küstenstreifens verläuft der insgesamt 47 km lange und schwierig zu begehende **Juan de Fuca Marine Trail**, der am Botanical Beach in Port Renfrew endet und für ungeübte Wanderer, die ihn auf seiner gesamten Länge begehen möchten, nicht geeignet ist. Allerdings bieten **Stichwege** auf den nächsten Kilometern immer wieder die Möglichkeit, über kurze Wege zur Küste zu gelangen

JUAN DE FUCA PP ▶ 294
Marine Trail ▶ 296
Parkkarte ▶ 508

und dort eine mehr oder weniger lange Strecke des *Marine Trails* zu erwandern.

Der einzige, im dichten Wald liegende Wohnmobil-Campground des Juan de Fuca Provincial Parks ist der **China Beach Campground** westlich von Jordan River am Südende des Parks.

Port Renfrew

PORT RENFREW ► 298
Red Creek Fir ► 299
Botanic./Bot. Beach ► 295
West Coast Trail ► 302

Nachdem Sie dem Juan de Fuca Provincial Park viele Kilometer gefolgt sind, erreichen Sie schließlich den kleinen Ort **Port Renfrew**, der malerisch an dem Seitenarm **Port San Juan** liegt. Früher ein Ort für Aussteiger und Hippies finden Sie hier heute alle Versorgungseinrichtungen und ein auf Outdooraktivitäten spezialisiertes Tourismusprogramm.

Besonders sehenswert sind mit Sicherheit der **Botanical** und **Botany Beach**, die über die Verlängerung des Highways 14 (*Cerantes Rd*) erreicht werden können. Dort befinden sich ein Parkplatz und ein überschaubarer Rundweg mit kurzen Seitenpfaden zu den Felsenküsten.

Die Zufahrtstraße (14 km lang) zur **Red Creek Fir**, Kanadas größter Douglastanne, die auf ein Alter zwischen 750 und 1.000 Jahren geschätzt wird, kann leider immer noch nur mit *ATVs* (*All Terrain Vehicles*, Geländefahrzeug) befahren oder zu Fuß erwandert werden. Zwar berühmt, aber für die meisten Urlauber zu aufwendig und zu abenteuerlich ist der von hier erreichbare **West Coast Trail**, dessen südlicher Startpunkt auf der anderen Seite der Bucht Port San Juan liegt. Nach Überquerung des Gordon River können Sie sich hier auf eine 75 km lange Abenteuertour aufmachen, die allerdings nur für geübte Wanderer mit entsprechender Vorbereitung und Ausrüstung geeignet ist.

Wer mit einem gravel- und logging-road-tauglichen Fahrzeug unterwegs ist, kann von Port Renfrew über die Harris Creek Rd querfeldein bis nach **Lake Cowichan** (Mesachie Lake) ► Seite 308 fahren, dem Ziel einer späteren Nebenstrecke dieser Routenempfehlung.

Die Wohnmobilfahrer sollten auf diese Abkürzung besser verzichten und stattdessen erneut die tolle Pazifikküste auf der Rückfahrt über den **Highway 14 nach Langford** genießen.

NEBENROUTE 2
DUNCAN BIS LAKE COWICHAN

km Hauptstrecke	km Teilstrecke	Stationen auf dem Highway	Highway
0		Kreuzung Highway 1 / 18	1/18
16		Abzweig zum **Cowichan River Provincial Park**	18
19		Abzweig zum Skutz Falls Campground im Cowichan River PP, 5 km Gravelroad	18
29		Kreuzung Lake Cowichan / Youbou	18
34		**Lake Cowichan**	18
43		Honeymoon Bay	18
48		**Gordon Bay Provincial Park**	18
67		Kreuzung Lake Cowichan / Youbou	18
		Teleglobe North American Earth Station, Lake Cowichan, kann im Sommer besichtigt werden	
75		**Youbou**	
		ENDE NEBENROUTE 2	

DURCHS WILDROMANTISCHE COWICHAN VALLEY

Duncan bis Lake Cowichan

Diese Nebenroute führt Sie ins Hinterland von Vancouver Island und zu einem der größten Frischwasserreservoirs der Insel, dem **Lake Cowichan** mit der gleichnamigen Stadt. Um diesen Abstecher besonders reizvoll zu gestalten, haben wir die Strecke so angelegt, dass Sie die Hinfahrt auf dem Highway 18 zügig absolvieren und für die Rückfahrt eine Seitenstraße nutzen können, die Sie zu den schönsten Stellen des *Cowichan River Provincial Parks* führt, der sich zwischen Duncan und Lake Cowichan befindet. Sie können die entsprechenden Hinweisschilder zum Park also auf dem Hinweg getrost ignorieren.

Die Nebenstrecke startet nördlich von Duncan, wo Sie vom Trans-Canada Highway 1 auf den **Highway 18 Richtung Westen** abbiegen. Der Highway führt Sie ins Hinterland, das allerdings bis Lake Cowichan noch durchaus verkehrsseitig belebt ist. Dies hat aber auch den Vorteil, dass der Highway gut ausgebaut ist und Sie alsbald in der Stadt und beim See **Lake Cowichan** ankommen werden.

Kurz vor Einfahrt in Stadtkern von Lake Cowichan gabelt sich der Highway, links geht es in die Stadt, rechts weiter nach **Youbou**.

Der Ort **Lake Cowichan** ist touristisch bestens ausgestattet und bietet vor allem Wassersportfreunden ein reichhaltiges Angebot. Diejenigen, die dabei wenig eigene Körperkraft investieren möchten, können den See z. B. per **Hausboot-Tour** erkunden, was auf Vancouver Island nur sehr selten möglich ist. Eine solche Tour ist ein tolles Erlebnis, Sie sollten hierfür allerdings etwa 3 Tage Zeit einplanen. Weniger zeitaufwendig ist ein Be-

▶ Die exakten **Bezeichnungen** sind eigentlich *„Lake Cowichan“* für die Stadt und *„Cowichan Lake“* für den See – wir möchten Ihnen aber die Wortdreherei ersparen und nennen beides *„Lake Cowichan“* mit einem entsprechenden Zusatz „Stadt“ oder „See“ zur genauen Zuordnung.

LAKE COWICHAN ▶ 308
Cowichan Lake ▶ 309
Kaatza Stat. Museum ▶ 310

▶ Wer im September in der Stadt Station macht, kann Zeuge des **Great Lake Walk & Ultra Marathon** werden,

Badestrand im Gordon Bay Provincial Park

bei dem ausdauernde Läuferinnen und Läufer den See auf 56 km ab Youbou bis Lake Cowichan umrunden. Bestzeiten 2009: Der schnellste Mann schaffte es in 4 Stunden 41 Minuten, die schnellste Frau in immer noch sehr beeindruckenden 6 Stunden und 2 Minuten.

GORDON BAY PP ► 312

►Auf der Zufahrt zum Campground durchqueren Sie die kleinen Ortschaften **Mesachie Lake** und **Honeymoon Bay**. In Mesachie Lake endet die Abkürzung, die wir von Port Renfrew aus beschrieben haben (► Seite 298).

YOUBOU ► 313

such des **Kaatza Station Museum**, das sich vor allem an Eisenbahnfreunde und Familien richtet. Wer eine Übernachtung einplant, dem empfehlen wir den wirklich schönen Campground des **Gordon Bay Provincial Park** (► Seite 312), linksseitig des Sees am Ende des Highways gelegen. Bei einer Übernachtung dürfen Sie sich keinesfalls den **Point Trail** entgehen lassen, der Sie zu einsamen Plätzen führt und am Ende den Blick auf Teile des westlichen Seengebietes freigibt. Die 126 Stellplätze des Campgrounds sind in der Hauptsaison leider recht zügig belegt, eine Vorreservierung sollten Sie demnach in Erwägung ziehen.

Wer mit einem gravel- und logging-road-tauglichen Fahrzeug unterwegs ist, kann den See über die weiterführenden Straßen umrunden oder am Westende des Sees über Logging Roads nach **Bamfield** (nördlicher Startpunkt des *West Coast Trails*) und zum Surferparadies **Nitinat Lake** gelangen.

Alle anderen verlassen Lake Cowichan nun wieder und können bei Bedarf noch einen kleinen Abstecher nach **Youbou** einlegen, indem sie bei der bereits bei der Hinfahrt passierten Gabelung des Highways der Straße nach Westen folgen. Youbou ist ein kleines Dörfchen, hauptsächlich von der Forstwirtschaft lebt und ebenfalls idyllisch am See liegt.

Wer diesen Abstecher nicht einplant, verlässt die Stadt Lake Cowichan über die auch bei der Einfahrt genutzte Hauptstraße (*S Shore Rd*), allerdings nicht auf den Highway 18, sondern auf die bereits angekündigte **Nebenroute**. Dazu fahren Sie wenige hundert Meter vor dem Highway von der *S Shore Rd* nach rechts auf die *Cowichan Lake Rd*, die parallel zum Highway wieder nach Osten verläuft.

Der *Cowichan Lake Rd* können Sie nun entspannt folgen und die Fahrt genießen, bis Sie beim Abzweig *„Skutz Falls“* rechts auf die *Mayo Rd* abbiegen und dieser bis zu den *Falls* und dem Beginn des **Cowichan River Provincial Parks** folgen. Die **Skutz Falls** können Sie über eine kurze Wanderung ab dem zugehörigen Parkplatz erkunden, danach fahren Sie an der Kreuzung *Mayo Rd / Riverbottom Rd* links auf die *Riverbottom Rd*, der Sie so lange folgen, bis Sie wieder auf der *Cowichan Lake Rd* gelandet sind.

Unterwegs passieren Sie den **Marie Canyon** mit Picknickplatz, den **66 Mile Trestle** mit Zugang zu vielfältigen Wanderwegen und schließlich den **Stoltz Pool Camp-**

COWICHAN RIVER PROVINCIAL PARK ▶ 306

▶ In einigen Informationsmaterialien und Büchern wird ein **Skutz Falls Campground** als Übernachtungsmöglichkeit angegeben, dieser existiert allerdings nicht mehr.

Cowichan River Provincial Park

NR2

ground und Picknickplatz, wo Sie an seichten Stellen sogar ein Bad im Fluss nehmen können.

Die Straße ist zwar teilweise eine Gravelroad, diese ist aber stets gut und sicher befahrbar.

Wenn Sie sich wieder auf der *Cowichan Lake Rd* befinden, folgen Sie dieser noch einige Kilometer, bis links die *Tansor Rd* abzweigt, der Sie zum **Highway 18** folgen können. Über den Highway 18 gelangen Sie wieder in kurzer Zeit zurück zum Ausgangspunkt **Duncan**.

NEBENROUTE 3
PARKSVILLE BIS UCLUELET & TOFINO

NEBENROUTE 3 - PARKSVILLE BIS UCLUELET & TOFINO ◄

km Haupt-strecke	km Teil-strecke	Stationen auf dem Highway	Highway
0		Kreuzung Highway 19 / 4A	19/4A
3		Errington - Abzweig (8 km) zum Englishman River Falls Provincial Park	4A
6		**Coombs**	4A
9		Kreuzung Highway 4/4A	4A
19		Little Qualicum Falls Provincial Park	4
22		**Cameron Lake Rest Area**	4
		Beaufort Picknickplatz am Cameron Lake	4
26		**MacMillan Provincial Park - Cathedral Grove**	4
32		Port Alberni Summit 411 m	4
33		Abzweig zum **Mount Arrowsmith Regional Park**	4
42		**Port Alberni** / Abzweig Logging Road nach **Bamfield**	4
43		Abzweig (14 km) zum **Stamp River Provincial Park**	4
		Letzte Tankmöglichkeit vor Tofino und Ucluelet	
54		**Sproat Lake & Sproat Lake Provincial Park**	4
56		Abzweig Great Central Rd zum Great Central Lake und **Della Falls** - Strathcona Provincial Park	4
64		**Taylor Arm Provincial Park** - 1. Parkplatz	4
66		Taylor Arm Provincial Park - 2. Parkplatz	
89		Sutton Summit 240 m - mehrere Pullouts folgen	4
125		Abzweig zur Torquart Bay	4
127		**Kennedy Lake Provincial Park**	4
131		**Clayoquot Arm Provincial Park**	4
137		Kreuzung Highway 4 / Pacific Rim Highway **Pacific Rim National Park Visitor Information**	4
		weiter nach Ucluelet	
141		Willowbrae Trail - Pacific Rim NP	
145		**Ucluelet**	

km Hauptstrecke	km Teilstrecke	Stationen auf dem Highway	Highway
147		Wild Pacific Trail Parkplatz	
157		Kreuzung Highway 4 / Pacific Rim Highway **Pacific Rim National Park Visitor Information**	4
		weiter nach Tofino	4
158		Südliche Einfahrt/Ausfahrt **Pacific Rim National Park**	4
161		Abzweig zum **Wickaninnish Centre**	4
166		Rainforest Trail	4
167		Spruce Fringe Trail	4
170		Greenpoint Campground	4
176		Schooner Trail	4
179		Abzweig Airport Tofino und Grice Bay	4
180		Abzweig zum Radar Lookout	4
181		Nördliche Einfahrt/Ausfahrt **Pacific Rim National Park**	4
191		**Tofino**	4
		ENDE NEBENROUTE 3	

WASSERFÄLLE, URALTE BAUMRIESEN UND DIE PURE PAZIFIKKÜSTE

Parksville bis Ucluelet und Tofino

NR3

Parksville bis Port Alberni

Egal, ob Sie über den Highway 19 oder 19A nach **Parksville** kommen, von beiden führt Sie der **Highway 4A** (*Alberni Highway*) Richtung Westen zu einer der schönsten Strecken, die Vancouver Island zu bieten an. Wird sie Ihnen am Anfang vielleicht noch etwas unspektakulär vorkommen, so werden Sie später durch waldreiches und bergiges Gebiet und zum Ende durch eine ursprüngliche Pazifikküste eines Besseren belehrt.

ENGLISHMAN RIVER PROVINCIAL PARK ▶ 231

Bereits kurz nach dem Wechsel auf den Highway 4A können Sie in der kleinen Stadt **Errington** in eine asphaltierte Seitenstraße zum **Englishman River Falls Provincial Park** abzweigen. Im Provincial Park erwarten Sie nicht nur sehenswerte Wasserfälle, sondern auch ein schöner Campground.

COOMBS ▶ 316
Old Country Market ▶ 316
General Store ▶ 317
Bluegrass Festival ▶ 317
Hamilton Marsh ▶ 318
World Parrot Refuge ▶ 318
Butterfly World ▶ 319

▶Sie sind auf der Suche nach „vernünftigem“ Brot und leckeren Backwaren? Die **Bäckerei im Country Market** kann auch bei diesen Bedürfnissen weiterhelfen.

Kurze Zeit nach Errington erreichen Sie **Coombs**, wo Sie einen gezielten Blick auf das Dach des **Country Markets** lenken sollten. Dort haben sich Ziegen niedergelassen, die genüsslich auf dem Dach angepflanztes Gras verspeisen.

Der Country Market ist aber auch ohne Ziegen eine Institution bei Reisenden und Einheimischen – sein Angebot an internationalen Speisen und Delikatessen aus aller Herren Länder ist für diese Region einzigartig und hat schon so manchen kleinen Rückstau auf dem Highway verursacht. Auch ein kurzer Stadtbummel ist in Coombs durchaus angebracht, die vielen kleinen Geschäfte bieten ein buntes Angebot verschiedenster Waren.

Coombs „Innenstadt“

Kurz hinter Coombs vereinigt sich der Highway 4A mit dem von Norden kommenden **Highway 4** (*Pacific Rim Highway*), auf dem es dann weiter Richtung Westen geht. Nach etwa 5 km erreichen Sie den **Little Qualicum Falls Provincial Park**, der die gleichnamigen Wasserfälle und einen weiträumig angelegten Campground beheimatet. Die beeindruckenden Wasserfälle (geteilt in *Lower* und *Upper Falls*) können Sie über einen Rundweg erkunden.

▶Im Juli / August steht Coombs Kopf, wenn das **Bluegrass Festival** mit Wildwest-Stimmung, Musik und jeder Menge *Rodeo* den kleinen Ort in eine Westernstadt verwandelt.

P♣▶ LITTLE QUALICUM FALLS PROVINCIAL PARK ▶ 231

Nach dem Provincial Park führt der Highway 4 den Cameron Lake entlang, während die Vegetation mit großen, den Lichteinfall reduzierenden Bäumen bereits ein nahendes Highlight ankündigt, den **MacMillan Provincial Park – Cathedral Grove**. Der Provincial Park ist eine absolute Pflicht-Sehenswürdigkeit und wird Ihnen mit viele Jahrhunderte alten Baumriesen beweisen, wie winzig man sich als Mensch fühlen kann.

P♣▶ MACMILLAN PP ▶ 319

Wenige Kilometer später und kurz bevor Sie die Stadt Port Alberni erreichen, zweigt eine *Logging Road* nach Süden zum **Mount Arrowsmith Regional Park** ab, der eines der höchsten Bergmassive Vancouver Islands umfasst. Mit Gipfelhöhen bis 1.817 m (*Mt. Arrowsmith*) ist dieses Gebiet allerdings Kletterern und erprobten und bestens ausgerüsteten Wanderern vorbehalten.

R♣▶ MT. ARROWSMITH REGIONAL PARK ▶ 320

NR3

Port Alberni

PORT ALBERNI ► 321
First Nations Canoe T. ► 324
Alberni Valley Museum ► 324
McLean Mill ► 325
Pacific Steam Railway ► 325
Maritime Disc. Centre ► 326
Stamp River Prov. Park ► 328

►**Tipp:** Sollten Sie planen, längere Zeit an der nahenden Pazifikküste zu verbringen, können Sie in Port Alberni wunderbar Ihre Vorräte aufstocken.

BAMFIELD ► 327

Ein wichtiges Versorgungszentrum der Region ist die Stadt **Port Alberni**, die am Ende des vom Pazifik weit ins Land reichenden *Alberni Inlets* liegt und den Beinamen *„Salmon Capital of the World"* („Lachs-Hauptstadt der Welt") trägt. Hier finden Sie alles, was das Herz begehrt, und eine gute Auswahl an Versorgungsmöglichkeiten.

Wie der Beiname der Stadt vermuten lässt, spielen Lachse und die Sportfischerei eine bedeutende Rolle. Im stadtnahen **Stamp River Provincial Park** kommen die Lachse zur Laichzeit angeschwommen und werden im September mit einem alljährlichen Angelwettbewerb „begrüßt". Wer den dicksten Fisch fängt, kann sich über eine recht stattliche Geldsumme freuen.

Im hübsch gestalteten Hafenbereich von Port Alberni befindet sich ein **Aussichtsturm**, dessen Besuch sich bei klarer Sicht in jedem Fall lohnt. Von dort haben Sie einen fantastischen Blick über die Stadt und den *Alberni Inlet*. Wenn Sie dieser Ausblick zu einer **Schifffahrt** inspiriert, so können Sie dieser Inspiration an Bord der *MV Lady Rose* oder *MV Frances Barkley* nachgehen, die Sie quer durch den *Alberni Inlet* bis nach **Bamfield** an der Pazifikküste bringen. Die Fahrt hin und zurück dauert

Port Alberni - McLean Mill Historic Site

z. B. an Bord der *MV Lady Rose* von 8 Uhr morgens bis 17 Uhr nachmittags – inklusive einer Stunde Aufenthalt in Bamfield.

Wer über ein geländegängiges Fahrzeug verfügt, kann auch über eine Straßenverbindung nach Bamfield fahren – diese Strecke darf und sollte allerdings nicht mit Wohnmobilen gefahren werden. Denken Sie an Ihren Versicherungsschutz und eventuelle Schwierigkeiten, selbst wenn Sie in der Visitor Information ein nett gemeintes *„That's no problem"* hören...

Etwas außerhalb der Stadt liegt die **McLean Mill Historic Site**, die ihren Besuchern die Historie der Holzwirtschaft näherbringt. Neben geführten Touren können Sie mit der *Alberni Pacific Steam Railway* eine Rundfahrt unternehmen, die einen Sägewerksbesuch beinhaltet.

Port Alberni bis zur Visitor Information des Pacific Rim National Parks

Nachdem Sie die Stadt Port Alberni über den **Highway 4** Richtung Westen wieder verlassen haben, wird Sie nicht nur der abnehmende Straßenverkehr freuen – ebenso verspricht der nahende **Sproat Lake** vielfältige Möglichkeiten zum Wassersport oder für schöne Wanderungen

Picknickplatz im Sproat Lake Provincial Park

Unterwegs auf dem Highway 4

SPROAT LAKE PP ► 329
Coulson Flying Tanker ► 330

►Der Steg, von dem aus man die **Felsenzeichnungen** sehen kann, schwankt im Wasser des Sees – Sie sollten also angemessenes Schuhwerk tragen.

DELLA FALLS ► 331

►Die Della Falls sind ausschließlich über diesen Weg erreichbar, vom nördlichen Teil des Strathcona Provincial Parks besteht keine Verbindung.

TAYLOR ARM PP ► 332

auf den Uferwegen. Zwar wurde der See in den letzten Jahren touristisch stark ausgebaut, trotzdem finden sich an insgesamt 200 km Uferlänge immer noch genügend einsame Plätze.

Direkt zu Beginn des Sees passieren Sie den **Sproat Lake Provincial Park**, der neben zwei Campgrounds (der *Upper CG* mit weiten Plätzen, der *Lower CG* dicht bestellt, dafür mit Duschanlagen in greifbarer Nähe) auch Wanderwege und Picknickplätze bereithält. Wer sich für Felsenzeichnungen der First Nations interessiert, kann zu diesen über einen Uferweg gelangen.

Wer die legendären **Della Falls** im *Strathcona Provincial Park* besuchen möchte, bekommt hier seine einzige Möglichkeit. Auch wenn die höchsten Wasserfälle Kanadas (440 m) am Ende auf einen warten, ist die Anreise doch etwas beschwerlicher: Vom Highway 4 folgt man entlang des Sproat Lake Provincial Parks der *Central Rd* nach Norden bis zum **Ark Resort**, am **Great Central Lake** gelegen. Von dort geht es per Wassertaxi, Motorboot oder Kanu 35 km weit über den See und zum Beginn des Trails zu den Della Falls.

Auf der Weiterfahrt über den Highway 4 gen Westen wird es waldreich, links der Straße bleibt Ihnen der Sproat Lake erhalten. Sie durchqueren den **Taylor Arm Provin-**

cial Park, der mit zwei Picknickanlagen aufwartet, die etwa 2 km voneinander entfernt am Highway liegen.

Kurvenreich, steil und stellenweise eng verläuft der Highway schließlich wenige Kilometer nach Ende des Sproat Lake, wenn sich die Strecke entlang des interessanten **Kennedy River Canyons** und zu Füßen der **Mackenzie Range** von ihrer herausfordernden Seite zeigt. Dies ist keine Strecke für Raser, aber perfekt für all diejenigen, die sich an tollen Ausblicken und einer grandiosen Natur erfreuen können.

►Zum spontanen Anhalten und Fotografieren wird die Straße Ihnen wenige Möglichkeiten lassen. Nutzen Sie sicherheitshalber ausschließlich die *Pullouts*.

Am Ende des Kennedy River Canyons erreichen Sie den **Kennedy Lake**, dessen Ufer Sie nach Süden folgen. Achten Sie auf ein winziges Schild zum **Kennedy Lake Provincial Park**, denn dort erreichen Sie nach wenigen Metern einen kleinen Picknickplatz am See, der Ihnen einen grandiosen Ausblick bietet. Weiter südlich kommt man über eine *Logging Road* (*West Main Rd*) zu einem weiteren sehr kleinen Picknickplatz oder später zu einer Bootsanlegestelle, von der aus man zum **Clayoquot Arm Provincial Park** übersetzen kann. Dieser abgelegene Provincial Park umschließt eine einzigartige Flora und Fauna und beheimatet Bären, Wölfe und Pumas. Er eignet sich hervorragend für ausgiebige Wander- und Paddeltouren.

KENNEDY LAKE PP ► 333

CLAYOQUOT ARM PROV. PARK ► 333

Wenn Sie allerdings dem Highway 4 weiter folgen, erreichen Sie alsbald die rechts des Highways liegende **Pacific Rim National Park Visitor Information**. Diese Visitor Information hat nicht nur einen langen Namen, sondern dient uns auch als Scheidepunkt zwischen zwei Stichrouten.

Die eine Route führt über den *Ucluelet Tofino Highway* nach Süden bis nach **Ucluelet**, die andere via Highway 4 nach Norden bis zur Stadt **Tofino**. Wir empfehlen Ihnen, beide Routen zu fahren, durch die getrennte Beschreibung können Sie aber eine der beiden einfach durch Überspringen des Abschnitts – z. B. bei Zeitproblemen - auslassen.

Ucluelet

Folgen Sie an der Pacific Rim National Park Visitor Information der Gabelung nach links, fahren Sie auf den *Ucluelet Tofino Highway* und hinaus auf eine Landzun-

Wild Pacific Trail nahe Ucluelet

UCLUELET ▶ 334
Bootstouren ▶ 336
Whale-Watching ▶ 336
Ucluelet Aquarium ▶ 337
Wild Pacific Trail ▶ 338

ge, an deren Ende Sie die Stadt **Ucluelet** erreichen. Schnell wird klar, dass Outdoor- und Wassersport hier tourismusbestimmend sind, ebenso finden Sie im Hafen der Stadt zahlreiche Boote und Jachten vor Anker. Im Angebot sind die klassischen **Whale-Watching Touren**, interessant sind aber z. B. auch Bootsausflüge zu den **Broken Group Islands**, einer Inselgruppe inmitten des Barkley Sound. Ebenso können Sie von hier aus nach **Bamfield** übersetzen, die Stadt liegt an der anderen Küstenseite des Barkley Sound und bildet – wie bereits beschrieben – den nördlichen Startpunkt des berühmten *West Coast Trails*.

Vom Parkplatz *Coast Guard Rd* am Südende des Ortes startet der leicht zu begehende **Wild Pacific Trail**, der die Pazifikküste entlang und durch Küstenwälder hindurchführt, deren Bäume vom Seewind teils gespenstisch verformt wurden. Die Ausblicke über die *Barkley Sound* und hinüber zu den *Broken Group Islands* sind fantastisch – genießen Sie das Gefühl, am äußeren Ende des gesamten nordamerikanischen Kontinents zu sein und eine unverfälschte Natur vor sich zu haben.

Nach Beendigung Ihres Besuchs in Ucluelet fahren Sie den Highway wieder gen Norden und in Höhe der Pacific Rim National Park Visitor Information weiter auf den **Highway 4 Richtung Tofino**.

Tofino

Bevor Sie den Highway 4 Richtung Norden fahren, müssen Sie in der Visitor Information einen **Nationalparkausweis** erwerben, sofern Sie diesen nicht bereits besitzen, denn nur wenige Kilometer nach der Gabelung beginnt der **Pacific Rim National Park** bzw. ein Teil des Parks, **Long Beach**.

Ein Highlight der besonderen Art erwartet Sie, wenn Sie wenige Kilometer nach Einfahrt in den Park vom Highway links zum **Wickaninnish Interpretive Centre** abbiegen. Das Centre liegt wunderschön an der Pazifikküste und informiert ausführlich über Flora und Fauna des Parks und die Geschichte der hier ansässigen First Nations. Beim Spaziergang entlang des weiten Strandes kann man vielleicht einigen Surfern zusehen oder auf einem der angeschwemmten Baumstämme Platz nehmen und die Seele baumeln lassen.

Im Gebäude des Interpretive Centre befinden sich das **Wickaninnish Restaurant** und das **Long Beach Café**, von dessen Terrasse Sie einen grandiosen Blick über den Pazifik haben.

Den einzigen Wohnmobil-Campground des National Parks erreichen Sie nach Rückkehr zum Highway 4 nach

PACIFIC RIM NATIONAL PARK ► 339
Wickaninnish Centre ► 342
KARTE LONG BEACH ► 505

► Alle Besucher, die eine Einrichtung eines National Parks besuchen möchten, müssen einen gültigen **Parkpass** besitzen.

► Der **Pacific Rim National Park** ist unterteilt in drei sehr unterschiedliche Bereiche: a) den Bereich **Long Beach**, den Sie alsbald erreichen werden, b) die **Broken Group Islands**, die Sie vielleicht ab Ucluelet per Boot besucht haben, und c) den **West Coast Trail**, der schon des Öfteren in dieser Reisebeschreibung erwähnt wurde.

Tofino

Green Point Campground: ☏ 1-877-737-3787, Informationen ▶ 345

▶Anmerkung: Uns wurde als Alternative zum Green Point der **Long Beach Campground** am Golfplatz von Tofino empfohlen. Wir können dieser Empfehlung nicht folgen, da auch der Flughafen von Tofino in direkter Nachbarschaft liegt.

TOFINO ▶ 345
Meares Island ▶ 347
Maquinna Marine PP ▶ 347
Vargas Island PP ▶ 348
Botanical Garden ▶ 349

▶Sollten Sie sich für einen Besuch des **Maquinna Marine Provincial Parks** mit den Hot Springs interessieren, denken Sie unbedingt an Ihre Badebekleidung, nackt zu baden ist - wie in Kanada generell - nicht gestattet.

kurzer Zeit. Auf dem **Green Point Campground** ist während der Hauptsaison ohne Vorreservierung kaum ein Platz zu ergattern, selbst in der Nebensaison sind die freien Stellplätze rar.

Neben vielen Wandermöglichkeiten, die rechts und links des Highways abgehen, gibt es eine weitere Chance für einen tollen Ausblick, wenn Sie der Beschilderung zum **Radar Hill** folgen. Über eine Seitenstraße des Highways 4 gelangen Sie zu einem Parkplatz und von dort zu Fuß, über einen kurzen Weg, zur Aussichtsplattform.

Wenig später nähern Sie sich dem ehemaligen Fischerdorf **Tofino**, wo der Highway schließlich auch endet. Tofino ist durch seine Lage unmittelbar am wilden Pazifik und am Ende des Pacific Rim National Parks eine wahre Hochburg für Wassersport- und Outdoorbegeisterte. Die Stadt quillt förmlich über vor Urlaubern, kaum ein freies Plätzchen findet sich zum Parken des Wohnmobils. Die Cafés und Restaurants sind gut besucht, ebenso erfreuen sich die Bootsfahrten zu den Ausflugszielen **Meares Island, Maquinna Marine Provincial Park** (mit seinen Hot Springs) und **Vargas Island Provincial Park** großer Beliebtheit.

Kurzum: Wer Ruhe sucht, findet - zumindest an Wochenenden und in der Innenstadt - wohl kaum ein Fleckchen, wo er alleine ist und den Wellen lauschen kann. Aber nach so viel Natur kann auch dies eine sehr gelungene Abwechslung sein. Und zur Not ist man ja innerhalb kürzester Zeit wieder zurück in der Abgeschiedenheit.

Wenn Sie den lebhaften Besuch von Tofino beendet haben, fahren Sie den Highway 4 wieder zurück bis zur **Pacific Rim National Park Visitor Information**.

Der schnelle Rückweg nach Parksville

Für den Rückweg bleibt Ihnen keine große Wahl: Sie fahren die Strecke, die Sie gekommen sind, schnurstracks wieder zurück und folgen dem Highway 4 quer durch die Insel, bis Sie kurz vor **Coombs** auf den **Highway 4A** abfahren und von dort zum Ausgangspunkt am Highway 19 oder 19A zurückkehren.

NEBENROUTE 4
CAMPBELL RIVER BIS TAHSIS

NEBENROUTE 4 - CAMPBELL RIVER BIS TAHSIS ◄

km Hauptstrecke	km Teilstrecke	Stationen auf dem Highway	Highway
0		Kreuzung Highway 19 / 19A / 28	19/19A /28
2		Elk Falls Provincial Park	28
5		Abzweig zum Elk Falls PP Picknickplatz und **Loveland Bay Provincial Park**	28
30		Abzweig zum **Strathcona Dam** und Campground	28
34		Beginn Campbell Lake, mehrere Aussichtspunkte folgen	28
44		Strathcona Park Lodge	28
48		Einfahrt **Strathcona Provincial Park** - Elk Portal Rest Area	28
48		Abzweig Ralph River Campground (23 km) und **Strathcona Westmin Provincial Park** (weitere 12 km)	28
49		Brücke über Buttle Narrows	28
53		Buttle Lake Campground	28
57		Picknickplatz Upper Campbell River	28
63		Lady Falls Trailhead	28
69		Elk River Trailhead	28
76		Crest Mountain Trailhead	28
78		Crest Creek Crags	28
85		Abzweig **White Ridge Provincial Park**	28
90		**Gold River** / Muchalat Inlet (12 km)	28
90		Abzweig **Tree to Sea Drive** nach Tahsis	28
103		Cala Falls	
106		Upana Caves	
108		Bull Lake Summit	
117		Painted Rock	
120		Conuma Peak Aussichtspunkt	
124		Conuma Salmon River Hatchery	
128		Moutcha Bay	

km Hauptstrecke	km Teilstrecke	Stationen auf dem Highway	Highway
136		Three Sisters Falls	
140		Malaspina Lake	
147		President's Tree	
154		**Tahsis**	

ENDE NEBENROUTE 4

NR4

NR4

DIE WIEGE BRITISH COLUMBIAS

Campbell River bis Tahsis

Bis nach Gold River

Die besonders schöne Nebenstrecke über den **Highway 28** (*Gold River Highway*) führt Sie nach Westen, tief in das Binnenland von Vancouver Island und durch den riesigen und in Teilen noch unerschlossenen *Strathcona Provincial Park*.

Als erste Zwischenstation auf dem Highway 28 erreichen Sie die beiden Abfahrten zum **Elk Falls Provincial Park**, den wir bereits in der Hauptroute beschrieben haben (▶ Seite 255).

LOVELAND BAY PP ▶ 352

Die zweite der Abfahrten ist gleichzeitig die Zufahrt zum **Loveland Bay Provincial Park**, der mit einem rusti-

Echo Lake am Highway 28

kalen Campground für eine ruhige und naturnahe Übernachtung geeignet ist.

Die Fahrt geht waldreich weiter, und immer wieder grenzen kleine Seen an die Straße – es ist eine idyllische und sehr schöne Landschaft, durch die der nicht mehr so ausladende Highway hier führt. Kurz bevor Sie den Upper Campbell Lake erreichen, zweigt eine Gravelroad (*Strathcona Dam Rd*) zum **Strathcona Dam** ab, der den See aufstaut und durch die Wasserkraft Strom für die Region produziert. Unterhalb des Damms liegt ein einfacher Campground der BC Hydro.

Nach der Abfahrt zum Dam schlängelt sich der Highway malerisch am Ufer des **Upper Campbell Lakes** entlang und bietet zahlreiche Möglichkeiten für einen Fotostopp.

Nach Passieren der **Strathcona Park Lodge** erreichen Sie das **Elk Portal**, den Eingang zu dem im Herzen von Vancouver Island liegenden und ältesten Provincial Park British Columbias: den **Strathcona Provincial Park**.

Dieses waldreiche, wilde Hochgebirgsgebiet ist nur im Bereich des *Buttle Lake* und des *Forbidden Plateaus* touristisch erschlossen, Teile des Areals gelten noch als komplette Wildnis und sind noch von keinem Menschen betreten worden.

Abenteurern stehen viele Möglichkeiten offen, das Gebiet auf eigene Faust zu erkunden. Der Park ist durchzogen mit teils schwierigen Wander- und Klettertouren, bei denen Übernachtungen auf einfachen Zeltplätzen möglich sind. Für den größten Teil der Touristen eignen sich die kürzeren **Wanderungen**, die direkt am Highway 28 starten, bestens für einen Einblick in die Wildnis. Wer eine naturnahe Pause einlegen möchte, findet entlang der gesamten Strecke einige schöne Picknickplätze, die zum Verweilen einladen.

Kurz nach der Einfahrt in den Park macht der Highway eine 90°-Kurve und überquert den Zufluss des **Buttle Lake**. Genau in dieser Kurve zweigt die *Westmin Rd* ab, eine enge, aber asphaltierte Straße, die am Ufer des Buttle Lake verläuft. Diese wirklich fantastische Strecke führt Sie vorbei an dem schönsten Wohnmobil-Campground des Strathcona Provincial Parks, den **Ralph River Campground**.

▶ Den größten Teil der Zufahrt, rund 12 km, müssen Sie auf einer Gravelroad zurücklegen. Diese ist aber mit kleineren Wohnmobilen befahrbar, es sei denn, Ihr Vermieter hat Einwände.

STRATHCONA DAM ▶ 352

▶ Hinweis: Aufgrund von umfangreichen baulichen Veränderungen kommt es im Bereich des **Strathcona Dam** in den nächsten 2-3 Jahren immer wieder zu Beeinträchtigungen, teilweise auch zu Sperrungen der Zufahrt.

STRATHCONA PP ▶ 353
PARKKARTE ▶ 506

▶ Das **Forbidden Plateau** liegt im Osten des Parks und kann über den *Strathcona Parkway* ab *Courtenay* erreicht werden (▶ Seite 248).

▶ Die im Park liegenden **Della Falls**, die mit 440 m höchsten Wasserfälle ganz Kanadas, können nur aus südlicher Richtung erreicht werden. Die Zufahrt erfolgt über den Highway 4, der von *Qualicum Beach* nach *Tofino* führt (Nebenroute 4 ▶ 351).

▶ Die höchste Erhebung des Parks – und auch ganz Vancouver Islands – ist der **Golden Hinde**, der mit 2.200 m Gipfelhöhe mit Sicherheit einen tollen Ausblick liefert. Da dieser allerdings mitten im Park liegt, wird er für die meisten unerreichbar bleiben.

Strathcona Provincial Park - Ende der Westmin Rd

R4

►Das Südende des Buttle Lake liegt im **Westmin Provincial Park (►** Seite 357) - ein „Unterpark" des Strathcona Provincial Parks - Sie befinden sich also korrekterweise *„im Park eines Parks"*.

Am Südende des Buttle Lakes liegt die gigantische **Westmin Mine**, ein riesiges Bergwerk, das Sie nicht verpassen sollten.

Wieder zurück auf dem Highway 28 erreichen Sie kurz nach der Brücke den zweiten Campground des Parks, den **Buttle Lake Campground**. Dieser ist ebenfalls sehr schön gelegen und hält ausreichend weiträumige Stellplätze bereit. Nach diesem Campground durchqueren Sie auf etwa 25 km den **Strathcona Provincial Park** entlang des Ausläufers des Upper Campbell Lakes - hier gibt es immer wieder Wanderwege und Picknickplätze für einen kurzen Zwischenstopp. Am Westende des Parks, direkt am Crest Lake, erreichen Sie **Crest Creek Crags**, Ausgangspunkt für über 100 waghalsige Klettertouren.

WHITE RIDGE PP ► 358

Weiter geht es auf dem Highway 28, von dem kurz vor Gold River eine Logging Road nach Süden zum **White Ridge Provincial Park**, der wegen seiner interessanten Karstlandschaft und Höhlengebiete weit über die Grenzen Kanadas hinaus bekannt ist.

GOLD RIVER ► 359
Great Walk ► 360
Bootstouren ► 361
Nootka Island Trail ► 361
Gold Muchalat PP ► 362
Upana Caves ► 362

Gold River, der einzige Ort auf dieser Nebenstrecke, liegt nun vor Ihnen. Der gleichnamige Fluss fließt von hier etwa 14 km nach Süden und mündet in den Muchalat Inlet, ein Seitenarm des Pazifiks. Historisch war Gold River die Wohnstätte für die Beschäftigten der Sägemühle und Zellstofffabrik am Muchalat Inlet, heute spielt natürlich auch der Outdoor-Tourismus des nahen Strathcona Provincial Parks eine große Rolle. Für Sie ist der Ort ideal, um einige Vorräte aufzufüllen oder eine der mehr als 50, teilweise noch unerschlossenen **Höhlen** zu erforschen. Gold River heißt nicht umsonst auch *„Carving Capital of Canada“*.

Wer zur Geburtsstätte von British Columbia pilgern möchte, kann eine Fahrt mit der MV Unchuck III buchen und sich z. B. nach **Friendly Cove** (*Yuquot Historic Site*) am **Nootka Sound** fahren lassen, wo 1778 James Cook als erster Europäer den „Chief“ der Mowahat, Häuptling Maquinna, getroffen hat. Für Kanada ein erhebender, geschichtsträchtiger Augenblick. Die Fahrt mit der MV Unchuck III dauert etwa 6 Stunden, inklusive 1,5 Stunden Aufenthalt in Friendly Cove.

Sollten Sie keine Bootstour buchen, lohnt sich eine Weiterfahrt auf dem Highway 28 zum **Muchalat Inlet** (hier starten die in Gold River gebuchten Bootstooren) nur bedingt. Die Landschaft ist zwar sehr schön, touristisch Interessantes gibt es aber nicht. Einzig die riesige Fabrikanlage und verfallene Häuser zieren den Küstenbereich.

▶ Entlang des Nootka Sound verläuft der mehrere Tage in Anspruch nehmende und schwierige **Nootka Island Trail**. Er führt von Friendly Cove nach Louie Bay Lagoon, beide Stationen können per Wasserflugzeug, Bootstour (z. B. MV Unchuck III) oder Wassertaxi erreicht werden. Die Tour sollte erfahrenen Wanderern vorbehalten bleiben, da Sie unterwegs völlig sich selbst überlassen sind. Informieren Sie sich vor Ort über die aktuellen Wegverhältnisse.

NR

Muchalat Inlet

Diese Nebenroute führt nun **weiter nach Tahsis**. Die Strecke dorthin ist eine Straße, die nicht von allen Vermietern freigegeben wird, Sie sollten sich also – gerade bei nicht optimalen Witterungsverhältnissen – besser rückversichern, ob Sie die Strecke fahren dürfen. Bei schlechten Wetterverhältnissen sollten Sie generell in Erwägung ziehen, diese Gravelroad auszulassen.

Sollten Sie sich gegen eine Weiterfahrt entscheiden, überspringen Sie einfach den nächsten Abschnitt. Die Rückfahrt zum Ausgangspunkt erfolgt über den bereits gefahrenen Highway 28 bis zurück nach Campbell River.

Über den Tree to Sea Drive nach Tahsis

▶ **Wichtig für Wohnmobilfahrer:** Bei der Visitor Information in Gold River befindet sich eine Sanidump-Station.

Hinweise zur Weiterfahrt: Die gesamte Strecke (einfach ca. 64 km) ist eine mehr oder weniger gut befahrbare Gravelroad, die auch von Holztransportern genutzt wird. Bitte erkundigen Sie sich vor Abfahrt in der Visitor Information von Gold River über den aktuellen Straßenzustand und fragen Sie bei Ihrem Vermieter nach, ob Sie diese Strecke mit Ihrem Fahrzeug befahren dürfen.

TREE TO SEA DR ▶ 363

Die Fahrt auf dem **Tree to Sea Drive** (auch *Head Bay Forest Service Road* genannt) startet an der Visitor Information in Gold River und beeindruckt durch eine fantastische Landschaft, mit tollen Ausblicken und einigen sehenswerten Highlights entlang der Strecke. Es warten aber auch Herausforderungen: einspurige Brücken, Gefälle bis 18 % und enge Kurven. Eine ausführliche Beschreibung aller lohnenswerten Haltepunkte der Strecke finden Sie im Faktenteil ▶ ab Seite 363.

Etwa auf halber Strecke erreichen Sie das **Moutcha Bay Resort** mit RV-Park, Cabins und einer Snackbar. Kurz vor dem Ende der Straße befindet sich der rustikale **Leiner River Campground**, bevor Sie schließlich Tahsis erreichen.

TAHSIS ▶ 365
Tahsis Museum ▶ 366
Coral Cave ▶ 366

Die kleine Stadt **Tahsis** liegt inmitten der unberührten Natur an einem Seitenarm des Pazifiks, der mit der **Nootka Sound** und dem **Esperanza Inlet** verbunden ist. Der Ort ist besonders beliebt bei abenteuersuchenden Wanderern, die gerade in den Sommermonaten den kleinen Ort beleben. Aber auch Angler und Wassersportler finden sich hier regelmäßig ein – der Lachs- und Heilbuttbestand ist legendär. Ansonsten gibt es hier neben einigen historischen Gebäuden (z.B. die **Joseph's Roman Catholic Church**) das **Tahsis Museum**, ein kleines Stadtmuseum, das einen Einblick in die Geschichte der First Nations und spätere Besiedelung der Region gibt. Die **Coral Cave**, eine etwa 1.400 m lange Höhle, kann zwar nur per Wanderung (ca. 6 km) oder Allradfahrzeug erreicht werden, bietet dann aber allen Höhleninteressierten ein besonderes Terrain, das allerdings nur mit vernünftiger Ausrüstung begangen werden sollte.

Mit Beendigung des Besuchs von Tahsis endet auch diese Nebenstrecke, für den Rückweg fahren Sie den *Tree to Sea Drive* zurück nach Gold River und von dort über den Highway 28 zum Ausgangspunkt Campbell River zurück.

NEBENROUTE 5

WOSS BIS ZEBALLOS

km Hauptstrecke	km Teilstrecke	Stationen auf dem Highway	Highway
0		Abzweig nach Zeballos - **24 km nördlich von Woss**	19
9		Abzweig **Little Huson Cave Regional Park**	
21		**Artlish Caves Provincial Park**	
40		**Zeballos**	
		ENDE NEBENROUTE 5	

HÖHLENFORSCHER AUFGEPASST

Woss bis Zeballos

Diese Nebenstrecke, die 24 km nördlich von Woss vom Highway 19 Richtung Süden abzweigt, werden wahrscheinlich nur diejenigen bewältigen können, die über ein geländegängiges Fahrzeug verfügen – für Mieter von Wohnmobilen ist diese Strecke größtenteils verboten. Zum Start der Route fahren Sie beim Hinweisschild Zeballos am **Highway 19** auf der *Atluck Rd / Zeballos Rd* zuerst ein kleines Stück nach Westen, bevor es kontinuierlich Richtung Süden weiter geht.

▶ Achtung **Holztransporter**: Auch auf dieser Nebenroute können Ihnen Holztransporter entgegenkommen. Diesen sollten Sie immer Vorfahrt gewähren – am besten weichen Sie an den äußeren Fahrbahnrand aus und bleiben stehen, bis der Transporter an Ihnen vorbei ist.

Die etwa 40 km lange Gravel- bzw. Logging Road wird zwar einigermaßen instand gehalten, trotzdem ist beim Befahren Vorsicht geboten, besonders bei feuchten Witterungsverhältnissen und Regen, was im Norden von Vancouver Island keine Seltenheit ist. Dafür werden Sie größtenteils völlig alleine auf der kurvenreichen und engen Straße unterwegs sein.

R♣▶ LITTLE HUSON CAVE REGIONAL PARK ▶ 370

Nach wenigen Kilometern zweigt eine Nebenstraße zum Parkplatz des **Little Huson Cave Regional Park** ab, von dort führen Wanderwege zu mehreren Höhleneingängen. Der Park liegt im **Atluck Creek Canyon**, von einer Aussichtsplattform bietet sich ein toller Blick auf interessante Felsformationen, eine Felsenbrücke und tiefe, mit klarem Wasser gefüllte Pools. Weitere spannende Höhlensysteme sind das **Benson Lake System**, **Vanishing River** und **Eternal Fountain**. Alle liegen nördlich der Little Huson Caves und sind über Logging Roads erreichbar.

P♣▶ ARTLISH CAVES PP ▶ 371

Ein weiterer Höhlenpark ist der **Artlish Caves Provincial Park**, den Sie etwa mittig der Strecke nach Zeballos über die *Artlish Main Rd* Richtung Westen erreichen. Neben interessanten Höhlensystemen finden Besucher in diesem Gebiet auch „kulturell gekennzeichnete“ Bäume

(*CMTs – Culturelly Modified Trees*), die durch Schnitzarbeiten, Malereien oder die Entnahme von Fasern (z. B. für Kleidung) von den *Kyoquot / Chesleseht First Nations* gekennzeichnet sind.

Nach Besuch dieses Höhlengebietes führt der Weg weiter gen Süden, bis Sie schließlich **Zeballos** erreichen. Ehemals eine reiche Goldgräberstadt ist Zeballos heute für Naturliebhaber, Abenteurer und Sportfischer ein ideales Ziel, um dem Massentourismus zu entfliehen. Auch wenn die Ortschaft weitab liegt, sind auch hier die wichtigsten Versorgungsmöglichkeiten (inklusive Tankstelle) vorhanden.

Bootstouren sind von Zeballos aus ebenso beliebt wie verschiedene, teils mehrtätige Wanderungen und Klettertouren in der umliegenden Einsamkeit. Das **Zeballos Heritage Museum** bietet eine kleine, aber feine Ausstellung über die doch recht belebte Vergangenheit des Ortes.

Für die Rückkehr zur Hauptroute nutzen Sie den Hinweg – es gibt keine Alternative, um wieder zum Highway 19 zu gelangen.

▶ **Geführte Touren** werden ab Zeballos angeboten – Informationen erhalten Sie in der Visitor Information vor Ort.

ZEBALLOS ▶ 371
Heritage Museum ▶ 373
Bootstouren ▶ 373
Catala Island PP ▶ 373
Nuchatlitz PP ▶ 373
Rugged Pnt. Marine PP ▶ 373
Muquin/Brooks PP ▶ 374
Rugged Mtn Klettertour ▶ 374

IR5

NEBENROUTE 6

PORT HARDY ZUM CAPE SCOTT PROVINCIAL PARK

km Hauptstrecke	km Teilstrecke	Stationen auf dem Highway	Highway
0		Port Hardy	19
42		**Holberg**	
52		Abzweig **Winter Harbour** (24 km, einfache Strecke)	
64		**Cape Scott Provincial Park** San Joseph Bay & Cape Scott Parkplatz	
		ENDE NEBENROUTE 6	

DAS NÖRDLICHSTE, WAS VANCOUVER ISLAND ZU BIETEN HAT

Port Hardy zum Cape Scott Provincial Park

Die letzte Nebenstrecke, die Sie auf Vancouver Island absolvieren können, wird leider für die meisten Wohnmobilfahrer aufgrund der Straßenverhältnisse und der versicherungsrechtlichen Sperrung der Wohnmobilvermieter nicht ohne Weiteres zu befahren sein. Holen Sie also vor dem Start der Route Informationen darüber ein, ob die Straße mit Ihrem Wohnmobil befahren werden darf. Alternativ können Sie in Port Hardy ein geeignetes Fahrzeug mieten.

▶Vergessen Sie nicht, Ihr Fahrzeug in Port Hardy ausreichend zu betanken. Die Tankstelle in Holberg, der einzigen Ortschaft auf dem direkten Weg zum Cape Scott Provincial Park, ist nur sporadisch geöffnet. In Winter Harbour gibt es auch eine Tankstelle, die Stadt liegt aber nicht auf der direkten Route.

Startpunkt der Route ist die *Holberg Rd*, die vom Highway 19 kurz vor dem Stadtbereich von **Port Hardy** nach Westen abzweigt. Zuerst macht die Straße noch einen einigermaßen zivilisierten Eindruck, bevor sie sich dann später in ein Meer aus Schlaglöchern, Spurrillen und Unebenheiten verwandelt. Begleitet werden Sie auf der Strecke von purer Wildnis und Wäldern, soweit das Auge reicht – Sie werden keinen Zweifel daran haben, dass Sie sich nun tatsächlich dem äußersten Zipfel von Vancouver Island nähern.

Den legendären **Shoe Tree**, wo spaßige Zeitgenossen ihre Schuhe nach einer anstrengenden Tour im Cape Scott Provincial Park zur Erinnerung (oder Abschreckung?) in den Baum hängen, können Sie in der Nähe des **Kains Lake** entdecken. Ansonsten führt die Straße geruhsam weiter durch die wilde Natur, bis Sie schließlich das erste Etappenziel, Holberg, erreicht haben.

HOLBERG ▶ 378
Shoe Tree ▶ 378
Ronning Garden ▶ 378
Raft Cove Prov. Park ▶ 379

Holberg ist ein winziger Ort, der nur noch wenige Einwohner hat, die zumeist im einzigen Industriebetrieb, einem Holz verarbeitenden Werk der Western Forest Products, beschäftigt sind. Es gibt im Ort ein kleines

Restaurant und einen Food Store, der Sie mit dem Nötigsten versorgen kann – die Tankstelle ist allerdings nur sporadisch geöffnet.

Wer vor der Etappe zum Cape Scott Provincial noch einen Abstecher einlegen möchte, kann von Holberg aus einen Besuch von **Winter Harbour** einplanen. Die Stadt ist über eine etwa 24 km lange Logging Road erreichbar und liegt malerisch am *Forwart Inlet*, einem Seitenarm der *Quatsino Sound*. Winter Harbour ist größer als Holberg und hat die wichtigsten Versorgungseinrichtungen, eine Tankstelle und einen General Store vor Ort. Sogar eine Poststelle gibt es, von dort können Sie Grüße nach Hause schicken und sich sicher sein, dass die Empfänger überrascht sein werden, von so einem entlegenen Punkt der Welt Post zu bekommen...

WINTER HARBOUR ► 379

Nach dem Abstecher geht es von Holberg aus über die San Joseph Rd weiter bis zum Parkeingang des **Cape Scott Provincial Parks**. Außerhalb des Parks befinden sich zwei Campgrounds und ein Parkplatz – in den Park selber geht es nur noch zu Fuß. Die zahlreichen Wanderwege führen Sie in eine abgelegene Wildnis und entlang der rauen Küste des Pazifiks. Keinerlei Versorgungsmöglichkeiten, sich schnell ändernde Wetterverhältnisse und anspruchsvolle Wanderwege setzen eine gute Vorbereitung und entsprechende körperliche Verfassung voraus. Erkundigen Sie sich mit einschlägiger Literatur und unter Zuhilfenahme der Visitor Information in Port Hardy über die genauen Bedingungen und aktuellen Wegverhältnisse – zusätzlich empfehlen wir, den Rangern eine Information zu hinterlassen, welche Wanderungen Sie unternehmen und wann Sie Ihre Rückkehr geplant haben.

CAPE SCOTT PROVINCIAL PARK ► 380

► Der wohl bekannteste Wanderweg ist der **North Coast Trail**, der auf etwa 43 km die Nordküste entlang führt.

Nach Abschluss Ihrer Erkundungen fahren Sie die Strecke wieder genauso zurück, wie Sie gekommen sind – also über die *San Joseph Rd* nach Holberg und von dort über die *Holberg Rd* nach Port Hardy. Ob Sie Ihre Wanderschuhe beim Kains Lake ebenfalls in den Baum hängen, bleibt natürlich Ihnen überlassen...

RÜCKFAHR-MÖGLICHKEITEN

DER WEG ZURÜCK – DIE RÜCKFAHRMÖGLICHKEITEN

Ein erster Überblick

Vancouver Island kann man im Normalfall leider nicht per Rundreise erkunden. Wenn Sie nicht gerade mit einem Allradfahrzeug unterwegs sind, steht nur eine Fahrmöglichkeit zur Verfügung, die man meist auf gleichem Wege wieder zurück muss.

Wer einen Vancouver-Island-Urlaub plant und die Insel von Süd nach Nord bereist, landet unweigerlich irgendwann in Port Hardy und fragt sich: was nun? Welche Möglichkeiten für Rückfahrten bieten sich an?

Um Ihnen die Qual der Wahl zu erleichtern und aufzuzeigen, dass es so einige Möglichkeiten gibt, wieder nach Vancouver zurückzukommen, beschreiben wir im weiteren Verlauf die wichtigsten Rückrouten:

RM

a) **Sunshine Coast:** Ab Little River/Comox wechseln Sie ans Festland und fahren die sehenswerte Sunshine Coast nach Süden. Zeitbedarf etwa 3-5 Tage.

▶ UNSERE EMPFEHLUNG!
BESCHREIBUNG ▶ 131
FAKTEN ▶ 386

b) **Vancouver Island von Nord nach Süd:** den Weg der Hinstrecke über die Hwys 19/19A, 1 und 17 zurück nach Victoria. Zeitbedarf 3-5 Tage, je nachdem, wie viele Sehenswürdigkeiten Sie nachholen möchten.

BESCHREIBUNG ▶ 141

c) **Inside Passage:** Port Hardy Richtung Norden und ans Festland nach Prince Rupert. Von dort durchs Inland nach Süden. Zeitbedarf: mind. 1 Woche.

BESCHREIBUNG ▶ 143

d) **Discovery Passage:** Von Port Hardy geht es nicht ganz so weit in den Norden wie bei der Inside Passage. Ziel ist das Städtchen Bella Coola am Highway 20. Zeitbedarf: mindestens 5 Tage.

BESCHREIBUNG ▶ 145

e) **Nanaimo nach Vancouver:** Die schnellste Rückroute, ab Nanaimo sind Sie via Fähre in etwa 1,5-2 Stunden am Ausgangspunkt in Tsawwassen, alternativ in Horseshoe Bay im Norden von Vancouver. Zeitbedarf: 1-2 Tage.

BESCHREIBUNG ▶ 147

SUNSHINE COAST - STRECKENÜBERSICHT

km Haupt-strecke	Stationen auf dem Highway	Highway
	Port Hardy nach **Comox** (Little River)	
	Fähre von Comox (Little River) nach Powell River	
0	Powell River - Weiterfahrt nach Lund	101
28	**Lund**	101
32	Abzweig **Okeover Arm Provincial Park**	101
48	**Sliammon**	101
54	**Powell River Historic Townsite**	101
56	**Powell River**	101
88	**Saltery Bay Provincial Park**	101
	Fährfahrt von Saltery Bay nach Earls Cove	
88	**Earls Cove**	101
94	**Egmont**	
94	**Shookumchuck Narrows Provincial Park**	
100	Earls Cove	101
114	Kleindale	101
118	Madeira Park	101
123	**Pender Harbour**	101
133	Secret Cove	101
137	Abzweig **Smuggler Cove Marine Provincial Park**	101
140	**Halfmoon Bay**	101
146	Abzweig **Sargeant Bay Provincial Park**	101
154	**Sechelt**	101
155	Abzweig **Porpoise Bay Provincial Park**	101
163	**Roberts Creek Provincial Park**	101
181	**Gibsons**	101
186	Fährfahrt von **Langdale** nach **Horseshoe Bay / Vancouver**	

RM

SUNSHINE COAST

Von Port Hardy bis zum Start der Sunshine Coast

Abgesehen von den beiden Fährrouten (*Inside Passage* und *Discovery Passage*) ist die Rückfahrt über die **Sunshine Coast** die mit Sicherheit spannendste und interessanteste Alternative und benötigt weniger Aufwand und Zeit, als die langen Umwege über das nördliche Festland.

Für die Rückfahrt über die Sunshine Coast sollten Sie mindestens 3 (besser 4-5 Tage) einplanen, um zumindest die wichtigsten Sehenswürdigkeiten besuchen zu können, zusätzlich müssen Sie die Mehrkosten für die Fährfahrten in der Urlaubskasse berücksichtigen.

Sie fahren von **Port Hardy** den Ihnen schon bekannten Highway 19 wieder gen Süden bis nach **Campbell**

Im Hafen von Lund

River. Dort wechseln Sie auf den küstennahen **Highway 19A** und erreichen etwa 42 km südlicher **Little River** (Comox). Dort befindet sich der Fähranleger nach Powell River.

Die Fähre startet täglich zu vier Fahrten ans Festland, die Fahrtzeit beträgt etwa 1,5 Stunden. Für 2 Erwachsene und ein 24 ft Wohnmobil werden ca. CAD 82 fällig. www.bcferries.com

Lund nach Saltery Bay – Fährfahrt nach Earls Cove

Der **Highway 101**, auch **Sunshine Coast Highway** genannt, ist Teil des *Pacific Coastal Highways*, der in Lund (nördlich von Powell River) beginnt und 15.202 km weiter südlich in Quellon, Porto Monte / Chile, endet. Der kanadische Teil von Lund nach Gibsons ist 146 km lang, asphaltiert und gut befahrbar. Lediglich der nördliche Teil von Powell River nach Lund ist etwas holprig, kurvenreich und stellenweise eng. Damit Sie sich von diesem Straßenzustand selber ein Bild machen können, startet die Fahrt über die Sunshine Coast genau mit diesem Streckenabschnitt.

Die Fähre von Vancouver Island erreicht die Westküste des Festlandes in **Powell River**, und Sie brechen unmittelbar nach Norden in Richtung Lund auf, die unterwegs liegende Stadt *Sliammon* heben Sie sich für den Rückweg auf. Die etwa 20 km sind trotz schlechterer Straßenverhältnisse schnell zurückgelegt, sodass Sie alsbald in Lund, der Stadt „am Ende der Welt", einfahren.

LUND ▶ 389
Cope Islands PP ▶ 390
Desolution Sound PP ▶ 391
Okeover PP ▶ 391

▶Eine „Mile 0"-Markierung zeigt in Lund den Beginn des Sunshine Coast Highways.

Lund ist, wie viele Orte hier an der Küste, besonders interessant für Wassersportaktive, aber allein die tolle Aussicht ist einen Besuch wert. Wer etwas Besonderes erleben möchte, kann z. B. Paddeltouren zum **Cope Islands Marine Provincial Park** oder zum **Desolution Sound Provincial Park** unternehmen, bei gutem Wetter ein tolles Erlebnis.

SLIAMMON ▶ 391
Ayjoomixw ▶ 392

Auf dem Rückweg nach Powell River können Sie kurz vor Erreichen der Stadt das kleine Örtchen **Sliammon** besuchen, das vor allem für die Pflege der Handwerkskunst der gleichnamigen First Nations bekannt ist. Die wichtigste Einnahmequelle ist eine **Lachszuchtanstalt**,

Sporthafen Powell River

die auch besucht werden kann. Wer in die Traditionen der First Nations tiefer eintauchen möchte, kann an der **Ayjoomixw Tour** teilnehmen.

Kurz vor Powell River erreichen Sie als nächsten, lohnenswerten Zwischenstopp die gleichnamige **Historic Town**, die zumindest für einen kurzen Stadtbummel genutzt werden sollte. Neben vielen historischen Gebäuden ist vor allem das **Patricia Theatre** sehenswert, das seit immerhin 1913 in Betrieb ist. Es wurde im spanischen Renaissance-Stil erbaut und dient sowohl als Kino als auch als Veranstaltungsraum für ein buntes, kulturelles Angebot.

POWELL RIVER HIST. TOWNSITE ▶ 392

Powell River erreichen Sie kurze Zeit später und befinden sich damit im wichtigsten Versorgungszentrum dieses Teils von British Columbia. Regelmäßiger Fährverkehr findet zwischen Vancouver Island und *Texada Island* (südlich der Stadt in der *Strait of Georgia* gelegen) statt, Wander- und Wassersportmöglichkeiten bietet der **Inland Lake Provincial Park**, der wenige Kilometer nordwestlich der Stadt liegt. Wer sich für die gefiederten Lebewesen interessiert, sollte dem Vogelschutzgebiet **Duck Lake Provincial Park** einen Besuch abstattet, dieser liegt westlich der Stadt und ist über die *Haslam Lake Rd* erreichbar.

POWELL RIVER ▶ 393
Inland Lake PP ▶ 395
Duck Lake PP ▶ 395
Paper Mill Tours ▶ 395
Powell River Museum ▶ 396

▶ Informationen zur **Catalyst Paper Mill Tour** erhalten Sie in der Visitor Information von Powell River.

Das **Powell River Museum** gibt Einblicke in die Geschichte der First Nations und der Stadtentstehung, bei der Papiermühlen immer eine wichtige Rolle spielten – und bis heute spielen, was z. B. bei einer geführten Tour durch die **Catalyst Paper Mill** live erlebt werden kann.

Die Reise entlang der Sunshine Coast geht nach Verlassen der Stadt weiter auf dem Highway 101 / Sunshine Coast Highway die *Malaspina Strait* entlang nach Süden. Der Blick reicht dabei meist weit über das Ufer hinaus bis zur Texada Island, und kleine Ortschaften reihen sich wie an einer Perlenschnur an der Straße auf.

SALTERY BAY PP ▶ 397

▶ Die hier gekauften Tickets sind ebenfalls für die noch kommende Überfahrt von *Langdale* nach *Horseshoe Bay / Vancouver* gültig.

▶ Informationen auch unter www.bc-ferries.com, aber aufpassen: Die dort gezeigten Preise für Fahrzeuge beinhalten keine Personen.

Der **Saltery Bay Provincial Park**, den Sie wenig später erreichen, bietet einige kurze Wanderwege zur **Mermaid Bucht**, wo Taucher vor der Küste nach Wracks suchen und das Unterwasserleben beobachten können. In unmittelbarer Nähe liegt der gleichnamige Fähranleger, dort startet die Fähre nach **Earls Cove**. Die Fähre durchquert den *Jervis Inlet* und bringt Sie nahtlos zur Weiterführung des Sunshine Coast Highways.

Die Überfahrt dauert ca. 50 Minuten, die Fähre verkehrt etwa alle 2,5 Stunden. Der Preis für 2 Erwachsene mit einem 24 ft Wohnmobil beträgt ca. CAD 91.

Fähranleger Saltery Bay

Earls Cove nach Langdale – Fährfahrt nach Horseshoe Bay

Der südliche Teil der Sunshine Coast liegt auf der **Halbinsel Sechelt**, an deren nördlichem Ende Sie sich nun befinden. Sobald Sie die Fähre verlassen haben, bietet sich ein Abstecher nach Osten und ein Besuch der Stadt **Egmont** an, die Sie über die gleichnamige *Egmont Rd* erreichen.

EGMONT ▶ 397
Chatterbox Falls ▶ 398
MacDonald Island ▶ 398

Ab Egmont können Sie einen besonders abenteuerlichen Ausflug unternehmen und den **Chatterbox Falls** im **Princess Louisa Marine Provincial Park** einen Besuch abstatten. Diese liegen Ende des *Princess Louisa Inlets*, der allerdings nur per Boot oder Wasserflugzeug erreicht werden kann. Der Provincial Park ist ein wirkliches Highlight, die pittoresken Wasserfälle und die steilen Granitfelswände mit vergletscherten Bergkuppen sind einzigartig. Anbieter für eine Tour zum Park finden Sie in Egmont.

RM

Ebenfalls in Egmont startet ein etwa vier Kilometer langer Wanderweg zum **Skookumchuk Narrows Provincial Park**, der mit den größten Binnensalzwasserstromschnellen Nordamerikas aufwartet – mit bis zu 30 km/h schießt das Wasser durch das Flussbett.

SKOOKUMCHUK NARROWS PROV. PARK ▶ 399

Wieder zurück beim Highway 101 geht die Fahrt Richtung Süden weiter. Sie fahren am *Ruby Lake* entlang und kurvenreich durch dichtes Waldgebiet bis Sie den Ort **Kleindale** erreichen, der Teil des Gemeindezusammenschlusses **Pender Harbour** ist. Nun reihen sich einige Ortschaften aneinander, und der Meeresblick wird meist entweder durch Wald oder durch in Privatbesitz befindliche, bebaute Küstenabschnitte verborgen. Nutzen Sie daher jede Gelegenheit der Zufahrt zum Strand, um die Aussicht oder einen Spaziergang in frischer Seeluft zu genießen.

PENDER HARBOUR ▶ 400

▶ Neben *Kleindale* umfasst **Pender Harbour** auch noch die Gemeinden *Madeira Park, Irvine's Landing* und *Garden Bay*. Pender Harbour gilt auch als das „Venedig des Nordens".

Nach Passieren von **Madeira Park** (hier lohnt sich ein kurzer Spaziergang durch den *Whetland Park*) verlassen Sie das Gebiet Pender Harbour und erreichen einige Kilometer später zwischen **Secret Cove** und *Halfmoon Bay* den **Smuggler Cove Marine Provincial Park**. Der Zugang zum Park erfolgt entweder per Boot oder über einen etwa 4 km langen Wanderweg vom Parkplatz am Highway. Die Besonderheit des Parks ist seine hohe Bi-

SMUGGLER COVE PROVINCIAL PARK ▶ 401

Halfmoon Bay

berpopulation, was die erstaunlichen Dammkonstruktionen eindrucksvoll beweisen. Ebenso fühlen sich in den Feuchtgebieten dieses Küstenparks viele seltene Pflanzen- und Vogelarten heimisch.

HALFMOON BAY ▶ 402

Im Städtchen **Halfmoon Bay**, das Sie kurze Zeit später erreichen, gibt es außer einem tollen Blick auf die Strände der kleinen Insel *Thormanby* nicht sonderlich viel zu erleben, lohnenswerter ist da schon der Besuch des wenige Kilometer südlich liegenden **Sargeant Bay Provincial Parks**, dem nächsten möglichen Zwischenstopp Ihrer Reise. Der Park umfasst verschiedenartige Uferzonen und Sumpfgebiete und ist dadurch besonders für Ornithologen ein Erlebnis - vor allem, wenn hier Trompeterschwäne, Kanadagänse und Wildenten bei Ihren Reisen gen Süden oder Norden einen Zwischenstopp einlegen.

SARGEANT BAY PP ▶ 402

Die nächste Station bringt Sie wieder in bebautes Gebiet, diesmal in die größte und wichtigste Stadt im Süden der Sunshine Coast: **Sechelt**. Die Stadt liegt auf einem schmalen Landstrich zwischen der *Strait of Georgia* und dem *Sechelt Inlet* - so wundert es nicht, dass der First-Nations-Name Sechelt übersetzt so viel wie *„Land zwischen zwei Wassern“* bedeutet.

SECHELT ▶ 403
House of Hewhiwus ▶ 405
Tems Swiya Museum ▶ 405
Roberts Creek ▶ 406

Heute noch im Verwaltungsbereich der First Nations befindet sich das **Tems Swiya Museum**, das sich ausführlich mit der Geschichte und Kultur dieser frühen Einwohner beschäftigt und im angegliederten Shop Kunsthandwerk anbietet.

Die drei Kilometer lange **Davis Bay** südlich der Stadt umfasst einen der beliebtesten Strandabschnitte und zieht nicht nur wassersportbegeisterte Touristen an. Die **Strandpromenade** der Stadt glänzt mit farbenfrohen Totempfählen und vor allem im Sommer durch ein buntes Kultur- und Festivalangebot.

Etwas abseits des Highways 101, nördlich der Stadt am *Sechelt Inlet* gelegen, liegt der familienorientierte und beliebte **Porpoise Bay Provincial Park**, der in den Sommermonaten stets gut mit Besuchern gefüllt ist und zum Verweilen einlädt.

PORPOISE BAY PP ▶ 405

Nach Rückkehr auf den Highway 101 nehmen Sie die Fahrt gen Süden wieder auf und erreichen kurz vor dem Fähranleger Langdale die Touristenstadt **Gibsons**, die als südlichste Stadt den Beinamen *„Gateway to the Sunshine Coast“* trägt. Die Stadt ist zweigeteilt in **Upper Gibsons**, das mit Shopping Malls und Restaurants bebaut ist, und **Lower Gibsons**, dem „historischen“ Ortskern, der heute noch das ehemalige, malerische Fischerdorf erkennen lässt. Ein Bummel durch **Historic Gibsons Landing** und ein Besuch eines der kleinen Cafés könnte ein guter Abschluss Ihrer Tour entlang der Sunshine Coast sein, bevor Sie dann schließlich nach

GIBSONS ▶ 406
Sunshine Cst. Museum ▶ 408

RM

Fähre verlässt Langdale

▶Nach Langdale führt der Highway von ca. 11 km weiter bis nach **Port Mellon**, Standort einer großen Papier- und Zellstofffabrik. Touristisch ist diese Strecke nicht interessant.

Langdale weiterfahren und per Fähre nach **Horseshoe Bay / Vancouver** übersetzen.

Die Überfahrt dauert ca. 40 Minuten, die Fähre verkehrt etwa alle 1,5 Stunden. Die Kosten für die Fährfahrt haben Sie bereits mit dem Ticket Saltery Bay nach Earls Cove bezahlt.

Je nach Ihren weiteren Reiseplänen werden Sie, da Sie nun im Süden der Sunshine Coast und mit der Fähre in **Horseshoe Bay** angekommen sind, entweder auf dem Highway 99 (*Sea to Sky Highway*) Richtung Norden aufbrechen oder den Highway 99/1 Richtung Süden nach Vancouver einschlagen.

Ist dies der Endpunkt Ihrer Reise, werden Sie nun Ihr Wohnmobil abgeben müssen. Sollte Ihr Vermieter bei den großen Anbietern in **Delta** angesiedelt sein, müssen Sie dazu noch ein kleines Abenteuer bestehen und die Innenstadt von Vancouver durchqueren. Da diese Strecke mit Sicherheit noch einmal volle Konzentration abverlangt, ersparen wir Ihnen die Suche nach dem besten Weg:

Nord nach Süd: Einmal quer durch Vancouver

▶Eine Erinnerung an die **O(berleitungs)-Busse**, die immer Vorfahrt haben und durch wenig Bewegungsspielraum nicht ausweichen können.

Nach Verlassen der Fähre fahren Sie auf dem **Highway 99/1 Richtung Vancouver** bis zum **Exit 13**. Hier zweigt der **Highway 99/1A** ab, dem Sie nach Süden folgen. Sie fahren zuerst über die **Lions Gate Bridge** und durch den **Stanley Park**, bevor Sie **Downtown Vancouver** erreichen. Sie fahren weiter geradeaus (der Highway 99/1A hat hier zusätzlich den Straßennamen „*Georgia St*“) und biegen nach etwa 1 km rechts in die **Howe St** (= **Highway 99**, 1A entfällt) ab.

Sie folgen dem **Highway 99** nun stur über die **Granville Bridge** und weiter geradeaus, bis er nach etwa 9 km nach links in die **70 Ave W** abknickt und weniger hundert Meter später rechts auf die **Oak Bridge** führt. Von dort geht es rund 14 km geradeaus, bevor Sie am **Exit 28**, der Kreuzung mit dem Highway 17, dem Hinweis **„River Road North“** zu den Vermietern folgen.

Es klingt komplizierter, als es ist – wenn Sie sich permanent auf dem Highway 99 halten und sich nicht wundern, dass dieser „Highway“ mitten durch Großstadtstraßen führt, kann nichts passieren.

PORT HARDY BIS SWARTZ BAY - STRECKENÜBERSICHT

km Hauptstrecke	Stationen auf dem Highway	Highway
0	Port Hardy	19
43	Port McNeill	19
240	Campbell River	19
394	Nanaimo	19/1
446	Duncan	1
496	Langford	1
533	Swartz Bay - Fähranleger	17
	Fährfahrt von Swartz Bay nach Tsawwassen	
533	Tsawwassen - Fähranleger	17
545	Abzweig Ladner Trunk Rd	17
547	Kreuzung Highway 17 / 99	17/99

PORT HARDY BIS SWARTZ BAY

Natürlich können Sie auch den bereits zurückgelegten Weg für die Rückreise einschlagen und von **Port Hardy** über die bekannten Highways wieder nach Süden bis zum Fähranleger **Swartz Bay** fahren.

Was auf den ersten Blick ein wenig langweilig erscheint, hat durchaus seine Reize. Sie können dadurch nicht nur Sehenswürdigkeiten oder Aktivitäten nachholen, die Sie auf der Hinreise nicht geschafft haben oder bei denen Ihnen das Wetter einen Strich durch die Rechnung gemacht hat. Auch werden die bereits bekannten Strecken durch die umgekehrte Perspektive fast völlig neu auf Sie wirken. Oder Sie fahren - sofern nicht bereits auf der Hinreise geschehen - die wirklich sehenswerten Nebenrouten dieser Routenempfehlung und genießen noch mehr Vielfalt von Vancouver Island.

Letztlich kann man dadurch, dass man die Strecke kennt, Vieles entspannter genießen oder sich an den Stellen, die einem besonders gefallen haben, mit mehr Ruhe einer Wanderung widmen, einen Tag Pause einlegen oder einfach nur die Seele baumeln lassen. Es muss also nicht immer die aufwendige und völlig neue Rückreise sein - auch Bekanntes kann mit neuen Reizen locken.

Die Strecke dieser Rückfahrmöglichkeit ist bekannt: Sie fahren von Port Hardy über den Highway 19 bis nach Campbell River, wo Sie sich erneut für die schnelle (Highway 19) oder schöne Variante (Highway 19A) entscheiden. Nach Absolvierung des Küstenabschnitts fahren Sie nach Nanaimo auf den Trans-Canada Highway 1, in Victoria schließlich auf den Highway 17. Diesen fahren Sie schließlich nach Norden bis zum Fähranleger in **Swartz Bay**. Von dort bringen die Fähren Sie nach **Tsawwassen**, und über den Highway 17 geht's zu den Wohnmobilvermietern oder zum Ausgangspunkt Ihrer weiteren Reise.

▶ Sollten Sie auf der Rückreise die Innenstadt von **Victoria umfahren** wollen, hier noch einmal die besten Möglichkeiten. Erstens: über die *Helmcken Rd*, *Wilkinson Rd* und den *Royal Oak Dr* – oder einige hundert Meter später über die *McKenzie Ave*. Beide Alternativen enden auf dem Highway 17.

RM

INSIDE PASSAGE NACH PRINCE RUPERT - STRECKENÜBERSICHT

km Haupt-strecke	Stationen auf dem Highway	Highway
	Port Hardy	19
	Inside Passage nach Prince Rupert	
0	Prince Rupert	16
242	Abzweig Highway 37 (Cassiar Highway) nach Norden	16/37
724	Prince George	16
844	Quesnel	97
963	Williams Lake	97
1.169	Cache Creek *(s. auch Alternative 2)*	97/1
1.362	Hope	1
1.522	**Vancouver**	1
	Alternative 2 ab Cache Creek	
1.169	Cache Creek	1
1.178	Abzweig Highway 99	1/99
1.255	Lillooet	99
1.348	Pemberton	99
1.380	Whistler	99
1.438	Squamish	99
1.483	Horseshoe Bay / Vancouver West	99/1
1.503	**Vancouver**	99

INSIDE PASSAGE NACH PRINCE RUPERT

Wer nach Erreichen von Port Hardy Sehnsucht nach dem Meer verspürt und eine ganz besondere und außerordentlich schöne Fahrt durch die dem Festland vorgelagerte Inselwelt unternehmen möchte, sollte bereits bei der Reiseplanung eine Reservierung für die **Inside Passage** nach Prince Rupert vornehmen. Ohne Vorreservierung ist nur selten eine Spontanbuchung möglich, wenn überhaupt, so werden Sie höchstens zur Vor- oder Nachsaison Glück haben. Da mit dieser Fährfahrt aber auch noch eine Rückreise über das Festland verbunden ist, sollten Sie auf dieses Glück nicht spekulieren.

Die Fahrt über die Inside Passage zählt mit Sicherheit zu einem ganz besonderen Erlebnis und führt Sie durch eine einzigartige Inselwelt und eine unberührte Natur, die Sie so noch nicht gesehen haben werden. Auch die Rückreise über das Festland, den Highway 16 (*Yellowhead Highway*) und vielleicht sogar weiter bis in die Nationalparks der Rockies wird beeindruckend sein.

Je nach Umfang der weiteren Planung sollten Sie bei dieser Rückroute mindestens 1 Woche Zeit einplanen. Selbst der „kurze Weg" von Prince Rupert über Prince George und die Highways 97 und 99 zurück nach Vancouver ist etwa 1.500 Kilometer lang und mit entsprechend langen Zeiten hinterm Steuer. Wenn Sie dann noch Sehenswürdigkeiten einplanen, ist eine Woche schnell vorüber.

Die **Fähre** über die Inside Passage startet in Port Hardy um 7:30 Uhr, Check-in mindestens 1,5 bis 2 Stunden vor Abfahrt. Alle Reservierungen, die nicht 1,5 Stunden vor Abfahrt geltend gemacht wurden, verfallen.

Die Ankunft in Prince Rupert ist gegen 22:30 Uhr, daher ist es ratsam, bereits vorher einen Übernachtungsplatz zu reservieren. Hierzu bietet sich der **Prince Rupert RV Campground** an, der etwa 800 m vom Fähranleger entfernt am Highway 16 liegt.

▶ **Prince Rupert RV Campground:** ✉ 1780 Park Avenue, ☎ 250-627-1000, 77, alle Anschlussmöglichkeiten, ja, ja, CAD 33, www.princerupertrv.com

▶ **Ferry Terminal Prince Rupert:** ✉ Fairview, ☎ 1-877-223-8778

RM

DISCOVERY PASSAGE NACH BELLA COOLA - STRECKENÜBERSICHT

km Hauptstrecke	Stationen auf dem Highway	Highway
	Port Hardy	19
	Discovery Passage nach Bella Coola	
0	Bella Coola	20
90	Beginn Gravelroad bis Anahim Lake	20
150	Anahim Lake	20
306	Williams Lake	20/97
512	Cache Creek *(s. auch Alternative 2)*	97/1
705	Hope	1
865	**Vancouver**	1
	Alternative 2 ab Cache Creek	
512	Cache Creek	1
523	Abzweig Highway 99	1/99
600	Lillooet	99
693	Pemberton	99
725	Whistler	99
783	Squamish	99
828	Horseshoe Bay / Vancouver West	99/1
848	**Vancouver**	99

RM

DISCOVERY PASSAGE NACH BELLA COOLA

Der Startpunkt der Discovery Passage nach Bella Coola ist ebenfalls in Port Hardy. Für diese Fährfahrt, die allerdings nur in den Sommermonaten unternommen werden kann, gilt Ähnliches wie für die Inside Passage nach Prince Rupert.

Die **Discovery Passage** wird ebenfalls ein tolles Erlebnis sein und Sie durch eine grandiose Natur führen, bevor Sie am Ende des Highways 20 in Bella Coola landen. Genauso gilt aber auch, dass Sie diese Fährfahrt bereits vorab gebucht haben sollten, da auch hier Rest- und Spontanplätze nur selten zu ergattern sind.

Wichtig zu wissen ist, dass das Befahren des **Highways 20**, der von Bella Coola nach Williams Lake führt, von den meisten Wohnmobilvermietern nicht gestattet wird. Der Grund dafür ist ein Teilstück des Highways 20, *„The Hill“* genannt. Dieses nur 20 km lange Stück erfordert mit Steigungen von bis zu 18 % und sehr schmalen Gravel-Straßen ohne Randbegrenzung einige Wohnmobilerfahrung. Und auch nach dem „Hill“ ab Heckman Pass liegen noch weitere 40 km Gravelroad bis Anahim Lake vor Ihnen. Auch wenn Sie sich zu den geübten Wohnmobilfahrern zählen, müssen Sie aus versicherungsrechtlichen Gründen unbedingt die Fahrt auf dieser Straße mit Ihrem Wohnmobilvermieter absprechen.

Sollten Sie den Highway 20 befahren dürfen, gilt auch für diese Route über das Festland, dass Sie nicht zu wenig Zeit einplanen sollten. Zwar ist die direkte Route zurück nach Vancouver „nur“ etwa 1.000 km lang, aber auch auf diesem Weg liegen viele Stationen vor Ihnen, deren Besuch sich allemal lohnt.

Die Abfahrt der **Fähre** in Port Hardy ist um 10:15 Uhr, etwa 2,5 Stunden vorher sollten Sie einchecken. Reservierungen, die bis 2 Stunden vor Abfahrt nicht geltend gemacht wurden, verfallen. Ankunft in Bella Coola ist am nächsten Morgen um ca. 6:30 Uhr.

NANAIMO BIS VANCOUVER - STRECKENÜBERSICHT

km Haupt-strecke	Stationen auf dem Highway	Highway
	Variante 1: Nanaimo / Departure Bay bis Horseshoe Bay	
0	Port Hardy	19
43	Port McNeill	19
240	Campbell River	19
385	Nanaimo / Departure Bay	1
	Fährfahrt nach Horseshoe Bay / Vancouver West	
385	Horseshoe Bay / Vancouver West	99/1
405	Vancouver	99
425	Delta	99
	Variante 2: Nanaimo / Duke Point bis Tsawwassen	
0	Port Hardy	19
43	Port McNeill	19
240	Campbell River	19
394	Nanaimo / Duke Point	19/1
	Fährfahrt nach Tsawwassen	
394	Tsawwassen	17
396	Abzweig Ladner / Trunk Rd	17
398	Kreuzung Highway 17 / 99 (Delta)	17

NANAIMO BIS VANCOUVER

Für diejenigen, die nicht den kompletten Highway zurückfahren, sondern möglichst rasch wieder in Vancouver ankommen möchten, gibt es ab **Nanaimo** die Möglichkeit, entweder nach **Horseshoe Bay** oder zum Ausgangspunkt nach **Tsawwassen** per Fähre überzusetzen.

Da beide Routen von unterschiedlichen Fähranlegern in Nanaimo starten, hier kurz die detaillierten Beschreibungen. Die Kosten für beide Überfahrten sind in etwa gleich, für 2 Erwachsene mit einem 24 ft Wohnmobil zahlen Sie etwa ☺ CAD 97.

1) Nanaimo / Departure Bay bis Horseshoe Bay

Der Fähranleger **Departure Bay** liegt von Süden kommend am Ende des Trans-Canada Highway 1. Da Sie nun aber aus dem Norden kommen, nehmen Sie von Port Hardy den Highway 19 und spätestens ab der Gabelung vor Nanaimo den Highway 19A, der Sie zuverlässig in die Innenstadt von Nanaimo führt. Dort trifft er auf den Trans-Canada Highway 1, dem Sie etwa 3 km bis zum seinem Ende, dem Fähranleger Departure Bay, nach Norden folgen.

Die Fährfahrt von dort nach **Horseshoe Bay** dauert etwa 1,5 Stunden, die Fähren fahren die Strecke mehrmals täglich. Eine Vorreservierung ist zwar nicht unbedingt erforderlich, wenn man aber nicht unnötig Zeit mit dem Warten auf die nächste freie Überfahrt verschwenden möchte, durchaus sinnvoll.

Die Reservierung muss nicht Wochen im Voraus erfolgen – sollten Sie sich also in Port Hardy spontan für diese Rückfahrmöglichkeit entscheiden, reicht ein Anruf bei den *BC Ferries*.

▶ Reservierungen über BC Ferries: ☎ 1-888-223-3779 (gebührenfrei) oder ☎ 250-386-2431. Fähranleger Departure Bay: ✉ 680 Trans-Canada Highway 1, ☎ 250-753-1261

2) Nanaimo / Duke Point bis Tsawwassen

Der Fähranleger **Duke Point** liegt südlich der Innenstadt am Highway 19. Ab Port Hardy folgen Sie dem Highway 19 und wechseln kurz vor Nanaimo nicht auf den Highway 19A, sondern umrunden mit der schnelleren Strecke (Highway 19) die Innenstadt. Dieser trifft südlich von Nanaimo auf den Trans-Canada Highway 1 und folgt diesem für etwa 2 km, bevor er wieder als Highway 19 Richtung Duke Point abzweigt. Ab diesem Abzweig hat der Highway 19 den Beiname *„Duke Point Highway“*. Diesen fahren Sie rund 9 km bis zu seinem Ende, dort befindet sich der Fähranleger Duke Point.

► Reservierungen ebenfalls über BC Ferries: ☎ 1-888-223-3779 (gebührenfrei) oder ☎ 250-386-2431. Fähranleger Duke Point: ✉ 400 Duke Point Highway, ☎ 250-722-0181

Die Fährfahrt nach Tsawwassen dauert etwa 2 Stunden, an Werktagen finden 6 Fahrten, am Wochenende 4 Fahrten pro Tag statt. Auch hier gilt es, einen Platz zu reservieren, wenn man nicht unnötig warten möchte. Dies muss ebenfalls nicht unnötig lange im Voraus passieren.

VANCOUVER BIS PORT HARDY **HAUPTROUTE** **HR** 151

LANGFORD BIS PORT RENFREW **NEBENROUTE 1** **NR1** 285

DUNCAN BIS LAKE COWICHAN **NEBENROUTE 2** **NR2** 305

PARKSVILLE BIS UCLUELET & TOFINO **NEBENROUTE 3** **NR3** 315

CAMPBELL RIVER BIS TAHSIS **NEBENROUTE 4** **NR4** 351

WOSS BIS ZEBALLOS **NEBENROUTE 5** **NR5** 369

PORT HARDY ZUM CAPE SCOTT PP **NEBENROUTE 6** **NR6** 377

SUNSHINE COAST **RÜCKFAHRMÖGLICHKEIT** **RM** 385

INSELN 409

HAUPTROUTE
VANCOUVER BIS PORT HARDY

VANCOUVER

Entfernung	nach Tsawwassen - Swartz Bay	38 km
	Victoria	70 km (o. km Fährfahrt)
Einwohner	Vancouver	620.172
	Einzugsgebiet	2.116.581
Klima	Januar	+ 3° C
	Juli	+ 18° C

Die weltoffene Stadt **Vancouver** ist die attraktivste und drittgrößte Stadt in British Columbia. Ein Gang durch die Stadt offenbart dem Besucher einen angenehmen Schmelztiegel aus unzähligen fremden Sprachen, Menschen und Kulturen. Dies, in Verbindung mit einer einzigartigen und sehr angenehmen Lebensqualität, macht die Stadt zu etwas ganz Besonderem.

Vancouver liegt zu Füßen der Coast Mountains an der Strait of Georgia, am Burrard Inlet und am Fraser River. Zahlreiche Parks, darunter der 4 km² große **Stanley Park** mit einer wunderschönen Uferpromenade, lockern das Stadtbild auf und ermöglichen vielfältige, sportliche Aktivitäten in der Freizeit. Im Stadtgebiet Vancouver leben über 600.000 Menschen, der Großraum hat über 2,2 Millionen Einwohner.

Schon vor mehr als 5.000 Jahren waren, archäologischen Funden nach zu urteilen, in dieser Gegend Stämme der First Nations beheimatet. Mit First Nations werden die indianischen Völker Kanada ohne Métis und Inuits bezeichnet. Métis sind die Nachkommen aus der Verbindung von europäischen Pelzhändlern und indianischen Frauen, Inuits sind Eskimo-Volksstämme.

Der Ursprung der heutigen, modernen Stadt geht auf den um 1860 stattgefundenen Goldrausch im Fraser Canyon und Cariboo Country zurück. 1887 wurde die transkontinentale Eisenbahnstrecke eröffnet und Forstwirtschaft, Bergbau und die Fischerei sorgten für immer weitere Zuwanderung. Benannt wurde die Stadt nach Kapitän George Vancouver, der 1792 auf der Nordwest-Passage sein Schiff in den Burrard Inlet steuerte.

Der Hafen Vancouvers ist der größte Kanadas und hat durch die Eröffnung des Panamakanals in Mittelamerika, der den Pazifik mit der Karibik verbindet und für die Seefahrt eine enorme Zeitersparnis bedeutet, international erheblich an Attraktivität gewonnen. Neben dem Hafen spielt auch die Forstwirtschaft für die Stadt eine große Rolle. Dienstleistungsunternehmen, Banken und viele globale Unternehmen haben ihren Sitz in Vancouver. Die Vancouver **Filmstudios** sind ein wichtiger Teil der nordamerikanischen Filmindustrie, viele Filme wurden rund um Vancouver gedreht. Weitere Infos hierüber unter

www.vancouverfilmstudios.com

Vancouver hat zwei staatliche Universitäten: die 1908 gegründete **University of British Columbia** (UBC) und die 1965 gegründete **Fraser University** (SFU). Die UBC befindet sich an der Westspitze der Burrard Halbinsel, die SFU in Burnaby.

Vancouver war Austragungsort für die **XXI. Olympischen Winterspiele** vom 12. bis 28. Februar 2010, was zu einem wahren Bauboom in und um Vancouver geführt hat. Die meisten Wettkämpfe wurden in der 122 km nördlich von Vancouver liegenden Stadt **Whistler** ausgetragen. Um schnell die Strecke Vancouver Whistler überbrücken zu können, wurde in mehreren Jahren Bauzeit der **Sea-to-Sky Highway 99** zu einer weitestgehend 3- bis 4-spurigen „Autobahn" ausgebaut. Teilweise zum Leidwesen derjenigen, die die „alte, enge Strecke" mit ihren vielen Kurven liebten. Als „Entschädigung" wurden für die Touristen im Herbst 2009 einige zusätzliche Viewpoints entlang der neuen Strecke fertiggestellt, von denen man grandiose Ausblicke auf den *Howe Sound* hat.

Wenn Sie die Stadt besuchen möchten, sollten Sie möglichst auf öffentliche Verkehrsmittel umsteigen. Dies gilt besonders für Wohnmobilfahrer. Parkplätze werden diese nur mit sehr viel Glück finden und der Innenstadtverkehr ist auch nicht „wohnmobilgeeignet".

Der Personennahverkehr ist gut ausgebaut, innerhalb Downtown verkehren Busse, Bahnen (**Skytrain**) und Schiffe (**Seabus**) zum Einheitstarif. Bus, Skytrain und Seabus transportieren ohne Mehrpreis auch Fährräder. Die **Seabus-Linie** verbindet Downtown mit Nord-Vancouver. Tickets bekommt man unter anderem an den Ticket Machines von Skytrain und Seabus oder bei autorisierten „FairDealer" Verkaufsstellen, z.B. 7-Eleven, Safeway, London Drugs uvm.

Beachten Sie: Die Fahrer haben kein Wechselgeld an Bord, das Fahrgeld muss also immer abgezählt sein.

HR▶ INFORMATIONEN NAHVERKEHR

Zone 1 Downtown: Tickets CAD 2,50,
10er Ticketheft CAD 19, Gültigkeit: 90 min.

Zone 2 Downtown, Richmond, Burnaby, Nord- und West-Vancouver: Tickets CAD 3,75,
10er Ticket CAD 28,50, Gültigkeit: 90 min.

Zone 3 weitere östliche Vororte von Vancouver inkl. Zone 2: Tickets CAD 5, 10er Ticket CAD 38, Gültigkeit: 90 min.

Tagespass für alle 3 Zonen: CAD 9
Alle Zonen: Samstag, Sonntag und Feiertag und werktags nach 18:30 Uhr: CAD 2,50

Weitere Informationen, Zonenplan etc.
☎ 604-953-3333
www.translink.ca

Hinweis für Wohnmobilfahrer: Es gibt in Vancouver **O(berleitungs)-Bus**-Linien. Diese Busse haben, wie auch alle anderen Beförderungsmittel, absoluten Vorrang. Besondere Unfallgefahr droht durch die Tatsache, dass diese Busse nur eingeschränkt ausweichen können, da ein Spurwechsel für sie nicht ohne Weiteres möglich ist!

Die wichtigsten Sehenswürdigkeiten und viele interessante Informationen über die Stadt erhält man bei einer Fahrt mit einem **Sightseeing-Bus**. Er hat 21 Haltestellen mit Zusteigemöglichkeit, Fahrkarten erhält man beim Fahrer. Da die Tickets 2 Tage lang ihre Gültigkeit behalten, ist man keineswegs gezwungen, die gesamte Sightseeing-Route in einem Durchlauf zu absolvieren. Nutzen sie die Möglichkeit, an jedem Haltepunkt zu- oder auszusteigen und dadurch die Besichtigung einzelner Sehenswürdigkeiten mit einem touristischen Überblick über die Stadt verbinden zu können. Es werden auch verschiedene Sightseeing-Touren angeboten. Näheres auf der Internetseite.

Tipp: Online-Order spart Dollars.

Mai bis Oktober täglich von 8:30-6:30Uhr, November bis April täglich von 9-16 Uhr
Erwachsene (18-64 J.): CAD 37, Senioren (65+) und Jugendliche (13-17 J.): CAD 34, Kinder (6-12 J.): CAD 18, Familien: ab CAD 85, Kinder unter 6 J. frei
bigbus.ca/home/index.php/route-map
www.bigbus.ca

HR

VANCOUVER CARD

Ganz eifrige Sightseeing-Touristen können mit der **Vancouver-Card** je nach Aufenthaltsdauer, eingeplanten Attraktionen und Freizeitvergnügen eine Menge Geld sparen. Über 40 Attraktionen können umsonst oder zu Discount-Preisen in Anspruch genommen werden. Informieren Sie sich auf der Internetseite und suchen die für Ihren Besuch passende Karte.

Smartvisit Solutions Canada
Vancouver Customer Service
☎ 604-295-1157
✉ vcs@smartvisitsolutions.com
www.seevancouvercard.com

Der **Trans-Canada Highway 1** verläuft östlich von Downtown und über die Second Narrows Bridge durch Burnaby nach Osten. Der von Vancouver West kommende **Sea to Sky Highway 99** führt über die Lions Gate Bridge, Stanley Park, Granville und Richmond durch den Westteil der Stadt nach Delta im Süden von Vancouver und erreicht nach ca. 40 km die Nordgrenze der USA.

Vom Fähranleger **Horseshoe Bay (Vancouver West)** gibt es Verbindungen nach **Nanaimo** auf Vancouver Island und zur sehenswerten **Sunshine Coast** (Highway 101), die von Gibsons über Sechelt und Powell River nach Lund führt.

Eine weitere Fährverbindung führt südlich von Vancouver vom **Fähranleger Tsawwassen** nach **Nanaimo** und **Swartz Bay** auf Vancouver Island. Aktuelle Fahrpläne und weitere Informationen unter:
www.bcferries.bc.ca/schedules/mainland

Für Wohnmobilfahrer ist es ratsam, Campgrounds außerhalb der Stadt anzufahren und sich nicht dem Chaos des Innenstadtverkehrs auszusetzen. Zwar sind diese Campgrounds eher vergleichbar mit riesigen Parkplätzen und haben nichts mit der Idylle der naturnahen Provincial Campgrounds gemeinsam, bieten dafür aber neben einem stolzen

HR

Blick auf Vancouver

Preis allen erdenklichen Komfort, inklusive Strom-, Wasser- und Abwasseranschluss. Diese **Stadt-Campgrounds** liegen meist in unmittelbarer Nähe einer Bus- oder Skytrain-Haltestelle mit guter Verbindung zur Innenstadt.

Das Angebot an Geschäften, Malls, Restaurants und Hotels in Vancouver ist mehr als reichhaltig. Die **Robson Street** ist die bekannteste Einkaufsstraße mit Vertretungen aller Modemacher. Dazwischen gibt es genügend Cafés und Restaurants, um sich nach einem anstrengenden Einkaufsbummel zu erholen und zu stärken. Vancouver gilt als Schmelztiegel vieler Kulturen und Menschen, was sich vor allem auch in der Kunst- und Kulturszene widerspiegelt. Interessierte finden in der Stadt ein umfangreiches Angebot an Galerien, Museen, Theatern und Varietés aller Stilrichtungen – von der Kunst der Natives bis zur aktuellen Popkultur ist für jeden Geschmack etwas dabei.

Besonders reizvoll und perfekt für ein paar entspannende Momente nach einer anstrengenden Stadttour sind die zahlreich angebotenen Schiffsausflüge. Wer es sich an Bord eines Ausflugsschiffes bequem machen möchte, nutzt am besten die nachfolgend aufgeführten Angebote.

TOURIST INFORMATION

Hier bekommen Sie neben den üblichen Stadtinformationen auch einen **Veranstaltungskalender** und können sich informieren, was während Ihrer Anwesenheit in Vancouver an Attraktionen geboten wird.

Downtown Vancouver, Plaza Level,
200 Burrard Street
604-683-2000
täglich von 8:30-18 Uhr
www.tourismvancouver.com/visitors/travel_tips/touristinfo_centers
www.vancouver.ca/visitors.htm

VISITOR INFORMATION

Cruise Ship Terminal Visitor Info Centre
999 Canada Place, Downtown

VISITOR INFORMATION

Ballantyne Pier Cruise Ship Terminal
655 Centennial Road

VISITOR INFORMATION

Vancouver International Airport
International Arrivals Level und
Domestic Arrivals Level

BOOTSTOUREN

INNER HARBOUR TOUR

Die etwa eine Stunde dauernde Tour führt durch den Burrard Inlet, vorbei am Stanley Park, an der Lions Gate Bridge und Gastown.

Infos über Touren und Reservierungen:
604-688-7246
1-800-663-1500 (gebührenfrei)
Touren von Mitte April bis Anfang September
Erwachsene: CAD 29,95, Senioren (60+) und Jugendliche (12-17 J.): CAD 24,95, Kinder (5-11 J.): CAD 10
www.boatcruises.com

ENGLISH BAY SCENIC CRUISE

Auf dieser Tour werden neben Stanley Park, Lions Gate Bridge und Granville noch die Küstenabschnitte Vancouver Nord und Vancouver West angefahren. Die Tour dauert etwa 2,5 Stunden und beinhaltet ein Bordmenü.

Touren im Juli und August, Dienstag bis Donnerstag
je Teilnehmer: CAD 49,95

STADTTEILE INNENSTADT

Der Innenstadtbereich von Vancouver ist eine vielfältige Sammlung verschiedenster Stadtteile, die touristisch wichtigsten und interessantesten sind:

GASTOWN (▶ Seite 162) Die Keimzelle der gesamten Stadt und damit das älteste Viertel. Bestechend ist die für kanadische Verhältnisse alte Bausubstanz der teilweise schon durch den Zahn der Zeit etwas heruntergekommenen Häuser. Eine extreme Mischung aus modernen Einwohnern und den ärmsten Schichten der Bevölkerung macht Gastown einzigartig und manchmal ein wenig erschreckend. Die Straßen Water/Powell/Alexander und Cordova Street bilden zwischen **Cambie** und **Main Street** das Zentrum, ab West Hastings Street sollten sich ängstliche Besucher auf eine besondere Klientel einstellen.

CHINATOWN (▶ Seite 160) Die ehemaligen Arbeitertrupps aus dem fernen China haben rund um **West Pender** und **Keefer Street** zwischen Carrall und Gore Street ein einmaliges Ambiente erschaffen. Touristisch nicht unnötig aufgeblasen können interessierte Besucher hier in die asiatische Lebenswelt eintauchen.

YALETOWN Das junge, moderne und hippe Viertel von Vancouver Downtown. Geprägt von den riesigen, gläsernen Wohnhäusern und einer einzigartigen Kombination aus kreativen Geschäften und stylishen Bars, ist Yaletown das Gebiet der jungen und wohlhabenden Generationen. Im Osten und Süden begrenzt durch den **False Creek**, erstreckt sich der Stadtteil im Westen bis etwa zur **Richards Street** und im Norden bis **Smithe/Robson Street**. Besonders sehenswert sind die beiden Straßen **Mainland** und **Hamilton** zwischen Smithe und Davie Street, hier dürfen sich die Fußgänger über hochgebaute und breite Bürgersteige freuen, auf denen sich ein Café an die nächste Bar reiht. Die vergleichsweise ruhigen Wiesen am False Creek eignen sich wunderbar für eine Pause vom Laufstress der Großstadt.

DOWNTOWN/GRANVILLE Durchzogen von den Haupteinkaufsstraßen **Robson** und **Granville Street** bestechen Downtown und Granville durch riesige Glasbauten, ruhigere Nebenstraßen und eine besondere Geschäftigkeit. Cafés und Restaurant sind zahlreich zu finden, ebenso Galerien, Museen und Einkaufsmöglichkeiten für alles, was das Herz begehrt. Die Granville Street ist der kreativere, aber nicht unbedingt belebtere Partner des Innenstadtbereichs und führt im Süden nach **Granville Island**.

HERITAGE DISTRICT Direkt an der Waterfront gelegen, versammeln sich im Heritage District edle Boutiquen, Geschäftszentren und Hochhäuser aus den Anfängen des 20. Jahrhunderts. Genannt seien z.B. das **Sinclair Centre** (erbaut 1911), ein Mekka für Modefreunde, oder das **Marine Building** (erbaut 1930) mit Art Deco Architekturanklängen. Hier finden Sie **„The Vancouver Lookout"** ebenso wie das architektonisch beeindruckende **Canada Place**. Der Heritage District wird begrenzt durch die Burrard Inlet im Norden und West Pender Street im Süden, der Kernbereich liegt zwischen Burrard und Richards Street.

STANLEY PARK (▶ Seite 161) Auch wenn der Begriff Stadtteil für eine Grünanlage eigentlich unpassend ist, übertrifft die schiere Größe des Parks alle bereits beschriebenen Viertel bei weitem. Der Beginn des Parks am Westende der **West Georgia Street** sieht noch recht bescheiden aus, das sich dahinter erstreckende Gebiet ist aber für normale Grünanlagenverhältnisse unglaublich groß: über 400 Hektar Grünfläche und zahllose Wanderwege. Wer wirklich größere Teile entdecken möchte, wird aus Zeitgründen mit Sicherheit mit einem Leihfahrrad gut beraten sein. Leihfirmen befinden sich kurz vor dem Park an den Ecken der abgehenden Seitenstraßen der West Georgia Street.

DAVIE VILLAGE Die Hochburg der Gay Community liegt entlang der namensgebenden **Davie Street** zwischen Burrard und Jervis Street. Eine kreative und offene Gemeinde hat sich hier versammelt, natürlich wird ein übertrieben touristisches Verhalten nicht wirklich gerne gesehen. Auch wenn viele mit Outfits die Blicke mehr oder weniger bewusst auf sich ziehen, sollte man das übertriebene Ablichten der Einwohner aus Höflichkeit und Respekt vermeiden.

GRANVILLE ISLAND (▶ Seite 165) Die ehemalige Industrieinsel hat sich zu einem jungen, kreativen und offenen Stadtteil inmitten der 2-Millionen-Stadt gewandelt. Gelegen am Südende des Innenstadtbereichs, hat sich der Stadtteil zu einem beliebten Treffpunkt und Ziel für Touristen entwickelt.

EINKAUFEN IN VANCOUVER

Auch wenn die kanadischen Nationalparks einzigartig sind und Sie sich mit Sicherheit schon nach den ersten Schritten in Vancouver sehnsüchtig die Ruhe und Schönheit der Natur zurückwünschen, können die kleinen Städte (Ausnahme: Calgary) schon eher als Einkaufswüste bezeichnet werden. Dafür hält die Metropole Vancouver ein umso breiteres und sehenswertes Einkaufsangebot für alle erdenklichen Waren bereit. Ein Einkaufsbummel lohnt sich in jedem Fall – nicht nur wegen eventueller Wechselkurs-Schnäppchen. Die wichtigsten und innenstadtnahen Einkaufsbezirke sind:

ROBSON STREET (▶ Seite 163) Zwischen Homer und Jervis Street zeigt sich die Haupteinkaufsstraße in ihrer vollen Pracht. Wie Perlen auf einer Schnur reihen sich Boutiquen, Souvenirläden, Elektrogeschäfte und Malls aneinander. Durchsetzt mit kleinen Cafés und Restaurants, ist dies mit Sicherheit der erste Anlaufpunkt für eine Einkaufserfahrung in Vancouver.

GRANVILLE STREET Ab Ecke Robson Street nach Süden finden sich hier die kleineren und kreativeren Geschäfte. Das Ambiente ist nicht so großstädtisch und aufgeräumt wie auf der Robson Street, ein Bummel lohnt sich also auch hier in jedem Fall.

YALETOWN Zu dem Stadtteil passend, haben sich hier moderne Geschäfte versammelt, die aktuelle und kreative Waren in allen Variationen anbieten. Neben hochwertiger Mode finden sich hier vor allem sehr spannende Einrichtungsgeschäfte und Boutiquen für moderne Innendekorationen. Vor allem die charmante Durchsetzung mit schicken Cafés macht einen Einkaufsbummel hier besonders attraktiv. Auffallend ist die hohe Dichte an Friseurgeschäften, die – für Kanada durchaus nicht gewöhnlich – ebenerdig liegen und neugierigen Besuchern einen Einblick bieten.

HR

GASTOWN (► Seite 162) Hier finden Sie neben den üblichen Souvenirgeschäften für Touristen vor allem jüngere Geschäfte, Boutiquen und Galerien von lokalen Designern und eine reichhaltige Ansammlung an Anbietern von Native Kunsthandwerk.

CHINATOWN (► Seite 160) Hier werden eher die Einkaufenden glücklich werden, die nach wirklich exotischen Waren Ausschau halten. In dem nicht übermäßig auf Touristen ausgerichteten Stadtteil halten die Händler eben all das bereit, was die Landsleute gerne einkaufen möchten. So finden sich hier neben knallbunten Krimskramsläden vor allem Lebensmittelgeschäfte mit schwer zu definierenden Auslagen, Apotheken und chinesische Dienstleister. Aber keine Sorge: Auch ein paar Touristengeschäfte sind dabei.

SOUTH GRANVILLE Südlich von Granville Island gelegen, ist South Granville deshalb einen Besuch wert, da sich hier wesentlich weniger Touristen aufhalten als in Downtown. Die Erreichbarkeit ist dafür etwas schlechter, mit Bussen aber kein großes Problem. Das Angebot an Geschäften ist mindestens ebenso breit wie in den Haupteinkaufsgebieten, allerdings nicht so sehr überladen mit den großen Marken, sondern eher mit kleineren Geschäften und Boutiquen durchsetzt.

SEHENSWÜRDIGKEITEN INNENSTADT

DOWNTOWN VANCOUVER

Der gesamte Bereich von **Downtown Vancouver** liegt zwischen Stanley Park, Burrard Inlet, English Bay und False Creek und erstrahlt großstadttypisch mit Hochhäusern aus modernster Glas- und Betonarchitektur. Der Distrikt ist mit über 8.000 Firmen das Geschäftszentrum der Stadt und entsprechend lebhaft geht es zu Zeiten der Mittagspause zu. Ein buntes Wechselspiel des *„big business“* in Form von Anzügen und Kostümen und staunenden Touristen bestimmt das Bild. Die Einkaufsmöglichkeiten von Downtown konzentrieren sich vor allem auf die Robson Street und den Bereich zwischen Burrard und Seymour Street. Um sich dem Einkaufsvergnügen auch bei schlechtem Wetter hemmungslos hingeben zu können, bieten die **Underground Malls** eine mindestens ebenso breit gefächerte Auswahl. Die wichtigsten Malls sind:

Pacific Centre
www.pacificcentre.com

Harbour Centre
www.harbourcentre.com

The Bay
www.thebay.com

VANCOUVER LOOKOUT

Im 28. Stockwerk des **Harbour Centre** befindet sich ein Aussichtsdeck mit einem grandiosen 360° Blick bis weit über die Grenzen der Stadt hinaus. Wer mit diesem Ausblick speisen möchte, kann sich im **Top of Vancouver Revolving Restaurant** mit guter Küche, allerdings auch zu kräftig gesalzenen Preisen, verwöhnen lassen.

555 West Hastings Street
Kernöffnungszeiten: täglich von 9-21 Uhr
Erwachsene: CAD 15, Sen. (60+): CAD 12, Studenten u. Schüler (13-18 J.): CAD 10, Kinder (6-12 J.): CAD 7
www.vancouverlookout.com
Restaurant: www.vancouverlookout.com

DR. SUN YAT-SEN CLASSICAL CHINESE GARDEN

„Life is not measured by the number of breaths we take, but by the places and moments that take our breath away."

(Das Leben wird nicht gemessen an der Anzahl der Atemzüge, sondern an den Orten und Momenten, die uns den Atem geraubt haben.)

Dieser Ausspruch, den der **Classical Chinese Garden** als sein Motto etabliert hat, gibt wieder, welche Zielsetzung der Garten verfolgt. Inmitten der pulsierenden Metropole findet der Besucher hier einen Ort der Ruhe, Besinnung und Zufriedenheit, der nach den klassischen chinesischen Grundelementen angelegt wurde. Stein, Wasser, Pflanzen und Architektur vereinen sich zu einem ausgeglichenen Ort, der zu jeder Jahreszeit einen Besuch wert ist. Nutzen Sie diese kleine Oase inmitten von Chinatown, um der Hektik der Großstadt zu entfliehen und neue Kraftreserven für alle noch vor Ihnen liegenden Erlebnisse zu schöpfen. Der Namensvetter des Garten, Dr. Sun Yat-Sen, gilt als „Vater des modernen China" und war ein bedeutender Staatsmann und Revolutionsführer Anfang des 20. Jahrhunderts. Er verbrachte mehrere Jahre seines Lebens im Exil in Vancouver.

Erbaut wurde der Chinese Garden aus Mitteln der chinesischen und kanadischen Regierung und gilt als ein Symbol des kulturellen Austauschs und der Toleranz. Der Garten liegt an der Carrell Street in Chinatown und besteht aus einem kostenfreien Park und der kostenpflichtigen Innenanlage.

- 578 Carrell Street,
- 604-662-3207
- Mai bis Mitte Juni und September von 10-18 Uhr, Mitte Juni bis Ende August von 9-19 Uhr, Okt. bis Ende April von 10-16 Uhr
- Erwachsene: CAD 12, Senioren: CAD 10, Schüler und Studenten: CAD 9, Familien: CAD 25
- www.vancouverchinesegarden.com

HR

Dr. Sun Yat Sen Chinese Garden

CHINATOWN

Es liegt östlich von Downtown und grenzt nördlich an Gastown, den ältesten Bezirk Vancouvers. Vancouver besitzt nach San Francisco die zweitgrößte Chinatown Nordamerikas und zeigt damit, wie bedeutend diese Einwanderungsgruppe für den ganzen Westen Kanadas ist. Und tatsächlich waren die Chinesen sogar schon vor der Gründung der Metropole im Jahre 1886 hier ansässig. Viele wurden als billige Arbeitskräfte vor allem aus Südchina nach Kanada gebracht, um beispielsweise beim Bau der Canadian Pacific Railway zu helfen. Als Folge der reinen Arbeitskraftbeschaffung bestand das ursprüngliche Chinatown demzufolge fast ausschließlich aus Männern, die durch die Kopfsteuer der kanadischen Regierung auf chinesische Einwanderer daran gehindert wurden, ihre Familie nachzuholen. Nur wenige konnten genügend Dollar zurücklegen, um eine Zusammenführung der Familie auf kanadischem Boden zu bezahlen.

Der historische Kern von Chinatown liegt entlang der Pender Street und wurde erst Anfang des 20. Jahrhunderts durch den Erwerb von Grundbesitz durch inzwischen zu Geld gekommenen, chinesischen Händlern in Richtung Carrell Street, Shanghai Alley und Canton Alley ausgedehnt. Entgegen des heutigen exotisch-interessanten Bildes, das viele mit Chinatown und dessen Bewohnern verbinden, war die Situation für diese große Minderheit historisch nicht einfach. Jeder noch so kleine wirtschaftliche Abschwung und die damit verbundene Verschärfung des Arbeitsmarktes schürte den Unmut der kanadischen Bevölkerung, die in den günstigen und oft als Streikbrecher eingesetzten Arbeitskräften eine unliebsame Konkurrenz sahen. Die entscheidende Wende zum heutigen Bild von Chinatown und dem regen touristischen Interesse brachte erst der Zweite Weltkrieg, als Kanada und China in einer Allianz Seite an Seite kämpften. Als Folge der „Verbrüderung" schaffte die Regierung die Einreisebeschränkung ab und ermöglichte so den Nachzug der Familienangehörigen aus der Heimat. Natürlich sprengten die nun in großer Zahl eingereisten chinesischen Frauen und Kinder die Kapazität von Chinatown bei weitem, trugen aber entscheidend dazu bei, dass die chinesischen Wurzeln, Traditionen und Gepflogenheiten bis heute nicht in Vergessenheit geraten sind. Heute sprechen etwa 30 Prozent der Bewohner Vancouvers als Muttersprache Chinesisch und können öffentlich und von staunenden Besuchern bewundert, ihr Leben ungestört und traditionell weiterführen.

Wer Chinatown einen Besuch abstattet, wird förmlich überschüttet mit fernöstlichen Gerüchen, Geräuschen und Gesprächen. Mit nur wenigen Metern Abstand präsentieren Händler dicht an dicht ihre Waren, bei denen neben traditionellem chinesischen Handwerk vor allem die exotischen Gewürze und Speisen ins Auge fallen. Nicht alles ist zweifelsfrei zu identifizieren, aber gerade dies ist ein besonderer Reiz bei einem Bummel durch die Straßen, bei denen sie sich auch gerne von fernöstlicher Musik beschallen und mit traditionellen Heilmethoden vertraut machen lassen können. Chinatown wird sie einhüllen und für eine kurze Zeit vergessen lassen, dass sie sich eigentlich in einer nordamerikanischen Metropole befinden.

Ein besonderes Highlight ist der während der Sommermonate stattfindende **Open-Air-Nachtmarkt**. Immer an Freitag-, Samstag- und Sonntagabenden ab 18:30 Uhr (bis ca. 23 Uhr) öffnen unzählige Händler ihre Stände und bieten entlang der Keefer und Pender Street alles, was das chinesische und europäische Herz begehrt.

www.vancouver-chinatown.com

Besonderer Tipp in Chinatown: Die Kanadische Art der süddeutschen „Dampfnudeln".

Appetit auf Herzhaftes oder Süßes? Dann sollten Sie einen Besuch in der **New Town Bakery & Restaurant** machen und eine der leckeren Sorten der *„Steamed Buns"* probieren, die, man staune, ein traditionelles chinesisches Backwerk sind. Die Brötchen werden in salzigen, würzigen und süßen Variationen angeboten, mit Fleischeinlage oder auch vegetarisch.

Die Inhaber, Susan und David Ng, kamen 1972 nach Kanada und übernahmen 1980 die Stadtbäckerei. Ihre gedämpften Brötchen sind mittlerweile weit über die Grenzen Kanadas bekannt. Neben chinesischer Kost bietet das Restaurant auch philippinische Snacks an.

158 E. Pender St

täglich von 6:30-20:30 Uhr

STANLEY PARK

Der 4 km² große **Stanley Park** liegt in unmittelbarer Nähe von Downtown auf der Landzunge zwischen der English Bay und dem Burrard Inlet. Dieser größte Stadtpark Kanadas ist eine grüne Oase inmitten der Metropole und lädt mit üppiger Regenwaldvegetation, schönen Gartenanlagen und vielen Sport- und Spielstätten Groß und Klein zum Verweilen ein. Ein besonderes Highlight ist das in den Park integrierte **Vancouver Aquarium**, von den Einheimischen auch liebevoll *„Vanaqua"* genannt, das auf 9.000 m² über 300 Fischarten und eine Vielzahl an Amphibien, Säugetieren und Vögeln beheimatet.

An der Westseite des Park kann man die frische Seeluft schnuppern, eine tolle Aussicht an der über 9 km langen Uferpromenade genießen und bei Bedarf Körper und Seele in den Pazifik eintauchen lassen. Ein über 80 km langes Netz aus Rad- und Wanderwegen zieht sich durch den Park und schafft so für jeden der geschätzten 8 Millionen jährlichen Besucher ein klein wenig Einsamkeit und Erholung. Auch dies mag ein Grund dafür sein, dass sich hier über die Jahre viele einheimische Tierarten niedergelassen haben. Zu den mit Sicherheit spektakulärsten Arten zählen Waschbären und Kojoten, die sich allerdings nur selten den interessierten Besuchern persönlich vorstellen.

Der Stanley Park wurde am 27. September 1888 eröffnet und ist nach dem damaligen Generalgouverneur Frederick Arthur Stanley benannt. Seit 1988 ist der Park eine **National Historic Site of Canada**. Vom 17. Juni bis 21. September fährt täglich ein kostenloser **Shuttlebus** von 10-18:30 Uhr im 12-15 Minutenrhythmus durch den Park, er stoppt an 15 interessanten und sehenswerten Stationen und ermöglicht jederzeit einen kostenfreien Zu- oder Ausstieg.

Übrigens: Das Parkgebiet wurde bis auf die Durchfahrt in den letzten 114 Jahren nicht verändert.

www.city.vancouver.bc.ca/parks/parks/stanley/shuttle.htm

www.vancouver.ca/parks/parks/stanley

HR

Steam Clock - Gastown

HR

GASTOWN

Gastown ist der älteste Bezirk von Vancouver und damit die Keimzelle der heutigen Metropole. Gegründet wurde Gastown von **Kapitän John „Gassy Jack" Deighton**, der hier 1867 mit einem Fass Whisky an Land kam und die Arbeiter der ortsansässigen Sägemühle dazu überredete, ihm einen Saloon zu bauen. Als Gegenleistung würde er ihnen Drinks mit seinem eigenen Whisky spendieren. Der Legende nach war dies Ansporn genug und nur einen Tag später war der Saloon bereit zum Ausschank... und Gastown geboren! Noch heute erinnert die Statue am Maple Tree Square, die Gassy Jack auf einem Whiskyfass stehend zeigt, an diese skurrile Gründungsgeschichte einer Weltmetropole.

Knapp 20 Jahre später, am 6. April 1886, erhielt Gastown die Stadtrechte und wurde zur **„City of Vancouver"**, benannt nach dem britischen Entdecker George Vancouver. Heute ist Gastown einer der belebtesten und beliebtesten Stadtteile ganz Vancouvers und zieht Touristen und Einwohner der Stadt gleichermaßen in seinen Bann. Eine lebendige Kneipenszene und viele kleine Boutiquen, Galerien und Geschäfte bilden mit dem sehenswerten Architekturmix aus alten und modernen Gebäuden einen stimmungsvollen Ort, der zu jeder Tages- und Nachtzeit immer sehenswert ist. Vor allem in den Sommermonaten sollten Sie sich unbedingt vor Ort über das aktuelle Eventprogramm informieren, da Gastown eine Vielzahl von Freiluftveranstaltungen zu bieten hat. In den Wintermonaten laden die unzähligen Clubs, Kneipen und Bars des Viertels Besucher ein, den Abend inmitten der Einheimischen zu verbringen und eine Brise des pulsierenden Lebens von Vancouver zu spüren.

www.gastown.org

STEAM CLOCK

Ein kleines, aber sehenswertes, Highlight liegt inmitten des beliebten Viertels Gastown. Die Steam Clock ist die weltweit einzige, **dampfbetriebene Straßenuhr** und wurde 1977 von Raymond Saunders erbaut. Diese noch recht junge Historie bleibt dem Betrachter allerdings verborgen, da das Design der Uhr ins Jahr 1875 zurückgeht.

Betrieben wird die Uhr durch Dampf aus unterirdischen Rohrsystemen, die zur Beheizung vieler Innenstadtgebäude eingesetzt werden. Dieser Dampf drückt Stahlkugeln im Inneren der Uhr nach oben, die dann beim späteren Herunterfallen den Mechanismus der Uhr betreiben. Betrachten können Sie dieses Spiel durch die seitlich angebrachten Glasscheiben – aber nutzen Sie dazu unbedingt die Zeit zwischen den viertelstündlichen Pfeifkonzerten der Uhr, bei denen Menschentrauben den freien Blick fast unmöglich machen. Noch enger wird es jede volle Stunde, wenn die Uhr ihr Innenleben nach außen stülpt und sich durch eine heiße Dampffontäne in den Mittelpunkt des Geschehens rückt. Die Steam Clock steht im Herzen von Gastown an der Ecke Cambie und Water Street.

www.vancouvertourist.com/page250.htm

SCIENCE WORLD

Die Science World, seit 2005 offiziell **TELUS World of Science Vancouver** genannt, ist ein modernes Museum, das wechselnde interaktive Ausstellungen zeigt. Besonders auffällig ist die aufwendige und ausgefallene Architektur des Gebäudes, hier vor allem die von Richard Buckminster Fuller entworfene geodätische **Kuppelkonstruktion**, in deren oberen Teil sich das **OMNIMAX-Kino** befindet. Wie der Name schon zweifelsfrei erahnen lässt, hat es sich das Museum zum Ziel gesetzt, Jung und Alt mit Themen der Wissenschaft, Natur und Technik vertraut zu machen und mit modernen Mitteln einen ganz besonderen Erlebniswert zu erschaffen. Neben den wechselnden aktuellen Veranstaltungen und Ausstellungen bietet das Museum Galerien mit verschiedenen Themenschwerpunkten. So können Sie sich beispielsweise in der Galerie **„Bodyworks“** hautnah mit der Funktionsweise des menschlichen Körpers vertraut machen oder Ihren Kindern im **„Kidspace“** ein Museum mit vielen kindgerechten und anfassbaren Gegenständen bieten.

Die Science World liegt am Rand von Downtown Vancouver, direkt an der Haltestelle Main Street / Science World.

1455 Quebec Street

604-443-7443

Montag bis Freitag von 10-17 Uhr,
Wochenende von 10-18 Uhr

Ausstellung und Theater: Erwachsene:
CAD 18,75 Kinder (4-12 J.): CAD 12,75,
Senioren und Jugendliche (13-18 J.):
CAD 15,25, Familien: CAD 65
OMNIMAX: 1 Film CAD 10

www.scienceworld.bc.ca

ROBSON STREET

Die Robson Street gilt als **zentrale Einkaufsstraße** von Vancouver und wird diesem Bild mit Sicherheit auch mehr als gerecht. Einkaufswilligen wird hier alles geboten, was das Herz begehrt und der Geldbeutel hergeben kann. Von günstigen Artikeln für Jedermann bis zu exklusiver Designermode ist hier so ziemlich alles zu haben. Die Straße bietet darüber hinaus aber auch eine Vielzahl an Straßencafés, Kunstgalerien und alternativen, kleinen Geschäfte, die stöberwilligen Besuchern eine reiche Auswahl an Besonderheiten bieten. Wenn Sie also ein paar Urlaubsgroschen übrig haben oder noch ein paar liebevolle Mitbringsel fernab der klassischen Touristenware suchen, sind Sie hier gut aufgehoben und werden mit Sicherheit bestens versorgt werden.

Die Robson Street ist nach John Robson, einem ehemaligen Premierminister von British Columbia, benannt und wurde vor etwa 30 Jahren von den Einheimischen auch liebevoll als **„Robsonstraße“** bezeichnet. Der Begriff wurde durch den hohen Anteil an europäischen und speziell deutschen Geschäften und Anwohnern geprägt, verschwand aber nach und nach genauso, wie einheimische Geschäfte Einzug erhielten. Aber auch wenn dieser Begriff nun weitestgehend aus dem Sprachgebrauch verschwunden ist, hat sich die Straße noch ein wenig des europäischen Flairs erhalten.

www.robsonstreet.ca

CANADA PLACE

Dieses architektonische Meisterwerk, dessen Dach fünf Segeln nachempfunden ist, liegt am Burrard Inlet und wurde zur Weltausstellung EXPO im Jahre 1986 errichtet. Umrandet ist das Gebäude mit Promenadendecks, die Besuchern das Gefühl vermitteln sollen, tatsächlich auf einem Hochseedampfer zu stehen. Im Inneren des Gebäudes befinden sich unter anderem das **Vancouver Convention Centre**, das **CN IMAX 3D Kino** und das nicht ganz preiswerte **Pan Pacific Hotel**.

Besonders reizvoll sind die gemütlichen Restaurants am Nordende, die eine grandiose Aussicht auf die Bergwelt und das Hafengebiet ermöglichen. Genießen Sie einen Kaffee oder kleinen Imbiss und beobachten Sie das bunte Treiben im Hafen vor der Kulisse der in der Ferne liegenden Berge. Zwischen Mai und Oktober haben Sie außerdem gute Chancen, eines der großen Kreuzfahrtschiffe zu sehen, die hier vor ihrer Weiterfahrt nach Alaska anlegen.

504-999 Canada Place
604-775-7200
www.canadaplace.ca
www.imax.com/vancouver

ART GALLERY VANCOUVER

Die **Art Gallery** Vancouver ist eines der größten Kunstmuseen Kanadas. Es liegt am Nordende des Robson Square, dem Herzstück von Downtown mit einer beeindruckenden Architektur, plätschernden Wasserkaskaden, grünen Oasen und im Untergeschoss liegenden Restaurants und Shops. Neben wechselnden aktuellen Ausstellungen zeigt das Museum auf über 40.000 m² eine Sammlung von fast 10.000 klassischen und zeitgenössischen Werken berühmter Künstler und Fotografen (u. a. Emily Carr, Marc Chagall, Jeff Wall, Stan Douglas, Roy Arden). Ein komplettes Stockwerk ist ausschließlich kanadischen Künstlern gewidmet.

Gegründet wurde das Museum 1931 und war damals noch im Art Déco Haus in der Georgia Street untergebracht, bevor es 1983 in das ehemalige Gerichtsgebäude von British Columbia, dem heutigen Standort, umzog. Diese heutige Heimat des Museums wurde 1906 vom Architekten Francis Rattenbury geplant und erbaut und musste vor dem Einzug aufwendig für etwa 20 Millionen CAD umgebaut und restauriert werden. Der Anbau an der Westseite des Gebäudes wurde von Architekt Thomas Hooper 1912 entworfen. Der **Centennial Fountain** (Springbrunnen) befindet sich vor dem Eingang des Museums. Hier plätschert das Wasser des Springbrunnens in ein Becken, das mit einem farbenprächtigen Mosaik ausgelegt ist. Der Brunnen wurde 1966 zum 100jährigen Jubiläum des Zusammenschlusses von Vancouver Island mit British Columbia errichtet. Vor dem Museum stehend, beeindruckt besonders der bizarre Anblick der modernen Hochhaus-Glasfronten, in denen sich die dazwischen liegenden

HR

alten Gebäude spiegeln. Das komplette Gebäude steht heute unter Denkmalschutz.

- 750 Hornby Street
- 604-662-4719
- täglich von 10-17:30 Uhr, Dienstag und Donnerstag bis 21 Uhr
- Mitte Juni bis Mitte September: Erwachsene: CAD 19,50, Senioren (65+): CAD 14, Schüler und Studenten: CAD 13, Kinder (5-12 J.): CAD 7, Familien: CAD 50
- www.vanartgallery.bc.ca

GRANVILLE ISLAND

Granville Island, im Süden von Vancouver in der Bucht False Creek gelegen, bezeichnet sich selber als „die wahrscheinlich erfolgreichste städtische Neustrukturierung Nord-Amerikas". Ob dieser Superlativ wirklich hundertprozentig zutrifft, lässt sich zwar nur schwer nachvollziehen – sicher ist aber, dass dieses Viertel in den letzten Jahrzehnten eine grandiose und einzigartige Wandlung vollzogen hat.

Granville Island war bis Mitte der 70er Jahre ein heruntergekommenes Industrieareal. Man gab dem Stadtteil durch Renovierung, Abriss und Umbau ein neues Bild. 1979 wurde in den alten Lagerhallen und Fabrikgebäuden der **Granville Island Public Market** mit Obst, Gemüse, Meeresfrüchten und weiteren Spezialitäten eröffnet, später kam noch der **Maritime Market** hinzu. Vor allem an den Wochenenden und abends ist Granville voller Leben. Man findet hier Restaurants, Bistros und Cafés, Galerien, Theater und eine Brauerei.

- www.granvilleisland.com

FALSE CREEK – WINTEROLYMPIADE 2010

Sicher werden Sie während der Winterolympiade 2010 in Vancouver den Namen **False Creek** gehört haben, denn an jenem Creek entstand in jahrelanger Bebauung auf einer Fläche von etwa 150.000 m² ein gigantisches Wohngebiet, das während der Olympischen und Paralympischen Winterspiele 2010 Olympiadorf war und in dem etwa 2.800 Teilnehmer und Funktionäre untergebracht waren. Weitere Quartiere waren im nördlich gelegenen **Whistler**, dem Austragungsort der meisten Wettkämpfe.

Nach den Spielen sollen die Wohnungen zur Refinanzierung der enorm hohen Kosten verkauft werden. Man plant, hier etwa 3.000 Menschen anzusiedeln, die in den teilweise sehr exklusiven Wohnungen und Häusern ihren Lebensmittelpunkt haben sollen. Auch Parks und Freizeiteinrichtungen sollen entstehen, zusätzlich Geschäfte aller Art für eine gute Versorgung.

Auch das Maskottchen der Olympischen Winterspiele war und wird auch zukünftig allgegenwärtig sein, mal aus Stein, mal aus Schnee. Der Steinmarker, den die Inuit „**Inukshuk**" nennen, steht als Symbol für Freundschaft und Zusammenarbeit, was für friedliche Wettkämpfe auch sehr wichtig ist. Eine Jury hatte unter den 1.600 Einreichungen diesen Steinmarker als Symbol für die Winterolympiade 2010 ausgewählt, es bekam den Namen **„Ilannaaq"**, was in der Sprache der Inuit etwa „Freund" heißt.

False Creek (etwa: falscher Fluss) heißt ein Meeresarm, der von der English Bay westlich von Downtown etwa 3 km nach Osten reicht. Über den False Creek führen die Brücken Burrard, Granville (Highway 99 Süd) und Cambie Bridge geradewegs nach Downtown. Am False Creek im südöstlichen Teil von Downtown Vancouver liegt auch der hippe Stadtteil

HR

Yaletown ▶ Seite 156 und **Granville Island** ▶ Seite 165, ein beliebtes Künstlerviertel, das sein wahres Gesicht aber erst am Abend und an Wochenenden zeigt, wenn die Bars, Theater und Kneipen geöffnet sind. Am Ostende des False Creek befindet sich **Science World** ▶ Seite 163.

Entlang des False Creek führt der *South False Creek Trail* ab der Burrard Bridge zur Science World. Der Trail ist für Biker, Skater und Wanderer gleichermaßen geeignet und bietet auf der gesamten Strecke einen wundervollen Blick auf Downtown Vancouver. Der eigentliche Trail ist ca. 4,5 km lang, bietet aber für alle, die noch Energie übrig haben, weitere Wander- und Radfahrmöglichkeiten ab dem Nordufer des False Creek. Diese Verlängerung endet nach fast 29 km im Devonion Harbour Park im Südwesten des Burrard Inlets.

Bequemer geht's per Boot über den **False Creek** (▶ Seite 165). Seit über 25 Jahren verkehren zu moderaten Preisen die kleinen Boote der False Creek Ferries zwischen den Haltepunkten Yaletown, Science World, Granville Island, Aquatic Centre, Stamps Landing und Vanier Park. Näheres finden Sie unter

www.granvilleislandferries.bc.ca

SEHENSWÜRDIGKEITEN NÖRDLICH DER INNENSTADT

LIONS GATE BRIDGE

Die Lions Gate Bridge (auch **First Narrows Bridge**) verbindet die City mit Nord Vancouver. Gebaut und finanziert wurde die Brücke 1936/37 durch die von Familie **Guinness** (Brauerei und „Guinness Buch der Rekorde") investierte Summe von 6 Millionen CAD, die damit eine Verbindung nach Nord-Vancouver und zu ihren Ländereien schaffen wollte. Doch erst nach langem Zögern wurde der Familie die Genehmigung für den Bau gegeben. Als Auflage mussten die Guinness' versichern, möglichst viel Baumaterial aus Vancouver zu benutzen und ausschließlich einheimische Arbeitskräfte einzusetzen. Das Ziel dieser Auflagen war es, den ohnehin durch die Weltwirtschaftskrise gebeutelten Arbeitsmarkt zusätzlich zu beleben.

Der Brückenentwurf stammt von Philip Louis Pratley und dem Ingenieur W.G. Swan. Die Brücke bringt es auf eine Gesamtlänge von 1.517 m mit einer Hauptspannweite von 472,75 m. Der hoch aufragende Brückenturm ist bis zur Spitze beachtliche 111 m hoch. Die anfänglich zu entrichtende Maut von 0,25 CAD wurde auch nach dem Verkauf der Brücke an die kanadische Regierung im Jahre 1956 vorerst nicht abgeschafft – schließlich musste auch der neue Betreiber die Kaufsumme von 6 Millionen CAD refinanzieren. Erst 1963 fiel die Maut und Jedermann konnte die Brücke kostenfrei befahren.

1990, als die Brücke langsam in die Jahre kam, stand die Regierung vor der Entscheidung, eine neue Brücke zu errichten, den Burrard Inlet zu untertunneln oder die bestehende Substanz zu überarbeiten. Die Entscheidung, die Brücke lediglich zu erneuern und die vorhandenen Spuren auszubauen, wurde vermutlich primär aus finanziellen Aspekten getroffen – hing aber vielleicht auch teilweise damit zusammen, dass die Lions Gate Bridge mittlerweile zu einem Wahrzeichen der Stadt geworden war. Der Ausbau wurde 2000-2001 durchgeführt und brachte eine Verbreiterung der Fahrspuren auf 3,60 m und der Fußwege auf 2,70 m. Damit ist die Lions Gate Bridge fit für die Zukunft und das mit Sicherheit weiter ansteigende Verkehrsaufkommen. Im Übrigen verdankt die Brücke ihren Namen den Lions Peaks, zwei Berggipfeln an der Nordküste.

CAPILANO SUSPENSION BRIDGE UND PARK – NORD VANCOUVER

Einer der beliebtesten und meist besuchten Attraktionen rund um Vancouver ist mit Sicherheit die **Capilano Suspension Bridge** mit ihrem erlebnisreichen **Park**. Die Zufahrt führt vom Highway 1 Exit 14 über die Capilano Road.

Eine **Hängebrücke** überquert in 70 m Höhe und auf einer Länge von 137 m den Capilano River und ist die älteste Touristenattraktion Vancouvers. Die Brücke wurde 1889 erbaut und bestand damals noch aus Hanfseilen und Zedernbretter. Bis heute wurde sie natürlich bereits mehrmals modernisiert und wird von spezial-verstärktem Stahl gehalten, der mit 13 Tonnen Beton im Boden verankert ist. Nur Mut, auch wenn Sie nicht ganz schwindelfrei sind! Die Brücke schwankt zwar ein wenig, wenn Sie darüber laufen, aber beidseitig sind dicke Stahlseile zum Festhalten, es besteht also keinerlei Gefahr.

Und der Mut wird reich belohnt, denn auf der gegenüberliegenden Seite gibt es Interessantes zu entdecken und zu erleben. Der hier angelegte und bereits mehrfach erweiterte Park liegt mitten im dichten Regenwald und wird von sieben wesentlich kürzeren Hängebrücken und Überwegen durchzogen, die in bis zu 30 m Höhe die Baumhäuser miteinander verbinden.

Die Wanderung unter den Baumwipfeln ist ein besonderer Spaß für die ganze Familie und eröffnet uns Menschen so auch die Betrachtung des Waldes aus dem Blickwinkel der Klettertiere und Vögel. Für alle nicht-schwindelfreien Be-

Capilano Suspension Bridge

sucher gibt es aber selbstverständlich auch Wege „auf der Erde".

Interessant ist auch der in den Park integrierte **„Living Forest"**, der über die Flora und Fauna des Küstenregenwaldes informiert. Dargestellt werden u.a. die unterirdischen Aktivitäten verschiedener Kriechtiere, das Leben in Teichen und kleinen Seen und die wundersame Welt eines „gefallenen" Baumes. Die Informationen sind unterhaltsam und kindgerecht dargestellt und schön illustriert.

Und bevor Sie wieder über die Wackelbrücke zurückgehen, suchen Sie sich ein lauschiges Plätzchen an einem der hübsch angelegten Seen, nehmen sich ein paar Minuten Zeit und lauschen einfach den Geräuschen der Natur.

Wunderschön bemalte **Totempfähle**, angefertigt von den British Columbia First Nations, die 1930 dem Park übergeben und im Originalzustand belassen wurden, schmücken den Park und „begrüßen" alle Besucher, da sie in der Nähe des Eingangs platziert sind.

Im **Kia'palano**, dem First Nations Cultural Center werden nach traditioneller Art Web- und Perlenarbeiten angefertigt und verkauft. In der **Trading Post** kann man Kleidungsstücke, Kunsthandwerk der Natives und jede Menge kleine und große Souvenirs kaufen, denn wer möchte nicht gerne eine Erinnerung mit nach Hause nehmen. Und selbstverständlich kann man auch seinen Hunger und Durst stillen, ein Café und ein Grill werden von Mai bis Oktober bewirtschaftet.

3735 Capilano Road, North Vancouver
604-985-7474
ganzjährig, Kernöffnungszeiten von 9-18 Uhr
Erwachsene: CAD 26,95, Senioren (65+) CAD 24,95, Studenten: CAD 20,75, Jugendliche: (13-16 J.) CAD 15,75, Kinder (6-12 J.) 8,30
www.capbridge.com

GROUSE MOUNTAIN

Der 1.250 m hohe **Hausberg Vancouvers** befindet sich etwa 12 km nördlich der Stadt. Die Zufahrt vom Highway 1 Exit 14 führt über Capilano Road bis zur Talstation der Kabinenbahn.

Der Legende nach wurde der Berg nach dem **Blue Grouse Bird** (Felsengebirgshuhn) benannt, das von Jägern 1894 auf der Wanderung erschossen wurde. Zu dieser Zeit, als es noch keine Brücke über den Burrard Inlet gab und man noch nicht über einen glatt asphaltierten Highway zum Berg kam, war die Bezwingung des Berges noch wesentlich aufwendiger und bedeutete eine harte Wanderung von drei bis vier Tagen über Felsen, Geröll und durch dichten Wald.

Nichtsdestotrotz zog das Gebiet in den folgenden Jahren immer mehr abenteuerlustige Besucher an, die jährlich zu Tausenden auf den Berg marschierten. Zu diesen Wanderern zählten auch Don und Phyllis Munday, die als Erste eine Hütte auf dem Berg errichteten und später Namensgeber des *„Munday Alpine Snowparks"* auf dem Grouse Mountain wurden.

Das erste ernsthafte Projekt zur touristischen Erschließung durch eine Seilbahn im Jahre 1910 scheiterte an der Stahlknappheit des nahenden Ersten Weltkriegs und führte dazu, dass es erst einmal ruhiger um den Grouse Mountain wurde. Erst 19 Jahre später, im Jahre 1929, wurde der nächste Versuch gestartet und der **Tyee Ski Club** gegründet, der heute zu einem der ältesten Skiclubs Kanadas zählt. Nur ein Jahr später war es soweit: der erste Schlepplift wurde erbaut und machte das Gebiet für den breiten Skitourismus zugänglich. 1949 wurde hier der erste doppelte Sessellift der Welt errichtet, der zwei Jahre später bis zum Gipfel erweitert wurde. Nun war das Eis für den Tourismus endgültig gebrochen und Besuchern war es auf bequemste Weise möglich, den kompletten Berg zu erobern. In den folgenden Jahren wurde das Gebiet immer weiter erschlossen, Pisten wurden angelegt, Restaurants eingerichtet und 1966 der berühmte **Grouse Mountain Skyride**, eine 45 Personen fassende Seilbahn, eingeweiht.

Weiteren Aufwind erfuhr das Gebiet, als die Familie McLaughlin 1974 Mehrheitsanteilseigner der Grouse Mountain Resort Ltd. wurde und somit die Finanzierung der zweiten Bergbahn sicherte. Ende der 80er Jahre besaß die Familie 100% der Aktien und erbaute das weltberühmte **Theatre in the Sky**, ein heute top-modernes Kino in luftiger Höhe und Publikumsmagnet Nummer eins.

Bis zum heutigen Tag wird dieses Ski- und Naturparadies kontinuierlich renoviert und für die zahlreichen Besucher ordentlich in Schuss gehalten, damit auch Sie den einmaligen Ausblick und das unterhaltsame, sportliche und kulinarische Angebot ungestört genießen können.

Eine Fahrt zur Bergstation lohnt sich bei klarer Sicht zu allen Jahreszeiten. Nicht nur wegen des grandiosen Ausblicks, sondern auch wegen all der saisonal angepassten Sport- und Wandermöglichkeiten: im Winter kanadisch-perfekt ausgebaute Skipisten und im Sommer unzählige Wanderwege durch die Flora und Fauna des Grouse Mountain.

Leider hat man nur selten freien Blick auf Vancouver, da die Stadt oft im Dunst verschwindet. Unser **Tipp**: Wenn Sie klare Sicht haben, gönnen Sie sich die Fahrt.

Wintersportler finden hier Pisten und Loipen unterschiedlicher Schwierigkeitsgrade und Längen. 7 Lifte sind in Betrieb, Saison ist von Mitte November bis Mitte April. Auch **Helicopter-Tours** und **Heli-Picnics** (Reservierung und Infos ☎ 604-980-9311) werden angeboten. Die Kabinenbahn (**Skyride**) bringt die Besucher auf eine Höhe von 1.100 m. Bis zur Bergspitze sind dann noch 150 Höhenmeter zu überwinden, entweder zu Fuß oder mit dem high speed Sessellift **„The Screaming Eagle"**, der pro Sekunde circa 5 m zurücklegt. In Höhe der Bergstation liegt auch das **Peak Chalet** mit Restaurant (Reservierung ☎ 604-998-4403), ein Souvenirladen und das Theatre in the Sky. Bei Reservierung im Chalet oder einer Heli-Tour / Heli-Picnic fallen keine Fahrpreise mit der Kabinenbahn an.

Die Kabinenbahn fasst 100 Personen und die Fahrzeit beträgt 8 Minuten. Die Fahrpreise beinhalten freien Eintritt für das *Theatre in the Sky*, Fahrt mit dem Sessellift in Höhe der Bergstation mit wunderschönen Ausblicken, Lumberjack Show und je nach Jahreszeit vieles mehr.

✉ 6400 Nancy Greene Way,
North Vancouver

☎ 604-984-0661 und 604-980-9311

☎ Schneetelefon 604 986-6262

🕓 Skyride: täglich alle 15 Minuten
von 9-22 Uhr

🕓 Screaming Eagle: täglich von 10-19 Uhr

Erwachsene: CAD 37,95, Senioren (65+): CAD 35,95, Jugendliche: CAD 22,95, Kinder (5-12 J.) CAD 13,95

www.grousemountain.com

www.skiresort.de/canada/grouse.htm

www.helijet.com

HR

WANDERMÖGLICHKEITEN

Eine beliebte Wandertour ist der **Grouse Grind Trail**. Alljährlich tummeln sich ca. 100.000 Wanderer auf dem extrem steilen und schwierigen Trail und versuchen, den Wanderrekord zu brechen, der alljährlich am 3. Wochenende im September beim *Grouse Grind Mountain Run* aufgestellt wird. Dieser lag übrigens 2009 bei den Männern bei 25 Minuten und 24 Sekunden – bei den Frauen bei 31 Minuten und 4 Sekunden.

Wenn Sie ebenfalls Lust auf diese Herausforderung haben, bekommen Sie weitere Infos unter:

☎ 604-998-4255

Um die Enttäuschung nicht zu groß werden zu lassen: Versuchen Sie erst gar nicht ernsthaft, diese Rekorde zu brechen! Genießen Sie lieber die einmalige Natur, wenn Sie sich diesen Trail antun! **Anmerkung:** Der Weg ist nur während der hellen Stunden geöffnet.

- Parkplatz der Bergbahn
- normalerweise mindestens 2 Stunden!
- extrem steil, 2.830 Stufen
- 2,9 km (einfache Strecke)
- 853 m

CYPRESS PP – WEST VANCOUVER

Der **Cypress Provincial Park** mit seinen hochragenden Küstenbergen ist der nordwestlichste Park Vancouvers und ein beliebtes Freizeitgebiet für die gestressten Stadtbewohner. Vor der Eröffnung der Lions Gate Bridge 1939 brachten Fähren die Wanderer und Skiläufer zum Hollyburn Ridge, der später Teil des Cypress Provincial Parks wurde. Bei klarer Sicht bietet der Park spektakuläre Ausblicke auf Downtown Vancouver, den schneebedeckten Mount Baker in den Cascade Mountains (USA) und über die Strait of Georgia bis hin zu den vorgelagerten Inseln zwischen dem Festland und Vancouver Island.

Im Park sind ganzjährig zahlreiche Sportarten möglich. Die *Cypress Ski-Area* war während der Winterolympiade Vancouver im Februar 2010 Austragungsort einiger Wintersportarten.

Im Sommer führen Trails durch dichte Wälder und an klaren Seen vorbei und im Winter boomt der Wintersport in der Cypress Ski Area. Drei Sessellifte und ein Skilift bringen die Liebhaber der weißen Pracht zu den Abfahrten aller Schwierigkeitsgrade im Bereich des Black Mountain und Mount Strachan. Saison ist von Mitte November bis Mitte April. Die Highlights des Park sind der **Mount Strachan** (1.454 m), **Black Mountain** (1.217 m), **Hollyburn Mountain** (1.325 m) und die Seen Blue Gentian, First, Yew, Cabin und West Lake. Der **Howe Sound Crest Trail** verläuft vom Hauptteil des Parks über eine schmale Verbindung (**Achtung:** nur für erfahrene Wanderer) zum nördlich liegenden kleineren Teil des Parks mit dem Deeks, Middle und Brunswick Lake und Brunswick Mountain und weiter zum Porteau Cove Provincial Park. Weitere Wanderrouten, auch mit Zeltplätzen, sind im Park ausgeschildet. **Achtung:** Im Park sind keine offenen Feuer erlaubt.

- ☎ 604-926-5612
- ganzjährig
- ja
- Parkgebühr: 1 Stunde CAD 1, ganztägig: CAD 3
- Wandern, Wintersport
- www.env.gov.bc.ca/bcparks/explore/parkpgs/cypress

Die Zufahrt zum Park führt über den Highway 1 Exit 8 (Cypress Bowl Road).

Cypress Provincial Park

Im Park befindet sich kein Campground für Wohnmobile. Auf der Zufahrtstraße liegen zwei schöne Picknickplätze mit herrlichen Ausblicken auf Vancouver und Umgebung:

Quarry Lookout Picnic Area
11 Picknickplätze, ca. 5 km nach Einfahrt in den Park, Zufahrt liegt in einem Kurvenbereich

Highview Lookout
6 Picknickplätze, kurz nach der Einfahrt in den Park

WANDERMÖGLICHKEITEN

Yew Lake Trail
Achtung: Hunde sind nicht erlaubt.
- Cypress Bowl Parkplatz, Ende der Fahrstraße
- 1 Stunde
- 2 km Rundweg, unterwegs Infotafeln und Rastmöglichkeit
- leicht, barrierefrei

Cabin Lake Trail
- Cypress Bowl Parkplatz
- 3 Stunden
- moderat
- 7 km
- 275 m

Hollyburn Peak Trail
- Zufahrt zur Hollyburn Lodge (im Sommer geschlossen) Cypress Nordic Ski Area
- 4 Stunden
- moderat
- 9 km
- 400 m

Howe Sound Crest Trail
Für diesen Trail sind eine gute Ausrüstung und Erfahrung im Hochgebirgswandern nötig. Einige Strecken sind extreme schwierig und rau. Wildniszeltplätze findet man bei km 11 (Plateau über dem Enchantment Lake, bei km 14,5 Magnesia Meadows, km 19 Brunswick Lake und km 22 Deeks Lake.
- Cypress Bowl Parkplatz
- mehrtägig
- schwierig.
- 29 km (einfache Strecke bis Hwy 99 südlich vom Porteau Cove Prov. Park)

Black Mountain Loop
- Cypress Bowl Parkplatz
- 1,5 Stunden
- leicht
- 2,5 km
- 100 m

Four Lakes Loop
- Zufahrt zur Hollyburn Lodge
- 3 Stunden
- mittel
- ca. 8 km Gesamtlänge, First Lake 1 km, West Lake 1,7 km, Blue Gentian Lake 2,1 km, Lost Lake 3,2 km

Hollyburn Peak Trail
- Zufahrt zur Hollyburn Lodge (im Sommer geschlossen) Cypress Nordic Ski
- 4 Stunden
- moderat
- 9 km
- 400 m

HR

MOUNT SEYMOUR PROVINCIAL PARK – NORD VANCOUVER

Der 1938 gegründete **Mount Seymour Provincial Park** im Norden von Vancouver ist 16 km von Downtown entfernt. Erreichbar ist der Park vom Highway 1 (Exit 22) über den Seymour Parkway und die Mount Seymour Road. Die Straße ist bis zum Ski-Resort in circa 1.000 m Höhe asphaltiert. Es gibt im Park keine Übernachtungsplätze für Wohnmobile.

Der landschaftlich wunderschöne Mount Seymour Provincial Park wurde nach Frederick Seymour benannt, der von 1864 bis 1869 Gouverneur von British Columbia war. Obwohl der Berg damit den Namen einer bekannten Persönlichkeit auferlegt bekommen hatte, fristete er lange Zeit ein eher unauffälliges Dasein. Erst die Erstbesteigung durch einen Bergsteigerclub im Jahre 1908 zeigte den Anwohnern und der Provinzregierung, welch ein schönes Fleckchen Erde sich in ihrer direkten Nachbarschaft befindet. Die Ideen zu einer wirtschaftlichen Nutzung ließen danach natürlich nicht lange auf sich warten und als erstes beschloss der **Alpine Club of Canada**, das Gebiet als Skiresort auszubauen und mietete es direkt für 21 Jahre. Allerdings konnte das Resort in den folgenden Jahren nicht an den Erfolg der anderen kanadischen Skigebiete anknüpfen und zwang den Alpine Club, die Mietzeit vorzeitig wieder zu beenden. Heute bietet ein Privatunternehmen die meisten Services wie z.B. Skilifte, Skischule, Cafeteria am Parkplatz 4 an.

- 604-986-2261 und 604-986-2666
- www.mountseymour.com
- www.skiresort.de/canada/seymour.htm

Der Park bietet außerhalb der Wintersportmonate auch zahlreiche Wander- und Sportmöglichkeiten. Am Beginn der unten beschriebenen Wanderrouten gibt es Picknickplätze (*Vancouver Picnic Area* und *Mount Seymour Trailhead*) und Parkmöglichkeiten. Auf den längeren Wanderwegen kann wild gezeltet werden. Vom **Deep Cove Aussichtspunkt** hat man bei klarem Wetter einen wunderbaren Blick über Vancouver Ost und den Indian Arm Provincial Park. Im Winter stehen im Mount Seymour Park Wintersportgebiet (800-1.200 m Höhe) 5 Ski-Lifte und Abfahrten aller Schwierigkeitsgrade zur Verfügung. Ein Privatunternehmen bietet Unterkunft, Verpflegung und viele weitere Services in den Wintermonaten an. Saison ist von Ende November bis Mitte April.

- ganzjährig

ja
Wandern, Wintersport
www.env.gov.bc.ca/bcparks/explore/parkpgs/mt_seymour
www.mountseymour.com

WANDERMÖGLICHKEITEN

Mount Seymour
Parkplatz am Ende der Fahrstraße
2,5 Stunden
moderat bis schwierig
4 km (einfache Strecke)
450 m

Elsay Lake Trail
Parkplatz am Ende der Fahrstraße
mindestens 9-10 Stunden
schwierig, nur für erfahrende Wanderer
7 km (einfache Strecke)
500 m

Perimeter Trail
Deep Cove Lookout
45 Minuten
moderat
1,5 km (einfache Strecke)
240 m

Old Cabin
Parkplatz 1
30 Minuten
leicht
430 m (einfache Strecke)
25 m

Goldie Lake Loop
Parkplatz am Ende der Fahrstraße
1 Stunde
leicht
2 km
minimal

Mystery Lake Trail
Parkplatz 4
45 Minuten
moderat
1,5 km (einfache Strecke)
180 m

Dinky Peak
Parkplatz am Ende der Fahrstraße
15 Minuten
leicht
750 m (einfache Strecke)
minimal

LYNN CANYON PARK – NORD VANCOUVER

Der 1912 eröffnete **Lynn Canyon Park** liegt im Norden von Vancouver und ist über den Highway 1, Exit 19 erreichbar. Viele Wanderwege führen durch dichten Küstenregenwald mit altem Baumbestand von 80 bis 100 Jahre alten Exemplaren. Der Original-Regenwald fiel um 1900 der Forstwirtschaft zum Opfer, die meisten Bäume hatten damals eine Höhe von über 90 m und einen Durchmesser von bis zu 11 m. Einige Baumstümpfe des ehemaligen Waldes kann man beim Wandern im Park noch entdecken. Höhepunkt des Parks ist eine schmale **Hängebrücke** über den 50 m breiten Lynn Creek Canyon. Am Parkeingang kann man sich im *Lynn Canyon Café* stärken, es bietet Snacks und Getränke an. Bitte **achten Sie** auf gutes Schuhwerk, besonders bei feuchter Witterung. Die Wanderwege führen stellenweise über Holz-Treppenstufen.

Lynn Valley Road, später Peters Road
604-981-3103
Café: 604-984-9311
von 7-17 Uhr / 19 Uhr
Parkeintritt frei

ECOLOGY CENTRE

Das **Ecology Centre** beschäftigt sich mit dem Stand des **Umweltschutzes in Kanada**. Es informiert weiterhin umfassend über das Tierleben und die Pflanzenviel-

HR

Lynn Canyon Park

falt in den Regenwäldern und vermittelt Besuchern auch Einblicke in den globalen Umweltschutz.

Das Ecology Centre wurde 1971 zum hundertsten Geburtstag der Provinz British Columbia feierlich eröffnet. Für Kinder gibt es einen speziellen Forschungs- und Erkundungsbereich, in dem sie auf kindgerechte Weise und mit viel Spaß und Kreativität die Wunder der Natur kennenlernen können.

- 3663 Park Road, nahe Parkplatz Lynn Canyon Park
- 604-990-3755
- Ecology Centre von 10 / 12-16 / 17 Uhr
- um eine Spende von CAD 2 wird gebeten
- www.dnv.org/ecology

WANDERMÖGLICHKEITEN

30-foot Pool Trail

- Parkplatz
- 15 Minuten
- einfach
- 750 m (einfache Strecke)

Twin Falls Trail

- Suspension Bridge
- 40 Minuten
- leicht, mit Stufen
- 2 km (einfache Strecke)

Weitere Wanderwege führen in die umliegenden Parks.

SEHENSWÜRDIGKEITEN SÜDLICH DER INNENSTADT

QUEEN ELIZABETH PARK / BLOEDEL CONSERVATORY

Der 0,5 km² große **Queen Elizabeth Park** befindet sich im Südwesten von Vancouver und gehört zu den schönsten Parkanlagen der Stadt. An der Stelle des Parks existierte um 1900 ein Basaltsteinbruch, mit dessen Steinen man die Straßen in Vancouver erbaute. Um 1930 entschloss man sich, auf dem Gelände des Steinbruchs einen Park anzulegen. Wenig später kaufte die städtische Parkbehörde das Gelände und legte somit den Grundstein für die heutige Anlage. Finanzielle Unterstützung bekam die Parkverwaltung von der Papierindustrie und so konnte man das Gelände in einen englischen Park „verwandeln". Man benannte den Park nach Königin Elizabeth (Mutter von Elizabeth II.), die 1939 mit ihrem Ehemann König Georg VI. Kanada einen Besuch abstattete.

Zu den Highlights des Parks gehört sicherlich das **Arboretum**, ein Baummuseum mit weit über 1.400 einheimischen und exotischen Bäumen. Mit der Bepflanzung dieses besonderen Museums hatte man bereits 1949 begonnen, so dass Sie heute einen schön gewachsenen und eindrucksvollen Pflanzenbestand bewundern können.

Der **Quarry Garden** (Felsengarten) besticht durch seine farbenfrohe Anlage mit jahreszeitlich wechselnder Bepflanzung, bunten Sträuchern und einem Wasserfall - alles sehr harmonisch in die Landschaft integriert. Ein kleiner Ableger des Gartens (**Smaller** oder **North Quarry Garden**) wurde 1961 zum 75. Jahrestag von Vancouver angelegt und besticht durch eine sehr spezielle Auswahl seltener orientalischer Pflanzen. Er liegt unterhalb des **„Seasons In The Park"** Restaurants, wo man bei schöner Aussicht gut und teuer speisen kann. Im Park liegt auch die höchste Erhebung der Stadt, der **„Little Mountain"**, mit einer erstaunlichen „Höhe" von exakt 167 m. Doch trotz der geringen Höhe kann man vom Aussichtspunkt des „Berges" ein tolles Panorama der ganzen Stadt genießen und seine Blicke sehnsüchtig auf die so nahe liegenden Gipfel der südlichen Coast Mountains richten.

Bowlen, Picknicken, Wandern, Golf oder Tennis spielen sind die Freizeitaktivitäten, die den Park für Einheimische und Besucher so attraktiv machen. Interessant: In den letzten 90igern wurden mehrere Folgen der Fernsehserie „*Stargate*" im Queen Elizabeth Park gedreht.

Das **Bloedel Conservatory**, das auf dem Parkgelände steht, ist ein halbrundes, architektonisch besonders beeindruckendes Gewächshaus, das bei jedem Wetter eine beliebte Attraktion von Vancouver ist. Der Bau wurde 1969 durch eine großzügige Spende von 1,25 Millionen CAD von Prentice Bloedel, dem Besitzer einer holzverarbeitenden Fabrik, ermöglicht und löste damit direkt das Problem der Namensfindung - das Gebäude wurde kurzerhand nach seinem großzügigen Spender benannt. Das Bloedel Conservatory ist den Wundern der Natur gewidmet und beheimatet eine einzigartige Pflanzenwelt und über 100 verschiedene Vogelarten, die frei in der Kuppel umher fliegen dürfen. Komplettiert wird das tropische Ambiente durch viele exotische und farbenfrohe Fische, die in den Teichanlagen angesiedelt wurden.

✉ 33rd Avenue / Cambie Street,
☎ 604-257-8584
🕒 Park: ganzjährig, im Sommer Montag bis Freitag von 9-20 Uhr,
Wochenende von 10-21 Uhr
🕒 Bloedel Conservatory:
täglich von 10-17 Uhr
Queen Elizabeth Park: frei
Bloedel Conservatory: Erwachsene: CAD 4,76, Senioren: CAD 3,33,
Jugendliche: CAD 3,33, Kinder: CAD 2,43
www.city.vancouver.bc.ca/parks/parks/queenelizabeth
www.city.vancouver.bc.ca/parks/parks/bloedel

HR

VAN DUSEN BOTANICAL GARDEN

„More things grow in the garden than the gardener knows.“ (Es wächst mehr im Garten als ein Gärtner weiß.)
Spanisches Sprichwort

Der 1975 eröffnete **Van Dusen Botanical Garden** liegt einige Kilometer östlich der University of British Columbia an der Ecke Oak / 37th Street. Er ist 22 ha groß und bietet den Besuchern schöne Rundwege durch eine unglaubliche Fülle an Pflanzen in unterschiedlichen Themengärten. Er gehört auf jeden Fall und zu jeder Jahreszeit zu einem der Höhepunkte eines Besuchs von Vancouver, auch um für eine Weile Abstand vom pulsierenden Leben und Treiben der Großstadt zu bekommen.

Anfang des 20. Jahrhunderts wurde das Gelände, das der Canadian Pacific Railway gehörte, an einen Golfclub verpachtet. Als dieser dann verlegt wurde, plante die CPR, auf dem Gelände ein Wohngebiet zu errichten, was aber auf gewaltigen Widerstand stieß. Man gründete 1966 die Van Dusen Stiftung, um das Gelände als Gartenland zu retten. Zusammen mit der Stadt Vancouver, der Provinzregierung, der Stiftung und einer großzügigen Spende von W. J. Van Dusen (der auch Namensgeber war) konnte das Gelände schließlich gekauft werden. Ab 1971 wurde mit der Anlegung eines botanischen Gartens begonnen, der am 30. August 1975 erstmalig für Besucher geöffnet wurde. Besonders zur **Rhododendronblüte** im Mai ist der Park eine wahre Augenweide. Aber auch im Rest des Jahres kann sich der Besucher an zahlreichen und bunt blühenden Gewächsen erfreuen, die aus aller Welt zusammengetragen wurden. Die Pracht reicht von Gewächsen und Bäumen aus tropischen Breiten bis zu einheimischen, arktischen Arten. Der asiatische Teil des Gartens kombiniert Seen und Steinskulpturen und strahlt eine ganz besonders beruhigende Stimmung aus. Mittelpunkt dieses asiatischen Teils ist der **Korean Pavilion**, ein kleiner, aber wunderschöner koreanischer Pavillon.

- 5251 Oak Street
- 604-878-9274
- Kernöffnungszeiten: 10-16 Uhr, im Sommer auch länger geöffnet.
- Januar bis März: Erwachsene: CAD 6,75, Senioren (65+) u. Jugendliche (13-18 J.): CAD 5, Kinder (6-12 J.): CAD 3,50, Familien: CAD 14
  April bis Juni: Erwachsene: CAD 9,25, Senioren u. Jugendliche: CAD 6,75, Kinder: CAD 5, Familien: CAD 21,75
  Juli bis Labour Day: Erwachsene: CAD 9,75, Senioren u. Jugendliche: CAD 7,25, Kinder: CAD 5,25, Familen: CAD 22,75
  Anfang September bis Dezember: Erwachsene: CAD 7,25, Senioren u. Jugendliche: CAD 5,25, Kinder: CAD 3,75, Familien: CAD 15
- www.vandusen.org

MARITIME MUSEUM

Im **Vanier Park**, nördlich der über die English Bay reichenden Burrard Bridge, befindet sich das Maritime Museum. Zum Schwerpunkt des Museums gehören die frühen Tage der „Bezwinger der Weltmeere“. Es informiert über die Technik der frühen Seefahrt, über die Anfänge des industriellen Fischfangs, zeigt einige Schiffsmodelle und bietet wechselnde Ausstellungen, die immer das Thema „Schifffahrt“ als Oberbegriff haben. Im **Workshop** kann dem Modellbauer über die Schulter geschaut werden und für den Nachwuchs gibt es einen speziellen Bereich, in dem die kleinen und großen Kinder auf Ent-

HR

deckungsreise gehen können. Eine reichhaltige Bibliothek und ein Souvenirshop fehlen selbstverständlich ebenfalls nicht.

Absoluter Mittelpunkt und Herzstück des Museums ist das originalgetreu restaurierte **Patrouillenboot St. Roch** der *Royal Canadian Mounted Police*. Das Original-Schiff wurde 1912 gebaut und verkehrte als erstes Schiff zwischen 1940 und 1942 auf der Route der Nord-West-passage durch das Nordpolarmeer und erreichte 1942 den Hafen von Halifax. 1944 kehrte es nach Vancouver zurück. Seit 1958 liegt das Schiff auf einem Trockendock am **Kitsilano Point**, daneben errichtete die Stadt Vancouver das Maritime Museum, das im Juni 1959 für die Besucher geöffnet wurde.

- 1905 Ogden Avenue
- 604-257-8300
- Anfang Mai bis Anfang September täglich von 10-17 Uhr, Anfang September bis Anfang Mai: Dienstag bis Samstag von 10-17 Uhr, Sonntag von 12-17 Uhr
- Erwachsene: CAD 10, Senioren, Jugendliche (6-19 J.): 7,50, Familien: CAD 25
- www.vancouvermaritimemuseum.com

VANCOUVER MUSEUM

Ebenfalls im Vanier Park liegt das **Vancouver Museum**, untergebracht ist es im **H. R. MacMillan Space Center** (Sternwarte). Das Ziel des Museums, das zu den größten städtischen Museen Nordamerikas gehört, ist die Verständigung zwischen den Generationen, Kulturen und Philosophien. Über viele Jahre wurden einige tausend Ausstellungsstücke zusammengetragen, teilweise von Einwohnern Vancouvers erworben, teilweise gespendet. Das Museum wurde 1894 im Januar gegründet und öffnete bereits im April die erste Dauerausstellung in der Carnegie-Bibliothek. In den folgenden Jahren kam ein Exponat nach dem anderen hinzu und 1958 füllte das Museum schon den gesamten Gebäudekomplex. Doch die Räume waren schon

Downtown Vancouver

in die Jahre gekommen, die Decken waren undicht und der Putz bröckelte von den Wänden. Wie gerne hätte der Direktor neue Räumlichkeiten bezogen. Doch erst zum hundertjährigen Jubiläum der Staatsgründung im Jahre 1967 wurde seine Bitte erhört und das Museum bekam ein neues Gebäude, das nach einem Plan des Architekten Gerald Hamilton erbaut wurde. In die markante Kuppel konnte Dank einer Spende von H.R. MacMillan ein **Planetarium** integriert werden.

Das Museum bietet permanente und Wanderausstellungen, die sich mit der Geschichte, der Natur und Kunstszene Vancouvers und der Region befassen. Es lässt den Besucher auf unterhaltsame Weise an der Geschichte der Stadt teilhaben. Gezeigt werden Tierpräparate von einheimischen Tieren, eine ägyptische Mumie konnte erworben werden, daneben gibt es eine Vielzahl von Gebrauchsgegenständen aus dem 19. und 20. Jahrhundert. Besonders faszinieren die 50er (*Do you remember the 50s?*), die Zeit des **Rock'n Rolls**, der Petticoats, Milkshakes und Musikboxen, die Sie mit einem „Quarter“ zum Leben erwecken können.

- ✉ 1100 Chestnut Street
- ☎ 604-736-4431
- ⌚ Montag bis Sonntag von 10-17 Uhr, Donnerstag 10-21 Uhr, Anfang September bis Ende Juni Montag geschlossen
- Erwachsene: CAD 11, Senioren u. Studenten ab 18: CAD 9, Kinder u. Jugendliche (5-17 J.): CAD 7, Familien: CAD 32
- www.museumofvancouver.ca

MUSEUM OF ANTHROPOLOGY / TOTEMPARK

Das Museum liegt an der südwestlich gelegenen Halbinsel auf dem Gelände der University of British Columbia und hat sich zur Aufgabe gemacht, die Kulturen der First Nations zu erhalten. Es wurde vor mehr als 50 Jahren im Keller der Universitätsbibliothek als Lehrmuseum gegründet, heute befindet sich das 1976 eröffnete Museum in einem architektonisch außergewöhnlichen Gebäude, das nach Art der Nordwestküstenindianer gebaut ist und von dem Architekten A. Erickson entworfen wurde. Schon die Eingangstüren sind sehenswert, es sind **K'San-Türen**, die 1976 von Schreinern der Gitxsan gestaltet wurden.

Das Museum beherbergt mehrere zehntausend Ausstellungsstücke, die meisten stammen von den Nordwestküstenindianerstämmen Kwakiutl und Haida. Es handelt sich hierbei um alltägliche Gebrauchsgegenstände, Totempfähle, Teile von Häuserfassaden, Masken, mit Schnitzerei geschmückte Kästen und vieles mehr. Audiovisuell kann man an traditionellen Zeremonien „teilnehmen“. Auch zeitgenössische und traditionelle Kunst aus Afrika, Europa und bedeutenden asiatischen Sammlungen sind Bestandteil des Museums. In der **Koerner Gallery** wird eine Kollektion europäischer Keramik gezeigt. Besonders sehenswert sind Ausstellungsstücke aus über 600 Jahren Geschichte, die Dr. Walter C. Koerner (1898-1995) voller Leidenschaft in über 80 Jahren zusammen getragen und dem Museum 1990 gespendet hat. Die wundervollen Keramikarbeiten stammen aus früheren Jahrhunderten und zeigen durch reichhaltige Verzierungen mit Texten und Landkarten die Techniken und den Zeitgeschmack vergangener Handwerkskunst. Koerner wurde in der heutigen, tschechischen Republik geboren und wanderte 1938 nach Kanada aus.

Im Außenbereich des Museum befinden sich zwei Häuserkomplexe, die in der Bauweise und Erscheinung den Unterkünften der Haida First Nations nachempfunden wurden. Im Bereich dieser Gebäude stehen viele Skulpturen und eindrucksvolle Totempfähle der First Nations. Die Museumshalle dient gleichzeitig als Veranstaltungsort und bietet den Besuchern ein abwechslungsreiches Programm aus Tänzen, Lesungen, Konzerten uvm. Informieren Sie sich vor Ort über das aktuelle Programm. Für Alle, die sich für die Geschichte der First Nations interessieren, ist dieses Museum sehr zu empfehlen. Es erfreut sich zudem außergewöhnlicher Beliebtheit und war 1989 sogar die **Touristenattraktion des Jahres**.

6393 North West Marine Drive
604-822-5087
Anfang Oktober bis Mitte Mai: Dienstag bis Sonntag von 11-17 Uhr, Donnerstag bis 21 Uhr, Mitte Mai bis Anfang Oktober: täglich von 10-17 Uhr, Donnerstag bis 21 Uhr
Erwachsene: CAD 14, Kinder (ab7 J.), Studenten u. Senioren (65+): CAD 12, Familien: CAD 35, Dienstag von 17-21 Uhr Flatrate pro Person: CAD 7
www.moa.ubc.ca

VANCOUVER'S SECRETS

Persönliche Reisetipps von Vancouveranern

***Jeny Cassidy** ist Puppenspielerin und entwirft einzigartige „Monster travel accessories". Eine Auswahl ihrer aktuellen Arbeiten finden Sie unter:*
www.soxypuppet.com

SHOPPING

Mein absolutes Lieblingsviertel für einen ausgedehnten Einkaufsbummel liegt entlang der 4th Avenue zwischen Burrard und Balsm Street. Hier haben sich schon vor langer Zeit kleine Spezialitätengeschäfte angesiedelt, die einen förmlich dazu einladen, an einem sonnigen Tag umherzuschlendern. Das Angebot der Geschäfte ist vielfältig: Bekleidung, Haustierbedarf, Haushaltswaren, Kosmetik, Strandmode, Brillen, Schmuck, Schokolade, moderne Einrichtungsgegenstände, Geschenke, Schreibwaren und Küchenutensilien.
Und das Beste: Hier werden Sie keine kitschigen Touristengeschäfte mit überhöhten Preisen finden!

Ergänzt wird dieses Einkaufserlebnis mit einer breiten Auswahl an Restaurants: vom 5$-Sushi-Laden bis zum 5-Sterne-Restaurant ist für jeden etwas dabei.

Leute, die mit dem Auto ihr Glück versuchen, sei gesagt: Parken kann sich als durchaus schwierig erweisen. Mein **Tipp**: Parken Sie im Parkhaus des Capers Market (4th Avenue Ecke Vine Street).

Abschließend für alle, die sich ausgiebig dem Shopping hingegeben haben, mein **Tipp**: Schnappen Sie sich Ihre Einkäufe (oder verstauen Sie diese in Ihrem Auto) und laufen Sie ein paar Block nach Norden zum Kitsilano Beach und entspannen Sie für den Rest des Tages.

***Jonny Ebbert** ist Chef-Designer bei Relic, einem Unternehmen, das Computer- und Videospiele entwickelt.*

ESSEN

Hapa Izakaya

Hier werden japanische „*Tapas*" in einer Art und Weise serviert, die Ihren Blick auf „*Tapas*" für alle Zeiten verändern wird.

Bestellen Sie einen „*Pitcher*" Bier für die Küchencrew, um einen Beitrag zu einem besonderen Erlebnis zu leisten! Es ist die Show definitiv wert! Zwei Restaurants liegen im Stadtbereich:

✉ 1479 Robson Street, Vancouver Downtown
☎ 604-689-4272
✉ 1516 Yew Street, Vancouver, Stadtteil Kitsilano
☎ 604-738-4272
🕓 So-Do 17:30 - 24 Uhr, Fr-Sa 17:30 - 1 Uhr
💻 www.hapaizakaya.com

Lolita's

Mexikanische Küche mit überraschenden und wirklich nicht zu erwartenden Zutaten.

✉ 1326 Davie Street, Vancouver Downtown
🕓 Mo-Do 16:30 - 2 Uhr, Fr-Sa 15 - 2 Uhr
☎ 604-696-9996
💻 www.lolitasrestaurant.com

Vera's Burger Shack

Der definitiv beste Burgerladen der Stadt - mit Abstand! Und mit einigen Filialen in Vancouver vertreten, so dass ein Besuch spielend einzuplanen ist. Die Filialen in Downtown-Nähe:

✉ 1181 Denman Street, Vancouver Downtown
✉ 1030 Davie Street, Vancouver Downtown
✉ 1925 Cornwall Avenue, Vancouver Kitsilano, westlich von Granville Island
✉ 1455 Broadway West, Vancouver südlich von Granville Island
💻 www.verasburgershack.com

NACHTLEBEN

George

Hippe Adresse für das jüngere, schicke Publikum zwischen 25-40 Jahren. Unglaubliches Ambiente, sehr stylish.

✉ 1137 Hamilton Street, Vancouver Yaletown
🕓 Mo-Sa 17 - 2 Uhr, So. geschlossen
💻 www.georgelounge.com

Section 3

Perfekt für alle, die sich in angenehmer Atmosphäre und gemütlicher Runde zusammenfinden und trotzdem ein wenig Vancouver-Nachtleben erleben möchten. Gute Getränke und eine kreative, schmackhafte und bezahlbare Küche.

✉ 1039 Mainland, Vancouver Yaletown
💻 www.sectionthree.com

SHOPPING

Harry Rosen

Einen perfekten Service und ein breites Angebot an hochwertigen Waren für alle, die auf der Suche nach schicker Herrenmode sind. In Vancouver in zwei Shopping-Centern vertreten:

✉ Pacific Centre, 700 West Georgia Street, Vancouver Downtown
✉ Oakridge Shopping Centre, 650 West 41st St., Vancouver Oakridge, nahe Queen Elizabeth Park

Brinkhaus

Wenn Sie eine Leidenschaft für schicke und exklusive Uhren haben, dürfen Sie sich einen Besuch bei Brinkhaus nicht entgehen lassen. Der Familienbetrieb widmet sich seit 1936 exklusivem Uhrenhandwerk und der Verarbeitung von Gold und Edelsteinen.

✉ 1018 West Georgia St., Vancouver Downtown
💻 www.brinkhaus.ca

LIFESTYLE

Elixir

Für einen stereotypischen Einblick in das hippe Yaletown-Publikum, sollten Sie sich einen Sonntags-Brunch im Elixir nicht entgehen lassen. Vergessen Sie aber nicht Ihre Sonnenbrille und den schon fast als obligatorisch scheinenden Schoßhund...

✉ Elixir / Opus Hotel, 350 Davie St., Yaletown
☎ 604-642-0557
💻 www.elixirvancouver.ca

Golden Age Collectables

Erwecken Sie das Kind in sich und tauchen Sie ein in ein Paradies aus Comics, Actionfiguren und allem Möglichen und Unmögliche, was man sammeln kann.

✉ 852 Granville Street, Vancouver Downtown
☎ 604-683-2819
💻 www.gacvan.com

***Kay Grünwoldt** ist ein die Welt bereisender Medienexperte und besegelt am liebsten die English Bay, wenn er sich nicht gerade auf städtischer Entdeckungsreise in neuen Restaurants befindet.*

SHOPPING

Breka Bakery and Café

Das erste, was man als Deutscher in einem neuen Land versucht, ist, eine Bäckerei zu finden, die einem Brot anbietet, das annähernd dem heimatlichen Geschmack entspricht. Eine schwierige Aufgabe, aber in Vancouver nicht unmöglich.

Wenn Sie gutes Brot, feine Backwaren, Kuchen und guten Kaffee nach den Erfahrungen in der Natur umso mehr zu schätzen wissen, werden Sie bei Breka mehr als glücklich werden. Und das auch durchgehend, 24 Stunden am Tag, 365 Tage im Jahr. Hier brauchen Sie auch keine Geschmacks-Angst vor „*low fat*“ Produkten zu haben – der *low fat cheese cake* ist köstlich, vor allem die mit Kirschauflage.

Ein angenehmer Nebeneffekt bei Breka: Direkt nebenan befindet sich ein russischer Supermarkt, der neben deutschen Köstlichkeiten auch deutsche Magazine verkauft.

✉ 6533 Fraser St. Ecke 49th Avenue East, Vancouver Sunset, nicht weit entfernt vom Queen Elizabeth Park

☎ 604-325-6612

💻 www.breka.ca

ESSEN

Café Dolcino

Gastown ist Vancouvers ältester Stadtteil und zugleich der wohl kontroverseste. Die reichen, schönen und berühmten leben in direkter Nachbarschaft zu den ärmsten Mitbürgern.

Als ich nach Vancouver gezogen bin, wurde Gastown meine neue Wahlheimat, da mich die vergleichsweise alte Bausubstanz faszinierte. Die Wohnung, in der ich lebte, war nur einen Steinwurf von dem kleinen Café Dolcino entfernt, das die Grenze des touristischen zum gegenteiligen Gastown markiert. Besonders erheiternd ist es von daher auch, in dem Café zu sitzen und die Touristen zu beobachten, die gemütlich aus dem Touristenteil um die Ecke schlendern, um nur wenige Momente späteren schnelleren Schrittes wieder zurückzukommen.

Das Café Dolcino bietet jedem Gast ein bodenständiges, hausgemachtes Frühstück – und nebenbei die besten Eier mit Toast der Stadt. Der Besitzer Mirek, ein polnischer Einwanderer, wird Ihnen auf Nachfrage seinen „*special coffee*“ servieren, der hervorragend schmeckt. Milek verbindet eine absolute Hass-Liebe zu Vancouver, bereiten Sie sich also auf einige „starke“ Meinungen vor, sollte das Gespräch auf Vancouver kommen.

✉ 12 Powell Street, Vancouver Gastown

☎ 604-801-5118

FREIZEIT

English Bay

Für mich der schönste und beste Weg Vancouver zu entdecken, der vielen Menschen, auch Vancouveranern, ein Leben lang leider verschlossen bleibt, ist der auf dem Wasser. Der Blick auf die riesige Skyline der Innenstadt, den Stanley Park und die grandiosen Gebirgszüge ist einzigartig.

Für alle, die segeln können oder einen Motorbootführerschein besitzen, gibt es verschiedene Bootsverleiher. Ich persönlich kann *Cooper Boating* empfehlen:

💻 www.cooperboating.com

Für alle, die sich lieber fahren lassen möchten, empfehle ich, die kleine Fähre nach **Bowen Island** zu nehmen (Abfahrt von Granville Island aus, direkt am Dock beim Bridges Restaurant) und den Ausflug auf dem Wasser mit einem Mittag- oder Abendessen auf der Insel zu verbinden.

KULTUR

Vancouver Theatre Sports League

Kanadier haben Humor! Es ist ein Mix aus dem trockenen englischen und dem eher gradlinigen amerikanischen Humor. Erleben können Sie ihn im Vancouver Theatre Sports League.

Das Konzept ist recht einfach: Talentierte, lustige Menschen werden auf die Bühne gestellt und erhalten vom Publikum die Anweisungen, was sie als nächstes spielen sollen. Ein Riesenspaß zu angenehmen Preisen.

Gelacht wird jede Woche zwischen Mittwoch und Samstag, die Vorstellungen sind abends. Wenn Sie sich zwei Shows

HR

am gleichen Abend anschauen möchten, fragen Sie unbedingt nach den *„special combo packages“*.

Ein Hinweis: Das Theater ist zwar *„fully licenced“* und schenkt reichhaltig Bier, Wein und andere Getränke aus, hat aber keine eigene Küche. *Mein Tipp:* Füllen Sie sich Ihren Magen in direkter Nähe im Bridges Restaurant mit tollem Blick über das Wasser und auf die Skyline der Stadt) und starten Sie danach in den lustigen Abend.

1601 Johnston St.,
Vancouver Granville Island,
New Revue Stage, zwischen SandBar und Public Market
www.vtsl.com

UNTERKÜNFTE

Days Inn Vancouver Metro
2075 Kingsway
604-876-5531 oder
1-800-546-4792 (gebührenfrei)
★
www.daysinnvancouvermetro.com

Howard Johnson Vanc. Boutique Hotel
1176 Granville Street 59
604-688-8701
1-888-654-6336 (gebührenfrei)
★
www.hojovancouver.com

Inn at False Creek Vancouver
1335 Howe Street
604-682-0229
★★
www.innatfalsecreek.com

Pan Pacific Hotel
300 - 999 Canada Place
604-662-8111
★★★
vancouver.panpacific.com

Holiday Inn Hotel & Suites
Vancouver Downtown, 1110 Howe Street
604-684-2151
★★★
www.holidayinnvancouverdowntown.com

HI-Vancouver Jericho Beach
1515 Discovery Street
604-224-3208 oder
1-888-203-4303 (gebührenfrei)
★
www.hihostels.ca/vancouverjericho

HI-Vancouver Central
1025 Granville Street
604-685-5335 oder
1-888-203-8333 (gebührenfrei)
★
www.hihostels.ca/vancouvercentral

HI-Vancouver Downtown
1114 Burnaby Street
604-684-4565 oder
1-888-203-4302 (gebührenfrei)
★
www.hihostels.ca/vancouverdowntown

Quality Inn Vancouver Airport
725 S.E. Marine Drive
604-321-6611 oder
1-800-663-6715 (gebührenfrei)
★
www.qualityinnvancouverairport.com

Fairmont Hotel Vancouver
900 West Georgia Street
604-684-3131
★★★
www.fairmont.com/hotelvancouver

SameSun Backpacker Lodges
1018 Granville Street
604-682-8226
★
vancouverhostel.com

Cambie Hostel Vancouver Gastown
300 Cambie Street
604-684-6466 oder
1-877-395-5335 (gebührenfrei)
★
www.thecambie.com/v2/gastown

Cambie Hostel Vancouver
515 Seymour Street
604-684-7757 oder
1-866-623-8496 (gebührenfrei)
★
www.thecambie.com/v2/seymour

Capilano RV Park
295 Tomahawk Avenue, am Nordwestende der Lions Gate Bridge gelegen
604-987-4722
208, alle Anschlussmöglichkeiten
ab CAD 55
www.capilanorvpark.com

Burnaby Cariboo RV Park
8765 Cariboo Place, Burnaby, Exit 37 Highway 1
604-420-1722
217, alle Anschlussmöglichkeiten
ab CAD 55
www.bcrvpark.com

Parkcanada RV Park Park
4799 Nulelum Way, Delta, nahe Ferry Terminal
604-943-5811 oder
1-877-943-0685 (gebührenfrei)
119, alle Anschlussmöglichkeiten
ab CAD 27,50
www.parkcanada.com

Porteau Cove Provincial Park
38 km nördlich am Highway 99
ganzjährig
44
CAD 30,
Stromanschluss: CAD 8 pro Tag
www.env.gov.bc.ca/bcparks/explore/parkpgs/porteau

FÄHRFAHRT TSAWWASSEN NACH SWARTZ BAY

Die Fähre von Tsawwassen nach Swartz Bay fährt in den Sommermonaten von 6-22 Uhr stündlich, danach mehrmals täglich. Planen sie in der Hauptsaison etwas Wartezeit ein oder buchen Sie rechtzeitig die Überfahrt. Sie werden von geschultem Personal routiniert und ohne Hektik in und nach Anlegen auf Vancouver Island auch wieder aus der Fähre geleitet und können Ihre Reise auf der Insel fortsetzen.

Für Wohnmobilfahrer wichtig: Der Hauptgashahn **muss** während der Überfahrt geschlossen sein. Bitte denken Sie an das öffnen des Gashahns, nachdem Sie die Fähre verlassen haben.

Ferry Tsawwassen, Delta
604-943-9331
1,5 Stunden
Erwachsene: CAD 14,
Kinder (5-11 J.): CAD 7
(ggf. Treibstoffzuschlag)
Wohnmobile, Trailer und Fahrzeuge bis 20 ft. Länge CAD 46,75, für längere Fahrzeuge pro ft.: CAD 5,25 zusätzlich
(ggf. Treibstoffzuschlag)
Beachten Sie bitte, dass die Fahrzeugkosten nicht inklusive Personen sind.
www.bcferries.com

N GULF ISLAND NATIONAL PARK

Der **Gulf Islands National Park** ist ein einzigartiges Naturschutzgebiet in der Strait of Georgia, die zwischen Vancouver Island und der Westküste British Columbias liegt. Das Parkgebiet, das Heimat zahlreicher Meeresbewohner wie z.B. Orcas, Seelöwen, Seehunde und Wasservögel ist, und ideale Bedingungen für die unterschiedlichsten Meerespflanzen bietet, umfasst ein Gebiet von etwa 36 km^2. 15 Inseln, viele kleine Inselchen und Riffs, sind Nistplätze und Lebens-

HR

Fährfahrt nach Vancouver Island

HR

raum verschiedener Tierarten und bieten durch ihr mediterranes Klima auch beste Bedingungen für das Gedeihen der unterschiedlichsten Pflanzenarten.

Die Inseln *Mayne, Saturna* und *North* und *South Pender* können mit den Fähren der BC Ferrys erreicht werden. Die Route Tsawwassen - Swartz Bay führt mitten durch diese traumhafte Inselwelt. Ab Sidney auf Vancouver Island verkehrt auch eine Privatfähre auf die Insel Sidney Spit.

Sidney Spit Ferry

- 2550 Beacon Avenue, Sidney
- 250- 474-5145
- Erwachsene: CAD 18, Kinder, Senioren (65+): CAD 15
- www.alpinegroup.ca/companies/sidneyspitferry.php

Das Naturschutzgebiet wurde 2003 zum National Park erklärt, einige kleinere Inseln sind allerdings weder per Wasserflugzeug noch per Fähre, sondern nur per Boot zu erreichen. Es darf gezeltet werden, Picknickplätze sind vorhanden und an traumhaften und einsam gelegenen Sandstränden kann man wunderbar relaxen und die Natur pur genießen. Alle Services auf den Picknick- und Zeltplätzen sind in den Sommermonaten verfügbar, im Winter ist der Service eingeschränkt. Campgrounds für Wohnmobile sind im MacDonald Park Campground auf Vancouver Island und Prior Centennial Campground auf Pender Island.

Den **MacDonald Campground** erreicht man nach ca. 2 km Fahrt auf dem Highway 17 und über die Wain Road. Die gepflegten Stellplätze für Wohnmobile liegen im Wald, ebenfalls die *walk-in* Zeltplätze.

- Mitte März bis Ende Oktober
- 50 nein
- 4
- CAD 13,70
- www.pc.gc.ca/eng/pn-np/bc/gulf/index.aspx

Saanich Peninsula Visitor Information

Gulf Islands National Park Reserve Operations Centre
2220 Harbour Road, Sidney
250-654-4000 oder
1-866-944-1744 (gebührenfrei)
www.pc.gc.ca/eng/pn-np/bc/gulf/activ/activ5.aspx

SIDNEY

	Swartz Bay - Ferry Terminal	4 km
	District of Saanich	7 km
	Victoria	28 km
	Nanaimo	145 km
	Campbell River	317 km
	Port Hardy	610 km
	Sidney	11.900
	Januar	+ 3° C
	Juli	+ 18° C
	Meereshöhe	13 m

Die erste Stadt, die Sie auf dem Highway 17 Richtung Victoria im nördlichen Teil der Halbinsel Saanich Peninsula erreichen, ist die 1952 unabhängig gewordene Stadt **Sidney**.

An der fast vier Kilometer langen Küstenlinie, die den Ort für Wassersportbegeisterte besonders anziehend macht, findet man ursprüngliche, von Wind und Wetter gezeichnete Küstenbereiche, Hafenanlagen und Wanderwege mit Ruhebänken für ein Picknick oder einfach zum Relaxen und die Blicke in die Ferne schweifen lassen.

Die Stadt bietet ein breites Angebot an Aktivitäten inklusive Whale-Watching Touren und Ausflüge. Alle Versorgungsmöglichkeiten sind vorhanden, und kleine Geschäfte aller Art im Innenstadtbereich laden zu einem Bummel ein. Besonders auffällig sind die vielen Buchhandlungen, daher ist Sidney auch als **„Booktown"** bekannt. Für kulturelle Abwechslung sorgen spezielle Events, so finden zum Beispiel im Juli und August sonntags **Konzertmatineen** statt und von Juni bis August können Nachtschwärmer donnerstagnachts über die **Straßenmärkte** bummeln. Abgerundet wird das kleine aber feine Angebot der Stadt durch eine Vielzahl an Restaurants, die Spezialitäten aus aller Herren Länder oder tagsüber einen Kaffee in gemütlichem Ambiente servieren.

Der Ursprung der Stadt liegt viele tausend Jahre zurück, in einer Zeit, in der die Saanich People die einzigen menschlichen Bewohner der Halbinsel waren und im Bereich des heutigen Stadtgebietes ihre Winterquartiere eingerichtet hatten.

Ihre konkrete Entstehung verdankt die Stadt aber der Hudson's Bay Company, die 1852 von den Saanich People große Waldgebiete geschenkt bekam und diese an William und Charles Reay weiterverkaufte. Diese beiden Herren ließen sich in den darauffolgenden Jahren in den neu erworbenen Ländereien nieder und wurden damit die ersten Einwohner von der damals noch unbenannten Siedlung Sidney.

In den folgenden Jahrzehnten spielten Schiffs- und Fährtransportanbindungen eine zentrale Rolle in der ökonomischen Entwicklung der Region und dienten als infrastrukturelle Basis für die hier betriebene Land- und Forstwirtschaft, die Mitte des 20. Jahrhunderts durch die Einrichtung eines Flugplatzes für Klein- und Wasserflugzeuge schließlich komplettiert wurde.

Die Namensgebung der Stadt geht auf Kapitän George Richard zurück, der 1859 mit seinem Vermessungsschiff HMS Molliger den exakten Standort des 49. Breitengrades lokalisieren und die umliegenden Inseln, Kanäle etc. benennen sollte. Kapitän Richard soll Sidney Island und den Sidney Channel nach seinem Freund Leutnant Frederic William Sidney, Mitglied der königlichen Marine und ebenfalls im hydrografischen Dienst tätig, benannt haben. Die Namen von Kanal und Insel wurden später der Einfachheit halber auch auf die Stadt übertragen.

In unmittelbarer Nähe der Stadt liegt der **Victoria International Airport**, der auch von größeren Airlines (z. B. Air Canada, Air Canada Jazz) nationale und internationale Flugverbindungen anbietet. Daneben sind auch kleinere und private Fluggesellschaften vertreten.

☎ 250-953-7500
🕓 Montag bis Freitag von 8-16:30 Uhr
💻 www.victoriaairport.com

SAANICH PENINSULA VISITOR CENTRE

✉ 10382 Highway 17
3 km östlich von Sidney
☎ 250-656-0525 oder 250-656-3616
🕓 März - Okt., täglich mind. 8:30-17 Uhr
💻 www.peninsulachamber.ca

SEHENSWÜRDIGKEITEN

EMERALD SEA ADVENTURE WHALE-WATCHING TOUREN

✉ 2550 Beacon Avenue
☎ 250-893-6722 oder
1-888-620-ORCA (6722) (gebührenfrei)
Erwachsene: CAD 95,
Senioren, Kinder (4-16 J.): CAD 75
💻 www.emeraldsea.ca

ANACORTES - SIDNEY FERRY

Eine Fährroute verbindet Sidney mit Anacortes (Staat Washington / USA) auf **Whidbey Island**.

🕓 Mitte März bis Dezember

In den Sommermonaten bieten die Washington State Ferry Services von Sidney täglich zwei Rundtouren nach Anacortes im Staat Washington und zurück an.

- Ocean Avenue und 1st Street, Sidney
- 250-656-1831 (Sidney)
- 206-464-6400 (Anacortes)
- www.wsdot.wa.gov/ferries

BC AVIATION MUSEUM

Im **British Columbia Aviation Museum**, das sich am Victoria International Airport befindet, kann man sich sehr interessante Flugzeuge, Modelle und Ausstellungsstücke der Luftfahrt ansehen und über deren Historie informieren. Im *Memorial Room* werden Ausstellungsstücke aus den Kriegen gezeigt, an denen Kanada als aktive Kriegsmacht beteiligt war. Zu sehen ist eine historische Abbildung des Pat Bay Airports und Modelle der Flugzeuge, die während dieser Zeit hier stationiert waren.

- 1910 Norseman Road
- 250-655-3300
- Mai bis September 10-16 Uhr, Oktober bis April 11-15 Uhr
- Erwachsene: CAD 7, Senioren: CAD 5, Kinder: frei
- www.bcam.net

SIDNEY HISTORICAL MUSEUM

Das Museum ist im Untergeschoss des alten Postgebäudes untergebracht. Es erzählt die Geschichte der Saanich Halbinsel und der Stadt Sidney und zeigt historische Fotos der ersten Siedlerfamilien. Einblicke in das frühere Leben Anfang des 20. Jahrhunderts geben der **„Critchley's Store"**, der **„Classroom"** (Klassenzimmer) und die **„Kitchen"** (Küche). Die Küche zeigt Geräte und Küchenutensilien der 1920er und 30er Jahre – einer Zeit, in der die Hausarbeit noch sehr mühsam und zeitaufwendig erledigt werden musste.

- 2423 Beacon Avenue / Ecke 4th Street
- täglich von 10-16 Uhr
- Eintritt frei, um eine Spende wird gebeten
- www.sidneymuseum.ca

UNTERKÜNFTE

Beacon Inn at Sidney

- 9724 - 3rd Street
- 250-655-3288 oder 1-877-420-5499 (gebührenfrei)
- ★★
- www.beaconinns.com

Best Western Emerald Isle Inn

- 2306 Beacon Avenue
- 250-656-4441 oder 1-800-780-7234 (gebührenfrei)
- ★★
- www.bwemeraldisle.com

Sidney Waterfront Inn and Suites

- 9775 First Street
- 250-656-1131 oder 1-888-656-1131 (gebührenfrei)
- ★★
- www.hotelsidney.com

Cedarwood Inn and Suites

- 9522 Lochside Drive
- 250-656-5551 oder 1-877-656-5551 (gebührenfrei)
- ★★
- www.thecedarwood.ca

Victoria Airport / Sidney Travelodge

- 2280 Beacon Avenue
- 250-656-1176
- ★★
- www.airporttravelodge.com

DISTRICT OF SAANICH

	Sidney	7 km
	Victoria	21 km
	Nanaimo	138 km
	Campbell River	310 km
	Port Hardy	603 km
	Saanich	114.100
	Central Saanich	16.600
	North Saanich	11.300
	Januar	+ 5° C
	Juli	+ 16° C
	Meereshöhe	23 - 227 m

Der heutige **District of Saanich** war über viele Jahrtausende Heimat der Songhees und Saanich First Nations, einer Gruppe der Coast Salish People, die das Gebiet zum Jagen und Fischen nutzte.

Der District ist eine der ältesten Siedlungen, deren Haupterwerb in der frühen Zeit die Forstwirtschaft war. Als die Hudson's Bay Company um 1850 eine Handelsstation errichtete und die ersten Siedler die Region erreichten, wurden weite Waldgebiete abgeholzt und zu ertragreichem Ackerbau und zur Viehzucht genutzt. Die damit geschaffene ökonomische Bedeutung der Landwirtschaft hat sich bis heute nicht geändert - der Süden Vancouver Islands ist ungebrochen eine sehr wichtige Einnahmequelle und ein entscheidender Faktor in der Versorgung der Inselbevölkerung.

Der District Saanich erstreckt sich über fast 21 km entlang des Ozeans und umfasst die Gebiete:

- **North Saanich**, in dem auch Swartz Bay liegt,
- **Central Saanich**, dazu gehören die Ortschaften Brentwood Bay und Saanichton und
- **Saanich**, das westlich an Victoria grenzt und 1906 unabhängig wurde.

Im District sind alle Versorgungsmöglichkeiten in reichlicher Anzahl vorhanden. Zahlreiche Gärten und Parks im Küstenbereich und im Landesinneren laden zu kleinen und größeren Spaziergängen ein.

SEHENSWÜRDIGKEITEN

JOHN DEAN PROVINCIAL PARK

Der Park liegt auf dem **Mount Newton** im südlichen Teil von Vancouver Island auf der Halbinsel Saanich. Zufahrt vom Highway 17 in North Saanich über die Mc Tavish / Saanich East Road / Dean Paul Road zum Parkplatz des Parks.
Bemerkung: Abfahrt vom Highway 17 ist nicht ausgeschildert.

Zahlreiche kürzere leichte und schwierigere Wandermöglichkeiten durch hochgewachsene, alte Baumbestände können im Park unternommen werden. Unterwegs findet man Aussichtspunkte mit spektakulären Ausblicken. Benannt wurde der Park nach dem Siedler John Dean, der 1921 etwa 32 ha Land spendete, weitere Siedler folgten später seinem Beispiel.

Der Park schützt alte Bestände der Douglastannen und Garry Eichen, die zwar in British Columbia und Kalifornien weit verbreitet sind, doch am besten im Raum Victoria wachsen. Um 1800 wuchsen auf ca. 15 km² Garry Eichen, heute sind davon nur noch etwa 21 ha (0,21 m²) übrig. **Übrigens:** die Garry Eiche, die bis zu 400 Jahre alt werden kann, wurde nach Nicholas Garry benannt. Er war von 1822 bis 1835 Stellvertreter des Präsidenten der Hudson's Bay Company.

Für die Kultur der First Nations haben der Mount Newton und die Umgebung eine besondere Bedeutung. Es wird in Legenden von weißen Steinringen auf dem **Lau Wel New**, wie der Berg ursprünglich genannt wurde, berichtet, die von den Saanich First Nations stammen.

Der Berg soll der höchste Punkt ihres Landes gewesen sein, der es ihnen möglich machte, die **„Große Flut"** zu überleben. So sollen die Saanich People dort ihre Kanus an den Steinringen festgebunden haben und damit hatte der Berg, nachdem das Flutwasser zurückgegangen war, die zum Überleben der Saanich notwendigen Boote vor dem Untergang bewahrt.

- ganzjährig, täglich von 8 Uhr bis zur Dämmerung, die Zufahrtstraße ist von November bis März geschlossen
- Wandern
- www.env.gov.bc.ca/bcparks/explore/parkpgs/john_dean

BUTCHART GARDENS

Dieser wunderschöne, farbenfrohe und sehr geschmackvoll gestaltete Garten ist zu jeder Jahreszeit eine wahre Pracht. Mehrere Zufahrten vom Highway 1 in Central Saanich zu den Butchart Gardens sind ausgeschildert. Seinen Ursprung verdankt er Jennie Butchart, die 1904 stillgelegte Steinbruchstellen der Zementfirma ihres Mannes verschönerte. Seit 2004 ist der Park eine **National Historic Site of Canada**. Auf über 22 ha können Sie als Besucher eine Pflanzenvielfalt mit einer unglaublichen Blütenpracht entdecken.

Der Garten ist in fünf Bereiche aufgeteilt: Der **Versunkene Garten**, der **Rosengarten**, der **Japanische Garten**, der **Italienische Garten** und der **Mediterrane Garten**, durch sie führen leicht begehbare Pfade. Mehr als 50 Gärtner arbeiten das ganze Jahr über in den Gärten und an der Bepflanzung, damit vom Frühling bis zum Herbst ein Meer von Blüten die Besucher erfreut. **Beachtlich:** Jährlich werden in den Gärten bis zu eine Million Pflanzen gesetzt.

Während der Weihnachtszeit erstrahlt der Garten in bunten Lichtern und mit weihnachtlichem Schmuck und eine Eislaufbahn im Freien erfreut die Besucher.

Die schönste Zeit für einen Besuch der Gärten ist aber von Mitte Juni bis Mitte September. Im Sommer ist der

© istockphoto.com/Tashka

Butchart Gardens

Park abends länger geöffnet, es gibt Musikdarbietungen und samstagabends wird der Himmel von einem **Feuerwerk** erleuchtet. Auch während der übrigen Monate finden verschiedene Veranstaltungen statt - eine Übersicht gibt Ihnen die Visitor Information oder im Vorfeld die Internetseite der Gärten.

Im Geschenkeshop kann man ein Andenken erwerben und auch der kleine und große Hunger kann gestillt werden.

Dining Room Restaurant

(im ehemaligen Wohnhaus der Familie Butchart)

- 250-652-8222 (Reservierung empfohlen)
- ganzjährig Afternoon Tea: 15 Uhr, Lunch: April bis Mitte November 11:30-15 Uhr,Dinner: Mitte Juni bis Anfang Januar 17-20 Uhr

The Blue Poppy Restaurant

Für die kleine schnelle Mahlzeit zwischendurch und Spezialmenü für die lieben Kleinen.

- Anfang April bis Anfang Januar

The Coffee Shop

Für die ganz eiligen Besucher.

- ganzjährig
- 800 Benvenuto Avenue, Brentwood Bay
- 250-652-5256
- Kernöffnungszeiten tägl. von 9-15 Uhr, Sommer von 9-22:30 Uhr
- Je nach Jahreszeit:
  Erwachsene: ab CAD 15,50-28,10,
  Jugendliche (13-17 J.): CAD 7,90-14,05,
  Kinder (5-12 J.): CAD 2-3
  2. Tag: Erwachsene: CAD 3,50,
  Jugendliche: CAD 2,50, Kinder: CAD 1
- www.butchartgardens.com

BUTTERFLY GARDENS

Dieses **Indoor-Paradies** mit Schmetterlingen und Nachtfaltern aus der ganzen Welt erreichen Sie vom Highway 17 über die Ausfahrt Butchart Gardens in Central Saanich. Begleitet werden die Falterscharen von bunten, tropischen Vogelarten, die durch die farbenprächtige Pflanzenwelt schwirren. In den Wasserläufen, die kunstvoll mit kleinen Wasserfällen

Marine Scenic Drive

angelegt sind, tummeln sich schön gefärbte Fische, Flamingos und seltene, südafrikanische Turakos. Eine hübsche Orchideensammlung und viele Arten von fleischfressenden Pflanzen sind weitere sehenswerte Attraktionen dieser Anlage. Es werden geführte Touren angeboten.

- 1461 Benvenuto Avenue, Brentwood Bay
- 250-652-4683
- März bis Mai und September und Oktober täglich von 9:30-16:30 Uhr,
  Juni bis August täglich von 9-17:30 Uhr
- Erwachsene: CAD 12, Senioren(65+) / Schüler u. Studenten: CAD 11, Kinder (5-12 J.): CAD 6,50
- www.butterflygardens.com

MARINE SCENIC DRIVE

Die **Küstenstraße** reicht von der Sayward Road in Saanich bis zum südlichen Ende der Douglas Street im Hafen von Victoria. Diese wunderschöne Fahrt führt etwa 32 km entlang der Küste des südöstlichen Endes von Vancouver Island mit fantastischen Ausblicken auf das Meer, den Olympic National Park (USA) und auf die vor dem Festland liegenden Inseln. ▶ Seite 205

Wir empfehlen, den *Scenic Drive* von Victoria aus in Richtung Saanich zu fahren (also nicht in Saanich zu starten), da Sie in dieser Fahrtrichtung den besseren Blick in Richtung Meer haben und das Panorama somit ungestört und eindrucksvoller genießen können.

DOMINION ASTROPHYSICAL OBSERVATORY

Vom **Dominion Astrophysical Observatory** aus haben Sie einen wunderbaren Panoramablick über den Süden von Vancouver Island. Doch im Observatory blicken Sie noch weiter... bis in den hochinteressanten Kosmos, der Sie in die erstaunliche Welt der Astronomie entführen. Highlights sind das **Plaskett Teleskop**, das **Starlab Planetarium** und verschiedene unterhaltsame **Multimedia**-Vorführungen.

Das kuppelförmige Gebäude auf dem **Observatory Hill** ist weithin sichtbar. Dort befinden sich das Plaskett-Spiegelteleskop mit 1,8 m Durchmesser und ein Besucherzentrum. Das Teleskop wurde am 6. Mai 1918 fertiggestellt und war damals tatsächlich für kurze Zeit das größte Teleskop der Welt. Es wurde nach dem Gründer John Stanley Plaskett benannt und diente zur Bestimmung der Sterne, was zu einem Modell des Milchstraßensystems führte. Es wurde ständig dem neuesten Stand der Technik angepasst und ist heute ein modernes Forschungsinstrument für die Wissenschaft. Zwei weitere Teleskope sind Teil des Dominion Astrophysical Observatory: ein 1,2 Meter und ein 40 cm großes Teleskop. Sie sind normalerweise nicht für die Öffentlichkeit zugänglich.

Die Zufahrt zum Observatory vom Highway 17 in Saanich über die Royal Oak Road – West Saanich Road (Highway 17A) – Observatory Road

- 5071 West Saanich Road, Victoria
- 250-363-0001
- Observatoriumsgelände und Visitor Information: ganzjährig, Montag bis Freitag von 10-17 Uhr, geführte Touren werden im Juli und August jeweils sonntags angeboten.
- Observatorium: vor 19 Uhr:
  Erwachsene: CAD 9, Senioren (65+), Schüler u. Studenten (13-18 J.): CAD 8, Kinder (4-12 J.): CAD 5, Familien: CAD 23
- ab 19 Uhr:
  Erwachsene: CAD 12, Senioren (65+), Schüler u. Studenten (13-18 J.): CAD 10, Kinder (4-12 J.): CAD 7, Familien: CAD 31

HIA-WWW@nrc-cnrc.gc.ca
www.nrc-cnrc.gc.ca/eng/ibp/hia.html

HERITAGE TOUREN

Saanich lässt sich von Besuchern auf zwei vorgegebenen Heritage-Touren erkunden, die an den interessantesten Punkten der Stadt vorbei führen.

Heritage Tour 1 Saanich

Die Heritage Tour 1 beginnt im Craigflower Park an der Admirals Road / Ecke Gorge Road im Westteil von Saanich. Auf der Tour erfährt man vieles aus der Geschichte des Ortes und kommt an mehreren historischen Gebäuden vorbei, so z.B. an der 1855 erbauten **Craigflower School**, dem ältesten erhaltenen Schulgebäude von British Columbia.

HR

Heritage Tour 2 Saanich

Die Heritage Tour 2 beginnt an der Gorge Road, etwa 600 m südlich vom Craigflower Park und zeigt weitere historische Gebäude der Stadt. Die beiden Touren liegen eng beieinander und können gut zusammengelegt werden.

Broschüre und Plan können über den folgenden Link ausgedruckt werden:
www.gov.saanich.bc.ca/visitor/pdfs/gorgeTour1.pdf

MOUNT DOUGLAS PARK

Der Park liegt in Saanich und ist erreichbar vom Highway 17 über den Royal Oak Drive und die Cordova Bay Road. Mehrere Wanderwege durch Wälder und über Wiesen führen auf den 227 m hohen Berg mit einer fantastischen Fernsicht. An der Cordova Bay befinden sich ein Parkplatz, ein Picknickplatz und eine Informationstafel.

UNTERKÜNFTE

Western 66 Motel Ltd.
2491 Mount Newton X Road, Saanichton
250-652-4464 oder
1-800-463-4464 (gebührenfrei)
★★
www.western66motel.com

Quality Inn Waddling Dog
2476 Mount Newton X Road, Saanichton
250-652-1146 oder
1-800-567-8466 (gebührenfrei)
★★
www.qualityinnvictoria.com

Beachcomber RV Park
3290 Campion Road, Saanichton
250-652-3800
Mitte April bis Mitte Oktober
60, Wasser- & Stromanschl. möglich
ja
ab CAD 45
www.beachcomberrv.com

Island View Beach RV / Tent Park
Homathko Road, Saanichton, nahe Butchart Gardens
250-652-0548
Mai bis Oktober
50, Wasser- und Stromanschluss möglich, Campground zurzeit geschlossen, bitte vorher nachfragen
ab CAD 25
www.crd.bc.ca/parks/islandview/index.htm

Oceanside RV Park
3000 Stautw Road, Saanichton
250-544-0508
ganzjährig
111, alle Anschlussmöglichkeiten
ab CAD 45
www.oceansideresortrv.com

Weitere Übernachtungsmöglichkeiten finden Sie in Sidney und Victoria.

VICTORIA

	District of Saanich	21 km
	Duncan	63 km
	Nanaimo	117 km
	Campbell River	289 km
	Port Hardy	582 km
	Stadt Victoria	82.653
	Einzugsgebiet	366.162
	Januar	+ 3° C
	Juli	+ 16° C
	Meereshöhe	23 m

Victoria ist die **Provinzhauptstadt** von **British Columbia** und liegt am südlichen Ende von Vancouver Island zwischen der *Strait of Georgia* und der *Juan de Fuca Strait*. Die Stadt beeindruckt jeden Besucher durch ihr typisch englisches Flair, der allgegenwärtig zumindest in Downtown spürbar ist. Sie erreichen Victoria über den von Osten in die Stadt führenden Highway 17 oder den Highway 1, der von Norden kommend die Stadt erreicht. Beide Highways führen nach *Downtown* zum Inner und Upper Harbour.

Schon vor mehr als 4.000 Jahren bewohnten First Nations die Gegend. Funde von **cairns** (Steinhaufengräbern) der Coast Salish First Nations sind Zeugen dieser frühen Besiedelung. Als erster Europäer erreichte der britische Seefahrer James Cook 1778 die Westküste von Vancouver Island und traf auf die in einer ursprünglichen und schroffen Natur lebenden First Nations, genauer auf die im südlichen Teil der Insel lebenden Stämme der Songhees, Saanich und Sooke People.

Für die Entstehung der Stadt verantwortlich war James Cook allerdings nicht, erst gut 60 Jahre später kam James Douglas von der Hudson‘s Bay Company im Süden der Insel an Land und gründete im heutigen Stadtbereich ein Fort und damit den Grundstein für die weitere Entwicklung. Diese Entwicklung bestand im ersten Schritt aus einem schnell einsetzenden Handel mit den First Nations, die sich als fleißige Arbeiter und zuverlässige Lieferanten für Baumaterial erwiesen.

Selbst Stämme, die nicht im Süden von Vancouver Island heimisch waren, kamen zum Fort, insgesamt waren es fast 3.000 Menschen, die sich in der Umgebung des Forts niederließen. Leider wurde diese Kooperation der Natives mit den Siedlern auf tragische Weise beendet, als durch eine Pocken- und Masernepidemie zahlreiche Stammesmitglieder starben – ein Schicksal, das viele einheimische Stämme mit der Besiedlung durch die Europäer heimsuchte, da diese für die Einheimischen und deren Immunsystem unbekannte Krankheitserreger einschleppten. Glück hatten die Songhees, die noch rechtzeitig von einem Arzt der Hudson‘s Bay Company geimpft werden konnten und damit vom Massensterben verschont blieben.

1849 wurde Vancouver Island zur Kronkolonie und britische Pioniere einer Tochtergesellschaft der Hudson‘s Bay Company wurden in den nachfolgenden Jahren hier sesshaft. Zur Stadt ernannt wurde Victoria am 2. August 1862.

Der Hafen der Stadt war der wichtigste nördlich von San Francisco und Hauptstützpunkt der britischen Pazifikflotte. Als der Fraser-Canyon- und Klondike Goldrausch zahlreiche Goldsucher aus Kalifornien nach Norden lockte, nutzten

Stadtansicht

HR

diese den in Victoria vorhandenen Versorgungsstützpunkt. So wurde die Stadt militärisches, politisches und wirtschaftliches Zentrum, die Bevölkerung wuchs stetig an und Verwaltungspersonal achtete gewissenhaft auf „Sitte und Moral“. 1871 wurde Victoria zur Provinzhauptstadt, ihren Namen trägt die Stadt zu Ehren der englischen Königin Victoria.

Die englischen Wurzeln der wunderschönen, blumenreichen Stadt sind allgegenwärtig, selbst der berühmte **Five o'Clock Tea** (*Afternoon Tea*) wird hier noch aus Liebe zu den alten Traditionen genossen. Einen Bummel durch **Old Town Victoria**, die mit zahlreichen Shops, internationalen Restaurants, historischen Gebäuden und Antiquitätenläden im Bereich der Wharf-, Government- und Douglas Street aufwartet, sollten Sie keinesfalls vergessen. Da Victoria klimatisch sehr günstig liegt und auch die Winter sehr mild sind, kann man die Stadt zu jeder Jahreszeit entspannt erkunden, zumindest dann, wenn man auf die allseits so beliebten Whale-Watching Touren verzichten kann, denn diese werden in den Wintermonaten nicht angeboten.

Die beliebte und ganzjährig belebte Stadt bietet touristisch allerlei Out- und Indoor-Sportmöglichkeiten und Ausflüge, daneben viele sehr interessante Museen, Galerien aller Kunstrichtungen und historische Gebäude. Ruhe und Besinnlichkeit findet man in den schön angelegten Gärten der Stadt. Für die Versorgung der Besucher lässt Victoria keine Wünsche offen.

Übrigens: Auf der Fort Street zwischen der Blanchard St und Douglas St gibt es die **Rheinland Bakery** mit herrlich kross gebackenen Brotsorten und Brötchen!

Eine Auswahl an Restaurants in Victoria finden Sie unter:

www.tourismvictoria.com/BusinessDirectory.aspx#Results

Die wichtigsten Sehenswürdigkeiten liegen in **Downtown** und sind vom Inner und Upper Harbour bequem innerhalb weniger Minuten zu Fuß erreichbar. Am Inner Harbour finden Sie auch die zentrale **Visitor Information.** Hier erhalten Sie alle Informationen und erhalten Ratschläge, Broschüren und kompakte Stadtpläne.

Im Sommer werden ab Inner Harbour Besichtigungs- und Ausflugstouren zu Land und zu Wasser angeboten. Der öffentliche Nahverkehr ist in Victoria gut ausgebaut. Tickets erhalten Sie in der Visitor Information oder in vielen Geschäften in Downtown.

Bitte beachten Sie: Die Fahrer haben kein Wechselgeld, halten Sie also unbedingt passendes Kleingeld bereit.

INFORMATIONEN NAHVERKEHR

- 250-382-6161
- **Einzelfahrscheine** Erwachsene: CAD 2,25, Kinder, Jugendliche u. Senioren: CAD 1,40
  10 Fahrscheine Erwachsene: CAD 20,25, Kinder, Jugendliche u. Senioren: CAD 12,60
  Tagespässe Erwachsene: CAD 7, Kinder, Jugendliche u. Senioren: CAD 5, Kinder unter 6 Jahren fahren frei
- www.bctransit.com/regions/vic

VISITOR INFORMATION

- 812 Wharf Street
- 250-953-2033
- www.victoria.ca
- www.tourismvictoria.com

SEHENSWÜRDIGKEITEN

SIGHTSEEINGTOUREN

BIG BUS SIGHTSEEING TOUR

Der **Big Bus Sightseeing** Tourbus bietet Ihnen die Möglichkeit, alle schönsten Ecken und Sehenswürdigkeiten während der Rundfahrt kennenzulernen. Jederzeit können Sie aus- oder zusteigen. Tickets können Sie im Bus, Online, in Hotels, der Tourist Info oder an den Verkaufsstellen 811 Government St oder 470 Belleville St kaufen.

Der Bus verkehrt von Mai bis Mitte Oktober.

- 811 Government St, Victoria
- 250-389-2229
- Erwachsene: CAD 35, Senioren (65+), Jugendliche (13-17 J.): CAD 30, Kinder (6-12 J.): CAD 17, Familien: CAD 80
- www.bigbusvictoria.ca

REDBUD STEP-ON GUIDE & TOUR SERVICE

Das Unternehmen bietet neben Ausflugstouren in die Umgebung ebenfalls Sightseeing-Touren durch Victoria an.

- 501 - 2910 Cook St
- 250-384-1767
- redbud@steponguideservice.ca
- www.steponguideservice.ca

Zwei ausgewählte Anbieter für Sightseeing-Touren per Fähre:

COHO FERRY

Mit der Coho Ferry kann man nach Port Angeles im Staat Washington USA fahren. Die Überfahrt dauert 90 Minuten. Von Mai bis September finden 3-4 Fahrten pro Tag statt, sonst verkehrt die Fähre zwei Mal täglich. Informationen unter:

- 250-386-2202 (Victoria)

Preise für Personen- und Fahrzeugbeförderung, Fahrpläne und Routen siehe:

- www.cohoferry.com

THE VICTORIA CLIPPER

Die Victoria Clipper Ferry (nur Fußgänger) fährt nach Seattle. Im Sommer werden 3 Fahrten pro Tag angeboten, sonst finden

HR

2 Fahrten statt. Informationen unter:
☎ 250-382-8100 (Victoria)

Preise für Personenbeförderung, Fahrpläne und Routen finden Sie auf der Internetseite.
www.victoriaclipper.com

SIGHTSEEINGTOUR VIA RAIL CANADA

Auch Eisenbahnfans kommen auf Vancouver Island auf ihre Kosten, denn es führt eine Bahnverbindung von Victoria über Nanaimo bis nach Courtenay. Es erwartet Sie eine Fahrt durch die Küstenregenwälder und durch die beschaulichen Touristenorte Shawnigan Lake, Chemainus, Ladysmith und Qualicum Beach. Es werden grandiose Ausblicke auf die Strait of Georgia und die vorgelagerten Inseln geboten, da die Strecke teilweise entlang der Ostküste von Vancouver Island führt.

Bitte beachten Sie: Es gibt keinen Bordservice, bringen Sie Ihre Verpflegung mit. Beim 15-minütigen Stopp in Nanaimo besteht aber die Möglichkeit, sich Snacks und Getränke zu besorgen.

☎ 1-888 VIA-RAIL (842-7245) (gebührenfrei)
4 Stunden 45 Minuten
Normalpreise (einfache Fahrt): Erwachsene CAD 27,30, Studenten, Jugendliche u. Senioren (65+): CAD 21, Kinder (2-11 J.): CAD 13,65, Sparpreise: Erwachsene CAD 21, Studenten, Jugendliche u. Senioren (65+): CAD 17,85, Kinder (2-11 J.): CAD 10,50, Hin- und Rückfahrten etwas günstiger als 2 Einzelfahrscheine
www.viarail.ca

Zugverbindung von Victoria nach Courtenay

Montag bis Samstag: Abfahrt 8 Uhr, Sonntag: Abfahrt 10 Uhr

Zugverbindung von Courtenay nach Victoria

Montag bis Samstag: Abfahrt 13:15 Uhr, Sonntag: Abfahrt 15:15 Uhr

THE RATHSKELLER SCHNITZELHOUSE

Wer Sehnsucht nach heimischer Küche hat, sein heißgeliebtes Schnitzel in allen Variationen vermisst und auch auf Bratwurst und Sauerbraten bei dazu passender Musik nicht verzichten kann, dem kann geholfen werden. Ecke View / Quadra Street in Downtown Victoria liegt das Rathskeller Schnitzelhouse mit bajuwarischem „Outfit".

☎ 250-386-9348
www.rathskeller.ca/location.htm

BIG BAD JOHN'S IM STRATHCONA HOTEL

Big Bad John's ist ein Geheimtipp für alle Hillbilly-Fans. Ehemals als **Strathcona Room** bekannt, war das Etablissement bei seiner Eröffnung 1954 die erste lizenzierte Cocktailbar in British Columbia.

Im wirklich winzigen Pub (Reservierung empfohlen) liegen die Tischplatten auf Baumstümpfen, rustikale Sitzelemente und viele Kuriositäten, die überall im Pub zu entdecken sind, machen neugierig auf einen Besuch. Nachtschwärmer, darunter auch einige Promis, haben ihre Sprüche oder Grüße hinterlassen und natürlich kann sich jeder Besucher auf irgendeine Art und Weise hier verewigen. Viele Mädels haben ein typisch weibliches Bekleidungsstück als Souvenir hinterlassen. **Und**: Hier kann man nach Herzenslust Erdnüsse knacken und die Reste einfach fallen lassen.

✉ 919 Douglas Street Victoria
☎ 250-383-7137
www.strathconahotel.com/big_bad_john_s.html

FESTIVALS

Auch musikalische, sportliche und kulinarische Highlights hat Victoria zu bieten. Hier einige Kostproben:

CHOCOLATEFEST

Im Februar können Sie sich Schokolade in allen Variationen auf der Zunge zergehen lassen und dazu ein Gläschen „hochprozentigen Traubensaft“ genießen. Viele Informationen rund um die gehaltvolle Leckerei stillen den Wissenshunger.

www.chocolatefest.ca

VICTORIA FESTIVAL OF WINE

Mitte März kommen die Weinliebhaber auf ihre Kosten, es gibt Kostproben von über 100 nationalen und internationalen Weingütern, serviert mit Brot und Käse, dazu als Hintergrundmusik Jazz. Infos bekommen Sie in der Visitor Information.

GREAT CANADIAN BEER FESTIVAL

Findet am Wochenende nach dem *Labour Day* (1. Montag im September) statt. Aus dem anfänglich nur sehr kleinen Festival mit örtlichen Brauereien ist mittlerweile eine Großveranstaltung geworden, die Bierbrauer und Brauereien aus der ganzen Welt nach Victoria lockt.

Doch auch alle Liebhaber des Gerstensaftes, die sich nicht zum Zeitpunkt des Bier-Festivals in Victoria aufhalten, können auf Vancouver Island Biersorten genießen, die nach dem bayerischen Reinheitsgebot von 1516 von einem bayrischen Braumeister gebraut werden. Außer Gerste, Hopfen, Hefe und Wasser finden sich keine weiteren Zusätze in den uns aus der Heimat bekannten Biersorten (z.B. Hefeweizen (wheat), Pils, Bock usw.). Erhältlich sind die Biere der Vancouver Island Brewery, das auch in vielen Lokalen ausgeschenkt wird, in allen Liquor Stores und den meisten Cold Beer & Wine Stores auf der Insel.

Vancouver Island Brewery

2330 Government Street

250-361-0005 (Bierverkauf)

www.gcbf.com

JAZZFEST INTERNATIONAL

Seit 1985 verwandelt sich Victoria Ende Juni für 10 Tage in eine Festival-Stadt und bietet Jazz, Blues, Gospels und Rockmusik. Mehr als 350 Musiker bieten auf unzähligen Veranstaltungen Musik vom Feinsten. Am Wochenende des *Labour Day* (erster Montag im September) gibt es seit 1995 die kleinere Variante, das **Vancouver Island Blues Bash**.

www.jazzvictoria.ca

VICTORIA SYMPHONY SPLASH

Die Liebhaber der klassischen Musik können sich auf den August freuen, wenn Victorias Version des *„Woodstock Festivals“* vor den Toren des Parlamentsgebäudes aufgeführt wird. Traditionell schließt das Festival mit der **Ouvertüre 1812** von Tschaikowsky mit Glockenspiel und Kanonendonner. Wer den genauen Zeitpunkt des Festivals verpasst, kann sich von Mitte September bis Ende April auf mehrere Konzertabende mit dem Victoria Symphony Orchestra freuen.

Aktuelle Programminformationen unter:

www.victoriasymphony.ca

VICTORIA INTERNATIONAL WALKING FESTIVAL

Dieses Ereignis findet im April statt, wo mehr oder weniger sportliche Mitmenschen Kräfte und Ausdauer messen können. Die weniger anstrengenden Strecken gehen über fünf und zehn Kilometer. Durchtrainierte Sportler wagen sich auf den **Halbmarathon** (21 km), den **32 Kilometer Trail** oder den **Marathon** (42 km). Infos in der Visitor Information.

ALE-TRAIL VICTORIA

Besucher und Einheimische können sich in einigen kleinen Brauereien nach Herzenslust durch die verschiedenen Sorten und Geschmacksrichtungen trinken und den Ale-Trail „wandern".

Einige **Tipps** für die „Routenplanung": Beginnen Sie an der **Mile 0** und arbeiten sich in nördliche Richtung weiter. Erste Station ist die **Phillips Brewing Company**

2010 Government St
250-380-1912
www.phillipsbeer.com

Zweite Station die **Swans Brewery**

506 Ponderosa Ave
250-361-3310
www.swanshotel.com/brewery.php

Dritte Station der **Canoe Brewpub**

450 Swift St
250-361-1940
www.canoebrewpub.com

Vierte Station die **Driftwood Brewery**

450 Hillside Ave
250- 381-2739
www.driftwoodbeer.com

Und zuletzt kommt der **Spinnakers Gastro Brewpub**, der bei den Bewohnern Victorias auf Platz Eins rangiert. Der Pub liegt jenseits des Inner Harbour.

308 Catherine St
250- 386-2739
www.spinnakers.com

WHALE-WATCHING TOUREN

Allseits beliebt sind die Fahrten zu den Orcas, Seelöwen und Seehunden, die in den Gewässern rund um Vancouver Island leben. Es leben auch Buckel- und Grauwale in diesen Gewässern, doch diese zu entdecken ist schon ein Glücksfall, da sie meist alleine oder nur in Gruppen von wenigen Tieren unterwegs sind. Da die Orcas in Gruppen (Schulen) von bis zu 30 Tieren zusammenleben, sind sie wesentlich häufiger zu sehen. Schulen wiederum schließen sich zu Gruppen zusammen.

Wale gehören zu den größten Tieren der Welt. Sie gehören zur Gruppe der Säugetiere und haben sich vollständig an ein Leben im Wasser angepasst. Jedoch müssen sie je nach Art nach wenigen Minuten bis 2 Stunden zum Luftholen an die Wasseroberfläche.

Der **Große Schwertwal** (Orca, Killer- oder Mörderwal) ernährt sich hauptsächlich von Fischen (Lachse, Heringe usw.), kleineren Robben und Walen und Seevögeln. Da diese Nahrung in der Strait of Georgia und Juan de Fuca Strait reichlich vorhanden ist, sind diese Tiere hier auch sehr zahlreich vertreten. Die Wale verzehren täglich bis zu 4% ihres eigenen Körpergewichts, die Bezeichnung Killer- oder Mörderwal bekamen die Tiere, weil ihre Jagdmethoden ziemlich brutal wirken.

Ein Orca kann etwa 15 Minuten tauchen, dann muss er wieder an die Wasseroberfläche. Die männlichen Vertreter werden bis zu acht Meter lang und können ein stattliches Gewicht von etwa neun Tonnen erreichen, die weiblichen Tiere werden bis 7 Meter lang und immerhin noch bis zu 5 Tonnen schwer. Die Weibchen werden etwa 50-90 Jahre alt, die Männchen etwa 30-60 Jahre. Mit einer Spitzengeschwindigkeit von 55 km/h sind die Orcas auch die schnellsten Meeressäugetiere. Meist geht es aber geruhsamer voran, wenn die Schulen unterwegs sind, dann beträgt die Reisegeschwindigkeit etwa 17 km/h.

Die Rückenseite inklusive Rücken-

und Schwanzflosse der Schwertwale ist schwarz, die Bauchseite vom Unterkiefer über den Bauchbereich weiß. Die Rückenflosse (Finne) kann bei männlichen Orcas bis zu 1,5 m hoch werden, was zur Bezeichnung Schwertwal führte. Die Brustflosse (Flipper) sieht Paddeln ähnlich, die Rückenflosse (Fluke) hat ein spitzes Ende. Geschlechtsreif werden die männlichen Tiere im Alter von etwa 12-16 Jahren, Weibchen nach 6-10 Jahren. Die Weibchen bringen normalerweise ein Kalb nach 14-17 Monaten Tragezeit zur Welt, deren Geburtsgewicht bei einer Länge von etwa 2 Metern ca. 150 kg beträgt. Mehrlingsgeburten sind übrigens trotz der beachtlichen Ausmaße des Säuglings durchaus möglich. Die Jungtiere werden mindestens ein Jahr gesäugt, bis sie dann auf eigene Beutesuche geschickt werden.

Die beste Zeit für solch eine Tour sind die Monate Mai bis November.

Hier einige Anbieter von Abenteuer- und Whale-Watching Touren:

CUDA MARINE ADVENTURES

146 Kingston Street, Marina Level
250-995-2832
April bis Oktober
Erwachsene: CAD 89,
Jugendliche (12-17 J.): CAD 69,
Kinder (3-11 J.): CAD 59
www.whalewatchingadventure.com

WILDCAT ADVENTURE TOURS

Wharf Street
250-384-9998
Erwachsene: CA 85, Senioren (65+):
CAD 79, Schüler u. Studenten: CAD 69,
Kinder (4-16 J.): CAD 59
www.wildcat-adventures.com

ORCA SPIRIT ADVENTURES

146 Kingston Street, Marina Level
250-383-8411
Mai bis Oktober
Erwachsene: CAD 89,
Jugendliche (13-17 Jahre): CAD 69,
Kinder (bis 12 J.): CAD 59
www.orcaspirit.com

MARITIME MUSEUM OF BC

Das **Maritime Museum of British Columbia** ist im 1889 erbauten, ehemaligen Gerichtsgebäude untergebracht, in dem auch der berüchtigte und als *„der hängende Richter"* bekannte **Matthew Baillie Begbie** zu Goldrauschzeiten Recht sprach. Spannende „Richter Begbie-Episoden" werden in der **Historic Town of Barkerville** (südöstlich von Prince George) vorgeführt.

Begbie verbrachte die ersten 39 Jahre seines Lebens in Großbritannien, wo er u.a. Mathematik und Jura studierte. 1858 kam er nach Victoria und reiste als „Hanging Judge" durch das Land, um Recht zu sprechen. Er wurde 1875 von Queen Victoria zum Ritter geschlagen. Die letzten Jahre seines Lebens bis zu seinem Tod 1875 lebte er in Victoria.

Glanzstück des Museums ist das 11 m lange und aus einem Red Cedar-Baumstamm im frühen 18. Jahrhundert von Indianern gefertigte **Kanu Tilikum**. Mit ihm reisten besonders wagemutige Seefahrer unter Kapitän Voss zum Beginn des 20. Jahrhunderts von Victoria nach England. Fast **unglaublich**: Die Reise führte sie von Victoria nach Penryhn Island, Fidschi, Australien, Tasmanien, Neuseeland, Südafrika, Südamerika und England.

Im Jahr 2005 kam das **Segelboot Trekka** ins Museum, mit dem John Guzzwell am 10. September 1955 von Victoria aus eine halsbrecherische Weltumsegelung startete, die ihn auch durch den Panama Kanal, zum Kap der Guten Hoffnung und über die drei Weltmeere führte. Er landete am 12. September 1959 wieder in Victoria.

Das Museum beherbergt außerdem Schiffsmodelle, Uniformen, Gerätschaften und vieles mehr aus der Geschichte der Seefahrt und erzählt Geschichten aus der Zeit der europäischen Eroberer.

- 28 Bastion Square
- 250-385-4222
- Mitte Juni bis Mitte September täglich von 9:30-17 Uhr, Mitte September bis Mitte Juni täglich von 9:30-16:30 Uhr
- Erwachsene: CAD 10, Senioren, Schüler u. Studenten: CAD 8, Kinder (6-11 J.): CAD 5, Familien: CAD 25
- www.mmbc.bc.ca

PARLAMENTSGEBÄUDE

Das eindrucksvolle **Parlamentsgebäude** steht am Südende der Bucht Inner Harbour auf einer kleinen Anhöhe inmitten einer Grünanlage. Das Gebäude wurde 1897 von dem aus Yorkshire stammenden Architekten Francis Mawson Rattenbury entworfen und gebaut. Von Rattenbury (auch „Ratz" genannt) stammen mehrere wichtige Gebäude auf Vancouver Island und in British Columbia.

Auf der Hauptkuppel steht das 2 m hohe und mit 14 Karat vergoldete Standbild des Kapitäns *George Vancouver*, der die Insel als erster Kapitän umsegelte und auf der Terrasse thront eine Statue von Königin Victoria von England.

Das Gebäude wurde von 1893 bis 1897 errichtet, die Eröffnung war am 10. Februar 1898. Zwischen 1913 und 1920 wurde es erweitert und mit dem Bau der Bibliothek begonnen. Da in den folgenden Jahren keine regelmäßigen Renovierungen unternommen wurden, traten umfangreiche Schäden am und im Gebäude auf. Die Regierung beschloss daher 1972, eine gründliche Renovierung und Restaurierung vorzunehmen. Die Arbeiten dauerten 10 Jahre und kostete mehr als CAD 80 Millionen - ein neues Parlaments-

Parlamentsgebäude

HR

Empress Hotel

gebäude hätte die Regierung allerdings etwa das Fünf- bis Sechsfache gekostet.

Ein Begleitbuch mit den architektonischen und historischen Informationen für einen Rundgang können Sie sich unter folgendem Link ausdrucken:

www.leg.bc.ca/_media/docs/tours/SelfGuidedTour-German.pdf

Es werden Führungen durch das Gebäude angeboten.

Tourbuchung: 250-387-3046 oder 1-800-663-7867 (gebührenfrei)

Sept. bis Mai werktags von 9-15 Uhr, Mai bis September täglich von 9-17 Uhr, Freitag und Samstag bis 22:30 Uhr

Tours@leg.bc.ca

www.leg.bc.ca

EMPRESS HOTEL

Auffällig allein schon durch den dichten Bewuchs ist das majestätische und luxuriöse Fairmont **Empress Hotel** am Inner Harbour. Es ist eines der **Wahrzeichen** Victorias. Die Pläne für den Bau des Hotels stammen, wie auch die des Parlamentsgebäudes, von Francis M. Rattenbury, Bauherr war die Canadian Pacific Railway Company - die glanzvolle Eröffnung war 1908.

In den 80er Jahren wurde das Hotel komplett restauriert, renoviert und mit antiken Möbeln und luxuriösem Dekor ausgestattet. Es hat 477 elegant ausgestattete Suiten und Zimmer und natürlich fehlen auch ein Fitnessraum, ein beheiztes Schwimmbad und ein Whirlpool nicht.

In der Lobby des Hotels wird nach britischer Art mit edlem Tafelsilber der **Afternoon Tea** zelebriert, dazu werden Sandwiches und Gebäck vom Feinsten gereicht. Weit über 70.000 Besucher jährlich lassen sich diese Zeremonie nicht entgehen. Elegante Freizeitkleidung ist angebracht, „*Touristenchic*" mit Shorts und Sandalen wird nicht gerne gesehen. Wenn Sie einen **Five O'Clock** Tea genießen möchten, sollten Sie unbedingt vorher einen Tisch reservieren.

☎ 250-389-2727
🕓 Teatime: 12:30, 14 und 15:30 Uhr
CAD 49 - CAD 60 plus Tax, für den Royal Afternoon Tea kommt noch eine Gebühr von CAD 12 plus Tax dazu
www.fairmont.com/empress

PACIFIC UNDERSEA GARDEN

Im **Undersea Garden** im Inner Harbour kann man auf unterhaltsame Art und Weise in fünf Metern Tiefe das aufregende Leben und Treiben unterhalb des Meeresspiegels und entlang der Küstenregion von British Columbia betrachten.

In riesigen Aquarien leben über 5.000 Tierarten, umgeben von einer Vielzahl von Wasserpflanzen. Im Unterwassertheater werden die Besucher auf eine abwechslungsreiche, 20-minütige Unterwasserreise mitgenommen.

Ein Souvenirshop mit allerlei Andenken, Spielzeug und Postkarten sowie eine kleine Snackbar fehlen natürlich nicht.

✉ 490 Belleville Street
☎ 250-382-5717
🕓 September bis April täglich von 10-17 Uhr, April bis Juni täglich von 10-18 Uhr, Juni bis September täglich von 9-20 Uhr
Erwachsene: CAD 9,75, Senioren: CAD 8,75, Jugendliche (12-17 Jahre): CAD 7,75, Kinder (5-11 Jahre): CAD 5,75
www.pacificunderseagardens.com

ROYAL BC MUSEUM

Das sehenswerte und hochinteressante Museum verfügt über fast sieben Millionen Exponate und informiert in vielfältiger Weise über die Geschichte und Kultur der Provinz, der Eskimos und Natives, der Flora und Fauna. Es werden Filmvorführungen geboten und man kann in der 2006/2007 eröffneten **Ocean Station** eine interessante Unterwasserreise unternehmen. Das Museum gilt als eines der besten Museen Nordamerikas. Man kann unmöglich alles beschreiben, was dieses Museum zu bieten hat, man muss es „erlebt" haben. Nehmen Sie sich ausreichend Zeit für einen Besuch, in der Cafeteria kann man sich zwischendurch stärken.

Das Museum wurde 1886 gegründet, das in einem Nebengebäude befindliche Archiv 1894. Beide Institutionen wurden erst 2003 zusammengelegt. Jedes Stockwerk im Museum hat einen Themenschwerpunkt. In der **First Peoples Gallery** werden Totems, Masken, Kanus und vieles mehr aus übernommenen Sammlungen oder Leihgaben der in British Columbia ansässigen First Nations gezeigt. Beeindruckend ist die Nachbildung des Hauses von Häuptling Kwakwabalasami (engl. Name: *Jonathan Hunt*) aus Tsaxis (Fort Rupert), das von seinen Nachkommen zum Andenken an ihn erbaut wurde.

Die **Modern History Gallery** informiert über die Geschichte der Region seit dem Ende des 18. Jahrhunderts. Es zeigt einen Teil des rekonstruierten Schiffes *HMS Discovery* von George Vancouver, der die nördliche Pazifikküste erforschte, das Wasserrad einer Goldmine aus dem 19. Jahrhundert und Nachbildungen verschiedener Gebäude aus der Zeit Ende des 19. und Anfang des 20. Jahrhunderts.

In der **Natural History Gallery** gibt es die Tier- und Pflanzenwelt zu sehen und es wird über die Problematik der Klimaveränderungen informiert. Im angrenzenden **Thunderbird Park** befindet sich das British Columbia Archiv, das **St. Ann's Schoolhouse**, einige **Totempfähle** und das 1852 errichtete **Helmcken House**, eines der ältesten Häuser British Columbias, in dem der Arzt Dr. Helmcken (1824-1920) wohnte und arbeitete. Dr. Helmcken kümmerte sich sehr um die gesundheitliche Versorgung der Bevölkerung und der vielen Goldsucher, die auf dem Weg nach Norden unterwegs waren. Er arbeitete für die Hudson's Bay Company, war Mitglied der Provinzregierung und mit der Tochter des Gouverneurs von British Columbia, James Douglas, verheiratet.

In Ergänzung zu den dargestellten Themenbereichen sind Wechselausstellungen ein fester Bestandteil des Museums. Im gesamten Museum ist das Filmen und Fotografieren verboten.

- 675 Belleville Street
- 250-356-7226
- täglich von 9-17 Uhr
- Erwachsene: CAD 15, Schüler, Studenten u. Senioren: CAD 9,50, Kinder (3-5 J.): frei, Familien: CAD 39,50
- www.royalbcmuseum.bc.ca

ROYAL LONDON WAX MUSEUM

Victoria hat englische Wurzeln – also hat die Stadt natürlich auch ein **Wachsfigurenkabinett**. Naturgetreu „in Wachs gegossen" beherbergt das Royal London Wax Museum am Inner Harbour etwa 300 berühmte Persönlichkeiten aus Politik, Gesellschaft, gekrönte Häupter und interessante Persönlichkeiten der Geschichte. Die Ausstellungsstücke sind unterhaltsam mit Bild und Ton in Szene gesetzt und werden von einer Nachbildung des höchsten Schatzes, der britischen Kronjuwelen, geschmückt. Das Museum wurde 1961 mit 90 Figuren im Crystal Garden gegründet und 1971 an seinen heutigen Standort am Inner Harbour verlegt.

- 470 Belleville Street
- 250-388-4461
- täglich von 9:30-17 Uhr
- Erwachsene: CAD 12, Senioren: CAD 11, Schüler u. Studenten: CAD 9, Kinder: CAD 6
- www.waxmuseum.bc.ca

CRAIGDARROCH CASTLE

Auf einer kleinen Anhöhe östlich des Inner Harbours liegt das wunderschöne historische **Craigdarroch Castle** des Kohlebarons Robert Dunsmuir. Man erreicht es zu Fuß in etwa 40 Minuten vom Inner Harbour über die Fort Street bis zum Joan Crescent. Der schottische Einwanderer *Robert Dunsmuir* war Bergbau-Aufseher bei der Hudson's Bay Company, bevor er das Recht zugesprochen bekam, selber nach Kohlevorkommen zu suchen. Mit großem Erfolg: Mit den Jahren häufte Robert Dunsmuir ein millionenschweres Vermögen an. Sein 1890 erbautes Schloss zieht heute jährlich viele Tausende Besucher an, die dieses altehrwürdige Gebäude besichtigen. Die meisten der 39 sehr gut erhaltenen Zimmer des Hauses sind mittlerweile wieder mit Einrichtungsgegenständen aus der damaligen Zeit ausgestattet. Wandern Sie über 87 Stufen durch die Vergangenheit hinauf zum Turm und genießen Sie dort den überwältigenden Blick über Victoria und weit darüber hinaus, bevor Sie wieder in die Gegenwart hinabsteigen. Eine Information mit Fakten zur Familiengeschichte, Erklärungen der einzelnen Etagen sowie einem Hausplan erhält man am Eingang.

Wichtig für Gehbehinderte und Rollstuhlfahrer: Das Schloss hat weder Rampen noch Fahrstühle.

- 1050 Joan Crescent
- 250-592-5323
- täglich von 10-17 Uhr, Mitte Juni bis Anfang Oktober täglich von 9-19:30 Uhr

HR

Erwachsene: CAD 13,75, Senioren (65+): CAD 12,75, Studenten (19+): CAD 8,75 Kinder (6-18 J.): CAD 5
www.craigdarrochcastle.com

CHINATOWN VICTORIA

Nördlich des Inner Harbour kommen Sie durch ein auffälliges, rotes Eingangstor nach **Chinatown** Victoria im Bereich der Fisgard Street am Nordende der Altstadt. Kleine Geschäfte und Restaurants bieten Ihre Dienste an und der Duft nach Exotischem liegt in der Luft. Chinatown Victoria war das erste Chinesenviertel in Kanada, sein Ursprung geht auf den Goldrausch im Fraser Canyon zurück, als viele Chinesen dem Hunger, der Dürre und dem Krieg in ihrem Vaterland entflohen sind und auf dem Weg zu den Goldfeldern hier sesshaft wurden.

Das **rote Tor** am Eingang des Viertels wurde in Suchou, einer Partnerstadt von Victoria, gebaut. Ein Highlight, das Sie nicht versäumen sollten, ist die **Fan Tan Alley**. Dieses sehr enge, mit verschiedenen Shops „gefüllte" Gässchen zwischen Government und Douglas Street ist leicht zu übersehen. In früheren Jahren war die Fan Tan Alley ein privater Fußweg mit allerlei Räuberhöhlen.

MARKET SQUARE

Market Square im Herzen der *Old Town Victoria* erreichen Sie in wenigen Minuten vom Inner Harbour über die Government Street Richtung Norden. In den alten, sehr ansprechend umgebauten Lagerhäusern befinden sich mehr als 35 kleine, eigenständige Spezial-Geschäfte und gemütliche Cafés und Restaurants, hier lohnt sich ein Bummel durch die Vielfalt der Angebote. Im Innenhof finden regelmäßig Veranstaltungen statt. Market Place wurde schon Ende des 19. Jahrhunderts gebaut, als die Stadt durch die Goldsucher, Seeleute und Abenteurer Wachstum und Wohlstand erreichte. Hier befanden sich Hotels, Salons und

HR

Eingang zum Marketsquare

Geschäfte - der Marktplatz war Mittelpunkt des geschäftigen Lebens.
560 Johnson Street
250-386-2441
www.marketsquare.ca

MARINE SCENIC DRIVE

Diese fantastische, ca. 32 km lange Strecke bis Cordova Bay ist bei schönem Wetter eine grandiose Nebenroute abseits der belebten Highways, die Sie sich nicht entgehen lassen sollten. Der Beginn ist am Inner Harbour auf der Belleville Street / Government Street. Folgen Sie nun immer der küstennahen Straße bis zur Dallas Road oder fahren Sie die Government Street in südlicher Richtung, bis Sie auf die Dallas Road stoßen. Es geht vorbei am **Thunderbird Park** zum **Beacon Hill Park**, an dessen Südende die **Mile 0** des **Trans-Canada-Highway** steht. Ein wichtiger Fotostopp! Der Trans-Canada Highway, der längste nationale Highway der Welt, durchquert alle 10 kanadischen Provinzen und endet nach 7.821 km in St. John's, Neufundland.

Nach Mile 0 erreichen Sie die Dallas Road und auf der Weiterfahrt Richtung Sidney haben Sie rechtsseitig ständig den Ozean im Blickfeld. Wunderschöne Herrenhäuser und Gärten, einige Parks und Picknickplätze liegen auf der Strecke, genießen Sie die herrlichen Ausblicke auf die Juan de Fuca Strait bis zum jenseits der Strait liegenden Olympic National Park in den USA mit seinen schneebedeckten Bergen. Weiter geht es auf der Beach Road und später erreichen Sie die Cordova Bay Road und Arbutus Road, Grandview Drive und wieder die Cordova Bay Road, die dann in Central Saanich wieder zum Highway 17 zurückführt.

UNTERKÜNFTE

Ocean Island Backpackers Inn
791 Pandora Avenue
250-385-1788
1-888-888-4180 (gebührenfrei)
★
www.oceanisland.com

Hostelling International Victoria
516 Yates Street
250-385-4511
★
www.hihostels.ca/victoria

Blue Ridge Inn
3110 Douglas Street
250-388-4345 oder
1-800-997-6797 (gebührenfrei)
★
www.blueridgeinn.ca

Mayfair Motel
650 Speed Street
250-388-7337 oder
1-877-518-0089 (gebührenfrei)
★★
www.mayfairmotel.com

Days Inn Victoria on the Harbour
427 Belleville Street
250-386-3451 oder
1-800-665-3024 (gebührenfrei)
★★
www.daysinnvictoria.com

Travelodge Victoria
229 Gorge Road East
250-388-6611
1-800-565-3777 (gebührenfrei)
★★
www.travelodgevictoria.com

Fairmont Empress Hotel
721 Government Street
250-384-8111 oder
1-800-441-1414 (gebührenfrei)
★★★
www.fairmont.com/empress

HR

Best Western Carlton Plaza
642 Johnson Street
250-388-5513 oder
1-800-663-7241 (gebührenfrei)
★★
www.bestwesterncarlton.com

Accent Inn Victoria
3233 Maple Street
250-475-7500 oder
1-800-663-0298 (gebührenfrei)
★★
www.accentinns.com

Super 8 Hotel Victoria
2915 Douglas Street
250-285-6731 oder
1-888-385-6703 (gebührenfrei)
★★
www.super8victoria.com

Albion Manor Bed & Breakfast Inn
224 Superior Street
250-389-0012 oder
1-877-389-0012 (gebührenfrei)
★★
www.albionmanor.com

Fort Victoria RV Park
340 Island Highway
250-479-8112
ganzjährig
300, alle Anschlussmöglichkeiten
ab CAD 38
www.fortvictoria.ca

Thetis Lake Campground
1 - 1938 West Park Lane
250-478-3845
ganzjährig
ab CAD 22
147, alle Anschlussmöglichkeiten

Goldstream Provincial Park
▶ Beschreibung unten

P GOLDSTREAM PP

Eine naturnahe Übernachtung garantiert der Campground des **Goldstream Provincial Parks**, 16 km nördlich von Victoria gelegen. Der Park erstreckt sich zu beiden Seiten des Highway 1. Die Zu-

Goldstream Provincial Park

fahrt vom Highway 1 zum weiträumig angelegten Campground des Parks führt über die West Shore Road / Amy Road.

Im Park wachsen riesige alte Douglastannen und Rotzedern gemischt mit Eiben, Blätterahorn und Pappeln. Rauschende Wasserfälle und immergrüne Erdbeerbäume mit glänzenden, fein gezahnten, dicken Blättern sind die Besonderheiten des Parks. **Übrigens:** Diese Erdbeerbäume wachsen nur auf Vancouver Island und an der Südwestküste von British Columbia.

Der **Goldstream Creek** ist von Ende Oktober bis Dezember Laichplatz der vom Pazifik über den Finlayson Arm zur Geburtsstätte zurückkehrenden Lachse. Die schon schwachen Fische sind für die Schwarzbären eine leichte und willkommene Beute, um sich für den langen Winterschlaf die nötigen Fettreserven anzufuttern. Seien Sie daher vorsichtig, wenn Sie sich gerade zu dieser Zeit im Park aufhalten.

Die Zufahrt zur **Freeman King Visitor Information** des Parks auf der gegenüberliegenden Seite des Highway 1 gelegen, ist über die Finlayson Arm Road möglich. Diese Straße zweigt ca. 2 km nördlich der West Shore Road vom Highway 1 in östliche Richtung ab. In der Visitor Information, die vom Parkplatz über einen kurzen Weg entlang des Goldstream River Schutzgebietes erreicht wird, können Sie sich u.a. über die Besonderheiten der Flora und Fauna des Naturschutzgebietes informieren.

Visitor Information: 250-478-9414
Campground: ganzjährig,
Service von Mitte März bis Ende Oktober
Visitor Information: ganzjährig
167 ja ja
CAD 30
Wandern, Schwimmen, Relaxen
www.env.gov.bc.ca/bcparks/explore/parkpgs/goldstream

WANDERMÖGLICHKEITEN

Alle folgenden Trails beginnen auf dem Goldstream Campground.

Arbutus Loop
15 Minuten

Arbutus Ridge Trail
1,5 Stunden

Upper Goldstream Trail
30 Minuten, einfache Strecke

Prospector's Trail
Parkplatz Visitor Information
1,5 Stunden, einfache Strecke

Lower Goldstream Trail
15 Minuten, einfache Strecke

Gold Mine Trail & Niagara Falls (47 m)
1 Stunde, einfache Strecke

Mount Finlayson
Finlayson Arm Road nahe Visitor Info oder Finlayson Arm Road/Gowlland Tod
1 Stunde, einfache Strecke
mittel, steil
406 m

P WEST SHAWNIGAN LAKE PP/ SHAWNIGAN LAKE

Der **Shawnigan Lake** liegt im Südteil von Vancouver Island etwa 45 km nördlich von Victoria.

Das Gebiet um den Shawnigan Lake hat sich, nachdem hier in früheren Zeiten die Forstwirtschaft Erwerbsquelle Nr. 1 war, zu einem eleganten Sommererholungsort mit schicken kleinen und großen Sommerresidenzen entwickelt.

Daneben haben auch viele Pendler, die im Stadtbereich von Victoria arbeiten, hier ihr Zuhause oder ihr Sommerdomizil. Etwa 14.000 Bewohner sind mittlerweile rund um den See ansässig.

Die außerordentliche Beliebtheit des Sees mit den vielseitigen Wassersportaktivitäten hat leider auch ihre Schattenseiten, denn die rasanten Motorbootstouren verursachen einen sehr starken Wellengang, der die natürliche Seeuferflora beschädigt. Zusätzlich sind die Verunreinigungen des Sees ein Problem für die Wasserversorgung.

Am Ostufer des Sees liegt der **Ort Shawnigan Lake**, hier gibt es die wichtigsten Versorgungseinrichtungen. Ein kleines, aber feines, Museum kann im Sommer besichtigt werden.

✉ 1775 Shawnigan-Mill Bay Rd, Shawnigan Lake

🕓 Freitag bis Sonntag von 12-16 Uhr

HR

Der **West Shawnigan Lake Provincial Park** mit Picknickplatz und Badestrand liegt am Nordwestteil des Sees.

Sie erreichen den Park vom Highway 1 über die Shawnigan Road oder Mill Bay Road in Richtung Westen, nach einigen Kilometern kommen Sie zur West Shawnigan Lake Road, folgen Sie dieser Straße bis zum Parkplatz des Parks.

🕓 ganzjährig

Schwimmen, Fischen, Kanu- und Kajakfahren, Surfen, Wasserski, Bootsanlegestelle befindet sich außerhalb des Parks)

www.env.gov.bc.ca/bcparks/explore/parkpgs/w_shawn

P MEMORY ISLAND PP

Der **Memory Island Provincial Park** befindet sich am und im Ostteil des Shawnigan Lake. **Memory Island** liegt etwa einen Kilometer vom Strand entfernt neben vielen kleineren Inseln im See. Wer ein idyllisches Plätzchen sucht, kann von mehreren Punkten entlang des Sees zur Insel paddeln. Die Insel ist Schutzgebiet für eine Vielzahl kleiner Lebewesen und Vogelarten.

Sie erreichen den Park vom Highway 1 über die Shawnigan Road oder Mill Bay Road in Richtung Westen, nach einigen Kilometern kommen Sie zur West Shawnigan Lake Road, folgen Sie dieser Straße bis zum Parkplatz des Parks.

🕓 ganzjährig

Schwimmen, Fischen, Kanu- und Kajakfahren

www.env.gov.bc.ca/bcparks/explore/parkpgs/memory_is

P KOKSILAH RIVER PP

Der wild-romantische **Koksilah River Provincial Wildnis-Park** liegt 7 km westlich vom Shawnigan Lake. Zufahrt vom Highway 1 über die Shawnigan Lake oder Mill Bay Road, dann folgen Sie der Shawnigan Lake Road bis zum Nordende des Sees. Dort zweigt dann die Zufahrtstraße **Port Renfrew Road** (*Logging Road*) nach Westen zum Park ab. **Bitte beachten Sie:** Der Zeltplatz des Provincial Parks ist auf unbestimmte Zeit geschlossen.

Es gibt keine markierten Trails im Park, doch zum Fluss und Canyon kann auch ohne Hinweis gewandert werden.

Die Zufahrtstraße (*Logging Road*) führt weiter nach Port Renfrew. **Achtung:** Bitte unbedingt nach dem Straßenzustand in einer Visitor Information fragen, wenn Sie sich über diese

Shawnigan Lake Provincial Park

Strecke nach Port Renfrew begeben möchten.

Am Ostende des Parks stehen die hölzernen Reste (**Kinsol Trestle**) einer Eisenbahnbrücke der *Canadian National Railway* über den Koksilah River. Sie wurde 1920 erbaut und bis 1979 benutzt, um Ausrüstungsteile und Versorgungsmaterial zur Kinsol Kupfermine transportieren zu können. Diese Brücke, mit einer Gesamtlänge von 187,6 m und einer Höhe von 38,1 m war damals die größte Holzbrücke des Britischen Commonwealth.

Es ist geplant, diese Brücke nachzubauen, damit der bekannte *Trans-Canada Trail* wieder über sie führt, heute muss man einen Umweg über eine südlich gelegene Brücke nehmen.

- ganzjährig, wenn Zufahrt möglich ist
- Fischen, Schwimmen, Kanu- und Kajakfahren, Wandern
- www.env.gov.bc.ca/bcparks/explore/parkpgs/koksilah_rv

P SPECTACLE LAKE PP

Der Picknickplatz im **Spectacle Lake Provincial Park**, unmittelbar am Highway 1 gelegen, ist ein idealer Platz für eine Kaffeepause zwischendurch. Am See befinden sich eine Bootsanlegestelle und der Startpunkt zu einem zwei Kilometer langen Rundweg um das Gewässer. Die Wege sind größtenteils rollstuhlgeeignet.

Der See wurde in den 1940er Jahren künstlich aufgestaut und als Lagerstätte von der ansässigen Holzindustrie genutzt. Der Park hat keinen Campground.

Achtung: Die Ausfahrt zum Park ist nur in südlicher Fahrtrichtung möglich, wenn Sie diesen Routenreiseführer also in der „normalen" Leserichtung nutzen, müssen Sie erst ein Stück nach Norden weiterfahren, dann einen *U-Turn* zum Umkehren nutzen, um so zur Whittaker Road und Ausfahrt zum Park zu kommen.

- ganzjährig

Schwimmen, Kanu- und Kajakfahren, Fischen, Wandern

www.env.gov.bc.ca/bcparks/explore/parkpgs/spectacle

P BAMBERTON PP

Einen beliebten und weiträumig angelegten Campground finden Sie im **Bamberton Provincial Park**, den Sie vom Highway 1 über die Mill Bay Road Richtung Osten erreichen. Der Park wurde im Jahr 1959 von der *British Columbia Cement Company* der Provinz übergeben und zu Ehren der Spender nach dem Geschäftsführer H.K. Bamber der British Portland Cement Manufacturing Company benannt.

Die lokalen First Nations nutzen im Herbst und Winter den durch den Park fließenden, forellenreichen Johns Creek zum Fischen und für ihre traditionellen Zeremonien.

Mit seinem 225 m langen Sandstrand und dem relativ warmen Wasser ist der Park ein besonders gern in Anspruch genommenes Ausflugsziel während der Sommermonate. Vom Campground führt ein 1,5 km langer Weg, der teilweise steil ist, zum Strand am Saanich Inlet. Behinderte können den Strand über den Parkplatz des Picknickplatzes auf einem asphaltierten Weg erreichen.

ganzjährig, Service von Mitte März bis Ende Oktober

50 ja

Sommer: CAD 16, Winter: CAD 11

Schwimmen, Wandern, Kanu- und Kajakfahren, Surfen,

www.env.gov.bc.ca/bcparks/explore/parkpgs/bamberton

WHIPPLETREE JUNCTION

Eine keine Besonderheit erwartet Sie in **Whippletree Junction** drei Kilometer südlich von Duncan. Spazieren Sie durch

Whippletree Junction

das kleine, bunte Städtchen, denn die wahre Schönheit des Örtchens entdecken Sie erst bei einem Bummel hinter der am Highway liegenden Häuserfront. Leider mussten wir im Herbst 2009 feststellen, dass nun einige der kleinen Schnickschnack-Lädchen inmitten des Städtchens leerstehen. Doch es gibt noch Geschäfte, die geöffnet sind, und für ein Eis oder einen Kaffee können Sie es sich im Café gemütlich machen. Es lohnt also nach wie vor ein kurzer Stopp.

Das originelle Whippletree ist **Randy Streit** (1937-2001) zu verdanken, der in den 60er Jahren zum Abbruch bestimmte Häuser aus dem verfallenen *Chinatown* von *Duncan* und aus der Umgebung der Stadt hier wieder aufgebaut hat. Im Innenhof von Whippletree Junction steht der Brunnen **Trickletree**, in den noch offenen kleinen Lädchen wird allerlei Krimskrams angeboten. Antike Möbelgeschäfte, Werkstätten und ein Café befinden sich am Highway. Auch eine alte Druckerpresse und viele weitere Gerätschaften aus der damaligen Zeit haben ihren vielleicht letzten Standort in Whippletree gefunden.

Das erste Gebäude war **The Wickertree** aus Chinatown Duncan, **Wagon Wheel Antiques** war ehemals eine Fischkonservenfabrik in Sooke, **Black Coffee and Delights** war vorher eine Poststation und eine Bank aus Cobble Hill – so hat jedes Gebäude in Whippletree seine eigene Geschichte.

COWICHAN VALLEY / DUNCAN

	Victoria	63 km
	Chemainus	20 km
	Nanaimo	54 km
	Campbell River	226 km
	Port Hardy	519 km
	Cowichan Valley	81.000
	Duncan	5.100
	Januar	+ 3° C
	Juli	+ 18° C
	Meereshöhe	14 m

Duncan, nur wenige Kilometer nördlich von Whippletree Junction gelegen, ist die größte Ortschaft im *Cowichan Valley Regional District*, der von der Ostküste Vancouver Islands, der Strait of Georgia, bis zum Pazifik an der Westküste der Insel reicht. Hier leben auf einer Fläche von ca. 3.400 km^2 etwa 80.000 Einwohner.

Die kleinen Ortschaften Ladysmith, Chemainus, Lake Cowichan, Youbou, Honeymoon Bay, Mesachie Lake, Cowichan Bay, Mill Bay und Shawnigan Lake liegen im **Cowichan District** und bieten touristisch interessante Sehenswürdigkeiten größtenteils aus der frühen Eisenbahn und der Geschichte der First Nations sowie allerlei Outdoor- und Indoorsportmöglichkeiten. Die größten Seen sind der Cowichan Lake, Shawnigan Lake und Nitinat Lake.

Das Gebiet ist Heimat der **Quw'utsun'** (ind.: **„warmes Land"**), einem Stamm der Cowichan, die auch Namensgeber der Region sind. Ihre reiche Kultur, ihre Kunst und Geschichte sind überall gegenwärtig. Die hier lebenden Nachfahren haben die alten Traditionen größtenteils bis heute bewahrt.

TOURIST INFORMATION COWICHAN DISTRICT

✉ 135 - 3rd St, Duncan

250-746-1099 oder
1-888-303-3337 (gebührenfrei)
www.cvrd.bc.ca

Duncan nennt sich seit 1985 **„Stadt der Totempfähle"** zu Recht, denn im Stadtgebiet findet man ca. 80 Totems, darunter ist auch der weltgrößte (nach Durchmesser) Totempfahl, der von dem First Nation Künstler **Simon Charlie** geschnitzt wurde. Die Totems sind Eigentum der ansässigen Stämme. Wer sich auf Totem-Tour begeben möchte, kann sich in der Visitor Information einen Standort-Plan geben lassen oder folgt einfach den aufgemalten „Fußspuren".

Die ersten Siedler kamen schon 1848 in Mill Bay südlich von Duncan an und wurden dort sesshaft. Zehn Jahre später eröffnete Giovanni Ordano ein Geschäft und ein Hotel in Cowichan Bay (südlich von Duncan), das heute als **„The Masthead Restaurant"** existiert.

1705 Cowichan Bay Road
250-748-3714
www.themastheadrestaurant.com

Und schon 1862 kamen weitere hundert Siedler an Bord der *HMS Hecate*, die im Unternehmen des damaligen Gouverneurs Sir James Douglas Arbeit fanden. Doch die eigentliche Entstehung verdankt Duncan der 1886 fertiggestellten *Esquimalt & Nanaimo Railroad* und William Duncan, der aus Ontario nach Victoria kam, sich aber später im Bereich Duncan niederließ. Er erklärte sich bereit, auf seinem Ackerland, dem heutigen Standort von Downtown Duncan, einen Haltepunkt der Railroad einrichten zu lassen. Sein Sohn Kenneth wurde später zum ersten Bürgermeister der Stadt gewählt.

1896 entdeckte man Kupfer und für einige Jahre war die Mine wirtschaftlich besonders bedeutend. Nach Schließung der Mine wurden die Holz- und Landwirtschaft sowie der Tourismus die bedeutendsten Einnahmequellen der Region.

Anfang 1900 war Duncan das Zentrum der chinesischen Bevölkerung des Cowichan Valley. Das Chinesenviertel war in der südwestlichen Ecke Duncans angesiedelt. Als die Einwanderungsmöglichkeiten gesetzlich beschränkt wurden, mussten viele Geschäfte des Viertels schließen und die Gebäude zerfielen nach und nach. Einige haben Dank Randy Streit, dem „Erfinder" von Whippletree Junction, überlebt und stehen heute in Whippletree Junction etwa 3 km südlich von Duncan.

Die Stadt beherbergt einige kulturhistorische Gebäude, u.a. auch eine **historische Bahnstation**, exquisite Geschäfte und Restaurants aller Geschmacksrichtungen. In Duncan sind alle Versorgungseinrichtungen reichlich vorhanden.

Tipp: Ein großer, kostengünstiger Parkplatz liegt an der Trunk Road, nur wenige hundert Meter westlich des Highway 1, auf dem Weg zum Parkplatz kommen Sie auch an einem Safeway Einkaufszentrum vorbei.

TOURIST INFORMATION DUNCAN

381 Trans-Canada Highway, Duncan
250-746-4636 oder
1-888-303-3337 (gebührenfrei)
www.duncancc.bc.ca

SEHENSWÜRDIGKEITEN

DER LÄNGSTE HOCKEY-SCHLÄGER DER WELT

Der Hockeyschläger wurde zur **EXPO 1986** in Vancouver gefertigt und steht heute an der Westseite des Cowichan Community Centre. Er ist aus dem Holz der Douglastanne und aus Stahl gefertigt, ist 62,5 m lang und wiegt 28.118 kg.

FARMERS MARKET

Bei Einheimischen und Besuchern gleichermaßen beliebt ist der seit 1993 bestehende **Farmers Market**, einer der größten und populärsten Märkte auf Vancouver Island. Er findet ganzjährig jeden Samstag statt. Hier erwartet Sie ein reichhaltiges Angebot an frischen, einheimischen Farmer-Produkten, Backwaren, Fleisch, Pflanzen wie auch Kunst und Kunsthandwerk, gefertigt von Natives und Künstlern der Umgebung.

- ✉ British Columbia Forest Discovery Centre a. d. Drinkwater Rd u. Trans-Canada Hwy
- ⌚ ganzjährig, 9-14 Uhr, stündlicher Bus-Transfer von Downtown Duncan zum Markt

COWICHAN VALLEY MUSEUM

Im **Cowichan Valley Museum** wird über die frühe Besiedelung und das weitere Anwachsen der Stadt informiert. Auch viele Gegenstände der Siedler-Familien befinden sich im Museum. Es ist in der **Duncan Railway Station** in Downtown untergebracht, die im farbenprächtig angelegten *Charles Hoey V.C. Memorial Parks* liegt und ist umrahmt von eindrucksvollen Totempfählen.

Zufahrt vom Island Highway 1 über die Trunk Road im Süden der Stadt. Im Museum werden auch geführte Touren durch *Historic Duncan* angeboten.

- ✉ 130 Canada Avenue
- ☎ 250-746-6612
- ⌚ Juni bis Sep.: Montag - Samstag von 10-16 Uhr, Oktober bis Mai: Mittwoch - Freitag von 11-16 Uhr, Samstag von 13-16 Uhr
- CAD 2
- www.cowichanvalleymuseum.bc.ca

BRITISH COLUMBIA FOREST DISCOVERY CENTRE

Auf einem 40 ha großen, schön angelegten Freilichtmuseum mit informativen Trails und Spiel- und Picknickplatz kann man sich umfassend über das Ökosystem der Wälder und die Entwicklung der Forstwirtschaft und Holzindustrie informieren. Man erfährt Vieles über die harte Arbeit der Holzfäller Ende des 19. Jahrhunderts und kann in der Ausstellung Geräte und Fahrzeuge aus alten Sägewerken, Schmiedewerkstätten und der Land- und Forstwirtschaft betrachten. Besonders beeindruckend ist das nachgebaute **Holzfäller-Lager** mit Schmiede und Sägewerk. Ein **Aussichtsturm** bietet bei schönem Wetter einen fantastischen Ausblick.

Bei Kindern besonders beliebt ist eine Fahrt mit der alten **Schmalspurbahn**, angetrieben von einer Dampflok, mit der es durch das Gelände und durch dichte Wälder vorbei an einer Sägemühle und entlang des Somenos Sees geht. Erreichbar ist das British Columbia Forest Discovery Centre vom Highway 1 im nördlichen Bereich von Duncan.

- ✉ 2892 Drinkwater Road
- ☎ 250-715-1113 oder 1-866-715-1113 (gebührenfrei)
- ⌚ März bis Mai Donnerstag bis Montag von 10-17 Uhr, Juni bis September täglich von 10-17 Uhr, Oktober Samstag und Sonntag von 10-17 Uhr
- Erwachsene: CAD 14, Senioren (65+), Jugendliche (13-18 J.): CAD 12, Kinder (5-12 J.): CAD 9, Familien: CAD 50
- Zugfahrt: CAD 3 pro Person, Kinder unter 4 Jahren frei
- www.bcforestmuseum.com

QUW'UTSUN' CULTURAL AND CONFERENCE CENTRE

Auf einem 2,4 ha großen Gelände am Cowichan River befindet sich das inte-

HR

ressante **Quw'utsun' Cultural Centre**. Hier werden Sie von Mitgliedern der Cowichan anschaulich über die einzigartige Geschichte und Traditionen der größten Native-Band British Columbias (mehr als 4.000 Mitglieder) informiert. Sie erzählen von Juni bis September Geschichten und Legenden, die sich über die Generationen überliefert haben und im Juli und August wird die Herstellung traditioneller Kunst und Kunsthandwerk vorgeführt.

Für eine Tour durch das Centre gibt es Pläne in acht verschiedenen Sprachen. Auch eine großartige **Multimedia-Präsentation** wird gezeigt, sie stellt die Geschichte der Cowichan bildlich dar und gehört sicherlich zu einem der Höhepunkte während des Besuchs der uns so fremden Kultur. Und damit noch nicht genug, im Juli und August werden am Fluss von Dienstag bis Samstag um 13 Uhr **traditionelle Tänze** mit Trommeln und Gesang vorgeführt.

Die Idee zu einem Projekt, das die handwerklichen und künstlerischen Fertigkeiten und die Geschichte der Cowichan zeigt, hatten einige Mitglieder der Band schon vor mehr als zwanzig Jahren. 1986 kauften sie die Gebäude von der EXPO 86 und eröffneten dann 1990 das Quw'utsun' Cultural Centre.

✉ 200 - Cowichan Way
☎ 250-746-8119 oder
1-877-746-8119 (gebührenfrei)
🕒 Mai bis September täglich von 10-17 Uhr, Oktober bis Dezember werktags von 10-16 Uhr
April bis September: Erwachsene: CAD 15, Senioren, Schüler u. Studenten: CAD 12, Kinder unter 12 Jahren: CAD 8
Oktober bis März: Erwachsene: CAD 13, Senioren, Schüler u. Studenten: CAD 10, Kinder unter 12 Jahren: CAD 6
www.quwutsun.ca

Nach diesem sehr aufschlussreichen und hochinteressanten Besuch können Sie sich im **Riverwalk Café** mit

Duncan

„heimischer“ Kost der Cowichan vertraut machen.

Reservierung 250-746-4370

Juni bis September Montag bis Samstag von 11-16 Uhr

Interessiert Sie die Speisekarte? Mit dem folgenden Link können Sie sich die Menükarte ausdrucken:

www.quwutsun.ca/pdf/RWCafeMenu2009.pdf

MOUNT TZOUHALEM ECOLOGICAL RESERVE

Östlich von Duncan können Naturliebhaber besonders im April / Mai die einzigartige Flora dieses Schutzgebietes und die grandiose Aussicht vom Gipfel in 500 m Höhe über die Cowichan Bay und dem Quamichan Lake genießen. Ursprünglich wurde der Berg von den Coast Salish in deren Sprache „Hul'qu mi'num“„shkewetsen“ (etwa: sich in der Sonne wärmender Frosch) genannt, da ein riesiger Fels an der Seite des Berges einem Frosch ähnlich sieht, der sich in der Sonne aufwärmt. 1859 nannte man den Berg nach dem Krieger Tsouhalem um, der, nachdem er von seinem Stamm wegen der Tötung vieler Menschen verbannt wurde, bis zu seinem weltlichen Ende in einer Höhle auf dem Berg lebte.

Die Zufahrt vom Highway 1 erfolgt ab Duncan über die Trunk Rd Richtung Osten / Tsouhalem Rd / Maple Bay Rd / Kingsview Rd / Chippewa Rd / Kaspa Rd bis zum Parkplatz des Ecological Reserve. Der letzte Teil der Straße ist relativ eng.

Parkplatz

2 Stunden, einfache Strecke

einfach bis moderat

6 km

406 m

UNTERKÜNFTE

Best Western Cowichan Valley Inn
6474 Trans-Canada Highway
250-748-2722 oder
1-800-927-6199 (gebührenfrei)
★★
www.cowichanvalleyinn.com

Travelodge Silver Bridge Inn
140 Trans-Canada Highway
250-748-4311 oder
1-888-858-2200 (gebührenfrei)
★★
www.travelodgeduncan.com

Thunderbird Motor Inn
5849 York Road
250-748-8192 oder
1-877-748-8192 (gebührenfrei)
★
www.thunderbirdmotorinn.ca

Country Maples RV Resort
9010 Trans-Canada Highway
250-246-2078 oder
1-800-663-2265 (gebührenfrei)
CAD 24 bis CAD 48
130, alle Anschlussmöglichkeiten

Duncan RV Park & Campground
2950 Boys Road
250-748-8511
85, alle Anschlussmöglichkeiten
ab CAD 17

Riverside Campgrounds & Cabins
1 - 3065 Allenby Road
250-746-4352
ganzjährig
75, alle Anschlussmöglichkeiten
ab CAD 16

Cowichan River PP
▶ Seite 306

Chemainus Mural

CHEMAINUS

	Victoria	83 km
	Duncan	20 km
	Ladysmith	11 km
	Nanaimo	34 km
	Campbell River	206 km
	Port Hardy	499 km
	Chemainus	3.900
	Januar	+ 2° C
	Juli	+ 18° C
	Meereshöhe	30 m

Die kleine, etwas abseits des Highway 1 am Stuart Channel liegende Stadt **Chemainus** sollte auf jeden Fall auf Ihrem Tourplan stehen, da Chemainus mit einer besonderen Touristenattraktion aufwartet: Mehr als 35 Häuserfassaden sind mit lebensgroßen Gemälden (**Murals**) bemalt, die der Stadt ein ganz eigenes, kreatives Bild verleihen. Die Murals zeigen alltägliche Begebenheiten, historische Ereignisse, Szenen aus der Arbeitswelt früher und heute, lassen uns bildlich in einige Stuben schauen, bieten Native Kunst und überraschen uns mit unglaublich schönen Landschaftsbildern.

Chemainus und die Umgebung waren im 19. Jahrhundert weitestgehend beherrscht von der Forstwirtschaft. Die 1862 in Betrieb genommene Sägemühle wurde von der Wasserkraft eines Wasserfalls und eines mächtigen Flusses angetrieben.

Ende des 19. Jahrhunderts, als die Eisenbahnstrecke Chemainus erreichte, wuchs die Bevölkerung stetig an, man schätzt, dass in den zwanziger Jahren rund 600 Einwohner hier lebten, zusammengewürfelt aus Salish First Nations, Europäern, Japaner und Chinesen. Ende der siebziger Jahre machte die Industrie schwierige Zeiten durch und die Sägemühle war in die Jahre gekommen - Chemainus drohte das Aus.

Doch die Gemeinde bekam finanzielle Unterstützung von der Provinzregierung zugesprochen und suchte nach Ideen, sich selbst wieder zum Leben zu erwecken. Dem Geschäftsmann Karl Schutz ist es zu verdanken, dass 1982 mit der wunderbaren Idee begonnen wurde, Wandbilder zu malen, die Geschichten erzählen und Einblicke in die Lebenssituationen der unterschiedlichen Gesellschaftsteile geben. Und zum Glück für die jährlich etwa 400.000 Besucher ist das Projekt noch keinesfalls beendet, denn regelmäßig werden weitere Gemälde und mittlerweile auch Skulpturen hinzugefügt.

Höhepunkt der kreativen Szene der Stadt ist das jährlich im Juni/Juli stattfindende **„Festival of Murals“**.

Sie können diese Murals „abwandern“, hierfür erhalten Sie in der Visitor Information einen entsprechenden Plan – oder folgen Sie alternativ einfach den gelben Fußspuren, die Sie durch die Stadt und entlang der schönsten Murals führen.

Für Ihre Reisevorbereitung können Sie sich mit dem folgenden Link auch die Standorte der Murals ausdrucken:

www.northcowichan.bc.ca/siteengine/ActivePage.asp?PageID=47&bhcp=1

Und wer sich über die Motive und Maler informieren und schon mal einen Blick auf die Mural werfen möchte - hier ist der Link:

www.northcowichan.bc.ca/siteengine/activepage.asp?PageID=49

Ein Besuch in Chemainus lohnt sich nicht nur allein wegen der wunderschönen Murals – mittlerweile hat sich eine kreative Gemeinde etabliert, die nicht nur verschiedenste Galerien betreibt, sondern ebenfalls ein durchaus sehenswertes Kunst- und Kulturprogramm auf die Beine stellt.

In dem Touristenort wurden viele kleine Häuser liebevoll restauriert, man findet neben den Kunstgalerien kleine Geschäfte aller Art, gemütliche Cafés und Restaurants, die das Stadtbild prägen.

Um eine weitere Touristenattraktion reicher wurde Chemainus am 14. Januar 2006, als eine ausrangierte **Boeing 737-200** der *Canadian Airline* vor der Küste von Chemainus als künstliches Riff versenkt wurde, das nun ein besonders attraktives Ziel für Taucher ist.

Daneben starten ab Chemainus diverse Whale-Watching Touren und es gibt Fährverbindungen zu den Inseln **Kuper** und **Thetis Island**.

Den Mittelpunkt der Stadt bildet der **MacMillan Waterwheel Park**, hier lässt es sich herrlich relaxen. Schatten spenden hochgewachsene, einheimische Bäume und für die Unterhaltung der Kleinen ist ein Themen-Kinderspielplatz mit vielen verschiedenen Spielgeräten angelegt.

Der Park liegt auf dem ehemaligen Gelände des Besitzers einer Sägemühle. Das Haus des Besitzers wurde 1891 erbaut und 1952 abgerissen, heute steht an dieser Stelle die Statue von H.R. MacMillan. Das heute im Park stehende Wasserrad ist eine Nachbildung des Originals, es wurde, wie auch einige weitere Teile des Parks, 1967 zur Hundertjahrfeier Kanadas errichtet.

VISITOR INFORMATION

Cypress Road / Ecke Willow Road
250-246-3944

HR

www.muraltown.com
www.chemainus.com
www.chemainus.bc.ca

SEHENSWÜRDIGKEITEN

CHEMAINUS VALLEY MUSEUM

Das kleine **Heimatmuseum** liegt am Waterwheel Park. Es zeigt interessante Artefakte aus der Geschichte des Ortes und dem Leben der Pioniere und informiert über die frühere Arbeit der Holzfäller in den Sägewerken und in den Wäldern.

Waterwheel Crescent
250-246-2445
täglich von 10-16 Uhr, Mitte Dezember bis Mitte Februar geschlossen

CHEMAINUS THEATRE FESTIVAL

Vielleicht möchten Sie sich einmal einen Abend vom Lagerfeuer entfernen und einige abwechslungsreiche und unterhaltsame Stunden im örtlichen Theater verbringen. Über das aktuelle Programm informieren Sie sich am besten vor Ort oder vor der Reise im Internet – das Theater hat auch während der Sommermonate geöffnet.

9737 Chemainus Road
250-246-9820 oder
1-800-565-7738 (gebührenfrei)
ab CAD 35
www.chemainustheatrefestival.ca

UNTERKÜNFTE

Best Western Chemainus Festival Inn
9573 Chemainus Road
250-246-4181 oder
1-877-246-4181 (gebührenfrei)
★★
www.festivalinn.ca

Timeless Rose Bed & Breakfast
10152 Orca View Terrace
250-246-3737
★★
www.timelessrose.ca

Chemainus River Campground
8682 Trans-Canada Highway
250-246-9357
April bis Oktober
27, Wasser- u. Stromanschluss ja
ab CAD 30
www.chemainusrivercampground.com

Bald Eagle Riverside Campground
8705 Chemainus Road
250-246-9457
April bis Anfang Oktober
66, Stromanschluss möglich ja
ab CAD 22

Country Maples RV Resort
9010 Trans-Canada Highway
250-246-2078
ganzjährig
160, alle Anschlussmöglichkeiten
ab CAD 46
www.holidaytrailsresorts.com/countrymaples

Chemainus Garden RV Park
3042 River Road,
sehr schöner Campground in einem großen Park gelegen mit zahlreichen Kunstwerken aus Industriemüll
250-246-3569
90, alle Anschlussmöglichkeiten ja
ab CAD 20
www.chemainusgarden.com

LADYSMITH

Victoria	94 km
Chemainus	11 km
Nanaimo	23 km

	Campbell River	195 km
	Port Hardy	488 km
	Ladysmith	8.144
	Januar	+ 2° C
	Juli	+ 18° C
	Meereshöhe	0 - 24 m

Die Stadt am Ostufer von Vancouver Island auf einer Anhöhe mit Blick über die Georgia Strait liegt exakt auf dem **49. Breitengrad**, der auf dem Festland die Grenze zwischen Kanada und den USA bildet.

Viele Jahrhunderte war die Gegend Heimat der Chemainus First Nations, deren Sprache, **HUL'Q'UMI'NUM'**, weit verbreitet war. Sie hatten in der Umgebung drei Siedlungen (*Shts'um'inus, Thuq'mi'n* und *Hwkwumluwhuthun*) errichtet und der Fischreichtum der Meere und die aufgeforsteten Hochlandbereiche dienten dem traditionellen Lebensunterhalt.

Tipp: Wer sich gerne einmal näher mit der Sprache der Chemainus First Nations auseinandersetzen möchte, kann auf der folgenden Internetseite einen erstaunlichen Einblick bekommen:
web.uvic.ca/hrd/hulq

Die Zeit der Natives wurde 1884 mit der Bewilligung der Eisenbahnstrecke und der damit einhergehenden Privatisierung des Gebietes jäh beendet. Die First Nations wurden aus ihrem eigenen Gebiet vertrieben und in ein Reservat umgesiedelt. Zwei Jahrzehnte später gründete James Dunsmuir (Eigentümer der Wellington Colliery Company) die Stadt und änderte den Namen von Oyster Harbour in Ladysmith - zu Ehren der Aufhebung der Belagerung von Ladysmith in Südafrika während der Burenkriege. Er sorgte außerdem für eine Ausweitung des Kohlebergbaus und damit auch für eine rasche Zunahme der Bevölkerung. So kam es, dass Ladysmith 1911 etwa 3.300 Einwohner hatte. Der Industriestandort wurde in den Hafenbereich gelegt und die Bewohner errichteten ihre Häuser auf einem kleinen Hügel. Der Arbeiterbedarf des Kohlebergbaus auf Vancouver Islands war bis weit über die Grenzen bekannt und zog Einwanderer aus aller Herren Länder (v.a. Briten, Belgier, Chinesen, Kroaten und Finnen) an. Sie kamen mit ihren Familien und identifizierten sich sehr schnell mit ihrer neuen Heimat.

Die folgenden Jahre waren geprägt von den Erdölfunden in anderen Regionen Nordamerikas und vom großen Streik 1912-1914. Dies hatte zur Folge, dass die Nachfrage nach Kohle absackte und viele Minen ihre Fördermengen reduzieren mussten. Das endgültige Aus der Kohleförderung folgte 1931, auf dem Höhepunkt der Weltwirtschaftskrise. Ladysmith verlor damit seinen wichtigsten Wirtschaftsfaktor und gleichzeitig einen Großteil seiner Einwohner.

Erst als Mitte der 30er Jahre die *Comox Logging & Railway Company* in Ladysmith investierte und die umliegenden Waldgebiete wirtschaftlich zu nutzen begann, erholte sich die Region und zog neue Arbeitskräfte an. Bereits Mitte der 70er Jahre war der Ort wieder ein Zentrum - diesmal allerdings für die Forstwirtschaft.

Als Vancouver Island zunehmend auch für den Tourismus erschlossen wurde, besann sich Ladysmith auf seine Historie und fing an, den Stadtkern und die alten Gebäude sukzessive zu restaurieren. Diese Arbeiten werden bis heute weitergeführt und konzentrieren sich aktuell auf die industriellen Teile der Stadt im Hafen.

Machen Sie einen Bummel durch die **Heritage Town** und besuchen Sie das kleine **Black Nugget Museum**, das an die Zeit des Kohlebergbaus erinnert. Es hat seine Räumlichkeiten im restaurierten, ehemaligen Jones Hotel aus dem Jahr 1881 und ist im Juli und August täglich von 9-15:30 Uhr geöffnet.

In Ladysmith sind alle Versorgungseinrichtungen vorhanden.

VISITOR INFORMATION

- Gatacre Street
- 250-245-2112
- www.ladysmithcofc.com

WANDERMÖGLICHKEITEN

Holland Creek Loop Trail
(Teil des Trans-Canada Trails)
Zufahrt zum Trail am Südende der Stadt vom Highway 1 über die Davis Rd / Battie Dr bis zum Parkplatz und Trailbeginn.

- Parkplatz Holland Creek Park oder Ecke 6th Avenue / Methuen Street
- leicht bis mittel
- 5,8 km

Heart Lake Loop Trail

- Davis Road Park oder Holland Creek Trail
- 2 Stunden
- mittel, stellenweise steil
- 6,4 km

Stocking Lake Loop

- Davis Road Park, Heart Lake Loop oder Holland Creek Trail
- 3 Stunden
- mittel
- 9,3 km

Rotary Lookout Trail

- Holland Creek Trail
- leicht
- 1,2 km (einfache Strecke)

MORDEN COLLIERY HISTORIC PP

Wer sich für die reiche Kohlebergbaugeschichte Vancouver Islands interessiert, sollte einen kurzen Abstecher zum **Morden Colliery Historic Provincial Park** machen. Hier befinden sich einige Überreste einer Zeche der *Pacific Coal Company*, dies war die erste Zeche dieser Art in der Gegend. Begonnen wurde mit dem Abbau der Kohle 1912 und schon im ersten Jahr förderte die Zeche 76.000 Tonnen. Der Park wurde 1972 gegründet, er liegt 7 km südlich von Nanaimo und ist erreichbar vom Highway 1 über die Morden Road in östlicher Richtung. **Achtung**: Die Beschilderung zum Park ist nicht besonders gut, es gibt vom Highway 1 keinen Hinweis auf den Provincial Park. Achten Sie daher auf die Abfahrt **Morden Road**.

Am engen Parkplatz sind (eingezäunten) Überreste einer Zeche zu sehen. Vom Parkplatz führt ein Trail (1 km, einfache Strecke) durch einen Regional Park zum Nanaimo River.

- ganzjährig
- Wandern
- www.env.gov.bc.ca/bcparks/explore/parkpgs/morden

HEMER PROVINCIAL PARK

12 km südlich von Nanaimo am Holden Lake liegt der **Hemer Provincial Park**. Er ist besonders reizvoll und interessant für Ornithologen, da sich in dem Sumpfgebiet des Parks Enten, Trompeterschwäne, Weißkopf-Seeadler, Truthahngeier und viele weitere Vogelarten tummeln. Etwa einen Kilometer vom Parkplatz entfernt gibt es einen Aussichtspunkt. Durch das Sumpfgebiet und den dichten

Wald führt ein Netz von ca. 11 km einfach begehbaren Wanderwegen.

Erreichbar ist der Park vom Highway 1 über die Cedar Road und Hemer Road. Es gibt keinen ausgewiesenen Picknickplatz, doch die Ruhebänke eignen sich bestens für ein Picknick im Freien.

Der Park wurde 1981 von John und Violet Hemer aus dem kleinen Ort Cedar südöstlich von Nanaimo der Parkverwaltung geschenkt. Entlang des Sees, der auch gerne von Anglern, Kanu- und Kajakfahrern genutzt wird, führt der **Heritage Way**, zur Zeit des Kohlebergbaus lagen hier die Gleise der *Pacific Coal Company Railway*.

Angeln, Wandern, Kanu- und Kajakfahren

www.env.gov.bc.ca/bcparks/explore/parkpgs/hemer

P PETROGLYPHS PP

Im Süden der Stadt Nanaimo am Highway 1/19 A trifft man auf den **Petroglyphs Provincial Park**, einem kleinen Park mit Picknickplatz. Da hier eine besonders hohe Konzentration der Felsenzeichnungen anzutreffen ist, hat man 1948 dieses Schutzgebiet gegründet, um diese für die späteren Generationen zu erhalten.

Vom Parkplatz am Highway führt ein kurzer Weg zu mehr als tausend Jahre alten, prähistorischen Skulpturen und Felsenmalereien der First Nations. Informationstafeln helfen bei der Deutung der Zeichnungen.

Die Orte für diese Felsenmalereien wurden von den First Nations immer sehr sorgfältig gewählt, meist an mystischen oder geheimnisvollen Orten in der Nähe von Wasserfällen, Felsenformationen oder in Höhlen.

ganzjährig

www.env.gov.bc.ca/bcparks/explore/parkpgs/petroglyph

HR

Morden Colliery Historic Provincial Park

NANAIMO

Entfernungen	Victoria	117 km
	Ladysmith	23 km
	Parksville	48 km
	Campbell River	172 km
	Port Hardy	465 km
Einwohner	Nanaimo	83.469
Temperatur	Januar	+ 2° C
Temperatur	Juli	+ 18° C
	Meereshöhe	30 m

Nanaimo an der Strait of Georgia gelegen ist die drittälteste Stadt von British Columbia und zweitgrößte Stadt auf Vancouver Island. Der Highway 1 (*Island Highway*)/19A führt direkt in die Innenstadt und zu den Terminals der Fähranleger. Im Stadtzentrum teilt sich der Highway, der Highway 1 führt zum Fähranleger Departure Bay und endet dort, der Highway 19A führt weiter Richtung Norden.

Im nördlichen Stadtbereich finden Sie direkt am am Highway 19A zahlreiche Malls, Tankstellen, Supermärkte und Fast Food Restaurants. Wer aber die Stadt umfahren möchte, nimmt südlich von Nanaimo den Highway 19 Nord (*Nanaimo Parkway*). Im Norden der Stadt trifft der Highway 19A dann wieder auf den Highway 19.

Die Entstehung der Stadt geht auf das 1853 von der Hudson's Bay Company gegründete **Fort Nanaimo Bastion** zurück, das sich - im Gegensatz zum normalerweise üblichen Fellhandel - hier in Nanaimo mit den reichen Kohlevorkommen beschäftigte.

Doch schon viele Jahrhunderte früher lebten die Snuneymuxw, eine Gruppe der Küsten-Salish, in diesem Bereich Vancouver Islands. Dies bestätigen 1992 entdeckte, etwa 2.000 Jahre alte Fundstücke und Gräber der Snuneymuxw in

HR

Petroglyphs Provincial Park

Nanaimo Stadt (Statue Frank J. Ney)

der *Departure Bay*.

Die ersten europäischen und kanadischen Siedler ließen sich auf First Nation Territorium in **Colville** nieder, das später zu Nanaimo wurde und übersetzt aus der Native-Sprache etwa „großes, mächtiges Volk" bedeutet.

An den Kohlebergbau erinnern viele naheliegende Orte wie Northfield, Newcastle, Wellington, South Wellington und Extension. Im Frühling 1854 suchte die Hudson's Bay Company erfolgreich per Zeitungsanzeige nach Arbeitern und bereits im Juni segelten 24 Briten mit ihren Familien von London an Bord der *Princess Royal* über das Cape Horn nach Nanaimo, das sie schließlich am 27. November 1854 erreichten. Die großen Kohlevorkommen machten auch die dringende Notwendigkeit einer Bahnanbindung zum Abtransport nötig. Mit dem Bau der Eisenbahnstrecke wurde Robert Dunsmuir, ein reicher, schottischer Einwanderer, beauftragt, der beim Bau der Strecke noch weitere Kohlevorkommen fand. Speziell für die Beförderung der Kohle baute eine Firma 1889 in Philadelphia (USA) die **Dampflok Victoria**, sie steht heute neben dem Nanaimo District Museum. 1891 hatte die Stadt mehr als 4.500 Einwohner und war damit schon damals die zweitgrößte Stadt auf Vancouver Island.

Ein schweres Grubenunglück im Mai 1887 tötete 150 Bergleute, darunter auch 53 sogenannte **„no name"** Chinesen. Diese wurden als „no name" bezeichnet, da die chinesischen Gastarbeiter damals namentlich nicht erfasst wurden, sondern lediglich mit einer Personalnummer als **„Chinamänner"** arbeiteten. Die für den Erfolg der lokalen Wirtschaft so wichtigen Chinamänner wohnten bis 1884 in Victoria Crescent im Ortskern, später wurden sie in den südlichen Stadtteil und 1908 in den Norden in die Pine Street umgesiedelt. Chinatown Nanaimo brannte 1960 völlig

HR

nieder und wurde auch nicht wieder aufgebaut.

Seit den 1940er Jahren ist die Holzwirtschaft eine wichtige Erwerbsquelle, die erste Sägemühle entstand aber schon 1885. Daneben ist natürlich auch hier heutzutage der Tourismus ein wichtiger Wirtschaftsfaktor, denn im Stadtgebiet liegen historisch bedeutende Gebäude.

Die Stadt bietet nicht nur alle Versorgungseinrichten und eine Vielzahl von Einkaufszentren, sie bietet auch Erholung und Entspannung in Parks, speziell seien hier die beiden Parks **Muffeo Sutton** und **Georgia Park** am Hafen genannt. Beim Bummel entlang des Hafenbereichs gibt's gemütliche Cafés zum Verweilen oder zum Beobachten des regen Treibens auf dem Wasser. Daneben bietet die Region zahlreiche Möglichkeiten für Outdoor-Aktive und die im Umkreis liegenden Seen laden zum Entspannen ein.

Ein kleines Problem in der Innenstadt sind die Parkplätze, die nicht ausreichend in Anzahl und Größe zur Verfügung stehen. **Tipp:** Parken Sie auf dem Parkplatz Thrifty Supermarkt in Hafennähe, eine weitere Parkmöglichkeit finden Sie am Nordwestrand des Muffeo Sutton Parks, dort wurde ein neuer, großer Parkplatz angelegt.

Einen Überblick über Restaurants finden Sie auf der folgenden Internetseite:
www.cityofnanaimo.com/food-services/index.html#directory

FÄHRVERBINDUNGEN

Fährverbindungen mit den *BC Ferries* gibt es von Nanaimo nach Horseshoe Bay (West-Vancouver), Tsawwassen und nach Gabriola Island.

Nanaimo (Departure Bay) - Vancouver West (Horseshoe Bay)
1 Stunde 35 Minuten

Nanaimo (Duke Point) - Tsawwassen (Swartz Bay)
2 Stunden

Nanaimo (Nanaimo Harbour) - Gabriola Island
20 Minuten

Allgemeine Infos:
www.bcferries.com

Einige kleine Bootsgesellschaften bestreiten den Fährverkehr (keine Fahrzeuge) nach **Protection Island** und **Newcastle Island** (► Seite 227) sowie Bootsausflüge fürs Whale-Watching. Die Inseln sind natürlich auch per eigenem oder gechartertem Boot erreichbar. **Protection Island** ist ein Stadtteil von Nanaimo, etwa 300 Bewohner leben hier ständig, verzichten freiwillig auf die vielen Annehmlichkeiten des Alltags und genießen die Abgeschiedenheit und die Natur. Als Fortbewegungsmittel auf den Gravelroads der Insel werden meist Elektrokarren und Fahrräder benutzt, Höchstgeschwindigkeit 20km/h.

Gute Schwimmer können Protection Island auch schwimmend erreichen.
www.nanaimoinformation.com/swimming-to-protection.php

VISITOR INFORMATION

2290 Bowen Road
250-756-0106
Januar bis Anfang Mai und Anfang Oktober bis Dezember Kernöffnungszeiten: Montag bis Samstag 10-16 Uhr, Anfang Mai bis Anfang Okt. Kernöffnungszeiten: täglich 10-16 Uhr

www.tourismnanaimo.com
www.nanaimo.ca

SEHENSWÜRDIGKEITEN

WANDERN IM STADTBEREICH

WATERFRONT WALKWAY

Ein 4 km langes Wegesystem durch den **Muffeo Sutton Park** mit der *Swy-A-Lana Lagune* und den **Georgia Park** führt entlang der Küste, wo es von Freizeitbooten geradezu wimmelt. Man hat freien Blick auf die beiden Inseln Newcastle und Protection Island und in kleinen Cafés oder Pubs kann man es sich bei einem Getränk gemütlich machen, auf einem Picknickplatz die Aussicht und das Treiben im Hafen beobachten und mitreisende Kinder können sich auf den Spiel- und Bolzplätzen austoben oder im Sommer in der Lagune schwimmen. Einen großen RV-Parkplatz finden Sie am Nordende des Muffeo Sutton Parks. Sie erreichen den Parkplatz über den Highway 1/19A Abfahrt Comox St.

HERITAGE WALK UND ALTSTADT NANAIMO

Im Bereich der Front St / Bastion St beginnt der **Arts District** Nanaimo, in dem sich einige Boutiquen, Galerien und kleine Geschäfte in historischen Gebäuden befinden. Beginnen Sie Ihren **Heritage Walk** am besten am Fort Bastion Richtung Westen. Am Ende des Arts District überqueren Sie die Wallace St und erreichen den **Old City District**, den Geschäfts- und Einkaufsbereich der City, wo Sie je nach Lust und Laune auch den einen oder anderen Dollar in Souvenirs anlegen, oder in kleinen gemütliche Cafés und Restaurants verweilen können. Wegweisende Pläne erhalten Sie in der Visitor Information oder:

maps.nanaimo.ca/nanaimomap/

HR

DISTRICT MUSEUM NANAIMO

Das im Hafenviertel gelegene Museum

Fort Bastion

informiert mit faszinierenden Darstellungen, vielen Ausstellungsstücken und audiovisuellen Beiträgen über die frühe Geschichte der Stadt, das Leben der ersten Siedler und der First Nations. Das Museum liegt im **Piper Park**, wo auch das kleine Häuschen eines Bergarbeiters, eine Lokomotive von 1890, ein Kohlewagen und Nachbildungen von Felsenzeichnungen zu finden sind.

Die Themengebiete der Sonderausstellung des Museums werden einige Male jährlich geändert, informieren Sie sich also vor Ort über das aktuelle Programm.

- 100 - Museum Way
- 250-753-1821
- Mitte Mai bis September täglich von 10-17 Uhr, im Winter Sonntag und Montag geschlossen
- Erwachsene: CAD 2, Senioren, Schüler u. Studenten: CAD 1,75, Kinder (6-12 J.): CAD 0,75
- www.nanaimomuseum.ca

FORT BASTION

Das **Fort Bastion** stammt aus dem Jahr 1853 und wurde von der Hudson's Bay Company gebaut. Es ist das älteste Gebäude in Nanaimo und wahrscheinlich das zweitälteste Gebäude in British Columbia. 1985 wurde es als **Heritage Building** ausgezeichnet.

Die meisten Forts der Hudson's Bay Company wurden für den Fellhandel gebaut, doch in Nanaimo diente das Fort als Büro und Lager, um im Falle eines Angriffs eine sichere Unterkunft für die Bergarbeiter mit ihren Familien zu haben. Es ist das einzige Fort, das sich in erster Linie auf den Kohlebergbau fokussierte.

Man beachte: Das Original-Fort wurde aus von Hand geschlagenen Holzstämmen gefertigt, das Dach ist aus Zedernrinde und es wurden zum Bau keinerlei Nägel verwendet.

Da das Fort nie wirklich einen Schuss abgegeben hat, wird heute zur Freude der Besucher im Sommer täglich um 12 Uhr mittags ein Kanonenschuss abgefeuert, von schottischer Dudelsackmusik und einem Highland Tanz begleitet.

- Ecke Front Street / Bastion Street
- 250-753-1821
- Juni bis August täglich von 10-16 Uhr, Mai und Sept. reduzierte Öffnungszeiten
- um eine Spende wird gebeten: Erwachsene: CAD 1

VANCOUVER ISLAND MILITARY MUSEUM

Das Museum wurde 1986 als Erinnerung an die Militärgeschichte des Landes und der zahlreichen Frauen und Männer, die in bewaffneten Konflikten überall auf der Welt das Land verteidigten und oftmals ihr Leben dabei verloren, gegründet.

Es zeigt Porträts der mit Medaillen ausgezeichneten Kanadier und viele Orden, diverse Sammlerstücke und lebensgroße Puppen in Original-Uniformen. In der Bibliothek finden sich Tagebücher, Karten, Fotoalben, Videokassetten und viele weitere historische Schriftstücke. Das Museum wird von freiwilligen Helfern geleitet und unterhalten.

- Rutherford Road, Nanaimo North Town Center Mall
- 250-756-2554
- Montag bis Samstag täglich von 10-16 Uhr
- Eintritt frei, es wird um eine Spende gebeten.
- www.nanaimo.ark.com/~vimm

LOYAL NANAIMO BATHTUB SOCIETY

Alljährlich findet am Ende des Marine

Festivals am 4. Wochenende im Juli ein Spektakel besonderer Art statt: das *Badewannenrennen* (**International World Championship Bathtub Race**). Wer sich gerade zu dieser Zeit in Nanaimo aufhält, sollte sich dieses lustige Treiben im Inner Harbour nicht entgehen lassen und den waghalsigen Teilnehmern bei dieser besonderen Art eines Seifenkistenrennens zuschauen.

250-753-7223
www.bathtubbing.com

BUNGEE JUMPING

Wer den „Kick" im Bungee Springen sucht, der kann dies für ca. CAD 100 legal von Nordamerikas erster Bungee-Springer-Brücke 44 m über dem Nanaimo River im **Wild Play Element Park** tun.

Nanaimo River Road
1-888-668-7874 (gebührenfrei)
pro Person: CAD 99,99, der zweite Sprung: CAD 49,99
www.wildplayparks.com

NEWCASTLE ISLAND MARINE PP

Einen besonders faszinierenden Park, der reich an Kultur, Geschichte und Natur ist, können Sie per Passagierfähre oder geliehenem Boot ab dem Hafen Nanaimo nur wenige hundert Meter entfernt besuchen. Die Überfahrt mit der Fähre dauert nur 10 Minuten, Ihr Fahrzeug lassen Sie in Nanaimo, denn auf der Insel gibt es keine Straßen, hier geht man zu Fuß oder schwingt sich auf das Fahrrad. Entlang der Küstenlinie können Sie an sonnigen Stränden relaxen, steile Sandsteinklippen mit Höhlen können entdeckt werden. Der Mittelbereich der Insel ist dicht bewaldet mit u.a. Douglastannen und Garry-Eichen.

Die Insel hat ein dichtes Netz an Wanderwegen, die zu verschiedenen historisch interessanten Stellen und Aussichtspunkten führen. Wer einmal um die Insel entlang der Küstenlinie wandern möchte, legt 7,5 km Wanderweg zurück.

HR

Nanaimo Hafen

Die Insel wurde 1931 von der *Canadian Pacific Steamship Company* gekauft und als Veranstaltungs- und Vergnügungsort von Firmen und Erholungssuchenden genutzt. Mit dem Beginn des Zweiten Weltkrieges änderte sich dies schlagartig und die Insel geriet in mehr und mehr in Vergessenheit.

Heute befindet sich auf der Insel ein Zeltplatz, Picknickplätze, Badestrände, im **Newcastle Island Pavilion** wird für das leibliche Wohl gesorgt, es finden Informationsveranstaltungen statt und auch ein Souvenirshop fehlt nicht. Allerdings werden diese Einrichtungen nur in der Saison (April bis Mitte Oktober) bewirtschaftet.

ganzjährig,
Service von April bis Mitte Oktober
18 ja
Wandern, Schwimmen, Bootstouren, Surfen, Fischen
www.env.gov.bc.ca/bcparks/explore/parkpgs/newcastle/

FÄHRVERBINDUNGEN
(Anlegestelle im Muffeo Sutton Park):

Nanaimo Harbour Ferry
1-877-297-8526 (gebührenfrei)
April bis Mitte Mai: täglich von 10-17 Uhr, Mitte Mai bis Anfang September täglich von 9-21 Uhr, Anfang September bis Mitte Oktober: täglich von 10-17 Uhr
Hin- und Rückfahrt:
Erwachsene: CAD 8,
Kinder bis 12 J.: CAD 6
www.nanaimoharbourferry.com

UNTERKÜNFTE

Nanaimo International Nicol St. Hostel
65 Nicol Street
250-753-1188
★
www.nanaimohostel.com

Painted Turtle Guesthouse
121 Bastion Street
250-753-4432
★
www.paintedturtle.ca

Rathtrevor Beach Provincial Park

Best Western Northgate Inn
6450 Metral Drive
250-390-2222
★★
www.bestwesternnorthgate.com

Buccaneer Inn
1577 Stewart Avenue
250-753-1246
★★
www.buccaneerinn.com

Colonial Motel
950 Terminal Avenue
250-754-4415
★
www.motelnanaimo.ca

Jingle Pot RV Park & Campgrounds
4012 Jungle Pot Road
250-758-1614
120, alle Anschlussmöglichkeiten
ab CAD 30

Living Forest Campground
6 Maki Road
250-755-1755
300, alle Anschlussmöglichkeiten, separate Zeltplätze
ab CAD 25
www.livingforest.com

P RATHTREVOR BEACH PP

Der weiträumig angelegte,3,74 km² große **Rathtrevor Beach Provincial Park** ist nicht nur bei Touristen sehr beliebt. Dichter, alter Baumbestand auf dem Campground spendet Schutz und Schatten und am 2 km langen Sandstrand, an dem ein schön angelegter Wanderweg entlang führt, liegt neben einem Spielplatz ein großer Picknickbereich mit 150 Tisch-Bank-Kombinationen. Bei Ebbe verbreitert sich der Strand durch das abfließende Wasser um fast einen Kilometer, was sicherlich ein weiterer Grund für die enorme Beliebtheit des Parks ist. Erreichbar ist der 3 km südlich von Parksville in der Nähe des Highway 19A liegende Park auch über Exit 51 vom Island Highway 19.

Im März und April dient der Park vielen Tausend Wasservögeln wie z.B. Wildgänsen als Rastplatz auf ihrer Reise gen Norden.

Seinen Namen verdankt der Park dem irischen Goldsucher und Pionier William Rath, der 1886 mit seiner damals noch kleinen Familie hierher kam und Landwirtschaft betrieb. William Rath starb 1903 und seine Frau bewirtschaftete zusammen mit den fünf Kindern der Familie die Farm weiter. Das „*trevor*" hängte man an den Namen, um ihn einfach klangvoller zu gestalten. Ein Spazierweg führt durch das ehemalige Farm-Gelände.

Durch seine außerordentliche Beliebtheit ist der Campground selbst in der Nachsaison oft überfüllt. Es werden *Overflow-Plätze* auf einem der Parkplätze angeboten, wo Sie „Tür an Tür" mit Ihrem Nachbarn stehen und dies zum normalen Übernachtungspreis. Das bedeutet: Sie sollten besonders während der Hauptreisezeiten und bis zum Wochenende *Labour Day* (erster Montag im September) unbedingt schon einige Tage vor Ankunft einen Stellplatz reservieren.

Tipp: Sollten Sie nicht unbedingt auf den Rathtrevor PP angewiesen sein, fahren Sie ca. 20 km zum **Englishman River Provincial Park**. (Exit 51 / Highway 19 auf den Highway 4A Richtung Port Alberni), die Abfahrt zum Englishman River Park (▶ Seite 231) in Errington ist ausgeschildert.

HR

Little Qualicum River Falls Provincial Park

- ganzjährig, Service von Mitte März bis Mitte Oktober
- 174 ja ja
- 25
- Sommer: CAD 30, Winter: CAD 11
- Wandern, Schwimmen, Kanu- und Kajakfahren, Surfen, Fischen
- www.env.gov.bc.ca/bcparks/explore/parkpgs/rathtrevor

PARKSVILLE

	Victoria	165 km
	Nanaimo	48 km
	Qualicum Beach	13 km
	Campbell River	124 km
	Port Hardy	417 km
	Parksville	11.879
	Januar	+ 4° C
	Juli	+ 23° C
	Meereshöhe	Sealevel

Der gepflegte Ort **Parksville**, 11 km südlich von Qualicum Beach, lebt in der Hauptsache vom Tourismus mit vielfältigen Angeboten besonders für Wassersportler und Wanderfreunde. Die Stadt liegt an der Strait of Georgia entlang des Highways 19A und bietet bei klarer Sicht eine fantastische Aussicht auf die gegenüberliegenden *Coast Mountains*. Das Meer wird hier im Sommer bis 21° C warm und hat damit angeblich die wärmste Strömung ganz Kanadas.

Parksville wurde 1945 unabhängig und bekam 1981 Stadtrechte. Die Stadt wurde 1877 nach dem Leiter der ersten Poststelle Nelson Park benannt. In Parksville sind alle Versorgungseinrichtungen vorhanden.

Ein besonderes Spektakel ist das jährlich im August stattfindende **Parksville Beach Festival**. Für Unterhaltung und Verpflegung ist hier bestens gesorgt, es finden unter vielen Belustigungen für Groß und Klein auch sportliche

Wettkämpfe wie Croquet- und Volleyballturniere statt, ein Sandskulpturenwettbewerb wird ausgetragen und eine Autoausstellung runden das Spektakel ab. Höhepunkt und Krönung des Festivals ist ein farbenprächtiges Feuerwerk.

VISITOR INFORMATION

1275 Oceanside Route/Highway 19 A
250-248-3613
Montag bis Freitag von 9-17 Uhr
www.parksvillechamber.com

SEHENSWÜRDIGKEITEN

ENGLISHMAN RIVER FALLS PP

Der 97 ha große **Englishman River Falls Provincial Park** mit Campground 15 km südwestlich von Parksville ist über eine asphaltierte, 8 km lange Zufahrt ab Errington vom Highway 4A zu erreichen.

Im Park finden Sie einen großen Picknickplatz im Wald und zwei schöne Wasserfälle. Der **Lower Fall** plätschert in einen kristallklaren Pool, der im Sommer gerne zum Schwimmen genutzt wird. Im Herbst gibt es „springende" Lachse in Massen zu sehen.

Der Park wurde 1940 zum Schutz der alten Douglastannen, der Pflanzenwelt und der Flussbereiche rund um die Wasserfälle gegründet. Ein Rundweg führt vom Parkplatz oder Campground durch dichten Wald und teilweise entlang des Canyons zu den beiden Wasserfällen.

Eine Legende besagt, dass Natives das Skelett eines weißen Mannes am Fluss gefunden hatten, was zur Namensgebung „Englishman" führte.

ganzjährig (nur Picknickplatz),
Service von April bis Oktober
103 ja
CAD 21
www.env.gov.bc.ca/bcparks/explore/parkpgs/englishman_rv

LITTLE QUALICUM FALLS PP

19 km westlich von Parksville zweigt eine kurze Zufahrtsstraße vom Highway 4 zu dem 1940 gegründeten, hübschen **Little Qualicum Falls Provincial Park**.

Vom Parkplatz des inmitten alter Douglastannen liegenden Picknickplatzes, dort ist auch eine große, überdachte Picknickhütte, führt ein Rundweg durch den beeindruckenden Canyon zu den beiden sehenswerten Wasserfällen **Lower** und **Upper Fall**. Der Rundweg ist ca. 1,5 km lang, doch es sind noch weitere, insgesamt ca. 6 km Wanderwege, ausgeschildert. In der Nähe der Upper Falls hat man von einem Aussichtspunkt einen fantastischen Blick auf den Wasserfall.

Im Park liegen 2 Campgrounds: **Upper Campground** und **Lower Campground** mit Zugang zur Lower Bridge über den Little Qualicum River.

Zum Schwimmen bietet sich der **Cameron Lake**, nur wenige Kilometer westlich am Highway 4 gelegen, an. Dort liegen die beiden Picknickplätze *Cameron Lake* und *Beaufort Day Use*.

ganzjährig (nur Picknickplatz),
Service von April bis Oktober
Lower: 39, Upper: 55 ja ja
CAD 21
www.env.gov.bc.ca/bcparks/explore/parkpgs/little_qualicum_falls

CRAIG HERITAGE PARK MUSEUM & ARCHIVES

Drei Kilometer südlich von Parksville erreichen Sie über den Highway 19 den 1983 eröffneten **Craig Heritage Park**.

HR

Im Park stehen einige historische Gebäude der ersten Siedler, die sich in diesem Teil Vancouver Islands niedergelassen hatten. Die Gebäude sind auch teilweise mit Gegenständen der damaligen Zeit ausgestattet. Im **Englishman River Building**, das 1988 errichtet wurde, ist das Museum und Archiv untergebracht.

- 245 East Island Highway
- 250-248-6966 (auch für Touren)
- Erwachsene: CAD 4, Sen. (65+), Kinder (ab 6 J.): CAD 3
- Mitte Mai bis Anfang September täglich von 9-17 Uhr
- Museum: Mittwoch bis Sonntag von 10-16 Uhr
- www.parksvillemuseum.ca

Sie finden im Park einige sehenswerte, historische Gebäude:

KNOX UNITED CHURCH

Sie wurde 1911 erbaut, ein Jahr später eröffnet und kam 1983 in den Park. Beachtenswert sind die Bleiglasfenster und die Nachbauten der Kirchenbänke. Die Kirche wird heute noch gerne für Hochzeiten und Gedenkveranstaltungen genutzt.

CRAIG COTTAGE

Dieses Gebäude hat der Pionier James Craig in den dreißiger Jahren erbaut. Im Haus kann man sich über die Familiengeschichte der Craigs informieren und da Craig ein fähiger Pumajäger war, ist auch ein von ihm erlegtes Tier ausgestellt.

CRAIG'S CROSSING POST OFFICE

Nachdem die *E&N Railway* gebaut war, wurde diese Poststation 1914 eröffnet und bis 1935 auch genutzt. Benannt ist sie nach dem ersten Postmeister der Station, James Craig, der in der Poststation bis 1935 arbeitete.

FRENCH CREEK POST OFFICE

Die Poststation war von 1888 bis 1912 in Betrieb, wurde vom ehemaligen Standort am Columbia Beach in den Park gebracht, nachdem sie von einer nahe French Creek ansässigen Familie gespendet wurde.

MCMILLAN LOG HOUSE

Wurde 1885 in Errington von Duncan McMillan errichtet. Der Kamin wurde rekonstruiert unter Verwendung möglichst vieler Original-Steine. Das Haus ist verzeichnet als **Heritage Trust Building**.

MONTROSE SCHOOL

Ursprünglich war dieses Gebäude ein Büro der *E&N Railway* bevor es zur Schule für die hier lebenden Kinder wurde. Die Schule wurde 1920 geschlossen. Heute zeigt uns das Innenleben die Einrichtung der Klassenzimmer im frühen 20. Jahrhunderts mit Original-Schultischen und der wichtigen Schulglocke.

PARKSVILLE FIRE HALL

Die Fire Hall wurde 1942 gebaut. Das erste Feuerlöschfahrzeug war ein umgebauter Gemüsetransporter, 1950 wurde das Unikum durch eine Ford Pumper Fire Truck ersetzt, der zur jährlichen Parksville Canada Parade aus seinem wohlverdienten „Schlaf" gerissen wird.

ENGLISHMAN RIVER BUILDING

Im **Englishman River Gebäude**, das 1988 errichtet wurde, befindet sich ein Museum und das Archiv. Es zeigt Ausstellungsstücke, darunter auch Haushaltsgegenstände und Kleidung der frühen Siedler und eine umfangreiche Fotografien-Sammlung. Es werden auch geführte Touren bei Voranmeldung angeboten.

ST. ANNE'S ST. EDMUND'S ANGLICAN CHURCH

Die Kirche gehört zu den ältesten Kirchen auf Vancouver Island. Sie wurde 1894 von 45 Farmern erbaut, die das Holz für den Bau damals noch mit Ochsenkarren transportieren mussten. Die Kirche befindet sich an der Church Road / Ecke Wembley Road, sie ist vom Highway 19A über die Pym Road und Humphrey Road erreichbar.

CANADIAN OPEN SAND SCULPTING COMPETITION

Alljährlich findet seit 1982 in Parksville im Juli ein Wettbewerb im Sandburgenbauen statt, die **Canadian Open Sand Sculpting Competition**. Im Rahmen dieses Wettbewerbs, der jedes Jahr viele Tausend Besucher aus nah und fern anlockt, müssen die Teams innerhalb von 23 Stunden ihre Kunstwerke errichten, die dann drei Wochen lang besichtigt werden können. Sie erreichen die Sandskulpturen vom Highway 19A über die Corfield St North.

Corfield St North
CAD 2
www.parksvillebeachfest.ca

UNTERKÜNFTE

Sea Edge Motel
209 West Island Highway
250-248-8377 oder
1-800-667-3382 (gebührenfrei)
★★
www.seaedge.com

Skylite Motel
459 Island Highway East
250-248-4271 oder
1-800-667-1886 (gebührenfrei)
★★
www.skylitemotel.com

Quality Resort Bayside
240 Dogwood Street
250-248-8333 oder
1-800-663-4232 (gebührenfrei)
★★
www.qualityresortparksville.com

Parrys RV Park & Campground
380 Martindale Road
250-248-6242
ganzjährig
112, alle Anschlussmöglichkeiten
ab CAD 27
www.parrysrvpark.com

Riverbend RV Park and Cottages
924 East Island Highway
250-248-3134 oder
1-800-701-3033 (gebührenfrei)
ganzjährig
49, alle Anschlussmöglichkeiten
ab CAD 26
www.riverbendresort.bc.ca

Rathtrevor Beach Provincial Park
▶ Seite 229

QUALICUM BEACH

	Victoria	178 km
	Nanaimo	61 km
	Parksville	13 km
	Cumberland	55 km
	Campbell River	111 km
	Port Hardy	404 km
	Qualicum Beach	8.800
	Januar	+ 8° C
	Juli	+ 20° C
	Meereshöhe	58 m

Qualicum Beach, ein beliebter Touristenort mit schönen Parkanlagen, weiten

Badestränden, zahlreichen Freizeitangeboten und Unterkünften, gemütlichen Restaurants und Cafés, liegt an der *Oceanside Route* (Highway 19A). Der Ort ist aufgrund seiner Lage und dem hier vorherrschenden, milden Klima ein beliebter Platz für einen Altersruhesitz der Kanadier.

Schon vor etwa 4.000 Jahren lebten im Gebiet des Qualicum River Gruppen der Coast Salish First Nations. Der Name Qualicum bedeutet einer Legende der Salish nach etwa „wo der Dogsalmon (Chum-Lachs) durchströmt".

Der erste Europäer, der diese Gegend bereiste, war Joan Quadro Ende des 18. Jahrhunderts, als er die Ostküste Vancouver Islands vermaß. Doch die Erschließung des Landes begann erst Ende des 19. Jahrhunderts, als die Hudson's Bay Company regen und ertragreichen Pelzhandel betrieb und sie eine Gruppe unter der Leitung von Adam Grant Horne losschickte, um einen Landweg zur Westküste zu finden. Dieser „**Horne Lake Trail**" wurde später von Siedlern und Händlern benutzt. Sehr geschäftstüchtige, ansässige Bewohner waren in den darauffolgenden Jahren Tom und Annie Qualicum. Sie besaßen ein Kanu, das sie gegen Entgelt für eine Überquerung des Horne Lake vermieteten, weiter betrieben sie ein Hotel sowie einen kleinen General Store, beides für die Versorgung der vorüberziehenden Siedler und Arbeiter.

Im Jahr 1894 wurde die Straßenverbindung nach Qualicum verlängert und 1914 die Eisenbahnlinie fertiggestellt. Ein Bahnbeamter war bei der Planung der Bahnlinie so fasziniert von der Landschaft, dass er sich für eine Erschließung des Landes durch die *„Merchants Trust and Trading Company"* einsetzte. Diese baute 1913 einen Golfplatz und ein Hotel – der Golfplatz (**Qualicum Beach Memorial Golf Club**) existiert heute noch und ist der viertälteste Platz in British Columbia.

Im Ort sind alle Versorgungseinrichtungen vorhanden.

VISITOR INFORMATION

✉ 2711 West Island Highway 19 A
☎ 250-752-9532
www.qualicumbeach.com

SEHENSWÜRDIGKEITEN

MILNER GARDENS & WOODLAND

Für alle Liebhaber von außergewöhnlichen Gärten ist der Besuch dieses Kombinats aus Garten und Wald ein Muss. So bezeichnete ‚*Canadian Geographic Travel*' diese Anlage als eine der zehn besten öffentlichen Gärten. Der 24 ha große Garten an der Küste mit dichtem Bewuchs von Douglastannen und Pflanzen aus aller Welt inklusive einer Sammlung von mehr als 500 Rhododendronarten ist zu jeder Jahreszeit eine wahre Freude. Wandern Sie auf schön angelegten Wegen teilweise mit niedrigen Stufen und kurzen Holzplankenwegen durch diese gepflegte Anlage, wie dies auch schon Queen Elizabeth, Prinz Phillip, Prinz Charles und Lady Di getan haben. Unterwegs finden Sie Informationstafeln, die Ihnen Wichtiges und Nützliches erläutern.

Das inmitten des Parks stehende historische **Milner House** stammt aus dem Jahr 1931 und ist im Stil eines englischen Teeplantagenhauses erbaut. Nach 1954 wurde es renoviert, heute sind einige Räume für Besichtigungen geöffnet, so z.B. das

HR

Esszimmer, der Salon, die Bibliothek und das Wohnzimmer. Im Milner House ist auch der **Camellia Tea Room** untergebracht. Dort erwartet Sie ein herrlicher Ausblick, den Sie mit kleinen Leckereien, selbst gebackenen Brötchen, fruchtigen Aufstrichen aus dem Food Garden und einer Tasse Tee von 13 bis 16 Uhr genießen können.

- 2179 West Island Highway 19A
- 250-752-8573
- Mitte März bis Ende April u. Anfang Sept bis Mitte Oktober Donnerstag - Sonntag von 10-17 Uhr, Mai bis Anfang September tägl. von 10-17 Uhr
- Teehaus: während der Gartenöffnungszeiten von 13-16 Uhr
- Vor-/ Nachsaison: Erwachsene: CAD 7,50, Schüler und Studenten: CAD 4, Kinder (bis 12 J.): frei Hauptsaison: Erwachsene: CAD 10, Schüler/Studenten: CAD 6
- www.mala.ca/MilnerGardens

QUALICUM BEACH HISTORICAL AND MUSEUM SOCIETY

Das kleine Museum befindet sich im ursprünglichen **Powerhouse** von Qualicum Beach. Es informiert anhand von Fotos über die Stadtgeschichte und die Freimaurer und zeigt Ausstellungsstücke aus der Pionier- und Militärzeit. Teil der Fossiliensammlung, deren Exponate alle auf Vancouver Island gefunden wurden, ist ein vollständig erhaltenes Strandwalross, dessen Alter auf 70.000 Jahre geschätzt wird. Zusätzlich gibt es Meeresmollusken, eine Sammlung ausgestorbener Ammoniten und viele weitere Funde zu sehen.

- 587 Beach Road
- 250-752-5533
- Ende Mai bis Mitte September Dienstag bis Sonntag von 11-16 Uhr
- es wird um eine Spende gebeten
- www.qbmuseum.net

UNTERKÜNFTE

Lighthouse Motel

- 6035 Island Highway, Qualicum Bay
- 250-757-8765 oder 1-888-757-8765 (gebührenfrei)

Spider Lake Provincial Park

★★
www.lighthousemotel.com

Ocean Crest Motel
3292 West Island Highway
250-752-5518 oder
1-888-234-5661 (gebührenfrei)
★
www.moteloceancrest.com

Old Dutch Inn by the Sea
2690 Island Highway West, Qualicum Beach
250-752-6914 oder
1-800-661-0199 (gebührenfrei)
★
www.olddutchinn.com

Shorewater Resort
3295 Island Highway 19 West
250-752-6901 oder
1-888-450-3811 (gebührenfrei)
★ bis ★★
www.shorewaterresort.com

Qualicum Bay Resort
5970 Island Highway North
250-757-2003
120, alle Anschlussmöglichkeiten
ab CAD 28
Zimmer ★ bis ★★
www.resortbc.com

Riverside Resort
3506 West Island Highway, Qualicum Beach
250-752-9544 oder
1-877-450-2211 (gebührenfrei)
47, alle Anschlussmöglichkeiten
Motel: ★ bis ★★
Stellplatz ab CAD 22
www.MYriversideresort.com

Qualicum First Nations Campground
5850 River Road
250-757-9337
Strom- und Wasseranschluss ja
ab CAD 19
www.qualicumfirstnation.com

SPIDER LAKE UND HORNE LAKE CAVE PP

Die beiden Provincial Parks liegen 16 bzw. 28 km westlich von Qualicum Beach. Sie sind erreichbar vom Highway 19 oder 19A über den Exit 75 Horne Lake Road, dann weiter in 5 bzw. 8 km zum Spider Lake und 12 bzw. 15 km zum Horne Lake. Die Zufahrtsstraße ist eine Gravelroad, auf den ersten 3 km gut befahrbar, danach wird sie eng, kurvenreich und stellenweise steil.

Der kleine, aber sehr idyllisch liegende **Spider Lake Provincial Park** ist ein idealer Ort für ein Picknick zwischendurch oder vielleicht sogar ein erfrischendes Bad im Sommer. Am See liegen 2 Picknickplätze und ein schöner Sandstrand. Eine Bootsanlegestelle befindet sich einen Kilometer vor dem Parkeingang. Im Park gibt es keinen Campground.

Mitte Mai bis Mitte Oktober
Schwimmen, Tauchen, Surfen, Kanu- und Kajakfahren
www.env.gov.bc.ca/bcparks/explore/parkpgs/spider_lk

Der **Horne Lake Cave Provincial Park** bietet Höhlenabenteuer pur auf geführten Touren oder beim Erforschen auf eigene Faust. Erleben Sie die faszinierende Welt unter Tage, die bizarren Gesteinsformen, die einzigartige Geologie und die vielen, gut erkennbaren, Fossilien.

Vom Parkplatz führt ein kurzer Weg zu einer Hängebrücke über den Big Qualicum River und zu einem kleinen Informations-Kiosk und **Caving Centre**, hier werden Ausflüge und Führungen angeboten. Auch ein kleiner Picknickplatz liegt im Park.

Die **Main Cave** und **Lower Main Cave**

können ohne Führung besucht werden, durch die größere **Riverbend Cave** werden Führungen angeboten. Im Juli und August werden diese täglich durchgeführt, eine Anmeldung ist nicht zwingend erforderlich. Wer gerne noch extremeres Höhlenabenteuer sucht, kann auch auch ein Drei-, Vier- oder Fünfstundentour buchen.

Die ersten Aufzeichnungen zur Existenz der Höhlen stammen aus dem Jahr 1912, als ein Geologe diese entdeckte. Allgemein bekannt wurden sie aber erst 1939, als zwei Höhlenforscher auf sie aufmerksam wurden und dem Kind einen Namen gaben: „*Horne Lake Wonder Caves*". Damals waren nur die Main und Lower Main Cave bekannt, doch man nahm schon damals an, dass wahrscheinlich noch weitere Höhlen in diesem Gebiet zu erforschen sein würden. Schon 1941 wurde über eine längere Höhle in einiger Entfernung zu den ersten Höhlen berichtet, dies war vermutlich die Riverbend Höhle. Etwa um 1945 wurden die Höhlen auch für den Tourismus erschlossen und zogen Abenteuerlustige an. Ein Nachteil war, dass sich die Abenteurer „Souvenirs" mitnahmen und so einige schöne Formationen auf Nimmerwiedersehen verschwanden. Daher begann man in den folgenden Jahren mit Bemühungen um den Schutz der Höhlen und die *Canadian Speleological Society*, die den Wert der Höhlen erkannte, erreichte, dass 1971 der Horne Lake Caves PP gegründet wurde.

Bitte beachten Sie: Die Höhlen sind nicht beleuchtet, es geht über felsigen und unebenen Untergrund und es herrschen kühle Temperaturen. **Achten Sie** daher auf gutes Schuhwerk und warme Kleidung. Taschenlampen nicht vergessen, bei eigener Erforschung möglichst Sturzhelm tragen und pro Person zwei Lichtquellen mitnehmen. Bitte äußerste Vorsicht, die Wege sind nicht markiert, teilweise steil, feucht und glatt. Sturzhelme mit integrierten Lampen sind im Cave Centre erhältlich.

- täglich von Mai bis Oktober, an Wochenenden von November bis April
- Tour-Reservierung: 250-757-8687
- ganzjährig
- Schwimmen, Kanu- und Kajakfahren, Wandern, Klettern
- www.env.gov.bc.ca/bcparks/explore/parkpgs/horne_lk

Kurz vor Erreichen des Parks liegt das **Horne Lake Caverns & Horne Lake Outdoor Centre**, das ebenfalls geführte Touren anbietet. Dort liegt ein Campground mit 105 Stellplätzen, teils im Wald, teils am See, auch Teepees und Yurts (festere Zelte) können gemietet werden und wer möchte, kann auch per wacklige Boots-Tour mit einem Kanu, Kajak oder Tretboot über den See schippern.

NORMALE BESICHTIGUNGSTOUREN (FAMILY TOUR)

- ab 12 Jahre: CAD 20, bis 11 Jahre: CAD 17

DREISTÜNDIGE ABENTEUERTOUREN

- ab 12 Jahre: CAD 54, bis 11 Jahre: CAD 45

VIERSTÜNDIGE ABENTEUERTOUREN

- ab 15 Jahre: CAD 109

FÜNFSTÜNDIGE ABENTEUERTOUREN

- ab 15 Jahre: CAD 149

DREISTÜNDIGE NACHT-ABENTEUERTOUREN (NUR IM SOMMER)

- ab 12 Jahre: CAD 49, bis 11 Jahre: CAD 45

Cumberland

Horne Lake Caverns & Horne Lake Outdoor Centre

- Horne Lake
- Tour-Reservierung: 250-248-7829
- CG-Reservierung: 250-927-0053
- ab CAD 20
- Helme und Taschenlampen: CAD 8
- reservations@hornelake.com
- www.hornelake.com

CUMBERLAND

Entfernungen	Victoria	233 km
	Nanaimo	116 km
	Qualicum Beach	55 km
	Courtenay, Comox	6 km
	Campbell River	56 km
	Port Hardy	349 km
Einwohner	Cumberland	3.018
	Januar	+ 5° C
	Juli	+ 23° C
	Meereshöhe	160 m

Cumberland war früher die kleinste Stadt Kanadas, was sich mit dem Bau der Kohlebergwerke und dem raschen Zuzug von chinesischen, japanischen und europäischen Arbeitern aber schnell änderte.

Gegründet wurde Cumberland, das bis 1898 *„Union"* genannt wurde, vom Kohlebaron Robert Dunsmuir, der ja schon aus anderen Beschreibungen ein alter Bekannter ist. Der Kohlebergbau in Cumberland war von 1888 bis 1966 ein wichtiger Wirtschaftsfaktor, es gab acht Bergwerke im direkten Umland. Nach Grubenexplosionen, die das Leben vieler Bergarbeiter kostete, zogen immer mehr Arbeiter wieder weg und die Stadt rutschte zurück auf das Flair einer Kleinstadt, was als positive Konsequenz wieder zunehmend Touristen anzog. Die kleine, historische Stadt ist sehenswert, denn das Stadtbild wurde größtenteils im Original-Zustand belassen. Besonders stimmungsvoll ist die

„berittene" Besichtigung der Stadt während einer Pferdekutschfahrt. Natürlich waren auch chinesische Arbeitskräfte in den Kohlebergwerken beschäftigt, die in **Chinatown Cumberland**, etwa 800 m westlich der Stadt gelegen, wohnten, und damals das fünftgrößte Chinesenviertel in British Columbia bildeten. Heute befindet sich dort ein Sumpfgebiet, das allerlei Arten von Wasservögeln beheimatet.

Übrigens: Cumberland gilt als die wärmste Stadt Kanadas. 1942 verzeichnete das Thermometer eine maximale Sommertemperatur von 43,9° Celsius.

Sie erreichen Cumberland ab Royston am Highway 19A südlich von Courtenay gelegen über die Royston Road, später Comox Lake Road Richtung Westen (9 km) oder über den Exit 117 vom Highway 19, dann die Comox Lake Road West (4 km).

TOURIST INFORMATION CUMBERLAND

2680 Dunsmuir Avenue
250-336-8313 oder
1-866-336-8313 (gebührenfrei)
Montag bis Samstag von 9-17 Uhr
www.cumberlandbc.org

SEHENSWÜRDIGKEITEN

CUMBERLAND MUSEUM & ARCHIVES

Wer sich für den Kohlebergbau interessiert, dem sei dieses 1981 eröffnete Museum mit einer Vielzahl von Ausstellungsstücken aus der Bergbau- und Forstwirtschaftsgeschichte empfohlen.

Besonders faszinierend ist die **Nachbildung eines Kohlebergwerks** im Keller des Museums und von **Chinatown Cumberland**. Außerdem gibt das Museum Einblicke in die Geschichte des historischen Städtchens Cumberland. Das Archiv beinhaltet unter anderem etwa 4.000 historische Fotos.

Daneben hat eine Telefongesellschaft einige „altertümliche" Apparate gespendet, für uns im Handy-Zeitalter eine besondere Attraktion. Und speziell die Damenwelt wird sich über die schönen, farbenprächtigen Kleidungs- und Schmuckstücke aus der frühen Zeit Cumberlands freuen. Wer etwas mehr Zeit mitbringt, kann auch an einer Videofilm-Vorführung (u.a. Cumberland Chinatown) teilnehmen, die im Museum, das sich im Gebäude der Visitor Information befindet, gezeigt werden. Es werden auch geführte Touren angeboten.

2680 Dunsmuir Avenue, Cumberland
250-336-2445
Mitte Mai bis September:
täglich von 9-17 Uhr,
Oktober bis Mitte Mai:
Montag bis Samstag von 9-17 Uhr
Erwachsene: CAD 3, Senioren: CAD 2,
Jugendliche (12-17 J.): CAD 1,
Kinder unter 12 Jahre: frei
www.cumberlandmuseum.ca

HERITAGE WALKING TOURS

Möchten Sie noch tiefer in die Geschichte dieses Ortes einsteigen? Auf der folgenden Internetseite werden vier **Heritage Walking Tours** durch den Ort vorgestellt. Dauer pro Tour ca. 30-40 Minuten. Einen Plan erhalten Sie auch in der Visitor Information.

www.discovercomoxvalley.com/culture/documents/CumberlandHeritageWalks-brochure.pdf

HR

UNTERKÜNFTE

Riding Fool Hostel
Es befindet sich im Stadtkern von Cumberland in einem historischen Gebäude von 1895, das aber vollkommen restauriert wurde.
2705 Dunsmuir St
250-336-8250
★
www.ridingfool.com

Cumberland Lake Park
Sie erreichen den Campground, der ca. 5 km westlich von Cumberland liegt, über die Dunsmuir Avenue (Hauptstraße) und weiter auf der nach links abzweigenden Sutton Road bis zum Park.
1100 Comox Lake Road
250-336-2144
18, Strom- und Wasseranschluss ja
Mai bis September
ab CAD 19
www.qualicumfirstnation.com

COMOX VALLEY - COURTENAY UND COMOX

	Victora	239 km
	Nanaimo	122 km
	Cumberland	6 km
	Campbell River	50 km
	Port Hardy	343 km
	Comox	13.139
	Courtenay	23.911
	Januar	+ 5° C
	Juli	+ 23° C
	Meereshöhe	160 m

Die beiden Touristen-Hochburgen **Courtenay** und **Comox** liegen an der Ostküste von Vancouver Island im Comox Valley zwischen der Strait of Georgia und den Nordausläufern der Beaufort Range.

Das **Comox Valley** zieht zu jeder Jahreszeit zahlreiche Touristen an, die sich gerne an den Stränden und in den vielen schönen Parkanlagen erholen oder sich auf eine **Heritage-Tour** durch die Geschichte der Gegend begeben, Infos und Pläne hierüber bekommen Sie in der Visitor Information ▶ Seite 242 oder
www.discovercomoxvalley.com/culture/heritage-experience.htm.

Der Comox Lake, Nymph und Stotan Falls sind ideale Ziele zum Schwimmen während der Sommermonate oder bieten sich, wie auch der Küstenbereich, für weitere Wassersportaktivitäten an. Schon Jacques Cousteau soll gesagt haben, dass dieses Gebiet zu den besten Kaltwasser-Tauchgebieten gehört - ein Bad im Meer ist jedoch nur für Abgehärtete wegen des deutlich kühleren Wassers ratsam.

Im Winter kommen die Freunde des Wintersports durch das naheliegende **Mount Washington Skigebiet** voll auf ihre Kosten. Näheres ▶ Seite 246

Interessierte Höhlenforscher können Höhlen in der Nähe des **Horne Lake** (▶ Seite 236) und Gold River erforschen, Wandermöglichkeiten durch Sumpfgebiete (besonders interessant für Tierbeobachtungen) und die Bergwelt bieten sich an und etliche Wasserfälle im Comox Valley sind absolut sehenswert.

Leider sorgte in den vergangenen Jahrzehnten die Holzindustrie in der Region für sehr viel Kahlschlag der Waldgebiete und ein Großbrand am Campbell River zerstörte weitere Waldflächen. Zum Glück wird man sich der Erhaltung des Ökosystems immer bewusster, was bereits 1999 dazu führte, dass das *Garry Oak Ecosystem Recovery Team* gegründet wurde, das sich die Wiederherstellung des Ökosystems zum Ziel gesetzt hat. Zum Comox Valley zählen die Ortschaften **Comox**, **Courtenay** und **Cumberland**, die alle Versorgungseinrichtungen bieten.

Sie haben Appetit und suchen ein Restaurant? Dann stöbern Sie auf der Internetseite:

www.comoxvalleyrestaurants.ca

Courtenay ist mit einem hübschen, kleinen Ortskern die größte Stadt im Comox Valley. Sie liegt 4 km westlich von Comox zwischen dem Highway 19 und 19A.

Die Stadt wurde am 1. Januar 1915 unabhängig und ist heute **Verwaltungssitz des Comox Valley** und der Region Central Vancouver Island.

Die Stadt wurde, wie auch der gleichnamige Fluss, nach Admiral George William Courtenay benannt. Er war Kapitän der *HMS Constance*, mit der er vor etwa 160 Jahren an der Ostküste von Vancouver Island entlang segelte.

Mit der Errichtung des Courtenay Hotels um 1880 an der Ostseite des Courtenay River begann das geschäftige Leben der Stadt. An der Westseite des Flusses wurde ein Sägewerk gebaut und Joseph McPhee (bekannt als *„Father of Courtenay“*) errichtete um 1900 die erste Brücke über den Fluss.

In allen drei Städten sind alle Versorgungseinrichtungen vorhanden und Sie haben je nach Appetit eine große Auswahl an internationaler Küche.

www.comoxvalleyrestaurants.ca

Der Name der Stadt **Comox** (K'ómoks) ist abgeleitet vom indianischen Namen „Komuckway“ (etwa: „Ort des Überflusses“) in Anspielung auf die reichlich vorhandenen Früchte und Wildtiere im Comox Valley. Die europäischen Siedler änderten dann die Bezeichnung um in „Komoux“, woraus später „Comox“ wurde.

Die Besiedelung durch europäische Siedler begann 1862. Sie kauften für wenig Geld Land und verdrängten die hier lebenden First Nations. Vielfach waren diese dann gezwungen, für niedrige Löhne bei den Bauern zu arbeiten, um überhaupt überleben zu können.

Zu den ersten Siedlern gehörten auch James und Isabella Robb, sie kauften Land an der Augusta Bay, heute Comox Bay, bauten 1874 eine Farm und nebenan eine Bootsanlegestelle. So konnte die Bevölkerung ihre Erzeugnisse per Schiff transportieren und verkaufen. 1888 wurde das erste Kohlebergwerk in der Region eröffnet, der Ort wurde an die Eisenbahnanbindung angeschlossen und die Bevölkerung wuchs stetig an.

Eine **Fährverbindung** verbindet Comox (Fähranleger Little River, nördlich von Comox) mit **Powell River** auf dem Festland. Dauer der Überfahrt: ca. 1,5 Stunden.

Die Innenstadt Comox ist außerordentlich blumenreich geschmückt, kleine Geschäfte, Boutiquen, Cafés und Souvenirläden reihen sich entlang der Hauptstraße des Ortes aneinander. Eine grandiose Aussicht auf die Strait of Georgia und auf die im Hintergrund teils schneebedeckten Berge der Coast Mountains können Sie bei einem Bummel über die Pier-Anlage genießen, die auch einige Plätze für ein Picknick sozusagen „im Wasser“ bietet. Etwas schwierig gestaltet sich allerdings die Parkplatzsuche für Wohnmobile im Innenstadt- und Hafenbereich von Comox.

Sie erreichen Comox über den Highway 19A / Abzweig Comox Road.

TOURIST INFORMATION COMOX VALLEY

2040 Cliffe Avenue / Highway 19A
250-334-3234 oder
1-888-357-4471 (gebührenfrei)
ganzjährig von 9-17 Uhr,
von Mitte Mai bis Anfang Oktober
Sonntag geschlossen
www.discovercomoxvalley.com
www.comox.ca

SEHENSWÜRDIGKEITEN

SIGHTSEEINGTOUR VIA RAIL CANADA

In Courtenay endet die aus dem Süden kommende Eisenbahnverbindung der *VIA Rail Canada*, der täglich entlang der Ostküste zwischen Victoria und Courtenay fährt. Wer also einmal entspannt entlang der Ostküste eine romantische Art der Fortbewegung sucht, sollte sich im Zug gemütlich zurücklehnen und einfach nur genießen. Näheres ► Seite 196

FILBERG HERITAGE LODGE & PARK

Die **Filberg Lodge** wurde 1929 am Ende der Comox Avenue im Ostteil von Comox gebaut. Hier wohnte viele Jahre lang der Firmenchef des größten Holzkonzerns Robert J. (Bob) Filberg mit seiner Frau Florence. Nach dem Tod von Bob wurden der Park und das Haus, wie er es vorgesehen hatte, für die Öffentlichkeit zugänglich gemacht. Der Innenausbau des Hauses zeigt eindrucksvoll die Fähigkeiten der Handwerker zur Zeit des Entstehens. Faszinierend ist eine originale Felsenzeichnung der First Nations an der Steinmauer des Kamins.

Comox

Mai bis Anfang Oktober Mittwoch bis Freitag und Sonntag von 10-15 Uhr, sonst: Freitag und Sonntag von 11-15 Uhr, Weihnachten, Januar und Februar geschlossen

Der **Filberg Park** beeindruckt durch seine Pflanzenvielfalt und auch seltene und exotische Bäume stehen auf dem Gelände, durch das eine natürliche Schlucht verläuft. Zu jeder Jahreszeit blüht es, für Gartenliebhaber ist der Besuch ein Muss. Auch ein Totempfahl *„Tla Wa Sints Guy U Las"* schmückt den Garten, er wurde von Richard Krentz (Künstler der Coast Salish People) geschnitzt und dem Garten gespendet. Die vier Schnitzereien des Totems sind die Stammeszeichen der vier wichtigsten Comox Native People.

Ein weiterer separater Teil ist der **Gewürzgarten.** Er befindet sich oberhalb des Teehauses auf einem kleinen Hügel. Zwischen 11 und 17 Uhr kann an einer geführten Tour durch das Gewürzparadies teilgenommen werden.

61 Filberg Road, Comox
250-339-2715
ganzjährig, von 8 Uhr bis zur Dämmerung, an einigen Tage vor und nach dem Filberg-Festival ist der Park geschlossen.
Touren: Erwachsene: CAD 4, Kinder unter 16 Jahren: frei
www.filberg.com

Das **Teehaus** mit Terrasse, das sich in einem restaurierten Gebäude befindet, bietet kleine Imbisse, Kaffee und Nachmittagstee an.

250-339-0747
Mai täglich von 11-15 Uhr, Juni bis September täglich von 11-17 Uhr

Alljährlich findet das **Filberg Festival** statt, eines der größten Festivals auf Vancouver Island, wo sich über einhundert Künstler und Kunsthandwerker aus Kanada zusammenfinden und ihre Werke präsentieren. Neben Kunst wird auch Musik, Spiel und Spaß für alle Altersgruppen dargeboten. Das Festival findet am Wochenende des *British Columbia Days* (erster Montag im August) statt.

www.filbergfestival.com

I-HOS GALLERY

Die Comox First Nations Band lädt zu einem Besuch ein und präsentiert wunderschöne Kunst, vorrangig der ansässigen und in Nordamerika heimischen Natives. Masken und Holzschnitzarbeiten, Bilderdrucke, Schmuck, Kleidung, Geschenke und vieles mehr sind zu erwerben. Die Galerie liegt an der Comox Bay.

3310 Comox Road
250-339-7702
ganzjährig täglich von 10-17 Uhr, Januar und Februar Sonntag und Montag geschlossen
sales@ihosgallery.com
www.ihosgallery.com

COURTENAY DISTRICT MUSEUM & PALEONTOLOGY CENTRE

Das **Courtenay District Museum & Paleontology Centre** zeigt Interessantes aus der Geschichte der Umgebung, Arbeiten der Natives, geologische Besonderheiten und als Highlight die Überreste eines 12 Meter großen und 80 Millionen Jahre alten Elasmosaurus.

Was Paläontologen und Geologen über viele Jahre verborgen blieb, entdeckten im Winter 1988 Mike Trask und seine 12-jährige Tochter Heather, als die Beiden westlich am Puntledge

River nach Fossilien suchten und dabei auf eine Gruppe versteinerter Knochen eines großen Tieres stießen, das ihnen bis dahin nicht bekannt war. Sie kontaktierten das Royal Tyrrell Museum in Alberta und nach vielen Untersuchungen und Schriftwechseln mit den Wissenschaftlern stand fest, dass ihre Entdeckung ein Elasmosaurier war, der erste westlich der Rockies.

Die Fundstelle ist heute eine *Heritage Site*, zahlreiche Programme und Projekte zur Erforschung von mehr als 400 Millionen Jahren Erdgeschichte laufen weiter.

- 207 - 4th Street, Courtenay
- 250-334-0686
- Anfang Sept. bis Mitte Mai: Dienstag bis Samstag von 10-17 Uhr, Mitte Mai bis Anfang September: Montag bis Samstag von 10-17 Uhr, Sonntag von 12-16 Uhr
- kein Eintritt, es wird um eine Spende gebeten
- www.courtenaymuseum.ca

Das Museum bietet zusätzlich zur dauerhaften Ausstellung interessante **Touren zu Fossilienfunden** am Puntledge River an. Bevor Sie mit Hämmerchen, Meißel und einem Gefäß (bitte alles mitbringen) starten, werden Sie kurz informiert und es wird ein Video über die berühmten lokalen Funde gezeigt. Zu sehen sind versteinerte Schildkröten, Fische, Mosasaurier und viele weitere Tiere.

Danach geht es zum Puntledge River, wo Sie sich dann als Hobby-Paläontologe betätigen und auf die Suche begeben können. Alle Funde, die Sie „ausgraben“, dürfen Sie behalten. Und wenn Ihr Fund besonders wertvoll ist, dann kann er dem Museum gespendet werden und wird, mit Ihrem Namen versehen, ausgestellt. Die Touren sind beliebt, eine Vorreservierung ist erforderlich.

- April und Mai Samstag von 13-16 Uhr, Juni Samstag und/oder Sonntag von 9-12 Uhr und 13-16 Uhr, Juli und August täglich von 9-12 Uhr und 13-16 Uhr

Comox Air Force Museum

Erwachsene: CAD 25, Studenten u. Senioren (65+): CAD 20, Kinder (4-12 J.): CAD 15, Kinder unter 4 J.: frei, Familien (2 Erw., max. 3 Kinder): CAD 75

COMOX AIR FORCE MUSEUM

Das 1982 gegründete Museum informiert über die Geschichte der kanadischen Militärluftfahrt und Luftwaffe ab 1917. Es befindet sich auf historischem Boden, hier wurde 1942 im Herzen des Comox Valley eine Basisstation der Air Force eingerichtet, um die strategisch wichtige Pazifikküsten vor einer möglichen japanischen Invasion zu schützen. Es zeigt eine Sammlung von Flugzeugteilen, Hilfsmitteln, Uniformen und vielem mehr vom Beginn der Fliegerei in Kanada.

Eine der umfangreichsten Büchersammlungen über die Luftfahrt Kanadas ist im Museum zu sehen und nach dem Besuch des Museums kann man sich, wie das ja in fast allen Museen üblich ist, im Shop das eine oder andere Andenken kaufen und als Souvenir mit nach Hause nehmen.

Im etwa 500 m entfernt liegenden Freilichtmuseum stehen einige historische Flugzeuge. Das Freilichtmuseum ist nur saisonal geöffnet.

19 Wing Street, Comox (folgen Sie den Hinweisschildern CFB Comox -Flughafen)
250-339-8162
Museum: ganzjährig täglich von 10-16 Uhr
Freilichtmuseum: Mai bis September täglich von 10-16 Uhr
kein Eintritt, es wird um eine Spende gebeten
www.comoxairforcemuseum.ca

UNTERKÜNFTE

Comox Lake Hostel
4787 Lake Trail Road, Courtenay
250-338-1914
★
www3.telus.net/hostel

Shantz Haus Hostel
520 - 5th Street, Courtenay
250-703-2060 oder
1-866-603-2060 (gebührenfrei)
★
www.shantzhostel.com

Best Western, The Westerly Hotel
1590 Cliffe Avenue, Courtenay
250-338-7741 oder
1-800-668-7797 (gebührenfrei)
★★
www.thewesterlyhotel.com

River Heights Motel
1820 Cliffe Avenue, Courtenay
250-338-8932 oder
1-888-873-7022 (gebührenfrei)
★ bis ★★
www.motelriverheights.com

Port Augusta Inn
2082 Comox Avenue, Comox
250-339-2277 oder
1-800-663-2141 (gebührenfrei)
★ bis ★★
www.portaugustainn.com

Maple Pool Campground and RV Park
4685 Headquarters Road, Courtenay
250-338-9386 oder
1-877-330-9386 (gebührenfrei)
78, Wasser- und Stromanschluss
ab CAD 25
www.maplepoolcampsite.com

Seal Bay RV Park
1901 Larch Road, Courtenay
250-339-1837
40, alle Anschlussmöglichkeiten
ab CAD 24
sealbayrvpark.com

HR

Cape Lazo Resort Campground and RV Park
685 Lazo Road, Comox
250-339-3946
April bis Oktober
64, alle Anschlussmöglichkeiten
ab CAD 20
www.cape-lazo.com

Kin Beach Provincial Park
1728 Astra Bay Road
250-339-6365
Anfang April bis Ende September
18
gebührenpflichtig
unbedingt empfohlen
www.env.gov.bc.ca/bcparks/explore/parkpgs/kin_bch

MOUNT WASHINGTON

Westlich vom Comox Valley kommt man über den kurvenreichen, stellenweise steilen und asphaltierten Strathcona Parkway nach 10 km zu einem grandios ausgebauten Skigebiet auf dem **Mount Washington**. Der Mount Washington ist allein schon durch die Fernsicht und vielen schönen Wandermöglichkeiten durchaus einen Abstecher wert ist. Nahe der Talstation der Bergbahn werden Sie ein **„Wunderwerk der Technik"** vorfinden, eine ganz besondere Wetterstation.

Die Abfahrt vom Highway 19 (Exit 130) / 19A zweigt nördlich von Courtenay nach Westen ab. Der Mount Washington gehört neben dem Whistler Blackcomb Ski Resort, nördlich von Vancouver gelegen, zu den beliebtesten Wandergebieten und Wintersportorten British Columbias.

Neun Lifte bringen die Liebhaber der weißen Pracht zu den 60 Abfahrten aller Schwierigkeitsgrade, die längste Abfahrt ist 1,8 km lang. Der **Eagle Express** fährt die Skifahrer zum höchsten Punkt in 1.588 m Höhe, hier hat man einen fantastischen Rundblick bis zum Pazifik. Übernachtungsmöglichkeiten gibt es unzählige und am Ende der Straße erwartet die Besucher eine komplette „Versorgungseinheit", die im Sommer allerdings nur in sehr abgespeckter Form existiert. Wenn man im Sommer durch das Village spaziert und die vielen, größtenteils geschlossenen Bettenburgen sieht, kann man sich sehr gut vorstellen, dass hier im Winter „der Bär steppt", immerhin bietet das *Alpine Village* Unterkunft für mehr als 4.000 Menschen. Exzellente Möglichkeiten zum Skilanglauf findet man im Gebiet *Paradise Meadows* vor, dort gibt es insgesamt 55 km Langlaufloipen.

Auch im Sommer bietet der Mount Washington Spaß und Sport. Im **Mountainbike-Park** gibt es 18 Routen mit insgesamt 35 km Länge und den unterschiedlichsten Schwierigkeitsgraden. Zu den Ausgangspunkten der Bike-Routen kommt man mit Sesselliften *Eagle Express* und *Hawk Six Express* (Betrieb ist abhängig vom Wetter). Näheres unter:

www.mountwashington.ca/en/bike-park.html
www.discovermountwashington.com/trailreport.html

Auch für Wanderfreunde hat der Mount Washington wunderschöne Trails durch die alpine Landschaft mit weitem Panoramablick zu bieten, entweder von der *Alpine Lodge* am Ende der Fahrstraße oder vom Gipfel in 1.588 m Höhe, dem man mit dem **Eagle Express** Sessellift in 15 Minuten bequem erreichen kann.

Mt. Washington

Ende Juni bis Anfang September von 11-19 Uhr, Anfang September bis Ende September von 12-18 Uhr (Betrieb ist abhängig vom Wetter)

Erwachsene: CAD 15, Kinder (6-12 J.): CAD 10, Senioren (65+): CAD 12, Familien: CAD 36

VISITOR INFORMATION MT. WASHINGTON RESORT

1 Strathcona Parkway,
Mount Washington

250-338-0226,
Schneetelefon: 250-338-1515

www.tourismmountwashington.com

UNTERKUNFT

Bear und Deer Lodge

250-338-1386 oder
1-888-231-1499 (gebührenfrei)

ganzjährig

Sommer: ★★,
Winter: ★★ bis ★★★

Weitere private und kommerzielle Übernachtungsmöglichkeiten (keine Campgrounds oder RV-Parks) sind in reichlicher Anzahl vorhanden, Saisonbetrieb herrscht natürlich vor allem im Winter. Wer im Sommer trotzdem im Gebiet übernachten möchte, kann auf die aufgeführte Übernachtungsempfehlung zurückgreifen oder sich an eine Visitor Information wenden.

WANDERMÖGLICHKEITEN

Linton's Trail

Bergstation Eagle Express

mittel

2,1 km (einfache Strecke)

450 m

Giv'er Trail

Bergstation Eagle Express

schwierig

1,3 km (einfache Strecke)

450 m

HR

Top of the World Trail
- Bergstation Eagle Express
- einfach
- 0,7 km

West Summit Ridge Trail
- Berg- oder Talstation Eagle Express
- schwierig
- 4,3 km (einfache Strecke)
- 480 m

Ein weiteres Wandergebiet, das **Forbidden Plateau** liegt im Ostteil des **Strathcona Provincial Parks**, der an das Skigebiet grenzt. Die Wanderwege beginnen an der Raven Lodge am *Paradise Meadows Trailhead.*

Fahren Sie hierzu unterhalb des Alpine Village auf der Seitenstraße nach Südwesten.

PARADISE MEADOWS WILDERNESS CENTRE

In den Sommermonaten stehen Mitarbeiter der BC Parks für Informationen zur Verfügung und geben Tipps und beantworten alle anstehenden Fragen.
- Ende Juni bis Ende August Samstag und Sonntag von 10-16 Uhr

WANDERMÖGLICHKEITEN IN DEN STRATHCONA PP

Paradise Meadows Loop Trail
- Paradise Meadows Trailhead
- 45 Minuten
- leicht
- 3 km, für Rollstuhlfahrer geeignet

Helen McKenzie-Battleship Lake Loop Trail
- Paradise Meadows Trailhead
- 3 Stunden
- leicht
- 8 km
- 70 m

Helen McKenzie-Kwai Lake-Croteau Lake Trail
- Paradise Meadows Trailhead
- 6 Stunden
- leicht
- 14 km
- 185 m
- Zeltplatz am Kwai Lake
- CAD 5 pro Person

Helen McKenzie zum Circlet Lake
- Paradise Meadows Trailhead
- 4 Stunden
- mittel,
- 9,5 km (einfache Strecke)
- 270 m
- Zeltplatz am Circlet Lake
- CAD 5 pro Person

Cruikshank Canyon Lookout
- Kwai Lake
- 1 Stunde
- mittel
- 1,5 km (einfache Strecke)
- 60 m

Moat Lake
- Circlet Lake
- 1 Stunde
- mittel
- 2,5 km (einfache Strecke)
- 70 m

Circlet Lake
- Paradise Meadows Trailhead
- 3.4 Stunden
- leicht bis mittel
- 10,5 km (einfache Strecke)
- 340 m
- Zeltplatz am Circlet Lake
- CAD 5 pro Person

Amphitheatre Lake
- Circlet Lake
- 1 Stunde
- mittel
- 1,6 km (einfache Strecke)
- 80 m

Mount Albert Edward

- Parkplatz Paradise Meadows Trailhead
- 3-4 Stunden bis zum Circlet Lake, 3-4 Stunden zum Gipfel
- bis zum Circlet Lake moderat, danach schwierig
- 16 km (einfache Strecke)
- 935 m
- Kwai und Circlet Lake
- CAD 5 pro Person

Achtung: Es besteht **keine** Straßenverbindung zum Strathcona Provincial Park.

P KITTY COLEMAN PP

Den **Kitty Coleman Provincial Park**, 6 km nordwestlich von Courtenay gelegen, erreicht man vom Highway 19A über die Coleman Road und über die Whittaker Road.

Ursprünglich gehörte der Park den Siedlern von Merville, das im nördlichen Teil des Comox Valley liegt, und wurde von der Gemeinde bis etwa 1940 verwaltet und geführt. Wegen finanzieller Schwierigkeiten ging der Park dann an die Provinz und wurde im Jahr 1944 ein Provincial Park.

Wenn Sie sich im Park befinden und die spektakuläre Aussicht am Strand auf die vorbeifahrenden Kreuzfahrtschiffe genießen, achten Sie auf Seehunde, Seelöwen und Wale, die hier beobachtet werden können.

Im Park liegen 2 Bootsanlegestellen, ein Picknickplatz und es sind Wanderwege bezeichnet. Einige Stellplätze bieten freien Seeblick. Der Park wird von umliegenden Gemeinden verwaltet.

- ganzjährig
- 65 nein nein
- gebührenpflichtig
- Schwimmen, Wandern, Fischen, Kanu- und Kajakfahren,
- www.env.gov.bc.ca/bcparks/explore/parkpgs/kitty_coleman_bch

Miracle Beach Provincial Park

MIRACLE BEACH PP

Sehr beliebt ist der 1,35 km² große **Miracle Beach Provincial Park**, 22 km nordwestlich von Courtenay und 22 km südlich vom Campbell River. Sie erreichen ihn vom Highway 19 über den Exit 144 (Hamm Road) und vom Highway 19A über den Miracle Drive, der direkt zum Park führt.

Der Park war bis 1950 in Privatbesitz, dann kaufte die Regierung von British Columbia einen Teil des Landes vom Besitzer Frank Pottage. 1952 wurde der Provincial Park errichtet, der 1956 und 1972 durch Landzukauf und Landspenden erweitert werden konnte.

Auf dem sehr großen und weiträumigen Campground gibt es Duschen und einen Kinderspielplatz. Der Strandbereich ist größtenteils sandig, doch wegen der Muscheln, Seepocken und steinigen Abschnitten sollte Fußbekleidung getragen werden.

Von einer **Aussichtsplattform** in der Nähe des Parkeingangs kann man im Black Creek zur Laichzeit am Fischwehr Lachse beobachten, Infotafeln erläutern den Sinn und Zweck der Anlagen. Während der Hauptreisezeit ist eine Stellplatz-Reservierung unbedingt zu empfehlen.

Zwei Picknickplätze liegen entlang der *Elma Bay* und insgesamt sind zwei Kilometer Wanderwege durch schöne Waldgebiete und entlang des Black Creeks ausgeschildert.

ganzjährig, Service von April bis September
201 ja ja
Sommer: CAD 28, Winter: CAD 11
Wandern, Schwimmen, Kanu- und Kajakfahren
www.env.gov.bc.ca/bcparks/explore/parkpgs/miracle_bch

Und wenn Sie auf dem Miracle Beach Campground kein Plätzchen gefunden haben, bietet sich eine Übernachtung im **Saratoga Beach Resort** an, das nahe am Provincial Park liegt.

Saratoga Beach Resort
8958 Clarkson Drive, Black Creek
1-877-337-5511 (gebührenfrei)
31, alle Anschlussmöglichkeiten
ab CAD 20
www.saratogabeach.com

CAMPBELL RIVER

	Victora	289 km
	Nanaimo	172 km
	Courtenay	50 km
	Sayward	64 km
	Port Hardy	293 km
	Campbell River	31.553
	Courtenay	23.911
	Januar	-1° C
	Juli	+ 17° C
	Meereshöhe	105 m

Campbell River ist die viertgrößte Gemeinde und drittgrößte Stadt auf Vancouver Island und wird als **„Das Tor zum Norden der Insel“** bezeichnet. Die Stadt, der Hafen und die Umgebung bieten eine Vielzahl von Freizeitaktivitäten. Besonders beliebt ist der westlich der Stadt liegende Lower Campbell Lake mit seinen zahlreichen Wassersportmöglichkeiten und Campgrounds. Alljährlich im Juli findet das Salmon Festival statt, Campbell River nennt sich daher auch *„Salmon Capital of the World“*.

Campbell River

Der erste Europäer, der in diese Region kam, war im 16. Jahrhundert der Weltumsegler Sir Francis Drake auf seiner Weltumsegelung von 1577 bis 1580. Er überwinterte südlich vom heutigen Stadtgebiet. 1792 landete Kapitän Georg Vancouver mit dem Segelschiff *HMS Discovery* auf **Quadra Island**, die Insel liegt gegenüber von Campbell River. Er traf hier auf Natives, die der Salish-Sprachfamilie angehörten.

Mit dem Beginn des Goldrauschs, etwa 60 Jahre später, erfasste man die Küstenregion kartografisch. Zu diesem Zweck kam Kapitän George Henry Richards mit seinem Schiff *HMS Plumper* an die Ostküste Vancouver Islands und traf an Land auf Krieger der Kwakwaka'wakw. Diese Krieger hatten das Land mit Gewalt an sich gebracht und die früheren Salish verdrängt. An Bord der HMS Plumper war auch der Schiffsarzt Dr. Samuel Campbell - nach ihm wurden später der Fluss und die Stadt benannt.

Anfang des 20. Jahrhunderts etablierte sich ein Forstunternehmen und die kommerzielle Holzwirtschaft wurde zum bedeutendsten Wirtschaftsfaktor, was in Folge auch Arbeiter mit ihren Familien anzog. Der kommerzielle Fischfang und die Errichtung eines großen Wasserkraftwerks am Elk River trugen zum weiteren Wachstum bei. Hinzu kam noch der Abbau diverser Bodenschätze wie Zink, Kupfer, Gold, Silber und Kohle. So wurde Campbell River zu einem wichtigen Versorgungszentrum für das nördliche Vancouver Island. Die Stadt wurde 1947 unabhängig und bekam den offiziellen Status „Stadt" im Jahre 2005. Die Haupteinnahmequellen der Stadt sind heute der Tourismus, der Bergbau, Holz- und Fischereiwirtschaft.

Für **Kinofans** interessant: Der Bereich Campbell River diente als Drehort für einige, auch international bekannte, Filmprojekte:

- Der 13te Krieger (1999)
- Final Destination 2 (2003)
- Going the Distance (2004)
- Sieben Jahre in Tibet (1997)

Hinweis: Campbell River liegt exakt auf dem 50. Breitengrad. Auf der Oceanside Route Highway 19A gibt es einen Marker **„50th Parallel"**.

Nördlich von Campbell River beginnt die **Discovery Inselgruppe** mit dem laut *World Wildlife Federation* drittgrößten Wal-Beobachtungsgebiet der Welt. Es werden Ausflugsfahrten per Schiff angeboten. Näheres erfahren Sie in der Visitor Information. Bei klarer Sicht genießen Sie einen Spaziergang am Meer mit einem wunderschönen Blick auf die schneebedeckten Berge der Coast Mountains, die jenseits der Strait of Georgia am Festland liegen. Fährfahrten nach **Quadra Island** (► Seite 421) werden ab Campbell River angeboten. Die Überfahrt dauert ca. 10 Minuten.

In der Stadt sind alle Versorgungseinrichtungen reichlich vorhanden, mehrere Supermärkte liegen im Innenstadtbereich im Bereich Dogwood St, Parallelstraße zum Highway 19A. Eine Restaurantauswahl finden Sie auf der folgenden Internetseite:

www.campbell-river-restaurants.info

VISITOR INFORMATION

1235 Shoppers Row

250-830-0411 oder
1-877-286–5705 (gebührenfrei)

Kernöffnungszeiten: Montag bis Samstag von 10-16 Uhr, Mai bis August auch Sonntag von 10-16 Uhr

www.campbellrivertourism.com

www.campbellriver.ca

SEHENSWÜRDIGKEITEN

DISCOVERY ISLANDS

Die **Discovery Islands** liegen in der *Johnstone Strait* zwischen Campbell River auf Vancouver Island und dem Festland British Columbias. Die beiden Inseln **Quadra Island** und **Cortes Island** ► Seite 424 sind die Hauptinseln der Gruppe, sie können regelmäßig auch mit Fahrzeugen per BC Ferry erreicht werden. Die **„Outer Islands"**, dazu gehören East und West Thurlow, Sonora, Stuart, Maurelle, Read, Raza, East und West Redonda Island und die Inselgruppe Rendezvous Islands sind nur per Wassertaxi, Kajaks, Privatboot oder Wasserflugzeug erreichbar, entweder ab Cortes und Quadra Island oder vom kleinen Ort **Lund** am Nordende der Sunshine Coast ► Seite 389.

Sicherlich gehören die Discovery Islands zu den letzten großen einsam gelegenen Wildnis-Gebieten der Welt mit dichten Küstenregenwäldern, schroffen Klippen, wilden Stränden, wo man höchstens einmal eine kleine Fischerlodge oder Hütte entdeckt. Auf einigen Inseln haben sich auch kommerzielle Lodges etabliert, die z.B. Abenteuertouren anbieten. Fahrstraßen sind, wenn überhaupt vorhanden, schlechte Gravelroads. Das gesamte Gebiet ist hervorragend geeignet für alle Outdoor-Aktive, zu Wasser und zu Land. Es sind ideale Orte, um sich in der Einsamkeit der Natur auf Abenteuertour zu begeben, wenn man dabei auf Serviceeinrichtungen verzichten kann. In den Gewässern rund um die Inseln tummeln sich zahlreiche Meeresbewohner und Seevogelarten.

Zum besonderen Schutz der Flora und Fauna liegen auch einige Provincial Parks auf den Discovery Islands, es sind Wildnisgebiete für allerlei Wassersportarten und Wandern, bieten aber keinen Service:

Rendezvous Islands:
Rendezvous South Provincial Park
www.env.gov.bc.ca/bcparks/explore/parkpgs/rendezvous

Redonda Islands:
Teakerne Arm Provincial Park
www.env.gov.bc.ca/bcparks/explore/parkpgs/teakerne

Roscoe Bay Provincial Park
(Wildniszelten erlaubt)
www.env.gov.bc.ca/bcparks/explore/parkpgs/roscoe

Walsh Cove Provincial Park
www.env.gov.bc.ca/bcparks/explore/parkpgs/walsh_cv

Maurelle Island:
Surge Narrows Provincial Park
(Wildniszelten erlaubt)
www.env.gov.bc.ca/bcparks/explore/parkpgs/surge_nr

Read Island:
Read Island Provincial Park
(Wildniszelten erlaubt)
www.env.gov.bc.ca/bcparks/explore/parkpgs/read_is

Sonora Island:
Thurston Bay Marine Provincial Park
(Wildniszelten erlaubt)
www.env.gov.bc.ca/bcparks/explore/parkpgs/thurston

Bitte informieren Sie sich, wenn Sie eine Tour zu den Discovery Islands unternehmen möchten, in einschlägigen Reiseführern oder über die Internetseiten der Parks oder über die folgende:
www.discoveryislands.ca

HAIG-BROWN HOUSE HERITAGE SITE

Am Ufer des Campbell River steht das 1923 renovierte Haus des berühmten Naturschützers, Fliegenfischers und Autors **Sir Haig-Brown**. Er lebte über vierzig Jahre in diesem Haus, schrieb hier 25 Bücher und hat das Interesse Vieler geweckt, sich mit einem ausgeglichenen Verhältnis zwischen Mensch und Natur und organisch angebauten Nahrungsmittel zu befassen. Die Inneneinrichtung des Hauses reflektiert seinen einfachen Lebensstil. Auch der Garten, der zu jeder Saison die Bewohner erfreuen sollte, wurde von Haig-Brown geplant und auch bepflanzt.

Roderick Haig-Brown wurde am 21. Februar 1908 in Lancing (Sussex) England geboren und starb am 9. Oktober 1976 in British Columbia. Zu Ehren Haig-Browns und seiner Frau wurde ein Berg (*Mount Haig-Brown*, 22 km östlich von Gold River, 1.948 m hoch) im Strathcona Park benannt. Seine Frau setzte sich besonders für die Erhaltung des Parks und seiner natürlichen Umgebung ein. Östlich von Kamloops auf dem Festland wurde der **Roderick Haig-Brown Provincial Park** nach ihm benannt. Durch diesen Park fließt der Adams River, der einer der Hauptlaichgründe der Lachse ist, für dessen Erhaltung Roderick sich besonders eingesetzt hat. Im Haig-Brown House kann auch übernachtet werden (B&B).

2250 Campbell River Road
250-286-6646

HR

WEI WAI KUM HOUSE OF TREASURES

Wenige Minuten von Downtown Campbell River entfernt liegt am Discovery Harbour Centre das **Wei Wai Kum House of Treasures**.

Begrüßt wird man von drei mächtigen Totempfählen der berühmten Henderson's. Hauptattraktionen der Galerie sind wunderschöne und einzigartige Kunstwerke, Masken, Drucke, Schmuck, Kleidungsstücke und viele weitere Gegenstände der Wei Wai Kum First Nations oder auch Campbell River Indian Band, die zum Stamm der Kwakwaka'wakw gehören und dieses Haus ihr Eigentum nennen und es unterhalten. Selbstverständlich können Sie auch Kunstgegenstände käuflich erwerben.

✉ 1370 Island Highway
☎ 250-286-1440

HR

GILDAS BOX OF TREASURES NATIVE DANCE THEATRE

Im selben Gebäude ist auch das **Gildas Box of Treasures Native Dance Theatre** untergebracht, das einem traditionellen „*Big House*" nachempfunden ist. Hier werden hauptsächlich die kulturellen Traditionen der Laichwiltach People gepflegt, die ebenfalls zum Stamm der Kwakwaka'wakw gehören.

Es werden im Sommer auf eindrucksvolle Weise und in Original-Kleidung traditionelle Tänze, Gesänge und Geschichten vorgetragen. Hier können Sie Zeuge von zwei berühmten Potlach-Zeremonien werden, die zwar ursprünglich einige Tage dauerten, Ihnen hier aber in einer gekürzten Fassung dargeboten werden. Und auch das Kulinarische fehlt nicht, es werden auch Delikatessen der First Nations angeboten.

✉ 1370 Island Highway
☎ 250-287-7310
🕓 nur im Sommer

DIE FAMILIE HENDERSON

Die Familie Henderson hat in besonderer Weise zur Pflege und Erhaltung der lokalen Tradition und Kultur der First Nations beigetragen. Das Familienoberhaupt, Sam Henderson, wurde als Sohn eines Schotten und einer Kwakwaka'wakw 1905 in einem Dorf des Stammes Nakwaktok geboren. Er zog 1934 nach Campbell River, dort heiratete er May Quocksistala, die Tochter des Häuptlings der Wei Wai Kum Band John Quocksistala. Sam war ein hervorragender Schnitzer, der beeindruckende Masken, Totempfähle und viele weitere Kunstwerke schuf, die weltweit in Museen und in Privatsammlungen zu finden sind.

Auch May war ein aktives Mitglied der Gemeinde, sie richtete jährlich im Sommer ein Lachsfest aus. Sam und May pflegten die alten Traditionen und gaben ihren 15 Kindern das Wissen und den Respekt gegenüber der Kultur weiter. Auch nach Sams Tod lebt sein Geist in vielen Totempfählen und Schnitzarbeiten weiter.

Im Museum wird in besonderer Weise die Familie Henderson durch viele Ausstellungsstücke und private Gegenstände gewürdigt, die dem Museum von der Familie zur Verfügung gestellt wurden und die heute noch bei zeremoniellen Veranstaltungen benutzt werden. Die Nachkommen von Sam und May pflegen die Kunst und Kultur Kwakwaka'wakw weiter, fertigen u.a. Schnitzarbeiten und sind auch bei den Vorführungen in Gildas Box of Treasures Native Dance Theatre zu sehen.

CAMPBELL RIVER MUSEUM

Das **Museum** informiert umfassend über die Holz- und Fischereiwirtschaft, über das frühe Leben der Menschen in diesem Teil von Vancouver Island, von den schon vor Jahrtausenden hier lebenden First Nations der Region bis zu den ersten weißen Siedlern.

Das **„Schwimmende Haus“** zeigt eine typische Unterbringungsmöglichkeit Anfang des 20. Jahrhunderts, also zu der Zeit, als man noch keine Wege und Straßen durch oft unwegsames Gelände gebaut hatte. Im **Van Isle Theatre**, das im Art Deco Stil gebaut ist, werden historische Filme gezeigt und im Sommer Puppenspiele dargeboten.

Weiter findet man im Museum allerlei Ausstellungsstücke aus der Pionierzeit und Kunst der Natives. Besonders bewundernswert sind einige künstlerisch wertvolle Masken. Daneben ist im Museum auch Platz für einen Bereich mit wechselnden Ausstellungen. Das aktuelle Programm erfahren Sie vor Ort.

Im Außenbereich des Museums steht das Fischerboot namens **„Soyokaze“**, erbaut etwa um 1939. Der „antike“ Hayes-Anderson **Holztransporter** stammt aus dem Jahr 1930. Man hat ihn restauriert und so kann er heute wieder z.B. für Paraden genutzt werden.

Man kann auch durch einen schön angelegten Garten spazieren, dort finden sich ca. 80 verschiedene, einheimische Pflanzenarten und ein Native Plant Garden. Die Pflanzen sind bezeichnet mit ihren Native-, englischen und lateinischen Namen und auch die Bedeutungen, und wie man sie in der Medizin als Hausmittel angewandt hat, werden erklärt.

Im Shop erhalten Sie einheimische Kunst, Schmuck, Masken und vieles mehr. Im Sommer finden verschiedene Veranstaltungen statt und es werden interessante Natur- und historische Touren angeboten. Alle Informationen erhalten Sie vor Ort im Museum oder in der Visitor Information von Campbell River.

- 470 Oceanside Island Highway (19A)
- 250 287-3103
- Mitte Mai bis Ende September Montag bis Samstag von 10-17 Uhr, Sonntag von 12-17 Uhr, Anfang Oktober bis Mitte Mai Dienstag bis Sonntag von 12-17 Uhr
- Erwachsene: CAD 6, Schüler u. Studenten: CAD 4, Familien: CAD 15
- www.crmuseum.ca

ELK FALLS PROVINCIAL PARK

Wenige Kilometer westlich von Campbell River führen zwei Seitenstraßen vom Highway 28 in den fast 11 km² großen **Elk Falls Provincial Park**. Über die erste Abfahrt ca. zwei Kilometer westlich von Campbell River kommt man zum sehr großen Campground des Parks inmitten dichter Wälder, einige Stellplätze liegen am Quinsam River. Eine Besonderheit bietet der Campground, denn an den Stellplätzen werden Pflanzen, Bäume oder Sträucher auf Informationstafeln erläutert.

Der Park ist einer der beliebtesten auf Vancouver Island, Angler schätzen ihn besonders, liefert der Quinsam River doch fast ganzjährig reichlich Forellen und Lachse und Naturfreunde sind begeistert von der Vielfältigkeit des Baumbestandes und der abwechslungsreichen Landschaft mit einigen kürzeren Wanderwegen.

Über die **zweite Abfahrt** nach weiteren drei Kilometer kommt man zum Parkplatz und Picknickplatz nahe der

25 m hohen **Elk Falls**, die dann zu Fuß über einen Rundweg erreichbar sind. Die Falls können aber auch über einen drei Kilometer langen Trail ab dem Campground erwandert werden.

Bitte achten Sie auf Bären, die dem Park auch gerne einen Besuch abstatten, denn auch sie lieben einen reichlich „gedeckten Tisch" und halten sich gerne dort auf, wo sie ohne große Mühe ihren Hunger stillen können. Dies bedeutet, dass keinerlei Essens- und Müllreste außerhalb der Fahrzeuge aufbewahrt oder liegen gelassen werden sollten.

- ganzjährig, Service von Mai bis Mitte Oktober
- 122 ja ja
- Sommer. CAD 16, Winter. CAD 11
- Wandern, Schwimmen, Fischen
- www.env.gov.bc.ca/bcparks/explore/parkpgs/elk_falls

HR

Wer sich über den Lebenslauf der Lachse informieren möchte, kann dies in der 1974 erbauten **Quinsam River Fish Hatchery** tun. Sie liegt am Quinsam River südlich des Campgrounds, der *Quinsam Nature Trail* führt zur Station. Vom Highway 28 westlich von Campbell River gibt es auch über die Quinsam Road eine Zufahrtmöglichkeit, achten Sie auf die entsprechenden Hinweise.

- Argonaut Road
- 250-287-9564
- ganzjährig täglich von 8-16 Uhr

WANDERMÖGLICHKEITEN

Quinsam River Trail

zur Quinsam Salmon Hatchery

- Spielplatz auf dem Campground
- leicht
- 2 km (einfache Strecke)

Beaver Pond / Kingfisher Trail

- Westteil des Campgrounds
- leicht
- 1 km (einfache Strecke)

Canyon View Trail

- Parkplatz John Hart Hydro Station oder nahe Campground
- leicht
- 4 km Rundweg

Millennium Trail

- Parkplatz Picknickplatz
- leicht
- 2.4 km (einfache Strecke)

UNTERKÜNFTE

Haig-Brown House B&B

- 2250 Campbell River Road
- 250-286-6646
- ★★
- Mai bis Oktober
- www.haig-brown.bc.ca

Herons Landing Hotel

- 492 South Island Highway
- 250-923-2848
- ★★
- www.heronslandinghotel.com

Vista del Mar Motel

- 920 South Island Highway
- 250-923-4271
- ★ bis ★★
- www.vistadelmarmotel.com

Rustic Motel

- 2140 North Island Highway
- 250-286-6295
- ★ bis ★★
- www.rusticmotel.com

Big Rock Motel

- 1020 South Island Highway
- 250-923-4211 oder 1-877-923-4211 (gebührenfrei)

Campbell River

★
www.bigrockmotel.com

Town Centre Inn
1500 Dogwood Street
250-287-8866 oder
1-800-287-7107 (gebührenfrei)
★★
www.towncentreinn.com

Driftwood By The Sea RV Park
170 South Island Highway
250-286-9929
22, Wasser- und Stromanschluss ja
ab CAD 20
www.driftwoodbythesea.com

Campbell River Fishing Village & RV Park
260 Island Highway South
250-287-3630
43, Wasser- und Stromanschluss ja
ab CAD 21
www.fishingvillage.bc.ca

Parkside Campground & RV Park
6301 Gold River Highway (Highway 28)
250-830-1429
April bis Oktober
50, alle Anschlussmöglichkeiten
ab CAD 25
www.parksidecampingrv.com

RIPPLE ROCK – SEYMOUR NARROWS

Etwa 13 km nördlich von Campbell River kommt man zu einem besonders interessanten Aussichtspunkt. Die **Seymour Narrows**, die von dieser Stelle besonders gut zu überblicken und ein fantastisches Fotomotiv sind, waren lange Zeit eine extreme Gefahr für die Seefahrt, denn etwa drei Meter unter der Meeresoberfläche lauerte zwischen dem Festland und Vancouver Island das Unglück in Form von 2 Berggipfeln. Schon Captain George Vancouver Ende des 18. Jahrhunderts wusste um diese gefährliche Stelle in der Meerenge.

Ripple Rock ist bis zum Jahr 1958

für mehr als 20 Schiffsuntergänge oder schwere Beschädigungen an Schiffen verantwortlich, und etwa 100 kleinere Boote sind hier gekentert oder beschädigt worden. Dabei verloren mindestens 114 Menschen ihr Leben. 1931 wurde eine Kommission gegründet, die sich mit der Entfernung des Ripple Rock beschäftigte, doch erst 1942 wurde ein erster Versuch zugelassen, der, wie auch der zweite Versuch drei Jahre später, scheiterte.

Nach weiteren acht Jahren beschäftigte sich 1955 der nationale Forschungsrat mit der Problematik und man hatte den Plan erarbeitet, einen Tunnel unter dem Meeresboden zu den Felsen zu bohren und diese zu sprengen.

Mit den Bohrungen begann man im November 1955. In Spitzenzeiten arbeiteten 75 Männer in drei Schichten und nach 27 Monaten hatte man alle Sprengladungen und insgesamt fast 1.400 Tonnen Sprengstoff deponiert. Am 5. April 1958 um 9:31 Uhr kam die große Stunde, auf die alle so gespannt gewartet hatten. Diese größte, konventionelle Sprengung „bewegte" über 630.000 Tonnen Gestein und Wasser - die Fontäne erreichte während der Sprengung eine Höhe von 305 m. Radio- und Fernsehsender aus aller Welt berichteten von diesem Ereignis, das auch die Tierwelt der Meerenge gut überstanden hat.

In aller Welt gilt dieses riesige Unternehmen als Wunder der Technik.

WANDERMÖGLICHKEIT

Etwa 7 km nördlich vom Aussichtspunkt Seymour Narrows beginnt am Highway 19 der **Ripple Rock Trail**.

Vom Parkplatz geht es durch dichten Wald mit einigen sehenswerten alten Douglastannen und Fichten zu den Felsen der Seymour Narrows. Einige Abschnitte des Trails sind steil, unterwegs wird der Menzies Creek auf einer schmalen Hängebrücke überquert. Bitte beachten Sie: Der Trail ist für Kinder unter 7-8 Jahren nicht zu empfehlen.

⇔ 8 km (einfache Strecke)
4 Stunden
leicht bis moderat

P MORTON LAKE PP

Inmitten des seenreichen Gebietes nördlich von Campbell River liegt der gerne auch von Anglern wegen des Fischreichtums besuchte **Morton Lake Provincial Park**. Zum Park gehört auch ein Uferbereich des Nachbarsees **Mahun Lake**. Der Mahun Lake liegt auf der Strecke der populären, 47 km langen, **Sayward Forest Canoe Route**. Informationen und Pläne für diese Tour bekommt man in der Visitor Information Campbell River oder informieren Sie sich über diese Internetseite:

Sayward Forest Service Canoe Route
www.for.gov.bc.ca/dcr/rec/saywardcanoe.htm

1938 wütete in diesem Gebiet einen Monat lang ein verheerender Waldbrand, der 300 km² Waldfläche zerstörte, heute deuten nur noch wenige Zeichen auf dieses Ereignis hin. Danach begann man mit einer massiven Neuanpflanzung und setzte innerhalb eines Monats ca. 800.000 Douglastannen - im Laufe der Jahre haben sich Zedern und Kiefern auf natürliche Weise beigemischt.

Am Morton Lake befindet sich ein Picknickplatz am Sandstrand, umrahmt von dichtem Wald. Die Stellplätze liegen alle in Seenähe und über eine etwa 30 minütige, kurze Wanderung kann man zum ruhig gelegenen Andrew Lake, an dem sich auch ein Picknickplatz befindet, gelangen.

Erreichbar ist der Morton Lake Provincial Park ab Highway 19, etwa 15 km nördlich von Campbell River über die Menzies Main Logging Road (12 km) und Morton Lake Road (gravel, 7 km) bis zum Park.

- ganzjährig, Service von Mitte Mai bis Mitte Oktober
- 24 ja nein
- Sommer: CAD 16, Winter: CAD 11
- Schwimmen, Kanu- und Kajakfahren, Fischen
- www.env.gov.bc.ca/bcparks/explore/parkpgs/morton_lk

CABLE COOK HOUSE

An der Kreuzung Highway 19 / Sayward Road treffen Sie auf ein markantes Gebäude mit einem überdimensionalen Native-Gemälde, in dem sich die **Sayward Visitor Information** befindet. Dort zweigt die Zufahrtstraße nach Sayward ab.

Nach einem Kilometer auf der Sayward Road und nach Überquerung einer einspurigen Brücke erreichen Sie das **Cable Cook House**, ein vor allem auch optisch spannendes Restaurant.

Das komplette Haus ist mit insgesamt 2.700 Metern Stahl-Kabel „eingewickelt", das ein Gesamtgewicht von 26 Tonnen auf die Waage bringt. Es wurde von Glen und Lorna Duncan, einem Holzfäller und seiner Frau, erbaut und öffnete 1970 seine Pforten. Nach Aussage von Lorna wurde das rustikal eingerichtete Restaurant schnell zum Kultklassiker für Bewohner und Vorbeireisende - nicht zuletzt wegen ihres fantastisch schmeckenden Bumbleberry Pie, einem gedeckten Kuchen mit einer Füllung aus Äpfeln, Heidelbeeren und Rhabarber, den auch wir Autoren wärmstens empfehlen können (ca. CAD 5 inkl.

Cable Cook House

Tax pro Stück). Und da die Besitzer natürlich immer besonders stolz auf ihre eigenen Kreationen sind, verwöhnt dieses Restaurant die Besucher nach wie vor auch mit herzhaften, hausgemachten Mahlzeiten und leckeren Süßspeisen. Für Reisende ist es ein netter und idealer Ort für eine Stärkung unterwegs, die Menü-Karte können Sie sich bereits im Internet schon einmal anschauen.

Besonderer Tipp: Selbst die „Örtchen" des Restaurant wurden bei der liebevollen Gestaltung der Räumlichkeiten nicht vergessen und sind wunderschön gestaltet.

1741 Sayward Road
250-282-3433
Mitte April bis Mitte November
täglich von 7-21 Uhr

Übrigens: Direkt neben dem Cable Cook House steht die **„World's Largest Yellow Cedar"** - mehr als 960 Jahre alt, mit einem Durchmesser von 2,75 m.

SAYWARD

	Victora	353 km
	Nanaimo	236 km
	Campbell River	64 km
	Woss	90 km
	Port Hardy	229 km
	Sayward	345
	Januar	0° C
	Juli	+ 15° C
	Meereshöhe	Sealevel

Die kleine, freundliche und ruhige Ortschaft **Sayward** liegt 10 km östlich vom Highway 19. Sie hat touristisch zwar nicht sonderlich viel zu bieten, doch vom Hafen des Ortes hat man einen fantastischen Blick auf die Inselwelt bis zum Festland zu den schneebedeckten Bergen der Coast Mountains, der einfach unbeschreiblich ist.

Sayward

Die Haupteinnahmen der Stadt liefert die Holzwirtschaft, der Hafen an der *Johnstone Strait* ist oft übersät mit Baumstämmen, die auf ihre Weiterverarbeitung oder den Transport warten. In den letzten Jahren hat sich das Bild gewandelt und Touristen werden mehr und mehr auf die fantastische Lage des Ortes und den hohen Freizeitwert der Umgebung aufmerksam, was sich u.a. deutlich an den kleinen und großen Jachten, die im Hafen liegen, zeigt.

Sayward und die nahe **Kelsey Bay** waren bis 1978 ein Haltepunkt der *Inside Passage*. Nach dem 2. Weltkrieg existierte eine Gravel-Verbindung nach Campbell River, davor konnte man nur über den Seeweg zur Kelsey Bay gelangen. Nach Fertigstellung der asphaltierten Straßenverbindung nach Port Hardy im Jahr 1979 wurde der Haltepunkt der Inside Passage geschlossen und nach Port Hardy verlegt.

In Sayward werden Whale-Watching Touren und Höhlenerkundungen angeboten, Outdoor-Fans können wandern oder mit dem Kajak Ausflüge zu Wasser unternehmen. Die Kelsey Bay war bis Ende des 19. Jahrhunderts als **Port Kusum** bekannt, wurde 1911 dann offiziell in Sayward umbenannt nach William Parsons Sayward, einem Tischler und Holzkaufmann, der 1858 von Kalifornien nach Victoria zog und ein sehr erfolgreicher Holzfäller auf Vancouver Island war.

Im Ort sind die wichtigsten Versorgungseinrichtungen vorhanden.

VISITOR INFORMATION SAYWARD / KELSEY BAY

- 16 Sayward Road, Sayward
- 250-282-0018
- Kernöffnungszeiten Sonntag bis Donnerstag von 10-16 Uhr
- www.sayward.com
- www.portofkelseybay.com

WANDERMÖGLICHKEIT

KUSAM CLIMB - BILL'S TRAIL

Dieser Rundweg ist, wenn er über die Gesamtlänge von 23 km gewandert wird, eine besondere Herausforderung an Kondition, Ausdauer, Kraft und Geschicklichkeit. Es geht zuerst hinauf auf den **Mount H'Kusam** und dann hinunter zur Wasserscheide **Stowe Creek**. Unterwegs wird man belohnt von spektakulären Ausblicken, die bis weit über die Johnstone Strait und auf die vergletscherten Berge der Coast Mountains reichen. Der Trail ist in 6 Abschnitte aufgeteilt, der Abschnitt 2 hat es besonders in sich, er ist sehr anstrengend und schwierig.

Bitte beachten Sie: Sie sollten gut ausgerüstet auf diese Tour gehen, wetterfeste Kleidung und Schuhe tragen, für ausreichend Proviant und Flüssigkeit sorgen und auch über Wandererfahrung in entlegenem Gebiet verfügen.

- Heritage Hall 3 km östl. von Sayward Jct.
- 8 Stunden

Alljährlich Mitte Juni erfreuen sich Wanderfreunde an einer Herausforderung besonderer Art: dem **Kusam Climb Race Day.** An diesem Tag tummeln sich einige hundert Sportbegeisterte auf dem an diesem Wochenende speziell präparierten Trail und fordern ihre Fitness heraus.

- Registrierungsgebühr: Erwachsene bis Mitte Februar: CAD 30, bis Ende April: CAD 35, bis Mitte Juni: CAD 45, am Race Day: CAD 55 (inkl. einfachem Baumwoll-T-Shirt und Snacks), Kinder und Jugendliche unter 15 Jahren müssen in Begleitung eines Erwachsenen sein.

HR

info@kusamklimb.com
www.kusamklimb.ca

Teil 1: Heritage Hall bis Checkpoint 1
(Wasser verfügbar und Erste Hilfe)
Heritage Hall 3 km östl. von Sayward Jct.
leicht, stetig ansteigend
3,7 km
381 m

Teil 2: Checkpoint 1 bis Checkpoint 2
(in 1.482 m Höhe)
4 km (nach 1,1 km in 841 m Höhe Hubschrauberlandeplatz)
sehr schwierig, steil, felsig, ganzjährig Schnee möglich
1.092 m

Teil 3: Checkpoint 2 bis Checkpoint 3
(in 750 m Höhe)
(Wasser nachfüllbar, Erste Hilfe Station)
5 km
mittel, stellenweise steil
732 m (abwärts)

Teil 4: Checkpoint 3 bis Checkpoint 4
(in 280 m Höhe)
(Wasser nachfüllbar, Erste Hilfe)
5 km
mittel
482 m (abwärts)

Teil 5: Checkpoint 4 bis Checkpoint 5
(Wasser nachfüllbar)
3 km
leicht
108 m (abwärts)

Teil 6: Checkpoint 5 bis Checkpoint 6
(Heritage Hall)
2,5 km
leicht
151 m (abwärts)

UNTERKÜNFTE

Mount H'Kusam View Lodge & Hostel
1165 Salmon River Main
250-282-5548
★ bis ★★
www.mthkusamviewlodge.com

Village of Sayward
601 Kelsey Way
250-282-5512
50
CAD 10

Fisherboy Park Motel & Campground
1546 Sayward Road
250-282-3204 oder
1-866-357-0598 (gebührenfrei)
Motel: ★ bis ★★
37, Wasser- u. Stromanschluss ja
ab CAD 24
www.fisherboypark.com

Kelsey Bay RV Park
23 Sayward Road
250-282-3762
6 ja
ab CAD 15

P SCHOEN LAKE PP

Der sehr ruhig und abseits des Highways gelegene **Schoen Lake Provincial Park** liegt inmitten des *Nimpkish Valley* nördlich von Campbell River. Die Zufahrt (Davie Road, 12 km, schlechte Gravelroad) zum Park zweigt 120 km nördlich von Campbell River vom Highway 19 in südliche Richtung ab. Der Ostteil des Parks, das Gebiet um den **Nisnak Lake**, ist über die Upper Adams River Road (22 km, schlechte Gravelroad), die etwa 78 km nördlich von Campbell River nach Süden abzweigt, zu erreichen.

Achtung: Beide Straßen werden intensiv von Holztransportern genutzt. Vor Befahren bitte unbedingt Infos über den Zustand einholen bzw. extrem vorsichtig und mit einem geeigneten Fahrzeug befahren.

Der Park wurde 1977 zu einem Provincial Park erhoben, nachdem er zuvor eine *Forest Recreation Site* war. Be-

Unterwegs im Norden der Insel

nannt ist der Park nach dem Jäger und Fallensteller Otto Schoen, der um 1930 hier aktiv war und aus Campbell River stammte. Die Stellplätze auf dem rustikalen Campground sind in Seenähe, ein kleiner Picknickplatz und eine Gravel-Bootsanlegestelle liegen ebenfalls am 5 km langen See. **Vorsicht:** Wölfe, Schwarzbären und Pumas halten sich gerne im Park auf, bitte Essensreste und Vorräte sicher aufbewahren und keine Wildtiere füttern.

Das **Nisnak Gebiet** beeindruckt durch die Schneefelder und Wasserfälle des Mount Schoen, die in den südöstlichen Teil des Nisnak Sees fließen. Einige nicht gewartete und dementsprechend evtl. überwucherte Trails stehen für geübte Wanderer zur Verfügung, Wildnis-Zelten (kein Service, keine Gebühr) ist erlaubt. Die beliebtesten Trails sind der *Nisnak* und *Schoen Creek Trail*, beides sind Tagestouren. Erfahrene Kletterer können sich auch auf den **Mount Schoen Ridge** (1.802 m) wagen (ca. 11 Stunden gesamt).

geschlossen von November bis Februar, Service von Mitte Mai bis Ende September, ganzjährig zum Zelten nutzbar, je nach Zustand der Zufahrtsstraße. Der Campground wird auch geschlossen, wenn innerhalb von 24 Stunden mehr als 100 mm Regen fällt.

9 nein nein

CAD 11

Schwimmen, Kanu- und Kajakfahren, Wandern, Klettern, Wintersport

www.env.gov.bc.ca/bcparks/explore/parkpgs/schoen_lk

MOUNT CAIN SKIGEBIET

Die Zufahrt ist ebenfalls über die Davie Road ▶ Seite 262 (Schoen Lake), später allerdings dann Mount Cain Road (16 km, schlechte Gravelroad) bis zum Skigebiet möglich. (bitte **Hinweisschilder beach-**

ten). Schneeketten sind während der Wintersaison Pflicht, Skisaison und Öffnung des Resorts ist etwa von Dezember bis Ende März.

Vom Parkplatz am Beginn der Zufahrtstraße können Wintersportler auch per Shuttlebus zum Skigebiet fahren, ab Port McNeill verkehrt ein Bustransfer. Es sind einige wenige Übernachtungsmöglichkeiten vorhanden. Hunger und Durst kann man im Cain Café stillen.

Samstag von 8 bis 20 Uhr,
Sonntag von 8 bis 16 Uhr

Das Skigebiet kann sich über eine durchschnittliche Schneehöhe von ca. 3 m jährlich freuen, Garantie für Winterfreuden pur auf den 18 angebotenen Pisten aller Schwierigkeitsgrade. Die Basisstation der Lifte ist in 1.311 m, die Bergstation in 1.768 m Höhe.

250-949-7669 für Schnee- und Straßenverhältnisse sowie Öffnungszeiten
generell nur Samstag und Sonntag
www.mountcain.com

UNTERKÜNFTE

Mt. Cain Lodge (Hostel)
18 Personen: ★
(bitte Schlafsack mitbringen)

Blueberry and Cypress Guest Cabins
8-10 Personen: ★★
Reservierung 1-888-668-6622)

Snow Drift Chalet
250-973-6413
8-10 Personen: ★★

Rugged Mountain Motel
Woss ► Seite 267

P CLAUD ELLIOT LAKE PP

Eines der Naturschutzgebiete, das zum Schutz der Ökologie und des Tierbestands im Bereich des oberen Tsitika River liegt, ist der **Claud Elliot Lake Provincial Park** mit den beiden Seen **Claud** und **Fickle Lake**. Dichter, alter Waldbestand, Sumpfgebiete und die beiden Seen sind für Sportfischer und Naturliebhaber und -beobachter ideale Ziele. Das Parkgebeit liegt im traditionellen Gebiet der Tlowitsis-Mumtagila First Nations, die im Norden von Vancouver Island entlang der Johnstone Strait in früheren Jahren einige Siedlungen bewohnten.

Der 2,89 km² große, 1995 gegründete Park ist nach ca. 19 km über die Claud Elliot Lake Road (*Logging Road*), die etwa 5 km östlich von Woss vom Highway 19 nach Norden abzweigt, erreicht.

Am Highway ist kein Hinweis zum Park, achten Sie ggf. auf den Abzweig „**Claud Elliot Lake/Lukwa Main Logging Road**". Ein Parkplatz befindet sich nahe der Parkgrenze, nach einem kurzen Weg kommt man zum Beginn des Trails zum Claud Lake (Dauer: etwa 10 Minuten). Es gibt keine bezeichneten Zeltplätze im Park.

Bitte vor Befahren der Straße die Beschaffenheit erfragen und **fahren Sie äußerst vorsichtig** und mit geeignetem Fahrzeug, Holztransporter haben immer Vorfahrt.

ganzjährig
ja
Schwimmen, Kanu- und Kajakfahren, Fischen
www.env.gov.bc.ca/bcparks/explore/parkpgs/claud_elliott

WOSS

Entfernungen	Victora	443 km
	Nanaimo	326 km
	Campbell River	154 km
	Sayward	90 km
	Port McNeill	96 km
	Port Hardy	139 km
Einwohner	Woss	350
	Januar	+ 2° C
	Juli	+ 18° C
	Meereshöhe	150 m

Inmitten des waldreichen Nimpkish Valley liegt die kleine Gemeinde **Woss** entlang einer Route, die viele Jahrhunderte von den First Nations als Handelsweg genutzt wurde, der eine wichtige Verbindung des östlichen und wilden, rauen westlichen Teils von Vancouver Island war. Die wenigen Einwohner leben hauptsächlich von den Erträgen der Holzwirtschaft.

Bis in die 60er Jahre des vorigen Jahrhunderts, bevor es eine Straßenverbindung vom Süden Vancouver Islands nach Norden gab, war Woss nur per Eisenbahn von *Beaver Cove* nahe Port Hardy aus erreichbar. Die hier arbeitenden Holzfäller mussten, da sie keine Möglichkeit hatten, mal eben nach Hause zu fahren, in Baracken untergebracht werden.

Besucher der kleinen Ortschaft, die die wichtigste Grundversorgung und Tankstelle bereithält und die zum District Mount Waddington gehört, nutzen die vielen Seen, dichten Wälder und die grandiose Bergwelt der Umgebung zu allerlei sportlichen Aktivitäten, und Wildniszeltplätze weitab der Touristenzentren bieten Abenteuer pur.

Der **Regional District of Mount Waddington** umfasst etwa das nördliche Drittel Vancouver Islands. Auch ein Teil des angrenzenden Festlandes gehört zum District. Dieser Teil des Festlandes ist weitestgehend gletscherbedecktes Hochgebirge (Coast Mountains). Der Namensgeber des Districts, **Mount Waddington** (4.016 m hoch), liegt in den Coast Mountains im Nordosten des Districts. Im gesamten Gebiet leben nur etwa 12.000 Einwohner. Dennoch werden hier Lachszucht und Holzwirtschaft betrieben, die zu den wichtigsten Erzeugnissen Kanadas gehören.

Das Mount Waddington Transit System verbindet zu sehr moderaten Preisen einige Ortschaften per Bustransfer:

Port McNeill – Port Hardy
Port McNeill – Woss
Port Hardy – Fort Rupert/Storey Beach
Port Hardy – Coal Harbour

Port McNeill und Port Hardy haben auch lokalen Busverkehr. Weitere Infos:

Mount Waddington Transit System
- 1705 - 7C Campbell Way, Port McNeill
- Busverkehr: Montag bis Freitag von 7-18:30 Uhr
- 250-956-3151
- transit@rdmw.bc.ca
- www.transitbc.com/regions/mtw

Ein **Wermutstropfen** für die Fahrer von Wohnmobilen: Die abseits liegenden Ziele sind meist nur über *Logging Roads* erreichbar, die teilweise nur mit Allradfahrzeugen befahrbar sind. Infos über Befahrbarkeit der Logging Roads erhalten Sie bei **Canadian Forest Products Ltd.**
- Nimpkish Crescent, Woss
- 250-281-2244

SEHENSWÜRDIGKEITEN

WOSS LAKE PROVINCIAL PARK

Der 66,4 km² große Wildnispark ohne jeden Service, zu dem etwa die Hälfte des **Woss Lake** zählt, liegt südlich von Woss und ist entweder per Boot oder Holperfahrt auf einer Logging Road erreichbar. Am Südende des Sees ist ein Wasserfall zu sehen, der über einige hundert Meter stufenförmig in einen Zufluss des Sees eintaucht. Der Woss River, über den der See am Nordende abfließt, mündet nach kurzer Strecke nahe der Ortschaft Woss in den Nimpkish River.

Der 1995 gegründete Park liegt im traditionellen Gebiet der Namgis First Nations, in deren Sprache Woss in etwa *„Fluss, der durch flaches Gelände fließt"* bedeutet. Im Park sind einige Felsenzeichnungen und **CMTs (Culturelly Modified Trees)** der First Nations zu finden.

Es handelt sich hier um Bäume, die durch Schnitzarbeiten oder Malereien an historisch wichtige Ereignisse erinnern oder einfach „Gebrauchsspuren" aufweisen, weil die Fasern für Kleidung, Decken usw. gebraucht oder die Harze entnommen wurden. Zu den Bäumen, bei denen man solche CMTs findet, gehören u.a. Riesenlebensbäume, Fichten, Hemlocktannen und Kiefern. **Leslie Main Gottesfeld-Johnson** (Anthropologin, deren besonderes Interesse die Ethnoökologie der First Nations ist) hat solche CMTs nachgewiesen.

Der erste Europäer, der 1852 den Woss Lake erreichte, war Captain Hamilton Moffat. Er versuchte im gleichen Jahr mit Hilfe einiger Eingeborener eine Besteigung des Rugged Mountains, was aber an den steilen Felswänden scheiterte. Der **Rugged Mountain** (1.875 m) liegt im Südteil des Parks am Ende des Sees und ist ein schwieriges, steiles Wander- und Klettergebiet. Erreichbar entweder per Boot ab See-Ende oder über eine Logging Road nördlich von Zeballos ► Seite 371.

Woss

ganzjährig
Wandern, Klettern, Fischen, Kanu- und Kajakfahren, Wintersport
www.env.gov.bc.ca/bcparks/explore/parkpgs/wosslake

OLD NO. 113

Nummer 113 ist die Bezeichnung für eine alte, mittlerweile aus dem Dienst genommene, historische Dampflok. Die No. 113 wurde 1920 erbaut, für die Holztransporte durch das *Nimpkish Valley* eingesetzt und fand 1976 ihren Altersruhesitz in Woss. Der Bau der Eisenbahntrasse begann 1917, veranlasst von der *Nimpkish Timber Company*, seit 2006 ist die Strecke Eigentum der *Western Forest Products*.

Auch heute noch werden riesige Baumstämme auf dieser 122 km langen Eisenbahnstrecke durch das Nimpkish Valley nach Beaver Cove nahe Port Hardy zur Weiterverarbeitung transportiert. Achten Sie auf Eisenbahnbrücken, die über den Highway führen, vielleicht begegnet Ihnen ja ein Holztransport.

UNTERKUNFT

Rugged Mountain Motel
Englewood Drive
250-281-2280

P NIMPKISH LAKE PP

Der Norden Vancouver Islands birgt einige sehr einsame und romantische Plätzchen, zu denen auch der **Nimpkish Lake Provincial Park** gehört, der am Südwestende des gleichnamigen, etwa 22 km langen Sees liegt. Am einfachsten erreicht man den Park per Boot vom Highway 19 vom Canadian Forest Picknickplatz am Kim Creek in der Nähe der **Nimpkish Service Station** etwa 30 km nördlich von Woss. Auch über einige Logging Roads kann man in die Nähe des Parks kommen, an deren Ende geht es dann zu Fuß weiter. Bitte holen Sie sich hierfür Informationen in Woss bei der Canadian Forest Products Ltd. ein.
Nimpkish Crescent
250-281-2244

Der Park mit seinem dichten Baumbestand an Douglas-, Purpur (Amabilis)-, Hemlocktannen und Zedern, liegt im traditionellen Bereich der Namgis First Nations, durch den Park führt ein Teil des **Grease Trails**, der quer durch Vancouver Island führt und schon von den First Nations der Insel benutzt wurde. Auch einige **CMTs** (kulturell bezeichnete Bäume ▶ Seite 371) sind im Park ebenso zu finden wie Reste einer früheren Eisenbahnstrecke, die zum Transport der abgeholzten Bäume gebaut wurde. Der See bietet hervorragende Wassersportaktivitäten, er liegt aber bereits nicht mehr im Parkbereich. Surfer nutzen gerne den Seezugang am Highway 19 ▶ siehe oben. Wintersportgebiete befinden sich im **Tlakwa** und **Karmutzen Mountain Gebiet**, das sich westlich an das Parkgebiet anschließt.

ganzjährig
ja
Kanu- und Kajakfahren, Fischen, Surfen, Wintersport
www.env.gov.bc.ca/bcparks/explore/parkpgs/nimpkish

HR

NORTH ISLAND DISCOVERY CENTRE

Das **North Island Discovery Centre** bietet Ausflüge in die Wälder und Sägewerke an. Auf einer solchen Tour kann sich jeder sein eigenes Urteil über die Abholzung und Wiederaufforstung der Wälder bilden. Touren werden im Juli und August angeboten. Eine Voranmeldung ist unbedingt erforderlich. Alle Touren können unter der unten angegebenen Adresse gebucht werden.

Wichtig: Achten Sie auf wetterfeste Kleidung und festes Schuhwerk und nehmen Sie ausreichend Proviant mit auf die Tour.

✉ Kreuzung Highway 19
Abzweig Telegraph Cove Road
☎ 250-956-3844

TELEGRAPH COVE

Malerisch eingebettet in einer kleinen Bucht liegt der winzige Ort **Telegraph Cove**. Die Ortschaft hat etwa 20 ständige Bewohner. Die ca. 14 km lange Zufahrt vom Highway 19 ist komplett asphaltiert und gut befahrbar, jedoch stellenweise eng.

Anfang des 20. Jahrhunderts befand sich hier das Ende der Telegrafenleitung aus Campbell River, die an der Ostküste Vancouver Islands entlang lief. Die Bucht hatte Alfred Marmaduke „Duke" Wastell als Standort ausgesucht und als Leitungsaufseher Bobby Cullerne hierher geschickt. Dieser lebte in einer kleinen Einraum-Hütte und gilt somit als der erste Bewohner von Telegraph Cove. Um 1920 kam Alfred Wastell mit seiner Familie an diese Bucht und errichtete zusammen mit einigen finanzstarken japanischen Investoren im Umkreis ein Sägewerk und eine Fischfabrik. Für die Familien und Arbeiter baute man Holzhäuser auf Stelzen. Heute sind die ehemaligen, auf Stelzen gebaute Fischerhäuschen, in denen sich kleine Shops, Cafés oder Unterkünfte befinden, wunderschön res-

Telegraph Cove

tauriert und über einen Holzplankenweg miteinander verbunden. Einige dieser schmucken Häuschen können für Übernachtungen gemietet werden, sie haben unterschiedliche Ausstattungen.

Nehmen Sie sich Zeit für dieses Kleinod und schlendern Sie über den ebenfalls neu angelegten Boardwalk rund um die Bucht, an deren Ende man seinen Blick hinaus über den *Cormorant Channel* schweifen lassen kann.

In den letzten Jahren hat sich einiges verändert in Telegraph Cove, was zwar der idyllischen Lage nichts von ihrem einzigartigen Flair nimmt, doch zu deutlich mehr Besuchern führt. Nicht zuletzt durch einen weiteren großen RV-Campground, der neben dem bereits existierenden entstanden ist. Zusätzlich nutzen findige Geschäftsleute die weitreichende und grandiose Aussicht der jenseits der Bucht liegen Anhöhe und errichten dort an diesem Abhang zum *Broughton Channel* die ersten, wunderschönen Chalets - weitere sind in Planung.

Daher unser **Tipp:** Fahren Sie früh los, um noch einen Parkplatz zu bekommen, die Parkmöglichkeiten sind begrenzt. Dies gilt besonders für Wohnmobilfahrer, wenn sie dort nicht übernachten möchten.

VISITOR INFORMATION IM CAFÉ

☎ 250-928-3131
www.telegraphcoveresort.com

SEHENSWÜRDIGKEITEN

JOHNSTONE STRAIT KILLER WHALE INTERPRETIVE CENTRE SOCIETY

Das 2002 eröffnete **Whale Interpretive Centre** möchte Besucher für den Schutz des Lebensraumes der größten Meeresbewohner sensibilisieren. Meeresbiologen beschäftigen sich hier intensiv mit dem Leben dieser faszinierenden Meeressäugetiere, die besonders in diesen fischreichen Gewässern zwischen dem Festland und Vancouver Island in der Johnstone Strait und Broughton Inselgruppe während der Sommermonate leben.

Sie können neben den vielen Infos auch Skelette u. a. von einem Orca (Schwert- oder Killerwal), Seeotter, Delfin und vielen weiteren Meeressäugetieren bewundern. Lassen Sie sich überraschen.

Das Centre liegt im Bereich der kleinen ehemaligen Fischerhäuschen am Ende des Boardwalks.

Anmerkung: Sollten Ihnen auf Vancouver Island einmal „seltsame Töne" während eines Spaziergangs am Meer zu Ohren kommen, halten Sie inne und lauschen sie der „Musik der Meerestiere".

☎ Mitte Mai bis Oktober: 250-928-3129, sonst: 250-928-3117
Während der Saison täglich geöffnet
es wird eine Spende von CAD 2 pro Person erwartet
bones@killerwhalecentre.org
www.killerwhalecentre.org

CORMORANT CHANNEL MARINE PROVINCIAL PARK

Etwa 3,7 km von der Küste Telegraph Coves entfernt liegen zwischen Hanson Island und Cormorant Island einige kleine Inseln, die zum **Cormorant Channel Marine Provincial Park** gehören. Dieser Bereich gehört zu den Lebensräumen der Orcas, daher wird das Gebiet auch von einigen Whale-Watching Touren angefahren. Auch Seelöwen, Seehunde, Buckelwale und viele Seevogelarten leben in den Gewässern und am Ufer können schon

HR

Telegraph Cove

mal Bären und Pumas auftauchen. Kajak- und Bootstouren ab Telegraph Cove, Alert Bay und Port McNeill von Inseln zu Inseln sind beliebt. Übernachtungen auf Wildnis-Zeltplätzen ohne Service sind erlaubt.

- ganzjährig
- Kajakfahren, Tauchen, Schwimmen, Fischen
- www.env.gov.bc.ca/bcparks/explore/parkpgs/cormorant_ch

ROBSON BIGHT ECOLOGICAL RESERVE

Etwa 10 Kilometer südlich von Telegraph Cove liegt das **Robson Bight** (Michael Biggs) **Ecological Reserve.** Das Schutzgebiet umfasst 12,4 km² Wasser- und 4,6 km² Landfläche. Es wurde 1982 speziell für den Schutz der Orcas, die hier auf Futtersuche durchziehen, gegründet. Dieses Gebiet darf ohne Erlaubnis nicht betreten werden, auch Boote dürfen den Bereich nicht anfahren. Für die vielen Unternehmen an den Küstenorten, die Whale-Watching Touren anbieten, gelten strenge Bestimmungen über Entfernung zu den Walen, erlaubte Geschwindigkeiten etc.

- www.env.gov.bc.ca/bcparks/eco_reserve/robsonb_er.html

WHALE-WATCHING

Großer Beliebtheit erfreuen sich die **Stubbs Island Whale-Watching Touren** (Dauer: ca. 3,5 Stunden), die schon seit 1980 Walbeobachtungen durchführen. Eine Vor-Reservierung ist unbedingt erforderlich. Die beheizten und überdachten Boote sind neben Toiletten auch mit Unterwassermikrofonen ausgestattet. Bitte **achten Sie** auf warme Bekleidung.

- Telegraph Cove
- 250-928-3185 oder 1-800-665-3066 (gebührenfrei)
- Mai bis Anfang Oktober
- Preise je Abfahrtzeit Erwachsene: CAD 84 bis CAD 94, Kinder (2-12 J.): CAD 84, Mitte Juli bis Ende August gelten die Preise für Erwachsene
- www.stubbs-island.com

UNTERKÜNFTE

Telegraph Cove Resort
Fischerhäuschen
★★ bis ★★★

RV-Park Telegraph Cove Resort
1-800-200-HOOK (4665) (gebührenfrei)
120, alle Anschlussmöglichkeiten
ab CAD 27
www.telegraphcoveresort.com

Telegraph Cove RV Park Marina
250-928-3163
48, alle Anschlussmöglichkeiten
ab CAD 20
www.telegraphcove.ca

Dockside 29 Suites
250-928-3163
★★
www.telegraphcove.ca

PORT MCNEILL

	Victora	529 km
	Nanaimo	422 km
	Campbell River	250 km
	Woss	96 km
	Port Alice	54 km
	Port Hardy	43 km
	Port McNeill	2.740
	Januar	+ 3° C
	Juli	+ 14° C
	Meereshöhe	50 m

Die Stadt **Port McNeill**, die ein wichtiges Versorgungszentrum im Norden von Vancouver Island ist, liegt nur wenige hundert Meter abseits des Highway 19 am Broughton Channel. Die Stadt wurde nach William Henry McNeill benannt, der Kapitän der *SS Beaver* war, dem ersten Dampfschiff der Hudson's Bay Company,

HR

Port McNeill

das die Nordwestküste des Pazifiks entlang fuhr.

Die Forstwirtschaft ist schon seit der ersten Besiedelung in den 30er Jahren des letzten Jahrhunderts die wichtigste Erwerbsquelle der Stadt. In den letzten Jahren profitiert die Stadt zunehmend auch vom Fremdenverkehr, da der Ort bedingt durch relativ mildes Klima ganzjährig Freizeitaktivitäten in Hülle und Fülle bietet. Besonders hervorzuheben sind Wassersportaktivitäten wie Segel-, Kajak- und Bootstouren. Sporttaucher finden hier eines der besten Gebiete Nordamerikas vor und natürlich werden auch die allseits so beliebten Whale-Watching Touren veranstaltet, da sich in der Wasserstraße zwischen dem Festland BCs und Vancouver Island zahlreiche Meerestiere, darunter auch Orcas, tummeln. Diese Touren werden von Mitte Juni bis Mitte Oktober angeboten. Die Küstenregenwälder bieten reichlich Gelegenheit für mehr oder weniger ausgiebige Wander- und Bergtouren.

Ab Port McNeill gibt es eine Fährverbindung nach Alert Bay auf **Cormorant Island** (▶ Seite 410) und nach Sointula auf **Malcolm Island** (▶ Seite 413).

Besonders stolz sind die Bewohner auf ihren berühmten Eishockeyspieler **Willie Mitchell**, der für die Vancouver Canucks spielt. Und darauf werden Besucher bereits beim Hineinfahren in die Stadt hingewiesen: *„Welcome to Port McNeill – Home of the NHL's Willie Mitchell"*.

In der Stadt sind alle Versorgungseinrichtungen vorhanden, zwei Supermärkte liegen im Stadtbereich.

Ein Bustransfer verbindet Port McNeill mit Port Hardy und Woss. In Port Hardy und Port McNeill bietet das Unternehmen auch innerstädtischen Busverkehr an. Näheres ▶ Seite 265.

VISITOR INFORMATION

- ✉ 1594 Beach Drive
- ☎ 250-956-3131 oder 1-888-956-3131 (gebührenfrei)
- www.portmcneill.ca
- www.portmcneill.net

SEHENSWÜRDIGKEITEN

ORCA-FEST

Mitte August findet alljährlich das **Orca-Fest** statt. Es beginnt mit einer Parade und bietet im Hafenviertel Aufregendes für Groß und Klein: Autosalons, Handwerkskunst-Verkauf, Lachs-Grillparties der Natives, Unterhaltung, Tanz und vieles mehr. Verbunden ist das Orca-Fest mit dem jährlich durchgeführten Baseballturnier.

PORT MCNEILL & DISTRICT MUSEUM

Das im Blockhausstil errichtete Museum wurde 2000 eröffnet und mit zahlreichen Spenden von Bewohnern und ansässigen Firmen unter der Mitarbeit vieler freiwilliger Helfer errichtet. Es zeigt Dokumente, Videoaufzeichnungen und Fotografien, hauptsächlich aus der frühen Forstwirtschaft und Besiedelung des Ortes.

- ✉ 2 - 351 Shelley Crescent
- ☎ 250-956-9898
- Samstag bis Montag von 13-16 Uhr

BAUMWURZELN

Zwei der größten und mächtigsten Baum-Wurzeln sind in Port McNeill im **Waterfront Park** zu sehen. Der erste Holz-Koloss stammt von einer 351 Jahre alten

Unterwegs im Norden der insel

Sitka-Fichte, Gewicht ca. 22 Tonnen, Umfang 13,7 m. Die zweite Wurzel, die ebenfalls von einer Sitka-Fichte stammt, wiegt ca. 30 Tonnen und hat einen Umfang ca. 18 m.

UNTERKÜNFTE

Haida Way Motor Inn
1817 Campbell Way
250-956-3373
★★
www.port-mcneill.com

Haida Way Motor Inn
1703 Broughton Boulevard
250-956-3304 oder
1-877-956-3304 (gebührenfrei)
★★
www.dalewoodinn.com

At Water's Edge Bed & Breakfast
2202 Beach Drive
250- 956-2912
★★
www.atwatersedge.ca

Broughton Strait Campground
550 Southeast Main Street, Gravelroad
250-956-3224
ganzjährig
23, alle Anschlussmöglichkeiten
ja
ab CAD 25
www.rdmw.bc.ca/siteengine/activepage.asp?PageID=127

Alder Bay Resort
Alder Bay Drive, Richtung Telegraph Cove (6 km) vom Highway 19
250-956-4117 oder
1-888-956-4117 (gebührenfrei)
April bis Oktober
90, Wasser- und Stromanschluss ja
ab CAD 25
www.alderbayresort.com

MARBLE RIVER PP

Der wilde, 14,1 km² große **Marble River Provincial Park** liegt im Norden

Vancouver Islands und ist erreichbar über die Zufahrtsstraße (Highway 30) nach Port Alice oder per Boot ab Coal Harbour, nordwestlich gelegen. Das Territorium des Parks, das traditionelles Gebiet der Quatsino First Nations ist, zieht sich entlang des Marble River bis zu der Verbindung von Rupert Inlet, Holberg Inlet, Quatsino Sound und Neroutsos Inlet. Im Park gibt es keine Wohnmobil-Stellplätze, Wildniszelten ist aber erlaubt. Außerhalb des Parks, in der Nähe des Highways steht ein einfacher **Western Forest Products Recreation Campground** für Wohnmobile zur Verfügung.

Am Western Forest Campground beginnt ein schöner 4,2 km (einfache Strecke) langer Wanderweg entlang des Flusses. Besonders interessant ist der Trail während der Lachswanderungen im Herbst. Aussichtspunkte befinden sich am Beginn des Trails und an den Bear Falls.

Vorsicht: Während dieser Zeit gehören auch Schwarzbären zu den Besuchern des Parks, denn sie haben hier leichte Beute, wenn die Lachse in Scharen und am Ende ihrer Kräfte an ihrer Geburtsstätte angekommen sind.

ganzjährig
33 nein nein
ja
Kanu- und Kajakfahren, Fischen, Schwimmen (Ozean), Wandern
www.env.gov.bc.ca/bcparks/explore/parkpgs/marble_rv

R LINK RIVER REGIONAL PARK

Etwas abseits des Highway 30 liegt der **Link River Regional Park** am Zufluss des Link River in den Alice Lake. Durch seine traumhafte Lage ist der See ein beliebtes Ausflugsziel an Wochenenden. Drei überdachte Barbecue-Plätze bieten auch bei nicht so idealem Wetter Freizeitspaß.

Die etwa 9 km lange Zufahrtstraße (Alice Lake Road, gravel) zweigt nahe km 26 vom Highway 30 nach Osten ab. Die Gravelroad ist wetterabhängig mehr oder weniger gut befahrbar.

250-956-3301
ganzjährig, Service von Mitte Juni bis Mitte September (Platzwart anwesend)
22 nein nein
CAD 15
Kanu- und Kajakfahren, Fischen, Schwimmen, Wandern
www.env.gov.bc.ca/bcparks/explore/parkpgs/marble_rv

PORT ALICE

	Victora	510 km
	Nanaimo	398 km
	Port McNeill	54 km
	Abzweig Hwy 19	32 km
	Port Hardy	51 km
	Port Alice	890
	Januar	+ 2° C
	Juli	+ 14° C
	Meereshöhe	Sealevel

Vielleicht haben Sie sich die Zeit genommen und sind die kurvenreiche und landschaftlich wunderschöne asphaltierte Straße nach **Port Alice** gefahren, um den idyllisch gelegenen Ort am Ende des Neroutsos Inlet zu besuchen. Er ist Ausgangsbasis für Abenteuer- Kanutouren zur Meerenge **Quatsino Sound** und in den **Ma-**

quin / Brooks Peninsula Provincial Park.

Die Stadt zwischen dem Neroutsos Inlet und der Bergwelt Vancouver Islands bietet für alle Outdoor-Fans reichliche Gelegenheiten zu allerlei Arten sportlicher Betätigung und ist Ausgangspunkt für eine Tour in den wilden Nordwesten der Insel. Gravelroads führen zum *Klaskino Inlet*, zur *Side Bay* und *Harvey Cove*, wo Abenteuerlustige einfache Zeltplätze, schöne Wandermöglichkeiten mit großartigen Ausblicken auf den Pazifik vorfinden.

Geologisch interessant sind die **Karstformationen** und **-höhlen** am *Devil's Bath, Eternal Fountain* und *Vanishing River,* Auskunft über die Beschaffenheit und Lage erhalten Sie bei Bedarf in der Visitor Information. Die Gebiete sind auch Heimat des Rotwilds, von Schwarzbären und Pumas.

Das heutige Gebiet um Port Alice bis Cape Scott am Nordende der Insel war viele Jahrtausende Heimat der Tlatlasikwala, Nakumgilisala und Yutlinuk Natives. Durch europäisch-eingeschleppte Epidemien starben die Yutlinuk aus und die beiden übrig gebliebenen Stämme zogen sich um 1850 auf die Insel *Hope Island* vor der Nordküste Vancouver Islands zurück, wo sie bis 1954 geblieben sind. Und da zur damaligen Zeit nur noch 32 Mitglieder lebten, verbanden sich im gleichen Jahr mit den Koskimo People und siedelten zum *Quatsino Sound*. Heute leben sie, bekannt als Nahwitti People, in sechs Reservationen, wovon sich drei im Gebiet des Cape Scott Provincial Parks im Norden der Insel befinden.

Die Entstehung von Port Alice im Jahr 1917 geht auf die Errichtung einer Faserstofffabrik zurück, die noch heute existiert und einige hundert Beschäftigte hat. Die zweite, wichtige Einnahmequelle der Stadt ist die Holzwirtschaft, Grundlage der Faserstofffabrikation. Benannt wurde die Stadt, die einige Jahre nach der Errichtung der Fabrik vier Kilometer südlich geplant und gebaut wurde, nach

HR

Port Alice

Fort Rupert

HR

Alice Whalen, ihre Familie unterstützte während der ersten Jahre der Stadtgeschichte die ansässige Industrie.

In Port Alice sind die wichtigen Grundversorgungseinrichtungen wie Tankstelle, General Store und Restaurant vorhanden.

Für alle Golfspieler interessant: Der 9-Loch-Golfkurs nahe der Zellstofffabrik ist einer der ältesten und anspruchsvollsten auf Vancouver Island.

Entlang der Küste führt ein etwa drei Kilometer langer Trail, der Weg ist rollstuhlgeeignet. Und wenn das Wetter es zulässt, genießen Sie einfach die tolle Aussicht, indem sie auf der netten Picknickanlage eine Pause einlegen.

Weitere Wanderwege gibt's im Bereich des **Rumble Mountains** oberhalb der Kleinstadt.

Alle Mountainbiker können alljährlich Anfang Juni an an einem besonderen Highlight teilnehmen, dem **Rumble Mountain Rage Cross Country Rennen**, bekannt für seine steilen Auf- und Abfahrten quer durchs Gelände und dem Rumble Tumble Downhill Rennen mit halsbrecherischen Abfahrten. Informationen in der Visitor Information oder unter folgender Internetadresse:

www.rumblefest.com

VISITOR INFORMATION

1051 Marine Drive
250-284-3391
Mai bis Ende August: Montag bis Freitag von 9-17 Uhr, Samstag und Sonntag von 11:30-17 Uhr
www.portalice.ca

SEHENSWÜRDIGKEITEN

CHARTERTOURS

Die Chartergesellschaft bietet Fischfang- und Sightseeing-Touren mit einem erfahrenen Schiffsführer an, der mit den Gewässern der Nordküste Vancouver Islands bestens vertraut ist und über langjährige Erfahrung verfügt.

Port Alice
250-284-6204
patsbob@cablerocket.com
www.rumblebeachfishingcharter.com

UNTERKÜNFTE

Inlet Haven Bed & Breakfast
1036 Matsqui Road
250-284-3216
★ bis ★★
www.inlethaven.com

Quatsino Chalet Hotel
111 Nigei Street
250-284-3338

Port Alice RV Park and Campground
1201 Marine Drive
250-284-3422
alle Anschlussmöglichkeiten.

Link River Regional Park Campsite
▶ Seite 274

FORT RUPERT

Wenige Kilometer südlich von Port Hardy führt eine Straße nach **Fort Rupert (T'sakis Village)**, einem historischen Kwakwaka'wakw Dorf der Kwakiutl Band. Die kurze Zufahrt ist nicht ausgeschildert, daher fahren Sie ab Highway 19 über die Byng Rd - Beaver Harbour Rd - Tsakis Rd oder über die Airport Rd - Beaver Harbour Rd - Tsakis Rd nach Fort Rupert, wo Sie freundlich mit *„Welcome in our City"* begrüßt werden. Entlang der Hauptstraße stehen viele farbenfrohe Totempfähle und einige Gebäude sind mit Native-Motiven bemalt, zu sehen ist auch ein traditioneller Versammlungsort **„Big House"** der Band.

Mitte des 19. Jahrhunderts errichtete hier die Hudson's Bay Company ein Fort, unterhalb des Forts sind Felsenzeichnungen (*Petroglyphs*) der First Nations zu entdecken, allerdings sollten Sie bei Interesse sich die genauen Standorte

HR

Fort Rupert

zeigen lassen, da das Auffinden schwierig ist. Wer sich für Native Art interessiert, sollte in der Galerie **Kwakiutl Art of the Copper Maker**, die 1983 von Calvin Hunt erbaut wurde, vorbeischauen. Dort gibt es reichlich Auswahl an Totempfählen, Keramik, Schmuck, Masken und vielen weiteren Kunstgegenständen der ansässigen First Nations.

114 Copper Way, Fort Rupert
250-949-8491
Montag bis Samstag; Sonntag nach Absprache
www.calvinhunt.com

Ein Bustransfer verbindet Fort Rupert und Storey Beach mit Port Hardy. Näheres ▶ Seite 265

COAL HARBOUR

Die kleine beschauliche Ortschaft **Coal Harbour** liegt etwa 12 km südwestlich von Port Hardy am Holberg Inlet und ist allein schon durch ihre Lage einen Besuch wert. Die asphaltierte Zufahrtsstraße (Coal Harbour Rd) zweigt kurz vor Erreichen der Stadt Port Hardy nach Südwesten ab.

Die Entstehung der Ortschaft geht auf die Gründung eines allerdings nicht von Erfolg gekrönten Kohlebergwerks im Jahre 1883 zurück, das leider nur qualitativ minderwertige Kohle förderte. Danach war Coal Harbour erfolgreich im Walfang, bis diese letzte Walfangstation von British Columbia 1967 geschlossen wurde. In den siebziger Jahren entstand eine Kupfermine, die neue Bewohner anzog, aber nur bis 1996 in Betrieb war.

In Erinnerung an die Walfangstation stehen in Ortsmitte die gigantischen **Kieferknochen eines Blauwals** vor dem Moby Dick Store. Sie sind fast sieben Meter lang und damit die längsten der Welt.

Heute ist der malerische Hafen von Coal Harbour eine wichtige Anlaufstelle für die Schifffahrt im Norden der Insel und die Holz- und Fischereiwirtschaft sind bedeutende Einnahmequellen für die Bewohner.

Touristisch interessant sind die Wassersportmöglichkeiten, hier sind besonders die Kajaktouren in die entlegenen, landschaftlich wunderschönen Küstenbereiche der Umgebung bekannt und beliebt. Ein Bustransfer verbindet auch Coal Harbour mit Port Hardy.

UNTERKÜNFTE

Old Skipper B&B
507 Coal Harbour Road
250-949-7456
★★
www.oldskipper.com

Blue Heron Bed & Breakfast
317 Harbour Road
250-949-7010
★★
www.blueheronbedbreakfast.com

Harbourview Campground & RV Park
250-949-8895
1 - 201 Harbour Road
14

PORT HARDY

	Swartz Bay - Ferry Terminal	614 km
	Victora	582 km
	Nanaimo	465 km

	Campbell River	293 km
	Port Alice	51 km
	Port Hardy	4.011
	Januar	0° C
	Juli	+ 17° C
	Meereshöhe	Sealevel

Port Hardy an der Queen Charlotte Strait ist das wichtigste Versorgungszentrum des nördlichen Teils von Vancouver Island und das *Tor zum wilden Cape Scott Provincial Park* mit seinen zerklüfteten Küstenbereichen und dichten Regenwäldern. Von Port Hardy führt eine Gravelroad zu der Ortschaft **Holberg** (42 km) am Holberg Inlet, einem weit ins Land reichenden Seitenarm des Pazifiks. Holberg ist Ausgangspunkt für einen Wildnis-Trip in den Cape Scott Provincial Park. Von Holberg geht es noch weiter auf einer schlechten Gravelroad bis nach **Winter Harbour** (ca. 24 km südlich von Holberg), einem alten Fischerdorf am Quatsino Sound.

Doch auch in Port Hardy sind zahlreiche Outdoor-Aktivitäten möglich. So können Taucher das Unterwasserleben erforschen, es werden Bootstouren angeboten (u.a. natürlich Whale-Watching), es gibt Wandermöglichkeiten und wer tiefer in die Kultur der Natives einsteigen möchte, kann an einer geführten Tour teilnehmen oder sich in den verschiedenen Galerien umsehen, die Kunstwerke der Natives anbieten.

Die ersten Spuren einer Besiedelung gehen auf First Nations zurück, die bereits vor ca. 8.000 Jahren hier gelebt haben. In **Beaver Cove**, südlich von Port Hardy, wurden um 1978 die ältesten Funde der Insel entdeckt, die aus der Zeit um 6.000 v. Chr. stammen und diese Tatsache bestätigten.

Die ersten weißen Siedler waren wohl Alec und Sarah Lyon, die an der Ostseite der *Hardy Bay*, nicht weit von der existierenden Siedlung Fort Rupert entfernt, 1904 ein Geschäft mit Poststelle eröffneten. Um noch weitere Siedler in dieses abgelegene Fleckchen Erde zu locken, machte die Hardy Bay Land Company kräftig Reklame für die Gegend und versprach den Interessenten, dass diese in eine wohlhabende und an das Schienennetz angeschlossene Hafenstadt kommen würden. Dieses Versprechen zog selbst Siedler aus den USA und England an, die aber dann nur grüne Wälder und Wildnis vorfanden. Diejenigen, die es sich leisten konnten, packten ihre Siebensachen und zogen schnell wieder von dannen – die anderen mussten bleiben, hatten sie doch ihr gesamtes Hab und Gut verkauft, um hierher in das so *„gelobte Land"* zu kommen. Ja, und häufig wird aus der Not eine Tugend, so hatten die 12 Familien, die geblieben waren, bis zum Jahr 1914 bereits eine Schule, eine Sägemühle, eine Kirche und ein Hotel aufgebaut. Und 1916 verband Port Hardy und Coal Harbour ein Trail, was ein weiterer Schritt zur später wichtigsten Versorgungsstation Port Hardy war, da Coal Harbour schon von Schiffen angefahren werden konnte. Ihren Namen bekam die Stadt vom Vizeadmiral Sir Thomas Masterman Hardy, einem Freund Lord Nelsons. Hardy war Kapitän der *HMS Victory*, die an der Seeschlacht von Trafalgar beteiligt war.

Der Zuzug der Europäer brachte auch hier den ansässigen Natives ein besonders tragisches Schicksal: Die meisten fielen leider den eingeschleppten Krank-

Port Hardy

heiten zum Opfer.

Einige letzte Zeugen dieser Native Kultur finden Sie in Form von **Totems** und **Murals** (lebensgroße Wandgemälde) im Stadtgebiet und der näheren Umgebung. Heute leben im nördlichen Vancouver Island noch Gruppen der Kwakiutl, Gwa'Sala-'Nakwaxda'xw und Quatsino First Nation.

Achten Sie bei Ihrem Bummel oder Fahrt durch den Ort auch auf die **Holzfiguren** im Stadtbereich (u.a. *„Welcome to Port Hardy"*, *„Three Bears"* uvm.), die mit einer Kettensäge von einem ehemaligen Bewohner Port Hardys angefertigt wurden

Die Haupteinnahmequellen der Stadt sind die Forstwirtschaft, der Fischfang, Kupferbergbau und der Tourismus. Es sind alle Versorgungseinrichtungen vorhanden, ein Overwaitea Foods Supermarkt liegt an der Granville St, einer Seitenstraße vom Highway 19, im südlichen Teil des Ortes.

Ein Bustransfer verbindet Port Hardy mit Port McNeill, Fort Rupert/Storey Beach und Coal Harbour und bietet auch lokale Busverbindung an. Näheres ► Seite 265

VISITOR INFORMATION

- 7250 Market Street
- 250-949-7622
- Winter: Montag bis Freitag von 9-17 Uhr, Sommer: Montag bis Freitag von 8:30-18 Uhr, an Wochenenden von 9-17 Uhr
- www.district.porthardy.bc.ca

SEHENSWÜRDIGKEITEN

WHALE-WATCHING

Vancouver Island ist ein Paradies für **Walbeobachtungstouren** und in Port Hardy gibt es - wie in vielen weiteren Ortschaften auf der Insel - genügend Möglichkeiten, an einer solchen Tour teilzunehmen. Doch werden Sie auf einer Tour nicht nur Wale beobachten können, sondern auch Seelöwen und Seehunde und in Küstennähe vielleicht auch Schwarzbären, Grizzlys oder Pumas.

Bevor Sie sich einen Veranstalter heraussuchen, sollten Sie sich in der Visitor Information darüber informieren, wie die Chancen einer Sichtung aktuell stehen.

GREAT BEAR NATURE TOURS

Wenn Sie auf Ihrer Reise durch Vancouver Island noch keine Bären gesichtet haben, dann bietet sich eine Tour zum **Great Bear Rainforest** an, einem hervorragenden Platz für die Beobachtung von Grizzlys, Schwarzbären, Wölfen und vielen weiteren Tieren. Allerdings ist der Spaß nicht grade günstig zu bekommen, da die Great Bear Lodge, Startpunkt der *Nature Tours*, 50 Flugmeilen von Port Hardy entfernt und nur per Wasserflugzeug zu erreichen ist.

Für weitere Infos wenden Sie sich bitte an die Veranstalter.

- Box 1168, Port Hardy, BC V0N 2P0
- 1-888-221-8212 (gebührenfrei)
- Anfang Mai bis Oktober
- Je nach Anzahl Übernachtung und Saison pro Person im Zweibettzimmer: CAD 890 bis CAD 3.100
- info@greatbeartours.com
- www.greatbeartours.com

QUATSE RIVER HATCHERY

Wer sich über die **Lachszucht** informieren möchte, sollte der Quatse River Hatchery einen Besuch abstatten.

- 8400 Byng Road, Port Hardy
- 250-949-9022
- Montag bis Freitag von 8-16 Uhr

Tipp: Wenn Sie furchtlos sind, übernachten Sie auf dem in unmittelbarer Nähe liegenden Quatse River Campground (▶ Seite 283). Im Herbst kommen hier die Schwarzbären morgens und abends zum Fluss und holen sich ihre Portion Fischprotein aus dem Wasser. Ein

HR

Port Hardy

schlussendlich dann doch unheimliches Ereignis, das wir schon selbst erlebt haben – Vorsicht ist aber in jedem Fall geboten. Leichtfertiges Verhalten, Anlock- oder gar Annäherungsversuche sollten Sie nicht riskieren.

FILOMI DAYS

Alljährlich am dritten Wochenende im Juli finden im *Rotary Park* die Filomi Days statt. Die Veranstaltung ehrt die auf den Bodenschätzen basierende Wirtschaft der Stadt. **Filomi** steht für die drei Säulen der Wirtschaft „**Fi**shing, **Lo**gging and **Mi**ning" (Fischereiwirtschaft, Holzwirtschaft und Bergbau). An dem feuchtfröhlichen Wochenende wird allerlei Spiel und Spaß für Groß und Klein geboten, fürs leibliche Wohl ist bestens gesorgt, das Tanzbein kann geschwungen werden und eine Parade darf auch nicht fehlen. Den Abschluss des Festes bildet ein Feuerwerk.

www.filomi.com

INDIAN SUMMER GAMES

Die Spiele finden alljährlich im September im *Carrot Park* statt mit wunderschönen und farbenprächtigen Darbietungen der First Nations.

STOREY'S BEACH

Ein schöner Strand und Ruheplatz ist der Storey's Beach, der 11 km südlich von Port Hardy liegt. Man erreicht ihn über die Byng Road Nord - Beaver Harbour Road. Am Strand befindet sich ein großer Parkplatz. Der Sandstrand ist ein beliebter Picknickplatz mit einer fantastischen Aussicht und einem überdachten Pavillon, der den Freizeitspaß auch bei etwas feuchterem Wetter sicherstellt.

Hier beginnt auch der **Lex Lyon Trail** (▶ Seite 283).

PORT HARDY MUSEUM

Das kleine **Museum** befindet sich an der Market Street und informiert über die ers-

Storey Beach - Lex Lyon Trail

ten europäischen Siedler, den Bergbau, die Forstwirtschaft und die Geschichte der First Nations, die schon vor vielen Tausend Jahren hier angesiedelt waren. Einige Stücke aus den archäologischen Funden im nahe liegenden Beaver Cove sind hier ausgestellt.

- Market Street
- 250-949-8143
- Mitte Mai bis Ende September Dienstag bis Samstag von 10:30-16:30 Uhr, sonst: Mittwoch bis Samstag von 10-16:30 Uhr, an Feiertagen geschlossen.
- kein Eintritt, es wird um eine Spende gebeten
- www.northislandmuseums.org

LEX LYON TRAIL

Der etwa einen Kilometer lange, leicht begehbare, Teil des Trails führt am Storey's Beach entlang und wird gerne als kurze Wanderung von Alt und Jung genutzt.

Wer den gesamten Trail wandern möchte, der auch noch bis zum nordöstlich gelegenen **Dillon Point** ausgedehnt werden kann und grandiose Ausblicke auf die Queen Charlotte Strait bietet, sollte in der Visitor Information Port Hardy oder beim Regional District of Mount Waddington 604-956-3161 nach dem Zustand des Weges fragen.

Unterwegs findet man Picknick- und Grillplätze. **Bitte achten Sie** unbedingt auf festes Schuhwerk und auch Regenbekleidung sollte im Gepäck sein.

- Storey's Beach
- 5-6 Stunden (einfache Strecke)
- schwierig, einige sehr gefährliche Stellen, achten Sie auf die Gezeiten
- 4,5 km (einfache Strecke)

UNTERKÜNFTE

Airport Inn
- 4030 Byng Road
- 250-949-9434 oder 1-888-218-2224 (gebührenfrei)
- ★★
- www.airportinn-porthardy.com

Pioneer Inn & RV Park
- 8405 Byng Road
- 250-949-7271 oder 1-800-663-8744 (gebührenfrei)
- Zimmer: ★★
- 25, alle Anschlussmöglichkeiten
- ab CAD 20
- www.vancouverisland.com/pioneerinn

Glenn Lion Inn
- 6435 Hardy Bay Road
- 250-949-7115 oder 1-877-949-7115 (gebührenfrei)
- ★★
- www.glenlyoninn.com

C&N Backpackers Hostel
- 8740 Main Street
- 250-949-3030
- ★
- www.cnnbackpackers.com/porthardy

Quatse River Campground
- 8400 Byng Road
- 250-949-2395
- 62, Wasser- und Stromanschluss ja
- ab CAD 20
- www.quatsecampground.com

Sunny Sanctuary Campground & RV Park
- 880 Good Speed Road, nahe Ferry
- 250 949 8111 oder 1-866-251-4556 (gebührenfrei)
- 76, Strom- und Wasseranschluss ja
- ab CAD 20
- www.sunnysanctuary.com

HR

NEBENROUTE 1
LANGFORD BIS PORT RENFREW

COLWOOD UND LANGFORD

	Sooke	29 km
	Colwood	16.100
	Langford	27.300
	Januar	+ 4° C
	Juli	+ 20° C
	Meereshöhe	80 m

Die beiden Satellitenstädte **Colwood** und **Langford**, im Westen von Victoria an der *Juan de Fuca Strait* gelegen, haben ihren Ursprung bereits im 19. Jahrhundert, als sich hier die Landwirtschaftsbetriebe der Hudson's Bay Company befanden.

Die schnell wachsende Stadt Colwood wurde 1985 und Langford 1992 unabhängig. Langford wurde nach Edward Langford, Begründer einer Farm Mitte des 19. Jahrhunderts, benannt. Beide Städte bieten eine Vielzahl an Freizeitangeboten in regionalen Parks und im Küstenbereich und haben alle Versorgungseinrichtungen.

Touristisch interessant sind einige **historische Gebäude**, die im Kapitel Sehenswürdigkeiten beschrieben werden.

VISITOR INFO WEST SHORE CHAMBER OF COMMERCE

Zuständig für die Städte
Colwood, Langford,
the Highlands,
Metchosin and View Royal,
die alle im Westteil von Victoria liegen

2830 Aldwynd Avenue, Victoria
250-478-1130 oder
1-877-912-1780 (gebührenfrei)
Montag bis Freitag
von 8:30-16:30 Uhr

SEHENSWÜRDIGKEITEN

ST. JOHN BAPTIST HERITAGE CHURCH

Die restaurierte **St. John Baptistenkirche** wurde 1912 offiziell eröffnet. Die Kirche ist nicht konfessionsgebunden und liegt neben dem Pionierfriedhof in Colwood. Im Inneren der Kirche herrscht eine sehr schöne Akustik, was man besonders beim Lauschen eines Orgelkonzertes genießen kann. Es finden regelmäßig Lesungen, Orgel-, Gesangs- und Violinkonzerte statt und auch für Hochzeiten wird das Kleinod im Holzgotik-Stil gerne gebucht.

Glencairn Lane, Colwood
250-361-5084 (für Infos)

HATLEY PARK NATIONAL HISTORIC SITE

Das wunderschön begrünte **Hatley Castle** befindet sich am Nordende von Colwood. Zufahrt über den Highway 14 (Sooke Road) und University Drive. Das Herzstück des Gebäudes ist die Replikation des Schlosses aus dem 15. Jahrhundert, errichtet 1908 für den Kohle- und Eisenbahnbaron James Dunsmuir, der später auch Premierminister von British Columbia war. Das Schloss war die Unterkunft von vielen Persönlichkeiten des öffentlichen Lebens und der Wirtschaft. Den **japanischen Garten** legte Ishiburo Kishida an. Ende der dreißiger Jahre wurde das Anwesen an die Bundesregierung mit der Auflage verkauft, es für pädagogische Zwecke zu nutzen. In den folgenden 50 Jahren wurden hier am **Royal Roads Military College** Militäroffiziere ausgebildet, die aufgrund der guten Ausbildung später vielfach führende Posten in der

Militärhierarchie innehatten. 1995 wurde die Royal Roads University im Hatley Park gegründet und das Gebäude für die Führungskräfte der Universität genutzt. Im gleichen Jahr bekam es auch den Status *National Historic Site of Canada*. Es ist geplant, für die Universität eine neue Akademie zu bauen, um das Schloss für den Tourismus und für besondere Ereignisse nutzen zu können.

Das **Hatley Park Museum** wurde im Jahr 1999 von der Royal Roads University gegründet.

Durch die Geschichte des Schlosses kann man nur auf einer geführten Tour reisen und bekommt vieles über die Zeit erzählt, als es noch in Privatbesitz (1908 - 1937) war und später dann zur Militärhochschule (1940 - 1995) und Universität (seit 1995) wurde.

Im **Dunsmuir Room** sind Gegenstände, Kunstwerke und einige rekonstruierte Räumlichkeiten der Familie James und Laura Dunsmuir zu sehen. Auch über den Kohlebergbau und die Eisenbahngeschichte erfährt man Interessantes.

Der **Rear Admiral John A. Charles Room** ist dem Gründer der *Friends of Hatley Park Society* gewidmet und zeigt Uniformen, Dokumente und weitere interessante Ausstellungsstücke aus der Zeit, in der sich die Militärhochschule im Schloss befand.

Im **Millennium Room** kann man sich anhand einiger Fotoalben, Bordbücher und Trophäen ein Bild über die Vergangenheit machen.

Besondere Highlights des bunten und schön angelegten Gartens sind der **Japanische Garten**, der **Rosengarten** und der **Italienische Garten**. Und damit auch zu allen Jahreszeiten die Besucher die Gartenpracht bewundern können, sorgen fünf engagierte Gärtner, ein Pflanzenzüchter und sieben Saisonarbeiter für einen tadellosen Zustand des Gartens.

✉ 2005 Sooke Road
☎ 250-391-2666 oder
1-866-241-0674 (gebührenfrei)
🕓 Kernöffnungszeiten täglich von 10-16 Uhr
Garten: Erwachsene: CAD 4,75, Senioren (60+): CAD 4,25, Schüler (6-17 J.): CAD 3,25, Familien: CAD 14,25

Geführte Touren

(1 Stunde, ab 10 Personen) durch das Schloss:
☎ 250-391-2666.
Erwachsene: CAD 18, Senioren: CAD 17, Jugendliche: CAD 9,50, Kinder unter 5 J.: frei, Familien: CAD 50. Eintrittspreise für die Heritage Gardens sind inbegriffen.
www.hatleypark.ca

Fisgard Lighthouse

NR1

FORT RODD HILL UND FISGARD LIGHTHOUSE

Fort Rodd Hill wurde Ende des 19. Jahrhunderts an der westlichen Hafeneinfahrt als Festungsanlage für die Küstenartillerie erbaut, die die Verteidigung von Victoria gewährleisten sollte. Zu sehen sind noch drei Artilleriegeschütze und einige Räume des Forts, unterirdische Lager uvm. Im ehemaligen Wärterhaus kann man eine Ausstellung besuchen und sich einige Videos ansehen.

Auf einem Landvorsprung an der Einfahrt zum Esquimalt Hafen steht das sehenswerte **Fisgard Lighthouse**. Es wurde 1860 als erster permanenter Leuchtturm an der Pazifikküste erbaut, gehört zu den ältesten Gebäuden British Columbias und ist noch heute als vollautomatische Navigationsstation in Betrieb.

Im Gebäude kann man auf zwei Etagen Einiges aus den frühen Zeiten anhand von Bildern, Ausstellungsstücken und technischem Equipment bewundern und erfährt, wie einsam und verlassen das Leben eines Leuchtturmwärters Ende des 19. Jahrhunderts war.

In Parkplatznähe gibt es einen Picknickplatz mit 12 Tisch-Bank-Kombinationen. Auf dem naturbelassenen Gelände, das mit Erdbeerbäumen und Garry-Eichen bewachsen ist, sind der Schwarzwedelhirsch, Grauhörnchen, Waschbären und zahlreiche Vogelarten heimisch. Auch Seehunde und Seelöwen tummeln sich gelegentlich in den Gewässern rund um den Leuchtturm. Während der Sommermonate sind kleine Imbisse, Erfrischungen und Souvenirs erhältlich. Hunde sind nicht erwünscht, auch Radfahren ist auf dem Gelände nicht erlaubt.

603 Fort Rodd Hill Road, Zufahrt vom Highway 14 / Highway 1A über den Ocean Boulevard - Fort Rodd Hill Road.
250-478-5849
Mitte Februar bis Ende Oktober täglich von 10-17:30 Uhr, sonst 9-16:30 Uhr
1-2 Stunden
Erwachsene: CAD 3,90, Senioren: CAD 3,40, Kinder/Jugendliche: CAD 1,90, Familien: CAD 9,80

UNTERKÜNFTE

Birds of a Feather Ocean Front B&B
206 Portsmouth Drive, Colwood
250-391-8889 oder
1-800-730-4790 (gebührenfrei)
★ bis ★★★
www.victorialodging.com

Eagle's Rest B&B
3307B Metchosin Road, Colwood
250-478-5996
★ bis ★★
nfo@eaglesrest.ca
www.eaglesrest.ca

Happy Travels B&B
3184 Matilda Drive, Colwood
250-391-1212
★★
info@happytravels.ca
www.happytravels.ca

Royal Roads Ocean Front B&B
214 Portsmouth Drive, Colwood
250-391-0249
1-877-746-5506 (gebührenfrei)
★★
www.royalroadsbb.com

Glen Lake Inn
2668 Sooke Road, Langford
250-478-9797
★ bis ★★
www.glenlakeinn.ca

P SOOKE POTHOLES PP

Der Park liegt 3 km östlich von Sooke und ist über die Sooke River Road, die vom Highway 14 nach Norden abzweigt, erreichbar.

Der **Sooke Potholes Provincial Park** schützt die durch die Verschiebungen der Gletscher und Erosion des Schmelzwassers entstandenen Felsenformationen und Felsenvertiefungen auf dem Grund des Sooke River. Im klaren Wasser des Flusses und der Pools lässt es sich gut schwimmen und lauschige Plätzchen am Ufer laden zum Verweilen ein. Im Herbst finden Lachse zum Fluss zurück, um dort zu laichen. Die Lachs-Wanderung kann man besonders gut durch die vorhandenen Vertiefungen im Fluss beobachten. Doch **Achtung**, auch Bären wissen um diese Jahreszeit, wo sie leicht Beute für ihr Winterfett machen können!

Bitte achten Sie auf die Wasserstände während und nach heftigen Niederschlägen und **Vorsicht:** Im Park gibt es stellenweise steile Klippen.

ganzjährig, Parken ist gebührenpflichtig

Kanu- und Kajakfahren, Fischen, Relaxen

www.env.gov.bc.ca/bcparks/explore/parkpgs/sooke_potholes

SOOKE

	Langford	29 km
	Port Renfrew	73 km
	Sooke	1.500
	Januar	+ 4° C
	Juli	+ 20° C
	Meereshöhe	0 - 40 m

Sooke und das gegenüberliegende **East Sooke** liegen südwestlich von Victoria am Westende des *Sooke Basin*, einem Seitenarm der *Juan de Fuca Strait*.

Ideal am fischreichen Sooke River gelegen, war die Gegend lange Jahre Heimat der T'sou-ke (Sooke) First Nations. Die Wälder in der Umgebung lieferten Wurzeln und Früchte, Muscheln fanden sie entlang der Küste. 1843 eröffnete die Hudson's Bay Company ein Fort im damaligen **Camosun** (heute: Victoria), es kamen europäische Siedler und erwarben Land.

Der erste Immigrant, der 1849 am Sooke Hafen Land erwarb, war Captain Walter Colguhoun Grant, der allerdings 1853 nach Großbritannien zurückkehrte und sein Land der Familie Muir überließ. John und Anne Muir segelten 1949 von Schottland nach Fort Rupert auf Vancouver Island, um für die Hudson's Bay Company nach Kohlevorkommen zu suchen. Sie kamen 1851 nach Sooke und siedelten sich dort an. Einige Jahre später betrieben sie bereits eine dampfbetriebene Sägemühle, Land- und Forstwirtschaft und hatten durch ihre Betriebsamkeit eine enorme Bedeutung für die weitere Entwicklung der Gegend.

Im frühen 19. Jahrhundert wurde der kommerzielle Fischfang zu einem wichtigen Wirtschaftsfaktor, der Mitte des Jahrhunderts von Fischerbootflotten abgelöst wurde.

Sooke ist mit seinen vielen Freizeitangeboten für Wassersportbegeisterte und Naturliebhaber ein beliebter Ferienort. Es sind alle Versorgungseinrichtungen vorhanden. Daneben kommen Freunde der Kunst und Unterhaltungsmusik hier besonders durch einige Festivals auf ihre Kosten, die während der Sommer-

Sooke

monate in Sooke stattfinden. Wenn Sie gerade zu dieser Zeit in Sooke vorbeischauen, lassen Sie sich anstecken und mitreißen und erleben Sie live die Begeisterung und Freude der Darbietenden und Zuschauer.

Tipp: Sehnsucht nach Brot „kross wie zu Hause" und feinen Backwaren? Dann schauen Sie doch in der **Little Vienna Bakery** vorbei, die mit dem Slogan *Have you had your Schnecke today?* wirbt.

6726 West Coast Road / Highway 14
250 642 6833
www.littlevienna.com

VISITOR INFORMATION

2070 Phillips Road/ Ecke Highway 14 im Museumsbereich
250-642-6351
www.sooketourism.bc.ca
www.eastsooke.com

SEHENSWÜRDIGKEITEN

FESTIVALS

SOOKE FINE ARTS FESTIVAL

findet Ende Juli bis Anfang August statt
www.sookefinearts.com

SOOKE RIVER MUSIC FESTIVAL

Mitte August
www.sookerivermusicfestival.com

BLUEGRASS FESTIVALS

Mitte Juni
www.sookebluegrass.com

Liebhaber klassischer Musik haben vielleicht Glück und können einem Konzert des **Sooke Philharmonic Orchestra** lauschen. Konzertdaten unter:

www.sookephil.ca

SOOKE REGIONAL MUSEUM

Das Museum zeigt die Höhepunkte der regionalen Geschichte und Kultur anhand von Kunstwerken der First Nations, zahlreichen Artefakten und historischen Fotos der ersten Siedler dieser Region. Neben einem umfangreichen Informationsangebot können die Besucher Kleidungsstücke des 18. Jahrhunderts und zahlreiche Exponate der frühen Land-, Forst- und Fischwirtschaft bewundern.

Durch großzügige finanzielle Unterstützung und durch weitere historische Gegenstände, die Familien dem Museum jedes Jahr übergeben, kann die Ausstellung Jahr für Jahr erweitert werden. Im Freigelände des Museums stehen einige Maschinen und Schnitzarbeiten, in einer Schmiede zeigen freiwillige Helfer an einigen Tagen ihre Fertigkeiten. Auch ein alter Leuchtturm, das **Triangle Lighthouse**, ist zu bewundern und sticht bereits vom Highway 14 aus förmlich ins Auge. Er stand ehemals auf **Triangle Island**, 45 km vor der Küste Nord-Vancouvers und 210 m über dem Meeresspiegel. Er diente ab 1910 der frühen Seefahrt als Orientierungshilfe. Doch bald stellte sich heraus, dass unglaublich starke Winde und extreme Wetterverhältnisse nicht für eine menschliche Behausung geeignet waren. Daher legte man den Leuchtturm 1918 still, zwei Jahre später wurde er abgebaut und seit 2004 schmückt dieser 12 m hohe Leuchtturm das Museumsfreigelände.

- 2070 Phillips Road, Ecke Highway 14
- 250 642 6351 oder 1-866-888-4748 (gebührenfrei)
- täglich von 9-17 Uhr, im Winter montags geschlossen
- www.sookeregionmuseum.com/exhibits.htm

EAST SOOKE REGIONAL PARK

In diesem über 14 km² großen und 1970 gegründeten Naturpark können sich Natur- und Wanderfreunde über 50 km Wanderwege freuen, die durch dichten Küstenregenwald und über Erhebungen, die einen weiten Blick zulassen, führen. Sumpfgebiete im Park sind Schutzzonen für viele Vogelarten. Besonders von Mitte September bis Ende Oktober machen verschiedene Falkenarten, Geier, Adler (u.a. auch Weißkopf-Seeadler) hier Rast, bevor sie sich auf den Weg zum südlich gelegenen *Olympic National Park* im Staat Washington (USA) machen.

Wenn Sie entlang der felsigen Küste auf dem Coast Trail unterwegs sind, weht Ihnen frischer Wind um die Ohren. Genießen Sie während Ihrer Wanderung die grandiose Aussicht. Und für Pausen zwischendurch eignen sich bestens geschützt liegende Buchten.

Bitte beachten Sie: Radfahren und Reiten ist auf den Trails nicht gestattet. Wandern Sie möglichst nicht allein, belassen Sie die Natur so, wie sie angetroffen wird und bleiben Sie unbedingt auf den bezeichneten Wegen.

Zufahrt zu den drei Parkplätzen vom Highway 14 über die Gillespie Road zur East Sooke Road.

- ⇨ East Sooke Road (3 Parkplätze: Aylard Farm, Anderson Cove und Pike Road)
- ganzjährig, von Sonnenauf- bis Sonnenuntergang
- Wandern, Tauchen

WANDERMÖGLICHKEIT

Coast Trail

- Parkplatz Aylard Farm oder Pike Road
- Tagestour
- moderat
- ⇔ 10 km

Weitere Wandermöglichkeiten:

- www.crd.bc.ca/parks/documents/east_sooke_web_brochure_000.pdf

NR1

GALLOPING GOOSE TRAIL

Der interessante und abwechslungsreiche, 1987 eingerichtete, **Galloping Goose Trail** verläuft im Südwesten von Vancouver Island auf einer ehemaligen Bahnstrecke der *CN Railway* durch Städte, landwirtschaftliche Flächen und Wildnis von Victoria weiter über Saanich, Langford, Colwood bis zum nördlich von Sooke gelegenen **Kapoor Regional Park**.

Auf seiner Route passiert er den Thetis Lake, Matheson Lake Park, den Roche Cove Park und führt an den Sooke Potholes vorbei bis zum Kapoor Regional Park. Der 55 km lange Trail, teils asphaltiert, teils Schotterweg, der auch in kürzere Etappen aufgeteilt werden kann, wird von Radfahrern und Wanderern, stellenweise auch von Reitern, genutzt. Mehrere Parkplätze findet man entlang der Strecke. Besonders reizvoll ist der letzte Teil des Trails zur Geisterstadt Leechtown, wo immer wieder plätschernde kleine Wasserfälle und glasklare Pools, in denen im Sommer auch mal ein Bad genommen werden kann, entlang des Weges liegen.

Der Trail wurde nach dem gasbetriebenen, geräuschvollen und sich etwas wackelig fortbewegenden Schienenfahrzeug benannt, das Passagiere und die Post während der 20er Jahre zwischen Victoria und Sooke beförderte. Er ist auch Teil des **Trans-Canada Trails**, der von der Ost- bis zur Westküste Kanadas verläuft.

Im 1999 gegründeten **Kapoor Regional Park**, nördlich von Sooke gelegen, endet der Trail. Dort liegt die Geisterstadt **Leechtown**, wo man Mitte bis Ende des 19. Jahrhunderts im Leech River Gold gefunden hatte. Anfang des 20. Jahrhunderts, nachdem die Goldfunde abgeschöpft waren, war die Forstwirtschaft eine wichtige Erwerbsquelle der restlichen Bewohner.

Der 1999 gegründete Kapoor Regional Park wurde der Familie Kapoor gewidmet

Otter Point

French Beach Provincial Park

zum Andenken an den Pionier und Holzfäller Kapoor Singh Siddoo (1886-1964).

Victoria, Johnson Street Bridge nahe Visitor Information

einfach bis moderat

55 km

Ein Plan des Trails zum Ausdrucken:

www.crd.bc.ca/parks/documents/goose_lochside_map.pdf

UNTERKÜNFTE

Sunny Shores Resort Motel

5621 Sooke Road

250 642 5731

alle Anschlussmöglichkeiten,

www.sunnyshoresresort.com

Arbutus Cove Guest House

3018 Manzer Road

250 642 6310 oder
1-800-580-0026 (gebührenfrei)

★★ bis ★★★

www.arbutuscoveguesthouse.com

Orveas Bay Oceanfront Beach House and Cottages

2577 Sunnybrae Road

250 646 2304

★★ bis ★★★

www.orveasbay.com

Salty Towers Oceanfront Cottages

1581 Dufour Road

250-642-2632 oder
1-866-642-2632 (gebührenfrei)

★★ bis ★★★

www.saltytowers.bc.ca

Sooke River Campground

Hier findet alljährlich im Juni das Bluegrass Music Festival Sooke statt.

2259 Phillips Road

250-642-6076

April bis September ja

alle Anschlussmöglichkeiten ja

ab CAD 20

www.sookecommunity.com/camping

French Beach Provincial Park ▶ Seite 294

Juan de Fuca Provincial Park – China Beach Campground ▶ Seite 294

P FRENCH BEACH PP

Etwa 20 km westlich von Sooke erreicht man den idyllischen **French Beach Provincial Park**, an der Strait of Juan de Fuca gelegen. Der 1.600 m lange Strandbereich mit schöner Picknickanlage und Spielplatz ist ein idealer Platz, um nach Walen, Seelöwen, Seehunden und Seevögeln Ausschau zu halten. Der wilde Pazifik ist für Surfer besonders geeignet und Mutige wagen auch schon mal ein Bad im (kalten) Meer. Auch Wanderfreunde kommen auf ihre Kosten und können auf kurzen Trails bequem durch den dichten Wald laufen, immer das Meer im Blickfeld.

Der Park wurde nach **James French** benannt, der als begeisterter Naturwissenschaftler um die Welt reiste, um exotische Tiere für Zoos und zu Studienzwecken zu erwerben. 1885 kam er in diese Gegend und erwarb Land westlich von Sooke. Er starb 1952, seine Familie blieb hier sesshaft. French hatte immer den Traum, dass sein Land ein Provincial Park werden sollte – dieser Traum erfüllte sich 1974.

Im Park leben neben vielen kleineren Tieren, wie Frösche, Eichhörnchen, Nerze und Waschbären, auch Bären und Pumas, die gelegentlich durch ihr Revier streifen.

- ganzjährig, Service von Mitte März bis Ende Oktober
- 69 ja ja
- Sommer: CAD 21, Winter: CAD 11
- Schwimmen (Achtung: das Wasser ist kalt), Surfen, Wandern
- www.env.gov.bc.ca/bcparks/explore/parkpgs/french_bch

P JUAN DE FUCA PP

Der **Juan de Fuca Provincial Park** an der Westküste im Süden von Vancouver Island erstreckt sich über eine Fläche von 15 km² entlang der Juan de Fuca Strait, die zwischen der Südwestküste Vancouver Islands und dem Nordwesten der USA liegt. Erleben Sie die stürmische Brandung, die besonders Surfer für ihre Sportart gerne nutzen, und die einzigartige Schönheit der zerklüfteten Küstenlandschaft.

Im Meeresbereich des Parks tummeln sich allerlei Meeressäugetiere wie Grauwale, Orcas, Seelöwen und Seehunde. Grauwale sind meist im März und April auf ihrem Weg von Mexiko nach Alaska zu sehen.

Die vier Hauptbereiche des Parks sind: **Juan de Fuca Marine Trail** ▶ Seite 296, **China Beach Campground**, **China Beach Picknickplatz** und **Botanical Beach**.

Der **China Beach Campground** liegt am Ostende des Parks, hier finden Wohnmobilfahrer wildromantische Übernachtungsplätze. Die Abfahrt zum Campground ist ca. 33 km westlich von Sooke. Den Sandstrandbereich des Campgrounds erreicht man über einen 800 m langen, teilweise steilen Wald-Wanderweg, auf dem auch einige Treppen zu überwinden sind.

Die Abfahrt zum größtenteils bewaldeten, separaten **China Beach Picknickplatz** zweigt etwa einen Kilometer nach der Campgroundabfahrt nach Westen ab. **Bitte beachten Sie:** Dieser Platz ist vom Campground nicht erreichbar.

Zu einem weiteren wilden Küstenstrandbereich, **Sombrio Beach**, führt ca. 18 km westlich des China Beach Campgounds vom Highway 14 ein kurzer Weg, ein ideales Plätzchen für ein Picknick oder eine kurze Wanderung.

Parkinson Creek ist der vorletzte Zugang zur Küste vor der Ortschaft Port Renfrew. Allerdings geht es 9 km westlich von Sombrio Beach vom Highway erst einmal einige Kilometer über eine schlechte, kurvenreiche, steile Gravelroad (möglichst nur Allradfahrzeuge) zum Parkplatz und dann zu Fuß über einen kurzen Trail zur Küste.

Am Westende des Parks liegt der **Botanical Beach**, hier endet der **Juan de Fuca Marine Trail**. Den Botanical Beach erreicht man über eine kurze asphaltierte Zufahrtstraße am Ende des Highway 14 in Port Renfrew. Man kommt zu einem sehr schön gelegenen Picknickplatz mit Parkplatz, an dem der Botanical Beach Trail beginnt.

Zwei Möglichkeiten bieten sich, um an den Botanical Beach zu kommen. **Möglichkeit 1** beginnt an der rechten Seite des Parkplatzes, **Möglichkeit 2** am Parkgebührenautomaten.

Empfehlenswert ist der Trail 1 (⇔ 3 km), der zwar länger ist, aber durch urigen Regenwald entlang der Küste führt, den kaum besuchten **Botany Beach** streift und zum **Botanical Beach** weiterführt, wo es dann wieder bergauf zum Parkplatz geht. Der zweite, kurze Teil führt ab dem Parkautomaten bergab zum Botanical Beach und wieder steil bergauf. Beide Wege treffen sich am Botanical Beach.

An beiden Stränden gibt es eine Menge zu entdecken: Neben den Tide-Pools, in denen bei Ebbe zahlreiche Kleinstlebewesen wie Muscheln, Krebse, Seesterne und viele weitere kleine Meereslebewesen leben, laden die felsigen, aber auch sandigen Strandbereiche dazu ein, auf die Suche nach Schätzchen zu gehen oder einfach die

NR

Juan de Fuca Provincial Park

Botanical Beach

Seele baumeln zu lassen. Achten Sie auf feste Schuhe, die Felsen sind häufig sehr rutschig.

Das Küstengebiet ist einzigartig und durch Felsenlandschaften aus Schiefer und Quarz mit schwarzen Basalteinlagerungen geprägt. Das empfindliche Ökosystem sollte auf keinen Fall gestört werden, bitte berühren und entfernen Sie nichts, sondern beobachten Sie die Flora und Fauna und halten als Erinnerung all das Gesehene auf Fotos und Filmen fest. Der dichte Regenwald des Parks ist auch Heimat der Schwarzbären, Wölfe und Pumas, **bitte achten Sie** auf Spuren und bewegen Sie sich geräuschvoll in den Wäldern, um die Tiere frühzeitig vorzuwarnen.

- ganzjährig
- Wandern, Schwimmen und Tauchen (eingeschränkt möglich), Surfen, Fischen, Kajak- und Kanufahren
- www.env.gov.bc.ca/bcparks/explore/parkpgs/juan_de_fuca

UNTERKUNFT

China Beach
- Mitte Mai bis Mitte September
- 75 ja nein
- Sommer: CAD 16, Winter: CAD 11
- ja
- ganzjährig
- CAD 5

JUAN DE FUCA MARINE TRAIL

Der 1994 eröffnete **Juan de Fuca Marine Trail** führt entlang der zerklüfteten Küstenlinie durch meist schwierig begehbares Gelände, es müssen Creeks überquert werden, die Wege sind matschig und die Felsen rutschig – der Trail ist also nichts für einen Spaziergang zwischendurch. Die beste Zeit für eine Wanderung ist von Mai bis Oktober. Achten Sie auf die Wetterbedingungen und behalten Sie die Wasserstände im Auge. Auch können plötzlich auftretende Stürme den Zustand der Wege unvorhersehbar verändern. Bären, Wölfe, Waschbären und Pumas fühlen sich ebenfalls in dieser Wildnis wohl, daher wird zu äußerster Vorsicht geraten. Beachten Sie die Warnhinweise und Verhaltensregeln.

www.env.gov.bc.ca/bcparks/conserve/bearsandcougars.pdf

Achtung: Alle Wanderer, die den gesamten Trail wandern möchten, müssen eine gute Kondition haben, ihre komplette Versorgung mit sich führen und mit extrem schwierigen Wege- und Wetterverhältnissen rechnen. Es sind Hängebrücken, Strickleitern und Felsenklippen zu überwinden. Bitte informieren Sie sich ausführlich vor Beginn einer Wanderung in einer Visitor Information oder in einschlägigen Reiseführern und hinterlassen Sie Ihren geplanten Weg und die Zeit, wann Sie wieder zurück sein wollen. **Beachten Sie die Gezeiten**. Hunde dürfen nicht mitgeführt werden.

Es ist keine Registrierungsgebühr zu entrichten. Pro Person werden allerdings pro Übernachtung CAD 5 (13-18 Jahre) oder CAD 10 (ab 19 Jahre) fällig. Diese Übernachtungskosten sind am Beginn der Trails in bar (bitte passend) per Selbstregistrierung zu bezahlen. Behälter und Umschläge findet man vor Ort.

Wer nur einen Teil des Trails wandern möchte oder seine Tour unterbrechen will, kann dies an den Zu- und Abgangswegen zum **China Beach** (bei km 20,6 und km 21,3), **Sombrio Beach** (bei km 28, km 29,6 und km 30,2) und **Parkinson Creek** (bei km 40) tun. Für Notfälle befindet sich bei km 20,5 eine kleine Hütte.

Übersicht Gesamttrail:

China Beach Trailhead East oder Botanical Beach nahe Port Renfrew

ca. 4-5 Tage

leicht bis bis sehr schwierig

47 km

Mystic Beach (km 2), Bear Beach (km 9), China Beach (km 21), Sombrio Beach (km 27), Little Kuitshe (km 33), Payzant (km 40)

Erwachsene: CAD 10, Jugendliche: CAD 5

Trailabschnitte:

China Beach Trailhead Ost nach Bear Beach

China Beach Trailhead Ost

mittel

9 km

Mystic Beach (km 2), Bear Beach (km 9)

Bear Beach nach Chin Beach Campsite

Bear Beach

sehr schwierig

12 km

Chin Beach

Chin Beach Campsite nach Sombrio Beach East

Chin Beach Campsite

schwierig

6 km

Sombrio Beach East nach Botanical Beach

Sombrio Beach East

moderat, später leicht

20 km

Little Kuitshe Creek Campsite (km 6), Payzant Creek Campsite (km 7)

Karte des Gesamttrails:

www.env.gov.bc.ca/bcparks/explore/parkpgs/juan_de_fuca/jdf_map.pdf

Anmerkung für alle nicht so fitten Besucher des Parks:

Nutzen Sie die Zu- und Abgänge zum Juan de Fuca Marine Trail für kurze „Kostproben" des Trails oder machen Sie ein Picknick am Strand. Sie werden begeistert sein.

PORT RENFREW

	Sooke	72 km
	Langford	101 km
	Port Renfrew	190
	Januar	+ 3° C
	Juli	+ 14° C
	Meereshöhe	Sealevel

Port Renfrew *„The Jewel oft the West Coast"* liegt am Ende des Highway 14 am Port San Juan, einer Seitenbucht der Juan de Fuca Strait im südwestlichen Teil von Vancouver Island, in den der San Juan River mündet. Auch vom nördlich gelegenen Lake Cowichan (▶ Seite 309) kann über eine Gravelroad Port Renfrew erreicht werden.

Nördlich des Ortes auf der gegenüberliegenden Seite des Port San Juan in einer kleinen, als **„Elliotsville"** bekannten Ansiedlung leben die Pacheedaht First Nations, die bereits seit vielen hundert Jahren an der Westküste Vancouver Islands leben. Sie bewirtschaften u.a. große Waldgebiete nördlich von Port Renfrew, betreiben in der Stadt einen Campground und befördern per Fähre Abenteuersuchende über den Gordon River zum Ausgangspunkt des West Coast Trails. Den ersten Kontakt mit Europäern hatten Pacheedaht 1798, als die Mannschaft der britischen *HMS Iphigenia* mit den Bewohnern in Konflikte geriet.

Die Geschichte von Port Renfrew ist geprägt von der Fischerei und Holzwirtschaft, in den letzten Jahren wird aber der Tourismus zunehmend zu einer wichtigen Einnahmequelle, da Port Renfrew am Ende des beliebten 47 km langen **Juan de Fuca Marine Trails** liegt und gegenüber der Bucht der abenteuerliche, 75 km lange **West Coast Trail** beginnt. (▶ Seite 302). Außerdem bietet der Ort ausgezeichnete Wassersportaktivitäten und ist auch für Wanderer interessant.

Port Renfrew

Port Renfrew hieß ursprünglich *Port San Juan*. Die Namensherkunft ist nicht genau bekannt, angenommen wird, dass der Ort von den ersten Siedlern in Port Renfrew zu Ehren des Prince of Wales, Baron of Renfrew, umbenannt wurde.

Mitte des 19. Jahrhunderts, mit der Gründung des Forts Victoria durch die Hudson's Bay Company, kamen die ersten Europäer in diesen Teil Vancouver Islands. Wenige Jahre später fand man in den umliegenden Flüssen Gold, und dieser „**Goldrausch**" war Anlass, von Sooke nach Port Renfrew in den 1950er Jahren eine Straßenverbindung zu bauen. Davor verband nur eine Schiffsroute Port Renfrew mit Sooke.

Die Besiedelung von Port Renfrew begann im späten 19. Jahrhundert. Damals bot die Regierung fruchtbares Ackerland für die Siedler, die sich hier niederlassen würden. Etwa 100 Menschen nahmen dieses Angebot an und kamen per Dampfschiff, das die Westküste von 1890 bis 1953 befuhr, in diesen Teil von Vancouver Island, errichteten ihre Häuser und wurden sesshaft. Die Regierung versprach, eine Straßenverbindung von Victoria nach Port Renfrew zu bauen, was aber erst viele Jahre später geschah.

Zu den ersten Siedlern Port Renfrews gehörten Emily und Alfred Deakin, die 40 Morgen Land ab 1889 bewirtschafteten, ihr Nachbar Art Beauschesne betrieb Holz- und Landwirtschaft. Man nutzte Pferde, dampfbetriebene Maschinen und transportierte die Holzstämme über die Flüsse. Als die beiden Familien in den wohlverdienten Ruhestand gingen, verkauften sie ihre Farmen an die *BC Forest Products*.

In der Stadt sind die wichtigsten Versorgungseinrichtungen vorhanden, Benzin bekommt man am Jachthafen. Es werden geführte Wanderungen und Whale-Watching Touren angeboten.

Über eine mehr oder weniger gut befahrbare *Logging Road* (Harris Creek / Main Road) gibt es eine Verbindung zum nordöstlich gelegenen **Lake Cowichan**. Diese ca. 70 km lange Straße ist zeitweise für den Verkehr gesperrt, vor dem Befahren sollten Sie **unbedingt** in der Visitor Information den Zustand erfragen. Sie finden einfache Campgrounds entlang der Logging Road bei km 5 am **Fairy Lake** und bei km 18 am **Lizard Lake**.

Mai bis Mitte Oktober
CAD 10

VISITOR INFORMATION

Die Visitor Information befindet sich in der Port Renfrew Community Hall
250-647-0030 oder 250-647-5434 (auch: Registrierung West Coast Trail)
Montag bis Samstag
www.portrenfrew.com

SEHENSWÜRDIGKEITEN

RED CREEK FIR

Kanadas größtes Exemplar einer **Douglastanne** ist östlich von Port Renfrew zu bewundern. Die 14 km lange Zufahrt vom Ort zum Parkplatz ist über die Red Creek Main Road (**Achtung:**, nur für Allradfahrzeuge geeignet, sehr schlechte Straße), möglich. Vom Parkplatz führt ein kurzer Weg zu dem Baumriesen, in dessen Nähe noch weitere Riesenbäume stehen. Unterwegs kommt man an drei weiteren enorm hohen Riesenbäumen, den **Three Sisters** (drei Schwestern) vorbei.

Neuere Messungen von Robert Van Pelt (Director of the Washington State Big Tree

NR

Botany Beach

Programm) haben ergeben, dass dies die größte Douglastanne der Welt sein soll. Immerhin kann die Tanne mit ca. 349 m^3 Holz, einer Gesamthöhe von 73,8 m und einem Stammdurchmesser von sage und schreibe 12,55 m glänzen. Ihr Alter wird auf 750 bis 1.000 Jahre geschätzt. Weitere extrem hohe Douglastannen auf Vancouver Island stehen im **MacMillan Provincial Park** (Highway 4), bei **Coombs** (Highway 4A) und bei **Port Alberni** (Highway 4).

Wer auf Nummer sicher gehen und sein Fahrzeug schonen möchte, der kann ein **ATV - All Terrain Vehicle** mieten, das oft zu Fahrten in unwegsames Gelände benutzt wird.

◷ Hin- und Rückfahrt 4-5 Stunden
◷ Wanderweg: 20 Minuten, einfache Strecke

WANDERMÖGLICHKEITEN

Botanical Loop Trail
⇛ Zufahrt zum Botanical Beach
⇗ leicht, stellenweise steil
⇔ 3 km

Mill Bay Trail
⇛ Zufahrt zum Botanical Beach
⇗ stellenweise steil
⇔ kurz

Lizard Lake Nature Trail
⇛ Lizard Lake, km 18 Harris Creek Road
◷ 45 Minuten
⇗ leicht
⇔ 1,5 km gesamt

Deakin - Beauchesne Trail
⇛ km 6,5 Gordon River Road, jenseits der Bucht von San Juan
◷ 30 min
⇗ leicht
⇔ 1,5 km gesamt

Harris Creek Camp II
⇛ km 12 Harris Creek Road, Straße nach Lake Cowichan
◷ 3-4 Stunden
⇗ leicht (bei Trockenheit), bei Regen nicht zu empfehlen
⇔ 6 km gesamt

Lens Creek Trail
km 16,5 Harris Creek Road, Straße nach Lake Cowichan
2 Stunden
leicht
3,8 km gesamt

John Quinn Trail
Highway 14 in Port Renfrew
1,5 Stunden
leicht
4 km gesamt

Harrison's Plankboard Trail
Hwy 14, ca. 3 km östlich von Port Renfrew
1 Stunde
leicht
3 km gesamt

Sandbar Trail
Hwy 14, ca. 2 km östlich von Port Renfrew
40 min
leicht
1,6 km gesamt

Übersichtskarte
www.portrenfrew.com/printtrailpage.htm

UNTERKÜNFTE

West Coast Trail Motel
17285 Parkinson Road
250-647-5565
★★
www.westcoasttrailmotel.com

Soule Creek Lodge
Powder Main Road
1-866-277-6853 (gebührenfrei)
★★ bis ★★★
soulecreeklodge@telus.net
www.soulecreeklodge.com

Trailhead Resort
Parkinson Road
250-647-5468
★★ bis ★★★
www.trailhead-resort.com

Botanical Getaway Guest House
6528 Cerantes Road
250-647-5483
★★
www.botanicalgetaway.com

Trails Nest Cottage
67 Wickanninish Street
250-642-6583 oder
1-877-690-3954 (gebührenfrei)
★★ bis ★★★
info@trailsnestcottage.com
www.trailsnestcottage.com

Pacheedaht First Nation Campground
Deering Road, Brücke über den San Juan River
250-647-0090
ab CAD 20,
Wasser- und Stromanschluss möglich

Port Renfrew Recreational Retreat
6547 Baird Road
250-647-0058
ganzjährig
35, alle Anschlussmöglichkeiten
ab CAD 25
www.portrenfrew.com/portrenfrewrv

Port Renfrew Marina & RV Park
Gordon River Road
250-478-3674
ab CAD 20, Strom CAD 2
rustikale Stellplätze, Stromanschluss möglich
Mai bis Oktober
www.portrenfrewmarina.com

Fairy Lake
5 km nordöstlich von Port Renfrew
Harris Main Road (Logging Road)
einfache, sehr rustikale Stellplätze
kostenlos

Lizard Lake
18 km nordöstlich von Port Renfrew
Harris Main Road (Logging Road)
Mai bis Mitte Oktober
21 einfache, sehr rustikale Stellplätze
5
CAD 10

N WEST COAST TRAIL – IM PACIFIC RIM NP

Der mittlerweile auf der ganzen Welt als ein Erlebnis besonderer Art bekannte und legendäre **West Coast Trail** ist eine sehr anstrengende, mehrere Tage in Anspruch nehmende, schwierige Wanderung entlang der Westküste Vancouver Islands. Besonders Abenteurer, die den besonderen „Kick“ suchen, wagen sich auf den Trail. Dieser war im 19. Jahrhundert als Rettungsweg für Schiffsbrüchige eingerichtet worden, deren Schiffe vor der Küste gestrandet waren. Doch die Natur überwucherte immer wieder den Pfad und machte ihn dadurch fast unbezwingbar. Jahre später war durch technische Verbesserungen der Schiffe ein solcher Rettungsweg nicht mehr nötig. 1973, wenige Jahre nach Einrichtung des **Pacific Rim National Parks**, wurde der Weg dann nach einer gründlichen Wiederherstellung für Wanderer freigegeben.

Ausgangspunkt für diese anstrengende Tour ist der **Gordon River Trailhead**, 5 km nördlich von Port Renfrew, oder der **Pachena Bay Trailhead**, 3 km südlich von **Bamfield**. Um zum Gordon River Trailhead zu gelangen, ist eine **Fährfahrt** über den Gordon River nötig.

Gordon River Water Taxi
- ☎ 250-647-5517
- ⌚ Fährzeit normalerweise um 9 Uhr, 11 Uhr, 15 Uhr, 18 Uhr

Bamfield und somit der nördliche Zugang zum West Coast Trail ist per Auto, Shuttle-Bus oder Fähre erreichbar. Logging Roads führen von **Port Alberni** ▶ Seite 321 (Highway 4) in 89 km oder von **Lake Cowichan** ▶ Seite 308 (Highway 18) in 123 km nach Bamfield.

Per Passagierschiff kommt man von Port Alberni und **Ucluelet** ▶ Seite 335 nach Bamfield.

Anmerkung: Bitte möglichst alle Fahrten per Bus oder Passagierschiff vorreservieren, zumindest in der Hauptsaison.

Seaway Express
- ✉ Whiskey Dock/Ende Main Street, Ucluelet
- ☎ 250-726-5353 oder 1-877-726-7002 (gebührenfrei)
- @ info@barkleysoundmarine.com
- Erwachsene: CAD 39 (einfache Fahrt), CAD 69 Hin- und Rückfahrt, Senioren u. Studenten: CAD 35 und CAD 65, Kinder (1-12 J.): CAD 25 und CAD 39
- ⌚ ab Ucluelet: 9 und 15 Uhr, ab Bamfield Ost: 11 und 17 Uhr, ab Bamfield West: 11:05 und 17:05 Uhr
- www.barkleysoundmarine.com

MV Francis
- ✉ 5425 Argyle Street, Port Alberni
- ☎ 250-723-8313 oder 1-800-663-7192 (gebührenfrei, nur April bis September erreichbar)
- ⌚ ganzjährig, Montag bis Freitag von 8-17 Uhr
- Erwachsene: einfache Fahrt: CAD 32, Hin- und Rückfahrt: CAD 64, Kinder (8-15 J.): halber Erwachsenenpreis
- www.ladyrosemarine.com

Western Bus Lines
- ✉ 3701 - 4th Avenue, Port Alberni
- ☎ 250-723-3341
- ⌚ Mitte Mai bis Ende September, jedoch nicht täglich

West Coast Trail Express

Er fährt von Victoria über Port Renfrew, **Gordon River**, **Honeymoon Bay** (Cowichan Lake), **Nitinat Jct.**, **Pachena Bay** nach **Bamfield** und zurück. Ein *Shuttle-Service* bringt von die Fahrgäste von Nanaimo nach Honeymoon Bay zum Haltepunkt des West Coast Trail Expresses nach Bamfield oder Port Renfrew und zurück.

Bus Service an ungeraden Tagen
von Mai bis Mitte Juni und
Mitte bis Ende September,
Mitte Juni bis Mitte September täglich

West Coast Trail Express Inc.

4884 Lochside Drive, Victoria, BC, V8Y 2E4
250 477-8700 oder
1-888-999-2288 (gebührenfrei)
Preisbeispiel: Victoria nach Port Renfrew: CAD 60 (einfache Fahrt), Victoria nach Bamfield: CAD 85 (einfache Fahrt), weitere Infos und Spartipps auf der Internetseite
bus@trailbus.com
www.trailbus.com

In **Bamfield** findet man die wichtigsten Versorgungsmöglichkeiten, Campgrounds und Übernachtungsmöglichkeiten.

Bamfield Chamber of Commerce

345 Grappier Road
250-728-3006
info@bamfieldchamber.com
www.bamfieldchamber.com

Pachena Bay Campground

Der Campground liegt am Ausgangs- oder Endpunkt des West Coast Trails an der Pachena Bay 3 km südlich von Bamfield, je nach Start der Wanderung.

250-728-1287
Mai bis September
16 Stellplätze,
alle Anschlussmöglichkeiten
69 ja
ab CAD 25

Etwa in der Mitte der Tour liegt der **Nitinat Lake**, über diesen See gibt es ebenfalls noch eine Möglichkeit, auf den West Coast Trail zu gelangen oder die Tour zu unterbrechen. Auskünfte erteilen die Visitor Informations.

Unterhalb des Sees müssen Wanderer die gefährlichen **Nitinat Narrows** per Fähre überwinden.

Fährzeiten: Mai bis September
von 9-17 Uhr, bitte ggf. etwas Wartezeit einplanen

Achtung: Diese 75 km lange Tour ist **extrem anstrengend** und nicht für ungeübte Wanderer geeignet, besonders der südliche Bereich. Es geht über wacklige Brücken und Strick- und Holzleitern, mit Hilfe von einfachen Drahtseilbahnen (Handbetrieb!) und Holzstegen wird unwegsames Gelände überbrückt, angeschwemmte Baumstämme versperren den Weg, Morast, Sand und Fels erschweren zusätzlich die Wanderung. Es stehen auch keine Schutzhütten für Übernachtungen zur Verfügung.

Planen Sie mindestens 6-8 Tage für diese Tour ein. Alles zum Leben notwendige (Nahrung, Wasserfilter, chemische Wasserreiniger, Geschirr usw.) muss mitgenommen werden, natürlich auch die unterwegs anfallenden Abfälle.

Zelten ist nur an den dafür vorgesehenen Stellen erlaubt. (Camping-Permit unbedingt nötig, fragen Sie die umliegenden Visitor Informations, z.B. in Port Renfrew). Auf **Gezeiten** muss geachtet werden.

Bitte informieren Sie sich ausführlich in Spezial-Reiseführern oder bei der Nationalparkverwaltung über die Ausrüstung für diese Tour. Der Trail kann notfalls nur auf halber Strecke über den **Nitinat Lake** unterbrochen werden und Sie sind sich völlig selbst überlassen. Bedenken Sie auch, dass Rettungen bis zu 48 Stunden dauern können. Es ist eine **Anmelde- und Reservierungsgebühr** erforderlich.

Eine Vorab-Reservierung wird empfohlen, denn es werden täglich an beiden Trailheads nur eine sehr begrenzte Anzahl Wanderer zugelassen. Der Wanderweg ist von Mai bis September offen.

Reservierungen

✉ Pacific Rim National Park Reserve, 2185 Ocean Terrace Road, Ucluelet
☎ 250-387-1642

VISITOR INFORMATION PORT RENFREW

✉ 250-647-5434 (Registrierung West Coast Trail)

☎ Anmeldegebühr: CAD 127,50 (enthält das Camping-Permit), Reservierungsgebühr: CAD 24,50.
Zusätzlich evtl. Fähr-/Wassertaxigebühr von je CAD 15 für Gordon River (Port Renfrew) ☎ 250-647-5517 und Nitinat Lake ☎ 250-745-3509. Diesen Service bieten Privatunternehmen an.

pacrim.info@pc.gc.ca

www.pc.gc.ca/pn-np/bc/pacificrim/index_E.asp

www.pc.gc.ca/pn-np/bc/pacificrim/co/visit/index_e.asp

R1

Weitere Informationen zum wildromantischen **Pacific Rim National Park** finden Sie auf ▶ Seite 339.

NEBENROUTE 2
DUNCAN BIS LAKE COWICHAN

P COWICHAN RIVER PP

Der **Cowichan River Provincial Park** liegt westlich von Duncan entlang einer längst stillgelegten Eisenbahntrasse, die in früheren Zeiten dem Holztransport diente. Die restaurierten Eisenbahnbrücken **66 Mile Trestle** und **Holt Creek Trestle** erinnern an die Zeit, als mit Holz beladene Schienenfahrzeuge über diese Brücken donnernd den Cowichan River überquerten.

Der sehr urwüchsige, 1995 gegründete Park liegt im **Cowichan Valley** entlang des historischen Cowichan River. Das Cowichan Valley war früher und ist auch heute noch die Heimat der Cowichan People, einer Gruppe der Coast Salish First Nations. Cowichan heißt in der Sprache der Coast Salish „**Khowtzun**", übersetzt etwa: *„von der Sonne gewärmtes Land"*.

Durch den Park verläuft ein Teil des berühmten **Trans-Canada Trails**, der Kanada von Ost nach West durchquert. Der Trail streift auch die 66 Mile und Holt Creek Trestle und lässt die Blicke tief in die Schluchten des Cowichan River streifen. Der 47 km lange, sehr fischreiche Fluss wird gespeist vom Cowichan Lake und mündet an der Cowichan Bay in die Strait of Georgia. Der Fluss diente in den Anfängen des 20. Jahrhunderts zum Holztransport, bevor die Eisenbahn den Lake Cowichan erreichte. Von der Cowichan Bay konnte das Holz per Schiff dann weitertransportiert werden.

Zahlreiche Vogelarten und Tiere sind hier heimisch. Bei den **Skutz Falls** wurde eine **Fischleiter** errichtet, die besonders im Herbst zahlreiche Besucher anlockt, wenn die Lachse zum Laichen zu ihren Geburtsstätten zurückkommen und den geschwächten Tieren dann nichts weiter übrig bleibt, als die Fischtreppe „hochzuspringen", wodurch sie gleichzeitig zur einfachen Beute für Bären werden.

Stoltz Pool Day Use

Es sind drei **Zugänge** zum Park möglich:

- **Südliche Zufahrt** (Holt Creek Trailhead): Vom Highway 1 südlich von Duncan über die Glenora / Vaux und Robertson Road zum Beginn des Cowichan River Trails.
- **Mittlere Zufahrt** bei km 15 Highway 18 über die Cowichan Lake Road / Stoltz Road zum Stoltz Pool Campground und Picknickplatz.
- **Westliche Zufahrt** bei km 19 Highway 18 über die Skutz Falls Road, die zum Skutz Falls Picknickplatz und zum Beginn des Skutz Falls Trails führt.

Im Park liegen vier **Picknickplätze**, alle mit Tisch-Bank-Kombination:

Skutz Falls
Im Flussbereich der Fischleiter kann man besonders gut die „springenden" Lachse im Herbst beobachten.

66 Mile Trestle
In unmittelbarer Nähe der 66-Mile Trestle

Marie Canyon
Hier führt eine Brücke über den sehenswerten Cowichan River Canyon.

Stoltz Pool Day Use
Hier liegt ein netter Picknickplatz mit Bootsanlegestelle direkt am Flussufer, der vom Parkplatz in wenigen Minuten erreicht ist. Im Fluss kann man baden oder sich in einem Schlauchboot / Gummireifen über den Cowichan River treiben lassen. Ein ganz besonderer Spaß für Jung und Alt.

WANDERMÖGLICHKEITEN

Stoltz Pool Loop Trail
Stoltz Pool Day Use
45 Minuten
leicht
1,5 km

Skutz / 66-Mile Loop Trail
Skutz Day Use
2,5 Stunden
leicht, stellenweise steil
8 km

Stoltz Pool Loop Trail
Stoltz Pool Campground
45 Minuten
leicht
ca. 2 km

Cowichan River Trail
Der historische Trail windet sich am Flussufer entlang. Er durchquert auch privates Gelände, bitte achten Sie ggf. auf Einschränkungen.
Genora (Holt Creek) oder Skutz Falls
6,5 Stunden
mittel, stellenweise steile Klippen und Felsvorsprünge
20 km (einfache Strecke)

Trans-Canada Trail Section
Genora (Holt Creek) oder Skutz Falls
4,5 bis 5 Stunden
leicht
13 km

Bitte beachten Sie bei längeren Wanderungen: Bleiben Sie auf den bezeichneten Wegen und halten Sie sich fern von Klippen. Gutes Schuhwerk sollte selbstverständlich sein. Nehmen Sie genügend Trinkwasser mit, da es unterwegs kein Trinkwasser gibt. Auf dem Stoltz Pools Campground gibt es zwar Wasserpumpen, jedoch müsste dieses Wasser vor dem Trinken abgekocht werden.

Campground
Stoltz: 43 ja nein
ganzjährig, Service von Mitte Mai bis Ende September
Sommer: CAD 16, Winter: CAD 11

NR2

Cowichan Lake

- 4
- CAD 11
- Wandern, Schwimmen, Tauchen, Kanu- und Kajakfahren,
- www.env.gov.bc.ca/bcparks/explore/parkpgs/cowichan_rv

LAKE COWICHAN

	Duncan	36 km
	Youbou	18 km
	Lake Cowichan	3.100
	Januar	+ 3° C
	Juli	+ 18° C
	Meereshöhe	162 m

Am östlichen Ende des Cowichan Lake, einem der größten Frischwasserreservoirs Vancouver Islands, liegt der beliebte Touristenort **Lake Cowichan**, das *„Fly Fishing Capital of Canada"*. Mit den kleinen Ortschaften **Mesachie Lake**, **Honeymoon Bay**, **Caycuse** und **Youbou**, die ebenfalls entlang des Sees liegen, bieten sich für Touristen allerlei Outdoor-Aktivitäten an. Der Ort Lake Cowichan ist seit 1944 unabhängig.

Vor der Ankunft der europäischen Siedler bewohnten die Region um den See die Lake Cowichan First Nations, die hier ungestört auf die Jagd gehen und vom Fischreichtum der Seen und Flüsse profitieren konnten. Die zu den größten First Nations Gruppen zählende Cowichan Band ist auch heute noch im Bereich des Cowichan River und der Stadt Duncan ansässig.

Die Besiedelung durch Weiße begann um 1884, als William Forest und James Tolmie, der ältere Bruder eines späteren Ministerpräsidenten, den See mit Hilfe der Natives erkundeten. Forest war überzeugt, das schönste Fleckchen Erde, das er je gesehen hat, gefunden zu haben und setzte sich sehr für den Bau einer Straße ein. Doch der Ministerpräsident entschied, dass eine Straße nur dann gebaut werden sollte, wenn sich mindestens 10 bis 12 Familien am See ansiedeln würden. Forest versicherte, dass dies kein Problem bedeute. So bekam er die Genehmigung, eine Straße zu bauen. 1886 war diese fertiggestellt und läutete die europäische Besiedelung ein. Bald wurde die Forstwirtschaft neben der Landwirtschaft zum wichtigsten Wirtschaftszweig, da man die Holzstämme vom See über den Cowichan River zur Cowichan Bay transportieren konnte, wo sie gesammelt, weiterverschifft oder verarbeitet wurden. Im gleichen Jahr entstand das *Riverside Inn* und 1893 das *Lakeside Hotel*.

Mit Erschließung des Ortes durch die Eisenbahn erlangte die Forstwirtschaft weiteren Auftrieb und zog nach und nach weitere Arbeitskräfte in die Region. Der Ausbau der Stadt mit eigenen Versorgungs- und Bildungseinrichtungen folgte, bevor die Gemeinde 1944 mit 660 Bewohnern offiziell zur Stadt ernannt wurde. Heute gibt es keinen Holztransport per Eisenbahn mehr und der Tourismus hat die Holzwirtschaft abgelöst. Das milde Klima der Region bietet den Touristen ideale Bedingungen für allerlei Outdoor-Aktivitäten und einige regionale Parks laden zum Relaxen, Picknicken oder zu kürzeren Spaziergängen ein.

Im Ort sind alle Versorgungsmöglichkeiten vorhanden.

DER COWICHAN LAKE

Der 34 km lange und bis zu 2 km breite See ist das zweitgrößte Frischwasserreservoir auf Vancouver Island. Stellenweise ist er bis zu 150 m tief. Die First Nations nannten den See „**Kaatza**" *Big Lake*, was für diesen See auch zutrifft. Der Westteil des Sees ist touristisch bestens erschlossen, und die kleinen Ortschaften **Mesachie Lake**, **Honeymoon Bay** am Südufer und **Youbou** am Nordufer bieten allen Wassersportbegeisterten reichlich Möglichkeiten, ihren Sport auszuüben. Die Größe des Sees eignet sich besonders zum Wasserski fahren, aber auch Schwimmen, Surfen, Kanu- und Kajakfahren sind beliebte Sportarten der Besucher. Wer sich sein Abendessen angeln möchte und eine Lizenz zum Fischen besitzt, wird bestimmt in dem kristallklaren Seewasser fündig werden, schließlich befindet man sich im Ort **Cowichan Lake** in der „Hauptstadt des Fliegenfischens".

Der See kann komplett umrundet werden. Auf dieser Strecke liegen einige einfache, rustikale **Campgrounds** mit Sandstrand und Zugang zum See.

Mai bis Anfang Oktober

Nordufer:

Pine Point Campsite mit Bootsanlegestelle

Maple Grove Campsite mit Bootsanlegestelle
250-746-4555

Westende:

Heather Campsite mit Bootsanlegestelle
250-749-3873

Südufer:

Nixon Creek Campsite mit Bootsanlegestelle
250-746-4555

Caycuse Campsite mit Bootsanlegestelle
250-749-3873

Gordon Bay Provincial Park ▶ Seite 312

NR2

Allerdings ist die Straße am Nordufer nur bis **Youbou** und am Südufer bis zum **Gordon Bay Provincial Park** asphaltiert, die restlichen Teile sind mehr oder weniger gut befahrbare Gravelroads, deren Zustand vor Befahren in der Visitor Info Cowichan Lake erfragt werden sollte. Am Westufer des Sees zweigt eine *Logging Road* zum Surferparadies **Nitinat Lake** (ca. 50 km) und nach **Bamfield** (123 km, ca. 200 Einwohner) zum Beginn / Ende des *West Coast Trails* ab ▶ Seite 302. In Honeymoon Bay kann über eine Gravel-/ Logging Road **Port Renfrew** ▶ Seite 298, an der Juan de Fuca Strait gelegen, erreicht werden.

Bitte beachten Sie: Diese Straßen sind werktags aktive Logging-Roads, d.h. es sind lange, breite Holztransporter unterwegs, die NICHT ausweichen oder anhalten. Wenn Ihnen ein Fahrzeug entgegenkommt, fahren Sie soweit wie möglich zum Rand der Straße und halten Sie an. Warten Sie, bis sich die evtl. gebildete Staubwolke verflüchtigt hat, bevor Sie weiterfahren. Selbstverständlich sollten Sie mit einem Fahrzeug unterwegs sein, das sich für diese Straßen eignet, und sich vor Befahren über den aktuellen Straßenzustand informiert haben.

VISITOR INFORMATION

- 125 South Shore Road (Hauptstraße), Lake Cowichan
- 250-749-3244
- www.cowichanlake.ca

SEHENSWÜRDIGKEITEN

KAATZA STATION MUSEUM

Das Museum ist im alten, 1913 erbauten, Bahnhof der **Esquimalt & Nanaimo Railway** untergebracht und seit 1983 für Besucher geöffnet. Hier kann man sich anhand einer Foto-Sammlung, Wandbildern, Ausstellungsstücken und vielem mehr über die Geschichte der für die Entwicklung der Stadt so wichtigen Eisenbahn, die eng mit der Forstwirtschaft verbunden war, den Bergbau und die Zeit der ersten Siedler informieren. Daneben wird ein **General Store** aus dem frühen 20. Jahrhundert und ein **Bergwerksschacht** gezeigt.

Im Museumsfreigelände steht ein 1925 errichtetes Schulgebäude mit einem Glockenturm. Im Inneren des Gebäudes bekommt man einen schönen Einblick in das „Innenleben" einer ehemaligen Schule. Im südlichen Bereich des Freigeländes leuchten die Augen der Eisenbahnfreunde, wenn sie die **1927 Lima Shay Dampflokomotive**, **1927 Plymouth Lokomotive**, Frachtwaggons und Begleitwagen sehen.

- 250-749-6142
- Mai bis Anfang September täglich von 10-16 Uhr, sonst: Sonntag bis Donnerstag 10-16 Uhr, Mitte Dezember bis Mitte Januar geschlossen.
- Erwachsene: CAD 2
- www.kaatzamuseum.ca

HAUSBOOT-TOUR

Auf Vancouver Island ist das Angebot an Hausboot-Touren relativ gering. Sollten Sie also Lust verspüren und einige Tage per Hausboot über den See schippern wollen, bietet sich dies auf dem Cowichan Lake an. Die Mindestmietzeit beträgt 3 Tage.

- 250-478-5678 oder 1-877-750-5678 (gebührenfrei)
- CAD 799 bis CAD 1.699 je nach Saison

info@islandhouseboats.com
www.islandhouseboats.com

GREAT LAKE WALK AND ULTRAMARATHON

Achtung **Langstreckenläufer**: Jedes Jahr am dritten Samstag im September findet dieser 56 (in Worten: sechsundfünfzig) Kilometer lange Lauf um den See statt. **Startpunkt:** 5 Uhr morgens in Youbou am Nordufer, **Ziel** ist Lake Cowichan. Vielleicht haben Sie ja Lust, dieses Spektakel einmal mitzumachen. Der nächste **„Run"** findet am 18. September 2010 statt.

2009 war der schnellste Läufer (40 Jahre alt) nach 4 Stunden, 40 Minuten und 58 Sekunden am Ziel angekommen. Die schnellste Lady (55 Jahre jung) kam nach 6 Stunden, 1 Minute und 14 Sekunden an. Der letzte gestoppte Läufer lief nach 15 Stunden, 2 Minuten und 14 Sekunden über die Ziellinie.

Die älteste Frau (80 Jahre alt) kam nach 13 Stunden, 23 Minuten und 26 Sekunden ans Ziel. Der älteste Mann (73 Jahre alt) lief nach 9 Stunden, 55 Minuten und 48 Sekunden über die Ziellinie. Gratulation! Dabei sein ist eben alles! Weitere Informationen unter:

www.greatlakewalk.com

WANDERMÖGLICHKEITEN

Wanderfreunde finden im **Bald Mountain**-Gebiet, einer Halbinsel, die im Osten weit in den See hineinragt und ihn in den North und South Arm teilt, einige schöne und gut markierte Wanderwege.

Marble Bay Road, zweigt 7 km östlich von Youbou von der North Shore Road Richtung Süden ab.

Denninger Scout Trail – Mount Bald

4 Stunden
schwierig
8 km
460 m

Cowichan Lake - der See

Beaver Walk
3 Stunden
einfach
8 km

Venturers Challenge Trail
2 Stunden
schwierig
5 km
460 m

UNTERKÜNFTE

Hotel Riverside Inn
56 North Shore Road
250-749-6910
★ bis ★★
www.riversideinn.ca

Beaver Lake Resort
8631 South Shore Road
250-749-7792
alle Anschlussmöglichkeiten
ab CAD 26
Cabins: ★★
www.beaverlakecampground.com

Kidd's Bed and Breakfast
518 Point Ideal Drive
250-749-7790 oder
1-866-749-7790 (gebührenfrei)
★ bis ★★
www.kiddsbb.com

Lake Cowichan Lodge
201 Cowichan Lake Road
250-749-6717 oder
1-800-887-1288 (gebührenfrei)
★ bis ★★
www.lclodge.com

Honeymoon Bay Lakeside B&B
10003 March Road, Honeymoon Bay
250-749-3316
★★
www.honeymoonbaybb.ca

Captain's Quarters
9857 Youbou Road, Youbou
250-745-3392
★★
www.captains-quarters.net

South Shore Motel
266 South Shore Road
250-749-6482 oder
1-888-749-6482 (gebührenfrei)
★
www.cowichanlakemotel.com

Lakeview Park Campsite
39 South Shore Road
250-749-6681
72, alle Anschlussmöglichkeiten
ab CAD 30
www.town.lakecowichan.bc.ca/camping.shtml

Gordon Bay Provincial Park
▶ unten

GORDON BAY PP

Auf der asphaltierten Straße entlang des Cowichan Lake Südufers kommt man durch die kleinen Ortschaften **Mesachie Lake** und **Honeymoon Bay** und erreicht nach 14 km westlich vom Ort Cowichan Lake den sehr beliebten **Gordon Bay Provincial Park** mit seinem wunderschönen Badestrand.

Durch das milde Klima des Cowichan Valley erreicht das Wasser des Sees angenehme Badetemperaturen und eignet sich bestens während der Sommermonate zum Schwimmen und für viele weitere Wassersportaktivitäten. Angler schätzen besonders den Fischreichtum des Sees. Viele Vogelarten sind hier heimisch und auch einige größere Tiere wie z.B. Schwarzbären,

Gordon Bay Provincial Park

Rotwild, Pumas und Biber können schon mal durch den Park spazieren. Der Campground (mit Duschen) liegt inmitten von Douglasfichten mit sehr hübschen Stellplätzen. Am See befindet sich ein Picknickplatz, ein Spielplatz, eine Bootsanlegestelle und ein Sand-Badestrand.

Empfehlung: Wandern Sie den **Point Trail**, der am Badestrand oder Parkplatz beginnt, bis zum Endpunkt des Trails zu wunderschönen und einsam gelegenen Plätzen. Hier kann auch ein Teil des noch weit nach Westen reichenden Sees überblickt werden.

- ganzjährig, Service von Mitte März bis Ende Oktober
- 126 ja nein
- Sommer: CAD 28, Winter: CAD 11
- Schwimmen, Wasserski, Surfen, Tauchen, Kanu- und Kajakfahren, Fischen, Wandern
- www.env.gov.bc.ca/bcparks/explore/parkpgs/gordon_bay

YOUBOU

Entfernung	Duncan	50 km
	Cowichan Lake	18 km
Einwohner	Youbou	1.400
	Januar	+ 3° C
	Juli	+ 24° C
	Meereshöhe	162 m

Youbou ist die zweitgrößte Ortschaft am Cowichan Lake und liegt am Nordufer des Sees. Youbou verdankt, wie viele Ortschaften im Westen Kanadas, seine Existenz der Holzindustrie und dem Bau von Eisenbahnstrecken, um das Holz und die Holzprodukte transportieren zu können. In Youbou war es die **Esquimalt & Nanaimo Railway**, die 1912 den Ort erreicht hatte. 1925 folgte dann noch eine Eisenbahnlinie der **Canadian National Railway**. 1913 entstand ein kleines Sägewerk, **„Cottonwood Mill"**, auch als

NR2

Medina Mill bekannt, Keimzelle der heutigen Stadt Youbou.

Namensgeber waren der Manager **You**nt und der Präsident **Bou**ten der Empire Lumber Company, der ersten Firma, die hier Holzwirtschaft betrieb. 2001 schloss die Youbou Sägemühle und beendete damit die langjährige Geschichte der Holzindustrie Youbous.

Heute profitiert die Stadt vom Tourismus und bietet für Freizeitaktivitäten zu Land und zu Wasser viele Möglichkeiten.

Am Ufer des Cowichan Lake befindet sich der **Arbutus Park** mit Sandstrand, Spielplatz, Bootsanlegestelle und Bademöglichkeit. Attraktion ist die alljährlich am zweiten Samstag im August stattfindende **Swimming-Regatta**, die neben dem sportlichen Wettkampf auch Tanz und Unterhaltung bietet.

UNTERKÜNFTE

Camping Youbou
Cowichan Lake
250-745-3409
48, alle Anschlussmöglichkeiten

Cowichan Lake Resort
8389 Sa-Seen-Os Road
250-217-4101
60, alle Anschlussmöglichkeiten
www.cowichanlakerv.com

NEBENROUTE 3
PARKSVILLE BIS UCLUELET & TOFINO

COOMBS

	Port Alberni	42 km
	Kreuzung Hwy 4 / Pacific Rim Hwy	153 km
	Tofino	187 km
	Coombs	etwa 1.000
	Januar	+ 4° C
	Juli	+ 19° C
	Meereshöhe	33 m

Coombs, dieses kleine, unscheinbar wirkende Örtchen etwa sechs Kilometer westlich von Parksville am Highway 4A gelegen, ist nicht nur wegen der **grasenden Ziegen** auf dem Dach des mit einem reichlichen Angebot bestückten **Country Markets** einen Stopp wert. Hier gibt es auch noch historische Gebäude und einige kleine Geschäftchen, wo man sich wie in die 60er und 70er Jahre zurückversetzt fühlt, in denen der Indian- und Flower-Power-Look zum alltäglichen Straßenbild gehörte. Selbst die *„handmade"* Rockmusik der damaligen Zeit, gespielt von nun schon langsam in die Jahre kommenden, ehemaligen 68ern, erklingt an manchen Tagen. Kunst und Kunsthandwerk, Antiquitäten und Souvenirs, Süßes und Herzhaftes werden ebenfalls angeboten - wer ein Mitbringsel für die Daheimgebliebenen sucht, wird sicherlich in einem der kleinen Lädchen oder im „**Coombs Emporium**" (Warenhaus) fündig. Die Beliebtheit dieses Fleckchens ist deutlich am Parkplatzmangel bzw. den langen Parkschlangen am Highway spürbar.

Die Entstehung von Coombs geht auf den Beginn des 20. Jahrhunderts zurück, als sich hier eine Handvoll Siedler aus England und Wales niederließen. Sie waren Teil des humanitären Heilsarmee-Zuwanderungsprogramm, das etwa eine Viertel Million Engländer und Walliser nach Kanada brachte. Der kanadische Beauftragte dieses Programms war **Captain Thomas Coombs**, nach ihm wurde die Ortschaft benannt.

Jedes Jahr im Juni und Juli wird der Wilde Westen wieder zum Leben erweckt und Coombs zieht mit einem **Rodeo**, dem **Bluegrass Festival** und weiteren Belustigungen eine Vielzahl von Besuchern an.

NR3

SEHENSWÜRDIGKEITEN

COOMBS OLD COUNTRY MARKET

Der Ursprung des **Old Country Markets** geht auf einen 1971 errichteten Fruchtstand am Highway zurück, der vier Jahre später um einen Hamburger-Verkaufsstand erweitert wurde. Im gleichen Jahr wurde das Gebäude zum Hang hin erweitert und mit einem Grasdach versehen. Die Idee dieses Grasdaches hatte der Besitzer, Kristian Graaten, der Mitte der 50er Jahre aus Norwegen kam, wo viele am Hang errichtete Gebäude als Verlängerung des Abhangs bewachsene Dächer hatten. Es wird berichtet, dass, nachdem das Gras gewurzelt hatte, auch die Ziegen kamen. Wie auch immer, Ziegen sind jedenfalls Dauergäste auf dem Dach, ersparen dem Besitzer das Rasenmähen und sorgen für ordentlichen Umsatz in dem sehr reich bestückten Country Market. Sie können hier nicht nur Lebensmittel aus aller Welt, sondern vor allem auch kanadische Erzeugnisse erstehen. Unser Favorit ist eine Mischung aus 18 Sorten getrockneter Bohnen, die

Coombs Country Market

eine eiweißhaltige und sättigende Beilage als Suppe oder Gemüse zum Gegrillten am Lagerfeuer ergeben.

Eine hervorragende **Bäckerei** hat neben vielen Frischbackwaren auch das gerade von Deutschen so vermisste knackige Brot vorrätig. Ein Lokal hält schmackhafte Imbisse bereit, und wer Appetit auf ein Eis hat, kann seinen Heißhunger hier stillen. Frisches Gemüse und Früchte finden Sie oberhalb des Country Markets in einem separaten Geschäft.

COOMBS GENERAL STORE

Der **General Store** mit angegliedertem Postamt hält schon seit 1911 alles Wichtige und Nützliche für die Bewohner dieser Gegend bereit. Sein hölzerner Fußboden, die alte Einrichtung und historische Fotos geben dem Geschäft einen eigenen Charme. Liebe mitreisende Kinder: Für euch gibt eine sehr große Auswahl an kleinen Süßigkeiten. Der General Store liegt in Stadtmitte direkt am Highway.

BLUEGRASS FESTIVAL UND COOMBS RODEO

Tanz, Spiel und Spaß erwartet Alt und Jung Ende Juli / Anfang August, wenn das **Bluegrass Festival** steigt und Bands aus der Region, vom Festland und auch aus den USA hier für Stimmung sorgen.

3 Tage; Freitag: (19-23 Uhr),
Samstag und Sonntag: 11-22 Uhr

Erwachsene: Freitag: CAD 25,
Samstag und Sonntag: CAD 30,
Senioren u. Studenten: Freitag: CAD 20,
Samstag und Sonntag: CAD 25,
Kinder unter 12 J.: frei

www.coombsbluegrass.com

Im Eintrittspreis ist ein Stellplatz auf dem Campground (Rodeoplatz) inklusive.

einfache Stellplätze nein ja (gebührenpflichtig)

Übernachtung vor und nach dem Rodeo: CAD 10

Eine weitere Attraktion hat Coombs im Juli zu bieten: **Coombs Rodeo**, Wildwest pur. Professionelle und lokale Cowboys versuchen, ihr Bestes zu geben, dazu kann abends das Tanzbein zu Live-Musik geschwungen werden. Auch hier ist Camping im Eintrittsbetrag enthalten.

- 3 Tage; Freitag bis Sonntag
- Erwachsene: Freitag und Samstag: CAD 25, Sonntag: CAD 10, Senioren und Studenten: Freitag und Samstag: CAD 15, Sonntag: CAD 5, Kinder unter 12 J.: frei
- www.chrco.org/Rodeo.php

HAMILTON MARSH

Das ca. 3 km lange und 0,5 km breite Sumpfgebiet **Hamilton Marsh** ist umgeben von dichtem Küstenwald und bildet den Lebensraum von über 130 Vogel-, Fisch- und Amphibienarten. Im Frühjahr und Herbst machen hier Enten und Gänse auf ihrer Durchreise gen Norden oder Süden Station. Es führen vom Parkplatz Wege (auf eigene Gefahr) ins Sumpfgebiet und zu einer Aussichtsplattform.

Erreichbar ist der 4 km nordwestlich von Coombs liegende Park über die South Hillers Road, die vom Highway 4 Richtung Qualicum Beach nach Norden abzweigt.

WORLD PARROT REFUGE

Das **World Parrot Refuge** versteht sich als Schutz- und Schongebiet für Papageien. Diese kommen häufig aus Privatbesitz, wo ihnen nicht die Pflege gegeben wurde, die für ihr Wohlergehen wichtig gewesen wäre. Man ermöglicht hier den Tieren ein artgerechtes Leben, was in den Käfigen, in denen diese farbenfrohen vielfach Tiere untergebracht waren, einfach nicht möglich gewesen war.

Papageien sind sehr gesellige Tiere und leben gerne mit vielen Artgenossen, wie es ihnen in diesem Schutzgebiet ermöglicht wird. Sie können sich frei bewegen und an warmen Sonnentagen im Freigehege munter umher fliegen, bekommen gesunde Nahrung und gute Pflege.

Coombs „Innenstadt"

Und da die geselligen Papageien gerne Besuch bekommen, schauen Sie doch einfach mal rein. In Coombs finden Sie am Highway 4A regenbogenfarbene Flaggen und einen Papagei-Riesen, der Ihnen den Weg weist.

- 4116 Alberni Highway 4A, Coombs
- ganzjährig, täglich von 10-16 Uhr
- Erwachsene: CAD 12, Jugendliche und Senioren: CAD 10, Kinder (6-12 J.): CAD 8, Familien: CAD 30

BUTTERFLY WORLD AND GARDENS

Diese bunte, tropische Gartenanlage **Butterfly World and Gardens** mit einem Außen- und einem Innenbereich liegt ebenfalls in Coombs. Hunderte farbenprächtige Schmetterlinge umschwirren Sie, von der Atlasmotte (Flügelspannweite etwa 25 cm) bis zum kleinen Red Periot Schmetterling (Flügelspannweite etwa 1,3 cm). Und wachsam lauern in der Teichanlage Schildkröten, Frösche und Fische auf einen Leckerbissen.

Die **Außenanlage** ist die neueste Attraktion des tropischen Gartens, dort finden Sie in zwei geschmackvoll angelegten Teichen, die auch ein Wasserfall schmückt, japanische Koi-Karpfen, die zu Fütterungszeiten besonders gut zu betrachten sind.

Sie können sich auch die verschiedenen Entwicklungsstufen von der meist nicht so schönen Raupe, die ständig auf der Suche nach Futter ist, bis zum farbenfrohen Schmetterling ansehen. Weitere Attraktionen sind tropische Finkenarten mit leuchtendem Gefieder und einige Exemplare afrikanischer Schildkröten.

Ebenfalls neu ist eine Anlage mit plätschernden Wasserfällen und kleinen Pools ist ein Indoor-Garten mit über 100 farbenprächtigen Orchideen-Arten aus aller Welt.

Und natürlich fehlt auch der Souvenirladen für ein kleines Andenken nicht und auf der **Kolibri-Terrasse** (*Hummingbird Patio*) gibt es Tee, Kaffee, kleine Snacks oder ein Eis.

- Highway 4A, ca. 3 km westlich von Coombs
- 250-248-7026
- täglich von 10-16 Uhr
- Erwachsene: CAD 9,75, Senioren (65+): CAD 8,75, Schüler und Studenten: CAD 4,75, Kinder (ab 3 J.): CAD 3,75
- www.nature-world.com

MACMILLAN PP – CATHEDRAL GROVE

Einen besonders interessanten Park, den 1,36 km² großen **MacMillan Provincial Park**, erreicht man etwa 30 km westlich von Parksville. Auf den Wanderwegen im Park steht man oft staunend vor den unglaublich hohen, teilweise über 800 Jahre alten Douglastannen, die mit bis zu 9 Meter Stammumfang ein imposantes Bild abgeben. Dieser Park ist Schutzgebiet für diesen alten Baumbestand und schützt die Exemplare vor der Vermarktung durch die Holzindustrie.

Zu beiden Seiten des Highways gibt es Parkmöglichkeiten und ein Netz von Wanderwegen mit Informationstafeln führt durch das Schutzgebiet bis zum nahegelegenen **Cameron Lake**. Mitten durch dichten Regenwald mit riesigen Douglastannen führt der südlich des Highways beginnende Weg, nördlich wandert man durch ein Waldgebiet mit Riesenlebensbäumen und kann über einen Seitenweg zum Cameron Lake gelangen. Einige Trails sind auch für

Rollstuhlfahrer geeignet, diese sind am Parkeingang bezeichnet.

Ein starker Sturm an Neujahr 1997 ließ viele Bäume umstürzen und zerstörte Teile der Wege, die danach wieder neu angelegt werden mussten. Man ließ einige der umgestürzten Bäume im Park liegen, denn sie fördern die Regeneration, indem sie der Zuführung von Nährstoffen, Raum und Licht dienen.

Der Park wurde nach dem Förster H. R. MacMillan benannt, der 1944 den Standort der alten Bäume schützen und der Öffentlichkeit zugänglich machen wollte. Drei Jahre später wurde der Provincial Park gegründet und im Frühjahr 2005 noch erweitert.

Der Parkbesuch ist kostenlos, doch wer möchte, kann den Spendenbaum „füttern" und so sein Scherflein zur Unterhaltung des Parks beitragen.

Bitte beachten Sie: Rauchen ist im Park verboten.

ganzjährig

Wandern, Staunen

www.env.gov.bc.ca/bcparks/explore/parkpgs/macmillan

Trails: www.env.gov.bc.ca/bcparks/explore/parkpgs/macmillan/macmillan_map.pdf

R MOUNT ARROWSMITH RP

Die höchste Erhebung im Südteil von Vancouver Island und weithin sichtbar ist der 1.817 m hohe **Mount Arrowsmith**, im gleichnamigen Regional Park gelegen. Die First Nations nannten den Berg „**Kuth-Kah-Chulth**", etwa: *scharf gezeichnetes, spitzes Gesicht*, was die Gipfel des Gebirgsmassives durchaus treffend beschreibt.

Neben dem Strathcona Provincial Park ist das Mount Arrowsmith Gebirgsmassiv die größte subalpine und alpine Klimazone im Süden der Insel. Über 150 Pflanzen, darunter auch sehr selten anzutreffende, mehr als 20 Vogelarten,

MacMillan Provincial Park

das dunkelbraune **Vancouver Island Murmeltier**, das nur hier auf der Insel anzutreffen ist, und viele weitere heimische Tiere sind hier zu finden. Seine in den letzten Jahren steigende Popularität ist wahrscheinlich auf die Nähe des sehr bevölkerungsreichen Teils der Insel zurückzuführen.

Erreichbar ist der Mount Arrowsmith Park über den Highway 4. Etwa neun Kilometer östlich von Port Alberni zweigt eine 20 km lange Logging Road nach Südosten ab. Danach führen mehrere Logging Roads zum Beginn einiger Wander- und Kletterrouten. Im Park ist neben Wandern auch Gleitschirmfliegen und Klettern populär.

Zurzeit laufen Bemühungen zur Anerkennung als Provincial Park zum Schutz des Bergmassivs und der Natur.

Benannt wurde das Bergmassiv nach den beiden Kartografen Aaron und John Arrowsmith, die Mitte des 19. Jahrhunderts die Gegend vermaßen.

Regional District Office: 250-720-2700
www.mountarrowsmith.org

WANDERMÖGLICHKEITEN

Arrowsmith Trail

West Loop und East Loop können über einen kurzen Verbindungsweg kombiniert werden

- Highway 4, gegenüber Parkplatz am Ostende des Cameron Lake etwa 12 km westlich von Coombs
- 4 Stunden
- schwierig, steil, bei Nässe rutschig
- 7 km (einfache Strecke) West Loop
- 6 km (einfache Strecke) East Loop
- 1.000 m

Weitere Trails (**Rousseau Trail, Saddle Route, Mt. Cokely Trail**) beginnen an den o. g. Logging Roads. **Bitte beachten Sie unbedingt**, dass dies größtenteils schwierige Hochgebirgswanderungen und Klettertouren sind, entsprechend sollte die Ausrüstung und Erfahrung sein.

PORT ALBERNI

Entfernung	Parksville	43 km
	Kreuzung Hwy 4 / Pacific Rim Hwy	111 km
	Tofino	145 km
Einwohner	Port Alberni	17.740
	Januar	+ 5° C
	Juli	+ 23° C
	Meereshöhe	0 bis 35 m

Port Alberni liegt am Highway 4 am Ende des Alberni Inlet, einem weit ins Landesinnere führenden Ausläufer des Pazifiks im mittleren Teil von Vancouver Island zu Füßen der Beaufort Range. Durch einen tiefen Seehafen ist die Stadt angebunden an die **Barkley Meerenge** (*Sound*) und somit an den Pazifik.

Port Alberni ist nicht nur per Highway oder Schiff erreichbar, sondern wird von kleineren kanadischen Fluggesellschaften angeflogen, der Airport liegt nördlich der Stadt.

Touristisch interessant ist die Stadt wegen der vielen Angebote an Outdoor-Aktivitäten. Neben z. B. Kajak- und Kanufahren, Surfen, Tauchen und Wandern sind vor allem auch die Hubschrauber- und Wasserflugzeugtouren beliebt.

Da Port Alberni nicht nur *„Tor zum Pacific Rim National Park"*, sondern auch *„Salmon Capital of the World"* genannt wird, ist gerade das Lachsangeln

Port Alberni Ansicht

populär. Im Hafenbecken tummeln sich Prachtexemplare, und über den von Norden in den Alberni Inlet fließenden **Stamp River** kehren über eine Million Lachse im Herbst zurück zu ihrer Geburtsstätte, um dort zu laichen.

Alljährlich findet am *Labour Day Wochenende* (1. Montag im September) der beliebte **Lachsangel-Wettbewerb** statt. Wer dann den „dicksten Fisch" an der Angel hat, dem winken stattliche Geldpreise.

Port Alberni wurde nach dem spanischen Kapitän Don Pedro de Alberni benannt. Er war von 1790 bis 1792 Kommandant des spanischen Forts auf Nootka Island an der Westküste von Vancouver Island. Bevor die ersten Europäer kamen, war die Westküste traditionelles Land der Tseshaht und Hupacasath First Nations des Nuu-chah-nulth Stammes, ehemals Nootka. Alte Felsenzeichnungen (*Petroglyphs*) der First Nations sind am westlich gelegenen Sproat Lake zu finden. Die Hupacasath First Nations sind auch heute noch mit etwa 300 Mitglieder in Port Alberni und Umgebung ansässig.

Im Jahr 1787 kam die erste europäische Frau nach British Columbia, in Begleitung ihres Bräutigams **Kapitän Charles William Barkley**, der mit der *„Imperial Eagle"* die nach ihm benannte Meerenge an der Westküste der Insel nahe Port Alberni erforschte. Etwa 80 Jahre später war es **Adam Horne**, ein schottischer Pelzhändler der Hudson's Bay Company, der einen Weg ab der Strait of Georgia durch Vancouver Island suchen sollte und die Wege der Eingeborenen nutzte, um ins Alberni Tal zu gelangen. Dieser Weg, als **Horne Lake Trail** bekannt, wurde 1872 von der Regierung zur Wagon Road ausgebaut, regelmäßig gewartet und bis 1885 genutzt. Jedoch stellte die Regierung dann fest, dass die Gebirgsübergänge entlang des Horne Lake Trails nicht gerade ideal für die Fahrzeuge waren. So suchte man eine weniger gefährliche Verbindung südlich in der Umgebung des Cameron Lake/Arrowsmith Passes, die daraufhin Nanaimo mit Port Alberni verband.

Dem Bau der ersten Sägemühle 1860 durch die *Anderson Company* folgten noch weitere, was zu den Anfängen der Besiedelung des Tals führte. Maßgeblich daran beteiligt waren der Unternehmer **Edward Stamp**, Agent der Anderson Company in Victoria, und der schottische Geschäftsmann **Gilbert Sproat**, einer der Erbauer der ersten Sägemühlen. Nach ihnen wurden Stamp River und Sproat Lake benannt.

1912 wurde Port Alberni unabhängig und kurze Zeit später erreichte die *Canadian National Railway* die Stadt. Durch sie wurde im Ostteil der Insel der Bergbau neben der bereits intensiv betriebenen Forstwirtschaft zu einem wichtigen Wirtschaftsfaktor.

Heute ist Port Alberni das regionale Versorgungs- und Verwaltungszentrum der Region und durch seine Lage ein Anziehungspunkt für natur- und erholungssuchende Touristen. Auch ein Bummel durch die Stadt lohnt sich, denn einige künstlerisch schön gestaltete Wandmalereien (**Murals**) sind im Stadtgebiet zu entdecken.

Im Bereich des Hafengeländes finden Sie kleine Geschäfte, Restaurants und Souvenirshops. Erklimmen Sie den **Aussichtsturm** und genießen Sie den weitreichenden Blick über die Stadt, die Umgebung und den Hafen, wo viele kleine und große Jachten und Segelboote liegen.

Die **MV Lady Rose** (ursprünglich getauft auf „*Lady Sylvia*") ist ein 1937 in Schottland erbautes Passagier- und Frachtschiff. Das Schiff war auch das erste, das im gleichen Jahr mit einer dieselbetriebenen Schiffsschraube aus eigener Kraft den Atlantik überquerte.

Heute bietet es spektakuläre Tageskreuzfahrten zu den Ortschaften **Ucluelet** (ca. 100 km nördlich am Pazifik gelegen ▶ Seite 334) und **Bamfield** (▶ Seite 327, Ausgangspunkt des **West Coast Trails** ▶ Seite 302). Unterwegs werden Stopps entweder in **Kildonan** (am Uchucklesaht Inlet, einem Seitenarm des Alberni Inlets, gelegen) oder Sechart eingelegt. Sechart ist für Kanuten, die die **Broken Group Islands** (▶ Seite 340) im *Barkley Sound* besuchen möchten, ein wichtiger Ausgangspunkt. Die Schiffstouren sind auch Transport- und Kommunikationsmittel für die kleinen Ortschaften entlang des Alberni Inlets. Neben der MV Lady Rose ist auch noch die **MV Francis Barkley** in Betrieb.

Geplante Schiffs-Touren während der Hauptreisezeit im Sommer bitte unbedingt reservieren.

NACH BAMFIELD UND SECHART

Erwachsene: einfache Fahrt: CAD 32, Hin- und Rückfahrt: CAD 64, Kinder (8-15 J.): halber Erwachsenenpreis

NACH UCLUELET

Erwachsene: einfache Fahrt: CAD 37, Hin- und Rückfahrt: CAD 74, Kinder (8-15 J.): halber Erwachsenenpreis

Weitere Informationen
5425 Argyle Street
250-723-8313 oder
1-800-663-7192 (gebührenfrei)
ganzjährig, Montag bis Freitag von 8-17 Uhr
April bis September, Montag bis Freitag von 8-17 Uhr
www.ladyrosemarine.com

NR3

Port Alberni McLean Mill

VISITOR INFORMATION

2533 Port Alberni Hwy, (Ortseingang Ost)
250-724-6535
www.avcoc.com

SEHENSWÜRDIGKEITEN

R3

FIRST NATIONS CANOE TOURS

Vieles über die First Nation Geschichte des Alberni Valley und ihrer Kultur erfährt man auf einer **Cultural Canoe Tour** mit den Hupacasath People der Region. Dabei wird Neulingen auch das Kanufahren beigebracht. Wem das Paddeln zu anstrengend ist oder wer nicht selber paddeln möchte, kann auch eine „Kreuzfahrt" buchen und paddeln lassen.

CHOO KWA VENTURES

5500 Ahahswinis Drive
250-724-4006
judith@hupacasath.ca

ALBERNI VALLEY MUSEUM

Im **Museum** der Stadt wird die Geschichte des Ortes und der Nuu-chah-nulth erläutert, zu denen auch die Hupacasath People gehören. Sie können sich anhand von Fotos aus den frühen Zeiten der Stadt und mehreren historischen Gegenständen ein Bild aus dem früheren Alltags- und Arbeitsleben der Natives und weißen Siedler machen. Besonders hervorzuheben ist die Flechtkorbkollektion der Nuu-chah-nulth. Auch wechselnden Ausstellungen über internationale Kulturgeschichte ist ein Platz im Museum vorbehalten. Ein Souvenirshop bietet kleine Erinnerungen, Bücher und Bilder an.

4255 Wallace Street
250-723-2181
ganzjährig,
Dienstag bis Samstag 10-17 Uhr,
Dienstag und Donnerstag bis 20 Uhr
Kein Eintritt, es wird um eine Spende gebeten.
www.alberniheritage.com

MCLEAN MILL NATIONAL HISTORIC SITE

Die **McLean Mill** ist die einzige dampfbetriebene Sägemühle Kanadas. Mit seinen drei Söhnen betrieb R. B. McLean diese Sägemühle von 1926 bis ins Jahr 1965.

Vor mehr als 10 Jahren begann man mit der Restaurierung und in den Sommermonaten kann man per Führung oder auf eigene Faust durch das Gelände streifen, auf dem noch mehrere Wohn- und Geschäftsgebäude, Transportmittel und Gerätschaften zu entdecken sind. Auch die Arbeitsweise der Mühle, die noch in Betrieb ist, wird vorgeführt und wer bei so viel Sightseeing an der frischen Luft ein wenig Stärkung nötig hat, kann diese im **Café** am Eingang bekommen.

Die **National Historic Site** liegt 8 km nordwestlich von Port Alberni. Sie erreichen diese vom Highway 4 über die Beaver Creek Road, dann Smith Road bis zum Parkplatz.

Tipp: Um schnell und einfach wieder nach Port Alberni zurückzukommen, fahren Sie diese Strecke auch wieder zurück.

Sie können auch mit der **Alberni Pacific „Steam" Railway** zur Sägemühle fahren oder eine Besichtigung mit Zugfahrt buchen.

Saison ist von Ende Juni bis Anfang September, in dieser Zeit finden auch Führungen statt. Die Öffnungszeiten kurz vor und nach der Saison variieren.

- 5633 Smith Road
- 250-723-1376
- geführte Touren, Vorführungen, Zugfahrten: Donnerstag bis Sonntag von 10:30-17:15 Uhr,
  Montag bis Mittwoch: ohne Führung
- Montag bis Mittwoch Erwachsene: CAD 15,25, Jugendliche u. Senioren: CAD 10, Kinder: CAD 7,50, Familien: CAD 40,75
  Vor- und nach der Saison: Erwachsene, Jugendliche u. Senioren: CAD 5, Kinder: CAD 2,50
- www.alberniheritage.com/mill

ALBERNI PACIFIC „STEAM" RAILWAY

Die wiederhergestellte Dampflok aus dem Jahr 1929 bietet im Sommer Touren ab der 1912 erbauten **Canadian Pacific Railway Station** durch die umliegenden Wälder und zur Sägemühle **McLean Mill National Historic Site**. Eine Besonderheit ist für Eisenbahnfans sicherlich besonders spannend, denn sie können für eine Fahrstrecke Teil der Mannschaft werden und im Führerhaus hautnah miterleben, wie es während einer Fahrt dort so zugeht. Mindestalter: 16 Jahre, bitte Baumwollkleidung (keine Röcke) und feste Schuhe tragen.

Reservierung und Fragen
- 250-723-1376.

Über die verschiedenen Angebote und genauen Fahrzeiten informieren Sie sich bitte in der Visitor Information oder auf der Internetseite

- 3100 Kingsway Avenue, Port Alberni
- 250-723-2118
- Zugfahrt und Sägemühle:
  Donnerstag bis Sonntag von 10:30-17:15
- Erwachsene: CAD 29,95, Senioren u. Jugendliche: CAD 22,50, Kinder: CAD 14,95, Familien: CAD 79,95
- Zugfahrt: Donnerstag bis Sonntag von 10:30-17:15 Uhr
- Erwachsene: CAD 20.95, Senioren u. Jugendliche: CAD 15,25, Kinder: CAD 10, Familien: CAD 54
- www.alberniheritage.com/railway

MARITIME DISCOVERY CENTRE

Im Port Alberni **Maritime Discovery Centre** wird über die Geschichte der Seefahrt an der Westküste Vancouver Islands informiert. Zu sehen sind neben maritimen Ausstellungsstücken eine Original-Nachbildung eines **Küstenleuchtturms** und ein restauriertes **Rettungsboot**, das von 1951 bis 1969 im südwestlich von Port Alberni liegenden Bamfield stationiert war und die SOS-Rufe der in Not geratenen Schiffe vor der Küste empfing.

2750 Harbour Road
Ende Juni bis Anfang September täglich von 10-17 Uhr
Kein Eintritt, es wird um eine Spende gebeten
www.alberniheritage.com/maritime

UNTERKÜNFTE

Fat Salmon Backpacker's Hostel
3250 - 3rd Avenue
250-723-6924
ab CAD 25 pro Bett
www.fatsalmonbackpackers.com

Howard Johnson Hotel
4850 Beaver Creek Road
250-724-2900
★★
www.hojoalberni.com

Hospitality Inn
3835 Redford Street
250-723-8111
★★
www.hospitalityinnportalberni.com

Riverside Motel
5065 Roger Street
250-724-9916
★ bis ★★
www.bctravel.com/ci/riverside.html

Somass Motel
5279 River Road
250-724-3236
★ bis ★★
www.somass-motel.ca

Port Alberni Hafen

Best Western Barclay
4277 Stamp Avenue
250-724-7171
★★
www.bestwesternbarclay.com

Lakeshore Campground
9752 Lakeshore Road
250-723-2030
Cottage 4 Personen: ★★
31 Stellplätze, alle Anschlussmöglichkeiten
ab CAD 32
www.lakeshorecampgroundandcottage.com

Stamp River Provincial Park
▶ Seite 328

Sproat Lake Provincial Park
▶ Seite 329

BAMFIELD

Die kleine Ortschaft **Bamfield** liegt südwestlich von Port Alberni. In Bamfield, am Südende des Barkley Sound, leben etwa 200 ständige Bewohner. Der Ort ist zweigeteilt in einen West- und einen Ostteil, getrennt durch das 150 m breite **Bamfield Inlet**, das per Wassertaxi überquert wird. Im Westteil des Ortes findet man kleine Geschäfte und kann auf einem Boardwalk am Hafen entlang bummeln oder auf der Ozeanseite den Brady's Beach Trail wandern. Drei Kilometer südlich von Bamfield liegt die Pachena Bay, wo der Start- oder Endpunkt des berühmten und abenteuerlichen West Coast Trails liegt ▶ Seite 302.

Bamfield war viele Jahrhunderte Heimat der Huu-ay-aht People der Nuu-chah-nulth First Nations, heute leben diese First Nations südlich des Ortes an der Pachena Bay.

Ende des 19. Jahrhunderts kamen die ersten Europäer und gründeten ein kleines Fischerdorf. Die kommerzielle Fischereiwirtschaft war bis in die 1980er Jahre in Bamfield angesiedelt, heute ist das idyllische Fischerdorf ein attraktives Ziel von Sportfischern und Outdoor-Aktiven.

In Bamfield findet man die wichtigsten Versorgungsmöglichkeiten, Campgrounds und Übernachtungsmöglichkeiten.

Erreichbar ist Bamfield von **Port Alberni** über eine 89 km lange, abenteuerliche Fahrt auf einer *Logging Road*, und von **Lake Cowichan** (▶ Seite 308) in 123 km, ebenfalls über eine *Logging Road*. Wer diese Strecke fahren möchte, sollte sich unbedingt vorher in der Visitor Information Port Alberni über den Zustand der Straße informieren.

Per Schiff kommt man nach Bamfield von **Ucluelet** (▶ Seite 334) oder **Port Alberni**.

Die Busverbindungen **West Coast Trail Express** verbindet Victoria und Nanaimo (www.trailbus.com) und die **Western Bus Lines** starten von Port Alberni nach Bamfield.

Western Bus Lines
3701 - 4th Avenue
250-723-3341
Mitte Mai bis Ende September, jedoch nicht täglich

BAMFIELD CHAMBER OF COMMERCE
345 Grappier Road
250-728-3006
info@bamfieldchamber.com
www.bamfieldchamber.com

Pachena Bay Campground

Der Campground liegt am Ausgangs- oder Endpunkt des **West Coast Trails** an der Pachena Bay, 3 km südlich von Bamfield, je nach Start der Wanderung.

- 250-728-1287
- Mai bis September
- 16 Stellplätze, alle Anschlussmöglichkeiten
- 69 ja
- ab CAD 25

P STAMP RIVER PP

Der 3,27 km² große **Stamp River Provincial Park** liegt 14 km nördlich von Port Alberni. Zufahrt zum Park ab Port Alberni über die Beaver Creek Road. Die letzten 2 km sind nicht asphaltiert aber gut befahrbar.

Benannt ist der Park nach Port Albernis Pionier der frühen Tage und Erbauer der ersten Sägemühle, Edward Stamp. Ein kleiner Wasserfall schmückt den Park und im Herbst, wenn sich die Lachse über eine Fischleiter zu ihrem Geburtsort und den Laichgründen zurückquälen, ist ein Besuch im Park besonders zu empfehlen. Doch **Vorsicht**, Bären sind gerade zu dieser Jahreszeit allzeit bereit, eine einfache Futterquelle für sich zu nutzen und kommen gerne vorbei, um sich vor dem Winterschlaf noch einmal richtig satt zu essen.

Vom Parkplatz führt ein 0,5 km langer Wanderweg zu einem **Aussichtspunkt** nahe der Fischleiter.

Auch ein Rundweg entlang des Stamp River ist ausgeschildert.

Im Park liegen schöne Stellplätze für Wohnmobile und ein kleiner Picknickplatz.

- ganzjährig, Service von Mai bis Mitte Oktober
- 23 ja nein
- Sommer: CAD 16, Winter: CAD 11
- Fischen, Wandern, Relaxen
- www.env.gov.bc.ca/bcparks/explore/parkpgs/stamp_rv

Sproat Lake Provincial Park

WANDERMÖGLICHKEIT

Stamp River Trail

Der Trail führt größtenteils direkt am Fluss entlang, bitte besondere Vorsicht im Herbst, wenn die Bären den Fluss auf der Suche nach Futter (Lachse) aufsuchen.

- Parkplatz 1
- 3 Stunden
- moderat
- 7,5 km (einfache Strecke)
- 50 m

P SPROAT LAKE & SPROAT LAKE PP

Nur 10 km westlich von Port Alberni erreicht man den sehr schön gelegenen **Sproat Lake Provincial Park** mit seinen fantastischen Wassersportmöglichkeiten. Der Park, der am Nordufer des Sees liegt, wird durch den Highway geteilt. Nördlich des Highway an der Central Lake Road liegt der weiträumig angelegte **Upper Campground**, südlich des Highway der **Lower Campground** mit sehr viel weniger „Privatsphäre". Dafür sind die Duschen, der Picknickplatz und der See in greifbarer Nähe. Die Abfahrt zum Lower Campground und See vom Highway 4 liegt etwa 300 m westlich.

Benannt wurde der Park nach Gilbert Malcolm Sproat aus Schottland, ebenfalls ein Pionier der frühen Tage und Mitbegründer der ersten Sägemühle.

Zu den Spuren der First Nations, den **K'ak'awin Felsenzeichnungen**, kommt man über einen kurzen Wanderweg, der am Ostende des Strandbereiches beginnt. Am Ende des Trails kann man von einem wackligen Bootssteg aus die Felsenzeichnungen sehen.

Lower Campground

- ganzjährig, Service von Mitte April bis Mitte Oktober
- 5 ja nein ja
- Sommer: CAD 25, Winter: CAD 11

Martin Mars Wasserbomber

Upper Campground
Mitte April bis Mitte Oktober
44
Sommer: CAD 21, Winter: CAD 11
Schwimmen, Wasserski, Tauchen, Surfen, Kajak- und Kanufahren, Wandern, Fischen
www.env.gov.bc.ca/bcparks/explore/parkpgs/sproat_lk

MARTIN MARS WASSERBOMBER-COULSON FLYING TANKERS

Der 37,7 km² große und relativ warme Süßwassersee ist **Basislager** der beiden Wasserbomber **Philippine Mars** und **Hawaii Mars**, für die der Sproat Lake als Start- und Landeplatz wie auch als Füllstation für den Einsatz bei Waldbränden dient.

Insgesamt 6 Flugboote wurden in den 1930er Jahren von der *US Navy* in Auftrag gegeben, sie dienten als Patrouillen- und Transportflugzeuge. Als die Flugzeuge ausgemustert wurden, kaufte 1956 die *Flying Tankers Ltd. Canada* die restlichen 4 Flugboote. Man rüstete diese um, sodass sie zur Bekämpfung von Waldbränden eingesetzt werden konnten.

Jedes Flugboot kann innerhalb von 25 Sekunden mehr als 27 Tonnen Wasser aufnehmen und mit dieser Wassermenge eine Fläche von etwa 1,6 ha abdecken. Durch einen Unfall und einen Wintersturm verlor man 1961 und 1962 je ein Flugboot, die beiden letzten sind aber nach wie vor als Löschflugzeuge in BC im Einsatz und kosten pro Flugstunde rund 5.000 US Dollar.

Der **Hawaiian Mars** ist von Mitte Juni bis Mitte November in **Lake Elsinore** (Kalifornien) stationiert und für den *United States Forest Service* im Einsatz.

Zufahrt vom Highway 4 zur Station über die Lakeshore Road Richtung Westen und Bomber Base Road.

geführte Touren während der Öffnungszeiten: täglich um 10:30, 11:30, 12:30 und 13:30 Uhr
CAD 10
www.martinmars.com

THE COULSON FLYING TANKERS VISITOR INFORMATION
250-723-8100
Juli bis Ende August täglich von 10-15 Uhr
Eintritt frei

In den letzten Jahren entstanden speziell an der Ostküste des Sees viele kleine Ferienanlagen und Resorts mit eigenen Strandzugängen. Die etwa 200 km lange Küste des Sees ist jedoch größtenteils dicht bewaldet und unbebaut, in den touristisch erschlossenen Teilen sind Badestrände, Picknickplätze und Bootsanlegestellen zu finden. Eine beliebte Sportart, für die sich die Größe des Sees hervorragend eignet, ist das Wasserski-Fahren. Den Sproat Lake kann man auch sehr gut per **Hausboot** erkunden und nach einem Sonnenbad auf Deck per Rutschbahn ins Wasser eintauchen.

Fish & Duck Houseboats
Das Unternehmen bietet auch Motorbootsverleih zum Wasserski-Fahren an.
Bothwell Road
250-724-4462 oder
1-866-364-3280 (gebührenfrei)
Hausboote: Pro Person pro Tag: CAD 25-46, pro Hausboot pro Tag: CAD 250-650
agriffin2@shaw.ca
www.fishandduckhouseboats.com

P DELLA FALLS - STRATHCONA PP

Die höchsten und zu den spektakulärsten Wasserfällen Kanadas zählenden **Della Falls** liegen 60 km nordwestlich von Port Alberni im Südteil des **Strathcona Provincial Parks**. Vom 1.080 m hoch gelegenen Della Lake rauschen die Wasserfälle 440 m tief in den Drinkwater Creek. Ein grandioses Bergpanorama ergeben die umliegenden und teils schneebedeckten Gipfel der **Nine Peaks** (1.842 m), **Mount Septimus** (1.948 m) und **Big Interior Mountain** (1.864 m).

Wer dieses Naturspektakel Della Falls sehen möchte, muss sich (leider) auf eine anstrengende Tour einrichten, denn diese können nur über mehrere Tage „erwandert" werden.

Zum Startpunkt am **Great Central Lake**, dem zweitgrößten (51 km^2) Frischwassersee auf Vancouver Island, zweigt etwa 11 km westlich von Port Alberni die Central Lake Road nach Norden ab. Nach 8 km kommt man zum **Ark Resort**, dort wird ein Wassertaxi-Service (50 Minuten) bis zum Beginn des Trails am Westende des Great Central Lakes angeboten. Die Strecke über den See ist 35 km lang. Es werden auch Kanu-Ausrüstungen zum Mieten angeboten, jedoch ist zu bedenken, dass eine Kanutour nicht ungefährlich ist, da sich der See innerhalb kurzer Zeit in ein stürmisches und ungemütliches Gewässer verwandeln kann und der 35 km lange Kanu-Trip ca. 7-12 Stunden in Anspruch nimmt.

Am Ende des Sees befindet sich ein Zeltplatz, hier beginnt der Trail zu den Della Falls, der größtenteils den Resten eines ehemaligen Bergbau- und Holzfällerweges folgt. Nach etwa 7 km wird der **Margaret Creek** erreicht, dieser wird per Hängebrücke überquert, dort befindet sich wieder eine Zeltmöglichkeit. Nach Margaret Creek wird der Weg steil mit teils schwierigen Passagen. Nach weiteren 8 km kommt man zur einer Wegga-

Great Central Lake

NR

belung **Lowry Lake / Mount Septimus** und wenig später zum **Campground Della Falls**.

Den Fuß der Della Falls erreicht man nach einem weiteren Kilometer. Eine Klettertour zum Della Lake ist möglich, jedoch gefährlich und nur für erfahrene Kletterer zu empfehlen. Die ideale Jahreszeit für die Della Falls Tour ist von Ende Juni bis Mitte September.

Der Trapper und Goldschürfer **Joe Drinkwater** fand 1899 die Della Falls und benannte sie nach seiner Frau Della, der Margaret Creek hat den Namen der Mutter bekommen.

Den besten Blick auf die Della Falls hat man vom **Love Lake Trail** aus. Dieser Trail beginnt an der Weggabelung Love Lake / Mount Septimus (1.948 m) in der Nähe des Campgrounds Della Falls. Er ist steil und anstrengend.

Achtung: Bären können in diesem Gebiet ein Problem sein, bitte hängen Sie unbedingt Nahrungsmittel usw. bärensicher auf und achten Sie auf Spuren.

Anmerkung: Bei Benutzung eines Motorbootes werden ca. 3-4 Tage für diesen Trip empfohlen, bei Benutzung eines Kanus ca. 7 Tage

WANDERMÖGLICHKEITEN

Della Falls Trail

- Campground am Westende des Great Central Lakes
- 5-8 Stunden
- moderat, stellenweise schwierig und anstrengend
- 16 km (einfache Strecke)
- 520 m

Love Lake Trail

- Della Falls Trail Campground
- 2-3 Stunden
- schwierig, anstrengend
- 4 km (einfache Strecke)
- 830 m

UNTERKUNFT

Ark Resort

- 11000 Central Lake Road
- 250-723-2657
- ganzjährig, täglich von 9-20 Uhr
- 9 — ab CAD 39,50
- 10 — ab CAD 27
- 1 Trailer — CAD 95

Wichtig: Bezahlung nur per Travellerchecques oder Cash, keine Kreditkarten.

Im Ark Resort kann Camping- und Wanderzubehör wie Schlafsäcke, 2er-Zelte, Campingzubehör usw. gemietet werden.

- info@arkresort.com
- www.arkresort.com

Kanumiete

- CAD 18 pro Stunde, CAD 85 pro Tag

Kanumiete Della Falls Trip

- 4 Tage pro Person: CAD 80, zusätzlicher Tag: CAD 40, Kaution: CAD 100

TAYLOR ARM PP

Der **Taylor Arm Provincial Park** liegt westlich von Port Alberni am Sproat Lake. Zu den Parkplätzen zweigt 21 km und 23 km westlich von Port Alberni eine Zufahrtstraße ab. Von den Parkplätzen zu den Picknickanlagen und Badestränden führen kurze Wege (ca. 10 Minuten).

- April bis Mitte Oktober
- Schwimmen, Picknick, Fischen, Kanu- und Kajakfahren
- www.env.gov.bc.ca/bcparks/explore/parkpgs/taylr_am

Kennedy Lake

P KENNEDY LAKE PP

Der 2,58 km² große **Kennedy Lake Provincial Park**, am Südende des größten Frischwassersees Vancouver Islands gelegen, befindet sich etwa 8 km östlich der Kreuzung Highway 4 / Pacific Rim Highway inmitten einer wunderschönen Bergwelt und ist für alle Wassersportler ein populärer Platz.

Zwei Picknickplätze liegen im Park, der größere liegt in Highwaynähe mit Bademöglichkeit, Picknicktischen und Bootsanlegestelle. Die Parkmöglichkeiten sind sehr begrenzt, die meisten Besucher parken am Highway 4.

Der kleinere Picknickplatz östlich vom Highway hat nur einen Picknicktisch und eine Bootsanlegestelle. Er wird meist nur zum Start einer Bootstour genutzt. Zufahrt über die West Main Road (aktive Logging Road!), die 3 km östlich der Kreuzung Highway 4/ Pacific Rim Highway nach Norden abzweigt.

Kanu- und Kajakfahrer können unzählige kleine Buchten und Inseln erforschen. **Achtung:** Das Wetter ist unberechenbar und gefährliche Winde können eine Tour auf dem See zu einem gefährlichen Unterfangen machen.

Es steht kein Wohnmobil-Campground zur Verfügung.

Bitte beachten Sie, dass die Zufahrt zum highwaynahen Picknickplatz schlecht ausgeschildert ist.

- ganzjährig
- ja
- Schwimmen, Kajak- und Kanufahren, Surfen, Fischen, Relaxen
- www.env.gov.bc.ca/bcparks/explore/parkpgs/kennedy_lk

P CLAYOQUOT ARM PP

Ein Seitenarm des Kennedy Lakes ist der **Clayoquot Arm**, an den der gleichnamige Provincial Park grenzt. Dieser Provincial Park ist per Boot über den Kennedy

NR

Lake oder vom Highway 4 aus, etwa 3 km östlich der Kreuzung Highway 4 / Pacific Rim Highway über die West Main Road (aktive Logging-Road), erreichbar. Naturliebhabern bietet der Park eine einzigartige Flora und Fauna, dichte Küstenregenwälder, abgelegene Strände und Spuren der First Nations. Kanu- und Kajaktouren zu urwüchsigen kleinen Insel und ausgiebige Wandertouren sind hier die beliebtesten Outdoor-Aktivitäten.

Achtung: Bären, Wölfe und Pumas können jederzeit auftauchen. Nehmen Sie daher keine Haustiere mit und lassen Sie Ihre Kinder nicht aus den Augen.

- ganzjährig
- ja
- Schwimmen, Kajak- und Kanufahren, Surfen, Fischen, Wasserski
- www.env.gov.bc.ca/bcparks/explore/parkpgs/clayoquot_arm/

VISITOR INFORMATION PACIFIC RIM

- 250-726-4600
- Juli bis Anfang September täglich von 9-19 Uhr, Anfang September bis Anfang Oktober täglich von 9-17 Uhr, Anfang Oktober bis März Dienstag bis Sonntag von 10-16 Uhr, März bis Juni täglich von 9-17 Uhr
- pacificrimvisitorcentre@telus.net
- www.pacificrimvisitor.ca

	Port Alberni	111 km
	Tofino	34 km
	Ucluelet	8 km

Die **Pacific Rim Visitor Information** liegt an der **Kreuzung Highway 4 / Pacific Rim Highway**. Sie bekommen hier Antworten zu allen Fragen, die den mittleren Teil Vancouver Islands, insbesondere den Pacific Rim National Park, betreffen. Auch der **Parkpass** ist hier erhältlich. Ein Besuch ist ratsam, da auch sehr viel Informations- und Kartenmaterial erhältlich ist. Bei der Suche nach einer geeigneten Übernachtungsmöglichkeit oder einem besonders empfehlenswerten Ausflug ist man hier an der richtigen Stelle. Parkmöglichkeiten sind reichlich vorhanden, alle Einrichtungen sind für Rollstuhlfahrer geeignet.

Wichtig: Bitte beachten Sie, dass **alle Reisenden**, die Parkeinrichtungen besuchen oder nutzen wollen, einen **gültigen Parkpass** besitzen müssen. Es werden Kontrollen durchgeführt.

PARKGEBÜHREN

Tagespass
Erwachsene 17-64 J.: CAD 7,80
Senioren (65+): CAD 6,80
Schüler u. Jugendliche 6-16 J.: CAD 3,90
Familien (2 Erw., max. 5 Kinder): CAD 19,60

Jahrespass
Erwachsene 17-64 J.: CAD 39,20
Senioren ab 64 J.: CAD 34,30
Schüler u. Jugendliche 6-16 J.: CAD 19,60
Familien (2 Erw., max. 5 Kinder): CAD 98,10

West Coast Trail
Pro Person: CAD 127,50
Boot/Fähre Gordon River und Nitinat: CAD 15
Reservierung pro Person: CAD 24,50

Broken Group Islands Zeltgebühren
Pro Person, pro Nacht: CAD 9,80

UCLUELET

	Kreuzung Hwy 4 / Pacific Rim Hwy	8 km
	Tofino	42 km

Ucluelet Welcome

Einwohner	Ucluelet	1.760
❄❄	Januar	+ 4° C
☀	Juli	+ 17° C
≋	Meereshöhe	20 m

An der rauen Westküste von Vancouver Island am Ende eines Landzipfels liegt die kleine Ortschaft **Ucluelet**. Die 1952 unabhängig gewordene Stadt ist besonders durch ihre vielen Angebote an Outdoor-Aktivitäten bekannt und beliebt.

Wie archäologische Funde beweisen, lebten an der Küste Vancouver Islands schon vor mehr als 4.300 Jahren Ucluelet, auch bekannt als Yuu-tluth-aht, First Nations, die zum Stamm der die Nuu-chah-nulth gehörten. Sie leben noch heute entlang des Ucluelet Inlets und an der **Toquart Bay** (▶ Seite 340) nordöstlich von Ucluelet. Ucluelet bedeutet in der Native-Sprache etwa *„sicherer Hafen oder sicherer Landeplatz“*. Der Fischreichtum der Meere und die dichten Wälder versorgten sie mit dem Lebensnotwendigen und beeinflussten ihren Lebensstil und ihre Kultur.

Die ersten europäischen Siedler kamen um 1870, als Captain Francis, der per Schiff auf Robbenfang ging und in Ucluelet einen Handelsposten einrichtete. Er betrieb mit den Fellen der Meerestiere regen Handel, in ansässigen Betrieben wurden die Tiere industriell weiterverarbeitet. 1903 errichtete man eine Walfangstation im Barkley Sound östlich von Ucluelet, ein Leuchtturm wurde stationiert und eine Rettungsbootstation eingerichtet. Die eigentliche Besiedelung der Gegend begann aber erst zum Ende des 19., Anfang des 20. Jahrhunderts. Zu den ersten Siedlern zählten William und James Sutton, die eine Sägemühle und einen kleinen General Store betrieben.

Um 1900 wurde in der nahe gelegenen **Wreck Bay** (auch: *Florencia Bay*)

Gold gefunden, eine Tatsache, die natürlich einige Glücksritter anlockte. Doch die Funde waren nicht sehr ergiebig.

Den wirklichen Aufschwung erlebte der Ort erst mit dem Beginn der Fischindustrie, später kam noch die Forstwirtschaft hinzu. Eine einfache Straßenverbindung von Port Alberni nach Ucluelet wurde 1959 gebaut, sie diente aber in erster Linie militärischen Zwecken, da sich am *Long Beach* ein Militärflughafen befand. 13 Jahre später wurde die Strecke asphaltiert und half dabei, den Tourismus als weiteren Wirtschaftsfaktor zu etablieren. Heute besuchen jährlich etwa eine Million Besucher die Westküste Vancouver Islands und erfreuen sich an der abwechslungsreichen Landschaft und den vielen Sportmöglichkeiten. Im Winter kann man die enormen Naturgewalten des Meeres mit bis zu acht Meter hohen Wellen und stürmischer, donnernder Brandung erleben.

Sie finden im Ort alle Versorgungseinrichtungen - lokale Kunst und Kunsthandwerk der Ucluelet First Nations finden Sie in den örtlichen Galerien.

R3

VISITOR INFORMATION

- 3 - 1645 Cedar Street
- 250-726-4641
- ganzjährig, Kernöffnungszeiten täglich von 9-16 Uhr
- info@uclueletinfo.com
- www.uclueletinfo.com

SEHENSWÜRDIGKEITEN

FÄHRVERBINDUNG / BOOTSTOUR NACH BAMFIELD

Nicht nur für die Abenteurer, die zum nördlichen Ausgangspunkt des **West Coast Trails** (▶ Seite 302) in **Bamfield** gelangen wollen, sondern auch als einmalig schöner Ausflug per Passagier-Schiff bietet sich eine Fahrt mit dem **Seaway Express** von Ucluelet nach Bamfield an. Er durchquert den *Barkley Sound*, fährt mitten durch die *Broken Group Islands* und transportiert auch Kajakfahrer oder Taucher zu den Inseln der *Deer Group*, die vor der Küste von Bamfield liegen. Nicht selten entdeckt man in der Einsamkeit der Landschaft an Land u.a. Schwarzbären und Wölfe oder tauchen plötzlich Wale auf und Seelöwen oder Seehunde sonnen sich auf Felsen.

Bei Interesse sollten Sie unbedingt vorher reservieren

Seaway Express

- Whiskey Dock/Ende Main Street
- 250-726-5353 oder 1-877-726-7002 (gebührenfrei)
- info@barkleysoundmarine.com
- Erwachsene: CAD 39 (einfache Fahrt), CAD 69 (Hin- und Rückfahrt), Senioren u. Studenten: CAD 35 und CAD 65, Kinder (1-12 J.): CAD 25 und CAD 39
- ab Ucluelet: 9 und 15 Uhr, ab Bamfield Ost: 11 und 17 Uhr, ab Bamfield West: 11:05 und 17:05 Uhr
- www.barkleysoundmarine.com

WHALE-WATCHING TOUR

Wie in den meisten Küstenorten werden auch in Ucluelet Whale-Watching- und Tierbeobachtungs-Touren angeboten. Und wer einmal einen romantischen Sonnenuntergang bei einem Glas Champagner zu Wasser erleben und dabei noch die Tierwelt beobachten möchte, bucht eine „**Champagne Sunset Cruise**“. Vorbuchung wird gewünscht. Es werden auch deutschsprachige Touren angeboten.

Archipelo Wildlife Cruises

- Whiskey Landing Wharf
- 250-726-8289
- Mai bis Oktober
- info@archipelagocruises.com
- www.archipelagocruises.com

Broken Group Wildlife Cruise

- 5 Stunden
- 10 Uhr täglich außer freitags
- Erwachsene: CAD 139, Kinder (bis 16 J.): CAD 99, optional Lunch: CAD 22 pro Person

Champagne Sunset Cruise

- 3 Stunden
- wechselnd, abhängig von der Jahreszeit
- Erwachsene: CAD 99 (inkl. 1 Glas Champagner), Kinder (bis 16 J.): CAD 79

JAMIE'S WHALING STATION UCLUELET

Dieses Unternehmen bietet eine Vielzahl von Touren zu Wasser, zu Land und per Wasserflugzeug an. Bitte informieren Sie sich auf der Internetseite oder vor Ort beim Anbieter.

- 168 Fraser Lane, Ucluelet
- 250-726-7444 oder 1-877-726-7444 (gebührenfrei)
- Mitte März bis Ende September
- info@jamies.com
- www.jamies.com

UCLUELET AQUARIUM

Im **Ucluelet Aquarium** bekommen Sie die Unterwasserwelt des Meeres nähergebracht. Sie können sich die farbenfrohe Tier- und Pflanzenwelt, die sonst nur bei einem Tauchgang zu entdecken ist, ansehen und „begreifen", was unter der Wasseroberfläche lebt, wächst und gedeiht. Dies ist besonders für Kinder eine willkommene Abwechslung zur allgegenwärtigen Natur

- Main Street
- 604-987-6992
- Mai bis Anfang September täglich von 10-18 Uhr, Anfang September bis Mitte Oktober und Mitte März bis Ende April täglich von 11-17 Uhr
- Erwachsene: CAD 5, Kinder: CAD 3

Wild Pacific Trail

Führungen: Erwachsene: CAD 7,50, Kinder: CAD 5
1 Stunde, Vorbuchung nötig
www.uclueletaquarium.org

WILD PACIFIC TRAIL

Nicht versäumen sollten Sie zumindest eine kurze Schnupper-Wanderung durch den urigen Küstenwald mit seinen vom Wind „geformten" Bäumen und der zerklüfteten Küste, die die gewaltigen Kräfte der Meeresbrandung im Wechselspiel mit den Gezeiten deutlich macht. Unterwegs stehen an besonders interessanten Stellen Ruhebänke, die einen fantastischen Blick auf den Barkley Sound und die Broken Islands, die Teil des Pacific Rim National Parks sind, bieten. Wenn Sie sich etwas Zeit nehmen, werden Sie sicherlich auch den einen oder anderen Meeresbewohner entdecken können.
www.longbeachmaps.com/wildtrail.html

RUNDWEG 1 (LIGHTHOUSE LOOP)
Parkplatz Coast Guard Road
1 Stunde
leicht
2,5 km

WEG 2 (BIG BEACH)
Parkplatz Marine Drive
0,5 Stunden
leicht
1 km (einfache Strecke)

WEG 3 (BROWN'S BEACH)
Parkplatz Marine Drive
1 Stunde
mittel
3 km (einfache Strecke)

Der Wild Pacific Trail wird nach Norden weitergeführt, geplant ist, den Trail bis Long Beach, der zwischen Ucluelet und Tofino liegt, auszudehnen.

Weitere Wanderwege beginnen am Highway entlang der Küstenstraße Richtung Tofino.

EDGE TO EDGE MARATHON

Dieses besondere Vergnügen findet alljährlich zwischen Ucluelet und Tofino statt. Wenn Sie einmal dabei sein wollen, ob als Läufer oder Zuschauer, dann sollten Sie Mitte Juni in Ucluelet sein. Es wird auch ein **Halb-Marathon** ausgetragen.

MARATHON: 42,2 KM
Startpunkt in Tofino, Ende in Ucluelet

HALF MARATHON: 21,1 KM
Startpunkt und Ende in Ucluelet

Weiterführende Infos und Startpreise:
www.edgetoedgemarathon.com

UNTERKÜNFTE

C&N Backpackers Hostel
2081 Peninsula Road
250-726-7416
ab CAD 25 pro Bett
Zimmer ★
www.cnnbackpackers.com/ucluelet

Pacific Rim Motel
1755 Peninsula Road
250-726-7728 oder
1-800-810-0031 (gebührenfrei)
★★
www.pacificrimmotel.com

Surfs Inn Hostel
1874 Peninsula
250-726-4426
ab CAD 22 pro Bett
Cottage: ★★
www.surfsinn.ca

Pacific Rim National Park

West Coast Motel
247 Hemlock Street
250-726-7732
★★
www.westcoastmotel.com

Terrace Beach Resort
1002 Peninsula Road
250-726-2901
ganzjährig
★★ bis ★★★
www.terracebeachresort.ca

Green Point Campground ▶ Seite 345

Island West Resort
1990 Bay Street
250-726-7516
Motel: ★ bis ★★
125, alle Anschlussmöglichkeiten
ab CAD 29
www.islandwestresort.com

Ucluelet Campground
260 Seaplane Base Road
250-726-4355
alle Anschlussmöglichkeiten
ab CAD 22
www.uclueletcampgroud.com

Surf Junction Campground
2650 Ucluelet/Tofino Highway,
Richtung Ucluelet
1-877-922-6722 (gebührenfrei)
April bis Oktober
49, alle Anschlussmöglichkeiten
ab CAD 27
www.surfjunction.com

PACIFIC RIM NATIONAL PARK

Der landschaftlich einzigartige **Pacific Rim National Park** mit seiner wilden, zerklüfteten Küstenlinie und dem dichten Regenwald, der durch das kühle, feuchte Seeklima entsteht, liegt im Westteil von Vancouver Island. Der 1970 gegründete Park umfasst eine Gesamtfläche von 511 km². Mehr als 600.000 Menschen besuchen jedes Jahr diesen Park, wandern entlang der sandigen, mit Treibholz beinahe überladenen Küste oder nehmen die schwierigeren, felsigen Abschnitte für mehrtägige Touren in Angriff.

Entlang der Küste können Sie die verschiedenartigsten Pflanzen und Tiere entdecken, wie z.B. Flechten, Krebse, Muscheln, Seeanemonen, Seesterne, Schneckenarten, Strumpfbandnattern, Flussottern, Strandhafer, Dünengras, Mäuse und vieles mehr. Und wer etwas Geduld und Zeit aufbringt, wird vielleicht Seelöwen, Seehunde oder Wale sichten.

Um auch das friedliche Miteinander von Menschen und Meeresbewohner noch lange erhalten zu können, sollte sich jeder Besucher an der reichen Tier- und Pflanzenwelt erfreuen, ohne sie zu zerstören. Beim Strandspaziergang entdeckt man viele, oftmals tot wirkende Tiere, sie werden schnell zu „Opfern" der Menschen, dabei warten sie nur auf das rückkehrende Wasser, um wieder zum Leben „erweckt" zu werden.

Der Park wird in drei Gebiete unterteilt: Im Norden **Long Beach**, in der Mitte **Brocken Group Islands** und im Süden **West Coast Trail**.

Der **Long Beach** liegt zwischen den beiden Städten Ucluelet und Tofino und ist benannt nach dem 16 km langen Sandstrand an der **Wickaninnish Bay** inmitten des Long Beachs. Die Bay ist benannt nach dem Häuptling der Tla-o-qui-aht, die im Clayoquot Sound ansässig waren.

NR3

In diesem Bereich, etwa in der Mitte zwischen Ucluelet und Tofino, befindet sich auch der einzige, sehr schön liegende Wohnmobil-Campground des National Parks **„Green Point"**. Vom dicht bewaldeten Campground führen kurze Wege zum Sandstrand. Besucher des National Parks haben im Bereich Long Beach mehrere Möglichkeiten, an den Strand zu kommen. Es steht ein sehr großer gebührenpflichtiger Parkplatz in unmittelbarer Strandnähe zur Verfügung, der genügend Platz für Fahrzeuge aller Art bietet.

Für **Rollstuhlfahrer** (geländegängige Rollstühle können im Wickaninnish Centre angemietet werden) gibt es im Park nur im Bereich Long Beach einige **behindertengerechte Einrichtungen** und Wege:

BEREICH WICKANINNISH

- Shorepine Bog Trail, Holzplankenweg, 1 km
- Nuu-chah-nulth Trail, die ersten 300 m
- Wickaninnish Picknickplatz (mit Toiletten)
- Strandzugang, abhängig vom Wasserstand
- Trail A Picknickplatz

BEREICH GREEN POINT CAMPGROUND

- Amphitheater
- Aussichtspunkt
- Campground für Wohnmobile (m. Toiletten)

BEREICH RADAR HILL

- Aussichtspunkt (mit Toiletten)

Die **Broken Group Islands** bestehen aus mehr als einhundert Inseln und Felsen in der *Barkley Bucht*, die per Boot ab Toquart Bay erreichbar sind.

Zur Bootsanlegestelle **Toquart Bay** führt vom Highway 4, etwa 12 km östlich der Kreuzung Highway 4 / Pacific Rim Highway, eine 16 km lange Gravelroad (Maggie Lake / Toquart Main Road). An der Anlegestelle liegt der **Toquart Bay Campground**, ehemals *BC Forest Service Campground*. Toquart Bay war und ist traditionelles Gebiet der Toquaht Nations, die zu den Nuu-chah-nulth First Nations gehören.

Ein kleiner Store mit den wichtigsten Versorgungsmöglichkeiten befindet sich etwa 3 km vom Campground entfernt.

☎ 250-726-8349
80 ☑ ja
CAD 10
www.toquartbay.com

Pacific Rim National Park - Visitor Information

Auf den zu den **Broken Island** gehörenden Inseln **Turret**, **Hand**, **Gibraltar**, **Willis**, **Dodd**, **Clarke**, **Benson** und **Gilbert** liegen bezeichnete Wildniszeltplätze. Sie sind von Anfang Mai bis Ende September gebührenpflichtig. Bezahlt werden kann mit VISA, Mastercard und Bargeld. Während der Saison befindet sich auf **Nettle Island** eine **Warden Station**. Der Parkwächter (Warden) ist aber meist auf Patrouille, daher gibt es keine festen Zeiten, an denen man ihn antrifft.

Die Zeltgebühren zum Zeitpunkt der Drucklegung sind unten aufgeführt, bitte vergewissern Sie sich über den aktuellen Stand in einer Visitor Information oder auf der Internetseite des National Parks.

Der südlichste Teil ist das Gebiet des **West Coast Trails**. Dieser sehr anstrengende, 75 km lange Wanderweg entlang der Küste hat alles zu bieten, was landschaftlich einzigartig ist – verlangt aber Wanderern auch einiges an Kondition und Mühe ab.

Ausgangspunkt ist der **Gordon River Trailhead** 5 km nördlich von Port Renfrew oder **Pachena Bay Trailhead** 5 km südlich von Bamfield. Eine Beschreibung des Trails finden Sie auf ▶ Seite 302.

Nördlich des Pacific Rim Highways liegt die ebenfalls zum Pacific Rim National Park gehörende **Grice Bay**, eine idyllisch liegende Bucht. Die einsame Bucht ist besonders für Boots- und Kajakfahrer interessant, da sie gerne als Ausgangspunkt für Bootstouren genutzt wird. Ein Picknickplatz ist nicht vorhanden.

Sie erreichen die Grice Bay (ca. 6 km) über die nach Norden abzweigende Abfahrt Grice Bay Road (Richtung Airport Tofino) und weiter bis zur Bucht.

Anmerkung: Parkpass ist Pflicht.

Wichtig: Alle Parkeinrichtungen wie Campgrounds, Wanderwege usw. können nur benutzt werden, wenn Sie einen gültigen **Parkpass** vorweisen können. Er ist erhältlich in der Visitor Information Kreuzung Highway 4 / Pacific Rim Highway oder auf dem Green Point Campground. Parkaufseher sind ständig unterwegs und kontrollieren dies.

PARKGEBÜHREN

Tagespass
Erwachsene 17-64 J.: CAD 7,80
Senioren ab 65 J.: CAD 6,80
Schüler und Jugendliche 6-16 J.: CAD 3,90
Familien (2 Erw., max. 5 Kinder): CAD 19,60

Jahrespass
Erwachsene 17-64 J.: CAD 39,20
Senioren ab 64 J.: CAD 34,30
Schüler und Jugendliche 6-16 J.: CAD 19,60,
Familien (2 Erw., max. 5 Kinder): CAD 98,10

West Coast Trail
Pro Person: CAD 127,50
Boot/Fähre Gordon River und Nitinat: CAD 15
Reservierung pro Person: CAD 24,50

Broken Group Islands Zeltgebühren
Pro Person, pro Nacht: CAD 9,80

VISITOR INFORMATION

Pacific Rim National Park Reserve
Kreuzung Highway 4 / Pacific Rim Highway, 2185 Ocean Terrace Road, P.O. Box 280, Ucluelet, B.C., Canada, V0R 3A0
250-726-7721
pacrim.info@pc.gc.ca
www.pc.gc.ca/eng/pn-np/bc/pacificrim/index.aspx

SEHENSWÜRDIGKEITEN

WICKANINNISH CENTRE

Ein absolutes Muss ist ein Besuch im **Wickaninnish Interpretive Centre**. Dort können Sie sich ausführlich über die Flora und Fauna sowie die Geschichte und Kultur der Nuu-chah-nulth First Nations anhand von interessanten Ausstellungsstücken, Filmvorführungen und Beschreibungen informieren.

Pacific Rim National Park – Wickaninnish Bay

Pacific Rim National Park – Radar Hill

Die 3,5 km lange, asphaltierte Zufahrt zum Parkplatz des Wickaninnish Interpretive Centre zweigt vom Highway 4 Richtung Tofino ab. **Wichtig für Behinderte:** Es können geländegängige Rollstühle angemietet werden.

- Mitte März bis Mitte Oktober
- kein Eintritt

Ein **Restaurant**, dessen Fenster- und Terrassenplätze eine grandiose Aussicht bieten, befindet sich im Wickaninnish Centre.

Wenn Sie einen Terrassen- oder Fensterplatz haben möchten, sollten Sie unbedingt vorher reservieren:

- 250-726-7706
- März bis September
- www.wickaninnish.ca

WANDERMÖGLICHKEITEN RICHTUNG UCLUELET

Willowbrae Trail

Der Trail folgt einem Teil der historischen Route Ucluelet – Tofino vor dem Bau der Straße 1942

- 2 km südlich der Kreuzung, über die Willowbrae Road bis Parkplatz
- einfach, einige Stufen
- 1,4 km (einf. Strecke), Zugang zum Strand

Half Moon Bay Trail

Der Trail führt durch urwüchsigen Küstenregenwald steil hinunter zur geschützt liegenden Bucht Half Moon.

- 2 km südlich der Kreuzung, über die Willowbrae Road bis Parkplatz
- einfach, einige Stufen und steile Stellen
- 1,7 km (einfache Strecke) mit Zugang zum Strand

RICHTUNG TOFINO

(Reihenfolge ab Kreuzung Highway 4 / Pacific Rim Highway Richtung Tofino)

Shorepine Bog Trail

Während der Saison sind am Beginn des Trails Broschüren erhältlich, die Infos über den Küstenregenwald geben.

- Zufahrt zum Wickaninnish Centre
- leicht
- 800 m Rundweg, barrierefrei, kein Strandzugang

NR3

Nuu-Chah-Nulth Trail (Wickaninnish Trail)
Unterwegs bekommen Sie einen Einblick in die Kultur der Nuu-chah-nulth.
⇰ Wickaninnish Centre
⇗ einfach, einige Stufen
⇔ 2,5 km (einfache Strecke), Zugang zum Strand

South Beach Trail
Bitte Vorsicht am Kiesstrand, da sehr starker Wellengang.
⇰ Wickaninnish Centre
⇗ leicht, einige Stufen
⇔ 800 m (einfache Strecke), Zugang zum Strand

Rainforest Trail A und B
Auf diesem Trail bekommen Sie viele interessante Infos über den hier typischen Regenwald und seine „Bewohner".
⇰ Parkplatz 6,5 km nördlich der Kreuzung
⇗ leicht, einige Stufen
⇔ Zwei Rundwege je 1 km rechts und links des Highways

Spruce Fringe Trail
Zum Zeitpunkt der Drucklegung war der Trail gesperrt.
⇰ Parkplatz Comber Beach
⇗ steil
⇔ 1,5 km Rundweg

Schooner Cove Trail
An diesem Strand lebten viele Jahre die Tlo-o-qui-aht, die zum Stamm der Nuu-chah-nulth gehörten, in ihrem Dorf Esowista. **Bitte achten Sie** auf die Wasserstände, da der Zugang zur Bucht bei Flut abgeschnitten werden kann.
⇰ Parkplatz 5 km nördlich vom Green Point Campground
⇗ einfach, einige Stufen
⇔ 1 km (einf. Strecke), Zugang zum Strand

Radar Hill
Versäumen Sie nicht, diesen einmaligen Rundblick vom Aussichtspunkt des Radar Hill zu genießen. Die 3 km lange Zufahrt zweigt kurz vor dem Nordende des Parks vom Pacific Rim Highway nach Süden ab.
⇰ Parkplatz Radar Hill
⇗ leicht, barrierefrei
⇔ 100 m (einfache Strecke)

NR3

Tofino

UNTERKUNFT

Green Point Campground
Der Campground liegt zwischen Ucluelet und Tofino am Highway 4 mit wunderschönen, bewaldeten Stellplätzen und Walk-in Zeltplätzen. Einige Trails führen vom Campground zum Long Beach.

Mitte März bis Mitte Oktober
94 ja ja
CAD 23,50
18 CAD 17,60
Schwimmen (Achtung, Pazifikwasser ist kalt), Surfen, Wandern, Relaxen, Sonnenbaden
www.pc.gc.ca/pn-np/bc/pacificrim/index_E.asp

Anmerkung: Wenn Sie in der Haupt- oder Nebensaison unbedingt an Wochenenden auf dem Campground übernachten wollen, sollten Sie möglichst schon einige Tage vor Ankunft einen Stellplatz reservieren. Der Platz ist völlig zu recht sehr beliebt.

Reservierungen:
1-877-737-3783 (gebührenfrei)
www.pccamping.ca

TOFINO

	Kreuzung Hwy 4 / Pacific Rim Hwy	34 km
	Qualicum Beach / Parksville / Hwy 19	164 km
	Tofino	1.829
	Januar	+ 4° C
	Juli	+ 14° C
	Meereshöhe	24 m

Das ehemalige Fischerdorf **Tofino** an der Westküste Vancouver Islands und am Ende des Highway 4 auf einer Landzunge gelegen ist heute ein begehrtes Touristenziel und zieht bis zu 1 Million Besucher jährlich an. Durch seine Lage an der etwa 2.700 km² großen *Clayoquot Meerenge* ist Tofino ein wahres Paradies für alle Outdoor-Aktivitäten. Besonders beliebt sind Wassersportarten wie Surfen, Schwimmen, Tauchen, Bootsfahrten und Wanderungen im dichten Küstenregenwald und entlang der von kräftigem Sturm gezeichneten Küste.

Ortsansässige Unternehmen bieten Whale-Watching-, Boots- und Segeltouren an und geben einen Einblick in das faszinierende Ökosystem der Umgebung. Dichte, hochgewachsene Regenwälder ziehen zahlreiche Wanderfreunde an, sie sind auch gleichzeitig Heimat der hier u.a. verbreitet vorkommenden Bären und Pumas. Während der kühleren Jahreszeiten fasziniert die stürmische Brandung entlang der Küste.

Auf einigen der kleinen, mit Wald bedeckten Inseln vor Tofino liegen Dörfer der Nuu-chah-nulth First Nations, deren Volk auch zu den ersten Bewohnern der Westküste Vancouver Islands zählte. Der Ort **Opitsaht** auf gegenüberliegende Insel **Meares Island** soll schon seit mehr als 5.000 Jahren von den Tla-o-qui-aht People, einer Gruppe der Nuu-chah-nulth First Nations, bewohnt sein.

Benannt wurde Tofino nach dem Admiral der spanischen Marineakademie und Kartografen Vincente Tofino de San Miquel, der um 1792 die Westküste Vancouver Islands bereiste, um sie kartografisch zu erfassen. 1875 errichtete Captain Pinney einen Handelsposten auf der kleinen vorgelagerten Insel Clayoquot Island, Siedler kamen und schon bald verlagerten die

Siedler ihren Wohnsitz ans Festland, wo sie sich weiter ausbreiten konnten. 1913 errichtete man die **Anglican Church** (2nd / Ecke Main St), da die Kirche von England Geld zur Verfügung gestellt hatte.

Vor der Asphaltierung des Highway 4 im Jahr 1972 kamen die Besucher über Logging-Roads zu diesem Fischerdorf, da man damals nur hier den offenen Pazifik mit seinen Stürmen und Meeresgewalten sehen und erleben konnte.

Tofino hat alle Versorgungseinrichtungen, Fahrräder und Surfbretter können gemietet und Boote gechartert werden, daneben wird einheimisches Kunsthandwerk ebenso angeboten wie Souvenirs und wer seine komplette Ausrüstung für sportliche Aktivitäten nicht im Gepäck hatte, hier wird er/sie fündig. Einige kulturelle Veranstaltungen sorgen für den Ausgleich nach sportlicher Betätigung oder helfen, Regentage, die es hier leider auch gibt, zu überbrücken. Die Natives bringen interessierten Besuchern ihre Kultur auf speziellen Veranstaltungen nahe. Wassertaxis bieten ihren Service an und bringen Besucher zu interessanten Zielen in der Umgebung.

Interessant: Hauptschauplatz im Roman **„Der Schwarm“** von Schätzing ist der Hauptschauplatz der Handlung der *Clayoquot Sound* rund um Tofino, der Heimat des indianischen Walforschers Leon Anawak ist. Leon begleitet Boote zu den Whale-Watching Touren und möchte vor allem die Natur schützen, was ein wichtiges Thema des Romans ist.

Bemerkung: Die Parkmöglichkeiten besonders für Wohnmobile sind äußerst rar, starten Sie daher möglichst frühzeitig in die Stadt.

VISITOR INFORMATION

- ✉ 1426 Pacific Rim Highway
- ☎ 250-725-3414
- 🕓 Montag bis Samstag
- 💻 www.tourismtofino.com

NR3

Tofino – Ausblick

SEHENSWÜRDIGKEITEN

MEARES ISLAND

Die Insel **Meares Island** liegt östlich von Tofino und ist per Boot in 10 Minuten erreichbar. Auf der Insel können Sie durch den 1985 errichteten Park der Nuu-chah-nulth First Nations wandern, wo einige der höchsten und ältesten Riesenlebensbäume und Hemlocktannen stehen.

BIG CEDAR TRAIL

Boardwalk zum Hanging Garden Tree, der mit einem Umfang von 18,3 m und einer Höhe von 42,7 m beeindruckende Ausmaße besitzt.

1,5 Stunden gesamt

620 m

LOOP TRAIL

3,2 km, Weg ist häufig schlammig

3 Stunden

Anbieter, die Fahrten zu Meares Island, zu den Maquinna Hot Springs und weiteren interessanten Zielen anbieten, sind:

Ocean Outfitters Ltd.

368 Main Street, Tofino, B.C. VOR 2Z0

250-725-2866 oder
1-877-906-2326 (gebührenfrei)

Hin- und Rückfahrt: Erwachsene: CAD 25 + CAD 5 an die Tla-o-qu-aht First Nations, Kinder (2-12 J.): CAD 20;
Hin- und Rückfahrt + geführte Tour: Erwachsene: CAD 75 + CAD 5 an die Tla-o-qu-aht First Nations, Kinder (2-12 J.): CAD 55

oceanoutfitters@telus.net

www.oceanoutfitters.bc.ca

Tofino Wassertaxi

1-877-726-5485 (gebührenfrei)

info@tofinowatertaxi.com

www.tofinowatertaxi.com

MAQUINNA MARINE PROVINCIAL PARK (HOT SPRINGS COVE)

Für Freunde der Hot Springs bietet sich ein Ausflug zum **Maquinna Marine Provincial Park** an. Allerdings muss man für die Zufahrt etwas Zeit und Geduld investieren, denn der Park und die natürlich geformten **Hot Springs** liegen nordwestlich von Tofino zwischen der *Halbinsel Hesquiat* und *Flores Island.*

Der Park ist per Wassertaxi oder Wasserflugzeug ab Tofino, Ucluelet ▶ Seite 334, Tahsis ▶ Seite 365 und Gold River ▶ Seite 359 erreichbar.

John Tom Water Taxi

Tofino

250-725-3747 oder 250-726-8585

Ab der Anlegestelle geht es über einen Holzplankenweg in 2 km zu den heißen Quellen. Entlang des Weges liegen zwei Aussichtsplattformen.

Beachten Sie bitte, dass Badekleidung getragen werden muss, an den Pools finden Sie Umkleidemöglichkeiten. Schwangere, Personen mit Herzproblemen und Kinder sollten ihre Badezeit unbedingt begrenzen und auf die Wassertemperatur achten. Aufsichtspersonen sind nicht anwesend.

Das anfänglich 50° heiße Wasser fließt in Kaskaden abwärts und kühlt sich so immer etwas weiter ab. Es erwarten Sie hier „Felsenlöcher", also von der Natur geformte Pools.

Im Park liegt kein Picknickplatz, jedoch eignet sich eine große Rasenfläche bestens für ein Picknick. Zelten ist im Parkgebiet nicht erlaubt. Außerhalb des Parks finden Sie eine Übernachtungsmöglichkeit in der **Hot Springs Cove Lodge**, sie ist Eigentum der Hesquiaht

First Nations und wird auch von ihnen geführt.

- ganzjährig
- CAD 3 pro Person und Tag
- Kajakfahren, Schwimmen, Fischen, Wandern
- www.env.gov.bc.ca/bcparks/explore/parkpgs/maquinna

UNTERKUNFT

Hot Springs Lodge

- Am Beginn des Trails zu den Hot Springs
- Auskünfte: 250-670-1106
- ★★

Maquinna Campground

- 250-670-1100

VARGAS ISLAND PP

Der Wildnispark **Vargas Island Provincial Park** mit felsigen und sandigen Küstenbereichen, dichten Wäldern und kleinen Buchten ist besonders für Tierbeobachtungen interessant. Der Park liegt nordwestlich von Tofino, erreichbar ist er per Boot. Ein großer Teil der Insel ist flaches und mooriges Gebiet.

Im Frühling passieren Grauwale die Insel auf ihrem Weg zum Arktischen Ozean und der Beringsee. Im Parkbereich liegt auch das **Cleland Island Ecological Reserve** mit einigen Seevogel-Kolonien, während der Brutzeiten der Seevögel ist der Zugang nicht erlaubt.

Bemerkung: Der 3 km lange historische Trail, der die Insel von Ost nach West durchquert, war zum Zeitpunkt der Drucklegung gesperrt. (Brücke nicht passierbar). Hunde sollten möglichst nicht mitgenommen werden, da es zu gefährlichen Situationen mit den hier heimischen Wölfen kommen kann.

- ganzjährig
- ja
- Kanufahren, Schwimmen, Fischen, Wandern
- www.env.gov.bc.ca/bcparks/explore/parkpgs/vargas_is

Tofino – Stadt

TOFINO BOTANICAL GARDEN

Machen Sie einen Bummel durch den **Botanischen Garten Tofinos** und spazieren Sie über Pfade und Holzplankenwege durch eine Gartenlandschaft mit Gemüsegarten, Teichanlage und einheimischem Wald. Bei diesem Spaziergang entlang der Küste werden Sie einiges über das Zusammenspiel von Kultur und Natur erfahren. Die verschiedenartigsten Pflanzen wachsen in Themengärten, Sie können sich auch an farbenprächtigen Vogelarten und Skulpturen, hergestellt von einheimischen und internationalen Künstlern, erfreuen.

1084 Pacific Rim Highway
250-725-1220
täglich von 9 Uhr bis Dämmerung
Erwachsene: CAD 10, Schüler: CAD 6, Kinder unter 12 J.: frei
www.tbgf.org/gardens

UNTERKÜNFTE

Whaler's on the Point Guesthouse
81 West Street
250-725-3443
ab CAD 30 pro Bett
www.tofinohostel.com

Clayoquot-Orca Resort Lodge
1254 Pacific Rim Highway
250-725-2323
★★ bis ★★★
www.c-orca.com

Best Western Tin Wis Resort
1119 Pacific Rim Highway
250-725-4445 oder
1-800-661-9995 (gebührenfrei)
★★ bis ★★★
www.tinwis.com

Middle Beach Lodge
400 MacKenzie Beach Road
250-725-2900 oder
1-866-725-2900 (gebührenfrei)
ganzjährig
★★ bis ★★★
www.middlebeach.com

Schooner Motel
315 - 321 Campbell Street
250-725-3478
★★
www.schoonermotel.net

Tofino Motel
542 Campbell Street
250-725-2055
www.tofinomotel.com

Crystal Cove Beach Resort
1165 Cedarwood Place
250-725-4213
Cabins je nach Personenzahl:
★★ bis ★★★
72, alle Anschlussmöglichkeiten ja
ab CAD 48
www.crystalcovebeachresort.com

Long Beach Resort
1441 Pacific Rim Highway,
7 km südlich von Tofino
250-725-2442
1-877-844-7873 (gebührenfrei)
76, alle Anschlussmöglichkeiten ja
★★★
ganzjährig
www.longbeachlodgeresort.com

Long Beach Campground
1850 Pacific Highway, Tofino, Campground liegt in unmittelbarer Nähe des Flughafens Tofino
250-725-3332
Mai bis September
76 ja (Herbst 2009, Zustand schlecht)
ab CAD 30
www.longbeachgolfcourse.com

NR3

Bella Pacifica Campground
Zufahrt 3 km südlich von Tofino, Zufahrt über die MacKenzie Beach Road
250-725-3400
Mitte Februar bis Mitte November
181, alle Anschlussmöglichkeiten ja, gebührenpflichtig
ab CAD 24
ganzjährig
www.bellapacifica.com

Green Point Campground
▶ Seite 345

NEBENROUTE 4
CAMPBELL RIVER BIS TAHSIS

P LOVELAND BAY PP

Der **Loveland Bay Provincial Park** mit rustikalem Campground ist ein ideales Ziel für Reisende, die die Einsamkeit suchen. Er liegt westlich von Campbell River am Südende des 22,5 km² großen **Lower Campbell Lake**. Die Stellplätze liegen in unmittelbarer Seenähe, sodass man bei Bedarf direkt vom Stellplatz ins Kanu steigen und lospaddeln kann. Auch die umliegenden Bewohner wissen dies zu schätzen, daher ist der Platz besonders an Wochenenden sehr begehrt.

Der Park ist vom Highway 28 über die Zufahrt zum **Elk Falls Aussichtspunkt** (Viewpoint), weiter über den Damm / Brewster Lake / Loveland Bay Road bis zum Park erreichbar. Die letzten 12 km sind auf einer Gravelroad zurückzulegen.

Anmerkung: Wer mit einem geländegängigen Fahrzeug unterwegs ist, findet in der seenreichen Umgebung nördlich und westlich des Lower Campbell Lake zahlreiche **Forest Service Recreation Sites** mit rustikalen Campgrounds entlang der Seen.

Näheres unter:

www.sitesandtrailsbc.ca

- ganzjährig, Service von Anfang Mai bis Mitte Oktober
- 31 ja nein
- Sommer: CAD 16, Winter: CAD 11
- Kanu- & Kajakfahren, Wasserski, Schwimmen, Surfen
- www.env.gov.bc.ca/bcparks/explore/parkpgs/loveland_bay

STRATHCONA DAM

Ein einfacher Campground der **BC Hydro**, der 1995 angelegt wurde, liegt unterhalb des **Strathcona Staudamms**, der den 24 km² großen **Upper Campbell Lake** staut. Die 11 Stellplätze sind großzügig

Strathcona Dam

Unterwegs auf dem Highway 28

angelegt und befinden sich am Abfluss des Sees zum Lower Campbell Lake. Die Forest Service Gravelroad (4 km) vom Highway 28 ist bei Trockenheit relativ gut befahrbar.

Der Damm, der mit Erde gefüllt ist und eine breite Basis hat, wurde zwischen 1955 und 1958 von der *British Columbia Power Commission*, dem Vorgänger der British Columbia Hydro, gebaut. Der Strathcona Dam und zwei weitere Staudämme produzieren 11 % der Energie Vancouver Islands.

Achtung: Ende 2009 / Anfang 2010 beginnt die 2-3-jährige Baumaßnahme *„Strathcona Dam Safety Upgrade Project"*, es kommt zu Beeinträchtigungen und zeitweise auch Sperrungen der Zufahrt vom Highway 28.

- ganzjährig, wenn Zufahrt möglich, Service von Mai bis September
- 11 nein
- nein
- Fischen, Relaxen, Wandern

P STRATHCONA PP

Der ca. 2.458 km^2 große **Strathcona Provincial Park** liegt im Herzen von Vancouver Island. Er wurde 1911 gegründet und ist der älteste Provincial Park British Columbias. Über den Highway 28 ist er sehr gut erreichbar. Etwa 48 km westlich von Campbell River kommt man zum Parkeingang **Elk Portal**, dort befindet sich ein ansprechender hübsch angelegter Picknickplatz.

Der Strathcona Provincial Park ist ein waldreiches und wildes Hochgebirgsgebiet mit schneebedeckten Berggipfeln, dichtem Regenwald und idyllisch liegenden Seen und zahlreichen Wasserfällen. Touristisch gut erschlossen sind die Gebiete um den **Buttle Lake** im Herzen des Parks und das **Forbidden Plateau** im Ostteil des Parks, das man über den Strathcona Parkway nördlich von Courtenay vom Highway 19 (Exit 130) erreicht.

(▶ Seite 248). Die anderen Gebiete des Parks sind wenig erschlossene Wildnis-Gebiete, ideal für Wanderer, die Einsamkeit und Abenteuer suchen. Doch **Vorsicht** ist geboten, wenn man sich in diese Wildnis begibt, denn in den abgelegenen Gebieten des Parks ist man völlig sich selbst überlassen und muss daher gut ausgerüstet und auf alle Wetterkapriolen, Tierbegegnungen und Wegbeschaffenheiten eingerichtet sein. Besonders im Winter muss mit Lawinenabgängen, dünnen Eisflächen und extremen Winterstürmen gerechnet werden. Daher ist es **wichtig**, eine vertraute Person über die geplante Route und die Rückkehr zu unterrichten.

Einige Parklandschaften sind noch nicht komplett durch Einflüsse der Menschen geprägt und zeigen die ursprüngliche Landschaft und Naturgeschichte.

Bei den Lupin-, Lady-, Lower Myra-, Upper Myra Wasserfällen und am Karst Creek befinden sich Aussichtsplattformen, die besonders schöne Blicke auf die Wasserfälle bieten. Die höchsten Wasserfälle Kanadas, die 440 m hohen **Della Falls** (▶ Seite 331), liegen ebenfalls im Strathcona Provincial Park. Sie sind allerdings nur über eine mehrtägige Tour vom Highway 4 nahe Port Alberni erreichbar. Zahlreiche Tiere, darunter auch Schwarzbären, Pumas, Elche, viele Kleintiere und Vogelarten sind im Strathcona Provincial Park heimisch.

Die höchste Erhebung des Park ist der **Golden Hinde** (2.200 m). Der Berg ist benannt nach Sir Francis Drakes Schiff *„Golden Hinde“*, mit dem er die Welt umsegelte und dabei die Nordwestküste Nordamerikas streifte. Auch der im Park liegende **Buttle Lake** wurde nach einer historischen Person benannt. Hier war es der Forschungsreisende *John Buttle*, der um 1860 die Gegend bereiste.

Der Strathcona Provincial Park wurde nach dem Pionier Donald Alexander Smith, 1st **Baron Strathcona** and Mount Royal, benannt. Er war Konstrukteur der

Strathcona Provincial Park

Canadian Pacific Railway und vollendete am 7. November 1885 in **Craigellachie** (British Columbia, Highway 1 zwischen Revelstoke und Sicamous) die transkontinentale Eisenbahn-Verbindung vom Atlantik zum Pazifik durch das Einschlagen des letzten Schienennagels („*Last Spike*").

PICKNICKPLÄTZE AM HIGHWAY 28

- Elk Portal (Parkeingang Ost)
- Lady Falls
- Crest Lake

PICKNICKPLÄTZE AN DER ZUFAHRTSTRASSE ZUM RALPH RIVER CAMPGROUND

- Buttle Lake
- Lupin Falls
- Auger Point
- Karst Creek

BOOTSANLEGESTELLEN

- Buttle Lake
- Karst Creek

Wohnmobil-Stellplätze im Parkbereich sind auf dem **Buttle Lake Campground** (Highway 28) mit Sandstrand und **Ralph River Campground** am Südteil des Buttle Lake gelegen, wo sich Ralph River und Buttle Lake treffen. Die Zufahrt zum **Ralph River Campground** (*Westmin Road*) zweigt kurz nach dem Parkeingang Ost vom Highway 28 nach Süden ab. Die asphaltierte, am Ostufer des Buttle Lake verlaufende Straße schlängelt sich 35 km am See entlang bis zur **Boliden Westmin**. Etwa 15 km vor Erreichen der Mine liegt der Ralph River Campground mit sehr schönen, einsam liegenden Stellplätzen.

Der **Buttle Lake Campground**, der ebenfalls wunderschön liegt, befindet sich jenseits der Brücke über dem Abfluss des Buttle Lake in Highwaynähe. Einzelheiten ▶ Seite 357.

Bezeichnete **Wildnis-Zeltplätze** abseits der Straßen sind auch im Winter nutzbar, dann sind sie gebührenfrei. Es gibt Wildnis-Zeltplätze entlang des Della Falls Trails (▶ Seite 331), Bedwell Lake Trail, Elk River Trail und im Forbidden Plateau Wanderbereich des Parks. Ebenso im Parkbereich, der vom Highway 28 erreichbar ist, am Lake Helen, Kwai Lake und Circlet Lake und Bedwell Lake Trail. Meist gibt es eine Trockentoilette und eine bärensichere Box für die Aufbewahrung des Proviants. Die **Selbstregistrierung** (*Self Registration*) befindet sich am Beginn der Wanderwege.

Per Boot sind 5 Wildniszeltplätze im Bereich Buttle Lake und Upper Campbell Lake erreichbar, Selbstregistrierung an den Bootsanlegestellen.

Anmerkung: Bitte halten Sie für die Übernachtungsgebühren Kleingeld bereit.

Auch in weiteren abgelegenen Teilen des Parks kann übernachtet werden. Der Abstand zu den gebührenpflichtigen Gebieten und der Straße muss mindestens einen Kilometer betragen.

Gebührenpflichtigen Parkgebiete und Self Registration Stations:

- www.env.gov.bc.ca/bcparks/explore/parkpgs/strath/strath_bedwell_fee_area.pdf
- www.env.gov.bc.ca/bcparks/explore/parkpgs/strath/strath_elkriv_fee_area.pdf
- ganzjährig, wetterabhängig; gebührenpflichtig von Mitte Juni bis Ende September
- CAD 5 pro Person (13-18 J.) pro Nacht, CAD 10 pro Person (ab 19 J.) pro Nacht
- ganzjährig, Service von Mitte Juni bis Ende September
- Schwimmen, Wandern, Klettern, Kanu- und Kajakfahren, Fischen, Wintersport, Surfen
- www.env.gov.bc.ca/bcparks/explore/parkpgs/strath

NR

Bitte beachten Sie: Im gesamten Parkgebiet ist offenes Feuer verboten.

WANDERMÖGLICHKEITEN

Lady Falls
- Highway 28, zwischen Buttle Lake Campground und Westende des Parks
- 20 Minuten, einfache Strecke
- leicht
- 900 m Rundweg

Lupin Falls
- bei km 10 an der West Min Road
- 20 Minuten, einfache Strecke
- leicht
- 800 m Rundweg

Kast Creek
- West Min Road, kurz vor dem Ralph River Campground
- 45 Minuten, einfache Strecke
- leicht
- 2 km (einfache Strecke)

Elk River
- Highway 28, nahe Westende des Parks
- 5 Stunden, einfache Strecke
- mittel
- 11 km (einfache Strecke), Zelten auf den Butterwort Flats möglich
- 600 m

Bedwell Lake
- Parkplatz Jim Mitchell Lake Road, Abzweig am Südende des Buttle Lake
- 3,5 Stunden, einfache Strecke
- mittel
- 6 km, Zelten am Bedwell Lake möglich
- 600 m

Flower Ridge
- Westmin Road, zwischen Ralph River CG und Boliden Westmin
- 5 Stunden, einfache Strecke
- sehr schwierig, steil
- 6 km
- 1.250 m

Crest Mountain
- Highway 28, kurz vor dem Westende des Parks
- 4 Stunden
- anstrengend, schwierig
- 5 km (einfache Strecke)
- 1.250 m

Marble Meadows Trail
- Phillips Creek Marine Campground am Buttle Lake
- 6 Stunden
- schwierig
- 6,6 km
- 1.250 m

Crest Creek Crags (Klettertouren)
- Highway 28, am Westende des Parks
- alle Schwierigkeitsgrade
- Picknickplatz und Ausgangsort für über 100 Klettertouren

Übersicht und Infos:
- www.surfingvancouverisland.com/climb/st00a.htm

Golden Hinde
Standard-Klettertouren auf den Golden Hinde sind möglich vom Phillips Ridge Trail, Marble Meadows Trail und Elk River Trail.

Achtung: Dies ist nur ein allgemeiner Hinweis, unternehmen Sie diese extrem gefährlichen Klettertouren **nicht** ohne vorherige ausführliche Information.

Informationen über weitere Wandermöglichkeiten, Klettertouren und den Zustand der Wanderwege bitte in einem Visitor Information Center erfragen. Dort gibt es auch ausführliches Wander- und topografisches Kartenmaterial.

UNTERKÜNFTE

Strathcona Park Lodge
Wildnis- und Abenteuertouren werden angeboten.

Boliden Westmin

nahe Parkeingang, ca. 44 km westlich von Campbell River
250-286-3122
★★ bis ★★★
info@strathcona.bc.ca
www.strathcona.bc.ca/accommodation/campbell.html

Ralph River Campground
Anfang Mai bis Ende September
75 nein nein
CAD 16

Buttle Lake Campground
ganzjährig, Service von Mitte April bis Ende Oktober
85 ja nein
CAD 16

Wildnisgebiete / Zeltplätze
20 Plätze Buttle Lake Marine
wilde Plätze Elk River
44 Plätze im Forbidden Plateau
12 Plätze Bedwell
9 Plätze Baby Bedwell
ganzjährig, abhängig vom Wetter, Service ggf. von Mitte Juni bis Ende September
CAD 16 (ab 19 J.),
CAD 5 (13-18 J.)

STRATHCONA WESTMIN PP

Der **Strathcona Westmin Provincial Park** liegt im Herzen des Strathcona Provincial Parks am Südende des Buttle Lake. Der Wildnis-Park bietet einfache bis schwierige Wandermöglichkeiten, ein Wildnis-Zeltplatz liegt am Arnica Lake (Phillips Ridge Trail).

Vorsicht: Der Park hat eine hohe Schwarzbären-Population.

Ein gigantisches Bergwerk befindet sich Strathcona Westmin Provincial Park. Die Mine liegt inmitten dichter Wälder und verarbeitet Erz, das Zink, Kupfer, Gold und Silber enthält, die jährliche Fördermenge beträgt etwa 1,4 Mio. Tonnen. Zufahrt zum Park über die *Buttle Lake Road* (*Western Mines Road*).

Damit der Abbau der Bodenschätze ermöglicht werden konnte, trennte die

Regierung 1965 diesen Park vom Parkbereich des Strathcona Provincial Parks ab und stufte ihn als *Class B Park* ein, der den Abbau der Mineralien ermöglichte.

Mit dem Abbau der Bodenschätze der Myra Falls Mine wurde 1966 begonnen, sie gehörte damals den **Westmin Resources**, die später von der schwedischen Firma **Boliden** gekauft wurde. Da die Erträge nicht den Erwartungen dieser Firma entsprachen, versuchte man, die Mine 2001 erst erfolglos zu verkaufen, 2002 wurde sie schließlich geschlossen. Danach suchte Boliden nach einem wirtschaftlichen und erfolgversprechenden Plan und eröffnete die Mine 2002 erneut, nachdem man durch Kostensenkung erreicht hatte, dass die Mine nun profitabel arbeitete. Mitte 2004 kaufte die kanadische Firma **Breakwater Resources** die Mine, die diese auch noch heute betreibt.

WANDERMÖGLICHKEITEN

Price Creek / Cream Lake

Trail kann mit Bedwell Lake Trail verbunden werden

- Westmin Rd, am Südende des Buttle Lake
- 7 Stunden, einfache Strecke
- schwierig, sehr steil, Zelten möglich im Bereich Bedwell
- 8,5 km
- 1.200 m

Lower Myra Falls

- Südende des Buttle Lake nahe Boliden West Mine
- 45 Minuten, einfache Strecke
- stellenweise steil, einfache Strecke
- 1 km (einfache Strecke)

Phillips Ridge

Unterwegs gute Sicht auf den Golden Hinde Mountain

- Westmin Rd, am Ende der Straße
- 4 Stunden, einfache Strecke
- mittel, Zelten am Arnica Lake möglich
- 6 km (einfache Strecke)
- 800 m

Upper Myra Falls

- Westmin Rd, am Ende der Straße
- 2 Stunden, einfache Strecke
- mittel
- 3 km (einfache Strecke)
- 100 m

Tennent Lake - Mount Myra

- Westmin Rd, am Ende der Straße
- 5 Stunden, einfache Strecke
- schwierig
- 7 km (einfache Strecke)
- 1.500 m

- ganzjährig
- Arnica Lake
- CAD 16 (ab 19 J.), CAD 5 (13-18 J.)
- www.env.gov.bc.ca/bcparks/explore/parkpgs/strath_wm

P WHITE RIDGE PP

Eine Besonderheit im waldreichen Inselgebiet ist der **White Ridge Provincial Park**, der eine Fläche von etwa 13,5 km² umfasst. Die international bekannte Karstlandschaft ist entstanden aus den Aktivitäten des Wassers auf den Karbonitsteinen, mit Kalk-, Dolomit- oder Marmoranteilen. Auch ein sehr bizarres, umfangreiches und für Höhlenforscher sicherlich interessantes **Höhlensystem** liegt im Park - diese sehr sensiblen Gebilde sollten aber keinesfalls auf eigene Faust betreten werden. Das Parkmanagement plant jedoch, dieses Höhlensystem zukünftig für Besucher zugänglich zu machen. Bei Interesse informieren Sie sich vorab auf den Internetseiten des Parks über den Fortschritt dieser Pläne. Es gibt keinen Campground, im Park ist Wildnis-Zelten erlaubt.

Die Zufahrtsstraße Loggingroad BR 80 (Gravel) zweigt 4 km westlich von Gold River vom Highway 28 nach Süden ab.

- ganzjährig, abhängig von der Befahrbarkeit der Logging Road
- ja
- Wandern
- www.env.gov.bc.ca/bcparks/explore/parkpgs/wht_ridg

GOLD RIVER

	Campbell River	90 km
	Tahsis	64 km
	Gold River	1.473
	Januar	- 2° C
	Juli	+ 18° C
	Meereshöhe	110 m

Die moderne Stadt **Gold River**, 90 km westlich von Campbell River gelegen, ist Ausgangspunkt zu Wildnis-Touren entlang der Küstenregion und zum historischen **Nootka Sound**. Gold River wurde in den sechziger Jahren als Unterkunft für die Familien gebaut, die in der *Tahsis Company Ltd.* (Sägemühle und Zellstofffabrik, liegt am Ende des Highway 28 an der Muchalat-Bucht) beschäftigt waren. Die Bucht war ein idealer Standort, denn dort konnten zum Transport große Seeschiffe anlegen, der Gold River diente der Wasserversorgung. Die Fabrik schloss 1998, heute dient die Bucht als Bootsanlegestelle und Landeplatz für Wasserflugzeuge, die die umliegenden, kleinen Ortschaften und Wildniscamps versorgen.

Das Gebiet im Bereich des **Nootka Sound** ist traditionelles Land der Mowachaht (Muchalaht) People, die zu den Nuu-chah-nulth First Nations gehören und schon seit mehr als 5.000 Jahren

Muchalat Inlet

hier leben. Nachfahren wohnen heute nördlich von Gold River in **Tsaxana**, einem Dorf der Mowachaht.

Um 1774 war der spanische Seefahrer Juan Pérez unterwegs im Nootka Sound und 1778 ging **James Cook** als erster Europäer im Südwesten der küstennahen Insel **Nootka Island** in **Friendly Cove** (**Yuquot Historic Site**) an Land. Dort traf er sich mit dem „Chief" der Mowachaht, dem Häuptling Maquinna – zur damaligen Zeit ein wahrhaft historisches Ereignis. Zu diesem geschichtsträchtigen Ort gibt es neben den Fahrten mit der *MV Uchuck* auch einen Wassertaxi Service. ► Seite 361

Der Name Gold River tauchte 1871 zum ersten Mal auf einer Karte auf, da chinesische Bergarbeiter bereits um 1860 hier auf Goldfunde gestoßen waren.

Gold River war die erste kanadische Stadt, deren Stromversorgung unterirdisch verlief. Die Stadt entwickelte sich schon bald zu einem Versorgungszentrum der Region mit vielen Freizeitangeboten, die auch für aufstrebenden Tourismus sorgten. Mit der Schließung der Sägemühle verließen viele Familien die Stadt, im Gegenzug kamen jedoch kleinere Unternehmen nach Gold River, die Angebote für den Tourismus wurden ausgebaut und Familien und Senioren, die das Leben in der naturnahen Kleinstadt zu schätzen wussten, wurden zu Neubürgern.

Touristisch von besonderem Interesse sind die vielen Outdoor-Sportmöglichkeiten und mehr als 50 in der näheren Umgebung liegenden, teilweise noch unerschlossene Höhlen. Gold River wird auch **„Caving Capital of Canada"** genannt.

In der Stadt sind alle Versorgungseinrichtungen vorhanden.

Der Highway 28 führt noch 12 km weiter Richtung Süden bis zum **Muchalat Inlet**, wo sich – zwar in wundervoller Landschaft – jedoch außer einer holzverarbeitenden Fabrik und einigen verlassenen und verfallenen Häusern nichts befindet. Allerdings starten dort die in Gold River genannten Schiffstouren.

Auf halber Strecke kann vom **Tsuxwin Viewpoint** ein Blick in den Gold River Canyon geworfen werden. **Unsere Meinung**: Wenn Sie keine Schiffstour machen, lohnt sich die Fahrt zum Muchalat Inlet nicht.

VISITOR INFORMATION

- ✉ Osteinfahrt des Ortes am Highway 28, Wohnmobilfahrer: Hier befindet sich eine Sanidump-Station
- ☎ 250-283-2418 (Juli und August) 250-283-2202 (September bis Juni)
- Mitte Mai bis Mitte September
- info@goldriverbc.ca
- www.goldriver.ca

SEHENSWÜRDIGKEITEN

GREAT WALK

Eine Herausforderung an Kondition, Wille und Selbstvertrauen ist der seit 1978 jährlich stattfindende **„Great Walk"** von Gold River nach Tahsis. Die Idee stammt vom damaligen Bürgermeister von Tahsis, Bill Lore, der seinem Kollegen Vic Welch in Gold River ermunterte und meinte: „Ich wandere nach Gold River, wenn Du nach Tahsis wanderst." Und so wie es aussieht, nahm der Kollege diesen Wettstreit an, denn nun tummeln sich jährlich Anfang Juni für einen guten Zweck einige hundert Wagemutige aller

Altersklassen, nehmen den Kampf über die 62 km lange, landschaftlich reizvolle Strecke auf und versuchen, die Kampfzeit von 4,5 Stunden zu unterbieten. Egal ob man laufend, gehend, kriechend oder schleppend ins Ziel kommt, das Motto ist eindeutig: Dabei sein ist Alles. Der nächste „**Great Walk**“ findet 2011 statt.

www.greatwalk.com

BOOTSTOUREN ZUR GEBURTSSTÄTTE VON BC - NOOTKA SOUND

Ein Erlebnis besonderer Art, dazu eine abwechslungsreiche und fantastische Landschaft, bietet eine Fahrt mit dem Passagier- und Frachtschiff **MV Uchuck III** entlang der rauen Westküste Vancouver Islands. Die MV Uchuck III war im Zweiten Weltkrieg ein Minensuchboot und wurde später umgerüstet zu einem Fracht- und Passagierschiff, das nun 100 Passagiere und 100 Tonnen Fracht befördern kann. Eine komfortable Lounge und ein Coffee-Shop sind an Bord.

Während der Reise bekommt man nicht nur den rauen Ozean mit seinen 2-3 m hohen Wellen zu spüren, sondern auch Einblick in die Artenvielfalt der Tierwelt. So kann man an Land schon mal ein Schwarzbär sehen, Delfine, Grau- und Killerwale und viele weitere Tiere tummeln sich mit Glück im Wasser. Es finden Eintages- und Mehrtagestouren statt. Per Schiff wird auch der Ausgangspunkt zum **Nootka Island Trail** in **Friendly Cove (Yuquot)** erreicht.

Alle Fahrten beginnen am **Muchalat Inlet** 12 km südlich von Gold River.

Tagestour Friendly Cove

Montag (1,5 Stunden Aufenthalt in Friendly Cove), Samstag (3 Stunden Aufenthalt in Friendly Cove)

Hin- und Rückfahrt: Erwachsene: CAD 75, Senioren (60+): CAD 70, Kinder (6-12 J.): CAD 40, unter 6 J.: frei, einfache Fahrt: CAD 45

Tahsis Inlet Day Trip

dienstags

Hin- und Rückfahrt: Erwachsene: CAD 65, Senioren (60+): CAD 60, Kinder (6-12 J.): CAD 30, unter 6 J.: frei, einfache Fahrt: CAD 45

Eine zweitägige Tour (**Kyuquot Adventure**) geht nach **Kyuquot**, einer kleinen, nordwestlich von Gold River liegenden Ortschaft (ca. 500 Einwohner) der Kyuquot und Chesleset People, die zum Stamm der Mowachaht/Muchalaht gehören. Der Ort ist besonders für Abenteurer, Kanu- und Kajakfahrer zunehmend interessant. Eine weitere zweitägige Tour (**Esperanza Adventure**) führt nach **Zeballos** ▶ Seite 371.

Näheres zu den Zweitages-Touren auf der Internetseite oder in der Visitor Information Gold River.

250-283-2515 oder
1-877-824-8253 (gebührenfrei)

info@mvuchuck.com

www.mvuchuck.com

NR

NOOTKA ISLAND TRAIL

Gleich zu Beginn ein **wichtiger Hinweis**: Wir können hier nur eine allgemeine Beschreibung dieses Trails geben und empfehlen daher dringend, sich einschlägige Literatur und ausführliche Informationen vor Ort in den Visitor Informations zu holen, bevor Sie sich auf den Weg machen.

Der **Nootka Island Trail** (auch: **Friendly Cove / Yuquot Trail**) verläuft an der Westküste von **Nootka Island**, einer ca. 530 km² großen Insel, die durch den Nootka Sound von Vancouver Island getrennt ist. Der Trail ist landschaftlich vergleichbar mit dem West Coast Trail, jedoch deutlich weniger frequentiert. Die beiden Startpunkte sind in **Friendly Cove** (südlicher Startpunkt) und **Louie Bay Lagoon** (nördlicher Startpunkt). Die beste Zeit für diese Wanderung ist von Mai bis September.

Beide Punkte werden ab Gold River, Tahsis, Campbell River und Tofino per Wasserflugzeug, ab Gold River und Tahsis per Wassertaxi erreicht.

Wichtig: Alle Wanderer müssen bestens ausgerüstet sein, alles Lebensnotwendige mitbringen, mit äußerst schwierigem und fast unwegsamem Gelände rechnen und einige Flüsse durchwaten. Achtung: Schwarzbären, Wölfe und Pumas sind hier heimisch. Man muss sich weder registrieren noch Übernachtungsgebühr bezahlen. Jedoch müssen alle Wanderer in **Friendly Cove** entweder beim Start und am Ende nach Erreichen des Ortes CAD 45 für die Nutzung des First Nations Gebietes und deren Einrichtungen bezahlen.

Friendly Cove oder Louie Bay Lagoon
5-7 Tage (einfache Strecke)
moderat bis sehr schwierig
35 km
First Beach, Skuna Bay, Calvin Falls und Beano Creek

Unterwegs Sehnsucht nach einem Bett, einer warmen Dusche und einem Frühstück?
Auf etwa halber Strecke kann diese Sehnsucht gestillt werden.

Nootka Island Wilderness Retreat / Beano Creek
Box 564, Gold River, B.C., V0P 1G0
retreat@nootkaisland.ca
CAD 85
www.nootkaisland.ca

GOLD MUCHALAT PP

Der **Gold Muchalat Provincial Park** liegt 15 km nordöstlich von Gold River am Muchalat River und Gold River. Der Wildnis-Park ist besonders für Tierbeobachtungen interessant und erreichbar über die Gold River Road (Logging Road) nach **Woss Lake**. Es sind keine Wohnmobil-Stellplätze oder bezeichnete Wanderwege vorhanden.

ganzjährig, abhängig vom Zustand der Zufahrtsstraße
ja
Kajakfahren, Rafting, Fischen
www.env.gov.bc.ca/bcparks/explore/parkpgs/gold_muchalat

UPANA CAVES

Die 1971 während Straßenbauarbeiten entdeckten Höhlen "**Upana Caves**" liegen 17 km westlich von Gold River und sind über den **Tree to Sea Drive** (*Head Bay Forest Road*, Gravelroad) und *Branch Road H-27* Richtung Tahsis erreichbar. Sie wurden 1975 von Höhlenforschern vermessen und erfasst. Man kennt mittlerweile 15 Zugänge zu den Höhlen. Sie können auf eigene Gefahr auf einer Länge von 150 m „erforscht" werden (Dauer ca. 1 Stunde). Bei Interesse wenden Sie sich bitte an das Büro der *Western Forest Products* in Gold River oder an die Visitor Information, dort gibt es Kartenmaterial für eine Höhlentour.

Unterirdische Szenen von „**Huckleberry Finn und seine Freunde**" sind hier gedreht worden. Höhlenforscher sollten für warme, wasserfeste Kleidung und feste Schuhe sorgen, Helme und Taschenlampen nicht vergessen! Für die gesamte Länge der Höhle (ca. 450 m) können geführte Touren in Gold River gebucht werden.
250-923-1311

WANDERMÖGLICHKEITEN

Heber River Trail
Der Trail folgt dem Heber Canyon
Brücke Matchlee Drive, Seitenstraße des Muchalat Drive (Hwy 28)
40 Minuten (einfache Strecke)
leicht

Peppercorn Trail
Gold River Brücke am Ende des Peppercorn Parks
40 Minuten (einfache Strecke)
leicht

Antler Lake Nature Walk
Ende Scout Lake Road, Seitenstraße des Hwy nach Tahsis
60 Minuten
leicht bis mittel

UNTERKÜNFTE

Gold River Chalet
390 Nimpkish Drive
250-283-2688
★★
www.goldriverchalet.com

Ridgeview Motor Inn
395 Donner Court
250-283-2277 oder 1-800-989-3393 (gebührenfrei)
★★
www.ridgeview-inn.com

The Lodge at Gold River
100 Muchalat Drive
250-283-2900
★★ bis ★★★
www.thelodgeatgoldriver.ca

Gold River Lions Campground
Highway 28, einige km südlich vom Gold River Richtung Muchalat Inlet
250-283-7184

Gold River Municipal Campground
außerhalb der Stadt am Gold River gelegen
250-283-7345

Muchalat Lake Campground
19 km nördlich von Gold River über die Woss Lake Road
250-283-7345

TREE TO SEA DRIVE N. TAHSIS

Der 64 km lange **Tree to Sea Drive** (*Head Bay Forest Service Road*) zweigt in unmittelbarer Nähe der Visitor Information Gold River vom Highway 28 nach Westen ab. Zwischen Gold River und Tahsis geht es durch eine fantastische Landschaft mit wunderschönen Ausblicken und einigen beeindruckenden Sehenswürdigkeiten entlang der Straße. Der Highway ist ganzjährig geöffnet, durchgehend 2-spurig mit einigen einspurigen Brücken und bei Trockenheit eine relativ gut befahrbare Gravelroad. Der höchste Punkt der Straße ist der **Bull Lake Summit** auf 563 m Höhe. Werktags sind Holztransporte unterwegs, bitte besondere Vorsicht, wenn ein Holztransporter entgegenkommt. Und jederzeit müssen Sie damit rechnen, dass sich Tiere auf der Straße aufhalten.

Anmerkung: Informieren Sie sich bitte in Gold River über den aktuellen Straßenzustand. Die Straße endet in Tahsis, Sie müssen wieder auf dem gleichen Weg zurück fahren.

LOHNENDE STOPPS

(ca.-Angaben der Kilometer)

- Km 13 **Cala Falls**, Die Wasserfälle werden vom Big Baldy Mountain (1.601 m) gespeist.

Tree to Sea Drive

- Km 16 **Upana Caves** ▶ Seite 362
- Km 18 **Bull Lake Summit** 563 m
- Km 27 **Painted Rock**
- Km 30 **Conuma Peak** (1.481 m) Viewpoint, das **„Matterhorn"** des Nootka Sound, aus dem Indianischen ‚*konoomah*', was felsige Spitze bedeutet.
- Km 34 **Conuma River Salmon Hatchery**, Lachszucht, bietet Touren an: Montag bis Freitag von 8-16 Uhr, hier liegt auch ein rustikaler Campground
- Km 38 **Moutcha Bay** mit kleiner Imbissbar, Aussichtspunkt und Bootsanlegestelle. Moutcha Bay Resort hat RV-Stellplätze (Strom möglich) und Cabins, Reservierung möglich
  - ☎ 250 337 8962 oder 1-877-337-KING (5464) (gebührenfrei)
  - April bis November
  - 29
  - Campground: ab CAD 45
  - Cabins ★★ bis ★★★
  - info@nootkamarineadventures.com
  - www.moutchabay.com
- Km 46 **Three Sisters Falls**, 299 m hoch
- Km 50 **Malaspina Lake**, hier nisten Trompeterschwäne und Weißkopfadler, auch Bären, Pumas und Waschbären sind hier ansässig.
- Km 57 **President's Tree**, ca. 300 Jahre alte, riesige Douglastanne, zu Ehren J.V. Christensen, der Präsident der Tahsis Company (Sägemühle) war. Die Tanne ist auch bekannt als **„Big Tree"**.
- Km 61 **Leiner River Campground**, rustikaler Platz

TAHSIS

	Gold River	64 km
	Campbell River	154 km
	Port Hardy	195 km
	Tahsis	ca. 400
	Januar	- 2° C
	Juli	+ 18° C
	Meereshöhe	0 - 30 m

Tahsis, die idyllische Kleinstadt weitab vom regen Leben und Treiben auf Vancouver Island, liegt am Ende des **Tree to Sea Drives** am Tahsis Inlet 154 km westlich von Campbell River. Die Entstehung der Stadt (ehemals **Port Tasis**) geht auf die 1937 entstandene *Nootka Wood Products Ltd.* zurück, die am Port Tasis mit den lokal ansässigen First Nations Holzfällerei für den Export betrieben. In den 1940er Jahren hatte Gordon Gibson die Idee, den vorhandenen Tiefseezugang zum Ozean und die idealen landschaftlichen Bedingungen für eine Sägemühle zu nutzen, was auch 1945 in die Tat umgesetzt wurde. Die frisch gefällten Bäume konnten über den Tahsis River zur Mühle geschleppt und dort gleich weiter verarbeitet werden. So ersparte man sich das mühsame und auch kosten- und verlustreiche Transportieren der Hölzer. Diese Sägemühle brannte 1948 nieder, im Januar 1949 gründeten die Gibson Brüder mit einer weiteren Firma die *„Tahsis Company"* und gingen im April wieder in Produktion.

Die ersten Unterkünfte waren primitive, schwimmende Baracken für die Arbeiter. Eine Straßenverbindung war noch nicht vorhanden, man erreichte nur per Boot oder später auch per Wasserflugzeug Tahsis. Doch schon wenige Jahre später kamen weitere Zuwanderer und so erweiterte sich Tahsis allmählich. In den fünfziger Jahren hatte Tahsis be-

Am Rande des Highway

reits zwei Kirchen, eine Schule und 1972 mit der Vollendung der Straßenverbindung zum Inland war Tahsis für weitere Zuwanderer attraktiv geworden. Im gleichen Jahr wurde Tahsis unabhängig. Zu seiner Blütezeit hatte der Ort etwa 2.500 Einwohner, doch mit der Schließung der Mühle zogen die meisten Bewohner weg, heute leben ständig etwa 400 Bewohner hier, im Sommer vervielfacht sich die Zahl durch den Tourismus.

Während der letzten Jahre haben sich Künstler und Musiker in Tahsis angesiedelt und einige Attraktionen, wie im Juni der „**Great Walk**" ▶ Seite 360, im Juli „**Tahsis Art Trail & Coffeehouse**" mit Musik, verschiedenen Events und einer Tour durch die lokalen Künstlerstudios und das „**Fishing Derby**" am dritten Wochenende im August sind für Einheimische und Touristen interessant. Bei einem Bummel durch Tahsis sind noch einige historische Gebäude zu sehen (z.B. **St. Joseph's Roman Catholic Church**, erbaut 1948). Für Outdoor-Fans sind die unterschiedlichsten Aktivitäten möglich und neben allen wichtigsten Versorgungsmöglichkeiten gibt es Restaurants und Cafés.

TAHSIS VISITOR INFO (CHAMBER OF COMMERCE)

- 36 Rugged Mountain Road
- 250-934-6425
- Juli und August
- info@tahsischamber.com
- www.tahsis.ca

SEHENSWÜRDIGKEITEN

TAHSIS MUSEUM

Das Museum befindet sich im **Tahsis Chamber Info Centre** kurz nach Überquerung der Brücke über den Tahsis River. Es zeigt Ausstellungsstücke der im Nootka Sound ansässigen First Nations, bringt die Kultur der Natives näher und zeigt Interessantes und Fotografien aus der Stadtgeschichte.

- Rugged Mountain Road
- 250-934-6667
- nur im Sommer
- kein Eintritt, es wird um eine Spende gebeten

CORAL CAVE

Die Höhle liegt nördlich von Tahsis und kann über eine Wanderung ab Straßenende oder per Allradfahrzeug ab Tahsis erreicht werden. Nach 6 km kommt man zu einem Creek, von dort ist es noch ein kurzer Weg bis zur Höhle. Es gibt einige sehr steile Stellen im Höhlenbereich, die schlechteste kann über Seitenwege umgangen werden. Die Höhle ist etwa 1.400 m lang und gehört zu den schwierigeren Höhlen, die es auf Vancouver Island zu erforschen gibt. Bitte **unbedingt** drei Leuchten pro Person, warme Kleidung und Helm nicht vergessen.

Achtung: bei Regen nicht betreten, da Überflutungsgefahr droht.

WANDERMÖGLICHKEITEN

Leiner Bouldering Trail

- Leiner River Bridge 3 km östlich von Tahsis
- 30 Minuten
- anstrengend, da über einige Felsen geklettert werden muss

Leiner River Estuary Trail

- Tahsis Road, Boardwalk mit Aussichtsplattformen für Wildbeobachtungen
- 1 Stunde
- 2 km

Woss Lake Grease Trail
Dieser Trail wurde von den First Nations als Handelsweg ins Innere von Vancouver Island genutzt. Dieser Trail kann auch als Ausgangspunkt für die Besteigung des **Rugged Mountains** (1,875 m) genutzt werden.

- North Maquinna St, am Nordende von Tahsis
- 30 Minuten
- 12 km
- moderat bis schwierig
- 550 m

UNTERKÜNFTE

Maquinna Resort
- Maquinna Drive
- 250-934-6367
- ★★
- www.maquinnaresort.com

Tahsis Motel
- 187 Head Bay Road
- 250-934-6318
- ★★
- http://home.cablerocket.com/~tahsismotel/index.html

Seaside RV & Campground
- 1235 South Maquinna Road
- 250-934-6689
- alle Anschlussmöglichkeiten
- ab CAD 20
- lesheard@telus.net

Leiner River Campsite
- 3 km östlich von Tahsis am Tree to Sea Drive
- einfache Stellplätze

NR

NEBENROUTE 5
WOSS BIS ZEBALLOS

R LITTLE HUSON CAVE RP

Den **Little Huson Cave Regional Park** erreicht man etwa 9 Kilometer südlich des Abzweigs **Zeballos Road** vom Highway 19, der nördlich von Woss nach Westen abzweigt.

Vom Parkplatz führt ein kurzer Weg zum Parkeingang. Im Little Huson Cave Regional Park führen kurze Wanderwege zu mehreren Höhleneingängen, teilweise ist ein Einstieg horizontal, teilweise vertikal möglich. Die Höhlen (*Caves*) aus Kalksandstein sind auch für Anfänger gut geeignet, denn sie sind relativ einfach zu begehen.

Das Zentrum des Parks liegt im **Atluck Creek Canyon**. Ein kurzer Weg führt zu einer Aussichtsplattform mit Blick auf interessante Felsenformationen, eine Felsenbrücke und einige tiefe, mit klarem Wasser des **Little Huson Lake** gefüllte Pools.

Der Little Huson Cave Park ist nur ein kleiner Teil der Höhlensysteme, die im Norden von Vancouver Island zu finden sind. Weitere Höhlensysteme sind das **Benson Lake System**, **Vanishing River** und **Eternal Fountain**, die nördlich der Little Huson Caves liegen und über Logging Roads erreicht werden können. Bei Interesse geben die **Logging Companies** und das **Ministry of Forest Office** in Port McNeill weitere Auskünfte.

✉ 2217 Mine Road, Port McNeill
☎ 250-956-5000
✉ Forests.NorthIslandCentralCoast DistrictOffice@gov.bc.ca

Es ist feucht, kühl und natürlich dunkel in den Höhlen, achten Sie daher bitte auf geeignete Ausrüstung und vergessen Sie Helm und Taschenlampen nicht. Eine einfache Campingmöglichkeit gibt es am nahe gelegenen Anutz Lake.

Der Park wird vom *Regional District of Mt. Waddington* verwaltet.

☎ 250-956-3301
✉ info@rdmw.bc.ca
www.rdmw.bc.ca

P ARTLISH CAVES PP

Die **Artlish Caves**, die nordwestlich von Zeballos liegen, beeindrucken durch ihre einzigartige Karstlandschaft und Größe. Jahrelang schlugen die umliegenden Gemeinden vor, diesen äußerst empfindlichen und geologisch interessanten Bereich durch einen Provincial Park zu schützen, was 1996 auch endlich gelang.

Zwei Eingänge in die fantastische Höhle existieren, die allerdings nicht einfach zu entdecken sind. Es gibt Pläne, die Höhle für Besucher besser zugänglich zu machen, was allerdings noch Zukunftsmusik ist. Höhlenforscher sollten über Erfahrung verfügen und bei einem Besuch der Höhlen besondere Vorsicht walten lassen.

Der 2,85 km^2 große Park kann über die **Zeballos Road** (aktive Logging Road), die wenige Kilometer westlich von Woss vom Highway 19 abzweigt, erreicht werden. Etwa 25 km südlich zweigt die **Artlish Main Road** (schlechte Gravelroad, nur Allradfahrzeuge) nach Westen ab und erreicht nach sieben Kilometern den Parkplatz Artlish Cave - von dort muss noch einen Kilometer bis zu den Höhlen gewandert werden.

Die Höhlen liegen im traditionellen Gebiet der Kyuquot / Checleseht First Nations, einige Bäume, die von den First Nations kulturell gekennzeichnet sind (**CMTs - Culturelly Modified Trees**), stehen im Park. Es handelt sich hier um Bäume, die durch Schnitzarbeiten oder Malereien an historisch wichtige Ereignisse erinnern oder einfach „Gebrauchsspuren" aufweisen, weil die Fasern für Kleidung, Decken usw. gebraucht oder die Harze entnommen wurden. Zu den Bäumen, bei denen man solche CMTs findet, gehören u.a. Riesenlebensbäume, Fichten, Hemlocktannen und Kiefern. **Leslie Main Gottesfeld-Johnson** (Anthropologin, deren besonderes Interesse die Ethnoökologie der First Nations ist) hat an 21 Baumarten solche CMTs nachgewiesen.

Im Park stehen keine bezeichneten Zeltplätze zur Verfügung.

Ab Zeballos werden geführte Touren zu den Artlish Caves angeboten. Bitte in der Visitor Info / Chamber of Commerce Zeballos nachfragen.

- ganzjährig
- ja, kein Service
- Wandern, keine bezeichneten Wege
- www.env.gov.bc.ca/bcparks/explore/parkpgs/artlish_caves

ZEBALLOS

	Woss	60 km
	Highway 19	40 km
	Port Hardy	195 km
	Zeballos	ca. 200
	Januar	+ 5° C
	Juli	+ 18° C
	Meereshöhe	Sealevel

„Roads were caked in mud, but once every street was paved with gold."

(Etwa: Die Straßen waren mit Schlamm bedeckt, doch früher einmal mit Gold gepflastert.)

Dieser Spruch hatte in **Zeballos**, das im *Kyuquot Sound* am Ende des Zeballos Inlet, einem Seitenarm des Pazifiks, liegt, seine Gültigkeit von Anfang bis Mitte des 20. Jahrhunderts, denn in dieser Zeit wurde Gold im Wert von sage und schreibe CAD 13 Millionen aus Zeballos verschifft.

Zeballos wurde von spanischen Goldsuchern schon im 18. Jahrhundert entdeckt und nach Ciriaco Cevallos benannt, der Leutnant bei Kapitän Alejandro Malaspina war und die wilde Westküste 1792 erforschte. Doch erst Anfang des 20. Jahrhunderts wurde der Bergbau „erweckt", als eine massive Zuwanderung von **Goldsuchern** und Abenteurern begann. Während ihrer „Hochzeit" gab es in Zeballos 4 Bergwerke, die für 500 Arbeiter Lohn und Brot bedeuteten - die Einwohnerzahl lag damals bei etwa 1.500. Folglich war die Stadt gut ausgestattet mit Hotels, Restaurants, Geschäften, einer Schule, einem Hospital, es gab eine Wochenzeitung und eine Bücherei - historische Gebäude in der Stadt erinnern heute an die alten Zeiten.

Mit der Außenwelt war man zur damaligen Zeit durch das Dampfschiff *Princess Maquinna* verbunden. Dieses Schiff wurde speziell für die raue Westküste Vancouver Islands entwickelt und befuhr unter Leitung des Kapitäns Edward Gillam 15 Jahre diesen Küstenbereich. Benannt wurde das Schiff nach der Tochter des Häuptlings Maquinna, Oberhaupt der Nuu-chah-nulth (Mowachaht) People, die am Nootka Sound ansässig waren.

Infolge des 2. Weltkriegs stoppte der Bergbau, nach Ende des Krieges wurde er wieder für einige Jahre aufgenommen, doch die extrem steigenden Kosten und der auf dem freien Markt immer höher kletternde Goldpreis zwangen letztendlich zur Schließung der Goldminen, die letzte wurde 1948 geschlossen. Kurzzeitig kam 1962 wieder Leben in die Stadt durch die Öffnung einer Eisenerzmine, die aber sieben Jahre später ebenfalls wieder geschlossen wurde. 1964 wurde Zeballos von einem Tsunami heimgesucht, der durch ein Seebeben vor Alaska ausgelöst wurde und Teile der Stadt überschwemmte, was für den weiteren Ausbau der Stadt sicherlich ein herber Rückschlag war.

Mit der Fertigstellung einer, wenn auch sehr schlechten Straßenverbindung 1972 wurde Zeballos sozusagen an den Rest der Welt angeschlossen und mit der Errichtung eines Holzlagers durch die **Tahsis Company** (heute: **Western Forest Products Ltd.**) die Holzwirtschaft zu einem wichtigen ökonomischen Faktor. In den letzten Jahren gewinnt auch der Tourismus zunehmend eine wirtschaftliche Bedeutung für den Ort.

Zeballos, an der wilden Pazifikküste und in waldreicher Umgebung liegend, ist gerade für Naturliebhaber, Wanderfreunde, Sportfischer und Kajakfahrer, die dem Massentourismus entfliehen wollen, ein ideales Ziel.

Vom Highway 19, einige Kilometer westlich von Woss, zweigt die **Zeballos Road** (bitte achten Sie auf Bären, Rotwild und Elche) nach Süden ab. Es sind 40 km auf einer mehr oder weniger guten Gravelroad, die auch von Holztransportern (Vorsicht!) genutzt wird, zurückzulegen.

Auch auf dem Wasserweg ist Zeballos per Boot oder mit einer lokalen Boots-Chartergesellschaft zu erreichen. Die *MV Uchuck III*, die in **Gold River** ► Seite 359 beheimatet ist, bedient regelmäßig den Passagier- und Frachtdienst während der Sommermonate von Gold River mit Stopp in **Tahsis** ► Seite 365 und **Friendly Cove** ► Seite 360.

Abenteurer, die den **Nootka Trail** ► Seite 361 von Nord nach Süd wandern möchten, können per Charterboot zum nördlichen Ausgangspunkt **Louie Bay** gebracht werden.

Die **Air Nootka** verbindet mit ihren Wasserflugzeugen Zeballos individuell nach Bedarf oder mit planmäßigen Flügen mit vielen Siedlungen entlang der Pazifikküste und im Binnenland.

250-283-2255 oder
1-877-795-2255 (gebührenfrei)
www.airnootka.com

Einige Gebiete des Zeballos River, der fast die Hälfte der Zufahrtstraße begleitet, wurden zu Schutzgebieten erklärt, da dort zahlreiche Vogelarten nisten, unter anderem auch Kolibris. Für Wanderfreunde gibt es nahe Zeballos einige schöne *Nature Trails*, und für ein Picknick finden Sie am Ende der Maquinna Road eine nette Picknickanlage.

Es sind die wichtigsten Versorgungseinrichtungen inklusive Tankmöglichkeit vorhanden.

VISITOR INFORMATION

250-761-4229
Montag bis Freitag von 9-17 Uhr
adminzeb@recn.ca
www.zeballos.com

SEHENSWÜRDIGKEITEN

ZEBALLOS HERITAGE MUSEUM

Das kleine Museum zeigt Ausstellungsstücke und Fotos aus der kurzen Geschichte des Ortes, die eng mit Bergbau, Holzwirtschaft und der Kultur der First Nations verknüpft ist.

Maquinna Ave
250-761-4070
Juli und August von Freitag bis Montag, sonst nach Absprache

BOOTSTOUREN

Für Wassersportbegeisterte bieten sich Bootstouren in die folgenden Parks an:

CATALA ISLAND PROVINCIAL PARK

Am Beginn des Esperanza Inlet westlich von Zeballos gelegen, erreichbar per Kajak oder Motorboot. Ein Wassertaxi-Service bedient ab Zeballos, Tahsis und Gold River die Insel.

ja, kein Service
Schwimmen, Kanu- und Kajakfahren, Tauchen, Fischen
www.env.gov.bc.ca/bcparks/explore/parkpgs/catala_is

NUCHATLITZ PROVINCIAL PARK

18 km südwestlich von Zeballos zwischen Nuchatlitz und Esperanza Inlet gelegen. Der Park ist nur per Boot oder Wasserflugzeug erreichbar. **Achten Sie** auf Schwarzbären, die auf den kleinen Inseln und in Küstennähe des Parks aufhalten.

Schwimmen, Tauchen, Kanu- und Kajakfahren
ja
www.env.gov.bc.ca/bcparks/explore/parkpgs/nuchatlitz

RUGGED POINT MARINE PROVINCIAL PARK

Westlich von Zeballos an der Küste gelegen, nur per Boot erreichbar. Zugang zum Park ist möglich ab der Siedlung Kyuquot und Fair Harbour am Kyuquot Channel gelegen. **Achten Sie** im Park auf Pumas und Wölfe.

ja, kein Service
Kanu- und Kajakfahren, Schwimmen, Surfen
www.env.gov.bc.ca/bcparks/explore/parkpgs/rugged_pt

Das Passagierschiff MV Uchuck III verkehrt auf der Strecke Gold River–Tahsis–Zeballos–Kyuquot.

www.mvuchuck.com

MUQUIN / BROOKS PENINSULA PP

Der **Muquin / Brooks Peninsula Provincial Park** liegt nordwestlich von Zeballos am **Kyuquot Sound**, was in der Nuu-Chah-Nulth-Sprache etwa *„Platz der vielen Winde"* bedeutet – eine durchaus treffende Beschreibung für die Küstenbereiche. Auch Captain Cook nannte diese Halbinsel „**Kap der Stürme**", als er im März 1778 den nördlichen Pazifik erkundete und damit wohl auch der erste Europäer war, der dieses Gebiet bereiste. Nach ihm benannte man später auch eine Landspitze im Nordwesten der Halbinsel *„Cape Cook"*.

Dichte Küstenregenwälder, zerklüftete Küstenbereiche, die auch stellenweise Sandstrände aufweisen, und die Vielzahl der Meeresbewohner beeindrucken besonders bei einem Wildnistrip in diese abgelegene Region im Norden Vancouver Islands.

1986 wurde Brooks Peninsula zum Erholungs- und Freizeitgebiet, neun Jahre später bekam die Halbinsel den Status Provincial Park. Am 13. Juli 2009 wurde mit den Checleseht eine Vereinbarung getroffen, den Park, der so eng mit der Geschichte und Kultur der First Nations verbunden ist, in Muquin / Brooks Peninsula Provincial Park umzubenennen. Muqin bedeutet etwa *„die Königin"*.

Besucher können auf Wildniszeltplätzen übernachten, es gibt aber keinen Service. Zu erreichen ist der Park nur per Boot oder ab **Kyuquot** ▶ Seite 361 und **Zeballos** ▶ Seite 371 per Wassertaxi oder Wasserflugzeug. Das heißt, man muss sich schon im Vorfeld mit den Möglichkeiten der Beförderung beschäftigen. Auskünfte hierüber erhält man in speziellen Reiseführern, in den Visitor Informations oder bei den First Nations. Das Parkgebiet befindet sich auf traditionellem Land der Kyuquot/Checleseht und Quatsino First Nations, zahlreiche Relikte sind Zeuge der reichhaltigen Kultur der First Nations.

Bitte beachten Sie: Die Reservate im südlichen Teil an der *Battle Bay* sollten nicht ohne vorherigen Kontakt mit den First Nations betreten werden.

Ka:'yu:'k't'h'/Che:k:tles7et'h'
(Kyuquot / Checleseht)
First Nations General Delivery

Kyuquot, BC, V0P 1J0
250-332-5259
www.kyuquot.ca/contact.html

ganzjährig
ja
Kanu- und Kajakfahren, Fischen, Schwimmen, Wandern,
www.env.gov.bc.ca/bcparks/explore/parkpgs/brooks_peninsula/

RUGGED MOUNTAIN KLETTERTOUR

Der mit 1.875 m höchste Berg im Bereich der **Haihte Range** nordöstlich von Zeballos, der 1956 zum ersten Mal bestiegen wurde, ist für Bergsteiger eine attraktive Herausforderung.

Zum Ausgangspunkt der Tour kommt man über die *Nomash Main Road* (Logging Road), die etwa 12 km nördlich von Zeballos von der Zeballos Road nach Osten abzweigt. Eine steile Wanderung mit schwierigen Kletterrouten führt dann in 3-4 Stunden zum Hauptgletscher. Eine weitere Möglichkeit zur Besteigung des Rugged Mountain ist über den **Woss Lake Grease Trail** ab Tahsis ▶ Seite 365 möglich. Auf den Gletscher sollten sich nur sehr erfahrene und gut informierte Wanderer begeben!

UNTERKÜNFTE

Iris Lodge
138 Maquinna Avenue
1-888-353-7177 (gebührenfrei)
irislodge@xplornet.com

Zeballos Inlet Lodge
167 Maquinna Avenue
250-761-4294

Zeballos Hotel
Das historische Hotel und der darin befindliche Pub, erbaut 1939 zur Zeit des Goldrauschs in Zeballos, brannte Anfang Oktober 2008 mitten in der Nacht während eines starken Sturmes völlig nieder. Zum Glück roch der Besitzer den Rauch frühzeitig, so konnten alle anwesenden Personen gerettet werden. Es wurde leider bis heute nicht wieder aufgebaut.

Cedars Inn
203 Pandora Ave
250-761-4044 oder
1-866-222-2235 (gebührenfrei)
★★
www.zeballoskayaks.com/accommodation.html

Cevallos Campsite
zentrumnah am Zeballos Inlet gelegen und unter städtischer Verwaltung
250-761-4229
10
CAD 5

RV Park
Parkway Rd, ebenfalls unter städtischer Verwaltung
250-761-4694
alle Anschlussmöglichkeiten
ja
nuttyoldhermit@msn.com

NEBENROUTE 6

PORT HARDY ZUM CAPE SCOTT PROVINCIAL PARK

HOLBERG

Der kleine Ort **Holberg** am Ende des Holberg Inlet ca. 45 km westlich von Port Hardy ist Ausgangspunkt zum wilden **Cape Scott Provincial Park** an der Nordspitze Vancouver Islands.

Wer sich in Port Hardy auf den Weg gen Westen macht, sollte über ein geländegängiges Fahrzeug verfügen. Die Gravelroad, die auch von Holztransportern genutzt wird, führt durch dichte Wälder und vorbei an glasklaren Seen durch eine Einsamkeit, in der man kaum einer Menschenseele begegnen wird. Die kleine Ortschaft Holberg hat etwa 100 Einwohner, Tendenz fallend. Einzig die *Western Forest Products* haben hier noch ein holzverarbeitendes Werk, ansonsten hat man von dem kleinen Ort nicht viel zu erwarten. Die Tankstelle ist sporadisch geöffnet, ein kleines Restaurant und ein *Food Store* versorgen Durchreisende mit dem Nötigsten. Bitte ggf. in Port Hardy nachfragen, welche Versorgungsmöglichkeiten der Ort noch bietet.

Die ersten Siedler waren im frühen 19. Jahrhundert dänische Einwanderer. Sie nannten die Ortschaft Holberg zu Ehren des **Barons Ludvig Holberg**, einem Historiker und Autor, der in Norwegen geboren wurde, die meiste Zeit seines Lebens aber in Dänemark verbrachte. Während des Kalten Krieges war in Holberg die **Pinetree Line Radarstation** der *Royal Canadian Air Force* stationiert.

Für Holberg war und ist auch heute noch die Holz- und Fischereiwirtschaft ein wichtiger Erwerbsfaktor. Für Touristen bieten sich Boots- und Kanutouren an, bei denen hervorragende Wildbeobachtungen gemacht werden können. Ebenso beliebt sind auch abenteuerliche, geführte Kajaktouren.

SEHENSWÜRDIGKEITEN

SCHUHBAUM

Kurioses gibt es auf der Zufahrt nach Holberg zu sehen, einen **„Schuhbaum“**. Den „Grundstein“ hat der spaßige Zeitgenosse Tracey Anonson 1989 gelegt und nun baumeln hier hunderte Schuhe aller Art, die Wanderer nach ihren anstrengenden Touren im Cape Scott Park zur Erinnerung (oder Abschreckung?) hier gelassen haben.

RONNING GARDEN

Sehenswert ist auch der **Ronning Garden** des norwegischen Siedlers Bernt Ronning, der sich 1910 in dieser Einöde ansiedelte und als Trapper, Fischer und Lagerkoch seinen Lebensunterhalt verdiente. Seinen Garten, den er sich schrittweise vom Regenwald „eroberte“, hat er aus vielen hundert Samen und Setzlingen zusammengestellt, die er aus der ganzen Welt erhalten hatte. Dieses Kleinod in der Wildnis wurde zu einem beliebten Haltepunkt für die vorbeiziehenden Siedler und Wanderer mit dem Ziel Cape Scott, Raft Cove und San Josef Bay. Um 1970 überwucherte der dichte Wald der Umgebung weite Teile des Gartens und viele Pflanzen, so schien es wenigstens, überlebten dies nicht. Doch heute lebt der Garten wieder, viele Samen, die jahrelang im Tiefschlaf lagen, keimten erneut und der Garten erwachte aus seinem Dornröschenschlaf.

Der Garten ist für Besucher geöffnet. Erreichbar ist er ab Holberg über die San Josef Road Richtung Cape Scott Park, nach wenigen Kilometern weist ein Wegweiser zum Ronning Garden.

☎ 250-288-3724

RAFT COVE PROVINCIAL PARK

Den etwa 6 km^2 großen, weitab an der Nordwestküste von Vancouver Island liegenden **Raft Cove Provincial Park** ca. 64 km westlich von Port Hardy können Abenteurer ab **Holberg** (▶ Seite 378) über Gravelroads (Logging Roads) erreichen. Folgen Sie ab Holberg der Straße zum Cape Scott Provincial Park, weiter auf der Ronning Main bis zum Kilometermarker RM24 und von dort zum Parkplatz Raft Cove. **Bitte beachten Sie** unbedingt die absolute Vorfahrt der Logging-Trucks.

Der Wildnispark an der schroffen Pazifikküste ist besonders extremen Wetterbedingungen ausgesetzt. Alle Besucher sollten daher mit wasserfester Kleidung und Ausrüstung ausgestattet sein. Ab der Zufahrtsstraße führt ein etwa zwei Kilometer langer, nicht instand gehaltener und extrem schlammiger Weg durch dichten Wald zum Strand.

ja

Wandern, Schwimmen, Surfen (bedingt möglich), Tauchen, Fischen

www.env.gov.bc.ca/bcparks/explore/parkpgs/raft_cove

WINTER HARBOUR

Nach etwa 24 km Gravelroad (aktive Logging Road) ab Holberg Richtung Süden kommt man zum Fischerdörfchen **Winter Harbour**, am *Forward Inlet* gelegen. **Man beachte:** Der Ort liegt näher an China und Japan als jeder andere Ort in Nordamerika.

Winter Harbour war im 18. Jahrhundert ein Schutzhafen für Segelschiffe während der Wintermonate, daher der Name Winter Harbour. Heute kommen, bedingt durch den sehr hohen Fischreichtum des Meeres und des Forward Inlets, moderne Fischerboote und Abenteurer nach Winter Harbour. Und natürlich werden im Ort auch **Fishing- und Adventure Tours** angeboten.

Auch wenn man es nicht glauben will, es sind die wichtigsten Versorgungseinrichtungen vorhanden: eine Tankstelle, ein Restaurant, ein General Store und selbst eine Poststelle für die Grüße nach Hause hat Montag, Mittwoch und Freitag von 9-13 Uhr geöffnet. Einen Internetzugang gibt es im *Community Center*.

Ein kurzer Wanderweg führt durch den **Botel Park** und entlang der steinigen Küste. Er bietet fantastische Ausblicke auf den Pazifik im *Quatsino Sound*.

UNTERKÜNFTE

Winter Harbour Campground

250-969-4333

35, alle Anschlussmöglichkeiten

ab CAD 29 ja

Winter Harbour Lodge

250-969-4293 (Sommer)
250-493-0233 (Winter)

20, alle Anschlussmöglichkeiten ja

RV-Park ab CAD 25

Cabins: ★★ bis ★★★

www.winterharbourlodge.ca

Outpost Winter Harbour

250-969-4333

Cabins: ★★ bis ★★★

winterharbour@telus.net

Dick's Last Resort

250-969-4240 (Sommer)

250-246-3456 (Winter)

B&B: ★★

Cabins: ★★★

dickr@island.net

www.winterharbourlodge.ca

NR6

Kwaksistah Park
Winter Harbour
250-956-3301
9, für Zelte nicht geeignet
CAD 15
www.dlastresort.com

Cape Scott – Winter Harbour Cottages
250-969-4331 (Sommer)
250-902-7161 (Winter)
Cabins: ★★ bis ★★★
info@winterharbourcottages.com
www.winterharbourcottages.com

P CAPE SCOTT PP

Wer die weite, raue Küste, dichten Regenwald und ständig wechselndes Wetter nicht scheut, der kommt beim Abenteuer **Cape Scott Provincial Park** sicherlich voll auf seine Kosten – eine entsprechende körperliche Fitness vorausgesetzt.

Die Zufahrt zu diesem Wildnispark am äußersten Nordwestzipfel von Vancouver Island ist über die **Holberg** und **San Josef Road** (beides *Logging Roads*, 64 km) von Port Hardy möglich. Je nach Wetter kann die Zufahrt einige Mühe bereiten. Die Straße endet am Parkeingang, denn in den Park führen ausschließlich Wanderwege.

Der Park wurde 1973 gegründet und umfasst etwa 115 km zerklüftete Ozeanküste, 30 km abgelegene Strandabschnitte und dichte Regenwälder, in denen man noch Baumriesen mit mehr als drei Metern Durchmesser findet. Der **„Sitka Spruce"** mit sieben Meter Umfang steht am nördlichen Teil des **Erik Lake**. 1995 wurde die Nordküstenregion *Nahwitti* und *Shushartie* zum Parkgebiet hinzugenommen, in dem ein großer Teil des **North Coast Trails** (▶ Seite 383) verläuft.

Im Norden des Park sind noch Relikte aus dem Zweiten Weltkrieg zu finden, von 1942 bis 1945 befand sich aus Gründen der Staatssicherheit am Cape Scott eine Radarstation.

Die ersten Bewohner des Gebietes um Cape Scott waren First Nations der Stämme Yutlinuk, Tlatlasikwala und Nakumgilisala. Im frühen 19. Jahrhundert starben die Yutlinuk aus, in den 1850er Jahren schlossen sich die verbliebenen Stämme Tlatlasikwala und Nakumgilisala zusammen und siedelten über auf die Insel **Hope Island** vor der Nordküste. 1954 waren nur noch 32 Bewohner am Leben, sie verbanden sich mit den Koskimo People und zogen zum Quatsino Sound. Heute sind sie als Nahwitti People bekannt. Die Nahwitti haben sechs Reservationen im Norden von Vancouver Island, wovon drei im Gebiet des Cape Scott Provincial Parks liegen.

Von 1896 bis 1907 besiedelten etwa 100 Dänen, die aus Minnesota, Nebraska, Iowa und North Dakota kamen, das Gebiet um die **Hansen Lagoon** und bewirtschafteten das Weideland. Sie wollten eine eigenverwaltete Farm- und Fischereiwirtschaft aufbauen. Die Provinzverwaltung jedoch befürchtete Streitigkeiten, enteignete das Land und nahm das Versprechen, eine Zufahrtstraße zu bauen, wieder zurück. Ohne Verbindungsweg war aber ein Leben in dieser von Sturm und starkem Regen betroffenen Gegend nicht möglich, daher gaben die Siedler auf, verließen ihre Höfe und wanderten ab in die umliegenden Dörfer.

Um 1913 kamen noch einmal Siedler an die Hansen Lagoon, diesmal aus dem Staat Washington, aus Ostkanada und Europa und übernahmen die Häuser, die

die Dänen sechs Jahr vorher verlassen hatten. Sie waren jedoch den gleichen Wetterbedingungen ausgesetzt wie ihre Vorgänger und verließen wenig später ebenfalls das Gebiet. Einige zerfallene Gebäude und weitere Relikte findet man noch in der **Nels Bight**, **Hanson Lagoon** und **Frederiksen Point** im Nordwestteil des Parks.

Bitte beachten Sie: Sollten Sie auf Relikte stoßen, bitte belassen Sie alles so, wie Sie es angetroffen haben, und betreten Sie keinesfalls verfallene Gebäude. Es besteht Unfallgefahr!

Benannt ist der Park nach David Scott, einem Kaufmann aus Bombay. Er war 1786 einer der Hauptfinanzierer von Handelsreisen in diese Gegend, Der gleichnamige Leuchtturm dient seit 1960 den Seefahrern als Orientierung.

Beachten Sie, dass auch Bären, Pumas, Wölfe, Wapitis und viele andere Tiere im Park beheimatet sind, die Bärenpopulation ist besonders hoch. Ziehen Sie daher geräuschvoll durch die Lande, achten Sie auf Spuren, bevor Sie Ihr Lager aufschlagen und bewahren Sie Lebensmittel bärensicher auf. Wichtig ist auch, sämtliche Essensreste und Müll wieder mitzunehmen. *„A fed bear is a dead bear“*. Alles Wichtige und Beachtenswerte zum bärensicheren Verhalten können sie auf der folgenden Internetseite lesen:

www.env.gov.bc.ca/bcparks/conserve/bearsandcougars.pdf

Entlang der Küste tummeln sich Seeotter, Seelöwen, Seehunde, Grauwale und Orcas, hier ist hier eher ruhiges Verhalten angebracht, denn Sie sollten diese Tiere möglichst nicht stören, sondern nur den Anblick genießen. Die **Hansen Lagoon** wird alljährlich von vielen durchziehenden Vogelarten, darunter sind auch die nicht zu überhörenden Kanadagänse, als Zwischenstopp genutzt,

Am Parkeingang, ca. 16 km westlich von Holberg, befinden sich außerhalb des Parks zwei Campgrounds für Wohnmobile:

San Josef Heritage Park Campground

Western Forest Products Campground
San Josef River
11 einfache Stellplätze, Bootsanlegestelle

Ein **Parkplatz** liegt am Südosteingang des Parks, danach geht es nur noch zu Fuß auf zahlreichen Wanderwegen weiter. Das Wetter ist extrem feucht und windig, die Wanderungen sind teilweise schwierig und führen über Holzplankenwege. Zeltplätze gibt es unterwegs. **Achtung:** Dies ist ein Park ohne Service- und Versorgungsmöglichkeiten. Wir empfehlen dringend, sich vor einer Wildnis-Tour ausführlich zu informieren und Kartenmaterial in Port Hardy zu besorgen.

Ein Parkwächter wohnt im Sommer am Westende des **Nels Bight Beach** und macht tagsüber Rundgänge durch den Westteil des Park, im Notfall kann er abends erreicht werden. Der **Leuchtturm** ist ganzjährig besetzt und kann im Notfall kontaktiert werden.

ganzjährig, Zelten gebührenpflichtig von Mitte Mai bis Ende September, Selbstregistrierung an der San Josef Bay und Wanderwegbeginn
11 Zeltplätze am Eric Lake, weitere Zeltplätze an mehreren Orten
CAD 10 pro Person (ab 19 J.) pro Nacht
CAD 5 pro Person (13-18 J.) pro Nacht
Wandern, Schwimmen, Kanu- und Kajakfahren, Fischen
www.env.gov.bc.ca/bcparks/explore/parkpgs/cape_scott

NR6

www.env.gov.bc.ca/bcparks/explore/parkpgs/cape_scott/hiking.html

WANDERMÖGLICHKEITEN IM WESTTEIL DES PARKS

Für alle Trails: Parkplatz am Parkeingang

Eric Lake

3 km (einfache Strecke)
1 Stunde (Zeltplätze am Eric Lake)
moderat

Mount St. Patrick Summit

10 km (einfache Strecke), Achtung: Der Sea Otter Cove (2 km lang) auf der Strecke ist nur bei ablaufendem Wasser bis Ebbe begehbar.
5 Stunden (Zeltplätze unterwegs)
mittel, anstrengend
400 m

San Josef Bay

Unterwegs treffen Sie auf Reste des historischen Henry Ohlsen Hauses (1908-1944).
2,5 km (einfache Strecke), Zelten an der San Joseph Bay möglich
1 Stunde
moderat

Fisherman River

9,3 km (einfache Strecke)
3 Stunden
anstrengend

Guise Bay

21 km (einfache Strecke)
7,5 Stunden, Zelten an der Guise Bay möglich
sehr anstrengend

Cape Scott

Am Ende des Weges liegt der 1960 erbaute Leuchtturm Cape Scott.
24 km (einfache Strecke)
8,5 Stunden
schwierig

Nissen Bight

15 km (einfache Strecke)
5,5 Stunden, Zelten an der Nissen Bight möglich
anstrengend

Im Norden von Vancouver Island

NR6

Hansen Lagoon
Hier lebten vor mehr als 100 Jahren dänische Siedler. Reste der Einzäumung und des Entwässerungssystem sind noch zu entdecken.
⇔ 15 km (einfache Strecke)
5 Stunden
anstrengend

WANDERMÖGLICHKEITEN AN DER NORDKÜSTE

NORTH COAST TRAIL

Die bis jetzt genannten Wanderungen beschränken sich auf den Westteil des Cape Scott Provincial Parks. Wer jedoch das besondere Abenteuer sucht, kann dies auf dem extrem schwierigen und mehrere Tage dauernden **North Coast Trail** entlang der Nordküste finden. Dieser sehr anstrengende Trail führt die Wanderer durch oftmals unwegsames Gelände entlang der Felsenküste und durch das Dickicht der Küstenregenwälder. Man sollte mit dem Umgang von Kletterseilen vertraut, schwindelfrei und sehr erfahren im Wildniswandern sein. Flüsse müssen per „Seilbahn", die mit viel Kraftaufwendung im Handbetrieb arbeiten, überwunden werden. Etwas einfacher zu begehen ist der Trail von Ost nach West. Und natürlich sind auch alle Wildtiere hier beheimatet, vor denen man besonders auf der Hut sein sollte.

Was an der Nordküste bei allen Wanderungen, egal welche Schwierigkeitsgrade er hat, erschwerend dazukommt, sind die extremen Wetterkapriolen mit viel Regen, Kälte und stürmischen Winden. Der Boden ist ständig durchweicht, die Felsen schlüpfrig und die Wasserstände sind auch noch im Auge zu behalten. **Achten Sie** daher auch besonders auf wasserfeste Bekleidung und Ausrüstung und natürlich muss alles Lebensnotwendige mitgenommen werden. Trinkwasser ist nicht verfügbar. Sämtliches Wasser muss immer lange abgekocht oder chemisch aufbereitet werden.

Da es durch traditionelles First Nations-Gebiet geht, stößt man noch auf Reste der reichen Kulturgeschichte. Dies gilt besonders für die Wegstrecke Nahwitti River nach Cape Sutil. **Cape Sutil** liegt außerhalb des Parks auf First Nations-Gebiet, dort lebten früher im Dorf Nahwitti die Tlatlasikwala Nations. Das Gebiet der First Nations sollte nicht betreten werden.

Es wird **dringend** empfohlen, ein Satellitentelefon oder VHF Funkgerät mitzuführen, damit man im Notfall Hilfe rufen kann. Mobiltelefone haben hier **keine** Verbindung. Und es gibt **keine** regelmäßigen Kontrollgänge eines Rangers.

Während der Sommermonate von Mitte Mai bis Ende September ist am Cape Sutil eine **Ranger-Station** (Zelt) besetzt, außerhalb dieser Zeiten kann das Zelt für Notfälle genutzt werden.

Bitte beachten Sie: Haustiere dürfen nicht mitgenommen werden.

West nach Ost:
⇨ San Joseph Parkplatz am Parkeingang und Ende der Straße, weiter auf dem Cape Scott Trail bis zum Ostende der Nissen Bight

Ost nach West:
⇨ Shushartie Bay, erreichbar über einen Wassertaxi-Service (Sommer) ab Port Hardy oder per Wasserflugzeug
⇔ 43,1 km (einfache Strecke), zusätzlich 16 km Cape Scott Trail, da er die Verlängerung dieses Trails ist
minimum 5 Tage, jedoch werden 6-8 Tage empfohlen
sehr schwierig

ZELTPLÄTZE VON OST NACH WEST

km 0: Shushartie Bay Campsite
3 Plätze, Trockentoilette, Aufbewahrungsbox für Lebensmittel vorhanden

km 8,1: Skinner Creek Campsite
Trockentoilette

km 11: Nahwitti River Campsite
4 Plätze, Trockentoilette, Aufbewahrungsbox für Lebensmittel vorhanden

km 16: Cape Sutil Campsite
Trockentoilette, Aufbewahrungsbox für Lebensmittel vorhanden

km 23,8: Irony Creek Campsite
4 Plätze, Trockentoilette, Aufbewahrungsbox für Lebensmittel vorhanden

km 35,6: Laura Creek Campsite
4 Plätze, Trockentoilette, Aufbewahrungsbox für Lebensmittel vorhanden

km 43,1: Nissen Bight Campsite
Trockentoilette, Aufbewahrungsbox für Lebensmittel vorhanden

ZELTPLÄTZE VON NISSEN BIGHT ZUM PARKPLATZ

Fisherman River Campsite
3 Zeltplätze, Trockentoilette

Eric Lake Campsite
11 Zeltplätze, Trockentoilette, Aufbewahrungsbox für Lebensmittel vorhanden

RÜCKFAHRMÖGLICHKEIT
SUNSHINE COAST

SUNSHINE COAST – HIGHWAY 101

Der **Highway 101**, auch **Sunshine Coast** Highway genannt, ist Teil des **Pacific Coastal Highways**, der in Lund beginnt und nach 15.202 km in Quellon, Porto Monte in Chile (Südamerika) endet. Der Pacific Coastal Highway gehört zu den längsten Straßenverbindungen der Welt. Die einzelnen Streckenabschnitte verlaufen durch Kanada, U.S.A., Mexiko, Guatemala, El Salvador, Nicaragua, Costa Rica, Panama, Columbia, Ecuador, Peru und Chile.

Kanada
- Highway 101 von Lund nach Vancouver
- Highway 99 von Vancouver nach Blaine, Washington, U.S.A.

U.S.A.
- Highway 5 von Blaine, Washington nach Tijuana, Mexico

Mexico
- Highway 2 von Tijuana, Mexico nach Santa Anna
- Highway 15 von Santa Anna nach Xalisco
- Highway 200 von Xalisco nach Guatemala

Guatemala
- Highway 2 durch Guatemala nach La Union, El Salvador

El Salvador
- Highway 1 von La Union nach Choluteca
- Highway 3 von Choluteca nach San Joe, Nicaragua

Nicaragua
- Highway 1 von San Jose nach El Roble, Costa Rica

Costa Rica
- Highway 27 von El Roble nach Limonal
- Highway 34 von Limonal, Costa Rica nach Ciudad Cortez

- Highway 2 von Ciudad nach Capacho, Panama

Panama
- Highway 1 von Capacho nach Panama City
- Highway 3 von Panama City nach Colon
- Fährfahrt von Colon nach Cartagena, Columbia

Columbia
- Highway 90 von Cartagena nach Ipiales
- Highway 35 von Ipiales nach Uliniza, Ecuador

Ecuador
- Highway 39 von Uliniza nach Santo Domingo de los Colorados
- Highway 25 von Santo Domingo de los Colorados nach Zarumilla, Peru

Peru
- Highway 1A von Zarumilla nach Sullana
- Highway 1 von Sullana nach Arica, Chile

Chile
- Highway 5 von Arica, Tarapaca nach Quellon, Los Lagos

Der **kanadische Teil** von Lund nach Gibsons ist 146 km lang und schlängelt sich entlang der **Malaspina** und **Georgia Strait** mit fantastischen Ausblicken zu den Coast Mountains und nach Vancouver Island. Der kanadische Teil des Highways ist durchgehend asphaltiert, von Powell River nach Lund etwas holprig, kurvenreich und stellenweise eng, doch keineswegs problematisch zu befahren. Auf dem **Sunshine Coast Highway** sind zwei Fährfahrten über die weit ins Hinterland reichenden Fjorde besonders reizvoll. Der Highway 101 ist per Fährverbindungen von Vancouver Island und Horseshoe Bay (Vancouver West) mit dem Straßennetz des Festlandes verbunden. Auch per Wassertaxi, Boot und Charter- und planmäßigem Flugverkehr vom International Airport Vancouver kann die Sunshine Coast erreicht werden.

Die Sunshine Coast wird durch die **Jervis Bucht** in zwei Bereiche geteilt: Den nördlichen Teil von Lund bis zum Fähranleger Saltery Bay, der sich auf der **Malaspina Halbinsel** (*Malaspina Peninsula)* befindet und den südlichen Teil von den Fähranlegern Earls Cove nach Langdale, dieser liegt auf der **Halbinsel Sechelt**.

Entlang des Highways liegen dichte Waldgebiete und ruhige kleinere Touristenorte mit eleganten Resorts an malerischen Uferpromenaden. Die größten Ortschaften der Region **Powell River**, **Sechelt** und **Gibsons** haben alle Versorgungsmöglichkeiten und auch Motels und Hotels sind reichlich vorhanden. Wohnmobilfahrern bieten sich neben den privaten RV-Resorts auch Übernachtungsmöglichkeiten in schön gelegenen Provincial Parks mit Wassersport- und Wandermöglichkeiten an. Die Uferbereiche in den Ortschaften entlang der Straße sind teilweise in Privatbesitz, daher empfehlen wir, die sich bietenden, öffentlich zugängigen Zufahrten zu den Stränden zu nutzen, um die wundervolle Aussicht und gesunde Seeluft zu genießen. Das Klima ist mild und lange, abendliche Sonnenscheinstunden, die sicher auch zur Namensgebung führten, machen diesen Küstenabschnitt zu einem beliebten Ziel für Wassersportler, Naturliebhaber und Künstler. **Beachtlich:** Kein Gebiet in Kanada hat einen höheren Einwohneranteil an Künstlern und Kunsthandwerkern. In zahlreichen Galerien und Studios werden Führungen angeboten und Besucher können den Meistern ihres Handwerks über die Schulter schauen das eine oder andere Schmuckstück käuflich erwerben. Daneben produzieren und bieten auch sehr viele Natives ihre handgefertigten Kunstwerke an.

Entlang der Sunshine Coast gibt es während des ganzen Jahres viele Festivals, Sportveranstaltungen und Events.

SUNSHINE COAST TRAIL

Die Idee für diesen Trail entstand 1993, als sich eine Gruppe Freizeitenthusiasten zur *Powell River Parks and Wilderness Society* zusammenschloss und begann, die existierenden Trails mit neu angelegten Abschnitten zu verbinden. So erreichte der Trail 1995 bereits eine Länge von über 80 km und man war stolz, die Länge des berühmten West Coast Trails (Vancouver Island/Pacific Rim NP) überschritten zu haben. Nach weiteren 6 Jahren und einigen schwierigen Bergübergängen hatte der Trail seine heutige Länge von 180 km erreicht.

Er führt von **Sarah Point** (*Desolation Bay* nördlich von Lund) bis **Saltery Bay** und ist unterteilt in fünf einzelne Streckenabschnitte, wovon die letzten beiden nur für bergerfahrene Wanderer geeignet sind. Es sind etwa 20 Zugänge zum Trail möglich, wichtig ist dabei nur, sich über einen Transport zum Trail zu informieren. Wenn eine Mehrtagestour geplant ist, sollten man auch ggf. die Unterkünfte vorreservieren. Ein *Tour-Guide Buch* ist in der Visitor Information Powell River erhältlich.

Der Ausgangspunkt Sarah Point ist per Wassertaxi von Lund aus erreichbar. Zwei ausgewählte Anbieter sind:

Lund Water Taxi
Reservierung 604-483-9749
Fahrzeit 20 Minuten
www.lundwatertaxi.com

Savary Shuttle Water Taxi
Reservierung 604-483-9906
Fahrzeit 20 Minuten

DIE STRECKENABSCHNITTE:

1. SARAH POINT (DESOLATION SOUND) - MALASPINA ROAD (KM 0 – KM 21,3)
Sarah Point
mittel bis schwierig
21,3 km
220 m

bei km 3:
Feather Cove (Notfall)

bei km 10:
Cochrane Bay, Feather Cove (Notfall),
Wednesday Lake Watershed

bei km 20:
Cedar Lodge B&B
604-483-4414
www.cedarlodgebb.ca

Desolation Resort
604-483-3592
www.desolationresort.com

2. MALASPINA ROAD - POWELL LAKE (KM 21,3 – KM 50,2)
29,2 km
mittel
moderat

bei km 41:
Canoe Bay

3. POWELL RIVER - FIDDLEHEAD FARM (KM 50,2 – KM 81,4)
20,9 km
mittel bis schwierig
moderat

bei km 64:
Haywire Bay Campsite
604-483-1097

bei km 68:
Confederation Lake
Inland Lake Campsite
604-485-0700
Cabin: Confederation Bay

4. FIDDLEHEAD FARM - EAGLE RIVER (KM 81,4 – KM 135,7)
54,6 km
schwierig, steil, rutschig
große Höhenunterschiede

bei km 90:
Lewis Lake

bei km 110:
Elk Lake

bei km 135:
Herondell B&B
604-487-9528
www.prcn.org/herondel/index.htm

5. EAGLE RIVER – SALTERY BAY (KM 135,7 – KM 178)
43 km
mittel bis schwierig, teilweise schwierige Wegstrecken Trails
große Höhenunterschiede

Powell Forest Canoe Route (Beginn des Trails), **Elephant Lake, Rainy Day Lake, Saltery Bay**

bei km 180:
Saltery Bay Motel
604-487-0689

Informationen und einen Plan für die ersten drei Trail-Abschnitte können Sie sich in der Visitor Information Powell River geben lassen.

604-485-4000 oder
1-877-817-8669 (gebührenfrei)
www.thesunshinecoast.com/whattodo/sctrail.html
www.sunshinecoast-trail.com

LUND

	Powell River	28 km
	Lund	ca. 800
	Januar	+ 5° C
	Juli	+ 18° C
	Meereshöhe	Sealevel

Hier in **Lund** sind Sie sozusagen am Ende der Welt angekommen, am Beginn des Highway 101 – Sunshine Coast Highway. Ein **„Historic Mile 0"** Marker zeigt den Beginn des Highways, der ein Teilstück des Pacific Coastal Highways ist und zu den längsten Straßenverbindungen der Welt gehört. Eine Gravelroad führt noch etwa 14 km weiter zum *Desolation Sound* (**Bliss Landing**).

Im sehr schön gelegenen Ort Lund, dem *„Shellfish Capital of the Sunshine Coast"*, steigt alljährlich Ende Mai das Shellfish Festival mit allerlei Belustigungen, Musik und natürlich Speis und Trank.

Lund war für Jahrtausende die Heimat der Sliammon People, einer Gruppe der Coast Salish First Nations. Der erste weiße Siedler Charles Thulin kam Ende 1889 von Schweden nach Lund, baute sich eine Hütte am Meer und betrieb Handel mit den ansässigen First Nations. 6 Monate später folgte ihm sein Bruder Frederic. Die schwedische Heimatstadt der beiden Brüder hieß Lund, so wurde auch die neue Heimat in Kanada Lund genannt.

1892 wurde eine **Poststelle** eröffnet, es war die zweite nördlich von Vancouver, wenig später öffnete der erste **General Store**. Das erste Hotel in Lund entstand 1895, das zweite (*The Malaspina*) 1905.

Es wurde in **Lund Hotel** umbenannt, nachdem das Originalgebäude von 1895 niederbrannte. Es ist auch heute noch in Betrieb, nachdem es im Jahr 1999 von den Sliammon First Nations und einem weiteren Geschäftsmann gekauft, 2000 komplett renoviert und mit dem heute üblichen Komfort ausgestattet wurde. Im gesamten Hotel findet man historische Fotos an den Wänden, die die Geschichte von Lund erzählen. Viele Jahre lang war Lund ein kleines Fischerdorf, heute ist es eine kleine Touristenattraktion.

Lund ist Ausgangspunkt für einen Bootsausflug zum **Copeland Islands Provincial Marine Park** und **Desolation Sound Provincial Marine Park** und Startpunkt für einige Wanderungen und Mountainbike-Routen.

Ein Wassertaxi bietet Fahrten zur Sonneninsel **Savary Island** an, wo durch dichte Wälder einsame Wanderwege führen, weiße Sandstrände und warmes Wasser zum Baden locken, kein Autoverkehr stört und es keine Moskitos, Bären, Pumas und Waschbären gibt. Die Insel hat ca. 95 dauernde Bewohner, im Sommer steigt die Zahl rapide an bis auf fast 2.000. Der Strom kommt zwar auch aus der Steckdose - jedoch wird er von den Bewohnern über Solarzellen, Propangas oder andere, umweltfreundliche Energie-Quellen erzeugt.

Auch wenn Sie Lund nur kurz auf eine Stippvisite besuchen, sollten Sie trotzdem bei einer Tasse Kaffee und etwas Süßem auf der Terrasse von **Nancy's Bakery** ein paar entspannte Stunden an diesem idyllisch gelegenen Ort genießen. Für die Versorgung der kleinen Ortschaft gibt es einen *General Store* und zwei *Restaurants*.

SEHENSWÜRDIGKEITEN

COPE ISLANDS MARINE PP

Der 1971 gegründete **Copeland Islands Marine Provincial Park** besteht aus

Lund Hafen

mehreren kleinen Inseln und Felsen in der **Thulin Passage** nördlich von Lund. Besonders beliebt ist der Park bei Kajakfahrer als Zwischenstopp zum Desolation Sound.

- ganzjährig
- Schwimmen, Tauchen, Kajakfahren, Fischen, Wandern
- ja
- www.env.gov.bc.ca/bcparks/explore/parkpgs/copeland_is

DESOLATION SOUND PP

Der **Desolation Sound Provincial Park** wurde 1973 gegründet und liegt am Zusammenfluss des *Malaspina Inlet* und *Homfray Channel*. 60 km Küstenlinie mit zahlreichen versteckt liegenden Buchten und kleinen Inseln bieten ideale Wassersportbedingungen. Der Park besteht aus den drei Hauptteilen **Prideaux Haven** und **Tenedos Bay**, beide im Nordteil gelegen, und **Grace Harbour** im Süden.

- ganzjährig
- Schwimmen, Tauchen, Kanu- und Kajakfahren, Fischen
- ja
- www.env.gov.bc.ca/bcparks/explore/parkpgs/desolation

UNTERKÜNFTE

The Historic Lund Hotel

- 1436 Highway 101
- 604-414-0474 oder 1-877-569-3999 (gebührenfrei)
- ★★ bis ★★★
- www.lundhotel.com

Sunlund By-The-Sea RV Park & Campground

- 1496 Murray Road
- 604-483-9220
- Mai bis September
- 33, alle Anschlussmöglichkeiten ja
- ab CAD 25
- Cabins: ★ bis ★★
- www.sunlund.ca

P OKEOVER ARM PP

Zum **Okeover Arm Provincial Park** am gleichnamigen Inlet gelegen zweigt südlich von Lund eine 7 km lange Straße ab. In der Nähe des Campgrounds dient eine Rasenfläche als Picknickplatz, der Strand ist steinig. Teile des Parks liegen auf traditionellem Boden der Sliammon First Nations, die gemeinsam mit der Parkverwaltung die gefundenen Schätze (u.a. *Petroglyphs*) schützen. Eine Bootsanlegestelle ist außerhalb des Parks.

- Mitte Mai bis Mitte September, Zeltplätze ganzjährig nutzbar
- 14 nein
- CAD 16, außerhalb der Saison keine Gebühr
- 4
- Kanu- und Kajakfahren, Paddeln, Schwimmen
- www.env.gov.bc.ca/bcparks/explore/parkpgs/okeover

SLIAMMON

In der kleinen Ortschaft **Sliammon**, einer Gemeinde der gleichnamigen Sliammon First Nations, leben etwa 700 Einwohner, weitere in der Umgebung der Ortschaft. Sie pflegen die traditionellen Handwerkskünste wie Körbe flechten und Schnitzarbeit. Ein wichtiger Erwerbszweig ist die Sliammon **Lachszuchtanstalt**, die am *Sliammon Creek* nordöstlich des Ortes liegt.

Diese Lachszuchtanstalt ist erreichbar über die **Klahanie Road**, die vom Highway 101 nach Osten abzweigt.

Die beste Zeit für einen Besuch sind die Monate Oktober und November.

☎ 604-483-4111

AYJOOMIXW TOURS

Wer sich intensiver mit dem Leben und Arbeiten der Sliammon beschäftigen möchte, kann an verschiedenen, hochinteressanten Touren der First Nations teilnehmen.

✉ 2 Sliammon Road
☎ 604-483-3532
✉ katrin@ayjoomixw.com
www.earthfoot.org/places/ca009.htm

POWELL RIVER
HISTORIC TOWNSITE

Nördlich der „neuen“ Stadt Powell River findet man die besonders eindrucksvolle **Historic Town of Powell River**. Bei einem Bummel durch die Stadt mit über 400 historischen Gebäuden kann man sich von der professionellen Stadtplanung der Kanadier Anfang des 20. Jahrhunderts überzeugen. Der Plan für die Stadt war bereits 1909 fertiggestellt. Mit dem Bau der „alten“ Stadt wurden 1910 begonnen, man errichtete Block für Block und bis zu sieben Häuser gleichzeitig, je nach Wirtschaftslage der *Powell River Company Mill*, der ersten Zeitungspapierfabrik West-Kanadas. Beendet wurden die Bauarbeiten 1930.

In der **Historic Town** steht auch das älteste, seit 1913 in Betrieb befindliche Filmtheater Kanadas, das **Patricia Theatre**. Es steht an der Marine Ave / Ecke Ash Ave und ist im spanischen Renaissance-Stil erbaut. Wer sich im eleganten Theater eine Film- oder Theateraufführung ansehen möchte, kann sich den aktuellen Spielplan ansehen:

www.patriciatheatre.com

Historic Powell River - Patricia Theatre

Historic Powell River - Court House

Viele weitere historische Gebäude, wie z. B. die **St. Joseph's Roman Catholic Church**, erbaut 1916, die **St. John's Protestant Church**, **St. Luke's Hospital**, beide erbaut 1913, stehen in der Old Town. Die meisten Gebäude wurden von Scot John McIntyre entworfen, der von 1919 bis 1931 Bürgermeister der Stadt war. Die Historic Town war 1995 zum *National Historic District of Canada* erklärt worden, von denen es nur sieben im kanadischen Westen gibt.

In der Visitor Information Powell River können Sie sich Pläne für einen Rundgang besorgen. Im Juli und August werden mittwochs und samstags geführte Touren angeboten. Jedoch auch ohne Führung lohnt ein Bummel durch die Historic Town, einen Plan können Sie sich vorab ausdrucken:

www.powellrivertownsite.com/Townsite_Walking_Tour.pdf

TOURIST INFORMATION POWELL RIVER

5865 Ash Street
604-483-3901
thetownsite@shaw.ca
www.powellrivertownsite.com

POWELL RIVER

	Lund	231 km
	Pender Harbour	112 km
	Saltery Bay Fähranleger	14 km
	Powell River	13.338
	Januar	+ 2° C
	Juli	+ 17° C
	Meereshöhe	121 m

Die Stadt **Powell River** liegt im Norden der Sunshine Coast am gleichnamigen, zweitkürzesten Fluss (500 m) der Welt. Der kürzeste Fluss liegt übrigens nur rund 1.500 km weiter südöstlich im US-Bundesstaat Montana. Hier entspringt der **Roe River**, immerhin stolze 61 m lang.

In Powell River gibt es einen regelmäßigen Fährverkehr der **BC Ferries** mit Vancouver Island und Texada Island. Die Stadt ist das wichtigste Versorgungszentrum im nördlichen Bereich der Sunshine Coast und bietet alle Annehmlichkeiten einer Großstadt. Östlich der Stadt blickt man auf die Bergriesen der *Coast Mountains* mit schroffen Felswänden, im Westen über die *Strait of Georgia* auf Vancouver Island. Mit etwas Glück kann man vor der Küste Meeresbewohner erspähen.

Die Stadt bekam anlässlich ihrer 50jährigen Unabhängigkeit am 15. Oktober 2005 Stadtrechte. Ursprünglich wurde Powell River als Standort der weltgrößten Zellstoff- und Papiermühle gegründet.

Powell River – Totems

Schon seit Menschengedenken waren die Bewohner der Region die Tla'Amin (Sliammon) First Nations, deren Nachkommen auch noch heute nördlich von Powell River ansässig sind und die Kultur ihrer Vorfahren weiterführen.

Powell River ist nach Dr. Israel Wood Powell benannt, der während des Cariboo Goldrauschs 1872 von Wales nach British Columbia kam. Er war von 1872 bis 1879 Superintendent für indianische Angelegenheiten und maßgeblich beteiligt am Beitritt BCs 1871 zum Staatenbündnis Kanada.

Die Stadt und die seenreiche Umgebung bieten ideale Bedingungen für allerlei Outdoor-Aktivitäten. Es finden **Events** und **Festivals** statt, was zahlreiche Besucher anlockt.

Besucher, die die Insel **Texada Island** (▶ Seite 430) besuchen wollen, die zwischen Powell River und Vancouver Island liegt, starten ihren Trip per Fähre ab Powell River.

Nervenkitzel pur bieten bis zu 600 m hohe Kletterfelsen, die man in den letzten Jahren entdeckte und wo Kletterrouten unterschiedlicher Schwierigkeitsgrade vorgefunden werden. Drei Kletterfelsen liegen in der Nähe der Stadt, weitere mit erheblich schwierigeren Routen befinden sich im **Eldred River Valley** südöstlich von Powell River. Erreichbar ist das Eldred River Valley ab **Lang Bay**, 16 km südlich von Powell River über schlechte Logging Roads (nur Allradfahrzeuge). Informationen hierüber erhalten Sie in der Visitor Information. Dort gibt es auch einen Routen-Führer der lokalen Kletterkünstler.

www.roughlife.com/rockclimbing/rock_climbing pr.htm#elfred

RM

VISITOR INFORMATION

111 - 4871 Joyce Avenue
604-485-4701 oder
1-877-817-8669 (gebührenfrei)
September bis Juni:
Montag bis Freitag von 9-17 Uhr,
Juli und August täglich von 9-17 Uhr
info@discoverpowellriver.com
www.discoverpowellriver.com

SEHENSWÜRDIGKEITEN

POWELL RIVER HISTORIC TOWNSITE

Beschreibung ▶ Seite 392

INLAND LAKE PROVINCIAL PARK

Nordöstlich von Powell River liegt der bei Wassersportlern beliebte **Inland Lake Provincial Park**. Er war bis 1997 eine Forest Recreation Area. Die Zufahrt zum Park ist ab Powell River über die Cranberry Lake Road, Haslam Street und weiter auf der Inland Lake Road Richtung Haywire Bay. Diese Strecke ist teilweise eine Gravelroad.

Im Park befinden sich ein Picknickplatz, eine Bootsanlegestelle und ein sehr kleiner Strand. Wildniszelten ist auch außerhalb des Campgrounds gestattet. Der **Inland Lake Trail**, der auch gerne von Radfahrern genutzt wird, ist barrierefrei und für Rollstuhlfahrer geeignet. Er wurde von der *Modal Community Society* angelegt. Entlang dieses Trails stehen in den Sommermonaten für Behinderte und deren Begleitung drei Cabins (je 2 Personen) als Übernachtungsmöglichkeit zur Verfügung. Buchungen sind in der Powell River Visitor Information möglich.

604-485-4701
Service von Mitte Mai bis Mitte September, für Zelter ganzjährig nutzbar
22 nein CAD 16
ja CAD 5 pro Person (ab 19 J.)
Kanu- und Kajakfahren, Fischen, Schwimmen, Wandern
www.env.gov.bc.ca/bcparks/explore/parkpgs/inland_lk

WANDERMÖGLICHKEITEN

Inland Lake Trail

Entlang des Trails sind acht Picknickplätze eingerichtet.

Parkplatz
4-5 Stunden
leicht, der Trail ist barrierefrei
13 km, mehrere Zugänge zum See
minimal

Anthony Lake und Anthony Island

Campground
leicht
6 km, zum Anthony Island führt eine Brücke
3

DUCK LAKE PROVINCIAL PARK

Der kleine **Duck Lake Provincial Park** östlich von Powell River ist ein Schutzgebiet für viele Vogelarten. In diesem Gebiet gibt es insgesamt über 9 km gut ausgeschilderte Wander- und Radwege. Die Zufahrt zum See (Duck Lake Road) zweigt südlich von Powell River vom Highway 101 nach Osten ab.

ganzjährig
Wandern, Fischen, Schwimmen, Kanufahren, Vogelbeobachtung
www.env.gov.bc.ca/bcparks/explore/parkpgs/duck_lk

CATALYST PAPER MILL TOURS

Bereits seit 1912 ist ein wichtiger Wirt-

RM

schaftsfaktor des nördlichen Teils der Sunshine Coast der Betrieb dieser Papiermühle. Sie produziert mit etwa 450 Beschäftigten hauptsächlich Spezialpapiere, die für Kataloge, Magazine, Flyer uvm. Verwendung finden und Zeitungspapiere für Tages- und Wochenzeitungen. Besucher können im Sommer an geführten Touren durch die Anlage teilnehmen. Bitte wenden Sie sich bei Interesse an die Visitor Information Powell River. Kinder müssen älter als 12 Jahre und in Begleitung eines Erwachsenen sein. Festes Schuhwerk wird empfohlen.

POWELL RIVER MUSEUM

Das Museum führt Besucher zurück in die vergangenen Zeiten der Stadt und der Sunshine Coast und informiert über die Geschichte der lokalen First Nations. Weitere Schwerpunkte der Ausstellung sind die Forstwirtschaft und die frühen Jahre der Papiermühle. Wichtige Persönlichkeiten des Ortes werden vorgestellt und im Museumsshop können Bücher über die lokale Geschichte und Kunstgegenstände als Erinnerung erworben werden.

- 4798 Marine Avenue
- 604-485-2222
- Juni bis Anfang September täglich von 9-16:30 Uhr, Anfang September bis Juni Montag bis Freitag von 9-16:30 Uhr
- Erwachsene: CAD 2, Kinder (6-12 J.): CAD 1
- museum@powellrivermuseum.ca
- www.powellrivermuseum.ca

WANDERMÖGLICHKEITEN

Willingdon Beach Trail

Der Trail war ursprünglich Teil einer Eisenbahnstrecke der *Michigan-Puget Sound Logging Company Railway* zwischen dem Powell Lake und dem Pazifik. Als die Papiermühle 1910 gebaut wurde, verlängerte man die Bahnstrecke bis zur Papiermühle, Endstation war Michigan's Landing. 1926, acht Jahre nachdem die Abholzung beendet wurde, wurden die Schienen abgebaut und ein Trail angelegt. Man nannte **Michigan's Landing** um in **Willingdon Beach** nach **Lord Willingdon**, der von 1926 bis 1931 General-Gouverneur von Kanada war.

- nördlich vom Powell River Museum
- 30 Minuten
- einfach
- 1,2 km (einfache Strecke)

Tin Hat Mountain

- Tin Hat Mountain Road Parkplatz; Zufahrt über Goat Lake Main Road südlich von Powell River (beides schlechte Logging Roads mit Fahrzeitbeschränkungen)
- 4 Stunden
- mittel
- 10 km
- 750 m

UNTERKÜNFTE

Island View Lodge

- 6255 Marine Avenue
- 604-483-3113 oder 1-877-483-3111 (gebührenfrei)
- ★ bis ★★
- www.islandviewlodge.ca

Powell River Town Centre Hotel

- 4660 Joyce Avenue
- 604-485-3000 oder 1-866-485-3001 (gebührenfrei)
- ★★
- www.prtowncentrehotel.com

Marland Motel

- 7156 Thunderbay Street (Highway 101)
- 604-485-4435 oder 1-888-302-3888 (gebührenfrei)
- ★ bis ★★
- www.marlandmotel.com

Westview Centre Motel
4534 Marine Avenue
604-485-4023
1-877-485-4023 (gebührenfrei)
★ bis ★★
www.westviewcentremotel.com

Willingdon Beach Municipal Campsite
4845 Marine Avenue
604-485-2242
ganzjährig
81, alle Anschlussmöglichkeiten ja
ab CAD 22 ja
www.willingdonbeach.ca

Garnet Rock Ocean Front Park
8425 Highway 101,
6 km südlich von Powell River
604-487-9535
ganzjährig
24, alle Anschlussmöglichkeiten
ab CAD 20
www.garnetrockrv.com

Seabreeze Resort
10975 Highway 101,
südlich von Powell River
604-437-9534 oder
1-888-771-7776 (gebührenfrei)
Mai bis Oktober
Wasser- und Stromanschluss möglich
ab CAD 15
Cottages
★★ bis ★★★
seabreezeresort@shaw.ca
www.seabreezeresortbc.com

P SALTERY BAY PROVINCIAL PP

Ein sehr schöner, inmitten uralter Bäume liegender Übernachtungsplatz ist der Campground des **Saltery Bay Provincial Parks**, der sich 27 km südlich von Powell River befindet. Anfang des 20. Jahrhunderts war in der Nähe eine Fischsalzerei (*fish saltery*), nach ihr wurde der Park benannt.

Der Park befindet sich nur einen Kilometer nördlich vom **Fähranleger Saltery Bay** am *Jervis Inlet*. Etwa 1,5 km vor der Abfahrt zum Campground zweigt eine Stichstraße zum Picknickplatz des Parks ab, hier befinden sich auch ein Badestrand und eine Bootsanlegestelle. Der Strand ist größtenteils felsig mit kleineren Sandabschnitten.

Vom Campground führen Wege zur idyllischen **Mermaid Bucht** mit herrlichem Ausblick. Nicht selten tummeln sich Orcas und Seelöwen in Sichtweite. Taucher können vor der Bucht das Unterwasserleben, Schiffswracks und einige Unterwasserhöhlen erforschen und die **Mermaid-Statue** „besuchen", was sich bei Tauchern auf der ganzen Welt herumgesprochen hat und jährlich zahlreiche Unterwasserfans anzieht.

ganzjährig, Service von Mitte Mai bis Mitte September
42 ja ja (CAD 5)
CAD 16
Schwimmen, Tauchen, Fischen, Kanu- und Kajakfahren, Wandern
www.env.gov.bc.ca/bcparks/explore/parkpgs/saltery

EGMONT

Die kleine Ortschaft **Egmont** liegt idyllisch am Nordende des Sechelt Inlet an der *Secret Bay* nur 6 km östlich vom **Fähranleger Earls Cove**. Der Ort hat einen modernen Jachthafen mit Anlegeplätzen für Jachten und Boote, da viele Besucher auf dem Wasserweg über das Jervis und Sechelt Inlet nach Egmont kommen. Es können Bootstouren und Besichtigungstouren zu den umliegenden und nicht einfach erreichbaren Naturphänomenen (Wasserfälle, Stromschnellen) gebucht

Saltery Bay Provincial Park

werden. Auch Wasserflugzeug-Touren werden angeboten. Benannt wurde der Ort nach der *HMS Egmont*, die unter dem britischen Admiral John Jervis an der Schlacht von Kap St. Vincent am 14. Februar 1797 teilnahm. Ein kleiner, gut bestückter General Store (*Bathgate General Store*) versorgt Besucher und die Bevölkerung mit allem Notwendigen.

SEHENSWÜRDIGKEITEN

CHATTERBOX FALLS UND MACDONALD ISLAND

Die spektakulären, 40 m hohen **Chatterbox Falls** liegen am Nordende des 8 km langen **Princess Louisa Inlets** am Ende des Jervis Inlets. Das Südende des Princess Louisa Inlets markieren die **Malibu Stromschnellen** (*Rapids*), die mit besonderer Vorsicht befahren werden müssen. Die Chatterbox Falls am Ende des Princess Louisa Inlets gelegen sind Teil des 1965 gegründeten **Princess Louisa Marina Provincial Parks**. Der Park ist nur per Boot, Kajak, Kanu oder Wasserflugzeug ab der Strait of Georgia über den Seitenarm Jervis Inlet erreichbar. Auf der Boots-Tour vom westlichen Teil des Parks zu den Chatterbox Falls kommt man noch an weiteren pittoresken Wasserfällen vorbei. Am Fuß der Chatterbox Falls befindet sich eine Aussichtsplattform. Eine überdachte Picknickhütte im Stil eines Tipis mit Feuerstelle befindet sich ebenfalls bei den Chatterbox Falls.

Flussaufwärts steigen die Granitfelswände bis auf über 2.000 m an, Gletscher bedecken die Berggipfel und im Sommer rauschen durch die Schneeschmelze zahlreiche weitere imposante Wasserfälle in die Tiefe.

Inmitten des Princess Louisa Inlets liegt die kleine Insel **MacDonald Island** (auch: *Hamilton Island*).

- ganzjährig
- MacDonald Island 6, Chatterbox Falls 4

- Tauchen, Kanu- und Kajakfahren, Wandern
- www.env.gov.bc.ca/bcparks/explore/parkpgs/princess_louisa

Wer sich auf eine einfachere Art und Weise dieses Kleinod der Natur ansehen und die fantastische Bergwelt, verträumt liegende Buchten und die Tierwelt weitab der bewohnten Gegenden erleben möchte, kann eine 7-stündige Tageskreuzfahrt mit der *MV Malibu Princess* unternehmen.

- 6545 Maple Road, Egmont
- 604-883-2003
- in den Sommermonaten
- CAD 16
- www.malibuyachts.com

P SHOOKUMCHUCK NARROWS PP

Am nördlichen Ende von Sechelt Peninsula erreicht man über einen vier Kilometer langen Wanderweg ab Egmont den 1957 gegründeten **Shookumchuck Narrows Provincial Park**. „**Skookumchuck**" bedeutet in der Chinook-Sprache *„turbulentes Wasser"* oder *„schneller, stürzender Bach"*. Die Wasserstände an den beiden Seiten der Stromschnellen können bis zu zwei Meter differieren und die Wassergeschwindigkeit kann mehr als 30 km/h überschreiten. Es sind die größten Binnensalzwasserstromschnellen in Nordamerika, ihre spektakulären Strudel und Wildwasser sind sehr berühmt.

Zum Parkplatz am Beginn des Wanderwegs kommt man über **Earls Cove** und weiter auf der Egmont Road Richtung Osten. **Achtung:** Schwimmen ist wegen der gefährlichen Strömungen und Strudel nicht erlaubt.

- ganzjährig
- Kanu- und Kajakfahren (Achtung: Tide beachten)
- www.env.gov.bc.ca/bcparks/explore/parkpgs/skook_narrows

Madeira Park - Sporthafen

WANDERMÖGLICHKEIT
ROLAND POINT Trail

⇔ 4 km (einfache Strecke)
ca. 1 Stunde
leicht

PENDER HARBOUR

	Powell River	55 km
	Sechelt	31 km
	Earls Cove Fähranleger	23 km
	Pender Harbour	ca. 3.000
	Januar	+ 2° C
	Juli	+ 22° C
	Meereshöhe	Sealevel

Pender Harbour, das auch *„Venedig des Nordens"* genannt wird, umfasst die kleinen Ortschaften Garden Bay, Irvines Landing, Kleindale, Hospital Bay und Madeira Park.

Pender Harbour war ehemals ein Winterquartier der Sechelt First Nations heute ist es beliebt bei Wassersportlern und Wanderern, die hier einen schier endlos scheinenden Küstenbereich, viele Seen und die nahe liegenden Ausläufer der Coast Mountains vorfinden.

Besonders hervorzuheben ist das **historische Irvines Landing**, benannt nach Charles Irving, der hier im Jahre 1865 einen Handelsposten errichtete. Irvines Landing liegt einige Kilometer westlich vom Highway 101 am Pender Harbour.

In **Madeira Park** finden Sie neben den wichtigsten Versorgungseinrichtungen den kleinen **Whetland Park**, der sich für einen kurzen Spaziergang eignet. Die netten Ortschaften **Garden Bay** und **Hospital Bay** bieten faszinierende Strände und einen geschäftigen Jachthafen mit kleinen Cafés, gemütlichen Restaurants und einem General Store.

VISITOR INFORMATION IN MADEIRA PARK

12895 Madeira Park Road
604-883-2561
Juli und August täglich von 9-17 Uhr
www.penderharbour.ca

WANDERMÖGLICHKEITEN

Pender Hill (231 m)
über die Garden Bay Road und Irvines Landing Road zur Lee Road und Beginn des Trails
1 Stunde
mittel
3 km Gesamtlänge
230 m

Mount Daniel
Westlich vom Highway 101 über die Garden Bay Road (ca. 3,5 km) zum Beginn des Trails
1,5 Stunden
moderat, steil
8 km Gesamtlänge
419 m

UNTERKÜNFTE

Pender Harbour Resort
4686 Sinclair Bay Road, Irvine Landing
604-883-2424
Zimmer: ★ bis ★★
Chalets (z.B. 6 Pers.): ★★★
Yurts: ★★
13
ab CAD 29
info@phrm.ca
www.penderharbourresort.com

Pender Harbour Hotel
12671 Sunshine Coast Highway, Madeira Park
604-883-9013
★★ bis ★★★
www.penderharbourhotel.com

Sunshine Coast Resort
12695 Sunshine Coast Highway, Madeira Park
604-883-9177 oder
1-888-883-9177 (gebührenfrei)
★★ bis ★★★
vacation@sunshinecoast-resort.com
www.sunshinecoast-resort.com

Sundowner Inn
4339 Garden Bay Road, Garden Bay
604-883-9676 oder
1- 888-288-8780 (gebührenfrei)
★★
info@sundowner-inn.com
www.sundowner-inn.com

Fisherman‘s Resort
4890 Pool Road, Garden Bay
604-883-2336
Cabins: ★★
Stellplätze ab CAD 35, nur bis 29 ft
fishermans@dccnet.com
www.fishermansresortmarina.com

Mount Daniel Resort
12881 Sunshine Coast Highway, Madeira Park
604-883-9569 oder
1-877-887-0688 (gebührenfrei)
★★★
info@mtdanielwaterfrontresort.com
mtdanielwaterfrontresort.com

SMUGGLER COVE MARINE PP

An der Südseite von Sechelt Peninsula nahe *Secret Cove* am südlichen Ende der Malaspina Strait liegt der **Smuggler Cove Marine Provincial Park**. Der Park ist per Boot oder über eine vier Kilometer lange Wanderung vom Parkplatz Smuggler Cove vom Highway 101 erreichbar. Die Zufahrt *Brooks Road* zum Parkplatz zweigt zwischen den Ortschaften Secret

Cove und Halfmoon Bay vom Highway 101 nach Süden ab. Im Park stehen bezeichnete Zeltplätze zur Verfügung.

In der kleinen Bucht leben viele Biber. Sie haben mit viel Mühe erstaunliche Dämme errichtet. In den Feuchtgebieten des Parks gedeihen unterschiedlichste Pflanzenarten und sie sind Heimat sehr vieler Vogelarten. Daher ist es zum Schutz der Tiere wichtig, bei Wanderungen unbedingt auf den Wegen zu bleiben und Hunde nicht frei laufen lassen.

Bitte beachten Sie: Zum Zeitpunkt der Drucklegung war der Trail teilweise wegen Überflutung gesperrt, bitte informieren Sie sich über die Internetseite oder in einer Visitor Information über den Zustand des Trails, wenn Sie den Park besuchen möchten.

- ganzjährig
- ja
- Kanu- und Kajakfahren, Wandern, Schwimmen, Tauchen
- www.env.gov.bc.ca/bcparks/explore/parkpgs/smuggler

HALFMOON BAY

Auch **Halfmoon Bay**, nördlich von Sechelt an der Strait of Georgia gelegen, ist ein beliebter Touristenort. Man erreicht ihn über die *Redrooff Road*, die vom Highway 101 nach Westen abzweigt.

In früheren Zeiten war Halfmoon Bay von den Shishalh (Sechelt) Nations bewohnt, einem Stamm der Coast Salish. Die ersten europäischen Eroberer waren im späten 18. Jahrhundert die Spanier Captain Galiano, Captain Valdes und der Brite Captain Vancouver. Für die Versorgung gibt es im Ort den **Halfmoon Bay Heritage General Store** mit Poststelle und Liquor Store. Lokale Kunst kann in kleinen Galerien erworben werden. Wenn Sie Zeit und Lust haben, machen Sie einen kurzen Spaziergang durch eine nette Parkanlage am Strand von Halfmoon Bay.

Gegenüber der Bay liegt die kleine Insel **Thormanby Island** mit schönen Stränden. Auf die Insel kommt man per Boot oder per Wassertaxi ab **Secret Cove**, das einige Kilometer nördlich von Halfmoon Bay liegt.

UNTERKÜNFTE

Halfmoon Haven Beachfront Retreat
- 8505 Redrooff Road
- 604-740-5720
- ★★★
- info@halfmoonhaven.com
- www.halfmoonhaven.com

Rockwater Secret Cove Resort
- 5356 Ole's Cove Road
- 604-885-7038 oder 1-877-296-4593 (gebührenfrei)
- ★★★
- www.rockwatersecretcoveresort.com

SARGEANT BAY PP

Ein besonderes Highlight für Naturfreunde ist der **Sargeant Bay Provincial Park** mit Picknickplatz (Rasenfläche) und Badestrand westlich von Sechelt. Das Sumpfgebiet des Parks ist Naturschutzgebiet, das die verschiedenartigen Uferzonen des Ozeans und die darin lebenden Vogelarten zeigt. Das Sumpfgebiet ist auch Zwischenstopp von vielen Wasservögeln wie Trompeterschwänen, Kanadagänsen und Wildenten bei ihrer Reise gen Süden oder Norden. Eine weitere Besonderheit

Halfmoon Bay – im Park

des Parks sind der wunderschöne **Beaver Pond** und **Colvin Lake**. Über eine Fischleiter erreichen Lachse den Colvin Creek und Colvin Lake im Park.

Die Zufahrt zum Park über die *Redrooff Road* zweigt 8 km westlich von Sechelt vom Highway nach Süden ab.

- ganzjährig
- Schwimmen, Kanu- und Kajakfahren, Surfen, Wandern, Vogelbeobachtung
- www.env.gov.bc.ca/bcparks/explore/parkpgs/sargeant

WANDERMÖGLICHKEITEN

Colvin Creek Trail

- Parkplatz
- leicht
- 1 km (einfache Strecke)

Sargeants Bay Trail

- Parkplatz
- leicht
- 300 m (einf. Strecke) zu einer Fischleiter

Triangle Lake Trail

- Parkplatz, Trailbeginn 100 m nach der Parkgrenze
- 3,5 km (einfache Strecke)
- 165 m
- leicht bis moderat

SECHELT

	Pender Harbour	31 km
	Gibsons	27 km
	Langdale Fähranleger	32 km
	Sechelt	9.164
	Januar	+ 4° C
	Juli	+ 18° C
	Meereshöhe	8 m

Sechelt ist die wichtigste und größte Stadt im Süden der Sunshine Coast auf dem schmalen Landstrich zwischen der *Strait of Georgia* und dem *Sechelt Inlet*. Die Stadt ist, wie die meisten Ortschaften an der Sunshine Coast, durch ihre

Lage und die milden Winter- und warmen Sommertemperaturen besonders attraktiv für alle Outdoor-Freunde. Erreichbar ist Sechelt wie alle Ortschaften entlang der Sunshine Coast nur per Wasserflugzeug, Boot oder Fähre. In der Stadt findet man schöne Parkanlagen und Strandabschnitte. Die **Davis Bay** südlich von Sechelt ist mit drei Kilometern Länge einer der beliebtesten Strandabschnitte der Küste.

Sechelt wurde nach den ersten Bewohnern, den Sechelt (Shishalh) Nations, benannt. Der Name Sechelt bedeutet *„Land zwischen zwei Wassern"*. Bei einem Bummel über die Strandpromenade kommt man an 12 Totempfählen der Natives vorbei. Die Sechelt Indian Band war die erste in Kanada, die 1986 ihre Selbstverwaltung erhielt.

Die Besiedelung durch Weiße begann, als der britische Ingenieur John Scales Mitte des 19. Jahrhunderts Land kaufte, das er aber nie nutzte, sondern an Thomas John und Sarah Cook weiterverkaufte, sie gelten daher als die ersten weißen Siedler.

Alljährlich findet in der *historischen Rockwood Lodge* Mitte August das populäre **Festival of the Written Arts** statt, ein Literaturfestival, bei dem viele bekannte Autoren Lesungen abhalten.

www.writersfestival.ca

Ein weiteres ebenfalls jährliches Event ist das **Festival Of Arts**, das Ende Juli / Anfang August mit Zeichen-Workshops, Tanz, Theater, Musikdarbietungen und Ausstellungen die Besucher unterhält.

Auch Liebhaber der Country Music kommen hier auf ihre Kosten, wenn im Juli das **Sunshine Coast Country Music Festival** (Sunfest) steigt, das zu den unterhaltsamsten und größten Festen im Bereich der Sunshine Coast zählt.

Man findet in Sechelt alle wichtigen

Sechelt

RM

Versorgungseinrichtungen. Die wichtigsten Einnahmequellen der Stadt sind die Forst- und Fischereiwirtschaft und der Tourismus.

VISITOR INFORMATION

5790 Teredo Street
604-885-1036
Juli und August täglich von 9-17 Uhr, sonst Montag bis Samstag Kernöffnungszeiten 10-16 Uhr
www.secheltvisitorinfo.com

SEHENSWÜRDIGKEIT

HOUSE OF HEWHIWUS

Das **House of Hewhiwus** ist das Verwaltungszentrum der Sechelt Nations. Es beherbergt das **Tems Swiya Museum** (our world) mit vielen Ausstellungsstücken und Informationen über die reichhaltige Geschichte und Kultur der First Nations und das **Raven's Cry Theatre**, in dem verschiedene Aufführungen stattfinden. Über das aktuelle Programm (Konzerte, Musicals, Theaterstücke und Filmvorführungen) informieren Sie sich bitte vor Ort oder auf der Internetseite des Theaters

www.ravenscrytheatre.com.

Erinnerungsstücke und Kunst der First Nations können im **Tsain-ko Souvenir-Shop er**worben werden.

5555 - Highway 101
Museum: 604-885-8991
Gift Shop: 604-885-4592
Juli und August Kernöffnungszeiten täglich von 9-16 Uhr, sonst: 10-17:30 Uhr
Es wird um eine Spende gebeten
www.tsainkogifts.com

UNTERKÜNFTE

Driftwood Inn
5454 Trail Avenue
604-885-5811
★★ bis ★★★
www.driftwoodmotorinn.com

Absolute Heaven Oceanfront Suites
6471 Sunshine Coast Highway
604-885-3241 oder
1-877-885-3241 (gebührenfrei)
★★★
dhpenn@telus.net
www.absoluteheavenbb.com

The Upper Deck Guesthouse & Hostel
5653 Wharf Road
604-885-5822
ganzjährig
★
info@secheltaccommodation.com
www.secheltaccommodation.com

Bayside Campground & RV Park
6040 Sechelt Inlet Road
1-877-885-7444 (gebührenfrei)
Mai bis Oktober
46, alle Anschlussmöglichkeiten ja
ab CAD 27
www.baysidecampground.com

Creekside Campground & RV Park
4314 Sunshine Coast Highway
1-800-565-9222
ganzjährig
38, alle Anschlussmöglichkeiten ja
ab CAD 27
www.baysidecampground.com

PORPOISE BAY PP

Am Südende des Sechelt Inlet, das durch eine schmale Landzunge von der Strait of Georgia getrennt ist, liegt der besonders bei Familien beliebte **Porpoise Pro-**

vincial Park. Im Park findet man neben dichtem Regen- und Mischwald auch wunderschöne bunte Wiesen. Erreichbar ist der Park über die 4,5 km lange *Sechelt Inlet Road* vom Highway 101. Ein Picknickplatz mit Badestrand befindet sich an der Porpoise Bay, Duschen und Spielplätze auf dem Campground und am Badestrand.

In den Monaten Juli und August wird eine Reservierung empfohlen.

- ganzjährig, Service von Mitte April bis Mitte September
- 84 ja
- CAD 25
- 10
- CAD 11
- Schwimmen, Kanu- und Kajakfahren, Fischen, Paddeln
- www.env.gov.bc.ca/bcparks/explore/parkpgs/porpoise

P ROBERTS CREEK PP

Südlich von Sechelt liegt der **Roberts Creek Provincial Park** zu beiden Seiten des Highway 101.

Der Campground des Parks wurde 1954 gegründet und hat weiträumige Stellplätze mit hohem, altem Baumbestand in Highwaynähe. Etwa 2 Kilometer südlich zweigt die *Flume Road* zu einem idyllischen Picknickplatz mit Badestrand ab, dieser wurde bereits 1947 angelegt. Der Strand ist teils steinig, teils mit Gras bewachsen. Mit Glück können Sie Robben oder Wale beobachten, die sich gerne in den Gewässern vor der Küste aufhalten.

Der Name des Parks geht auf den Engländer Will Roberts zurück, der sich 1889 an der Mündung des Roberts Creek mit seinen Eltern und zwei Schwestern ansiedelte. Sie lebten von der Fischerei, der Jagd und dem Gartenbau, bewirtschafteten den ersten Verkaufsladen und die Poststation in Roberts Creek. Beides war der Grundstein für weitere Familien, die sich nach und nach hier ansiedelten. Um 1912 war der Ort bereits bei Touristen aus Vancouver bekannt, die mit dem Dampfer der *Union Steam Ship Company*, der im Sommer täglich die Küstengebiete mit Vancouver verband, anreisten. Die Union Steam Ship Company verband von 1889 bis 1959 die Küstenorte der Sunshine Coast mit der „Welt".

Vom Campground führt ein etwa 1,5 km langer Wanderweg (*Park Avenue*) zum Strand und von hier kommt man über einen Verbindungsweg zum Picknickplatz.

- Mitte Mai bis Mitte September
- 21 nein ja (CAD 5)
- CAD 16
- Schwimmen, Fischen, Relaxen
- www.env.gov.bc.ca/bcparks/explore/parkpgs/roberts_crk#

GIBSONS

	Sechelt	27 km
	Langdale Fähranleger	5 km
	Gibsons	4.448
	Januar	+ 4° C
	Juli	+ 17° C
	Meereshöhe	34 m

Am südlichen Ende der kanadischen Sunshine Coast am Ende des *Howe Sound* liegt die Touristenstadt **Gibsons**, sie wird auch *„Gateway to the Sunshine Coast"* genannt und wie die meisten Städte entlang der Sunshine Coast, besonders gerne von Wassersport- und Wanderfreunden besucht.

Die ersten Bewohner der Gegend waren die Squamish First Nations, eine Gruppe der Coast Salish.

Die ersten Weißen waren George William Gibson und dessen Söhne. Sie siedelten sich 1886 auf dem Gebiet des heutigen Lower Gibsons an und betrieben Forst- und Fischereiwirtschaft, dies waren die wichtigsten Einnahmequellen der früheren Zeit. Heute ist der Tourismus der wichtigste Wirtschaftsfaktor. Zu Ehren des Pioniers wurde der Ort seiner Ansiedlung 1907 **Gibsons Landing** benannt, 1947 schließlich in Gibsons umbenannt. Gibsons hat zwei Stadtbereiche:

Upper Gibsons, hier gibt es Shopping Malls, Restaurants, verschiedenen Firmen, die sich auf Dienstleistungen spezialisiert haben und viele weitere Unternehmen.

Lower Gibsons, das malerische alte Fischerdorf mit Gibsons Hafen und einer Seepromenade, wo es wesentlich gemütlicher zugeht und kleine Cafés, Geschäfte und Bäckereien angesiedelt sind. Wenn Sie noch etwas Zeit am Ende Ihrer Reise haben, sollten Sie einen Bummel durch das **Historic Gibsons Landing** in Lower Gibsons machen.

Wer gerne einen Blick aus der Vogelperspektive auf die Stadt und Umgebung werfen möchte, sollte zu einem Picknick auf den **Soames Hill** wandern und den Ausblick genießen.

In Gibsons sind alle Versorgungseinrichtungen vorhanden.

VISITOR INFORMATION

✉ 417 Marine Drive
☎ 604-886-2374 oder
1-866-222-3806 (gebührenfrei)

Unterwegs auf dem Sunshine Coast Highway

Juli und August täglich von 9-17 Uhr, sonst Dienstag bis Samstag von 9-13 und 14-16 Uhr
www.gibsonsbc.ca

SUNSHINE COAST MUSEUM

Das Museum erzählt die Geschichte der Gegend. Angefangen beim Entdecker Captain George Vancouver, den Zeiten, als die Dampfschiffe die einzige Verbindung mit dem Rest der Welt waren, bis zum harten Alltag der ersten Siedler Ende des 19. Jahrhunderts. Es ist ein Modell eines typischen Dorfes der Coast Salish zu bewundern. Zahlreiche Gegenstände der Forstwirtschaft und des Alltags der frühen Siedler sind ausgestellt. Daneben hält das Archiv zahlreiche Dokumente und Fotografien bereit, die Einblick in das frühe Leben der Menschen geben.

716 Winn Road
604-886-8232
Dienstag bis Samstag von 10:30-16:30 Uhr
scm_a@dccnet.com
www.sunshinecoastmuseum.ca

WANDERMÖGLICHKEIT

Soamers Hill Trail

Richtung Langdale BC Ferry, weiter auf der Chamberlin Road und Bridgeman Road
1 Stunde
steil, viele Stufen
2 km (Gesamtlänge)

UNTERKÜNFTE

Cedars Inn Hotel
895 Gibsons Way
604-886-3008 oder 1-888-774-7044 (gebührenfrei)
★★
www.thecedarsinn.com

Ritz Inn (Gibsons)
505 Gower Point Road
604-886-3343 oder 1-800-649-1138 (gebührenfrei)
★★
www.ritzinn.com

Sunshine Lodge
679 North Road
604-886-3321
★★
monicapark709@hotmail.com
www.sunshinelodge.com

Langdale Heights RV Park & Golf Resort
100 - 2170 Port Mellon Highway
604-886-2182
1-800-234-7138 (gebührenfrei)
55, alle Anschlussmöglichkeiten
ab CAD 30
www.langdaleheights.com

INSELN

CORMORANT ISLAND

Die kleine, nur 4 km lange und etwa einen Kilometer breite Fischerinsel **Cormorant Island,** mit etwa 1.500 Einwohnern inklusive der Native-Reservation, liegt vor der Nordostküste von Vancouver Island zwischen dem *Cormorant Channel* und der *Broughton Strait*. Sie ist traditionell auch heute noch Heimat der Namgis People, die zu den Kwakwaka'wakw First Nations gehören und im Norden Vancouver Islands leben. Sie brachten über viele Jahrtausende ihre Verstorbenen zur letzten Ruhestätte nach Cormorant Island und bewohnten saisonal die Insel. Und es waren die Namgis People, die Kapitän George Vancouver 1792 an der Mündung des Gwa'ni (Namgis, später Nimpkish) River traf, als er die Nordküste des Pazifiks erforschte.

Auf Cormorant Island liegt Vancouver Islands älteste Ortschaft **Alert Bay**, die ein wichtiges Handelszentrum der frühen dauerhaft hier ansässigen Bewohner war. Benannt wurde die Insel nach der *HMS Cormorant*, die um 1846 die Küstenlinie befuhr. Alert Bay bekam seinen Namen vom Kapitän G. H. Richards der königlichen Marine, der auf dem Verteidigungsboot *HMS Alert* um 1858 an der Nordwestküste stationiert war. Die europäische Besiedelung begann nach der Errichtung einer Fischsalzerei 1870. Auch heute ist die Fischereiwirtschaft eine der wichtigsten Erwerbsquellen der Insel.

Auf Cormorant Island ist viel kulturhistorisch Interessantes zu entdecken, und auch für Outdoor-Aktivitäten bietet sich ein Besuch der Insel an. Ein dichtes Trail-Netz führt durch die Insel und entlang der Küstenstreifen.

http://alertbay.ca/map/TrailMap.pdf

In der *Johnstone Strait* im nahe gelegenen **Robson Bight Ecological Reserve** findet man die weltweit größte Dichte von Orcas. In den Gewässern rund um die Insel sind auch Seelöwen, Delfine und Tümmler beheimatet. Whale-Watching Touren werden angeboten, die ideale Zeit für eine solche Tour ist von Mitte Juni bis Mitte Oktober.

Die Insel ist per Wasser- und Kleinflugzeug oder ab Port McNeill per regelmäßigem Fährverkehr zu erreichen.

FÄHRVERBINDUNGEN

Port McNeill nach Alert Bay (Cormorant Island)
45 Min.

Alert Bay nach Sointula (Malcolm Island)
35 Min.

Sointula nach Port McNeill
25 Min.
www.bcferries.com

Auf der Insel bietet auch ein Taxi-Service seine Dienste an. Alle wichtigen Versorgungseinrichtungen sind vorhanden.

ALERT BAY

Alert Bay ist seit 1946 unabhängig und die einzige Ortschaft auf Cormorant Island. Die Stadt ist bekannt für ihre reichhaltige Native-Kunst und Tradition, die höchsten Totempfähle der Welt und einem Friedhof der Namgis People. Er ist allerdings nicht für Besucher geöffnet, von der Straße aus aber gut einsehbar. Im Juli und August bietet die *T'sasala Cultural Group* traditionelle Tanzvorführungen im **Big House** dar. Ende Juli findet auch ein Seefest mit allerlei Unterhaltung für Jung und Alt statt.

Machen Sie eine kurze Wanderung entlang der **Front Street** und genießen Sie die fantastische Sicht oder entdecken Sie die Natur auf dem **Big Tree Loop Trail** im *Ecological Park*, der auch Heimat vieler Vogelarten ist. Entlang des Trails finden Sie 15 Informationstafeln, die für Sie alles Wissenswerte über die Bäume und Pflanzen des Biotops bereithalten. Und wer sich weiter in die Kultur der First Nations vertiefen möchte, kann dies auf einer angebotenen Tour der First Nations tun.

ALERT BAY VISITOR INFO

116 Fir Street
250-974-5024
www.alertbay.ca

SEHENSWÜRDIGKEITEN

BIG HOUSE

Das **Big House** steht am Ende der Park Street und wird von den Namgis First Nations für ihre *Potlach-Zeremonien* benutzt. Für die Öffentlichkeit ist es nur zu den Darbietungen der T'sasala Cultural Group im Juli und August zugänglich. Neben dem Big House steht der welthöchste Totempfahl (53 m) mit 14 „Schnitzepisoden".

Wer die traditionellen Tänze und Gesänge einmal live miterleben möchte, sollte sich im Juli und August einen Tag „Eingeborenen-Geschichte" auf der Insel gönnen.

250-974-5475
Juli und August:
Donnerstag bis Samstag um 13 Uhr
Erwachsene: CAD 15,
Kinder (unter 12 J.): CAD 6
info@tsasala.org
www.tsasala.org

Einige Informationen zu **Totempfählen**: Totempfähle haben oft mehrere Bedeutungen - sie können Geschichten erzählen, gleichzeitig Wappenpfahl sein oder einem Stammesältesten gedenken. Der Bär kann bspw. ein Familienwappen, die Geschichte des Bären oder eine Eigenschaft des Bären abbilden. Manche Pfähle erinnern an einen tapferen Menschen oder denkwürdige Ereignisse, wie zum Beispiel Naturkatastrophen. Es gibt auch Pfähle, die den Eigentümer beschämen und verspotten. Dies kam vor, wenn der Auftraggeber den Pfahl nicht bezahlen wollte oder das Protokoll verletzte. Andere Totempfähle dienen dem Besitzer als Rechtsanspruch auf bestimmte Wappen bzw. Symbole oder stellen die Familienabstammung dar. Ab dem Ende des 19. bis Mitte des 20. Jahrhunderts wurden fast keine Totempfähle mehr errichtet, was vor allem mit Epidemien und der fortschreitenden Missionierung zusammenhing. Beides „eingeimpft" von den europäischen Siedlern. Die Missionare hielten die Totems für heidnische Symbole, verbaten die unbekannte Kunst und zerstörten nicht selten diese für die Ureinwohner so wichtigen Symbole. Das Einsehen kam spät, heute jedoch werden viele Totems restauriert, und die Arbeit an dieser traditionellen Schnitzkunst ist wieder aufgenommen worden. **Übrigens**: Ein Totempfahl wird immer von unten nach oben „gelesen".

ALERT BAY PUBLIC LIBRARY AND MUSEUM

Das Museum, das ehemals die Gemeindeverwaltung und die Feuerwehr beherbergte, wurde im Februar 1959 eröffnet und liegt im Hafenbereich. Es ist zugleich eine Bücherei mit 6.700 Büchern, die den Bewohnern der Insel zur Verfügung kostenlos zur Verfügung stehen. Im Archiv kann man sich auf über 6.000 Fotografien, die größtenteils zur besseren Ansicht digitalisiert wurden, über die Geschichte der Insel ab Ende des 19. Jahrhunderts informieren.

Auch Zeitungen aus den Jahren 1939-1941, 1951 bis 1964 und der lokalen Tageszeitung *North Island Gazette* sind archiviert und für Interessierte zugänglich. Daneben sind wunderschöne Gemälde und Schnitzereien von berühmten Künstlern der Kwawaka'wakw und weitere Objekte der First Nations zu sehen.

✉ Fir Street

🕐 September bis Juni: Montag, Mittwoch, Freitag und Samstag von 13-16 Uhr, Juli und August: Montag bis Samstag von 13-16 Uhr

www alertbay.bclibrary.ca/museum

U'MISTA CULTURAL MUSEUM

Dieses Museum beinhaltet eine der bedeutendsten Sammlungen zu der Kultur und Geschichte der First Nations der Insel und von ganz Vancouver Island. Zahlreiche Gegenstände, die zum **Potlach**, einem „Geschenkefest" mit spirituellen Feierlichkeiten der Natives, bei dem die traditionelle Reihenfolge der Geschenkübergabe genau eingehalten werden musste, sind hier aus Privatbesitz und öffentlichen Sammlungen wieder zusammengetragen worden. Zeremonielle Masken, Ratschen, Pfeifen, Totempfähle, Schnitzarbeiten und viele weitere Ausstellungsstücke beherbergt das Kulturzentrum.

Die **Potlach-Zeremonien** wurden 1884 von der kanadischen Regierung im **„Indian Act"** verboten. Die Weißen meinten, dieses gegenseitige Schenken sei Verschwendung und die Tänze wurden als „heidnische Bräuche" gesehen, die nach Meinung der Kirchen nicht im Sinne der Christianisierung waren. Doch die Potlach-Feste gingen „getarnt" weiter und im Winter 1921 feierten die Namgis das größte bekannte Potlach. Von diesem Fest erfuhr der Vertreter der Indianerbehörde William M. Halliday, er verhaftete und verklagte daraufhin 45 Namgis und man stellte sie vor die Wahl, entweder inhaftiert zu werden oder die Potlach-Masken und Geschenke - sozusagen als Kaution - abzugeben, was die meisten dann auch taten. So verschwanden diese Besitztümer und Halliday verkaufte all die Schätze. Einige Masken landeten in **New York** im *National Museum of the American Indian*, weitere im *Canadian Museum of Civilization* in **Ottawa**, im *Royal Ontario Museum* in **Toronto** und in privaten Sammlungen. 1951 wurde von der Regierung das Potlach-Verbot aufgehoben und Ende der Sechziger Jahre begannen die Namgis mit der Rückforderung der gestohlenen Gaben.

Mittlerweile erklärte die Regierung auch, dass das Handeln Hallidays eigenmächtig war und so war es auch nicht schwer, die Masken aus den Museen wieder zurück zu bekommen. 1974 gründete man die *U'Mista Cultural Society* und 1980 wurde das U'Mista Cultural Centre eröffnet.

Im Centre gibt es auch einen traditionellen Versammlungsraum, ein **„Big House"**, wo nun auch wieder zu besonderen Anlässen **Potlachs** gefeiert werden. Potlach bedeutet etwa: „geben, schenken" – **U'Mista** bedeutet etwa: *„Rückkehr aus der Gefangenschaft"*.

Front Street
250-974-5403
Erwachsene, Senioren, Schüler u. Studenten: CAD 5, Kinder (bis 12 J.): CAD 1
info@umista.ca
www.umista.org

UNTERKÜNFTE

Alert Bay Lodge
549 Fir Street
250-974-2026
ganzjährig
★★
www.alertbaylodge.com

Old Customs House B&B
119 Fir Street
250-974-2282
★★
customs@alert-bay.com
www.alert-bay.com/customs

Nimpkish Hotel
318 Fir Street
1-888-6467-5474 (gebührenfrei)
★★ bis ★★★
info@nimpkishhotel.com
www.nimpkishhotel.com

Oceanview Cabins
250-974-5457 oder
1-877-974-5457 (gebührenfrei)
www.alertbay.com/oceanview

Alert Bay Campground
101 Alder Road
250-974-5213
ganzjährig
23, alle Anschlussmöglichkeiten
ja ja
ab CAD 15

MALCOLM ISLAND

Nur wenige Kilometer Luftlinie von Port McNeill entfernt liegt in der Queen Charlotte Strait die malerische Insel **Malcolm Island**. Sie ist bis auf den Bereich **Sointula** und **Mitchell Bay** größtenteils unbewohnt und bietet Einsamkeit an entlegenen Küstenbereichen und in endlosen Wäldern, die auch Heimat von Schwarzbären, Rotwild und Nerzen sind. In den Gewässern rund um die Insel tummeln sich Seeotter, Orcas, Tümmler, Buckelwale und viele Seevögel.

Fast alle Straßen außerhalb der Ortschaft Sointula auf der etwa 23 km langen und 5 km breiten Insel sind Gravelroads. Die Insel hat etwa 800 Einwohner. Am Nordstrand, der einen exzellenten Blick auf das Festland mit seinen schneebedeckten Bergen bietet, liegt 6 km von Sointula entfernt, der einzige öffentliche Campground der Insel im **Bere Point Regional Park** mit Picknickplatz und Bootsanlegestelle. Dort können von Juli bis September mit etwas Glück Orcas in Ufernähe beobachtet werden. Für alle Sportfischer ist die Insel wegen ihres Fischreichtums besonders beliebt.

Die kleine ländliche Ortschaft **Mitchell Bay** liegt im Südosten der Insel, sie ist über eine 20 km lange Gravelroad ab Sointula zu erreichen. **Mitchell Bay** ist wegen seiner besonders schönen Ausblicke auf die nahe liegende Inselwelt bei Naturfreunden beliebt und auch Kajakfahrer, Kanufahrer und Sportfischer schätzen dieses Fleckchen am Ostzipfel der Insel.

Nördlich von Malcolm Island, jenseits der *Labouchere Passage*, liegt der noch größtenteils völlig unerschlossene **Broughton Archipelago Marine Park**

mit unzähligen kleinen und winzigen Inseln, für deren Erforschung sich eine Kajaktour bestens eignet. Es gibt keinen Service in dem Bereich. Wildniszelten ist erlaubt. Weitere Infos:
www.env.gov.bc.ca/bcparks/explore/parkpgs/broughton

SOINTULA
„PLACE OF HARMONY"

Sointula, das *Herz von Malcolm Island*, erreicht man nach einer 25minütigen Fährfahrt ab Port McNeill. Wenn man das geschäftige Treiben nach Ankunft der Fähre hinter sich hat, ist schnell die Ruhe und Harmonie der Insel spürbar. Was man in Sointula nicht findet, ist „kommerzieller Tourismus", daher ist auch das Angebot an Übernachtungsmöglichkeiten begrenzt.

Sointula wurde von einer Gruppe finnischer Auswanderer gegründet, die Ende des 19. Jahrhunderts ihr Land auf der Suche nach Freiheit, Gerechtigkeit und Frieden verließen. Sie siedelten sich auf Malcolm Island an und hatten die Vision, alles zu teilen und in völliger Gleichheit miteinander zu leben. Sie nannten den Ort Sointula, übersetzt aus dem Finnischen bedeutet dies *„Harmonie"*. Man gründete schon bald nach der Ankunft einige Geschäfte, darunter auch eine Sägemühle und Schmiede und veröffentlichte die erste finnische Zeitung in Kanada, um noch weitere Einwanderer anzulocken. Doch nach einigen Jahren harter Arbeit und menschlicher Enttäuschungen, in denen Unglücke und Feuerkatastrophen den Bewohnern zusätzlich das Leben schwer machten, gaben viele Auswanderer auf, verkauften ihre Geschäfte und verließen das Land wieder. Man gab die Insel der Regierung British Columbias zurück, doch einige Siedler blieben, kauften Land und betrieben kommerziellen Fischhandel. Die Kultur ihrer Heimat Finnland behielten sie bei, was auch noch heute an den ordentlichen Gärten und netten Häuschen zu spüren und sehen ist.

Wie auch auf vielen weiteren Inseln zwischen Vancouver Island und dem Festland von British Columbia haben sich auch auf Malcolm Island einige Künstler niedergelassen, die ihre Kunstwerke in Galerien ausstellen.

Das „geschäftige" Leben der Insel spielt sich im Bereich der 1st und 2nd Street ab, dort findet man die für die Versorgung wichtigsten Geschäfte (der Lebensmittelladen ist sonntags geschlossen) inklusive Tankstelle und Post - im Hafen liegen die privaten Boote und die der kommerziellen Anbieter von Ausflugsfahrten. Quer durch die Insel verbindet die 28 km lange *Pulteney Point Road* (Gravelroad) den östlichen Zipfel **Mitchell Bay** (kleine Gemeinde) mit dem westlichen Punkt **Pulteney Point Lighthouse**.

ALERT BAY VISITOR INFO
165 - 1st Street
250-973-2001
sointulainfo@recn.ca

SEHENSWÜRDIGKEITEN

SOINTULA MUSEUM
Es zeigt eine umfangreiche Sammlung aus der Geschichte der Insel. So z.B. Kunstgegenstände, Dinge des täglichen Bedarfs, Materialien des frühen Fisch-

fangs, der Holzwirtschaft und vieles mehr. Historische Fotos und Schriftstücke erinnern an die Gründungszeiten und die Entstehung Sointulas. Gegründet wurde das Museum 1972 von den Damen Wilma Olney, Sylvia Johnson, Annie Johnson, Aileen Wooldridge und Kay Thompson. Es ist im alten Schulgebäude an der 1st Street untergebracht.

250-973-6683

Juni, Juli, August tägl. von 11-15 Uhr, Mitte Mai bis Ende Mai und Sept. täglich von 11-12 Uhr und 14-15 Uhr, übrige Zeit auf Abruf

soinmuse@island.net

WANDERMÖGLICHKEITEN

Beautiful Bay Trail

Bere Point im Bere Point RP

moderat

2,5 km (einfache Strecke)

Mateoja Heritage Trail

Der Trail führt u.a. durch die ehemalige Ansiedlung Anfang des 20. Jahrhunderts

3rd Street, Sointula

moderat

3 km (einfache Strecke)

Pulteney Point Lighthouse

Westende Pulteney Point Road (Gravelroad)

leicht

10-15 Minuten

UNTERKÜNFTE

Harmony Shores Campground

185 Kaleva Road

250-973-2333

ab CAD 20

www.sointula.com/harmonyshores.html

Bere Point Regional Park Campground

3 km nördlich von Sointula

250-956-3301

21, teilweise mit Meerblick nein

Malcolm Island Inn

210 - 1st Avenue

250-230-6722

★ bis ★★

info@orcalodge.ca

Orca Lodge

500 - 1st Street

250-230-6722

★★ bis ★★★

www.orcalodge.ca

Rainbeau's End Guesthouse

250-973-6465

★★

www.rainbeausend.com

DENMAN ISLAND

FÄHRVERBINDUNG

Der Fähranleger Buckley Bay liegt etwa 39 km nördlich von Qualicum Beach. Die Fähre verkehrt etwa stündlich von 7-23 Uhr.

Buckley Bay nach Denman Island

20 Min.

www.bcferries.com

Denman Island, die kleine Insel mit ca. 1.200 Einwohnern, ist etwa 19 km lang und 5 km breit und liegt in der Strait of Georgia. Auf der Insel leben viele Künstler, die sich von der Ruhe inspirieren lassen und deren Werke weltweit geschätzt sind. In der Community Hall, dem Zentrum der Insel, finden Theater- und Musikdarbietungen, Dichterlesungen und sportliche Veranstaltungen statt.

Dem milden Klima der Insel ist es zu verdanken, dass Gärtner praktisch ganzjährig pflanzen und ernten können, was auch schon seit 120 Jahren erfolg-

und ertragreich von den Einwohnern praktiziert wird.

Denman Island ist für seine herrlichen Strände, üppigen Wälder und fruchtbaren Äcker bekannt und daher besonders bei Naturliebhabern beliebt.

Der **Denman Island Tea**, ein hochwertiges Produkt mit heimischen Kräuter- Blumen- und Samenbeimischungen, genießt besonderes Ansehen.

Und noch ein weiteres Produkt, das besonders die Herzen der „süßen" Freunde höher schlagen lässt, ist auf Denman Island heimisch: Die **Denman Island Schokolade** mit Zutaten aus biologischem Anbau, erhältlich in den unterschiedlichsten Geschmacksrichtungen, wie z.B. Minze, Haselnuss, Orange und Himbeere. Die Schokolade ist auch mit höherem Kakao-Anteil erhältlich.

www.denmanislandchocolate.com

Denman Island diente in früheren Zeiten den First Nations in den Sommermonaten als guter Platz zum Fischen, was durch Felsenmalereien, die man auf der Insel fand, bestätigt ist. Benannt wurde die Insel nach dem britischen Marine-Admiral Joseph Denman, der die Aufsicht über die Marine im Bereich Comox hatte.

Die ersten Siedler waren Japaner, die sich im Süden der Insel am Ende des 19. / Anfang des 20. Jahrhunderts niederließen. Schon 1908 wurde der erste *General Store* eingerichtet. Die erste kommerzielle Fährverbindung der BC Ferry mit der *„Catherine Graham"* wurde 1954 etabliert.

Auf der Insel liegen drei Provincial Parks mit vielen Wandermöglichkeiten. Nur auf dem **Fillongley Provincial Park** gibt es einen Campground. Im Ort **Denma**n, in *„Downtown"* der Insel, gibt es ein Restaurant, ein Café, eine Bäckerei mit Café, einen kleinen Einkaufsladen und Freizeitangebote. Kunstliebhaber können private Studios und öffentliche Galerien besuchen, in denen die lokalen Künstler ihre Werke zeigen. Die Übernachtungsmöglichkeiten sind beschränkt. **Wichtig:** Wenn Sie die Insel besuchen möchten, „horten" Sie bitte genügend Trinkwasser, es gibt auf der Insel keine öffentlichen Zapfsäulen.

www.denmanisland.com

SEHENSWÜRDIGKEITEN

MUSEUM

Ein kleines Museum ist im Ort Denman zu finden. Es informiert anhand von Fotografien und Aufzeichnungen über die Geschichte der ersten Siedler der Insel.

1111 Northwest Road
250-335-0880
Ende Juni bis Anfang September täglich von 13:30-16 Uhr

FILLONGLEY PROVINCIAL PARK

Der **Fillongley Provincial Park** liegt an der Nordostseite von Denman Island auf einem Areal, in dem noch einige alte, große Douglastannen und Zedern zu finden sind. Der teils felsige, teils sandige Strand bietet sich für allerlei Freizeitaktivitäten an und eröffnet einen wunderschönen Ausblick bis hin zu den Coast Mountains auf dem Festland. Der Park liegt an der *Beadnell Road*, benannt nach dem letzten Inhaber des Landes George Beadnell. Er verkaufte das Land 1953 für einen Dollar an die Provinzregierung. Sein Gehöft und seine Grabstelle liegen im Park und können über kurze Wanderwege besucht werden.

Anmerkung: Während der Sommermonate wird oft ein generelles Lagerfeuerverbot verhängt. Informieren Sie sich vorher in einer Visitor Information oder über die Internetseite des Parks. Eine Grundwasserpumpe befindet sich im Park, das Wasser muss aber abgekocht werden - sollte also offenes Feuer nicht erlaubt sein, ist ein Gaskocher o. ä. notwendig. Eine Sanidump-Station ist auf der Insel nicht vorhanden. Die wenigen Stellplätze des Campgrounds liegen eng beieinander.

- Reservierung: 250-474-1336 oder 1-800-689-9025 (gebührenfrei)
- ganzjährig, Service von April bis Mitte Oktober ja
- 10
- Sommer. CAD 21, Winter: CAD 11
- Schwimmen, Wandern, Surfen, Kanufahren, Fischen
- www.env.gov.bc.ca/bcparks/explore/parkpgs/fillongley

BOYLE POINT PROVINCIAL PARK

Der **Boyle Point Provincial Park** liegt am Südzipfel von Denman Island und ist über die *East Road* (Gravelroad) erreichbar. Vom Parkplatz führt ein ca. 1,5 km (einfache Strecke) langer Waldweg zum **Boyle Point** und **Eagle Rock** Aussichtspunkt mit einer grandiosen Sicht auf den Baynes Sound, die nahe liegende **Insel Hornsby** und **Chrome Island Lighthouse**. Der erste Leuchtturm auf Chrome Island wurde 1891 errichtet, der jetzige 1898. Auf dem kleinen Eiland wurden auch einige Felsenzeichnungen der First Nations gefunden. Nicht selten kommen auch Seelöwen und Seehunde in Sichtweite sowie Weißkopf-Seeadler und viele Seevogel-Arten.

Im Boyle Point Park befindet sich kein Campground oder ausgewiesener Picknickplatz.

- ganzjährig
- Wandern, Relaxen, Tierbeobachtungen
- www.env.gov.bc.ca/bcparks/explore/parkpgs/boyle_pt

UNTERKÜNFTE

Hilltop Magic B&B
- 8535 Keith Wagner Way
- 250-335-1524
- ★★
- info@hilltopmagic.com
- www.hilltopmagic.com

Cokely Cove Guest House
- 10545 Cokely Road
- 250-721-3100
- ★★★
- info@fillongleybeach.ca
- www.fillongleybeach.ca

Weitere Unterkünfte stehen in begrenzter Zahl zur Verfügung.

GABRIOLA ISLAND

FÄHRVERBINDUNG

Nanaimo nach Gabriola Island
- 20 Min.
- www.bcferries.com

Gabriola Island liegt östlich von Nanaimo in der *Strait of Georgia* an der Westküste von Vancouver Island. Die Insel ist etwa 58 km² groß, 14 km lang und ca. 4,2 km breit. Man erreicht die Insel per Fähre, per Wasserflugzeug ab Nanaimo oder ab Vancouver International Airport nach **Silva Bay** am Ostende der Insel.

Anhand von Felsenzeichnungen, die auf der Insel gefunden wurden, geht man davon aus, dass die Insel schon vor über

2.000 Jahren von den Küsten-Salish bewohnt war, die im Sommer zum Jagen und Fischen auf die Insel kamen.

Im späten 18. Jahrhundert segelte eine spanische Forschungsexpedition unter der Leitung von Alessandro Malaspina di Mulazzo an der Pazifikküste von Patagonien bis Alaska und erforschte dabei auch das küstennahe Land. Die skurrilen Sandsteinformationen auf Gabriola Island, die **Malaspina Galleries** am Nordwestende der Insel, sind nach ihm benannt und viele weitere Bezeichnungen sind spanischer Herkunft. Auch der Name der Insel Gabriola ist abgeleitet vom Spanischen *gaviota*, was übersetzt **„Seemöwe"** bedeutet.

Die Insel lässt sich sehr gut per Fahrrad erkunden, denn vom Ferry Terminal im Norden bis zum Südende sind es nur 1 km - allerdings geht es auch schon mal bergauf, ein wenig Kondition sollte man also mitbringen. Die Touristen der waldreichen Insel erfreuen sich an den vielen landschaftlich schönen Parks, sandigen wie auch felsigen Strandabschnitten, den vielen Outdoor-Sportmöglichkeiten, Galerien und den unterschiedlichsten künstlerischen und musikalischen Darbietungen und Events. Sie finden auf Gabriola Island die wichtigsten Versorgungseinrichtungen und natürlich auch einige Unternehmen, die Kurztrips per Schiff oder geführter Tour anbieten. Für einen Ausflug über die Insel kann man sich Fahrräder ausleihen. Ein Anbieter:

Cliff Cottage
- ✉ 1235 South Road
- ☎ 250-247-0247
- Mountainbike: 1 Tag: CAD 29, 2 Tage: CAD 49 (beinhaltet Inselkarte, Rucksack, Fahrradschloss und Sturzhelm)
- info@cliffcottage.ca
- ww.cliffcottage.ca/ccrentals.htm

Gabriola Green Bikes Project
Beispielhaftes für eine umweltfreundliche und gesunde Fortbewegungsart hat die Organisation **„The Commons"**, eine Gemeinschaft freiwilliger, umweltbewusster Bürger der Insel, geschaffen, indem sie das **Gabriola Green Bikes Project** aus der Taufe gehoben haben. Die Idee stammt von einem langjährigen Bewohner der Insel Hank Sirlin. Sinn und Zweck der Idee ist, Besuchern und Bewohnern der Insel ein Fahrrad kostenlos für eine gewisse Zeit zur Verfügung zu stellen, damit die Insel erkundet oder einfach eine Autofahrt erspart werden kann. Wer die Insel besucht, sollte sich in der Visitor Info erkundigen, wo sich aktuell das Fahrraddepot befindet oder nach grün gestrichenen Fahrrädern Ausschau halten. Selbstverständlich ist ein schonender Umgang und ein einwandfreier Zustand nach Rückgabe des Fahrrades.

GABRIOLA ISLAND VISITOR CENTRE
- ✉ North Road, Folklife Village
- ☎ 250-247-9332
- **Twin Beaches Mall**
  Berry Point Road
  1-888-284-9332 (gebührenfrei)
- info@gabriolaisland.org
- www.gabriolaisland.org

SEHENSWÜRDIGKEITEN

GABRIOLA HISTORICAL MUSEUM & PETROGLYPHS-PARK
Das **Gabriola Historical Museum** bewahrt und schützt die Geschichte der Insel, angefangen bei den ersten Bewohnern, den Coast Salish, den ersten europäischen Erforscher und der frühen

Siedler. Im Außenbereich des Museums wurde 1997 ein *Petroglyph-Park* eingerichtet, hier können Besucher 40 Replikationen von Felsenmalereien bewundern und sich mit vielen interessanten Informationen über die Herkunft, Bedeutung usw. versorgen.

- 505 South Road
- 250-247-9987
- Juli und August Donnerstag bis Montag von 10-16 Uhr, Mai, Juni und September Samstag und Sonntag von 10-16 Uhr, Oktober bis April geschlossen
- Erwachsene: CAD 2, Kinder unter 12 J.: frei
- info@gabriolamuseum.org
- www.gabriolamuseum.org

PETROGLYPHS – FELSENMALEREIEN

Über 50 Zeugnisse der frühen Besiedelung findet man am **Jack Point**, der **Lock Bay** (nordöstlich) und der **Degnen Bay** (südöstlich). Nähere Infos erhält man in der Visitor Information.

Woher stammt der Begriff Petroglyph? Er ist abgeleitet vom Lateinischen „**petro**"= *Fels/Stein* und „**glyph**"= *Schrift/Zeichen.*

MALASPINA GALLERIES

Diese einzigartigen Sandstein-Felsenformationen haben sich über Jahre hinweg durch extreme Winde, Regen und stürmische See gebildet. Nahe der Taylor Bay im **Malaspina Galleries Community Park** können diese von der Natur geprägten Kunstwerke bewundert werden. Die bis zu 4 m hohen Gebilde liegen entlang einer Strecke von etwa 100 m.

GABRIOLA SANDS (TWIN BEACHES) PP

Der für die Insel landschaftlich außergewöhnliche **Gabriola Sands (Twin Beaches) Provincial Park** liegt im Nordwesten von Gabriola Island und bildet die Landenge zwischen der *Pilot Bay* und *Taylor Bay*. Badestrände mit Picknickplatz und Liegewiese findet man an der Pilot und Taylor Bay. Wandert man entlang der Taylor Bay nach Westen kommt man zu den **Malaspina Galleries** mit ihren einzigartigen Felsenformationen.

Man erreicht den Park ab Fähranleger über die Taylor Bay Road, dann die Hinweistafeln beachten.

- Decourcy Drive
- Schwimmen, Fischen, Kanu- und Kajakfahren
- www.env.gov.bc.ca/bcparks/explore/parkpgs/gabriola_sands

SANDWELL PROVINCIAL PARK

Der **Sandwell Provincial Park** mit seinem weiten Sandstrand und einem herrlichen Blick auf die *Strait of Georgia* liegt im Nordosten der Insel. Man erreicht den 10 km vom Fähranleger entfernt liegenden Park über die *North Road* und *Barrett Road*. Der Park wurde 1988 gegründet, um die prähistorischen Felsenmalereien in den Sandsteinfelsen zu schützen. Die Malereien liegen östlich vom kleinen Picknickplatz, sind aber nur bei Niedrigwasser zugänglich.

Ein etwa 800 m langer Wanderweg führt vom Parkplatz zu einem Picknickplatz mit Sandstrand an der **Lock Bay**. **Achtung:** Der Weg ist stellenweise steil und rutschig, daher bitte auf geeignete Schuhe achten.

- Strand Road
- Schwimmen, Wandern, Fischen, Relaxen
- www.env.gov.bc.ca/bcparks/explore/parkpgs/sandwell

DRUMBEG PROVINCIAL PARK

Der **Drumbeg Provincial Park** liegt am Südende von Gabriola Island und kann per Boot oder ab Fähranleger über die *South Road* und *Starker Road* erreicht werden. Es bieten sich herrliche Ausblicke auf die Coast Mountains und die Strait of Georgia.

Großflächige Hinterlassenschaften entlang der Küste lassen darauf schließen, dass im südlichen Bereich der Insel bereits über viele Jahrhunderte Snuneymuxw und Lyakson First Nations gelebt haben.

Der Park wurde 1971 gegründet und nach dem ehemaligen Inhaber des Landes, dem Schotten Neil Stalker, benannt, dessen Herkunftsort Drumbeg war.

Im Park findet man einen Picknickplatz, Wanderwege und interessante Sandstein-Felsenformationen, die nur bei Niedrigwasser zu sehen sind. Wer sich unter Wasser wohlfühlt, kann hier dem Tauchsport nachgehen und das **Rogers Riff i**n Augenschein nehmen.

Achtung: Im Park wachsen einige Exemplare der sehr gefährlichen **Herkulesstaude** (Riesenbärenklau). Sie wird bis zu 4 m hoch und die dicht behaarten Pflanzenstängel können bis zu 10 cm Durchmesser erreichen. Die weiß blühende, sehr schöne und ursprünglich aus Asien stammende Pflanze mit ihren dekorativen Blütendolden hat borstige Blätter und Stämme. Bitte **berühren Sie diese Pflanze auf keinen Fall**. Die Berührung in Verbindung mit Tageslicht verursacht schmerzhafte Blasen und brennt stark, Augenkontakt kann zu Blindheit führen. Sollten Sie trotz aller Vorsicht in Berührung gekommen sein, dann waschen Sie die betroffene Stelle direkt mit Wasser und Seife, setzen Sie die Stelle nicht dem Tageslicht aus und konsultieren Sie am besten einen Arzt.

Schwimmen, Wandern, Tauchen, Fischen, Kanu- und Kajakfahren
www.env.gov.bc.ca/bcparks/explore/parkpgs/drumbeg

UNTERKÜNFTE

Surf Lodge
885 Berry Point Road
250-247-9231
Zimmer: ★★, Cabins: ★★ bis ★★★
www.surflodge.com

Silva Bay Inn
3415 South Road
250-247-9351
★★ bis ★★★
www.silvabayinn.ca

Descanso Bay Regional Park
Taylor Bay Road
250-247-8255
ganzjährig, Saison von Mitte Mai bis Mitte September
32 ja
Saison: CAD 17, sonst: CAD 10
ww.rdn.bc.ca/cms.asp?wpID=543

Page‘s Resort
Campground nur für kurze, kleine Wohnmobile und Zelte geeignet.
3350 Coast Road
250-247-8931
8, einige mit Stromanschluss
ab CAD 10 pro Person
Cottage: ★★
mail@pagesresort.com
www.pagesresort.com

LASQUETI ISLAND

FÄHRVERBINDUNG DER WESTERN PACIFIC MARINE

Meist 2-3 Mal täglich, außer im Sommer dienstags (Winter: dienstags und mittwochs).

French Creek nach False Bay Lasqueti Island
45 Min.
http://d245070.u69.fluidhosting.com/lasq_geninfo.htm

Lasqueti Island, die etwa 74 km² große, 8 km breite und 22 km lange und waldreiche Insel ist mit Sicherheit ein Kleinod, das so nur noch selten zu finden ist.

Die Insel liegt nördlich von Parksville in der *Strait of Georgia*. Es leben etwa 400 Bewohner ständig auf der Insel, daher findet nur ein sehr eingeschränktes, geschäftliches Leben statt. Wer hier lebt, will bewusst auf vieles verzichten, was das „normale" Leben an Bequemlichkeit bietet. Es mag daher nicht überraschen, dass gerade Individualisten wie z.B. Maler, Musiker, Autoren, Umweltschützer und Handwerkskünstler hier glücklich sind. Als Bewohner dieser Insel ist man einige Tage damit beschäftigt, sein Überleben zu sichern, für Brennholz und Nahrungsmittel zu sorgen und die Wasser-, Energie- und Entsorgungssysteme zu pflegen. So bieten einige Farmen und Geschäfte Eigenprodukte von Schokolade bis Gemüse an, die biologisch angebaut oder erzeugt wurden, daneben kann Kunsthandwerk erworben werden.

Der besondere Charme der Insel zeigt sich während der Dunkelheit, wenn die Generatoren für die Erzeugung der Elektrizität ausgeschaltet werden und man in die Pionierzeit zurückversetzt wird, wo die Beleuchtung noch romantisch von Kerosinlampen und Kerzenlicht erzeugt wurde.

Mit einem Privat-Boot, Privatflugzeug oder einer Fähre ab French Creek Fähranleger im Norden von Parksville erreicht man **False Bay** auf Lasqueti Island. Während der Sommersaison gibt es täglich drei Fährfahrten, außerhalb der Saison an wenigen Tagen in der Woche. Es werden keine Fahrzeuge transportiert, auf der Insel geht es nur per Taxi, Fahrrad oder zu Fuß weiter. Alle Straßen auf der Insel sind Gravelroads.

Kleine, verträumt liegende Buchten, schöne Wander- und Bikerrouten und mildes Klima sind ideale Bedingungen für alle Naturfreunde und Wassersportbegeisterte. Im Südosten der Insel liegt der **Squitty Bay Provincial Park** mit Picknickplatz. Dort können Taucher, Schwimmer, Angler und Kanu- und Kajakfahrer ihrem Sport nachgehen.

Die Insel war über 5.000 Jahre Heimat der Pentlach First Nations und für die Natives ein wichtiger Ort zum Jagen und Fischen. Sie lebten bis zur Ankunft der ersten weißen Siedler um 1860 auf der Insel. Benannt wurde die Insel 1791 nach einem berühmten spanischen Marineoffizier, Juan Maria Lasqueti.

Einige Häuser bieten Übernachtungsmöglichkeiten an.

Beachtlich: Die Statistik Kanadas sagt, dass die Bewohner der Insel das höchste Bildungsniveau ganz Kanadas haben - die Fläche der Insel entspricht dabei etwa der Größe von Manhattan.

QUADRA ISLAND

FÄHRVERBINDUNGEN

Campbell River nach Quadra Island (Quathsaski Cove)
10 Min.

Quadra Island nach Cortes Island (Heriot Bay)
45 Min.
www.bcferries.com

Quadra Island ist die größte und bekannteste Insel der **Discovery Islands,** einer Inselgruppe zwischen dem Festland Westkanada und Vancouver Island. Die Insel ist besonders wegen ihrer fantastischen Landschaft, den vielen Kunstgalerien und den reichhaltigen Freizeitangeboten beliebt. Dazu gehört besonders das Sportfischen, daneben auch Kanu- und Kajaktouren entlang der buchtenreichen Küste, Wanderungen durch landschaftlich herrliche Gebiete, Tauchen, Schwimmen und Tierbeobachtungen. Fahrräder, Kanus und Kajaks können vor Ort gemietet werden.

Die unterschiedliche Zusammensetzung der Bevölkerung reflektiert auch die vielseitige Kunst und Kultur der Insel. Es finden regelmäßig Konzerte, Events und Workshops statt. Einheimische Künstler und Kunsthandwerker bieten ihre Erzeugnisse an, besonders hervorzuheben sind Tonwaren, Skulpturen, Schnitzereien und Gemälde.

Die Insel hat ca. 2.700 ständig hier lebende Einwohner, die zum größten Teil in den drei Hauptorten **Cape Mudge, Quathiaski Cove** und **Heriot Bay** ansässig sind.

In **Cape Mudge (Yaculta)**, am Südwestufer der Insel in einer malerischen Bucht und umgeben von gemäßigtem Regenwald gelegen, lebt die We Wai Kai Band der Laichwiltach People, die zu den Kwakwaka'wakw First Nations zählen.

Quathiaski Cove, nördlich von Cape Mudge, ist Fährhafen und Hauptort der Insel mit allen Versorgungsmöglichkeiten. Im malerischen Ort **Heriot Bay**, das ebenfalls für Bewohner und Touristen gute Versorgungsmöglichkeiten bietet, ist der Fährhafen nach **Cortes Island**. Hier werden auch Bootstouren zu weiteren kleineren Inseln der **Discovery Islands**, zum wenig besiedelten Nordteil der Insel und Tauchtouren zum künstlich entstandenen Riff der *HMCS Columbia* angeboten, die 1996 nahe der Küste von Quadra Island sank und nun Heimat für ein reges Unterwasserleben ist. Auch alle Wanderfreunde kommen auf ihre Kosten, denn sie finden auf der Insel ca. 200 km Trails entlang der Küste oder durch eine waldreiche, hügelige Landschaft. Infos unter:

www.quadraisland.ca/recreation/hiking_trails/index.html

Für alle Bikerfans hat die Insel auch einige schöne Touren zu bieten. Infos unter:

www.quadraisland.ca/recreation/mountain_biking/index.html

Die ersten Bewohner der Insel waren die Coast Salish, die Captain George Vancouver, als er 1972 auf der Insel am Cape Mudge in Tsa-Kwa-Luten landete, vorfand. Die Coast Salish verließen 1840 das Dorf und die Laichwiltach People ließen sich am fischreichen Platz mit der herrlichen Aussicht nieder.

Die Insel wurde nach Don Juan Franscisco de la Bodega y Quadra benannt, der ein spanischer Marineoffizier und enger Freund von George Vancouver war. Nach 1880 wurde allmählich bekannt, dass man mit Bergbau und Forstwirtschaft gutes Geld verdienen kann und so wurde, nachdem 1903 die erste Mine öffnete, einige Jahre Gold- und Kupfererz abgebaut. Um 1900 gab es noch eine Fischkonservenfabrik und in der Blütezeit waren auf der Insel zwischen 200 und 300 Arbeiter beschäftigt. 1904 hatte Quadra Island bereits eine Schule, eine Poststelle und ein Hotel. Eine Passagierfähre nahm 1949 ihren Betrieb auf, und seit 1960 bedient die BC Ferries Autofähre den regelmäßigen Fährbetrieb zwischen Campbell River und Quadra Island. Die Fähre ab Campbell River fährt ca. stündlich nach Quadra Island, ebenso auf dem umgekehrten Wege.

VISITOR INFORMATION

QUADRA ISLAND

Harper Road, Quadra Island

www.quadraisland.ca

TOURISM NORTH CENTRAL ISLAND

250-830-1115 oder
1-866-830-1113 (gebührenfrei)

www.ladysmithcofc.com

SEHENSWÜRDIGKEITEN

THE NUYUMABALES CULTURAL CENTRE

Das ehemalige **Kwagiulth Museum** in Cape Mudge wurde im Mai 2007 unter dem neuen Namen **„The Nuyumabales Cultural Centre"** wieder eröffnet. Es zeigt eine bedeutende Sammlung historischer Kunst, zeremonielle Gegenstände und Schnitzereien der First Nations und im Außenbereich einige interessante **Petroglyphs** (Felsenzeichnungen), die man von verschiedenen Orten zur Betrachtung durch die Besucher zum Cultural Centre gebracht hat. Am Ufer befindet sich der im Frühjahr 2007 errichtete *Ah-Wa-Qwa-Dzas*, ein Versammlungsort der Natives. Auch alte Totempfähle sind zu bewundern und man kann bei den Schnitzerarbeiten zuschauen.

Quathiaski Cove

250-285-3733

Erwachsene: CAD 15, Senioren: CAD 10, Schüler u. Studenten, Kinder (6-12 J.): CAD 5, Familien: CAD 30

Mai bis September Dienstag bis Samstag von 9-17 Uhr

cultural@nuyumbalees.com

www.nuyumbalees.com

CAPE MUDGE LIGHTHOUSE

Das **Cape Mudge Lighthouse** am Südende der Insel feierte 1998 schon seinen 100. Geburtstag. Es ist erreichbar ab Quathiaski Cove über die *Heriot Bay Road*, dann Richtung Süden über die *Cape Mudge Road* und *Lighthouse Road*. Vom Dorf Cape Mudge führt ein Wanderweg zum Leuchtturm. Bei Ebbe sind viele Jahrhunderte alte Felsenmalereien (**Petroglyphs**) zu entdecken.

MAIN LAKE PROVINCIAL PARK

Der1997 gegründete **Main Lake Provincial Park** liegt im Norden der Insel und ist Heimat von mehr als 70 Vogelarten und über 200 Gewächsen. Auch die verschiedensten Tierarten leben hier, wie z.B. Wölfe, Pumas, Eulen und Adler. Die Landschaft des Parks ist geprägt von vielen kleinen Seen, dichtem Wald, kleinen Flussläufen und Wasserfällen.

Die Schönheit des Parks ist per Boot am besten zu erkunden. **Main Lake**, **Village Bay Lake** und **Mine Lake** sind durch schmale, flache Sumpfgebiete miteinander verbunden, die mit dem Kanu oder Schlauchboot befahren werden können. Alle weiteren Seen sind nur über schlechte Gravelroads zu erreichen.

Entlang des Ufers am Main Lake liegen einfache Zeltplätze, nur auf sieben bezeichneten Plätzen ist Zelten erlaubt.

Der Park ist erreichbar über die Village Bay und *Surge Narrows Road* (Gravel) bis zum Parkplatz. Dort befindet sich auch eine Bootsanlegestelle.

ganzjährig
ja
Wandern, Fischen, Kanu- und Kajakfahren
www.env.gov.bc.ca/bcparks/explore/parkpgs/main_lk

REBECCA SPIT MARINE PP

Der **Rebecca Spit Marine Provincial Park** befindet sich im Ostteil der Insel auf einer schmalen Landzunge in der Strait of Georgia. Sandstrände und Picknickplätze liegen entlang der etwa 2 km langen Landzunge, der östliche Strand ist übersät von angeschwemmtem Treibholz. Eine Bootsanlegestelle findet man im Westteil nahe des Parkeingangs.

Erreichbar ist der Park ab Fähranleger über die *West Road* Richtung Fähranleger Cortes Island. Der Park hat keinen Campground.

ganzjährig
Relaxen, Schwimmen, Paddeln, Kanu- und Kajakfahren, Tauchen, Wandern, Surfen
www.env.gov.bc.ca/bcparks/explore/parkpgs/rebecca

UNTERKÜNFTE

Heron House
Maple Road, Heriot Bay
250-285-3876
★ bis ★★
Loft ab CAD 29 pro Bett
quadraisland.ca/heronhouse

Running Bear Lodge
1654 Hyacinthe Bay Road, Heriot Bay
250 285 2336 oder
1-877-287-7721 (gebührenfrei)
0-800-182-0865 (gebührenfrei von Deutschland)
★★
www.runningbearlodge.com

Tsa-Kwa-Luten Lodge & RV-Park
1 Lighthouse Road, Quathiaski Cove
13, alle Anschlussmöglichkeiten
ab CAD 25
★★ bis ★★★
www.capemudgeresort.bc.ca

The Heriot Bay Inn
Heriot Bay
250-285-3322
★ bis ★★★
30, alle Anschlussmöglichkeiten ja
ab CAD 22
ja
www.heriotbayinn.com/German/German_index.htm

Seascape Waterfront Resort
774 Cliff Road
250 285 3450 oder
1-888-893-1626 (gebührenfrei)
★★ bis ★★★
www.seascapewaterfrontresort.com

We Wai Kai Campground
Drew Harbour, südlich von Heriot Bay nahe Parkeingang Rebecca Spit
250-285-3111
Mitte Mai bis Mitte September
146, alle Anschlussmöglichkeiten
campsite@wewaikai.com
www.wwkcampsite.ca

CORTES ISLAND

Wer dem Naturparadies **Cortes Island** einen Besuch abstatten möchte, muss von Quathiaski Cove auf **Quadra Island** über die West Road bis nach **Heriot Bay** fahren und von dort dann mit der Fähre in 45 Minuten nach Cortes Island übersetzen. Im Sommer wird auch ein Wassertaxi-Service ab Campbell River angeboten.

Die Insel liegt im Nordteil der *Strait of Georgia* östlich von Quadra Island. Sie hat ca. 950 Einwohner, ist etwa 25 km lang und 13 km breit. Auf der Insel findet man herrlich und einsam gelegene Seen, dichte Regenwälder mit schönen Wandermöglichkeiten und weite Sandstrände.

Kartografisch erfasst wurde die Insel im späten 18. Jahrhundert vom spanischen Eroberer Hernando Cortes, nach ihm wurde die Insel auch benannt. Vor dieser Zeit war die Insel seit mehr als 5.000 Jahren Sommerlager für die Klahoose First Nations, einer Gruppe der Coast Salish People. Sie leben heute in der Squirrel Bucht im Ostteil der Insel. Dort kann man sehr schöne einheimische Handwerkskunst erwerben.

Jährlich finden einige Events auf Cortes Island statt, so wird z.B. im Mai für alle Feinschmecker das **Austern Festival** gefeiert, die **Cortes Garden Tour** findet im Juni statt, im August wird der **Sandcastle Day** mit kunstvoll hergestellten Skulpturen aus Sand gefeiert. Der *Cortes Day* Mitte Juli sorgt mit einem bunten Rahmenprogramm für allerlei Unterhaltung und das leibliche Wohl - als Krönung wird eine Parade abgehalten. Für Feinschmecker interessant: Jeden Freitag findet auf der Insel der *Farmers Market* in **Manson's Landing** statt.

Auf Cortes Island gibt es 3 Siedlungen: das historische **Whaletown** mit malerischem Hafen, dem Fähranleger und einigen historischen Gebäuden, **Manson's Landing** im Südteil der Insel und **Squirrel Cove** im Ostteil. Es sind die wichtigsten Versorgungseinrichtungen vorhanden.

VISITOR INFORMATION

Im gleichen Gebäude befindet sich auch ein kleines Museum

957 Beasley Road, Manson's Landing

250-935-6340

Museum: Mitte Juni bis Anfang September Dienstag bis Sonntag von 10-16 Uhr, Winter: nach Vereinbarung

es wird um eine Spende gebeten

www.quadraisland.ca

Inselplan: www.cortesisland.com/tideline/printMap.jpg

SEHENSWÜRDIGKEITEN

MANSONS LANDING PP

Der 1974 gegründete **Mansons Landing Provincial Park** liegt im Südostteil der Insel zwischen dem Hague Lake und der Mansons Bay in einem traditionellen Gebiet der First Nations. Er ist besonders interessant für Vogelkundler, da im Feuchtgebiet des Parks viele Arten Seevögel leben. Erreichbar ist der Park über die *Whaletown, Gorge Harbour* und *Seaford Road*. Es ist kein Campground vorhanden. Picknickplätze liegen am Mansons Feuchtgebiet und Hague Lake.

1880 errichtete Michael Manson, ein schottischer Einwanderer, einen Handelsposten im heutigen Parkgebiet, um mit den First Nations regen Handel zu betreiben. Später kam ein General Store dazu, denn die Arbeiter in der Fischereiwirtschaft und im Holzhandel mussten versorgt werden. Der General Store wurde 1995 in das Zentrum von Mansons Landing verlegt und ist heute ein Museum.

ganzjährig

Schwimmen, Fischen, Kanu- und Kajakfahren

www.env.gov.bc.ca/bcparks/explore/parkpgs/mansons

SMELT BAY PROVINCIAL PARK

Der **Smelt Bay Provincial Park** liegt im Süden der Insel auf einer Halbinsel. Der Park wurde benannt nach den zu Tausenden hier laichenden Kapelanfischen aus der Familie der **Stinte** (*Smelt*).

Erreichbar ist der Park in 20 km ab Fähranleger über die *Gorge Harbour, Seaford* und *Sutil Point Road*. Am Badestrand der Smelt Bay befindet sich an der Rückseite ein Erdwall und man nimmt an, dass dieser von den Coast Salish als Schutzwall errichtet wurde. Im bewaldeten Teil ist ein Campground mit geräumigen Stellplätzen angelegt.

Mitte Juli wird im Park der Cortes Day gefeiert mit Events, Paraden, Wettkämpfen und vielem mehr.

Mitte Mai bis September
23 ja
CAD 16
www.env.gov.bc.ca/bcparks/explore/parkpgs/smelt_bay

WULF BLUFF CASTLE

Was man am wenigsten auf einer Insel erwartet ist auf Cortes Island zu finden: das **Schloss Wulf Bluff**. Es liegt in Cortes Bay im Osten und gehört zu den Besonderheiten der Insel. Es ist auch als **„Karl's Schloss“** bekannt, benannt nach seinem Erbauer Karl Triller. Das fünfstöckige Gebäude beherbergt einen Kerker, einen Speisesaal, acht Schlafzimmer und hat drei Türme - der höchste bietet einen wunderbaren Rundblick.

Der Erbauer Karl Triller ist in Ungarn aufgewachsen und hat als Liebhaber alter Schlösser viele europäische Bauten besucht, bevor er 1951 nach Kanada auswanderte. Auf Cortes Island fand er eine geeignete Stelle, um seinen Traum vom eigenen Schloss zu verwirklichen. 12 Jahre seines Lebens beschäftigte ihn der Bau, den er größtenteils selbst durchführte. Auch das Innenleben ist passend eingerichtet und so wird z.B. im feuchten Kerker eine gruselige Atmosphäre wiedergegeben. Einen Großteil der Möbel hat Karl Triller ebenfalls selbst hergestellt.

Das Schloss ist für Besucher geöffnet, im Sommer kann dort auch übernachtet werden. Die Einrichtung ist rustikal, Strom- und Wasserversorgung ist relativ zeitgemäß.

Manzanita Road
250-935-6764
Besichtigungen: Erwachsene: CAD 5, Kinder: CAD 3

UNTERKÜNFTE

Cortes Island Motel

1078 Seaford Road, Manson's Landing
250-935-6363 oder
1-888-935-6363 (gebührenfrei)
★★
www.cortesislandmotel.com

Cortes Island Vacation Rentals

Vermittlung von Privatunterkünften
250-935-6711 oder
1-800-939-6644 (gebührenfrei)
www.cortesislandvacationrentals.com

Gorge Harbour Marina Resort

Hunt Road, Whaletown
250-935-6433
alle Anschlussmöglichkeiten
ab CAD 27,50
Zimmer: ★★
reserve@gorgeharbour.com
www.cortesislandvacationrentals.com

SALTSPRING ISLAND

FÄHRVERBINDUNGEN
Die Insel hat **3** Fährhäfen:

Fulford Harbour
Im Südosten mit Fährverbindung
nach Swartz Bay
35 Min.

Vesuvius Bay
Im Nordwesten mit Fährverbindung
nach Crofton auf Vancouver Island
20 Min.

Long Harbour
Im Nordosten mit Fährverbindung
nach Swartz Bay
1 Std. 15 Min. - 2 Std., (je nach Stopps)
nach Galiano Island
östlich von Saltspring Island
20 Min.
nach Pender Island
südöstlich von Saltspring Island
40 Min.
nach Mayne Island
östlich von Saltspring Island
40 Min.
nach Tsawwassen / Vancouver Süd
1 Std. 30 Min.

Saltspring Island ist auch per Wassertaxi, Wasserflugzeug oder mit kleineren Fluggesellschaften, die auch Vancouver Airport ansteuern, erreichbar. Auf der Insel verkehrt seit Januar 2008 ein regulärer Bustransitverkehr, der die wichtigsten Orte der Insel miteinander verbindet.

250-538-4282
www.busonline.ca/regions/ssi/default.cfm

Das Juwel der südlichen Gulf Islands im Osten von Vancouver Island ist **Saltspring Island**. Sie gehört zu den beliebtesten Inseln der *Gulf Islands*, was mit Sicherheit auch dem milden Inselklima zu verdanken ist.

Die Insel mit etwa 10.500 ständig hier lebenden Einwohnern, darunter auch viele Künstler der verschiedensten Sparten, die schon mal in den Pubs der Insel ihr Können zum Besten geben, umfasst ca. 180 km², ist etwa 29 km lang und 14 km breit. Weit verbreitet sind handwerkliche Künste und Fertigkeiten wie Töpfern, Malerei und Woll-Spinnerei. Für alle Wassersportfans ist die Insel ein wahres Paradies und Wanderfreunde finden genügend Trails, die sie durch wunderschöne Landschaften und Parks führen.

Im frühen 19. Jahrhundert hieß die Insel noch **Chuan Island**, bevor sie 1859 zu Ehren des Admirals R. L. Baynes in Admiral Island umbenannt wurde. All diese Wortschöpfungen wurden von der Bürokratie über Bord geworfen und so entstand 1906 sozusagen auf dem Reisbrett der heutige Name der Insel.

Zur ersten Besiedelung durch Weiße kam es 1859, weitere Familien zogen in den folgenden Jahren hinzu und betrieben vor allem Landwirtschaft. Einige Jahre später war auch der südliche Teil der Insel Ziel vieler Siedlerfamilien, darunter Henry Ruckle, dessen Land später Teil des Ruckle Provincial Parks wurde. Am Parkeingang liegt privates Land der Familie Ruckle, dort züchtet sie noch heute Schafe.

Beachtlich: Die Insel hat eine eigene Währung, die **Saltspring Dollars**. Diese können auf der Insel eingetauscht und benutzt werden. Diese alternative Währung hat denselben Wert wie die „normale“ Landeswährung *Canadian Dollar*. Sie wurde zum ersten Mal am 15. August 2001 herausgegeben, die verschiede-

Saltspring Dollars

nen Motive sind lokalen Künstlern zu verdanken. Gedruckt wird die Währung in Kanada mit den üblichen Sicherheitsmerkmalen, die auch der normale kanadische Dollar hat. Das Verfallsdatum der Dollars wurde auf 2 Jahre festgelegt, in diesem Zeitraum kann man die Währung umtauschen oder in CAD umwandeln, doch viele Touristen behalten natürlich gerne das Geld als Erinnerung und erhöhen dadurch den Wert der Währung. Die Profite dienen ausschließlich zur Unterstützung der lokalen Projekte. Die drei Inselbanken *Bank of Montreal, Canadian Imperial Bank of Commerce* und *Island Savings Credit Union* akzeptieren diese Währung und seit März 2002 können diese Banknoten auch am Geldautomaten ausgewählt werden. Bezahlt werden kann damit auf der Insel in allen Hauptgeschäften und in 95 % der kleineren Betriebe.

Der Süden der Insel ist bergiges Gebiet, die höchsten Erhebungen sind der **Mount Tuam** (609 m) und **Mount Bruce** (701 m). Im Norden findet man Weideflächen und Laubwälder, hier lebt auch der überwiegende Teil der Bevölkerung. Neben dem Tourismus ist die Landwirtschaft, vor allem bedingt durch das milde Klima, eine Haupteinnahmequelle der Insel, die sich selbstbewusst auch „*Organic Capital of Canada*" nennt.

Die größte Stadt der Insel, in der ca. 10.500 Bewohner leben, ist **Ganges**, sie liegt im nördlichen Teil. In Ganges sind alle Versorgungseinrichtungen vorhanden. Es werden Abenteuertouren zu Wasser und zu Land angeboten. Beliebt bei Jung und Alt, Besuchern und Einheimischen ist der Village Market, der von Mitte April bis Mitte Oktober jeden Samstag von 8:30 bis 15:30 Uhr in Ganges stattfindet. Hier bieten lokale Farmer ihre Produkte an, und auch Kunsthandwerk kann erworben werden.

Die Ortschaft **Fulford Harbour** liegt am südöstlichen Ende von Salt Spring

Island, dort befinden sich neben dem Fährleger ein kleiner General Store, eine Tankstelle, das Restaurant „Fulford Inn“ mit Selbstgekochtem und eine Kunstgalerie.

Nur wenige Kilometer nordwestlich von Ganges liegt **Vesuvius**, auch hier gibt es einen kleinen General Store, ein Restaurant und einen Pub im Bereich des Fähranlegers.

VISITOR INFORMATION

121 Lower Ganges Road, Ganges
250-537-5252 oder
1-866-216-2936 (gebührenfrei)
ganzjährig Kernöffnungszeiten täglich von 11-15 Uhr
www.saltspringisland.org

SEHENSWÜRDIGKEITEN

RUCKLE PROVINCIAL PARK

Der zu den schönsten Parks auf den Gulf Islands zählende **Ruckle Provincial Park** im Südosten der Insel gelegen ist 4,8 km² groß und bietet einen wunderschönen Ausblick über den *Swanson Channel*. Er ist von Fulford Harbour Ferry Terminal in ca. 10 km über die *Beaver Point Road* erreichbar. Entlang der 7 km langen Küste des Parks mit kleinen Buchten und felsigen Landzungen kann man an verschiedenen Aussichtspunkten allerlei kleine und große Meerestiere beobachten, darunter auch neugierige Seelöwen und auftauchende Orcas. Die Landschaft des Parks ist eine Mischung aus Wald, Wiesen und felsigen Küstenabschnitten. Entlang des südlichen Küstenabschnittes im Park liegen die Zeltplätze und ein Picknickplatz.

ganzjährig, Service Mitte März bis Ende Oktober
8 nein nein
78
Sommer: CAD 16, Winter: CAD 11
Kajakfahren, Fischen, Schwimmen, Tauchen Surfen, Wandern
www.env.gov.bc.ca/bcparks/explore/parkpgs/ruckle

WANDERMÖGLICHKEITEN

Bear Point
Picknickplatz
1,6 km (einfache Strecke)

Beaver Point nach Hilltop
Beaver Point
2,4 km (einfache Strecke)

Hilltop nach King‘s Cove
Hilltop
1,4 km (einfache Strecke)

King‘s Cove nach Yeo Point
King‘s Cove
1 km (einfache Strecke)

Hilltop zu Parkheadquarters
Hilltop
1,8 km (einfache Strecke)

Weitere Wander- und Rundwege sind im Park ausgeschildert.

MOUNT MAXWELL PP

Einen besonders schönen Ausblick über die südlichen Gulf Islands, die Burgoyne Bay, die Sansum Narrows und Vancouver Island hat man vom Gipfel des **Mount Maxwell**, der zu den höchsten Erhebungen auf Saltspring Island gehört. Entlang des gut gesicherten Gipfelweges (Fotoapparat nicht vergessen!) über den steil abfallenden Klippen bieten sich unvergessliche Landschaftsbilder. Weißkopf-Seeadler und Raben ziehen in luftiger

Höhe ihre Kreise und im Bereich der Wälder und Freiflächen entdeckt man Rotwild, Schafe, Ziegen uvm. Erreichbar ist der Park ab Ganges über die *Fulford-Ganges, Cranberry* und *Mt. Maxwell Road* bis zu einem Parkplatz. Vom Parkplatz führt ein kurzer Weg zu einem Trail entlang des Gipfels in 602 m Höhe. Besucher, die den Ausblick ausgiebig genießen wollen, finden entlang des Weges eine Vielzahl zur Entspannung einladende Ruhebänke. Im Park liegt auch ein Picknickplatz.

Achtung: Die Mt. Maxwell Road ist nicht für Wohnmobile geeignet, sie ist eine enge, steile und sehr schlechte Gravelroad. Es ist kein Campground vorhanden.

Wer gut zu Fuß ist: Ab Ganges sind es ca. 10 km (einfache Strecke) bis zum Park.

Wandern, Relaxen, Tierbeobachtungen
www.env.gov.bc.ca/bcparks/explore/parkpgs/mt_maxwell

UNTERKÜNFTE

Fulford Inn
2661 Fulford Ganges Road
250-653-4432
★★
innkeeper@fulfordinn.com
www.fulfordinn.com

Seabreeze Inne
101 Bittancourt Road
250-537-4145
ab CAD 65
www.seabreezeinns.com

Maple Ridge Cottages
301 Tripp Road
250-537-5977
★★ bis ★★★
mail@mapleridgecottages.com
www.mapleridgecottages.com

Harbour House Hotel
121 Upper Ganges Road
250-537-5571
★★ bis ★★★
harbourhouse@telus.net
www.saltspringharbourhouse.com

Garden Faire Campground
305 Rainbow Road
250-537-4346
ganzjährig
4 Stellplätze
ab CAD 25
11
ab CAD 20
www.gardenfaire.ca

Ganges Campground
150 Leisure Lane
250-537-1210
50, 13 mit Stromanschluss
ab CAD 28
www.gangescampground.com

Mowhinna Creek Campground
515 Fulford Ganges Road
250-537-7861
alle Anschlussmöglichkeiten
ab CAD 25
walk-in
ab CAD 20
www.mowhinnacreekcampground.com

TEXADA ISLAND

Die größte Insel der Gulf Islands von Vancouver Island aus erreichbar ab Comox (Fähranleger Little River) über Powell River (Sunshine Coast) am Festland. Von Powell River verkehrt regelmäßig eine Fähre der BC Ferries nach Blubber Bay, an der gleichnamigen Bucht auf Texada Island gelegen.

Wichtig: Es gibt keinen öffentlichen Transportverkehr auf der Insel.

FÄHRVERBINDUNGEN

Comox nach Powell River
1,5 Std.

Powell River nach Texada Island
35 Min.
www.bcferries.com

Flugverbindungen zum *Gillies Bay Airport* sind ab Vancouver oder Qualicum Beach (Vancouver Island) möglich.

Texada Island liegt in der *Strait of Georgia* und ist etwa 51 km lang und fast 10 km breit. Die Insel wurde 1791 von spanischen Forschungsreisenden entdeckt und nach dem spanischen Konteradmiral Felix de Tejada (auch Texada) benannt. Doch schon viele Jahrhunderte vor dieser Zeit war die Insel im Sommer von den Sliammon First Nations bewohnt, die den Fisch- und Schalentierreichtum für ihre Versorgung nutzten.

Ende des 19. Jahrhunderts boomte der Bergbau durch Gold-, Eisenerz- und Kupferfunde, heute ist der Kalkstein-Abbau neben der Holzindustrie, dem Tourismus und dem Kunsthandwerk ein wichtiger Erwerbszweig der Insel. An der **Blubber Bay** im Norden kann man während der Überfahrt von Vancouver Island nach Powell River die riesigen Steinbrüche gut überblicken.

Die für die spätere Entwicklung der Stadt wichtige Entdeckung des Eisenerzes ist dem Walfänger Harry Trim zu verdanken, der 1876 diesen für die Insel bedeutsamen Fund machte. 1886 wurde die erste Eisenerzmine eröffnet, vier Jahre später fand man auch noch Kupfer. 1898 befand sich an der *Marble (Sturt) Bay* nördlich von **Van Anda** eine Gold- und eine Kupfermine. Durch den Bergbau war Ende des 19. / Anfang des 20. Jahrhunderts Van Anda eine aufstrebende Stadt, die das einzige Opernhaus nördlich von San Francisco, drei Hotels mit Saloons, ein Krankenhaus und viele Geschäfte besaß. Leider zerstörten drei Großfeuer in den Jahren 1910, 1912 und 1917 die meisten Gebäude in Van Anda, übrig blieb nur der *Al Deighton's Store*.

Auch eine illegale Schnapsbrennerei gab es in der Geschichte der Insel, sie stand an der Pocahontas Bucht im Norden und lieferte ihre Erzeugnisse während der Prohibition in die USA.

Die zwei Hauptorte der Insel sind die Städte **Van Anda** und **Gillies Bay**, wo die meisten der etwa 1.200 ständigen Bewohner der Insel leben und man alle wichtigen Versorgungseinrichtungen vorfindet.

Die Insel mit ihrem milden Klima ist ein Vogelparadies, hier halten sich je nach Jahreszeit mehr als 250 Vogelarten auf. Großflächige Wälder, felsige und sandige Küstenabschnitte mit schönen Buchten und die Ruhe werden von den vielen Touristen, die jährlich die Insel besuchen, besonders geschätzt.

Texada Island bietet für viele Outdoor-Aktivitäten ideale Bedingungen. Ob nun eine Wanderung auf den 532 m hohen **Mount Pocahontas** in der Mitte der Insel oder der mit 883 m höchste Berg der Gulf Islands, **Mount Shephard**, das Ziel ist, das Meer für die vielen Wassersportarten genutzt oder eine Radtour unternommen wird - sportliche Abwechslung ist in jedem Fall reichlich vorhanden.

Da die meisten Straßen auf der Insel Gravelroads bzw. Logging-Roads sind, lässt sich die Insel übrigens am besten mit dem Fahrrad/Mountainbike erkunden. Die Hauptverbindung zwischen Blubber Bay, Van Anda und Gillies Bay ist asphaltiert.

VISITOR INFORMATION

Nahe Fähranleger Blubber Bay im Manyana Shop
604-486-7006
info@texada.org
www.texada.org

SEHENSWÜRDIGKEITEN

TEXADA HERITAGE SOCIETY MUSEUM

Das Museum ist in einem der wenigen, übrig gebliebenen Häuser aus dem frühen 20. Jahrhundert untergebracht und informiert anhand von Aufzeichnungen über die frühe Geschichte der Insel und deren Bewohner, den Bergbau, die Forstwirtschaft, zeigt alte Stadtaufnahmen und Fotos von den Dampfschiffen, die zum Transport eingesetzt waren.

Thacker House, Blubber Bay
Juli und August von Donnerstag bis Sonntag 11-15 Uhr
www.texadaheritagesociety.com

SANDCASTLE WEEKEND

Wer sich gerne Sandskulpturen ansehen oder auch selbst Hand anlegen möchte, sollte sich Mitte Juli im *Shelter Point Park* zum **Sandcastle Weekend** einfinden. Auch das Nebenprogramm mit Musik, Tanz, Biergarten, Barbecue, Spiel und Spaß lässt sich sehen.

www.texada.org/sandcastle.html

SHELTER POINT REGIONAL PARK

Der schönste Park der Insel, der **Shelter Point Regional Park**, liegt 19 km südlich von Blubber Bay. Dort wird es an einem Juli-Wochenende ziemlich hektisch und lebhaft, wenn das regionale Baseballturnier ausgetragen wird. Der Campground liegt etwas abseits des Strandes.

Ein drei Kilometer langer, interessanter Naturwanderweg führt entlang der bewaldeten Küstenlinie und in der Nähe des Südendes steht die knorrigste Douglastanne des Waldes mit einem Durchmesser von immerhin 2,1 m.

604-486-7228
April bis Oktober
47 ja
Kanu- und Kajakfahren, Fischen, Schwimmen (Ozean), Wandern

UNTERKÜNFTE

Texada Island Inn
Van Anda
604-486-7711
★ bis ★★
texinn@aisl.bc.ca
www.texadaislandinn.com

The Retreat Texada Island
Shelter Pount Road
604-486-7360
ganzjährig
★★ bis ★★★
RV-Stellplätze: ab CAD 24 ja
www.texada-retreat.ca

Shelter Point Regional Park
19 km südlich vom Fährhafen Blubber Bay
604-486-7228
April bis Oktober
47 Stellplätze

Shingle Beach Forest Service Campground
30 Minuten südlich von Gillies Bay (Gravelroad)
604-486-7848
crooked@telus.net

Weitere Unterbringungsmöglichkeiten erfahren Sie in der Visitor Information.

THETIS ISLAND

Thetis Island liegt in der *Strait of Georgia* im Stuart Channel zwischen Chemainus und dem Festland von British Columbia. Erreichbar ist Thetis Island neben der Fährverbindung ab Chemainus noch per Wassertaxi ab Nanaimo und Vancouver.

FÄHRVERBINDUNGEN

Chemainus nach Thetis Island
25 Min.

Thetis nach Kuper Island
15 Min.

Chemainus nach Kuper Island
25 Min.
www.bcferries.com

Thetis Island war viele Jahrhunderte Heimat der First Nations, bevor die ersten weißen Siedler 1873 auf die Insel kamen. Benannt wurde die Insel nach der britischen Fregatte *HMS Thetis*, die von 1851 bis 1853 im Pazifik stationiert war. Thetis war der griechischen Mythologie nach eine der Meeresnymphen, die besonders von Seeleuten verehrt wurden. Sie war die Tochter von Nereus und Doris und zeugte mit Peleus den mächtigen Achilles, den Namensgeber der Achillesferse.

Ende des 19. Jahrhunderts baute man den **Laurence Trail** über die Insel zum **Pilkey Point** am Nordende, wo sich das Anwesen der Laurences, die zu den ersten Siedlers gehörten, befand.

Thetis und Kuper Island waren bis Anfang des 20. Jahrhunderts durch ein Watt miteinander verbunden, bis man 1905 einen *„Cut“* ausbaggerte, um so Booten die Möglichkeit der Durchfahrt zu geben. Damit hatte man gleichzeitig einen zweiten und gezeitenabhängigen Zugang zur Insel nach **Telegraph Harbour** am Ostteil von Thetis Island.

Thetis Island ist ca. 10,35 km^2 groß, etwa 3,2 km lang, 4,8 km breit und besitzt ein einzigartiges Ökosystem, bedingt durch die warmen, trockenen Sommer und milden Winter.

Die Insel ohne Städte, Tankstellen und Shopping-Center hat wunderschöne Küstenabschnitte, bietet herrliche Ausblicke und unterschiedlichste Outdoor-Aktivitäten. Auf der Insel leben etwa 360 ständige Bewohner, es sind nur die wichtigsten Versorgungsmöglichkeiten wie Cafés, ein Farmers Market und kleine Restaurants vorhanden.

Von April bis Ende Oktober gibt es Beschränkungen für offene Feuer. Dies dient dem Schutz der Insel, denn auf Thetis Island fällt wenig Regen und die Insel hat nur begrenzt Wasserreserven, da sie überwiegend bewaldet ist. Es ist daher besonders wichtig, keine Zigarettenkippen oder andere feuergefährliche Dinge achtlos wegzuwerfen. Unterbringungsmöglichkeiten bieten Gästehäuser und Privatpensionen. Einen Campground gibt es auf der Insel nicht.

Hinweis: Sehr viel Land auf Thetis Island ist in Privatbesitz, achten Sie daher unbedingt darauf, dass Sie nicht ver-

sehentlich auf dem Grundstück eines Bewohners spazieren gehen.
www.thetisisland.net

KUPER ISLAND

Kuper Island liegt südlich von Thetis Island im *Stuart Channel* und ist 8,66 km² groß. Die etwa 300 Einwohner der Insel sind Penelakut First Nations, die Insel ist Indianerreservation und Eigentum der Penelakut. Besucher sind auf der Insel nicht unbedingt erwünscht.

Hinweis: Es gibt auf Kuper Island keine Versorgungsmöglichkeiten.

Wer die Insel besuchen möchte, sollte sich mit dem Penelakut Band Council in Chemainus in Verbindung setzen:
11330 Clam Bay North
250-246-2321

WISSENSWERTES

■ ÄRZTLICHE HILFE

Die medizinische und zahnmedizinische Versorgung in Kanada ist sehr gut, aber teuer. Setzen Sie sich vor Antritt der Reise mit Ihrer **Krankenkasse** (auch privat Versicherte) und Ihrem **Unfall- und Haftpflichtversicherer** in Verbindung und klären Sie Ihren Versicherungsschutz für Kanada. Da die Kosten meistens nicht übernommen werden, empfiehlt sich daher unbedingt der Abschluss einer **Auslandskrankenversicherung**, die für einen recht günstigen Beitrag zu bekommen ist. Klären Sie auch den Versicherungsschutz Ihrer Haftpflicht- und Unfallversicherung. Und da eine Kanada-Reise nicht billig ist und oft lange vor Abfahrt gebucht wird, ist auch eine Reiserücktrittsversicherung sinnvoll. Sollten Sie die Reise mit einer Kreditkarte bezahlt haben, schauen Sie ins Kleingedruckte der Bestimmungen, denn es kann sein, dass eine **Reiserücktrittsversicherung** eingeschlossen ist.

Bei einem Arztbesuch werden Sie meistens direkt zur Kasse gebeten. Bezahlt wird in bar oder evtl. per Kreditkarte. Für den Fall einer längeren und teuren Behandlung sollten Sie unbedingt den Versicherungsschein und die Daten der Versicherungsgesellschaft parat haben, damit eine Kostenübernahme zügig geklärt werden kann. Alle vorgestreckten Beträge lassen Sie sich detailliert bescheinigen und reichen diese nach Rückkehr bei Ihrer Auslandskrankenversicherung ein.

Verschreibungspflichtige Medikamente *Prescription* von niedergelassenen, kanadischen Ärzten erhalten Sie in speziellen Abteilungen der *Drugstores* oder Supermärkte. Sollten Sie dringend ein Medikament benötigen und die Drugstores geschlossen haben, bekommen Sie Hilfe über die Rufnummer 911 oder wenden Sie sich an ein Krankenhaus, diese verfügen über eigene Apotheken. Wenn Sie regelmäßig Medikamente einnehmen müssen, besorgen Sie sich diese bitte vor der Reise in ausreichenden Mengen. Für Brillenträger ist die Mitnahme einer **Ersatzbrille** sinnvoll, wenigstens sollten Sie den Brillenpass bei sich haben, um ggf. schnell bei einem Optiker eine neue Brille anfertigen lassen zu können.

Die Drugstores und Supermärkte haben auch ein wesentlich breiteres Angebot an frei verkäuflichen Medikamenten, Nahrungsergänzungsmittel usw., als dies bei uns der Fall ist.

■ ALKOHOL

- Das Mindestalter für den Kauf und das Trinken von Alkohol beträgt in Kanada 18 bis 19 Jahre, es wird in den einzelnen Provinzen unterschiedlich gehandhabt.
- Alkohol darf in der Öffentlichkeit nicht unverpackt transportiert werden.
- Grundsätzlich ist auf öffentlichen Plätzen der Konsum von Alkohol verboten, sofern dies nicht ausdrücklich erlaubt ist. Ihr Stellplatz auf dem Campground ist **Privatplatz**.
- **Liquor stores** (nur dort werden alkoholische Getränke verkauft) befinden sich in größeren Ortschaften und Städten.
- Angebot und Preise:
  www.bcliquorstores.com
- In den Restaurants wird nur Alkohol verkauft, wenn der Besitzer eine Erlaubnis besitzt. Die Lizenz ist erkennbar an Schildern mit der Aufschrift *„Licensed"* oder *„Licensed* Premises".
- Die Promillegrenze beim Autofahren wird von Provinz zu Provinz unterschiedlich gehandhabt. Sie liegt zwischen 0,0 und 0,8 Promille (British Columbia: 0,5 Promille). Autofahren unter Alkoholeinfluss wird in Kanada sehr streng bestraft.

■ ANGELN

Kanada ist ein Paradies für Angler und das Fischen ist durch die vielen Seen und Flüsse auch eine dankbare Sportart, hat man doch bei dem großen Fischreichtum schnell ein Erfolgserlebnis. Die Bestimmungen sind in den Provinzen unterschiedlich, auch die Kosten und die Gültigkeitsdauer der Lizenz (*Fishing Licence, Fishing Permit*). Man erhält die Lizenzen in Geschäften für Anglerzubehör, in Lodges, Tankstellen oder in Sportgeschäften. Sondergenehmigungen werden für das Fischen in National Parks benötigt.

Sie sollten unbedingt die wichtigsten Angel-Regeln kennen und streng auf die Gesetze achten, die für Fangquoten, Saison, Umwelt- und Tierschutz gelten. Es finden Kontrollen statt, wie wir selbst erlebten, als wir durch das seenreichen Chilcotin-Country fuhren und plötzlich ein Polizeiwagen uns geräuschvoll verfolgte.

Weitere Infos:

BC: www.env.gov.bc.ca/fw

Alberta: www.albertaregulations.ca/fishingregs

■ APOTHEKEN

► Ärztliche Hilfe

■ AUTOVERMIETUNG

In Nordamerika (inklusive Kanada) ist die

Anmietung eines Autos bei ansässigen Leihwagen-Unternehmen jederzeit möglich. Es empfiehlt sich aber, besonders in der Hauptreisezeit, eine Vorbuchung bereits in Europa vorzunehmen. In Reisebüros erhält man faire und günstige Angebote. Zur Übernahme fallen dann nur noch wenige Formalitäten an. Hier eine Auswahl der Firmen, die auch in Europa vertreten sind:

Autovermietung – Leihwagenfirmen		
Name	**Telefon**	**Internet**
Avis	01805.21 77 02	www.avis.de
Budget	01805.06 01 17	www.budget.de
Hertz	01805.93 88 14	www.hertz.de
National Car	0800.46 47 336	www.nationalcar.de
Thrifty	0700.83 77 82 77	www.thrifty.de

Mietbedingungen für Fahrzeuge

Bei allen Vermietern muss der Fahrer das 21. Lebensjahr vollendet haben, unter 25 Jahren muss eventuell ein Risiko-Zuschlag gezahlt werden. Einige wenige Vermieter bieten auch die Vermietung mit hohen Aufschlägen ab 19 Jahren an. Wohnmobile können meist ab 21 Jahren ohne Zusatzkosten angemietet werden. Es wird ein gültiger **Führerschein Klasse B, BE, CE, C1E (alt Klasse 3)** benötigt, eventuell auch ein internationaler Führerschein, wenn Sie noch keinen EU-Führerschein besitzen.

Es muss eine hohe Kaution in bar oder in Reiseschecks hinterlegt werden. Für Kreditkarteninhaber entfällt dies, allerdings verlangen die Vermieter eine Blanko-Unterschrift auf einem Kreditkartenabzug. Es ist daher ratsam, auf jeden Fall eine Kreditkarte (VISA, EUROCARD) mitzunehmen.

Bei Vorbuchung sind die Basiskosten (Steuern, Haftpflicht- und evtl. Vollkaskoversicherung) bereits bezahlt. Vor Ort sind zu zahlen: Aufschläge, Zusatzversicherungen und Einweggebühren plus Steuern / *Tax* (GST, PST), wenn das Fahrzeug nicht zum Ausgangsort zurückgebracht wird. Die Einwegmiete muss aber bereits bei Buchung mit dem Vermieter abgestimmt sein.

■ AUTOVERSICHERUNGEN

Schon bei der Anmietung eines Fahrzeugs sollte man im Reisebüro abklären, welche Versicherung sinnvoll ist, um bei einem Schadensfall die größtmögliche Sicherheit zu haben.

- **CDW / LDW** (*Collision Damage Waiver / Loss Damage Waiver*) Diese Versicherung ist normalerweise in allen Mietverträgen enthalten, sie setzt eine hohe Eigenbeteiligung voraus. Bei bestimmten Schäden (zum Beispiel Schäden beim Dachaufbau oder beim Rückwärtsfahren) haftet der Mieter unbegrenzt.
- **VIP** (*Vacation Interruption Policy*) Sie kostet etwa CAD 20 plus Tax / pro Tag, ist als Ergänzung zu CDW zu sehen und für bis zu 40 Miettage im Voraus zu entrichten. Die VIP senkt die Selbstbeteiligung. Schäden durch grobe Fahrlässigkeit, bei stehendem Wohnmobil, auf Campingplätzen, beim Parken usw. werden aber auch hier nicht abgedeckt. Eine Ergänzung ist die VIP Plus. Hier entfällt der Selbstbehalt bei Unfallschäden inkl. Diebstahl und Vandalismus.

Tipp: Bitte beachten Sie unbedingt, dass das amerikanische und das kanadische Versicherungssystem nicht mit unserem deutschen System vergleichbar ist. Lassen Sie sich genau die Schadensfälle definieren, welche die Versicherung anerkennt und welche Fälle nicht abgedeckt sind. Dies gilt besonders für die Wohnwagenversicherungen.

Weitere wichtige Informationen

Bedenken Sie, dass Sie nicht alle Highways oder Gebiete mit Ihrem Mietfahrzeug befahren dürfen. Dies ist auch abhängig vom Ort der Übernahme des Fahrzeugs.

Planen Sie Fahrten in den Norden, so ist es sinnvoll, ein Fahrzeug in Whitehorse zu mieten, weil man mit diesen Fahrzeugen auch einige Schotterstraßen befahren darf. Bei einer Anmietung im Süden sind in den meisten Fällen Schotterstraßen generell nicht erlaubt, Ausnahmen sind kurze Schotter-Anfahrten zu den Provincial Parks. Auch bei Fahrten in das Yukon Territory ist eine Abklärung der Strecke mit dem Vermieter nötig.

Wenn Ihnen auf *„verbotenen"* Straßen etwas zustößt, dann hilft auch die beste und teuerste Versicherung nichts mehr, den Schaden zahlen Sie dann aus Ihrer Urlaubskasse. Daher ist auch wichtig, schon bei der Planung der Reise - und erst recht bei der Buchung - mit der Mietstation abzuklären, welche Highways nicht befahren werden dürfen. Denn da das kanadische Straßennetz nicht annähernd unserem Gewohnten entspricht, sind Alternativstrecken meistens nicht vorhanden. Wenn

Sie einen Abstecher in die USA planen, stellen Sie bei Ihrem Vermieter sicher, dass der Versicherungsschutz auch für die USA gilt.

Wichtig: Unbedingt vom Vermieter eine Übersicht über die erlaubten und nicht erlaubten Highways anfordern, möglichst schon bei der Planung Ihres Urlaubs. Die Mitgliedschaft in einem deutschen Automobilclub wird in der Regel von den nordamerikanischen Clubs (CAA und AAA) anerkannt.

■ BÄREN

In Kanada und Alaska leben **Schwarz-** und **Braunbären**, Unterarten des Braunbären sind der **Grizzly-** und **Kodiakbär**. In arktischen Regionen ist der Eis- oder Polarbär heimisch.

Der sehr scheue **Schwarzbär** (*Black bear*) ist bis auf die südwestlichen, trockenen Präriegebiete in fast ganz Kanada verbreitet. Er ist ein Allesfresser, 90% seiner Nahrung ist pflanzlicher Herkunft, doch bereichern auch kleine Tiere und Fische seinen Speiseplan. Die männlichen Tiere sind bis 300 kg schwer, die weiblichen bis 200 kg. Die Fellfärbung kann neben schwarz auch silbergrau, rotbraun bis braun sein, die Schnauze ist ockerfarben. Schwarzbären sind äußerst schnell (bis 50 km/h) und wendig, sie sind gute Schwimmer und Kletterer. Ein Schwarzbär lebt meist in Wäldern, die dichtes Unterholz haben, doch auch offene Gebiete, die beeren- und grasreich sind, werden von ihnen zur Nahrungsaufnahme aufgesucht. Schwarzbären sind deutlich kleiner als Grizzlys. Normalerweise werden die Schwarzbären in der Dämmerung aktiv, doch wenn sie sich ihren Winterspeck anfressen müssen, sind sie auch tagsüber auf Nahrungssuche. Für die Schwarzbären sind Grizzlys natürliche Feinde, die Jungen müssen sich auch vor Wölfen, Pumas und Kojoten in Acht nehmen.
Die Paarungszeit ist im Frühjahr bis Sommer, nach etwa 7 Monaten werden dann während der Winterruhe pro Wurf ein bis vier Junge geboren. Diese haben ein Gewicht von 250 bis 400 g. Sie sind mit ca. drei Jahren geschlechtsreif. Die Lebenserwartung liegt bei etwa 30 Jahren.

Grizzlys sind ebenfalls sehr scheue Tiere, sie leben vorwiegend in den Bergen Westkanadas und Alaskas. Seinen Namen verdankt der Grizzly seiner gräulichen Fellfärbung (*grizzly*-gräulich), doch es gibt auch braune bis fast schwarze Grizzlybären. Sie sind von kräftiger Statur und werden normalerweise bis 450 kg schwer, einige Exemplare auch deutlich schwerer. Erkennbar ist der Grizzly an dem typischen Nackenbuckel. Grizzlybären sind tag- und nachtaktiv, droht Gefahr, stellt er sich gerne auf die Hinterbeine, was ihn noch bedrohlicher aussehen lässt. Er kann ebenfalls bis 50 km/h schnell werden, klettern ist durch sein enormes Körpergewicht nicht möglich. Er ist ein Allesfresser, ernährt sich aber überwiegend von Fischen und Säugetieren, seltener von Pflanzlichem.

Die Paarungszeit ist im Juni und Juli, nach ca. 7 Monaten kommen die Jungen (meist 1-4 Babys) zur Welt und wiegen 450 bis 700g. Nach etwa 2-3 Jahren sind sie geschlechtsreif. Die Lebenserwartung beträgt etwa 35 Jahre.

Der **Kodiakbär** lebt auf den gleichnamigen Inseln vor und an der Südküste Alaskas. Sie zählen zu den größten Raubtieren der Erde. Ihre Lebensweise entspricht denen der Grizzlys, doch sie sind noch kräftiger und schwerer. Die zwischen 1 und 3 Babys kommen erst 8 bis 9 Monate nach der Paarung zur Welt und sind mit 4-5 Jahren geschlechtsreif. Ihre Lebenserwartung liegt bei etwa 40 Jahren.

Allgemeine Hinweise

Bei ihrer Reise durch Kanada werden Sie wahrscheinlich nur Schwarzbären begegnen, da diese am weitesten verbreitet sind. Sie haben ihre natürliche Scheu vor den Menschen verloren und werden deshalb zur Gefahr, da die Bären die leicht zugänglichen Nahrungsquellen in Mülltonnen, Essensreste auf Campgrounds usw. für sich entdeckt haben. Nun versucht man die Bären, die den Menschen zu nahe gekommen sind, auszuwildern, indem man sie einfängt und in weit entfernten Gebieten wieder aussetzt. Doch oft gelingt dies nicht, die Bären kommen zurück und bezahlen diese Rückkehr dann meist mit ihrem Leben.

Bitte achten Sie daher darauf, dass keine Essensreste auf dem Campground liegen bleiben - auch nicht im Lagerfeuer! Entsorgen Sie auch die Aluminium-Grillschalen. In besonders frequentierten Gegenden stehen bärensichere Abfallbehälter für die Müllentsorgung bereit.
Auf Wildnis-Touren müssen Sie Ihre Essensvorräte für Bären unerreichbar entweder in die (wenn vorhanden) verschließbaren Container oder mindestens 3-4 m hoch an einem Seil zwischen zwei Bäumen aufbewahren. Auch Kosmetikartikel, Süßwaren usw. gehören nicht ins Zelt. Ratsam ist auch das Wechseln der Wäsche (Grillgeruch) und eine Beseitigung evtl. vorhandener Deo-Reste.

So lieblich und nett diese Tiere auch dreinschauen, unterschätzen Sie die Gefahr nicht. Nehmen Sie Bärenwarnungen ernst und füttern Sie keinesfalls einen am Highway herumstreunenden Bären. Bleiben Sie in Ihrem Fahrzeug und kommen Sie dem Tier nicht zu nahe. Bei Wanderungen ziehen Sie geräuschvoll - etwa mit einem Lied auf den Lippen oder einer mit Steinen gefüllten Dose am Rucksack - durch die Wälder. Es müssen immer Geräusche sein, die den natürlichen Geräuschpegel (Rauschen des Wassers, Wind usw.) übertönen.

Wenn es trotz aller Vorsichtsmaßnahmen zu einer Bärenbegegnung kommt, bewahren Sie vor allem Ruhe, davonrennen hilft nichts, die Bären sind eh schneller als Sie. Reden Sie ruhig auf den Bären ein, blicken Sie ihm dabei aber nicht in die Augen. Einen Baum erklimmen bringt nur vor den schwerfälligen Grizzlys Schutz. Bedenken Sie aber, dass ein aufrecht stehender Grizzly ist immerhin noch 3 m hoch ist und wir im Umgang mit Bären wenig Geübte nicht auf Anhieb erkennen, welches Exemplar tatsächlich in der Nähe ist.

Wenn der Bär auf Sie zukommt und Sie das Gefühl haben, dass es ernst wird, werfen Sie ihm Ihren Rucksack entgegen, vielleicht signalisiert ihm sein Geruchssinn etwas Essbares und Sie gewinnen Zeit für den Rückzug. Bei Schwarzbären kann auch ein Versuch der Gegenwehr sinnvoll sein, werfen Sie mit Steinen, schreien Sie ihn an. Wenn aber auch dies nicht hilft und der Bär sie angreift, dann wird von Rangern empfohlen, sich einzurollen, mit dem Gesicht nach unten hinzukauern und den Kopf mit den Händen zu schützen.

Im Handel ist ein **Anti-Bear Spray** erhältlich, das zu 11% aus rotem Pfeffer besteht. Es wirkt auf einer Entfernung von bis zu 3 m. Der im Augen- und Nasenbereich getroffene Bär soll damit für 5-10 Minuten außer Gefecht gesetzt werden und diese Zeit sollte reichen, sich schnellstens zu entfernen. Die beste Anti-Bär-Waffe hilft nichts bei kranken, hungrigen oder verletzten Tieren und bei Bärinnen, die mit ihren Jungen unterwegs sind. Daher kommen Sie niemals einem ach so süßen kleinen Bärenbaby zu nahe, die Mutter ist garantiert nicht weit!

Hinweis

Man sollte sich trotz der Gefahren, die mit Bären verbunden sein können, nicht generell davon abhalten lassen, aus dem Fahrzeug zu steigen oder Wälder zu besuchen. Eine Bärenbegegnung ist sehr selten, da dies ja sehr scheue Tiere sind. Wenn man ihnen mit dem nötigen Respekt (und Sicherheitsabstand) in ihrer Heimat begegnet, wird man sicherlich als Souvenir ein schönes Foto, aus sicherem Abstand gemacht, als Erinnerung mit nach Hause nehmen können. Und wenn Sie unterwegs, z.B. entlang des Highways, einen Bären entdecken, bitte legen Sie **keine Vollbremsung** hin, sondern machen erst dann Ihr Foto (im Fahrzeug bleiben), wenn der restliche, laufende Verkehr nicht behindert wird. Vermeiden Sie auch jegliche Lockversuche mit Essbarem oder sonstigen Gegenständen. Und, ganz besonders wichtig: Sollten Sie den zugegeben sehr niedlichen und putzigen Jungbären begegnen, bleiben Sie auf alle Fälle fern, denn die Mutter ist nicht weit und wird mit allen Mitteln ihre Kinder verteidigen.

Durch die menschlichen Kontakte haben die Bären vielfach schon ihre natürliche Scheu verloren und nähern sich der Zivilisation weiter an. Und dies kann am Ende nur dazu führen, dass die schönen Tiere zum Schutz der Bevölkerung erschossen werden. Aber letztendlich sind die Menschen ja die Eindringlinge, und nicht die Bären.

■ BEHINDERTENHILFE

Das öffentliche Leben in Kanada ist wesentlich besser auf Behinderte eingestellt, als dies z. B. bei uns in Deutschland der Fall ist. Öffentliche Gebäude, Geschäfte, Flughäfen und die meisten Unterbringungsmöglichkeiten sind behindertengerecht ausgestattet. In Museen, Vergnügungsparks etc. steht häufig ein Service für Körperbehinderte zur Verfügung. Behindertenparkplätze gibt es überall ausreichend. Wohnmobilvermieter bieten auch Fahrzeuge für Behinderte an. Sehr viele Camping- und Picknickplätze verfügen über behindertengerechte Stellplätze. Behinderte können mit großer Hilfsbereitschaft und Respekt in ganz Kanada rechnen.

Für weitere Fragen und Auskünfte in Kanada:

Canadian Paraplegic Association

✉ 1101 Prince of Wales Drive, Ste. 230,
Ottawa, K2C 3W7
☎ 613-723-1033
✉ info@canparaplegic.org
💻 www.canparaplegic.org/en

British Columbia

✉ 780 S.W. Marine Drive,
Vancouver, B.C. V6P 5Y7

☎ 604-324-3611
☎ 1-877-324-3611
✉ vancouver@bcpara.org

Alberta
✉ 305, 11010-101 Street, Edmonton,
Alberta, T5H 4B9
☎ 780-424-6312
☎ 1-888-654-5444
✉ edmonton@cpa-ab.org

Bundesverband Selbsthilfe Körperbehinderter e.V.
✉ Altkrautheimer Straße 20,
74238 Krautheim
☎ 06294-4281-0
✉ zentrale@bsk-ev.org
www.bsk-ev.org

■ BOTSCHAFTEN
► Vertretungen

■ CAMPER
► Wohnmobile

■ CAMPING
Kategorien der Campingplätze

- **National Park Campgrounds**

Es sind recht große Plätze, neben den üblichen Ausstattungsmerkmalen (Feuerstelle mit Grillrost, Picknicktisch) mit meist einfacher, sanitärer Ausstattung. Einige Plätze haben eine (evtl.) kostenpflichtige Sanidump-Station und Duschen. In den Städten Banff und Jasper stehen auch National Park Campingplätze mit Wasser-, Abwasser- und Stromanschlüssen, in Lake Louise mit Stromanschluss, zur Verfügung. Die Kosten für eine Übernachtung variieren (zurzeit je nach Ausstattung von CAD 16 bis CAD 39) und können in bar und bei einigen Campgrounds auch per Kreditkarte bezahlt werden. Zusätzlich ist noch die **National Park Gebühr** zu entrichten (► *National- und Provincial Park*). Meist kommt am Abend ein(e) Parkaufseher(in) vorbei und kassiert die Gebühr oder bei der Einfahrt in den Campground wird man zur Kasse gebeten und bekommt einen Platz zugewiesen.

Wenn man auf den National Park Campground ein Lagerfeuer machen möchte, muss ein **Fire-Permit** gekauft werden (aktuell CAD 8,80). Im Preis inbegriffen ist das Holz für ein abendliches Lagerfeuer, das auf einem zentralen Platz abgeholt werden kann. Mitgebrachtes Holz sollte nicht verbrannt werden. Ein Grund für diese Maßnahme ist der extrem hohe Befall der Wälder hauptsächlich in British Columbia mit dem Borkenkäfer, dessen weitere Verbreitung man hiermit verhindern möchte. Es wäre wirklich wünschenswert, wenn dies damit gelingen könnte.

- **Provincial Park Campgrounds**

Die Provinzen unterhalten in ihren Parks Provincial Campgrounds, teils mit Spielplätzen, Badestränden, Sport- und Wandermöglichkeiten. Die Plätze haben die Ausstattung wie die National Park Campgrounds. Daneben gibt es auch Provincial Park Campgrounds der Einfachkategorie mit Wasserpumpe und Plumpsklo. Einige Plätze haben eine kostenpflichtige (CAD 5) Sanidump-Station. Die Übernachtungskosten variieren (zurzeit je nach Ausstattung von CAD 16 bis CAD 30, Stromanschluss, wenn vorhanden CAD 8 pro Tag, Zeltplatz in der Wildnis CAD 5). Bezahlt wird bar entweder beim Parkaufseher auf seinem abendlichen Rundgang, per **Self-Registration** ► siehe dort oder bei der Einfahrt.

- **Forest Service Campgrounds**

Sie werden vom Forest Service und den *Logging Companies* (Holzkonzerne) unterhalten. Es sind Plätze der Einfach-Kategorie, die man in den Reiseführern und auf Straßenkarten meist nicht findet. Das Übernachten ist sehr günstig oder umsonst, meistens gibt es nur wenige Stellplätze, sie haben einfachste Ausstattung, Trockentoilette, evtl. eine Wasserpumpe und liegen sehr einsam und schön. Oft befinden sie sich viele Kilometer vom Highway entfernt und die Zufahrten sind Logging Roads oder Gravel Roads.

- **Municipal Campgrounds (Städtische Plätze)**

Hier findet man Plätze unterschiedlichster Ausstattung und Preise. Die Stellplätze haben in der Regel eine Feuerstelle mit Grillrost und eine Tisch / Bank-Kombination.

- **Private Campgrounds / RV Parks**

Diese Plätze sind größtenteils mit Wasser-, Abwasser-, Stromanschluss ausgestattet, die Stellplätze sind oft eng. Die Preise richten sich nach der Ausstattung des Stellplatzes (bis CAD 50 / pro Nacht), aber dafür gibt es Waschsalons, Minishops, oft einen Swimming-Pool, Restaurants etc. Diese Plätze liegen meistens verkehrsgünstig, Kreditkartenzahlung ist fast überall möglich. Ein Lagerfeuer ist nur selten gestattet. Die Gebühr wird bei der Registrierung im Büro (*Office*) bezahlt.

- **„Self-Registration-Campgrounds“**

Kommen Sie auf einen Campground mit **„Self Registration“** (Selbstregistrierung) müssen Sie einen Umschlag mit Ihren Daten (inkl. Autokennzeichen) ausfüllen, der am Eingang bereit liegt, die Gebühr in den Umschlag geben und ihn in den vorgesehenen Behälter werfen. **Tipp:** Halten Sie immer etwas Kleingeld parat. Wechselgeld brachte man uns bis jetzt nur ein einziges Mal, „verbuchen“ Sie es also als Spende.

- **Overflow**

Sehr beliebte Plätze haben oft auch einen Overflow Platz, der zur Verfügung steht, wenn der „normale“ Campingplatz voll ist. Hier steht man dann dicht an dicht mit seinem Nachbarn, die Übernachtungsgebühr ist meist reduziert. Ist auch dieser Platz voll, dann heißt es: Weiterfahren.

- **Wildes Campen**

Im Norden kann man Plätze zum „wilden“ Übernachten in einsamer Gegend finden. Das Schild **„No Overnight Parking“** sollten Sie ernst nehmen und dort nicht übernachten. Auch Privatbesitz ist zu respektieren (Private Property).

- **Wildnis-Camping**

In entlegenen Gebieten gibt es Wildnis-Zeltplätze. Einige Plätze sind nur markiert, andere haben einfachste Ausstattung, evtl. gibt es eine Trockentoilette und bärensichere Behälter zur Aufbewahrung von Lebensmitteln. Alle Abfälle müssen wieder mitgenommen werden, ein Lagerfeuer ist nicht überall erlaubt.

Full Service auf Provincial - und National Park Campgrounds bedeutet, es wird für die Sicherheit gesorgt, ein Park-Wärter ist anwesend und wohnt dort je nach Größe des Campgrounds. Die Schranken am Eingang sind nachts geschlossen. Außerdem sind, falls vorhanden, die Duschen und die Sanidump-Stations in Betrieb. Normalerweise gilt auf dem Campgrounds: *„First Come - First Served“*, wer zuerst kommt, der hat die freie Auswahl unter den nicht besetzten Plätzen. Es besteht aber auf einigen Campgrounds auch die Möglichkeit, Stellplätze zu reservieren:

- **National Park:**

Reservierungsgebühr: CAD 10,80 (pro aufeinanderfolgende Übernachtung)
www.pccamping.ca/parkscanada
1-888-773-8888 (Wintercamping)
1-877-737-3783

- **Provincial Park British Columbia:**

Reservierungsgebühr: CAD 6,80 bis max. 18,90 (pro aufeinanderfolgende Übernachtung)
www.discovercamping.ca
604-689-9025 (Großraum Vancouver)
1-800-689-9025 (Sonstige)

Generelle Tipps

- Parken Sie immer in Abfahrtrichtung, um bei eventuell auftretenden Schwierigkeiten schnell wegfahren zu können.
- Vergewissern Sie sich, wo ein evtl. vorhandenes Telefon zu finden ist und orientieren Sie sich noch bei Helligkeit auf dem Platz.
- Selbstverständlich sollte es auch sein, den Stellplatz sauber zu verlassen.
- Lassen Sie Ihr Lagerfeuer nicht unbeaufsichtigt und löschen Sie es komplett, bevor Sie sich ins Wohnmobil zurückziehen oder den Platz verlassen.
- Halten Sie immer genügend Kleingeld parat, wenn Sie keine privaten Campingplätze anfahren möchten. Bitte beachten Sie: Auch auf Self-Registration Campgrounds wird kontrolliert, ob man sich registriert hat.
- Es ist nur an speziellen Entsorgungsstationen (*Sanidump-Stations*) erlaubt, die Abwassertanks (*Holding Tanks*) abzulassen. Besorgen Sie sich dafür Einmalhandschuhe.
- Feuerholz wird nicht mehr kostenlos abgegeben. Parkwärter verkaufen es in mehr oder weniger klein gehackten Bündeln zum Preis von CAD 6-8. Für das Lagerfeuer muss es aber noch weiter zerkleinert werden, daher unbedingt eine Axt beim Vermieter mitnehmen.
- Auf den National Park Campgrounds benötigen Sie ein *Fire-Permit* (Erlaubnis), das Sie für aktuell CAD 8,80 erhalten. Inbegriffen ist die Menge Holz für ein Lagerfeuer, das Sie sich auf einem zentralen Holzplatz holen können. Mitgebrachtes Holz sollte nicht verfeuert werden.

■ CHECKLISTEN

▶ ab Seite 461

■ EINFUHRBESTIMMUNGEN

Als Tourist können Sie persönliche Gebrauchsgegenstände zoll- und gebührenfrei einführen (z. B. Kameras, Radios, Fahrräder, Sportausrüstungen). Wenn Sie Vollkornbrot, Kaffee oder andere Lebensmittel für die Erstversorgung mitnehmen möchten, gehören diese in den Koffer. **Beachten Sie unbedingt die aktuell gültigen Handgepäckrichtlinien, speziell für Flüssigkeiten.**

Die Zollerklärung sollte sorgfältig ausgefüllt werden, um bei der Einreise unnötige Verzögerungen auszuschließen. Eine Zollerklärung erhalten Sie bereits auf dem Hinflug nach Kanada. Das Flugpersonal hilft bei Bedarf gerne beim Ausfüllen. Auf der folgenden Internetseite finden Sie eine mehrsprachige Anleitung und Erläuterung zur *Declaration Card*:

www.cbsa-asfc.gc.ca/E/pbg/cf/ce311/ce311-07b.pdf

- Erlaubt sind 1,1 l Spirituosen, 1,5 l Wein oder 8 Dosen Bier für Erwachsene über 18 Jahre nach Alberta, British Columbia erlaubt diese Mengen erst ab über 19 Jahre.
- 200 Zigaretten oder 50 Zigarren oder 200g Pfeifentabak für Reisende über 16 Jahre.
- Geschenke bis CAD 60
- Für Bargeld gibt es keine Beschränkungen, aber Beträge ab CAD 10.000 müssen extra deklariert werden.
- Die Einfuhr von frischen Pflanzen, Fleisch- und Wurstwaren und allen landwirtschaftlichen Erzeugnisse ist generell verboten bzw. unterliegt strengen Kontrollen.
- Die übliche Reiseausstattung Kleidung, Dinge des persönlichen Bedarfs für Urlaubs- und Geschäftsreisen dürfen in angemessenen Mengen mitgebracht werden.
- Feuerwaffen müssen angemeldet werden, nach Zahlung von CAD 25 erhält man nach Überprüfung durch Zollbeamte eine Waffenlizenz für bis zu 60 Tage. Da die Provinzen und Territories eigene Bestimmungen über das Mitführen von Feuerwaffen haben, bitte informieren Sie sich bei Bedarf auf der folgenden Internetseite:
  www.cfc-cafc.gc.ca
- Jagd- oder Taschenmesser können mitgebracht werden, ausgenommen sind Messer mit einem Federmechanismus. Die Einfuhr müssen Sie bei der Einreise deklarieren. *Non-Resident firearm declaration:*
  www.rcmp-grc.gc.ca/cfp-pcaf/form-formulaire/pdfs/909.pdf
- Weitere Hinweise und aktuelle Änderungen erfahren Sie auf der Internetseite des Auswärtigen Amtes:
  www.auswaertiges-amt.de

Wichtiger Hinweis: Die in der Vergangenheit übliche Rückerstattung der kanadischen **GST** (*goods and services tax*) ist zum 01.04.2007 abgeschafft worden.

■ EINKAUFEN

Supermärkte oder General Stores findet man selbst in den kleinsten Orten. Supermärkte der Ketten *Safeway, Real Canadian Super Store, Overwaitea Food, Extra Foods, Thrifty* usw. haben ein enorm breites und reichhaltiges Angebot.

- Fleisch finden Sie nur in Supermärkten, Fleischereien (Metzgereien) sucht man vergebens. Das Fischangebot variiert je nach Region sehr stark. Die Auswahl an Wurstsorten ist mit dem reichhaltigen, deutschen Angebot nicht zu vergleichen.
- Ein vielfältiges Angebot gibt es an Milch und Milchprodukten. Den kanadischen Käse *Cheddar Cheese* gibt es von mild bis scharf, er schmeckt sehr gut. Die ebenfalls angebotenen, importierten und gewohnten Käsesorten sind teuer.
- Auch das Obst- und Gemüseangebot ist sehr reichhaltig. Preiswert kann man einheimisches Obst und Gemüse auch an Straßenverkaufsständen in den Anbaugebieten bekommen.
- Das kanadische Brot ist gewöhnungsbedürftig, es ist pappig (klebrig) und weich. Selbst in den deutschen Bäckereien in Kanada findet man nicht die gewohnte Brotqualität und Vielfalt. In einigen Supermärkten werden abgepacktes Vollkornbrot und mehr oder weniger knackige französische Baguettes angeboten, die für eine herzhafte Abwechslung sorgen. Eine schmackhafte Alternative sind Bagels, getoastet oder auch kalt sind sie etwas fester als das kanadische Brot.
- Das Sortiment an Fertiggerichten ist sehr umfangreich, wie auch das Angebot an Tiefkühlwaren.
- Bei den Süßspeisen sind die *Muffins* aller Art, **Pies** (gedeckte Obstkuchen) und *Donuts* der Renner. Diese kann man abgepackt oder auch von den Bäckereien der Supermärkte frisch gebacken kaufen.

- Getränke gibt es preiswert in sehr großer Auswahl und in für uns ungewöhnlichen, großen Abfüllungen.
- Alkoholhaltige Getränke werden nur in *Liquor Stores* verkauft, die Altersgrenze ist 19 Jahre (BC und Alberta). Im Supermarkt gibt es nur alkoholfreies Bier oder alkoholreduzierten Wein. **Achtung:** Alkohol darf in Kanada und USA nur in geschlossenen Räumen und auf Privatgrundstücken, doch nicht öffentlich getrunken werden. Ihr Stellplatz auf dem Campingplatz gilt als Privatbereich.
- **Malls** mit einer Vielzahl an unterschiedlichen Geschäften und Dienstleistungen findet man in Kanada in den Innenstädten, an den Ortsrändern und an den Zufahrtstraßen zu den Städten. Meistens liegen riesige Supermärkte, Fast Food Restaurants, Waschsalons, Banken usw. ebenfalls in unmittelbarer Nähe. Zusätzlich finden Sie, wenn Sie nicht gerade den Innenstadtbereich zum Vorräte kaufen ansteuern, reichlich Platz zum Parken, auch für Wohnmobile.
- Mit Tankmöglichkeiten werden Sie schon bei der Einfahrt in eine Stadt meistens erschlagen. Tankstellen haben in der Regel auch noch ein beschränktes Angebot für die allgemeine Versorgung (*Convenience Store*), oft sind sie rund um die Uhr geöffnet.
- **General Stores** findet man in entlegenen kleineren Ortschaften, ihr Angebot ist auf den Bedarf der Kundschaft in der Umgebung ausgerichtet, trotzdem erstaunlich umfangreich und beinhaltet nicht nur Lebensmittel. Die vom Boden bis unter die Decke vollgestopften Läden sind schon mal einen Besuch wert.

Bezahlt wird entweder mit Kreditkarte, Traveller-Cheque oder Bargeld. Beachten Sie, dass die Preisauszeichnungen immer **ohne** Tax sind. Die Tax wird an der Kasse hinzugerechnet. Aktuell gilt für British Columbia: GST 5%, PST 7%, für Alberta: GST 5%, PST 0%

■ ENTFERNUNGEN

▶ Tabelle

■ ESSEN

Die nordamerikanische Küche ist vielfältig und man findet die unterschiedlichsten länderspezifischen Restaurants, auch deftige Hausmannskost nach kanadischer Art. Die allseits beliebten Fast Food Ketten (McDonald, KFC, Burger King usw.) sind bereits bis in die entlegensten Ortschaften vorgedrungen. Alkohol wird dort grundsätzlich nicht ausgeschenkt.

Das **kanadische Frühstück** *Canadian Breakfast* besteht aus 2 Eiern (nach Wunsch: *scrambled* = Rührei oder fried, *sunny side up* = Spiegelei), gebratenem Speck, Schinken, Bratkartoffeln und/oder Bratwürstchen. Dazu gibt es Toast und Marmelade und/oder Waffeln/ Pancake mit Ahornsirup (*Maple Syrup*), Kaffee oder Tee.

Die **Dairy Queen Kette** hat sich spezialisiert auf Milch-Mixgetränke, Softeis und Joghurt. Beliebt sind auch die Snackbars, Cafeterias und Coffee Shops, wie zum Beispiel **Tim Horton's**, wo rund um die Uhr Donuts, Muffins, Sandwiches und guter Kaffee serviert werden. Besonders gut und auch herzhaft lässt sich das Hungergefühl stillen an Truck Stops, die Portionen sind üppig und die Preise moderat. Alkoholische Getränke werden nur in Lokalen serviert, die hierfür eine Lizenz besitzen. Schnellrestaurants verfügen selten über diese Genehmigung.

Wichtiger Tipp für Erstbesucher in Kanada: Das kanadische Brot ist inklusive der Kör-

Entfernungen

Kilometer	Banff	Calgary	Edmonton	Jasper	Ottawa	Prince George	Vancouver	Whitehorse
Banff	0	77	257	172	2.209	379	557	1.508
Calgary	129	0	179	249	2.132	457	643	1.431
Edmonton	428	299	0	221	2.144	429	746	1.252
Jasper	286	415	369	0	2.366	208	525	1.348
Ottawa	3.682	3.553	3.574	3.943	0	2.573	2.767	3.396
Prince George	632	761	715	346	4.289	0	478	1.141
Vancouver	929	1.057	1.244	875	4.611	797	0	1.681
Whitehorse	2.514	2.385	2.086	2.247	5.660	1.901	2.697	0

ner-Varianten sehr weich. Es eignet sich aber sehr gut zum Toasten. Einen **„Toaster-Ersatz"** finden Sie in Campingzubehör-Geschäften, vielleicht auch bei Ihrem Vermieter, dies sind einfache, runde Metallplatten mit 4 hochklappbaren Halterungen für Toastbrotscheiben. Sie werden auf die Gasflamme gestellt und funktionieren prima. Wir machen uns seit Jahren auf diese Weise das kanadische Brot für unsere deutschen Gaumen „genießbar".

Wenn Sie aber herzhaftes, festes Brot bevorzugen, dann sollten Sie zugreifen, wann immer Sie dieses in den Regalen der Supermärkte finden.

■ FEIERTAGE

An den Nationalfeiertagen bleiben alle Banken, Ämter und viele Geschäfte geschlossen. Supermärkte haben immer für ein paar Stunden geöffnet. Am *Boxing Day* beginnt die Lagerräumung der Geschäfte, was zu einem Ansturm der Kauflustigen führt.
Übersicht ► Tabelle.

■ FLUGVERKEHR

Flugverkehr im Inland

In Kanada ist für die Bewältigung der weiten Strecken das Flugzeug das bedeutendste und wichtigste Verkehrsmittel. Die internationale Airline Air Canada verfügt über ein landesweites Routennetz. Viele kleine Fluggesellschaften bedienen die entlegeneren Ziele per Klein- oder Wasserflugzeug . Sie sind oft Tochter- oder Partnergesellschaften der großen Airlines. Auch viele Privatpersonen, die in entlegenen Gebieten und auf Inseln leben, haben Klein- oder Wasserflugzeuge.

An- und Abreise

Von Mitteleuropa aus fliegen zahlreiche Fluggesellschaften Ziele in Kanada im Nonstop- oder Direktflug (Zwischenlandungen möglich) an. Auch ausländische Fluggesellschaften bieten mit Zubringerflügen Flüge nach Kanada an. Diese Umsteigeflüge sind häufig preiswerter als Direktflüge, bedeuten aber auch zum Teil erheblich längere Reisezeiten und bei Flügen über die USA zusätzliche Zollkontrollen. Informieren Sie sich auf den Internetseiten der Fluggesellschaften über die Angebote und Preise.

Tipp: Wegen der stichprobenartigen Gepäckkontrolle bei Transatlantik-Flügen sollten Sie auf ein Kofferschloss verzichten, damit der Koffer ggf. problemlos und ohne Beschädigung geöffnet werden kann.

Tipp: Binden Sie bei Reißverschlüssen die beiden Zipps mit einer Kordel zusammen, damit sich der Reißverschluss nicht selbständig macht und legen Sie ein Kofferband um Ihren Koffer.

Näheres zu den Einreisebestimmungen finden Sie unter dem Stichwort **Reisedokumente**.

■ FÜHRERSCHEIN

Die deutschen Führerscheine haben in Kanada Gültigkeit, lt. Auswärtiges Amt wurde mit allen Provinzen eine Vereinbarung zur Anerkennung des deutschen Führerscheins getroffen,

Nationale Feiertage in Kanada			
	2010	**2011**	**2012**
New Years Day (Neujahr)	1. Januar	1. Januar	1. Januar
Good Friday (Karfreitag)	2. April	22. April	6. April
Easter Monday (Ostermontag)	5. April	25. April	9. April
Victoria Day Montag vor dem 25. Mai	24. Mai	23. Mai	21. Mai
Canada Day	1. Juli	1. Juli	1. Juli
Labour Day (Tag der Arbeit) 1. Montag im September	6. September	5. September	3. September
Thanksgiving Day (Erntedankfest) 2. Montag im Oktober	11. Oktober	10. Oktober	8. Oktober
Remembrance Day (Volkstrauertag)	11. November	11. November	11. November
Christmas (1. Weihnachtsfeiertag)	25. Dezember	25. Dezember	25. Dezember
Boxing Day (2. Weihnachtsfeiertag)	26. Dezember	26. Dezember	26. Dezember
Zusätzliche Feiertage			
British Columbia: British Columbia Day 1. Montag im August			
Alberta: Alberta Family Day 3. Montag im Februar **und Heritage Day** 1. Montag im August			

Telefonnummern und Internetadressen der Airlines		
Airline	**Telefon**	**Internet**
Air Canada	069-27 11 51 11 (Deutschland) Mo-Fr von 9-18 Uhr +43-(1)-58 53 63 040 (Österreich) 0848-24 72 26 (Schweiz)	www.aircanada.ca
British Airways	01805-26 65 22 (Deutschland) +43-(1)-79 56 75 67 (Österreich) 0848-84 58 45 (Schweiz)	www.british-airways.com
Delta Airlines	800-24 11 212	www.delta.com
Lufthansa	01805-80 58 05 (Deutschland) 0810-10 25 80 80 (Österreich) 0900-90 09 22 (Schweiz)	www.lufthansa.com
Air Berlin	01805-73 78 00 (Deutschland) 0820-73 78 00 (Österreich) 0848-73 78 00 (Schweiz)	www.airberlin.com
Thomas Cook	01803-60 70 90	www.thomascook.de
Condor	01805-76 77 57 (Deutschland) 0810-96 90 22 (Österreich) +41-840-26 63 67 (Schweiz)	www.condor.com
Air Transat	069-69 76 570 0800-87 26 72 88 (gebührenfrei)	www.airtransat.de

mit dem in Kanada 3 Monate und in BC sogar 6 Monate gefahren werden darf. Manche Mietwagenfirmen verlangen jedoch einen Internationalen Führerschein. Diesen müssen Sie sich ggf. beim Straßenverkehrsamt (ca. €15-17) ausstellen lassen, er ist 3 Jahre gültig. Der nationale Führerschein muss ebenfalls mitgeführt werden.

Tipp: Erkundigen Sie sich vor Abschluss des Mietvertrages bei Ihrer Vermietungsfirma.

Anmerkung: Wir haben für die Anmietung eines Wohnmobils und auch bei Kontrollen nie einen Internationalen Führerschein benötigt, der nationale Führerschein genügte. Entscheiden Sie daher selbst, ob Sie sich einen internationalen Führerschein zulegen möchten.

Sonderbar: Straßenverkehrsämter stellen nur einen Internationalen Führerschein aus, wenn man bereits einen Führerschein im Scheckkartenformat vorweisen kann, ansonsten muss dieser ebenfalls ausgestellt werden, dieser Spaß kostet dann zusätzlich etwa € 40. Dies schmerzt besonders die Liebhaber und stolzen Besitzer der *„grauen Lappen"*.

Zwischen dem deutschen Automobilclub ADAC, dem kanadischen Automobilclub CAA und dem amerikanischen Automobilclub AAA bestehen Kooperationsverträge. Mitglieder deutscher Verbände können gegen Vorlage ihres Mitgliedsausweises alle Dienstleistungen der CAA und AAA in Anspruch nehmen.

■ GELD

In Nordamerika wird selbst der kleinste Betrag mit Karte oder Scheck bezahlt, auch in entlegenen Gebieten. Sie sollten daher auch möglichst nur geringe Beträge mit sich führen, die Sie für die Bezahlung der Provincial Park Campgrounds, den Waschsalon, die öffentlichen Verkehrsmittel (hier abgezählt, die Fahrer haben kein Wechselgeld) usw. benötigen. Folgende Kreditkarten werden fast überall akzeptiert: **Visa, Mastercard / Eurocard, American Express, Diners Club**. Die Mitnahme einer Kreditkarte ist **unbedingt** anzuraten, denn z.B. eine Hotelreservierung und die Kaution für einen Mietwagen ist ohne Kreditkarte kaum möglich. Wenn Sie keine Kreditkarte besitzen, fragen Sie bei Ihrer Hausbank nach einer Kreditkarte mit der Gültigkeitsdauer Ihres Urlaubs. Eurocheques oder Zahlungen mit einer Bank- oder EC-Karte werden in Kanada **nicht** akzeptiert. Sichere und überall akzeptierte Zahlungsmittel sind Reiseschecks (**Traveller Cheques**), ausgestellt in kanadischen Dollars. Erfahrungsgemäß sollten die Beträge nicht höher als CAD 50 sein. Bei Verlust oder Diebstahl werden sie ersetzt, doch nur wenn Sie nachweisen können, welche Schecks verloren sind. Führen Sie daher genau Buch über die Schecknummern und den Verbrauch. Notieren Sie sich auch die Telefonnummer des Reisescheck-Unternehmens.

Anmerkung: Traveller Cheques müssen bei den meisten Banken erst bestellt werden und auch kanadische Devisen (bitte **kleine** Noten) sind nicht bei allen Banken vorrätig. Bestellen Sie also rechtzeitig ihre Zahlungsmittel.

Mit einer **EC-Karte** mit **Maestro/Cirrus-Symbol** können Sie an Geldautomaten (*ATM Automatic Teller Machine*) Bargeld erhalten, abgerechnet wird der tagesgültige Umtauschkurs. Für Kunden der Deutschen Bank sind die Geldautomaten der Scotia Bank gebührenfrei.Für die Geldautomatensuche in Kanada:

www.maestrokarte.de/atm_locator.html

Zahlungsmittel in Kanada ist der Kanadische Dollar (CAD). Es gibt Banknoten zu 5, 10, 20, 50 und 100 Dollar. Es gibt Münzen zu 1 Cent (*penny*), 5 Cent (*nickel*), 10 Cent (*dime*), 25 Cent (*quarter*), 50 Cent (*halfdollar*), 1 Dollar (*loony*), 2 Dollar (*twoony, toony*).

■ GST (GOODS & SERVICES TAX)

► Provinzsteuern

■ GST - ERSTATTUNG

Für Individualreisende hat die kanadische Regierung die Erstattung der GST für Unterbringung in Kanada und Waren, die ausgeführt werden, eingestellt. Das Gesetz wurde mit Wirkung vom 1. April 2007 geändert.

■ HOLZTRANSPORT

► Lagerfeuer

■ KLEIDUNG

Wer von Frühling bis Herbst nach Kanada reist ist mit Kleidungsstücken, die auch nach Nordeuropa einpackt werden würden, gut bedient. Im Alltag kleiden sich die Kanadier ungezwungen und sportlich. Nachfolgend aus unserer Erfahrung einige Vorschläge:

- einen wetter- und winddichten Anorak
- Fleece-Pullover oder -Jacke, Pullover, T-Shirts
- Regenbekleidung, ggf. auch eine Regenhose (für Camper besonders wichtig und ratsam)
- für Wanderungen oder Bergtouren gut eingelaufene, wetterfeste Wanderstiefel / Outdoor-Sandalen
- Outdoor-Hosen (*zip-off*-Hosen), diese passen sich dem Wetter sozusagen an. Generell sind sie wärmer und angenehmer zu tragen als Jeans, platzsparend im Koffer und, wenn nötig, schnell gewaschen und getrocknet.
- weite Hosen, Hemden / Blusen mit langem Arm und Bündchen an Hand- und Fußgelenken (wirksamer Schutz vor den Moskitos)
- warme Schlafbekleidung für die im Frühling und Herbst ziemlich kalten Nächte
- Jogginganzug für die Gemütlichkeit im Wohnmobil und beim Lagerfeuer
- Mütze, Schal und Handschuhe im Frühling und Herbst oder für Berg- und Gletschertouren
- für die sehr warmen Sommertage (erstaunlicherweise auch in Norden) luftige Bekleidung, Sonnenhut; Sonnenmilch mitnehmen.
- für Hotels und Restaurants unterwegs: ordentliche Freizeitkleidung
- für gehobene Restaurants, Bars und im Geschäftsleben: Jacke-Hose-Kombination mit Krawatte, Kleid, Kostüm oder ähnliches (bei Unsicherheit fragen Sie ruhig bei der Tischreservierung nach der Kleiderordnung)
- für Theater- und Konzertbesuche: Jackett mit Krawatte, Abendkleid
- Hausschuhe / Pantoffel fürs Wohnmobil nicht vergessen

■ KLIMA – WEST-KANADA

Das Wetter in Kanada ist ebenso unberechenbar wie bei uns. Die vom Pazifik kommenden Winde bescheren gerade den vorgelagerten Inseln und den Küstengebirgen sehr unbeständiges Wetter. Milde Wintertemperaturen herrschen auf Vancouver Island, den vielen kleinen Inseln und im Küstenbereich des Festlandes. Im Zentrum zwischen den Rockies und Küstengebirgen ist das Wetter durch stabilere Hochs etwas beständiger. Im Bereich des Okanagan und dem unteren Fraser Valley kann es im Sommer auch bis 30° heiß werden, die Vegetation ist spärlich, das Gebiet hat wüstenähnlichen Charakter. In den Prärie-Provinzen herrscht im Winter eisige Kälte, im Sommer bringen stabile Hochs sonnige Zeiten mit sich. In den Bergen und an der Küste British Columbias sind die Sommer angenehm warm. Im Herbst erreichen auch die Tagestemperaturen noch angenehme Werte, doch nach Sonnenuntergang kühlt es schnell ab. Rechnen Sie ab September auch mit leichtem Nachtfrost in Berggegenden.

■ KREDITKARTEN

► Geld

■ LAGERFEUER/ WALDBRANDGEFAHR/ HOLZTRANSPORT

Waldbrandgefahr herrscht in Kanada etwa von April bis Ende September.

Bitte unterschätzen Sie nicht die Gefahr von Waldbränden, die leider häufig aus Unachtsamkeit im Umgang mit dem Lagerfeuer entstehen. Halten Sie sich unbedingt an die Empfehlungen und evtl. Einschränkungen, die Sie bei der Einfahrt in den Campground finden. Und löschen Sie Ihr Feuer komplett, bevor Sie sich in Ihr Zelt oder Wohnmobil zurückziehen oder bevor Sie wegfahren. In abgelegenen Gebieten ist offenes Feuer oft verboten, bevor Sie sich also auf eine Wildniswanderung begeben, holen Sie sich diesbezüglich Auskünfte ein.

Sie finden unterwegs entweder an den Highways oder in Campgroundnähe Tafeln mit der momentan herrschenden Waldbrandgefahr. *Low* - niedrig (blau), *moderate* - mäßig (grün), *high* - hoch (gelb), *extreme* - extrem stark (rot).

Es kommt (selten) vor, dass durch einen gezielt gelegten Brand ein Trail oder Teile eines Waldstücks gesperrt sind. Diese Brände dienen dem Erhalt des Waldes, denn durch die Vernichtung des alten Baumbestandes, der sich in natürlichen Dünger umwandelt und durch die Sonneneinstrahlung wachsen junge Pflanzen sehr schnell nach, bieten Tieren neue Nahrung. Die ausgebrannten Baumreste sind Wohnraum für Insekten, die wiederum die kleinen Tiere und Vögel ernähren. Und ganz wichtig: Diese Maßnahme schützt auch vor Borkenkäferbefall, die schon extreme Schäden angerichtet haben, weil diese Schädlinge sich besonders in alten Baumbeständen einnisten, die nicht mehr widerstandsfähig sind.

Auf den National Park Campgrounds müssen *Fire-Permits* (Erlaubnis zum Lagerfeuer) gekauft werden, Holz kann man sich auf einem separaten Holzplatz holen. Es darf kein mitgebrachtes Holz verbrannt werden.

Auch auf den Provincial Park Campgrounds wird teilweise bereits darauf hingewiesen, dass man mit dem mitgebrachten Holz sehr vorsichtig umgehen soll, um auch hier die weitere Ausweitung eines Schädlingsbefalls einzudämmen, denn dieser Schädling kann sich bereits im Holz und damit auch im Fahrzeug befinden und breitet sich dann unter Umständen weiter aus. Sicherste Methode ist der Kauf von Feuerholz am Ort Ihrer Übernachtung und den Rest dann dort auch belassen. Dies dient letztendlich dem Schutz des Waldes und der Tiere, die in den weiten Wäldern heimisch sind und sichert auch die Arbeitsplätze in der Holzindustrie.

■ LAUNDRY

▶ Waschsalon

■ MASSE UND GEWICHTE

▶ Tabelle

■ MOSKITOS

Wer schon einmal im Sommer in Kanada oder weiter im Norden oder Alaska war, kennt diese unangenehme Nebenerscheinung. Die Plagegeister sind vorwiegend in den Monaten Juni bis August unterwegs auf der Suche nach immer neuen Opfern und treten meist nicht

Maße und Gewichte		
Längenmaße	1 inch (in, Zoll) = 2,54 cm 1 foot (ft) = 12 in = 30,48 cm 1 yard (yd, Elle) = 3ft = 91,44 cm 1 mile (mi, Meile) = 1,61 km	1 mm = 0,0039 in 1 cm = 0,033 ft 1 m = 1,09 yd 1 km = 0,62 mi
Flächenmaße	1 square inch (in) = 6,45cm 1 square foot (ft) = 9,288 dm 1 square yard (yd) = 0,836 m 1 square mile (mi) = 2,589 km 1 acre = 0,405 ha	1 cm = 0,155 in 1 dm = 0,108 ft 1 m = 1,196 yd 1 km = 0,386 mi 1 ha = 2,471 acres
Raummaße	1 cubic inch (in) = 16,386 cm 1 cubic foot (ft) = 28,32 dm 1 cubic yard (yd) = 0,765 m	1 cm = 0,061 in 1 dm = 0,035 ft 1 m = 1,308 yd
Flüssigkeitsmaße	1 gallon (gal) = 4qt = 3,787 l	1 l = 0,264 gal
Gewichte	1 ounce (oz; Unze) = 28,35g 1 pound (lb; Pfund) = 453,59 g 1 short ton (Tonne) = 907,184 kg	100 g = 3,527 oz 1 kg = 2,205 lb 100 kg = 2,205 lb = 0,907 t

vereinzelt sondern in mehrfacher Zahl ihre Angriffsattacken an. Moskitos bevorzugen besonders Seeufer und feuchte, stickige Plätze.

Sie übertragen normalerweise keine Krankheiten, jedoch beim Stechen eines mit dem West Nile Virus Infizierten können die Moskitos diese Krankheit auch übertragen. Als Wirt für dieses Virus dienen einige Vögel und Säugetiere. Die Symptome sind grippeähnlich mit Fieber, später neurologische Beschwerden bis zu schweren, neurologischen Erkrankungen. Die Inkubationszeit beträgt 2-14 Tage. **Daher:** Sollten Sie von Mückenstichen geplagt worden sein und haben nach einiger Zeit die o .g. Beschwerden, machen Sie Ihren Arzt auf dieses Virus aufmerksam. Medikamente oder eine Impfung gegen dieses Virus gibt es noch nicht, man kann lediglich die Symptome behandeln.

Doch geraten Sie nicht in Panik, die Ausbreitung wird durch einige Programme zur Bekämpfung eingedämmt. Die Moskito-Plage verschwindet schlagartig mit den ersten Nachtfrösten. Im Hochgebirge bleibt man verschont.

Mit all den bei uns erhältlichen Anti-Mückenmittel kommt man in Kanada nicht weit, Sie sollten sich daher mit den kanadischen Präparaten wie zum Beispiel *Johnson's Off, Insect Repellents* oder *Cutters Deep in the Woods* eindecken. Für das abendliche, gemütliche Zusammensein auf einem Campground sind die *Mosquito Coils* (Mücken-Spiralen) hilfreich. Der Stift *„After Bite"*, eine Mischung aus Ammoniak und Nerzöl, hilft, die Auswirkungen (Juckreiz, Schwellung) nach einem Stich zu verringern.

Tipp: Suchen Sie sich einen offenen, sonnigen und windigen Stellplatz auf dem Campground. Dort sind die Angriffe der Moskitos noch einigermaßen erträglich. Ein ordentlich qualmendes Lagerfeuer hält die Moskitoplage evtl. auch in Grenzen, doch zugegebenermaßen macht das qualmende Lagerfeuer nicht wirklich Spaß. Schützen Sie sich und vor allem Ihre Kinder mit Moskitonetzen und den bewährten Mitteln, denn die Stiche belasten je nach Empfindlichkeit mehrere Tage. Dicke Stoffe wie Jeans u. ä. sind kein Schutz, bevorzugen Sie eher weite Kleidung. Für einigermaßen gemütliche Lese-Stunden sorgt ein über den Kopf gelegtes Fenster-Fliegengitter.

■ NATIONAL- UND PROVINCIAL PARKS

In West-Kanada gibt es zum Schutz der Natur und zur Erholung 42 National Parks und sehr viele Provincial Parks. Sie liegen immer in landschaftlich besonders schönen Gebieten und bieten vielseitige Freizeitangebote. In fast allen National Parks findet man schöne Campgrounds, die zumindest ausgestattet sind mit einer Tisch-Bank-Kombination und einem Lagerfeuerplatz. Auf einigen Plätzen gibt es auch Duschen, Spielplätze und/oder Strom-, Wasser- und Abwasseranschluss und Sanidump-Stations.

Für den Aufenthalt in **National Parks** benötigen Sie einen kostenpflichtigen **Parkpass**, der in Informationszentren erhältlich ist. Bei längeren Aufenthalten in National Parks (ab ca. 7-8 Tagen) lohnt sich preislich evtl. ein Jahrespass. Wenn Sie die National Park Grenze auf dem Highway überfahren kommen Sie meistens zu *Maut-Stationen*, wo Sie den Parkpass kaufen können und bekommen eine Parkbroschüre ausgehändigt. Sollten Sie keine Nationalparkeinrichtung nutzen und ohne Aufenthalt nur durch den Park fahren, benötigen Sie keinen Pass.

Für Übernachtungen bei mehrtägigen Wanderungen in den National Parks benötigt man Erlaubnisscheine *backcountry* und *fire permits*. Sie sind kostenpflichtig und können in den Informationszentren und Ranger-Stationen erworben werden.

Wichtig: Die Übernachtungsgebühr auf einem Campground im National Park ist im Parkpass **nicht** enthalten.

Die meisten **Provincial Parks** haben ebenfalls schöne Campgrounds, diese sind in der Regel mit einer Tisch-Bank-Kombination und einer Feuerstelle ausgestattet. Auf einigen Plätzen gibt es auch Duschen, Spielplätze und/oder Strom-, Wasser- und Abwasseranschluss und kostenpflichtige Sanidump-Stations (CAD 5).

Die Öffnungszeiten variieren stark, generell kann man damit rechnen, dass während der Hauptreisezeit alle Campgrounds geöffnet und bis Anfang / Mitte Mai und ab Anfang / Mitte Oktober geschlossen sind. Vor oder nach der Hauptreisezeit (bis Mitte Juni und ab Anfang Sept.) sind die höher oder abgelegenen Campgrounds meist ebenfalls noch geschlossen.

Tipp: Besorgen Sie sich eine Straßenkarte, auf der die Provincial Parks eingezeichnet sind und schauen Sie während der Reiseplanung auf den Internetseiten der Provincial Parks nach den Öffnungszeiten.

Gebühren:

www.env.gov.bc.ca/bcparks/fees/userfees.pdf

Parkgebühren im Jahr 2010 (alle Preise inkl. Tax)	
Tagespass	Erwachsene (17-64 Jahre): CAD 7,80 - 9,80 Senioren (65+): CAD 6,80 - 8,30 Schüler und Jugendliche (6-16 Jahre): CAD 3,90 - 4,90 Familien 2 Erwachsene, max. 5 Kinder: CAD 19,60
Jahrespass	Erwachsene (17-64 Jahre): CAD 39,20 - 67,70 Senioren (65+): CAD 34,30 - 57,90 Schüler und Jugendliche (6-16 Jahre): CAD 19,60 - 33,30 Familien 2 Erwachsene, max. 5 Kinder: CAD 98,10 - 136,40
Campground Reservierung	CAD 10,80
Fire-Permit	Pro Tag: CAD 8,80 Tagesnutzung Campsite: CAD 8,80 Sanidump Station: CAD 8,80
Backcountry Permit **Backcountry Permit Jahrespass** **Reservierung**	Pro Tag / Person: CAD 9,80 Pro Person: CAD 68,70 CAD 11,70
Fishing permit	Pro Tag: CAD 9,80 Jahrespermit: CAD 34,30
Internet	www.pc.gc.ca/index_e.asp

■ NOTFÄLLE

Hilfe bekommt man über die **Notrufnummer 911**, egal ob ein Arzt, die Polizei oder ein Unfallwagen benötigt wird. Ist diese ausgefallen, wählt man die Ziffer 0 (von jedem Telefon aus wählbar) und wird dann von einem Operator mit der Polizei, der Ambulanz oder der Feuerwehr verbunden. Vor dem Anruf halten Sie Daten über Ihren Standort und die am Münzfernsprecher angegebene Rückrufnummer parat. An den Autobahnen stehen **Notrufsäulen** *Motorist Aid Call Boxes*. Ist das eigene Fahrzeug liegengeblieben, öffnet man die Motorhaube (*hood*). Dies ist ein Signal für andere Verkehrsteilnehmer, dass ein Problem vorliegt und Hilfe benötigt wird.

Zwischen dem deutschen Automobilclub ADAC, dem kanadischen Automobilclub CAA und dem amerikanischen Automobilclub AAA bestehen Kooperationsverträge. Mitglieder deutscher Verbände können gegen Vorlage ihres Mitgliedsausweises alle Dienstleistungen der CAA und AAA in Anspruch nehmen.

☎ Notfall 1-888-222-1373 (ADAC in deutsch)
www.adac.de

Sollte Ihr Reisepass verloren gegangen sein, wenden Sie sich an die nächstgelegene diplomatische Vertretung. ▶ **Vertretungen.** Machen Sie sich sicherheitshalber schon zu Hause von allen Dokumenten (Reisepass, Impfausweis usw.) Kopien. Und wenn auch der Geldbeutel mit Kreditkarten verloren gegangen ist, dann rufen Sie die Kreditkartenunternehmen an und lassen die Karten sperren. Hier hilft man Ihnen dann auch weiter. Reiseschecks werden problemlos bei Verlust erstattet, wenn Sie genau über die Scheck-Ausgabe und Scheck-Nummern Buch geführt haben.

Tipp: Notieren Sie die Telefonnummern zur Sperrung aller mitgeführten Karten.

■ ÖFFNUNGSZEITEN

In Kanada gibt es keine gesetzlich geregelten Öffnungszeiten. Als allgemeine Regel gelten die Öffnungszeiten der Tabelle ▶ Seite 450.

■ PROVINCIAL- UND NATIONAL PARKS

▶ National- und Provincial Parks

■ PROVINZSTEUERN

Auf jede Rechnung wird noch eine Provinz-Verkaufssteuer, die **PST** *Provincial Sales Tax* erhoben. Sie liegt je nach Provinz zwischen 0% (Alberta) bis 10%. Außerdem wird eine der Mehrwertsteuer ähnliche Steuer, die GST Goods and Services Tax in Höhe von 5% bis 13% erhoben.

Bitte beachten Sie: Die Preisauszeichnungen sind größtenteils **exklusive** Steuern angegeben, diese wird dann an der Kasse aufgerechnet. Die Übernachtungs- und Eintrittsgebühren in staatl. Museen, Historic Sites u.ä. der Parkverwaltungen sind inkl. Tax.
Aktuell gilt für British Columbia: GST 5%, PST 7% und für Alberta: GST 5%, PST 0%.

Wir möchten nochmals hinwiesen, dass die früher übliche Erstattung der GST seit dem 01.04.2007 gesetzlich aufgehoben.

Öffnungszeiten Kanada	
Einkaufszentren, Supermärkte und sonstige Geschäfte	Montag bis Samstag generell von 9-18 Uhr, Donnerstag und Freitag bis 21 Uhr. Supermärkte öffnen in der Regel bereits um 6:30 Uhr und schließen nicht vor 21 Uhr. Sie haben meist auch an Sonn- und Feiertagen einige Stunden geöffnet.
Banken	Montag bis Freitag von 9 / 10-14 / 16 Uhr
Postämter	Montag bis Freitag von 9-17 Uhr, größere Postämter auch Samstag von 9-12 Uhr
Behörden und Büros	Montag bis Freitag von 9-17 Uhr

■ REISEDOKUMENTE

Urlauber aus der Bundesrepublik Deutschland, Österreich und der Schweiz können mit einem gültigen Reisepass ohne Visum nach Kanada einreisen. Sie müssen über ausreichend Bargeld oder Kreditkarten verfügen und der Rückflug ins Heimatland muss sichergestellt sein, zum Beispiel durch die Rückflugtickets. Entsprechend den Bestimmungen der internationalen Fluggesellschaften sollte der Reisepass noch mindestens sechs Monate gültig sein.

Personen unter 18 Jahren, die nicht in Begleitung eines Erwachsenen einreisen, benötigen eine beglaubigte Erlaubnis eines Erziehungsberechtigten. Es müssen die Reiseerlaubnis und der genaue Aufenthaltsort aufgeführt sein. Für Aufenthalte über sechs Monate muss ein Visum bei der kanadischen Botschaft beantragt werden.

Die Einreisekontrolle der Beamten besteht meist aus der Frage nach der Dauer, der Route und dem Zweck der Reise.

Achtung: Da sich aktuell Zeit häufig die Einreisebestimmungen änderten, raten wir, sich rechtzeitig vor Abreise bei der konsularischen Vertretung nach dem aktuellen Stand zu erkundigen.

Sollten Sie einen Abstecher in die USA planen, die ja nur wenige Kilometer südlich von Vancouver beginnt, **raten wir dringend**, sich **rechtzeitig vor Reisebeginn** nach den Einreisebestimmungen und benötigten Dokumenten zu erkundigen. Normalerweise wird an der Grenze zur USA ein für 3 Monate gültiges Visum ausgestellt (US$ 6).

■ SANIDUMP-STATION

Die Entleerung der *Black-* und *Greywater Holding-Tanks* ist nur an speziellen Entsorgungsstationen, den *Sanidump-Stations* (auch *Dump-Station*, *Dumping-Station* genannt), erlaubt. Wie die Entsorgung funktioniert, möchten wir Ihnen kurz erklären:

Eine Sanidump-Station hat **zwei separate Stellen:**

- **Entsorgung** mit Bodeneinlass und Wasseranschluss (KEIN Trinkwasser)
- eine **Zapfstelle** (*drinking water*) zum Auffüllen des Frischwasser-Tanks.

Platzieren Sie Ihr Wohnmobil so, dass der Ablaufstutzen der *Holding-Tanks* möglichst nahe am Bodeneinlass liegt. Befestigen Sie den Abwasserschlauch am Ablaufstutzen, das andere Ende muss im Bodeneinlass fixiert werden - sehr wichtig!

Öffnen Sie nun **zuerst** den Schieber des *Blackwater-Tanks* (Toilette). Wer sicher sein will, dass sich keine Reste mehr im Tank befinden, kippt danach zum Durchspülen noch 2-3 Eimer Wasser durch die Toilette. Danach schließen Sie den Schieber des *Blackwater-Tanks* und öffnen den Schieber des *Greywater-Tanks*. Nach Entleerung schließen Sie auch diesen Schieber wieder und entfernen den Abwasserschlauch vom Ablaufstutzen des Wohnmobils. Spülen Sie den Abwasserschlauch mit dem am Bodeneinlass befindlichen Wasseranschluss kräftig durch, nehmen dann den Schlauch aus dem Bodeneinlass und verstauen ihn wieder.

Fahren Sie danach einige Meter weiter zum *Drinking Water* Zapfhahn und schließen Sie Ihren Trinkwasserschlauch an, das andere Ende befestigen Sie am Frischwasser-Anschluss des Wohnmobils und lassen den Frischwassertank voll laufen, das kann einige Minuten dauern, je nachdem wie viel Druck auf der Leitung ist.

■ SHOPPING

▶ Einkaufen

■ STRASSENKLASSIFIKATION

- **Freeway** oder **Expressway** - Dies sind autobahnähnlich ausgebaute Straßen, die im Süden Kanadas einige Großstädte miteinander verbinden. Sie sind teilweise gebührenpflichtig.
- **Highway paved** - Befestigte und gut befahrbare Straße, stellenweise *„loose Gravel"* besonders im Norden.
- **Baustellenbereiche** - Auch die Fahrt auf

einem schönen, glatten Highway endet gelegentlich im Baustellenbereich und wird zum Alptraum, dann geht es auf Schotter, Dreck und durch Staubwolken weiter – meist über mehrere Kilometer. Oft folgt eine riesige Autoschlange einem *Pilote Car*, das den Weg durch den Matsch und Dreck zeigt. Besonders im Norden ist immer wieder mit solchen Überraschungen zu rechnen. Auch kurzzeitige Sperrungen sind durchaus zu erwarten, was in Kanada aber nach unserer Erfahrung nie zu Wutausbrüchen seitens der Autofahrer führt, sondern gelassen hingenommen werden.
Und spätestens nach Durchfahrt einer solchen Mammut-Baustelle werden Ihnen die Baustellen im Heimatland geradezu lächerlich vorkommen! Kilometerlange Staus, ein generelles Problem in der Heimat, gibt es vor Baustellen in Kanada aber so gut wie nie.

- **Highway gravel** - Schotterstraße. Viel befahrene Schotterstraßen sind meist in einigermaßen gutem Zustand, denn sie werden regelmäßig geglättet. Gefahr lauert für Windschutzscheibe und Scheinwerfer durch aufgewirbelte Steine. Trockene Schotterstraßen sollte man nicht zu langsam befahren, damit man die Unebenheiten „überfliegt". Die Sicht wird allerdings oft durch dichten Staub erschwert. Durch Besprühen mit Calciumchlorid versucht man, die Staubmenge zu reduzieren. Bei Regen wird die Fahrt auf einer Schotterstraße schon mal zur Rutschpartie, fahren Sie dann unbedingt mit niedriger Geschwindigkeit. Wenn Ihr Fahrzeug nach einer Fahrt total verdreckt ist, waschen Sie es möglichst rasch, der getrocknete Dreck hat nach einiger Zeit „Betonqualität".
- **Dirt Road (unimproved Road)** - Dies sind meist nur bessere Feldwege, die bei Trockenheit noch einigermaßen befahrbar sind, bei Nässe ohne Fahrzeug mit Vierradantrieb sind sie unpassierbar. Wohnmobilfahrer sollten diese Straßen meiden. Die *Forestry Trunk Road* in Alberta ist stellenweise eine Dirt Road, bitte unbedingt vor Befahren Infos einholen.
- **Logging Road** - Meist schlechte, enge, kurvenreiche und bei Nässe matschige Privatstraßen der Holzindustrie, Benutzung auf eigenes Risiko und nicht mit einem Wohnmobil. Hier haben die Trucks generell Vorfahrt.

Wichtige Anmerkung
Die meisten Wohnwagenvermieter untersagen Fahrten auf *Gravel, Logging* oder *Dirt Roads* oder es muss mit Zuschlägen gerechnet werden. Bitte informieren Sie sich spätestens bei Übernahme eines Mietfahrzeuges, welche Straßen nicht befahren werden dürfen. Mit Fahrzeugen, die im Norden Kanadas übernommen werden, dürfen in der Regel Gravelroads (**nicht** Dirt - oder Logging Roads) befahren werden. **Wir empfehlen**, schon bei Vertragsabschluss beim Vermieter nachzufragen, welche Straßen verboten sind, damit Sie auch wirklich Ihre geplante Route fahren können.

▪ STRASSENVERKEHR

Kanada verfügt über ein gutes Straßennetz, auch die Großstädte sind perfekt versorgt. Mehrspurige Highways umschließen die Stadtzentren. Die Highways sind großzügig ausgebaut, auch das Landesinnere ist gut erschlossen. Jedoch werden viele zuerst asphaltierte Nebenstraßen der großen Highways nach einigen Kilometern zu Gravelroads.

Alle Highways sind nummeriert, teilweise haben sie auch noch spezielle Symbole und Namen (z. B. *Crowsnest Highway*, *Yellowhead Highway*). Auf Highways und an Kreuzungen ist neben der Highway-Nummer die Richtung angegeben: *South* - Süd, *West* - West, *North* - Nord, *East* – Ost.

Viele Städte sind schachbrettartig aufgebaut, die Orientierung ist dadurch relativ einfach. Braune Schilder in Alberta oder blaue Schilder in British Columbia weisen auf touristische Attraktionen, Camping- und Picknickplätze hin. *Autostop / Hitchhiking* (per Anhalter) ist in Kanada generell verboten.

▪ STROM

In Kanada und Alaska beträgt die Stromspannung 110 V bei 60 Hz Wechselstrom. Wenn sich Ihre mitgenommenen Elektrogeräte auf 110 V umstellen lassen, können Sie diese bedenkenlos benutzen.

Tipp: Besorgen Sie sich unbedingt vor der Reise einen Adapter (Amerika-Adapter). Sie können ihn normalerweise in Kaufhäusern oder gut sortierten Elektroläden kaufen. In Kanada und Alaska ist dieser Adapter nur sehr schwer zu bekommen.

▪ TANKSTELLEN

An den Highways in British Columbia und Alberta findet man ausreichend Tankmöglichkeiten. Auf Nebenstrecken oder im Norden sind diese seltener, hier empfiehlt sich evtl. die Mitnahme eines Benzinvorrates. Oder tanken Sie, wann immer Sie die Möglichkeit dazu haben, auch wenn der Tank noch nicht leer ist.

Bemerkung: Wir verfahren in entlegenen Gegenden immer nach diesem Schema und waren auch ohne Mitnahme von Benzinvorrat noch nie „spritlos".

Tankstellen füllen auch **LP (Gas)** nach, doch nicht alle Tankstellen haben diese Möglichkeit. Banff hat 2008 die LP (Gas) Zapfstellen generell abgeschafft. Nächste Möglichkeit entweder in Lake Louise oder Canmore. Halten Sie daher die Füllung des Gasvorrats im Auge, speziell wenn Sie oft im Wohnmobil kochen, viel warmes Wasser benötigen und heizen müssen.

Das Servicenetz für KFZ-Reparaturen ist im Süden recht gut, kleinere Reparaturen werden an Tankstellen erledigt. Im Norden ist das Servicenetz eher dürftig, auch hier werden kleinere Arbeiten (z. B.: Reparatur der Windschutzscheibe, Reifenpannen) an Tankstellen erledigt.

Bemerkung: Improvisieren wird großgeschrieben in Kanada, man ersetzt z. B. das defekte Glas eines Rückspiegels schon mal durch eine verstärkte Spiegelfolie.

■ TELEFONIEREN

In Kanada ist für jede Provinz eine dreistellige **Vorwahl** (*Area Code*) und dann eine 7-stellige Telefonnummer zu wählen. Telefoniert man über den Area Code hinaus, muss eine 1 vorweg gewählt werden. Bei internationalen Gesprächen wird eine 011 für den Zugang zum internationalen Netz gewählt, danach die Vorwahl des entsprechenden Landes, die Ortsvorwahl (ohne die 0) und danach die Rufnummer.

In Münzfernsprechern *Pay Phones* ist ein nationales oder internationales Gespräch mit Hilfe eines *Operators* (0 wählen) möglich. Was dann der Apparat an Münzen (*Quarter*) schluckt, lässt sich nur ahnen, speziell, wenn die Verständigung mit dem Operator nicht so gut funktioniert.

Besser geht es mit Telefonkarten (*Calling Cards)*. Sie können für Apparate ohne Schlitze benutzt werden. Man wählt eine bestimmte Telefonnummer, tippt dann die Codenummer ein und wählt die gewünschte Rufnummer.

An stark frequentierten Orten (Supermärkte, Innenstadtbereiche, Flughäfen) ist es möglich, einfach und problemlos mit der Kreditkarte zu telefonieren. Für Notrufe bitte entweder die 911 für Polizei, Krankenwagen und Feuerwehr oder die 0 für die Weitervermittlung mittels eines Operators wählen. Einige Telefonnummern werden in Buchstaben (Vanity-Rufnummer) angegeben. Hier wird einfach die Taste gewählt, auf der dieser Buchstabe steht.

1	**2** abc	**3** def
4 ghi	**5** jkl	**6** mno
7 pqrs	**8** tuv	**9** wxyz

Gebührenfrei telefonieren können Sie z.B. für Buchungen oder Auskünfte mit den Nummern, die mit 1-800, 1-888, 1-877 oder 1-866 beginnen.

Die Benutzung Ihres Handys ist in Kanada möglich, wenn Sie ein Tri- oder Quadband-Handy besitzen, das die europäischen und nordamerikanischen Standards von 1900 Mhz des GSM-Netzes abdeckt. Dieses GSM-Netz ist in Ballungsgebieten und wichtigsten Verkehrsverbindungen gut ausgebaut. Informieren Sie sich vor Abreise bei Ihrem Provider über die Möglichkeiten und Preise. Außerhalb dieser Gebiete wird man aber auf das „normale" Telefon zurückgreifen und per Telefonkarte / Münzen telefonieren müssen.

Telefonieren über Internet wird ebenfalls für Technikfreaks kein Problem sein, wenn sie einen Zugang haben. *Wireless-Hotspots* kann man Ihnen in den Visitor Informations nennen. In Lake Louise z. B. können Sie sich im Postamt für ein paar CAD einen Zugangscode geben lassen und vor dem Postamt auf einer Bank gemütlich durchs WWW surfen. Und das Hotspot-Angebot wird ständig erweitert.

Internetverbindungen gibt es z. B. auch in vielen Visitor Informations, öffentlichen Büchereien, Internetcafés, privaten Campgrounds und Hotels.

■ TEMPERATUREN

In Kanada wurde vor längerer Zeit das metrische System eingeführt. Trotzdem findet man häufig in Kanada noch die alten Bezeichnungen.

Für alle, die sich auch mit einem ungefähren Celsius-Wert zufrieden geben, hier die **Urlauber-Einfach-Formel**: Fahrenheit minus 30 und von diesem Ergebnis dann die Hälfte.

Der Gefrierpunkt liegt bei 32° Fahrenheit, die menschliche Körpertemperatur von 37° C entspricht 98,6° Fahrenheit. Der Siedepunkt 100° C liegt bei 212° Fahrenheit.

Fahrenheit-Celsius (Umrechnung)		
Wert	**Ziel**	**Formel**
Fahrenheit	Celsius	Celsius = (F - 32) / 1,8
Celsius	Fahrenheit	Fahrenheit = (C x 1,8) + 32

■ TRINKGELDER

- Das **Personal in Restaurants** erhält nur ein sehr niedriges Fixum, es wird daher ein Trinkgeld tip von 15 bis 20 % erwartet.

Das Essen wird häufig an einer Zentralkasse bezahlt. Hinterlässt man den Tip auf dem Tisch, bekommt das Geld die Bedienung. Gibt man den Tip in den Gesamttopf an der Kasse, kommt er dem gesamten Personal zugute. Bezahlt man mit Kreditkarte, vermerkt man den Tip auf dem Beleg oder hinterlässt ihn bar auf dem Tisch.

- **Taxifahrer** erwarten ca. 10 % und pro Gepäckstück, das sie ein- und ausladen, nochmals CAD 1-2.
- **Barkeeper** erwarten ebenfalls 10 bis 15%
- **Friseure** mindestens 10% Trinkgeld.
- Der **Hotelpage** (*Bellhop*) erhält CAD 1 je Gepäckstück.
- Das **Zimmermädchen** (*Room Maid*) pro Tag CAD 2 (im Zimmer liegen lassen).
- Der **Türsteher** (*Doorman*) fürs Taxi holen CAD 2.
- Die **Fahrer** und **Reiseführer** von organisierten Busfahrten ca. CAD 1 - CAD 2 Trinkgeld.
- Der **Tankwart** bei den Full Service Tankstellen erwartet kein Trinkgeld.
- In Motels und Fastfood-Ketten ist Trinkgeld nicht erforderlich.

■ ÜBERNACHTUNGSMÖGLICHKEITEN

Wer nicht mit dem Wohnmobil eine Reise durch den kanadischen Westen macht, findet vielfältige Übernachtungsmöglichkeiten. Die Preise richten sich nach Lage und Ausstattung.

Motels liegen meistens verkehrsgünstig an den Ausfallstraßen. Privat geführte **Hotels** und die großen Hotelketten findet man in den Innenstädten und in der Nähe wichtiger Bereiche (z. B. Flughafen, Bahnhof usw.). Frühstück ist meistens **nicht** im Preis inbegriffen. Die Übernachtung in einem Motel ist meistens günstiger als eine Hotelübernachtung.

Resorts findet man in Urlaubsgebieten, sie bieten neben Unterkunft auch meistens noch Freizeitaktivitäten an. In diesen Feriengebieten bietet sich auch Übernachtung in **Lodges** (alleinstehende Häuschen oder Hütten) an, diese können sehr rustikal sein mit wenig Komfort bis zur Ausstattungskategorie luxuriös.

Etwas familiärer übernachtet man in **Privatzimmern B&B** (*Bed and Breakfast*) oder in den kleineren **Pensionen** *„Country Inns“*.

■ UMGANGSFORMEN - ETIKETTE

Man gibt sich in Kanada relativ ungezwungen, gerade in der Freizeit oder während des Urlaubs. Trotzdem gibt es „ungeschriebene“ Regeln und Gepflogenheiten, die man als Tourist beachten sollte.

- Beim gegenseitigen Vorstellen nennt man seinen Vornamen.
- Shorts werden nur in der Freizeit getragen.
- **„Oben-ohne“** ist nicht nur verpönt, es kann auch strafrechtlich verfolgt und bestraft werden.
- Achten Sie, egal ob Mann oder Frau, in Hallen- oder Freibädern und in Wasch- und Duschräumen auf **„Sitte und Anstand“**. Alle Besucher tragen Badebekleidung, auch Kinder.
- Nackt Duschen in Badeanstalten ist ebenfalls nicht im Sinne der Nordamerikaner.
- Werfen Sie keinen Abfall auf die Straße, dies wird empfindlich bestraft.
- Alkoholkonsum in der Öffentlichkeit ist in fast allen Provinzen verboten..
- Sehen Sie beim Eintritt in ein Restaurant ein Schild *„Please wait to be seated“* werden Sie von einem Mitarbeiter zu einem Tisch geleitet. Sagt Ihnen der Platz nicht zu, dann fragen Sie nach einem anderen.
- Restaurants haben Nichtraucher- und Raucherzonen. Achten Sie auf das Rauchverbot.
- Vermeiden Sie bei der Frage nach einem WC das Wort *„Toilet“*, fragen Sie nach dem *Washroom* oder *Restroom*.
- An den Kassen der Supermärkte, vor Bank- und Postschaltern, am Flughafen, im Restaurant usw. wird in Schlangen (*Lines*) angestanden und geduldig gewartet, bis man an der Reihe ist.
- Und... man sucht bei einem „dringenden Bedürfnis“ immer einen *Restroom* oder *Washroom* auf. Die „Häuschen“ sind im Lande überall zu finden.

■ VERKEHRSREGELN

In Kanada werden die Entfernungen in Kilometer gemessen. Das Anlegen von Sicherheitsgurten ist Pflicht, ebenso das Fahren mit Abblendlicht. Der Promillegrenze liegt in British Columbia bei 0,5 Promille. Überholverbot gilt generell an Kreuzungen, in Kurven und vor Bergkuppen. Das Tempolimit sollte genau eingehalten werden. Auf den *Freeways* gelten 100 bzw. 110 km/h, auf den Highways 90 bzw. 80 km/h und in Ortschaften 50 km/h.

Während ein gelber **Schulbus** anhält und blinkt, darf in beiden Fahrtrichtungen **nicht** überholt werden. Es darf erst weitergefahren werden, wenn das blinkende rote Stopplicht des Busses erloschen ist.

Fußgänger, besonders Kinder und alte Menschen, haben unter allen Umständen immer ‚Vorfahrt'. Sobald sie nur einen Fuß auf die Straße setzen, wird angehalten.

Folgt Ihnen ein Polizeiwagen mit Sirene und Blaulicht, so halten Sie an, sobald dies gefahrlos möglich ist. Stellen Sie den Motor ab, öffnen das Fenster und halten die Hände so, dass diese vom Polizisten deutlich erkennbar sind. (Hände auf das Lenkrad!). Steigen Sie keinesfalls aus.

Die **Ampeln** schalten in Kanada und Alaska in folgender Reihenfolge:

- grün
- gelb
- rot und wieder
- grün

Blinkende Ampeln haben folgende Bedeutung:

- Gelb blinkendes Licht: vorsichtig weiterfahren
- Rot blinkendes Licht: halt und anschließend vorsichtig weiterfahren
- Grün blinkendes Licht: meist in den ruhigen Zeiten geschaltet, freie Fahrt für die Verkehrsteilnehmer

An einer roten Ampel darf rechts abgebogen werden. Sie müssen aber zuerst Stoppen und anschließend den von links kommenden Verkehr beobachtend langsam weiterfahren. Abbiegen ist nicht erlaubt, wenn ein Schild mit der Aufschrift *„No turn on red"* an der Kreuzung steht.

An vielen Kreuzungen stehen an allen Straßenecken Stop-Schilder (*3-* oder *4-Way-Stop*). Hier gilt, alle Verkehrsteilnehmer müssen stoppen und wer zuerst ankommt, darf auch zuerst weiterfahren – und das klappt auch bestens in Kanada.

Das Parken ist im städtischen Bereich streng geregelt. Parken auf dem Gehweg ist verboten. Hohe Geldbußen und Abschleppkosten erwarten Sie beim Parken in einer *no parking zone*, in einer *tow away zone* (Abschleppzone), zu nahe an einer Kreuzung, vor Hydranten oder beim Blockieren von Feuerwehrzufahrten, diese Zonen sind meist gelb markiert. Der Abschleppwagen ist generell sehr schnell zur Stelle und die Gebühren fürs Abschleppen sind hoch. Beim Parken oder Anhalten außerhalb von geschlossenen Ortschaften muss man vollständig von der Fahrbahn herunterfahren.

Verkehrszeichen - Zusatztexte	
Dead End	Sackgasse
Detour	Umleitung
Dip / Bump	Bodensenke / Unebenheit
Falling Rocks	Steinschlag
Flagman ahead	Baustelle, Arbeiter(in) mit Warnschild
Handicapped Parking	Behindertenparkplatz
HOV Lane	Fahrspur für Fahrzeuge mit einer bestimmten Anzahl Insassen, Busse und Notfall-Fahrzeuge generell erlaubt.
Loading Zone	Ladezone
Maximum Speed	Höchstgeschwindigkeit
Men working	Straßenarbeiten
Merge	einfädeln
No passing	Überholverbot
Narrow Bridge / Road	Schmale Brücke / Straße
No through street / road	Sackgasse
No stopping at any Time	Absolutes Halteverbot
No passing	Überholverbot
One way street	Einbahnstraße
Passenger loading zone	nur Ein- und Aussteigen
Peds X-ing	Fußgänger kreuzen
Reduce speed	Langsam fahren
Rest area	Rastplatz
Restricted parking zone	zeitlich begrenztes Parken
Right of way	Vorfahrt
Road construction	Baustelle
Safety belt	Sicherheitsgurt
Slippery when wet	Rutschgefahr bei Nässe
Slower traffic keep right	Langsame Fahrzeuge rechts fahren
Speed checked by aircraft	Geschwindigkeitskontrolle durch Hubschrauber

Speed limit	Geschwindigkeitsbegrenzung
Steep hill / Steep grade	Steile Steigung / Starkes Gefälle
Thru traffic	Durchgangsverkehr
Tow away zone	Abschleppzone
Traffic Fines Double in Work Zones	Im Baustellenbereich doppelte Geldbuße
Traffic light	Ampel
U-turn	Wenden
Vision limited	Unübersichtliche Kuppe
Viewpoint	Aussichtspunkt
Watch for pedestrian	auf Fußgänger achten
Watch for lifestock	Vorsicht Vieh
Watch for rocks on road	Vorsicht Steinschlag
Winding road	Kurvenreiche Straße
Yield	Vorfahrt beachten

■ VERTRETUNGEN D / A / CH

Deutsche Botschaft in Kanada
✉ 1 Waverley Street, Ottawa, ON K2P 0T8
☎ 1-613-232-1101
🖳 www.ottawa.diplo.de/Vertretung/ottawa/de/Startseite.html

Consulate General of Federal Republic of Germany
✉ Suite 704, World Trade Centre, 999 Canada Place, V6C BE1, Vancouver, B.C.
☎ 1-604-684-8377
🖳 www.vancouver.diplo.de/Vertretung/vancouver/en/Startseite.html

Österreichische Botschaft in Kanada
✉ 445 Wilbrod Street, Ottawa, ON K1N 6M7
☎ 1-613-789-1444
🖳 www.austro.org

Schweizer Botschaft in Kanada
✉ 5 Marlborough Avenue, Ottawa, ON K1N 8E6
☎ 1-613-235-1837
🖳 www.eda.admin.ch/canada

Kanadische Botschaft in Deutschland
✉ Leipziger Platz 17, 10117 Berlin
☎ +49 (0)30-20312-0
🖳 www.international.gc.ca/missions/germany-allemagne/menu-deu.asp

Kanadische Botschaft in der Schweiz
✉ Kirchenfeldstraße 88, CH-3005 Bern
☎ +41 (0)31-357-3200
🖳 geo.international.gc.ca/canada-europa/switzerland/menu-en.aspx

Kanadische Botschaft in Österreich
✉ Laurenzerberg 2,(3.Stock), A-1010 Wien
☎ +43 (0)1-53138-3000
🖳 geo.international.gc.ca/canada-europa/austria/menu-de.aspx

■ WALDBRANDGEFAHR

▶ Lagerfeuer

■ WANDERN

Kanada ist ein Paradies für Wanderer und Bergsteiger. **Hiking Trails** oder **Trekking Trails** aller Schwierigkeitsgrade und Längen sind reichlich vorhanden. Die Trails sind meist recht gut markiert. Kürzere **Nature Trails** führen den Naturliebhaber durch erschlossene Teile der Parks. Diese Trails weisen meist auf geologische Besonderheiten oder eine besonders interessante Flora hin. Für mehrtägige Wanderungen **Backpacking** in den National- und Provincial Parks Kanadas benötigt man eine **Erlaubnis** Permit (aktuell: pro Nacht CAD 5 bis CAD 9,80), die in den Besucherzentren beim Park-Ranger zu bekommen sind und der auch, nachdem ihm die Route geschildert wurde, die Wanderer belehrt. Diese Permits dienen zur Kontrolle und Begrenzung der Wanderer. Außerhalb der Rocky Mountains sind die Permits oft kostenlos. In der Visitor Information bekommt man auch Kartenmaterial.

Beachten Sie aber zu Ihrer eigenen Sicherheit die folgenden Punkte:

- Auch für kurze Wanderungen sollten festes Schuhwerk, Regenbekleidung, ein kleines Erste-Hilfe-Set und Proviant vorhanden sein.
- Mehrtägige Touren gut planen, auf der festgelegten Route bleiben und sich nicht überschätzen. Bitte keine Querfeldein-Wanderung.
- Die Wanderwege im Hinterland können schlecht markiert oder überwuchert sein.
- Unerfahrene Wanderer sollten sich evtl. mit einem Führer auf mehrtägige Touren begeben. Wildnis-Wandern außerhalb der Parks sollte nur von wirklich sehr erfahrenen Wanderern durchgeführt werden, die auch Erfahrung mit Survival-Techniken haben.
- Moskito-Mittel nicht vergessen!
- Achten Sie auf sorgfältigen Umgang mit dem Lagerfeuer.

- Verhalten Sie sich nicht zu ruhig, damit Sie keine wilden Tiere durch Ihr plötzliches Auftreten erschrecken.
- Suchen Sie, bevor Sie in der Wildnis das Nachtlager aufschlagen, das Gebiet nach verdächtigen Tierspuren ab (z. B. zerkratzte Baumrinde, Tierkot). Sollten sich Spuren finden, dann ist dieser Platz **nicht** geeignet.
- Verstauen Sie Ihre Lebensmittel bärensicher in mindestens 3 m Höhe und unbedingt außerhalb des Zeltes und nehmen Sie Ihren Müll wieder mit.
- Informieren Sie sich vor Beginn einer mehrtägigen Tour sehr genau in den Informationszentren oder beim Park-Ranger. Zur Sicherheit ist es auch ratsam, die geplante Zeit der Rückkehr und die Route zu hinterlassen.

■ WASCHSALON - LAUNDRY

Einen Waschsalon (*Coin Laundromat – Laundry)* findet man in Nordamerika selbst in den kleinsten Ortschaften, oft liegen sie an den Durchgangsstraßen. Auch auf den meisten privat bewirtschafteten Campgrounds, in Hotels und in Motels sind diese zu finden. Oft kann man das Waschpulver im Waschsalon kaufen (aus einem Automaten ziehen) und da eine Menge Kleingeld benötigt wird, gibt es oft auch einen Münzwechselautomaten.

Tipp: Nehmen Sie einige Waschmittelpads von zu Hause mit.

Die Waschtemperatur lässt sich auf *hot* (ca. 60° C), *warm* (ca. 30° C) und *cold* einstellen. Das Wasser fließt bereits mit der gewählten Temperatur in die Waschmaschine und wird in der Maschine nicht nachgeheizt. Nach ca. 25 bis 30 min ist die Wäsche gewaschen und einigermaßen zufriedenstellend geschleudert, es sei denn, Sie haben bügelfrei (*permanent press*) eingestellt, dann ist die Wäsche noch sehr feucht.

Trockner haben Taktzeiten von etwa 6-7 Minuten, Sie sollten daher je nach Füllmenge Quarter für 4-6 Taktzeiten einwerfen und nach einiger Zeit die bereits trockenen Teile entnehmen. **Tipp:** Halten Sie immer genug Kleingeld (Quarter, 1 und 2 Dollar Münzen) bereit.

Eine Waschmaschinenfüllung kostet CAD 2-4, Trockner pro Taktzeit etwa CAD 0,25.

■ WOHNMOBIL

Die Benzinpreise in Kanada lagen bei Drucklegung Frühjahr 2010 bei CAD 1,08-1,16 umgerechnet ca. 0,80–0,86 €, im Norden etwas höher. Immer noch ein Schnäppchen für deutsche Verhältnisse, allerdings relativiert sich das durch den hohen Verbrauch der Wohnmobile.

Aktuelle **Benzinpreise** in Kanada / USA und für **Sparfüchse**: www.gasbuddy.com

Tipp: Bei der Wahl des Fahrzeugs sollte man vorher genau überlegen, wie und wo man seinen Kanada-Urlaub verbringen will, welcher Komfort sein soll und vor allem, welche Straßen man befahren möchte. Mit längeren Modellen gibt es schon mal Probleme beim Manövrieren und Fahren auf engen und schlechten Seitenstraßen. Die Anzahl der Betten, die in den Prospekten steht, ist zwar vorhanden und nutzbar, aber da ein Wohnmobil ein einzelner Raum ist, sollten Sie sich bereits im Vorfeld genau überlegen, mit wem, wie lange und mit wie vielen Personen Sie diesen Raum teilen möchten.

Beachten Sie bitte, dass das Frischwasser im Tank des Wohnmobils **nicht zum Trinken** und Kochen geeignet ist. Daher achten Sie darauf, dass sie immer das auch in großen Abfüllungen in den Supermärkten erhältliche *Springwater* vorrätig haben.

Tipp: Kaufen Sie gleich zu Beginn des Urlaubs einige größere Abfüllungen *Springwater* und füllen Sie die leeren Behälter unterwegs an den Trinkwasserzapfsäulen immer wieder auf. Dieses Wasser ist zum Kochen geeignet, das Trinkwasser in Kanada enthält jedoch meist chemische Zusätze (Chlor), die den Geschmack und Geruch beeinflussen können.

Anmerkung: Sollte man Ihnen wegen eines Defekts, Überbuchung o.ä. Grund einen größeren und längeren Wohnwagen anbieten, was gar nicht so selten der Fall ist, bedenken Sie bitte den deutlich höheren Spritverbrauch, der Ihnen nicht ersetzt wird und der bei den Entfernungen in Kanada nicht unerheblich ist. Ggf. **bestehen Sie** auf das vorgebuchte Modell.

Übernahme des vorgebuchten Wohnmobils

Die Übernahme des Wohnmobils ist in den meisten Fällen aus versicherungsrechtlichen Gründen erst am 2. Tag Ihres Kanada-Aufenthaltes möglich. Die erste Nacht in Kanada werden Sie dann in einem Hotel verbringen und gespannt auf Ihr Fahrzeug warten müssen. Normalerweise bekommen Sie alles Wichtige und Nötige rund um Ihr Fahrzeug erklärt, die großen Vermieter-Firmen haben hierzu auch deutsch-sprechendes Personal. Der erste Weg mit dem Wohnmobil führt dann meist zu einem Supermarkt, denn Kühlschrank und Vorratsschränke sind noch leer. Adressen und eine Wegbeschreibung zum nächsten Supermarkt gibt man Ihnen beim Vermieter.

Und nun ein paar Ratschläge für die Übernahme Ihres Fahrzeugs und für unterwegs:

- Lassen Sich genügend Zeit mit der Übernahme und achten Sie darauf, dass Sie alle Funktionen verstanden haben.
- Legen Sie ruhig selber Hand an und probieren Sie die für Sie neuen Teile aus, testen Sie die Funktion des Kühlschranks, des Gasherdes und der Heizung.
- Lassen Sie sich die Anzeigen für Haushaltsbatterie, Gastank, Frischwassertank erklären, alle 3 Anzeigen sollten auf *„full"* stehen. *Grey Water* und *Black Water Tank* sollten leer sein. Überprüfen Sie dies auch selbst.
- Lassen Sie sich zeigen, wie die Befüllung des Frischwasser-Tanks funktioniert und wo der externe Anschluss für Frischwasser (Stadtwasser) ist.
- Schauen Sie sich das Fahrzeug genau an und achten Sie darauf, dass Altschäden (Kratzer, Steinschlag usw.) ins Protokoll aufgenommen werden.
- Lassen Sie sich zeigen, wie Sie die Rauch- und Gasalarmgeräte abschalten können, diese Geräte sind sehr empfindlich und das von ihnen ausgehende Geräusch ziemlich schrill. Natürlich sollten Sie die Geräte nur zum Schweigen bringen, wenn Sie fälschlicherweise Alarm ausgelöst haben. Schalten Sie diese Geräte aber zu Ihrer eigenen Sicherheit nicht permanent ab.
- Ist ein Abwasserschlauch mit Kupplung, ein Frischwasserschlauch und ein Stromkabel für externe Stromanschlüsse mit Adapter vorhanden?
- Eine Beschreibung in Deutsch für Fahrzeug und Innenausstattung sollten Sie unbedingt vorfinden.
- Lassen Sie sich die Telefonnummer und den Ansprechpartner für evtl. Fragen und Schäden unterwegs geben. **Achtung:** bevor Sie unterwegs irgendwelche Schäden richten lassen (müssen), klären Sie bitte die Regulierung **immer zuerst** mit dem Vermieter. Ölwechsel ausgenommen, dieser wird, falls er nötig ist, ohne vorherige Absprache erstattet.
- Ziehen Sie Übernachtungen auf Provincial- und National Park Campgrounds vor, dann können Sie auf die Anmietung eines Toasters oder Kaffeemaschine verzichten, denn diese Plätze haben nur sehr vereinzelt Stromanschlüsse. Das bedeutet aber auch, dass Fön und elektrischer Rasierapparat im Wohnmobil nicht angeschlossen werden können. Sollten Duschen und Toiletten mit Spülung (Fließwasser) auf dem Campground sein, dann gibt es dort meistens einen Stromanschluss.
- Die Mitnahme von Campingstühlen für unterwegs ist sinnvoll.
- Sehr hilfreich ist eine Axt, die vom Vermieter im Fahrzeug vorhanden sein sollte, denn Feuerholz fürs abendliche gemütliche Lagerfeuer ist meist nicht „handlich". Feuerholz gibt es nirgendwo mehr kostenlos, in Provincial Parks kostet ein Bündel (ca. 50-60 cm Durchmesser) ab CAD 6.
- **Achtung:** Lassen Sie sich den **„Notstartschalter"** und dessen Bedienung zeigen, denn es kann vorkommen, dass auf der Reise die Batterien leer sind und sich das Fahrzeug auf normalem Wege nicht mehr starten lässt. Bitte diesen Notstartschalter wirklich nur im Notfall benutzen!
- **Heizen im Wohnmobil:** Die Stromversorgung für das Heizungsgebläse läuft über die Haushaltsbatterie, auf Stellplätzen mit Stromanschluss über den externen Anschluss. Die Heizleistung wird von einem Gasbrenner erzeugt. Das bedeutet, dass bei fehlendem externem Stromanschluss die Heizung während der Nacht irgendwann keine Wärme mehr über das Gebläse abgibt, da die Batterien leer sind. Doch auch bei externem Stromanschluss und folglicher Heizmöglichkeit für die Nacht ist zu bedenken, dass das Gebläse die Nachtruhe empfindlich stört.
- Sollten Sie also im Frühjahr oder Herbst auf Reisen gehen, lassen Sie sich **unbedingt** zusätzliche Decken oder Schlafsäcke geben, die Nächte sind besonders in den Bergen sehr kalt, evtl. sogar frostig und die dünnen Wände eines Wohnmobils nicht mit der Isolierung der heimischen vier Wände zu vergleichen.
- **Kontrollieren Sie** ab und zu Ihren Gasvorrat, besonders wenn Sie viel kochen, warmes Wasser benötigen und heizen. Nicht alle Tankstellen haben Propan (LP)-Zapfanlagen.
- Wenn Sie im Frühjahr (April/Mai) oder Spätherbst (ab Oktober) Ihre Reise geplant ha-

ben, fragen Sie Ihren Vermieter nach einem elektrischen Heizlüfter. Zu dieser Zeit sind die meisten Provincial Park Campgrounds noch oder bereits geschlossen und Sie werden öfter auf privaten Campgrounds übernachten und somit externen Stromanschluss haben. Sie sollten dann auf den externen Wasseranschluss verzichten, da das Wasser im Zulaufschlauch nachts gefrieren kann.

- Fragen Sie nach, wenn Sie einen Stellplatz mit Stromanschluss belegt haben, welche Elektrogeräte Sie mit dem Anschluss (15, 30 oder 50 Ampere) betreiben können. Aus gutem Grund, denn wir haben selbst schon einmal einen Stellplatz durch Einschalten eines „Stromfressers" vorübergehend stillgelegt – eine Peinlichkeit, die Sie sich ersparen können.
- Vergessen Sie nicht, bei Beginn Ihrer Reise den Benzin-Tank und ggf. Gastank aufzufüllen.
- Leeren Sie unterwegs regelmäßig die *Grey-* und *Blackwater Holding Tanks*. Das Entsorgen an der Sanidump-Station kostet auf den Provincial Park Campgrounds CAD 5, in Industriegebieten der Städte gibt's oft kostenlose Entsorgungsstationen. Wildes Entsorgen ist nicht gestattet.

Anmerkung: Für die erste Nacht im Wohnmobil finden wir es sinnvoll, einen Campground nicht so sehr weit entfernt vom Vermieter zu nehmen. Hier können Sie sich dann in aller Ruhe mit dem Wohnmobil vertraut machen und bei Problemen oder Fragen ggf. zum Vermieter zurückfahren.

Rückgabe des Wohnmobils

Um Kosten für die Endreinigung zu sparen, sollte das Wohnmobil besenrein und unbedingt mit entleerten Abwassertanks (**Schieber und Abdeckung müssen offen sein**) zurückgebracht werden, je nach Vertrag auch mit vollem Benzin- und Gastank. Einige Vermieter berechnen eine Außenendreinigung, wenn das Fahrzeug verdreckt ist. Die anderen Formalitäten sowie eine genaue Inspektion des Fahrzeugs, Endabrechnung etc. sind schnell erledigt. Sollten unterwegs Motorenöl oder Schmierstoffe nachgefüllt oder ausgewechselt worden sein, werden diese nach Vorlage der Rechnungen erstattet.

Campertypen	
Camper Van	Er entspricht der Größe eines Kastenwagens (zum Beispiel Fiat Ducato) und hat normale Stehhöhe. Bei einer Breite von 2 m gibt es ihn in den Längen von 4,90-6,10 m. **Ausstattung:** Bett in Form eines Klappsofas oder einer umbaubaren Sitzecke, Gasherd, Spüle und Kühlschrank, Chemietoilette (bei kleineren Modellen), Spültoilette (bei größeren Modellen) mit Minidusche, Benzinverbrauch zw. 15-20 l / 100 km.
Motorhomes Recreational Vehicles (RV)	Motorhomes gibt es ab 20 / 21 ft. (6-6,30 m) bis 28 / 30 ft. (8,50-9,10 m). Die Hinterachse ist verstärkt und hat Zwillingsreifen, eingeschränkte Sicht nach oben und zur Seite durch den großen Dachüberhang. Die Wendigkeit ist eingeschränkt, die Straßentauglichkeit auf schlechten Straßen geringer. Auf einigen Neben- oder Schotterstraßen darf mit langen Wohnmobilen nicht gefahren werden. Informieren Sie sich hierüber beim Vermieter. **Ausstattung:** Umbauliege und/oder Doppelbett über dem Führerhaus und Sitzecke, Gasherd mit Backofen, Kühlschrank mit Gefrierfach, Spüle, Mikrowelle, Toilette/ Duschbad, Heizung, Klimaanlage und je nach Modell mit einer seitlich herausfahrbaren Sitzgelegenheit (*Slide out*) . Ab 22 ft. ein Doppelbett im hinteren Bereich und ein Duschbad mit Toilette. Ab 28 / 29 ft. befindet sich im hinteren Bereich ein separater Schlafbereich mit „Inselbett". Benzinverbrauch zwischen 18-33 l / 100 km.
Pick-up-Camper Truck-Camper	Dies ist ein Kleinlastwagen, auf den ein Campingkasten montiert ist. Es gibt sie von 17 ft. bis zu 24 / 25 ft. und mit Vierradantrieb. **Ausstattung:** Bei 17 ft. entspricht die Ausstattung einem Van-Camper. Beim Luxusaufsatz sind eine Klimaanlage, Mikrowelle, Backofen, Duschbad, Warmwasserversorgung, *Slide out* (Sitzgelegenheit) etc. vorhanden. In allen Pick-Ups ist über der Fahrerkabine ein Alkovenbett und die Sitzecken können umgebaut werden. Benzinverbrauch zw. 16-20 l / 100 km.
Gespanne	Die Gespanne sind eine Kombination aus einem Pick-up Truck und einem Trailer. Dies ist ein doppelachsiger Wohnwagen der an einen Diesel-Truck angehängt wird. Diese Gespanne sind nicht einfach zu manövrieren und daher für Urlauber, die häufig das Ziel wechseln möchten, eher nicht geeignet. Benzinverbrauch zwischen 22-30 l / 100 km.

Werden unterwegs Reparaturen notwendig, ist **immer vorher** der Vermieter zu unterrichten. Nach Beendigung der Formalitäten werden Sie in aller Regel vom Vermieter zum Flughafen gebracht.

Achtung: Beachten Sie, abhängig von Ihrem Abflugtermin zurück in die Heimat, eventuell entstehende Wartezeiten bei der Rückgabe des Fahrzeugs, Sie sind wahrscheinlich nicht die Einzigen, die das Fahrzeug abliefern müssen. Und **bedenken Sie**, auch Transfer zum Flughafen, Einchecken, Security-Check usw. nehmen einige Zeit in Anspruch.

■ VERSICHERUNGEN

► Autoversicherungen

■ ZEITZONEN

► Tabelle

Zeitzonen	
Newfoundland Time	4,5 Stunden
Atlantic Time	5 Stunden
Eastern Time	6 Stunden
Central Time	7 Stunden
Mountain Time	8 Stunden
Pacific Time	9 Stunden

Die Zeitangaben für die Stunden von 0-12 Uhr mittags werden mit dem Zusatz a.m. (*ante meridiem*, lat.) bezeichnet. Die Stunden von 12-0 Uhr erhalten den Zusatz p.m. (*post meridiem*, lat.).

■ ZOLL

► Einfuhrbestimmungen

CHECKLISTEN

Hinweis: Die folgenden Listen verstehen sich als Gedankenstütze für die allerwichtigsten Dinge. Natürlich kann nicht jeder Spezialfall erfasst werden, ebenso werden Sie einige Punkte für sich selber als nicht notwendig einstufen. Die Ausrüstung und eventuell besondere Vorkehrungen von Reisenden, die speziellere Aktivitäten (z.B. Bergsteigen, mehrtägige Kanutouren oder Wanderungen mit Zeltübernachtung) geplant haben, können natürlich zur Sicherstellung einer allgemeinen Anwendbarkeit und Übersichtlichkeit nicht bis ins letzte Detail berücksichtigt werden.

EINIGE MONATE VOR DER REISE

- ☐ Gültigkeit Ausweise / Reisepässe kontrollieren und ggf. beantragen. Neubeantragung der Ausweispapiere dauert einige Wochen.
- ☐ Prüfen Sie die Angebote der Reisebüros. Vorab eine Internetrecherche über Flüge, Flugkosten, Fahrzeugmietkosten sind sinnvoll. Und konfrontieren Sie ruhig Ihre(n) Berater(in) im Reisebüro mit Ihrer Recherche.
- ☐ Flugbuchung
- ☐ ggf. Buchung Hotelzimmer für die 1. Übernachtung, da meist nach Transatlantikflügen das Fahrzeug erst am 2. Tag übernommen werden darf. Sprechen Sie diesen Aspekt auch mit Ihrem Fahrzeugvermieter ab.
- ☐ Reservierung Fahrzeug
- ☐ Abschluss einer Reiserücktrittsversicherung.
- ☐ Erkundigen Sie sich nach den Richtlinien fürs Handgepäck und wie viele Gepäckstücke mit welchem Gewicht Sie mitnehmen dürfen. Diesen Check noch einmal kurz vor Abflug durchführen. Was kann an Sportgeraten oder ähnlichem Sperrgepäck transportiert werden und wie teuer wird der Spaß? Bedenken Sie bei der Gewichtskalkulation an eventuelle Souvenirs oder sonstige Einkäufe, die Sie mit nach Hause nehmen möchten, besonders die Flughäfen in Kanada sind teils sehr strikt mit der Gewichtsbeschränkung der einzelnen Gepäckstücke.
- ☐ Gültigkeit Krankenversicherung prüfen, ggf. Auslandskrankenversicherung abschließen.
- ☐ Gültigkeit Schutzbrief ihres Automobilclubs für Ihren Auslandsaufenthalt überprüfen.
- ☐ Erkundigen, welche Impfung / Papiere für mitreisende Haustiere nötig sind und wie sie transportiert werden müssen.

VOR DER REISE

- ☐ Tageszeitung und ggf. Brötchendienst o.ä. abbestellen.
- ☐ Regelmäßige Briefkastenleerung durch Nachbarn / Freunde / Familie organisieren oder bei der Post lagern lassen.
- ☐ Wohnungsschlüssel an Vertrauensperson geben und Hausmeister / Familienangehörige darüber informieren.
- ☐ Blumengießen in der Wohnung und ggf. im Garten (Rasen mähen) organisieren.
- ☐ Alle wichtigen Rechnungen wie Strom, Telefon, Wasser, Gas, Miete, Versicherung, KFZ-Versicherung und Steuer bezahlen bzw. die Terminierung der Zahlungen sicherstellen.
- ☐ Wertsachen wie Policen, Bargeld, Schmuck, Testament bei Ihrer Hausbank oder einer Vertrauensperson hinterlegen.
- ☐ Adresse und Telefonnummern des Vermieters / Hotels im Urlaubsland bei Vertrauensperson hinterlassen.
- ☐ ggf. Abholung vom Flughafen nach Rückkehr organisieren.
- ☐ Alle Fenster und Türen gut verschließen, ggf. Zeitschaltung für Rollläden aktivieren und vor der Abreise deren Funktion testen.
- ☐ Bei Einfamilienhäusern ggf. Lampen mit Zeitschaltuhren versehen und für einige Stunden einschalten, damit das Haus / Wohnung nicht „unbewohnt“ aussieht.
- ☐ Heizung abstellen, Frostschutz (im Winter) sicherstellen.
- ☐ Elektrogeräte, die während der Abwesenheit nicht laufen müssen, vom Stromkreis trennen, Sicherungen wenn überhaupt, dann mit Vorsicht abdrehen (Zeitschaltuhren, Kühltruhe, Kühlschrank, Licht usw. sollten funktionsfähig bleiben).
- ☐ Gas (wenn nicht Frostschutz sichergestellt werden muss) und Wasser abdrehen.
- ☐ Alles Verderbliche im Kühlschrank und Vorratsschrank verbrauchen oder verschenken.
- ☐ Müll entsorgen
- ☐ Alle wichtigen Dokumente wie Reisepass, Führerschein, Impfpass, Reiseunterlagen kopieren, Brillenpass ggf. nicht vergessen, falls das gute Stück unterwegs in die Brüche geht oder verloren wird.
- ☐ Die Telefonnummern zur Sperrung der mitgenommenen Kredit- und EC-Karten und Traveller-Schecks notieren.
- ☐ Adresse / Telefonnummer Ihres Fahrzeugvermieters notieren, könnte benötigt werden, falls Probleme auftauchen oder Verschiebung des Abflugs eine rechtzeitige Ankunft am Urlaubsort nicht gesichert ist.
- ☐ Rechtzeitig kanadisches Bargeld bei der Bank ordern, nicht alle Devisen sind überall erhältlich. Kalkulieren Sie mehrere Werktage (bis zu 2 Wochen!) und bestellen Sie möglichst kleine Banknoten. Kurzfristig erhalten Sie CAD bei Reisebanken an Bahnhöfen und Flughäfen gegen höhere Gebühren. Bedenken Sie bei der Höhe des Betrages, dass Sie mit der EC-Karte (Maestro-Symbol) an Geldautomaten in Kanada jederzeit Bargeld abheben können.

Tipp: Sollten Sie nur wenig Englisch sprechen, holen Sie das erste Bargeld in Kanada an einem Geldautomaten (ATM) **in** einer Bank ab, damit Sie notfalls die Hilfe eines Bankangestellten in Anspruch nehmen können. Die Anweisungen sind in Englisch. (**withdraw money** – Bargeld abheben).

Tipp: Richten Sie schon einige Tage vor Reiseantritt alle wichtigen Reiseunterlagen und Papiere, damit während der Vorurlaubshektik nichts untergeht und dann vergessen wird.

KOFFERPACKEN

Kleidungsstücke

- ☐ gut eingelaufene Wanderschuhe
- ☐ normale Schuhe / Sandalen
- ☐ Hausschuhe fürs Wohnmobil oder Hotelzimmer
- ☐ Wanderbekleidung
- ☐ Schuhcreme / Spray
- ☐ Sonnenhut / Kappe
- ☐ Frühjahr / Herbst: Mütze, Schal, Handschuhe
- ☐ Badelatschen für die Duschen auf Campgrounds / fürs Schwimmbad
- ☐ Badebekleidung
- ☐ Socken / Strümpfe / Strumpfhosen
- ☐ Unterwäsche
- ☐ Schlafanzüge
- ☐ Hosen / Jeans / Outdoorhosen kurz / lang oder zip-off
- ☐ T-Shirts
- ☐ Pullover / Strickjacke (praktisch sind Fleece-Bekleidungsstücke, schnell gewaschen, schnell getrocknet)
- ☐ Jogginganzug
- ☐ wind- und wetterfester Anorak
- ☐ ggf. für Herren: Anzug / Krawatte/ Hemd
- ☐ ggf. für Damen: Kleid / Kostüm/Hosenanzug / Bluse / Schuhe
- ☐ ggf. Fahrradhelm oder sonstige Schutzkleidung für sportliche Aktivitäten
- ☐ für Camper Regenhosen / Regenjacken
- ☐ Regenschirm
- ☐ Sportausrüstung, wenn besondere Aktivitäten geplant sind (z.B. Bergtouren)

Mit Kindern unterwegs

- ☐ Sonnenhut
- ☐ Bekleidung (siehe oben)
- ☐ Gummistiefel
- ☐ ggf. Einwegwindeln für die ersten 2-3 Tage
- ☐ spezielle Pflegemittel
- ☐ Kuscheltier
- ☐ Kuschelkissen
- ☐ ggf. Schlafsack
- ☐ ggf. Schwimmflügel
- ☐ altersgerechtes Spielzeug / Musik

Mit Hund / Katze unterwegs

- ☐ evtl. Lieblingsdecke
- ☐ Transportbox
- ☐ Maulkorb
- ☐ Leine
- ☐ spezielle Medizin
- ☐ Impfbescheinigung oder sonstige notwendigen Papiere (vor der Reise Infos einholen)

Pflege

- ☐ Haarbürste / Kamm
- ☐ Nagelschere / Nagelfeile
- ☐ Haarshampoo und weitere persönliche Haar-Pflegemittel
- ☐ Duschgel und weitere Pflegemittel Ihres täglichen Bedarfs
- ☐ Körperlotion / Creme
- ☐ Deo / evtl. Parfüm
- ☐ Seife
- ☐ Zahnbürste und Zahncreme
- ☐ Make-up und Schminkutensilien
- ☐ Sonnencreme / Lotion
- ☐ Wattestäbchen
- ☐ Damenhygieneartikel
- ☐ Waschlappen
- ☐ Papiertaschentücher
- ☐ Rasierapparat (umschaltbar auf 110 V)
- ☐ Fön (umschaltbar auf 110 V)

Tipp: Um Platz in den Koffern zu sparen, empfiehlt es sich, Pflegeprodukte in den überall erhältlichen Kleingrößen mitzunehmen. Diese können Sie dann im Urlaub aufbrauchen und dort entsorgen.

Medikamente

- ☐ Anti-Mücken- / Anti-Moskitomittel* (evtl. erst im Reiseland besorgen, da die bei uns erhältlichen Mittel dort oft nicht schützen)
- ☐ Medikamente, die Sie täglich einnehmen müssen
- ☐ ggf. Pille / Verhütungsmittel
- ☐ Schmerz- und Fiebermittel*
- ☐ Hustenmittel*
- ☐ Nasentropfen*
- ☐ Medikament gegen Durchfall*
- ☐ Mittel gegen Verstopfung*
- ☐ Mittel gegen Übelkeit*
- ☐ Fieberthermometer*
- ☐ ggf. ein Antibiotika
- ☐ Salbe / Creme gegen Sonnenbrand / Juckreiz nach Mückenstich*
- ☐ Salbe / Creme gegen Prellungen*
- ☐ Kleines Erste-Hilfe-Set* (Wundpuder oder -creme, Pflaster, Mullbinden, elastische Binde, steriles Verbandmaterial, Verbandschere). Wohnmobilvermieter stellen in manchen Fällen ein solches Set bereit, ggf. absprechen.
- ☐ Medikamente, die dauernd genommen werden müssen, unbedingt für die Dauer der Reise verschreiben lassen und mitnehmen. Wenn Sie aus gesundheitlichen Gründen Spritzen oder flüssige Medikamente mit ins Handgepäck nehmen müssen, lassen Sie sich dies vom Arzt per Attest bescheinigen. Sollten Sie Spritzen / temperaturempfindliche Medikamente in den Koffer packen, erkundigen Sie sich bei der Luftfahrtgesellschaft, welche Temperaturen im Gepäckraum herrschen, damit diese nicht verderben.

** Diese Mittel bekommen Sie auch frei verkäuflich in USA und Kanada in jedem Supermarkt.*

Sonstiges

- ☐ ggf. Reisebügeleisen (umschaltbar auf 110 V)
- ☐ Adapter für Stromanschluss (Wichtig, da Adapter in Kanada nur schwer zu finden sind)
- ☐ Leselektüre
- ☐ Spiele
- ☐ Musik
- ☐ Reisewecker
- ☐ Sonnenbrillen
- ☐ Nähzeug
- ☐ Reisewaschpaste / Waschmittelpads (für den Gebrauch im Waschsalon)
- ☐ einige Wäscheklammern und Schnur
- ☐ Fernglas
- ☐ Fotoapparat / Digitalkamera
- ☐ ggf. Computer und Zubehör
- ☐ ggf. DVDs oder CD-ROMs zum Sichern der Urlaubsfotos
- ☐ Mobiltelefon und Zubehör
- ☐ ggf. Telefonkarte (Sinnvoll als Mobiltelefon-Ersatz für die teils großen Funklöcher)
- ☐ ggf. Thermosbecher für Heißgetränke (v.a. für Wohnmobilfahrer praktisch! Vor Ort bieten die Kaffee-Shops (z.B. Tim Hortons) solche auch zum Kauf an.)
- ☐ Rucksack
- ☐ ggf. Wanderstöcke
- ☐ ggf. Taschenlampe
- ☐ wenn nötig Batterien, diese sind in Nordamerika teuer
- ☐ Schreibzeug und „Tagebuch“, wichtig für den Nachurlaub
- ☐ Kartenmaterial (Zumindest eine detailliertere Straßenkarte des Reisegebietes sollten Sie mitführen.)
- ☐ Telefonnummern / Adressenliste für die Telefonate / Ansichtskarten aus Ihrem Urlaubsland
- ☐ Reiseführer
- ☐ ggf. Wörterbuch
- ☐ Für Wohnmobilfahrer: Einmalhandschuhe für die Sanidump-Station. Sind auch in Kanada zu bekommen, allerdings meist wesentlich teurer.

Tipp: Für Reisende mit elektronischen Geräten, die während des Urlaubs aufgeladen werden müssen, empfiehlt es sich, entsprechende Anschlüsse für den Zigarettenanzünder (12-Volt-Anschluss) mitzunehmen. Dadurch können die Geräte während der Fahrt und unabhängig von Stromanschlüssen auf den Campingplätzen aufgeladen werden. Die 12-Volt-Anschlüsse sind baugleich mit dem bei uns üblichen.

ERSTEINKAUF WOHNMOBILFAHRER

- ☐ Brot / Kuchen
- ☐ Butter / Margarine
- ☐ Wurst
- ☐ Fleisch / Fisch
- ☐ Käse
- ☐ Obst
- ☐ Gemüse
- ☐ Kartoffeln / Nudeln / Reis
- ☐ Salate (viele Sorten Fertigsalat werden angeboten)
- ☐ Fertig-Salatsoßen oder Essig / Öl
- ☐ ggf. Ketchup / Remoulade
- ☐ Konserven
- ☐ Knabbereien
- ☐ Kaffee / Kaffeefilter / Tee
- ☐ Gewürze
- ☐ Eier (**Tipp:** Geschmacksempfindliche sollten besser keine Omega-3-Eier kaufen, Geruch und Geschmack sind sehr „speziell".)
- ☐ Zucker
- ☐ Milch / Milchprodukte
- ☐ ggf. Mehl
- ☐ Konfitüre / Honig / Kakaocreme
- ☐ Müsli / Cornflakes
- ☐ Küchentücher
- ☐ Alufolie
- ☐ Frischhaltefolie
- ☐ Gefrierbeutel / Müllbeutel
- ☐ Alu-Schalen / Einweggeschirr zum Grillen
- ☐ Grillanzünder
- ☐ Getränke
- ☐ Springwater (zum Kochen, möglichst Kanister à 4 l kaufen und an Trinkwasserzapfstellen immer wieder auffüllen. Die größeren 10 l Behälter sind nicht praktisch zu handhaben.)
- ☐ ggf. Mineralwasser
- ☐ Saft
- ☐ Alkoholhaltige Getränke (im Liquor Store besorgen)
- ☐ evtl. Spülmittel (ist in Wohnmobilen meist schon vorhanden.)
- ☐ Toilettenpapier (falls nicht vorhanden, beim Vermieter kaufen, da es spezielles, gut abbaubares Papier sein muss, das meist in Supermärkten nicht zu finden ist. Nachschub erhalten Sie im Shop der privaten Campingplätze oder im RV-Zubehör-Shop unterwegs.)

Hinweis: Wenn Sie keine durchgehende Kühlung der Lebensmittel in Ihrem Fahrzeug sicherstellen können, sollte vom Einkauf leicht verderblicher Waren abgesehen werden. Dann wird Ihnen nichts anderes übrig bleiben, als eben öfter mal „shoppen" zu gehen.

Anmerkungen: Das Angebot an Fertiggerichten und Salatmischungen ist reichhaltig. Sollten Sie festes Brot bevorzugen und auch im Supermarkt finden, schlagen Sie zu. Alternativ haben sich Toaster für den Gasherd (erhältlich in Supermärkten oder bei den Wohnmobilvermietern) bewährt, diese werden auf die Gasplatten aufgesetzt und das kanadische „Weich"-brot damit getoastet. Einen mit Strom betriebenen Toaster können Sie natürlich bei externem Stromanschluss auch nutzen, dieser muss aber in den meisten Fällen entweder zusätzlich gemietet oder gekauft werden. Der angebotene, „einheimische" und günstige Kaffee ist nicht vergleichbar mit dem Kaffee daheim. Wer auf den gewohnten Kaffeegenuss nicht verzichten möchte,

SPRACHHILFE

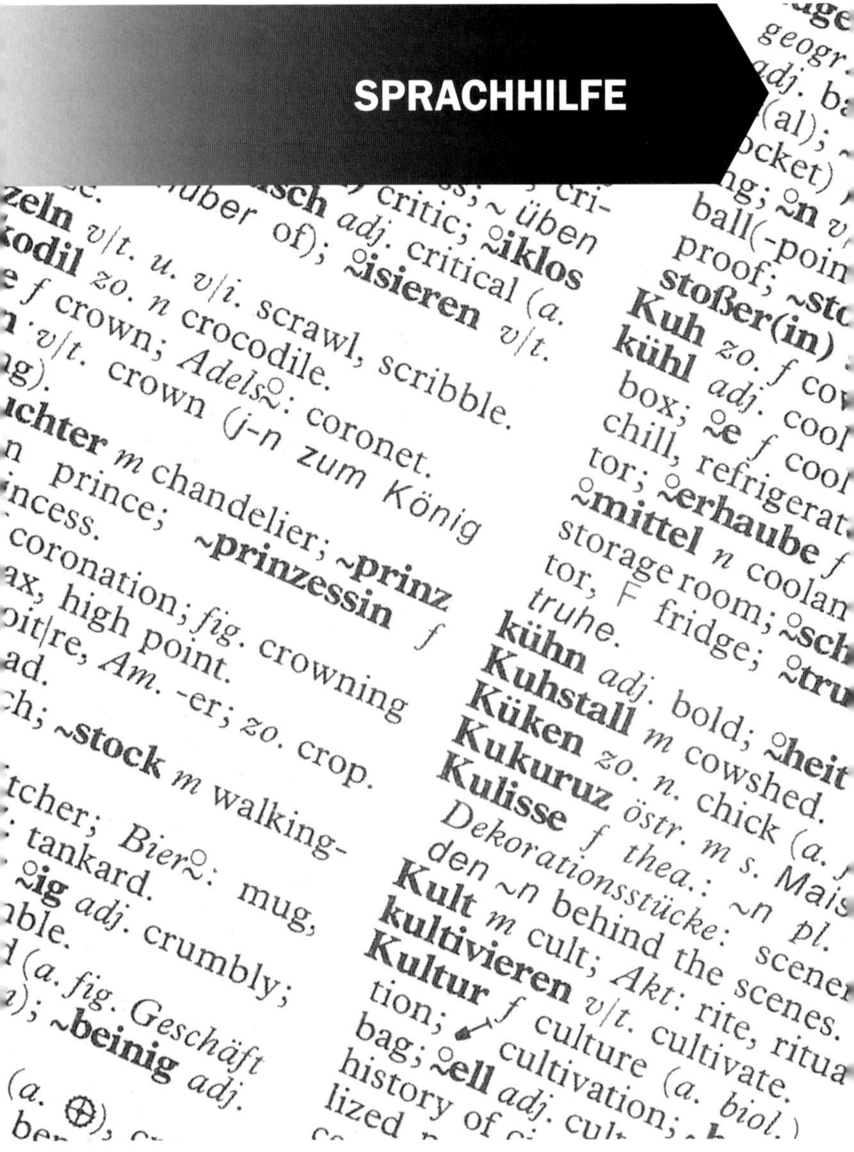

SPRACHHILFE ALLGEMEIN

ENGLISCH	DEUTSCH
Accelerate	Beschleunigen
Accident	Unfall,Missgeschick
Adult	Erwachsener
Air condition	Klimaanlage
Air filter	Luftfilter
Air pressure	Luftdruck
Alternator	Lichtmaschine
Ambulance	Krankenwagen
Appetizer	Vorspeise
Apple	Apfel
Asparagus	Spargel
apricots	Aprikosen
ATM - Automatic teller machine	Geldautomat
Avalanche	Lawine
Ave	Avenue
Axle	Achse
B&B	Bed & Breakfast (Privatpension)
Bacon	Schinkenspeck
Bagel	Rundes Brötchen, in der Mitte ein Loch
Band aid	Wund-Pflaster
Barbecue	Grill
Bathroom	Badezimmer
Beach	Strand
Beans	Bohnen
Beef	Rind
beer	Bier
Bill	Rechnung
Biscuit	Zwieback- o. Keks-Gebäck
Black water	Schmutzwasser
Blanket	Bettdecke
Blueberry	Blaubeere
Body	Karosserie
Boiled eggs	Gekochte Eier
Boiled	Gekocht
Bolt	Schraube
Box office	Kasse (Theater, Kino usw.)
Brake lining	Bremsbelag
Brake	Bremse
Bread	Brot
Breakdown	Panne
Breakfast	Frühstück
Broiled	Gebraten
Broken	Defekt, kaputt
Brunch	Spätes Frühstück
Bulb	Glühbirne
Bump	Bodenwelle
Bumper	Stoßstange
Blvd	Boulevard
Cabbage	Kohl, Kraut
Cable	Kabel
Campground	Campingplatz
Caravan	Wohnwagen
Carburettor	Vergaser
Carrot	Karotte
Cattle	Rinder
Cauliflower	Blumenkohl
Caution	Achtung, Vorsicht
Cave	Höhle

DEUTSCH	ENGLISCH
Abblendlicht	High beam
Abblendlicht	Low beam
Abblendschalter	Dimmer switch
Abdichten, Dichtung	Seal
Abendessen	Dinner
Abfall	Waste
Abkürzung für Highway	Hwy
Abschleppseil	Tow rope
Abschleppzone	Tow away zone
Absolutes Halteverbot	No stopping any time
Abwasser	Sewage
Abwassertank	Waste water tank
Abzweigung, Kreuzung	Junction
Achse	Axle
Achtung, Vorsicht	Caution
Anlasser	Starter
Anschluss für Abwasser, Wasser, Strom	Hook up
Anschluss für Abwasser, Wasser, Strom	Full hook up
Anschnallen	To buckle up
Anschnall-/Sicherheitsgurt	Safety belt
Apfel	Apple
Apotheke	Drugstore / pharmacy
Aprikosen	apricots
Armaturenbrett	Dashboard
Armaturenbrett	Instrument panel
auch für: Kilometer	Klick
Auflieger-Anhänger	Fifth-Wheel-Trailer
Aufnehmen, jdn. abholen	Pick-up
Ausgang	Exit
Auspuff	Exhaust
Auspuff	Muffler
Aussichtspunkt	Lookout
Aussichtspunkt	Viewpoint
Avenue	Ave
Bach	Creek
Backofen	Oven
Badezimmer	Bathroom
Batterie laden	To charge the battery
Baustelle	Construction area
Baustelle	Road construction
Bed & Breakfast (Privatpension)	B&B
Benzin	Gas, gasoline
Benzin, bleifrei	Gas, unleaded
Benzinpumpe	Fuel pump
Benzinuhr	Fuel gauge
Bergkette	Range
Bergrücken, Bergkamm	Ridge
Beschädigt	Damaged
Beschleunigen	Accelerate
Besteck	Cutlery
Betreten verboten	Do not enter
Bettdecke	Blanket
Bettzeug	Linen
Bier	beer
Birne	Pear
Blaubeere	Blueberry
Blinker	Indicator
Blumenkohl	Cauliflower

ENGLISCH	DEUTSCH
Cereals	Cornflakes jeder Geschmacksrichtung
Chemical toilet	Chemische Toilette
cherries	Kirschen
chicken (fried chicken)	Hähnchen (Brathähnchen)
clams	Muscheln
Clutch	Kupplung
Coffee cake	Keks
Coin laundry	Münzwaschsalon
Construction area	Baustelle
Continental Breakfast	Einfaches Frühstück mit Marmelade
Corn	Mais
Cottage	Landhaus
Courthouse	Gerichtsgebäude
Cove	Bucht
cod	Kabeljau
Crankshaft	Kurbelwelle
crab	Krabbe
Crash	Unfall
Cream	Kaffeesahne
Creek	Bach
Crossing	Übergang, Kreuzung
Cucumber	Gurke
Curb	Bordsteinkante
Current	Elektrischer Strom
Cutlery	Besteck
Cylinder head	Zylinderkopf
Damaged	Beschädigt
Danger	Gefahr
Danish bread	Kleingebäck
Dashboard	Armaturenbrett
Dead end	Sackgasse
decaf	koffeinfreier Kaffee
Destilled water	Destilliertes Wasser
Detergent	Waschpulver
Detour	Umleitung
Dinner	Abendessen
Dimmer switch	Abblendschalter
Dip stick	Ölmessstab
Dip	Bodenwelle
Discount	Preisnachlass
Do not enter	Betreten verboten
Do not pass	Überholverbot
Door	Tür
Double room	Doppelzimmer
Driver's license	Führerschein
Drugstore / pharmacy	Apotheke
Dryer	Wäschetrockner
Dry toilet	Trockentoilette
Dump station	Stelle zum Leeren der Abwassertanks
Eggs	Eier
Electricity	Elektrizität, Strom
Elevator	Lift
Emergency call	Notruf
Empty	Leer

DEUTSCH	ENGLISCH
Bodenwelle	Bump
Bodenwelle	Dip
Bohnen	Beans
Bordsteinkante	Curb
Boulevard	Blvd
Bremsbelag	Brake lining
Bremse	Brake
Brot	Bread
Brötchen	Rolls
Bucht	Cove
Campingplatz	Campground
Campingplatz nur für Wohnmobile	RV Park
Chemische Toilette	Chemical toilet
Cornflakes jeder Geschmacksrichtung	Cereals
Danke	Thank you
Defekt, kaputt	Broken
Destilliertes Wasser	Destilled water
Dichtung	Gasket
Diesel	Gasoil
Doppelzimmer	Double room
Durchgangsverkehr	Thru traffic
Dusche	Shower
Düse	Nozzle
Eier	Eggs
Einbahnstraße	One way
Einbahnstraße	One way (street)
Einfaches Frühstück mit Marmelade	Continental Breakfast
Eingeschränkte Sicht	Vision limited
Einkaufszone	Mall
Einspritzpumpe	Injection pump
Einzelzimmer	Single room
Eisenbahn	Railway
Eisenbahnübergang	RR X-ing
Elektrischer Strom	Current
Elektrizität, Strom	Electricity
Ende der Geschwindig-keitsbeschränkung	Resume speed
Enge Bergschlucht, Durchbruch	Gap
Entschuldigung	Sorry
Erbsen	Peas
Erdbeere	Strawberry
Erdgeschoss	First floor
Erdnussbutter	Peanut Butter
Erlaubnisschein	Permit
Ersatzreifen / Ersatzrad	Spare tire
Ersatzteil	Spare part
Erwachsener	Adult
Fahrbahn gesperrt	Lane closed
Falsche Fahrtrichtung, Einfahrt verboten	Wrong way
Feder	Spring
Feldsalat, Rapunzel	Lettuce
Felge	Rim
Fest, eng	Tight
Feuer- und Grillstelle	Fire place
Feuerlöscher	Fire extinguisher

ENGLISCH	DEUTSCH
Engine	Motor
English muffin	Flaches, halbiertes Milchbrötchen
Entrée	Hauptgericht
Exchange rate	Wechselkurs
Exhaust	Auspuff
Exit	Ausgang
Falling rocks	Steinschlag
Falls	Wasserfall
Fan belt	Keilriemen
Fan	Ventilator
Fender	Kotflügel
Fifth-Wheel-Trailer	Auflieger-Anhänger
Fire extinguisher	Feuerlöscher
Fire place	Feuer- und Grillstelle
First-aid kit	Verbandskasten
First floor	Erdgeschoss
Flagman ahead	Vorsicht Straßenarbeiter
Flour	Mehl
French fries	Pommes Frites
Fridge, refrigerator	Kühlschrank
Fried	Frittiert, häufig paniert
Fuel gauge	Benzinuhr
Fuel pump	Benzinpumpe
Full hook up	Anschluss für Abwasser, Wasser, Strom
Fuse	Sicherung
Game crossing	Wildwechsel
Gap	Enge Bergschlucht, Durchbruch
Garage	Werkstatt
Garbage	Müll, Abfall
Garlic	Knoblauch
Gas station	Tankstelle
Gas, gasoline	Benzin
Gasket	Dichtung
Gasoil	Diesel
Gas, unleaded	Benzin, bleifrei
Gate	Tor, Einfahrt National Park
Gear box	Getriebe
Gear	Gang, Getriebe, Ausrüstung
Generator	Generator, Lichtmaschine
Guide	Führer
Glacier	Gletscher
Grade	Gefälle
grapes	Trauben
Gravel road	Schotterstraße
Gray (grey) water	Wasch- und Spülwasser
Great divide	Wasserscheide
Grilled	gegrillt
GST	Goods & Service Tax = Umsatzsteuer
halibut	Heilbutt
Ham	gekochter Schinken
Handicapped parking	Parken nur für Behinderte
Head gasket	Zylinderkopfdichtung
Headlight	Scheinwerfer
Heating	Heizung
High beam	Abblendlicht
Hiking trail	Wanderweg

DEUTSCH	ENGLISCH
Flaches, halbiertes Milchbrötchen	English muffin
Forelle	trout
Forststraße	Logging Road
Freizeitanlage meist mit Übernachtungsmöglichkeit	Resort
Frittiert, häufig paniert	Fried
Frühstück	Breakfast
Führer	Guide
Führerschein	Driver's license
Funken	Spark
Fußgänger	Pedestrian
Fußgänger kreuzen	Peds X-ing
Fußgänger-Übergang, Kreuzung	X-ing
Gang, Getriebe, Ausrüstung	Gear
Gebraten	Broiled
Gebührenfreie Telefonnummer	Toll free number
Gedünstet	Souteed
Gefahr	Danger
Gefälle	Grade
gegrillt	Grilled
Gekocht	Boiled
Gekochte Eier	Boiled eggs
gekochter Schinken	Ham
Geld abheben	Withdraw Money
Geldautomat	ATM – Automatic teller machine
Gemüse	Vegetable
Generator, Lichtmaschine	Generator
Gepäck	Luggage
Gerichtsgebäude	Courthouse
Geschwindigkeit	Speed
Geschwindigkeitsbeschränkung	Speed limit
Getriebe	Transmission
Getriebe	Gear box
Gletscher	Glacier
Gletscher	Icefield
Glühbirne	Light bulb
Glühbirne	Bulb
Goods & Service Tax = Umsatzsteuer	GST
Grill	Barbecue
Gurke	Cucumber
Hähnchen (Brathähnchen)	chicken (fried chicken)
Halten nur Ein-und Aussteigen erlaubt	Passenger loading zone
Handbremse	Parking brake
Handtuch	Towel
Hauptgericht	Entrée
Hebel	Lever
Heilbutt	halibut
Heiße Quellen	Hot Springs
Heizung	Heating
Höchstgeschwindigkeit	Maximum Speed
Höhle	Cave
Hügel	Hill
Hummer	lobster
Hupe	Horn
In den Verkehr einfädeln	Merge
Insel	Island
Kabel	Cable

ENGLISCH	DEUTSCH
Hill	Hügel
Hood	Motorhaube
Hook up	Anschluss für Abwasser, Wasser, Strom
Horn	Hupe
Hose	Schlauch
Hot Springs	Heiße Quellen
Hub cap	Radkappe
Hwy	Abkürzung für Highway
Icefield	Gletscher
Ignition key	Zündschlüssel
Ignition lock	Zündschloss
Indicator	Blinker
Injection pump	Einspritzpumpe
Instrument panel	Armaturenbrett
Interpretive Programm	Veranstaltung, Vortrag
Island	Insel
Jacuzzi	Whirlpool
Jack	Wagenheber
Jam	Marmelade
juice	Saft
Junction	Abzweigung, Kreuzung
Keep off	Nicht befahren oder betreten
Key	Schlüssel
Klick	auch für: Kilometer
Kph	Kilometer pro Stunde
Lake	See
Lane closed	Fahrbahn gesperrt
Laundromat	Waschmaschine und Trockner
Laundry	Wäscherei
Leaky	Undicht
lemmon	Zitronen
Lettuce	Feldsalat, Rapunzel
Lever	Hebel
License plate	Nummernschild
Light bulb	Glühbirne
Linen	Bettzeug
Loading zone	Ladezone
lobster	Hummer
Lodge	Rustikales Hotel, Haus
Locker	Schließfach
Logging Road	Forststraße
Lookout	Aussichtspunkt
Loose connection	Wackelkontakt
Loose	Lose
Low beam	Abblendlicht
Luggage	Gepäck
Lunch	Mittagessen
Maid	Zimmermädchen
Mall	Einkaufszone
Maximum Speed	Höchstgeschwindigkeit
Median	Mittelstreifen
Menu	Speisekarte
Men working	Straßenarbeiten
Merge	In den Verkehr einfädeln
Milk	Milch
Motorhome	Wohnmobil
Mph	Meilen pro Stunde
Muffler	Auspuff
Mushrooms	Pilze
Narrow bridge/narrow Road	Schmale Brücke / enge Straße
No passing	Überholverbot
No stopping any time	Absolutes Halteverbot

DEUTSCH	ENGLISCH
Kabeljau	cod
Kaffeesahne	Cream
Kardangelenk	Universal joint
Karosserie	Body
Karotte	carrot
Kartoffeln	Potatoes
Kasse (Theater, Kino usw.)	Box office
Keilriemen	Fan belt
Keks	Coffee cake
Kilometer pro Stunde	Kph
Kirschen	cherries
Kleingebäck	Danish bread
Klimaanlage	Air condition
Knoblauch	Garlic
koffeinfreier Kaffee	decaf
Kofferraum	Trunk
Kohl, Kraut	Cabbage
Kotflügel	Fender
Krabbe	crab
Krankenwagen	Ambulance
Kühler	Radiator
Kühlschrank	Refrigerator, fridge
Kühlschrank	Fridge, refrigerator
Kupplung	Clutch
Kurbelwelle	Crankshaft
Kürbis	Pumpkin
kurvenreiche Straße	Winding road
Kurzer Lehrpfad im Naturpark	Self-guiding trail
Kurzschluss	Short, short circuit
Lachs	Salmon
Ladezone	Loading zone
Landhaus	Cottage
Langsame Fahrzeuge rechts fahren	Slower traffic keep right
Langsamer fahren	Reduce speed
Lawine	Avalanche
Leer	Empty
Lenkung	Steering
Lichtmaschine	Alternator
Lift	Elevator
Lose	Loose
Luftdruck	Air pressure
Luftfilter	Air filter
Mais	Corn
Marmelade	Jam
Maut	Toll
Mautstation	Toll plaza
Meeresfrüchte	seafood
Mehl	Flour
Meilen pro Stunde	Mph
Milch	Milk
Mittagessen	Lunch
Mittelstreifen	Median
Motor	Engine
Motorhaube	Hood
Müll, Abfall	Garbage
Münzwaschsalon	Coin laundry
Muscheln	clams
Nachfüllen (Kaffee)	Refill
National Park	NP, National Park
Nicht befahren oder betreten	Keep off
Notcampingplatz	Overflow camping
Notruf	Emergency call

ENGLISCH	DEUTSCH
No thru road	Sackgasse
No U-turn	Wenden verboten
Noodle	Nudel
Nozzle	Düse
NP, National Park	National Park
Nut	Schrauben-Mutter
Oil change	Ölwechsel
Oil	Öl
One way (street)	Einbahnstraße
One way	Einbahnstraße
Onion	Zwiebel
Oven	Backofen
Over easy (eggs)	Von beiden Seiten gebraten
Overflow camping	Notcampingplatz
Pancake	Pfannenkuchen
Parking brake	Handbremse
Parking lot	Parkplatz
Parking meter	Parkuhr
Parsley	Petersilie
Passenger loading zone	Halten nur Ein-und Aussteigen erlaubt
Peach	Pfirsich
Peanut Butter	Erdnussbutter
Pear	Birne
Peas	Erbsen
Pedestrian	Fußgänger
Peds X-ing	Fußgänger kreuzen
Pepper (red & green)	Paprika (rot & grün)
Permit	Erlaubnisschein
Pick-up	Aufnehmen, jdn. abholen
Picnic area	Picknickplatz
Plant	Pflanze
Pliers	Zange
Plug in	Stromanschluss
Plug	Stecker
Plum	Pflaume
Poached eggs	Pochierte Eier
Pork	Schwein
Potatoes	Kartoffeln
PP, Provincial Park	Provinzial Park
Propane	Propangas
PST, Provincial Tax	Provinzsteuer
Pump	Pumpe
Pumpkin	Kürbis
Rafting	Wildwasserfahrt
Radiator	Kühler
radish	Radieschen
Railway	Eisenbahn
Raisin bread	Rosinenbrot
Range	Bergkette
Ranger	Parkaufseher, Wildhüter
Rapids	Stromschnellen
RCMP	Royal Canadian Mounted Police, Bundespolizei
Rear-view mirror	Rückspiegel
Reduce speed	Langsamer fahren
Refill	Nachfüllen (Kaffee)
Refrigerator, fridge	Kühlschrank
Repair	Reparieren

DEUTSCH	ENGLISCH
Nudel	Noodle
Nummernschild	License plate
Öl	Oil
Ölmessstab	Dip stick
Ölstand prüfen	To check the oil
Ölwechsel	Oil change
Panne	Breakdown
Paprika (rot & grün)	Pepper (red & green)
Parkaufseher, Wildhüter	Warden
Parkaufseher, Wildhüter	Ranger
Parken nur für Behinderte	Handicapped parking
Parkplatz	Parking lot
Parkuhr	Parking meter
Petersilie	Parsley
Pfad, Weg	Trail
Pfannenkuchen	Pancake
Pfirsich	Peach
Pflanze	Plant
Pflaume	Plum
Picknickplatz	Picnic area
Pilze	Mushrooms
Platz	Square
Pochierte Eier	Poached eggs
Pommes Frites	French fries
Preisnachlass	Discount
Propangas	Propane
Provinzial Park	PP, Provincial Park
Provinzsteuer	PST, Provincial Tax
Pumpe	Pump
Rad	Wheel
Radieschen	radish
Radkappe	Hub cap
Radmutter, Radschraube	Wheel-nut
Rastplatz	Rest area
Rechnung	Bill
Recreation vehicle (Wohnwagen)	RV
Regionalpark	RP Regional Park
Reifen	Tire, tyre
Reifendruck	Tire pressure
Reis	Rice
Reparieren	Repair
Rind	Beef
Rinder	Cattle
Roggen	Rye
Roggen-Toast	Toast – rye
Rosinenbrot	Raisin bread
Royal Canadian Mounted Police, Bundespolizei	RCMP
Rücklicht	Tail light
Rückspiegel	Rear-view mirror
Rührei	Scrambled eggs
Rundes Brötchen, in der Mitte ein Loch	Bagel
Rustikales Hotel, Haus	Lodge
Rutschgefahr bei Nässe	Slippery when wet
Sackgasse	Dead end
Sackgasse	No thru road
Saft	juice
Salz	Salt

ENGLISCH	DEUTSCH
Resort	Freizeitanlage meist mit Übernachtungsmöglichkeit
Rest area	Rastplatz
Rest room	Toilette, Waschraum
Restricted parking zone	Zeitlich begrenztes Parken
Resume speed	Ende der Geschwindig-keitsbeschränkung
Rice	Reis
Ridge	Bergrücken, Bergkamm
Right of way	Vorfahrt
Rim	Felge
Road construction	Baustelle
Rolls	Brötchen
Room-service	Zimmerservice
Rough road	Schlechte Wegstrecke
RP Regional Park	Regionalpark
RR X-ing	Eisenbahnübergang
RV (recreational vehicle)	Wohnmobil, Camper
RV Park	Campingplatz nur für Wohnmobile
RV	Recreation vehicle (Wohnwagen)
Rye	Roggen
Safety belt	Anschnall- / Sicherheitsgurt
Salmon	Lachs
Salt	Salz
Sani station / Sanidump Station	Stelle zum Leeren des Abwassertanks
Sausage	Würstchen
Scrambled eggs	Rührei
Screw	Schraube
Screwdriver	Schraubenzieher
seafood	Meeresfrüchte
Seal	Abdichten, Dichtung
Self-guiding trail	Kurzer Lehrpfad im Naturpark
Self registration	Selbstregistrierung
Service station	Tankstelle
Sewage	Abwasser
Short, short circuit	Kurzschluss
Shower	Dusche
Single room	Einzelzimmer
Site	Stellplatz
Sleeping bag	Schlafsack
Slippery when wet	Rutschgefahr bei Nässe
Slower traffic keep right	Langsame Fahrzeuge rechts fahren
Soap	Seife
Sorry	Entschuldigung
Sourdough bread	Sauerteigbrot
Soup	Suppe
Souteed	Gedünstet
Spare part	Ersatzteil
Spare tire	Ersatzreifen / Ersatzrad
Spark plug	Zündkerze
Spark	Funken
Speed limit	Geschwindigkeitsbeschränkung
Speed	Geschwindigkeit
Speeding	Zu schnelles Fahren
Speedometer	Tachometer
spinach	Spinat
Square	Platz

DEUTSCH	ENGLISCH
Sauerteigbrot	Sourdough bread
Schalter	Switch
Scheibenwischer	Wiper
Scheinwerfer	Headlight
Scheinwerfer einschalten	Turn on headlights
Schinkenspeck	Bacon
Schlafsack	Sleeping bag
Schlauch	Hose
Schlauchlos	Tubeless
Schlechte Wegstrecke	Rough road
Schließfach	Locker
Schlüssel	Key
Schmale Brücke / enge Straße	Narrow bridge / narrow Road
Schmutzwasser	Black water
Schotterstraße	Gravel road
Schraube	Screw
Schraube	Bolt
Schrauben-Mutter	Nut
Schraubenschlüssel	Wrench
Schraubenzieher	Screwdriver
Schwein	pork
See	Lake
Seife	Soap
Selbstregistrierung	Self registration
Sicherung	Fuse
Spargel	Asparagus
Spätes Frühstück	Brunch
Speisekarte	Menu
Spiegelei	Sunny side up (eggs)
Spinat	spinach
Starkes Gefälle / Steigung	Steep hill
Steak mit Knochen	T-bone steak
Steaks etwas mehr angebraten	Steaks medium
Steaks gegrillt	Steaks grilled
Steaks gut durchgebraten	Steaks well done
Steaks wenig angebraten	Steaks rare
Stecker	Plug
Steil	Steep
Steinschlag	Falling rocks
Stelle zum Leeren der Abwassertanks	Dump station
Stelle zum Leeren des Abwassertanks	Sani station / Sanidump Station
Stellplatz	Site
Stoßstange	Bumper
Strafzettel / Eintrittskarte	Ticket
Strand	Beach
Straßenarbeiten	Men working
Stromanschluss	Plug in
Stromschnellen	Rapids
Suppe	Soup
Tachometer	Speedometer
Tal	Valley
Tank	Tank
Tankdeckel	Tank cap
Tankstelle	Gas station
Tankstelle	Service station

ENGLISCH	DEUTSCH
Spring	Feder
Starter	Anlasser
Steaks rare	Steaks wenig angebraten
Steaks medium	Steaks etwas mehr angebraten
Steaks well done	Steaks gut durchgebraten
Steaks grilled	Steaks gegrillt
Steep	Steil
Steep hill	Starkes Gefälle / Steigung
Steering	Lenkung
Strawberry	Erdbeere
Sugar	Zucker
Sunny side up (eggs)	Spiegelei
Switch	Schalter
T-bone steak	Steak m. Knochen
Tail light	Rücklicht
Tailgating	Zu dichtes Auffahren
Tank cap	Tankdeckel
Tank	Tank
Tap	(Wasser-)Hahn
Tent	Zelt
Thank you	Danke
Thermostat	Thermostat
Thru traffic	Durchgangsverkehr
Ticket	Strafzettel / Eintrittskarte
Tight	Fest, eng
Tip	Trinkgeld
Tire pressure	Reifendruck
Tire, tyre	Reifen
To buckle up	Anschnallen
To charge the battery	Batterie laden
To check the oil	Ölstand prüfen
To fill it up	Voll tanken
To make an U-turn	Wenden
Toast – rye	Roggen-Toast
Toast – wheat	Weizen-Toast
Toll plaza	Mautstation
Toll	Maut
Toll free number	Gebührenfreie Telefonnummer
tomatoes	Tomaten
Tool kit	Werkzeugkasten
Tool	Werkzeug
Tow away zone	Abschleppzone
Tow rope	Abschleppseil
Towel	Handtuch
Traffic lights	Verkehrsampel
Trail	Pfad, Weg
Transmission	Getriebe
Trout	Forelle
Trunk	Kofferraum
Tubeless	Schlauchlos
tuna	Thunfisch
turkey	Truthahn
Turn on headlights	Scheinwerfer einschalten
Universal joint	Kardangelenk
U-turn	Wenden
Valley	Tal
Valve	Ventil
Vacancy	Zimmer frei
Vegetable	Gemüse
Viewpoint	Aussichtspunkt
Vision limited	Eingeschränkte Sicht
Waffles	Waffeln

DEUTSCH	ENGLISCH
Thermostat	Thermostat
Thunfisch	tuna
Toilette	Washroom
Toilette, Waschraum	Rest room
Tomaten	tomatoes
Tor, Einfahrt National Park	Gate
Trauben	grapes
Trinkgeld	Tip
Trockentoilette	Dry toilet
Truthahn	turkey
Tür	Door
Übergang, Kreuzung	Crossing
Überholverbot	Do not pass
Überholverbot	No passing
Umleitung	Detour
Undicht	Leaky
Unfall	Crash
Unfall,Missgeschick	Accident
Ventil	Valve
Ventilator	Fan
Veranstaltung, Vortrag	Interpretive Programm
Verbandskasten	First-aid kit
Vergaser	Carburettor
Verkehrsampel	Traffic lights
Voll tanken	To fill it up
Vollkornbrot	Wholewheat Bread
Von beiden Seiten gebraten	Over easy (eggs)
Vorfahrt	Right of way
Vorfahrt beachten	Yield
Vorsicht Steinschlag	Watch for rocks
Vorsicht Straßenarbeiter	Flagman ahead
Vorsicht Vieh	Watch for lifestock
Vorspeise	Appetizer
Wackelkontakt	Loose connection
Waffeln	Waffles
Wagenheber	Jack
Wanderweg	Hiking trail
Wasch- und Spülwasser	Gray (grey) water
Wäscherei	Laundry
Wäschetrockner	Dryer
Waschmaschine und Trockner	Laundromat
Waschpulver	Detergent
(Wasser)-Hahn	Tap
Wasserfall	Falls
Wasserpumpe	Water pump
Wasserscheide	Great divide
Wechselkurs	Exchange rate
Wein	wine
Weizen	Wheat
Weizen-Toast	Toast – wheat
Wenden	U-turn
Wenden	To make an U-turn
Wenden verboten	No U-turn
Werkstatt	Garage
Werkzeug	Tool
Werkzeugkasten	Tool kit
Whirlpool	Jacuzzi
Wildwasserfahrt	Rafting
Wildwechsel	Game crossing
Windschutzscheibe	Windscreen / Windshield
Wohnmobil	Motorhome
Wohnmobil, Camper	RV (recreational vehicle)

ENGLISCH	DEUTSCH	DEUTSCH	ENGLISCH
Warden	Parkaufseher, Wildhüter	Wohnwagen	Caravan
Washroom	Toilette	Wund-Pflaster	Band aid
Waste water tank	Abwassertank	Würstchen	Sausage
Waste	Abfall	Zange	Pliers
Watch for lifestock	Vorsicht Vieh	Zeitlich begrenztes Parken	Restricted parking zone
Watch for rocks	Vorsicht Steinschlag	Zelt	Tent
Water pump	Wasserpumpe	Zeltplatz in der Wildnis	Wilderness Campground
Wheat	Weizen	Zimmer frei	Vacancy
Wheel	Rad	Zimmermädchen	Maid
Wheel-nut	Radmutter, Radschraube	Zimmerservice	Room-service
Wholewheat Bread	Vollkornbrot	Zitronen	lemmon
Wilderness Campground	Zeltplatz in der Wildnis	Zu dichtes Auffahren	Tailgating
Winding road	kurvenreiche Straße	Zu schnelles Fahren	Speeding
Windscreen / Windshield	Windschutzscheibe	Zucker	Sugar
Wine	Wein	Zündkerze	Spark plug
Wiper	Scheibenwischer	Zündschloss	Ignition lock
Withdraw Money	Geld abheben	Zündschlüssel	Ignition key
Wrench	Schraubenschlüssel	Zwieback- o. Keks-Gebäck	Biscuit
Wrong way	Falsche Fahrtrichtung, Einfahrt verboten	Zwiebel	Onion
X-ing	Fußgänger-Übergang, Kreuzung	Zylinderkopf	Cylinder head
Yield	Vorfahrt beachten	Zylinderkopfdichtung	Head gasket

SPRACHHILFE MEDIZIN

ENGLISCH	DEUTSCH	DEUTSCH	ENGLISCH
Accident	Unfall	Apotheke	Drugstore / pharmacy
Back ache	Rückenschmerzen	Augenarzt	Eye specialiste
Band aids	Pflaster	Bein	Leg
Bandage	Verband	Bescheinigung / Attest	Certification
Blood presure	Blutdruck	Bewusstlos	Unconscious
Brain concussion	Gehirnerschütterung	Bienenstich	Sting of a bee
Brocken	Gebrochen	Blutdruck	Blood presure
Certification	Bescheinigung / Attest	Chirurg	Surgeon
Circulatory disturbance	Kreislaufstörung	Dermatologe / Hautarzt	Dermathologist
Cold	Erkältung	Durchfall	Diarrhoea
Constipation	Verstopfung	Erkältung	Cold
Cough	Husten	Erste Hilfe	First aid
Dentist	Zahnarzt	Entzündung	Inflammation
Dermathologist	Dermatologe / Hautarzt	Fieber	Fever
Diarrhoea	Durchfall	Fuß	Foot
Disease	Krankheit	Gift	Poison
Dizziness	Schwindel	Geschwulst	Jaundice
Drugstore / pharmacy	Apotheke	Grippe	Influenza
Ear ache	Ohrenschmerzen	gebrochen	brocken
Emergency service	Notdienst	Gehirnerschütterung	Brain concussion
ENT-Doctor	HNO-Arzt	Geschwollen	Swollen
Eye specialiste	Augenarzt	Gynäkologe	Gynaecologist
Fever	Fieber	Halsschmerzen	Sore Throat
First aid	Erste Hilfe	Herzanfall	Heart attack
Foot	Fuß	HNO-Arzt	ENT-Doctor
General practicioner	Praktischer Arzt	Husten	Cough
Gynaecologist	Gynäkologe	Internist	Specialist internal diseases
Head ache	Kopfschmerzen	Kinderarzt	Paediatrician
Heart attack	Herzanfall	Krankheit	Disease
Indigestion	Verdauungsstörung	Krankenschwester	Nurse
Inflammation	Entzündung	Kopfschmerzen	Head ache
Influenza	Grippe	Kreislaufstörung	Circulatory disturbance
Injection	Spritze	Magenschmerzen	Stomache ache
Injury	Verletzung	Mund	Mouth
Jaundice	Geschwulst	Mandelentzündung	Tonsillitis

SPRACHHILFE ◄

ENGLISCH	DEUTSCH
Leg	Bein
Migraine	Migräne
Mouth	Mund
Nausea	Übelkeit
Nose bleeding	Nasenbluten
Nurse	Krankenschwester
Paediatrician	Kinderarzt
Pain killer	Schmerzmittel
Poison	Gift
Pregnancy	Schwangerschaft
Prescription	Rezept
Relapse	Rückfall
Sore Throat	Halsschmerzen
Specialist internal diseases	Internist
Sprain	Verstauchung
Sting of a bee	Bienenstich
Stomache ache	Magenschmerzen
Sunstroke	Sonnenstich
Surgeon	Chirurg
Swollen	Geschwollen
Tablet, pill	Tablette
Tongue	Zunge
Tonsillitis	Mandelentzündung
Tooth	Zahn
Unconscious	Bewusstlos
Unconsciousness	Ohnmacht

DEUTSCH	ENGLISCH
Migräne	Migraine
Nasenbluten	Nose bleeding
Notdienst	Emergency service
Ohrenschmerzen	Ear ache
Ohnmacht	Unconsciousness
Pflaster	Band aids
Praktischer Arzt	General practicioner
Rückenschmerzen	Back ache
Rückfall	Relapse
Rezept	Prescription
Schmerzmittel	Pain killer
Schwangerschaft	Pregnancy
Schwindel	Dizziness
Sonnenstich	Sunstroke
Spritze	Injection
Tablette	Tablet, pill
Unfall	Accident
Übelkeit	Nausea
Verstauchung	Sprain
Verdauungsstörung	Indigestion
Verstopfung	Constipation
Verletzung	Injury
Verband	Bandage
Zahn	Tooth
Zahnarzt	Dentist
Zunge	Tongue

SPRACHHILFE KONVERSATION

ENGLISCH	DEUTSCH
Thank you (very much).	Danke (Vielen Dank).
You're welcome.	Bitte schön. Gern geschehen.
Excuse me.	Entschuldigen Sie.
I'm sorry.	Es tut mir leid.
It doesn't matter.	Das macht nichts.
That's all right.	Es ist gut.
Good morning.	Guten Morgen.
Good afternoon.	Guten Tag.
Good evening.	Guten Abend.
How are you?	Wie geht es Ihnen / Dir?
Fine, thanks.	Gut, danke.
My name is	Ich heiße ....
I'm German.	Ich bin Deutsche(r).
I come from Germany.	Ich komme aus Deutschland.
This is Mr. / Mrs.	Das ist Herr / Frau......
Good bye.	Auf Wiedersehen.
See you later.	Bis später.
Good night.	Gute Nacht.
Enjoy your trip.	Gute Reise.
I'd like to have a double room / single room.	Ich hätte gerne ein Doppelzimmer / Einzelzimmer
What time is breakfast served?	Wann gibt es Frühstück?
Could I have a wake-up call at eight a. m.?	Könnten Sie mich bitte um 8 Uhr wecken?
Where can I find....?	Wo finde ich.....?
Can I help you?	Kann ich Ihnen / Dir helfen?
No, thanks. I'm just looking.	Nein, danke, ich schaue mich nur um.
How much is it?	Wie viel kostet das?
What size do you take?	Welche Größe tragen Sie?
I take size 40.	Ich trage Größe 40 (Schuhe).
I'm size 40.	Ich trage Größe 40 (Kleidung).
Can you recommend a food store?	Können Sie mir ein Lebensmittelgeschäft empfehlen?
Is this seat free?	Ist dieser Platz frei?
Two black coffee / white coffee, please.	2 Kaffee schwarz / mit Milch bitte.

ENGLISCH	DEUTSCH
I'd like to reserve a table for tonight.	Ich würde gerne für heute Abend einen Tisch reservieren.
A table for two, please.	Einen Tisch für 2 Personen, bitte.
Can we see the menu?	Können wir bitte die Speisekarte haben?
What would you like to drink?	Was möchten Sie gerne trinken?
Rare / medium / well done, please.	Blutig / medium / durchgebraten, bitte.
Can I have the bill, please?	Bitte die Rechnung.
All together, please.	Bitte alles zusammen.
Separate bill, please.	Getrennte Rechnungen, bitte.
Do you accept / take credit cards?	Nehmen Sie Kreditkarten?
Where ist the post office?	Wo ist die Post?
How much is a letter to Germany?	Was kostet ein Brief nach Deutschland?
Four One-Dollar stamps, please.	Vier Briefmarken zu 1 Dollar, bitte.
I'd like to change one hundred Euro into Dollars.	Ich möchte 100 € in Dollars wechseln.
I'd like to cash this traveller's cheque.	Ich möchte diesen Reisescheck einlösen.
May I see your ID?	Darf ich bitte Ihren Ausweis sehen?
Sign here, please.	Ihre Unterschrift, bitte.
Can you show me the way to....	Können Sie mir bitte den Weg zeigen zu...
Is it far?	Ist es weit?
How far is it?	Wie weit ist es?
You can't miss it.	Sie können es nicht verfehlen.
Which bus / train goes to the airport?	Welcher Bus / Zug fährt zum Flughafen?
Where does it go from?	Wo fährt er ab?
Could you tell me where I have to get off?	Könnten Sie mir bitte sagen, wo ich aussteigen muss?
It's cloudy.	Es ist bewölkt.
The sun is shining.	Die Sonne scheint.
It's raining / snowing.	Es regnet / schneit.
It's very hot / cold.	Es ist sehr heiß / kalt.
I like it.	Das gefällt mir.
I don't like it.	Das gefällt mir nicht.
Would you like something to drink?	Möchten Sie etwas trinken?
I'd like to have a phone card.	Ich möchte eine Telefonkarte.
Where is the nearest phone?	Wo ist das nächste Telefon?
What's the (international dialling) code for Germany?	Wie ist die Vorwahl für Deutschland?
Hello, who's speaking, please?	Hallo, mit wem spreche ich bitte?
I'd like to speak to	Ich möchte gerne ...... sprechen.
Hold the line.	Bleiben Sie dran.
The line is busy.	Es ist besetzt. (Telefon)
Would you like to leave a message?	Möchten Sie eine Nachricht hinterlassen?
You have the wrong number.	Sie haben sich verwählt.
Can you call back in ten minutes?	Können Sie in 10 Minuten noch einmal anrufen?
Good luck.	Viel Glück.
Have fun.	Viel Spaß.
Have a good weekend.	Schönes Wochenende.
What time is it?	Wieviel Uhr ist es?
It's half past four.	Es ist halb fünf.
quarter past three.	viertel nach drei (viertel vier).
quarter to three.	viertel vor dre (dreiviertel drei).
It's four o'clock.	Es ist vier Uhr.
Five past four.	Fünf nach vier.
Five to four.	Fünf vor vier.
Twenty-five minutes past four.	Fünf vor halb fünf.
Can you recommend a paediatrician?	Können Sie mir einen Kinderarzt empfehlen?
When are his surgery hours?	Wann hat er Sprechstunde?
I am sick.	Ich bin krank.
You need a prescription for this medicine.	Dieses Medikament ist rezeptpflichtig.
I'm afraid we haven't got it.	Das haben wir nicht da.
When can I pick it up?	Wann kann ich es abholen?
How should I take it?	Wie muss ich es einnehmen?
Take after food	Nach dem Essen einnehmen
Three times a day	Dreimal täglich
Do you have anything for....?	Haben Sie etwas gegen...?

STICHWORTVERZEICHNIS

STICHWORTVERZEICHNIS ◄

#

50th Parallel ... 252

A

Air Force Museum Comox ... 245
Alberni Pacific „Steam“ Railway ... 325
Alberni Valley Museum ... 324
Ale-Trail Victoria ... 198
Alert Bay ... 410
Sehenswürdigkeiten ... 411
Unterkünfte ... 413
Alkohol ... 436
Amerika-Adapter ... 451
Angeln ... 436
Anti-Bear Spray ... 439
Aquarium Ucluelet ... 337
Art Gallery Vancouver ... 164
Artlish Caves Provincial Park ... 371
Ärztliche Hilfe ... 436
Atluck Creek Canyon ... 370
Autovermietung ... 436
Mietbedingungen ... 437
Autoversicherungen ... 437
Ayjoomixw Tours ... 392

B

Bamberton Provincial Park ... 210
Bamfield ... 327
Pachena Bay Campground ... 328
Bären ... 438
Bathtub Race Nanaimo ... 227
Baustellenbereiche ... 450
BC Aviation Museum ... 187
BC Forest Discovery Centre ... 213
Beaver Cove ... 279
Behindertenhilfe ... 439
Benzinpreise ... 456
Bere Point Regional Park ... 413
Big House Alert Bay ... 411
Bill´s Trail ... 261
Black Nugget Museum ... 220
Bloedel Conservatory ... 175
Bluegrass Festival & Rodeo Coombs ... 317
Boliden Westmin ... 355
Botanical Beach Trail Port Renfrew ... 295
Botanical Garden Tofino ... 349
Boyle Point Provincial Park ... 417
British Columbia ... 18
Broken Group Islands ... 340
Butchart Gardens ... 189
Butterfly Gardens ... 190
Butterfly World and Gardens ... 319

C

Cable Cook House ... 259
Campbell River ... 70, 250
Sehenswürdigkeiten ... 252
Unterkünfte ... 256
Campbell River bis Sayward ... 74
Campbell River bis Tahsis ... 112
Camping ... 440
Fire-Permit ... 440
Tipps ... 441
Canada Place ... 164
Canadian Breakfast ... 443
Canadian Open Sand Sculpting Competition 233
Cape Mudge Lighthouse ... 423
Cape Scott Provincial Park ... 380
Wandermöglichkeiten ... 382
Capilano Suspension Bridge und Park ... 167
Catala Island Provincial Park ... 373
Catalyst Paper Mill Tours ... 395
CDW/LDW (Collision Damage Waiver / Loss Damage Waiver) ... 437
Chatterbox Falls ... 398
Checklisten ... 461
Ersteinkauf Wohnmobilfahrer ... 468
Kofferpacken ... 465
vor der Reise ... 462
Chemainus ... 57, 216
Sehenswürdigkeiten ... 218
Unterkünfte ... 218

Chinatown Vancouver 160
Chinatown Victoria 204
Chrome Island Lighthouse 417
Claud Elliot Lake Provincial Park 264
Clayoquot Arm Provincial Park 333
Cleland Island Exological Reserve 348
CMTs - Culturelly Modified Trees 266, 371
Coal Harbour 82, 278
Unterkünfte 278
Colwood 286
Sehenswürdigkeiten 286
Unterkünfte 288
Comox 241
Comox Valley 240
Sehenswürdigkeiten 242
Unterkünfte 245
Comox Valley bis Campbell River 68
Coombs 316
Sehenswürdigkeiten 316
Copeland Islands Provincial Park 390
Coral Cave 366
Cormorant Channel Provincial Park 269
Cormorant Island 410
Fährverbindungen 410
Cortes Island 424
Fährverbindung 421
Sehenswürdigkeiten 425
Unterkünfte 426
Courtenay 241
Cowichan Lake - Der See 309
Cowichan River Provincial Park 306
Wandermöglichkeiten 307
Cowichan Valley 211
Cowichan Valley Museum 213
Craigdarroch Castle 203
Craig Heritage Park 231
Cumberland 238
Sehenswürdigkeiten 239
Unterkünfte 240
Cypress Provincial Park 170

D

Della Falls 331
Unterkunft 332
Denman Island 415
Fährverbindung 415
Sehenswürdigkeiten 416
Desolation Sound Provincial Park 391
Dirt Road (unimproved Road) 451
Discovery Islands 252
Discovery Passage nach Bella Coola 144
District Museum Courtenay 243
District Museum Nanaimo 225
District Museum Port McNeill 272
District of Mount Waddington 265
District of Saanich 188
Sehenswürdigkeiten 188
Unterkünfte 192
Dominion Astrophysical Observatory 191
Dr. Sun Yat-Sen Classical Chinese Garden 159
Drumbeg Provincial Park 420
Duck Lake Provincial Park 395
Duncan 55, 211
Sehenswürdigkeiten 212
Unterkünfte 215
Duncan bis Lake Cowichan 93
Duncan bis Nanaimo 57

E

Earls Cove nach Langdale 135
East Sooke Regional Park 291
Edge to Edge Marathon Ucluelet 338
Egmont 397
Sehenswürdigkeiten 398
Einfuhrbestimmungen 442
Einkaufen 442
Einleitung 7
Elk Falls Provincial Park 255
Empress Hotel 201
Englishman River Falls Provincial Park 231
Ersteinkauf für Wohnmobilfahrer 46
Essen 443

F

Fahrenheit - Celsius ... 452
Fährfahrt nach Vancouver Island ... 49
Fährfahrt Tsawwassen nach Swartz Bay ... 183
False Creek Vancouver ... 165
Feiertage ... 444
Festivals Sooke ... 290
Festivals Victoria ... 196
Filberg Park Comox ... 242
Fillongley Provincial Park ... 416
Filomi Days Port Hardy ... 282
Fisgard Lighthouse ... 288
Flugverkehr ... 444
- An- und Abreise ... 444
- Inland ... 444

Forbidden Plateau ... 248
- Wandermöglichkeiten ... 248

Forest Service Campgrounds ... 440
Fort Bastion ... 226
Fort Rodd Hill ... 288
Fort Rupert ... 82, 277
Freeway oder Expressway ... 450
French Beach Provincial Park ... 294
Führerschein ... 444
Full Service auf Campgrounds ... 441

G

Gabriola Island ... 417
- Fährverbindung ... 417
- Sehenswürdigkeiten ... 418
- Unterkünfte ... 420

Gabriola Sands Provincial Park ... 419
Galloping Goose Trail ... 292
Gastown ... 162
Geld ... 445
- EC-Karte ... 446
- Kreditkarten ... 445
- Traveller Cheques ... 445

General Store Coombs ... 317
General Stores ... 443
Georgia Park Nanaimo ... 224
Gibsons ... 406
- Historic Gibsons Landing ... 407
- Sunshine Coast Museum ... 408
- Unterkünfte ... 408

Gildas Box of Treasures Native Theatre ... 254
Gold Muchalat Provincial Park ... 362
Gold River ... 359
- Bootstouren ... 361
- Sehenswürdigkeiten ... 360
- Unterkünfte ... 363

Goldstream Provincial Park ... 206
Gordon Bay Provincial Park ... 312
Granville Island ... 165
Great Bear Nature Tour Port Hardy ... 281
Great Central Lake ... 331
Great Lake Walk Lake Cowichan ... 311
Great Walk Gold River ... 360
Green Point Campground ... 345
Grice Bay ... 341
Grizzly ... 438
Grouse Mountain ... 168
GST - Erstattung ... 446
Gulf Islands National Park ... 183

H

Haig-Brown House Heritage Site ... 253
Halfmoon Bay ... 402
Hamilton Marsh ... 318
Hansen Lagoon ... 380
Hatley Castle Colwood ... 286
Hauptroute ... 33, 151
Hausboot-Tour Cowichan Lake ... 310
Hemer Provincial Park ... 220
Heritage-Touren Saanich ... 192
Heritage Museum Texada Island ... 432
Heritage Museum Zeballos ... 373
Heritage Walking Tours Cumberland ... 239
Heritage Walk Nanaimo ... 225
Highlights Vancouver Island ... 25
Highway 101 - Sunshine Coast ... 386
Highway gravel ... 451
Highway paved ... 450

Historical Museum Gabriola 418
Historical Museum Qualicum Beach 235
Historical Museum Sidney 187
Holberg 378
Sehenswürdigkeiten 378
Holzfiguren Port Hardy 280
Holztransport für Lagerfeuer 447
Hope Island 380
Horne Lake Cave Provincial Park 236
Horne Lake Trail 322
Hornsby Island 417
House of Hewhiwus 405

I

I-HOS Gallery 243
Indian Act 412
Indian Summer Games Port Hardy 282
Inland Lake Provincial Park 395
Inseln 409
Cormorant Island 410
Cortes Island 424
Denman Island 415
Gabriola Island 417
Kuper Island 434
Lasqueti Island 420
Malcolm Island 413
Quadra Island 421
Saltspring Island 427
Texada Island 430
Thetis Island 433
Inside Passage nach Prince Rupert 142
Irvines Landing 400

J

Jamie's Whaling Station Ucluelet 337
John Dean Provincial Park 188
Juan de Fuca Marine Trail 296
Juan de Fuca Provincial Park 294

K

Kaatza Station Museum 310
Kanada 14
Karten 499
Kennedy Lake Provincial Park 333
Kinsol Trestle 209
Kitty Coleman Provincial Park 249
Kleidung 446
Klima - West-Kanada 446
Kodiakbär 438
Koksilah River Provincial Park 208
Kuper Island 434
Fährverbindungen 433
Kusam Climb 261

L

Ladysmith 218
Lagerfeuer 447
Lake Cowichan 308
Sehenswürdigkeiten 310
Unterkünfte 312
Langford 286
Sehenswürdigkeiten 286
Unterkünfte 288
Langford bis Port Renfrew 87
Längste Hockey-Schläger 212
Lasqueti Island 420
Fährverbindung 420
Lex Lyon Trail 283
Link River Regional Park 274
Lions Gate Bridge 166
Liquor Stores 436
Little Huson Cave Regional Park 370
Little Qualicum Falls Provincial Park 231
Logging Road 451
Long Beach Pacific Rim National Park 340
Loveland Bay Provincial Park 352
LP (Gas) 452
Lund 389
Sehenswürdigkeiten 390
Unterkünfte 391

Lund nach Saltery Bay 132
Lynn Canyon Park 173

M

MacDonald Campground 184
MacMillan Provincial Park 319
Maffeo Sutton Park Nanaimo 224
Main Lake Provincial Park 423
Malaspina Galleries 419
Malcolm Island 413
Fährverbindung 410
Malibu Stromschnellen 398
Malls 443
Mansons Landing Provincial Park 425
Maquinna Marine Provincial Park
Hot Springs 347
Unterkunft 348
Marble River Provincial Park 273
Marine Scenic Drive 191, 205
Maritime Discovery Centre 326
Maritime Museum of BC 199
Maritime Museum Vancouver 176
Market Square Victoria 204
Martin Mars Wasserbomber 330
Maße und Gewichte 447
McLean Mill Historic Site 325
Meares Island 347
Memory Island Provincial Park 208
Millner Gardens 234
Miracle Beach Provincial Park 250
Morden Colliery Provincial Park 220
Morton Lake Provincial Park 258
Moskitos 447
Mount Arrowsmith Regional Park 320
Mount Cain Skigebiet 263
Mount Douglas Park 192
Mount Maxwell Provincial Park 429
Mount Seymour Provincial Park 172
Mount Tzouhalem Ecological Reserve 215
Mount Waddington Transit System 265
Mount Washington 246
Muchalat Inlet 360
Municipal Campgrounds 440
Muquin / Brooks Peninsula Provincial Park 374
Murals Chemainus 216
Museum Alert Bay 411
Museum Campbell River 255
Museum Cumberland 239
Museum of Anthropology/Totempark 178
Museum Port Hardy 282
Museum Powell River 396
Museum Sointula 414
Museum Tahsis 366

N

Nanaimo 222
Sehenswürdigkeiten 225
Unterkünfte 228
Nanaimo bis Qualicum Beach 62
Nanaimo bis Vancouver 146
National Park Campgrounds 440
National Parks 448
Parkpass 448
Nebenroute 1 .... 85, 285
Nebenroute 2 .... 91, 305
Nebenroute 3 .... 97, 315
Nebenroute 4 .... 109, 351
Nebenroute 5 .... 119, 369
Nebenroute 6 .... 123, 377
Newcastle Island Provincial Park 227
Nimpkish Lake Provincial Park 267
Nisnak Lake 262
Nitinat Lake 303
Nootka Island Trail 361
Nootka Sound 361
North Coast Trail 383
North Island Discovery Centre 268
Notfälle 449
Nuchatlitz Provincial Park 373
Nuyumabales Cultural Centre 423

O

Öffnungszeiten Kanada 449
Okeover Arm Provincial Park 391
Old Country Market Coombs 316
Old No. 113 Woss 267
Orca-Fest Port McNeill 272
Overflow Campgrounds 441

P

Pacific Rim National Park 339
Sehenswürdigkeiten 342
Unterkunft 345
Wandermöglichkeiten 343
West Coast Trail 302
Pacific Rim Visitor Information 334
Pacific Undersea Garden 202
Parksville 63, 230
Sehenswürdigkeiten 231
Unterkünfte 233
Parksville bis Ucluelet und Tofino 100
Parlamentsgebäude Victoria 200
Pender Harbour 400
Unterkünfte 401
Petroglyphs Provincial Park 221
Porpoise Bay Provincial Park 405
Port Alberni 102, 321
Schiffs-Touren 323
Sehenswürdigkeiten 324
Unterkünfte 326
Port Alice 274
Sehenswürdigkeiten 276
Unterkünfte 277
Port Hardy 83, 279
Sehenswürdigkeiten 280
Unterkünfte 283
Port Hardy bis Swartz Bay 140
Port Hardy zum Cape Scott Provincial Park 125
Port McNeill 271
Sehenswürdigkeiten 272
Unterkünfte 273
Port McNeill bis Port Hardy 81
Port Renfrew 90, 298
Sehenswürdigkeiten 299
Unterkünfte 301
Powell River 393
Sehenswürdigkeiten 395
Unterkünfte 396
Powell River Historic Town 392
Princess Louisa Marina Provincial Park .. 398
Private Campgrounds 440
Protection Island 224
Provincial Park Campgrounds 440
Provincial Parks 448
Provinzsteuern 449

Q

Quadra Island 421
Fährverbindung 421
Sehenswürdigkeiten 423
Unterkünfte 424
Qualicum Beach 63, 233
Sehenswürdigkeiten 234
Unterkünfte 235
Qualicum Beach bis Courtenay / Comox 65
Quatse River Hatchery 281
Queen Elizabeth Park 174
Quw'utsun' Cultural Centre 214

R

Raft Cove Provincial Park 379
Rathskeller Schnitzelhouse Victoria 196
Rathtrevor Beach Provincial Park 229
Rebecca Spit Provincial Park 424
Red Creek Fir 299
Regional Museum Sooke 290
Reisedokumente 450
Rheinland Bakery Victoria 194
Ripple Rock - Seymour Narrows 257
Riverbend Cave 237
Roberts Creek Provincial Park 406
Robson Bight Ecological Reserve 270
Robson Street 163

Ronning Garden 378
Royal BC Museum 202
Royal London Wax Museum 203
Rückfahrmöglichkeiten 127
Überblick 129
Rückfahrmöglichkeit Sunshine Coast 385
Ruckle Provincial Park 429
Rugged Mountain 266
Rugged Mountain Klettertour 374
Rugged Point Provincial Park 373
Rumble Mountain Rage Port Alice 276
RV Parks 440

S

Saltery Bay Provincial Park 397
Saltspring Island 427
Fährverbindungen 427
Saltspring Dollar 427
Sehenswürdigkeiten 429
Unterkünfte 430
Sandwell Provincial Park 419
Sanidump-Station 450
Sargeant Bay Provincial Park 402
Savary Island 390
Sayward 260
Unterkünfte 262
Sayward bis Port McNeill 77
Schoen Lake Provincial Park 262
Schwarzbär 438
Science World 163
Sechelt 403
Festivals 404
Sehenswürdigkeiten 405
Unterkünfte 405
Self-Registration-Campgrounds 441
Seymour Narrows - Ripple Rock 257
Shawnigan Lake 207
Shelter Point Regional Park 432
Shookumchuck Narrows Provincial Park . 399
Sidney 185
Sehenswürdigkeiten 186
Unterkünfte 187
Sliammon 391
Smelt Bay Provincial Park 426
Smuggler Cove Provincial Park 401
Sointula 414
Sehenswürdigkeiten 414
Unterkünfte 415
Sooke 289
Sehenswürdigkeiten 290
Unterkünfte 293
Sooke Potholes Provincial Park 289
Spectacle Lake Provincial Park 209
Spider Lake Provincial Park 236
Sprachhilfe 471
Konversation 480
Medizin 479
Sproat Lake Provincial Park 329
Squitty Bay Provincial Park 421
St. Anne's St. Edmund's Church 233
St. John Baptistenkirche Colwood 286
Staat und Verwaltung Kanada 13
Stamp River Provincial Park 328
Stanley Park 161
Steam Clock 162
Stichwortverzeichnis 483
Straßenbeschaffenheit im Norden 3, 72
Straßenklassifikationen 450
Straßenverkehr 451
Strathcona Dam 352
Strathcona Provincial Park 353
Della Falls 331
Forbidden Plateau 248
Unterkünfte 356
Wandermöglichkeiten 356
Strathcona Westmin Provincial Park 357
Wandermöglichkeiten 358
Strom 451
Stubbs Island Whale-Watching 270
Sunshine Coast 130
Streckenübersicht 130
Sunshine Coast Museum 408
Sunshine Coast Rückfahrmöglichkeit 385
Sunshine Coast Trail 388
Swartz Bay bis Victoria 50

T

T'sakis Village ... 277
Tahsis ... 365
  Sehenswürdigkeiten ... 366
  Unterkünfte ... 367
Tankstellen ... 451
Taylor Arm Provincial Park ... 332
Telefonieren ... 452
Telegraph Cove ... 268
  Sehenswürdigkeiten ... 269
  Unterkünfte ... 271
Temperaturen ... 452
Tems Swiya Museum ... 405
Texada Island ... 430
  Fährverbindungen ... 431
  Sehenswürdigkeiten ... 432
  Unterkünfte ... 432
Thetis Island ... 433
  Fährverbindung ... 433
Tofino ... 107, 345
  Sehenswürdigkeiten ... 347
  Unterkünfte ... 349
Toquart Bay ... 340
Tree to Sea Drive ... 116, 363
  Lohnende Stopps ... 363
Trinkgelder - tip ... 453

U

U'Mista Cultural Museum ... 412
Übernachtungsmöglichkeiten generell ... 453
Übernahme des Wohnmobils ... 44
Ucluelet ... 105, 334
  Sehenswürdigkeiten ... 336
  Unterkünfte ... 338
Umgangsformen - Etikette ... 453
Upana Caves ... 362

V

Valley Museum Chemainus ... 218
Vancouver ... 42, 152
  Bootstouren ... 155
  Einkaufen ... 157
  Nahverkehr ... 153
  Sehenswürdigkeiten ... 158
  Stadtteile ... 156
  Unterkünfte ... 182
Vancouver's Secrets ... 179
Vancouver bis Fähranleger Tsawwassen ... 39
Vancouver bis Port Hardy ... 33, 151
Vancouver Downtown ... 158
Vancouver Durchfahrt ... 138
Vancouver Island ... 22
Vancouver Island Military Museum ... 226
Vancouver Museum ... 177
Van Dusen Botanical Garden ... 176
Vargas Island Provincial Park ... 348
Verkehrsregeln ... 453
Verkehrszeichen - Zusatztexte ... 454
Vertretungen D / A / CH ... 455
Victoria ... 51, 193
  Ale-Trail ... 198
  Festivals ... 196
  Rathskeller Schnitzelhouse ... 196
  Rheinland Bakery ... 194
  Sehenswürdigkeiten ... 195
  Sightseeingtouren ... 195
  Unterkünfte ... 205
  Whale-Watching ... 198
Victoria bis Duncan ... 53
VIP (Vacation Interruption Policy) ... 437

W

Waldbrandgefahr ... 447
Wandern ... 455
Waschsalon - Laundry ... 456
Wei Wai Kum House of Treasures ... 254
West Coast Trail ... 302, 341
  Reservierungen ... 304
West Shawnigan Lake Provincial Park ... 208
Whale Interpretive Centre Telegraph Cove ... 269
Whippletree Junction ... 210
White Ridge Provincial Park ... 358

Wickaninnish Centre 342
Wildes Campen 441
Wildnis-Camping 441
Wild Pacific Trail 338
Willie Mitchell 272
Winter Harbour 379
Unterkünfte 379
Wissenswertes 435
Wohnmobil 456
Campertypen 458
Rückgabe 458
Übernahme 44, 456
World's Largest Yellow Cedar 260
World Parrot Refuge 318
Woss 265
Unterkunft 267
Woss bis Zeballos 121
Woss Lake Provincial Park 266
Wulf Bluff Castle Cortes Island 426

Y

Youbou 313
Unterkünfte 314

Z

Zeballos 371
Sehenswürdigkeiten 373
Unterkünfte 375
Zeitzonen 460

KARTEN

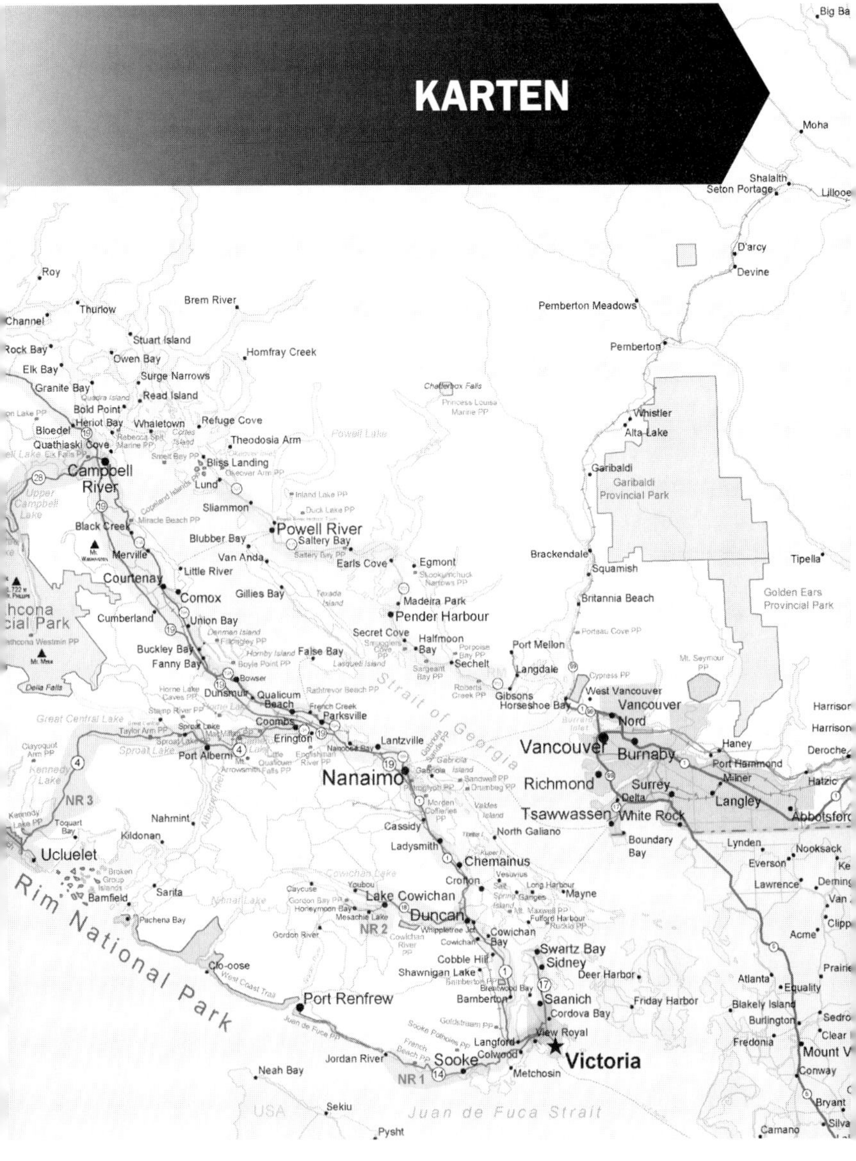

Big Ba
Moha
Shalalth
Seton Portage
Lillooe
D'arcy
Devine
Roy
Brem River
Thurlow
Pemberton Meadows
Channel
Stuart Island
Rock Bay
Owen Bay
Homfray Creek
Pemberton
Elk Bay
Surge Narrows
Granite Bay
Read Island
Chatterbox Falls
Princess Louisa Marine PP
Bold Point
Heriot Bay
Whaletown
Refuge Cove
Whistler
Bloedel
Alta Lake
Theodosia Arm
Quathiaski Cove
Powell Lake
Bliss Landing
Garibaldi
Campbell River
Garibaldi Provincial Park
Lund
Upper Campbell Lake
Sliammon
Miracle Beach PP
Black Creek
Powell River
Blubber Bay
Saltery Bay
Merville
Van Anda
Earls Cove
Egmont
Brackendale
Tipella
Courtenay
Little River
Squamish
Comox
Gillies Bay
Madeira Park
Britannia Beach
Golden Ears Provincial Park
Cumberland
Pender Harbour
Union Bay
Secret Cove
Halfmoon Bay
Port Mellon
Buckley Bay
False Bay
Fanny Bay
Sechelt
Langdale
Mt. Seymour PP
Bowser
Qualicum Beach
Gibsons
Horseshoe Bay
West Vancouver
Strait of Georgia
Great Central Lake
French Creek
Parksville
Vancouver Nord
Harrison
Coombs
Erington
Lantzville
Haney
Vancouver
Burnaby
Port Hammond
Deroche
Port Alberni
Sproat Lake
Nanaimo
Richmond
Surrey
Milner
Hatzic
Kennedy Lake
Delta
Langley
NR 3
Tsawwassen
White Rock
Abbotsford
Nahmint
Cassidy
Toquart Bay
North Galiano
Boundary Bay
Lynden
Kildonan
Ladysmith
Nooksack
Ucluelet
Chemainus
Everson
Crofton
Lawrence
Deming
Rim National Park
Lake Cowichan
Mayne
Bamfield
Sarita
Ganges
Duncan
NR 2
Cowichan Bay
Acme
Gordon River
Swartz Bay
Clo-oose
Cobble Hill
Sidney
Shawnigan Lake
Deer Harbor
Atlanta
Equality
Port Renfrew
Bamberton
Saanich
Friday Harbor
Blakely Island
Cordova Bay
Burlington
View Royal
Fredonia
Langford
Colwood
Victoria
Mount V
Jordan River
Sooke
Neah Bay
Metchosin
Conway
NR 1
USA
Sekiu
Juan de Fuca Strait
Bryant
Camano
Silva
Pysht

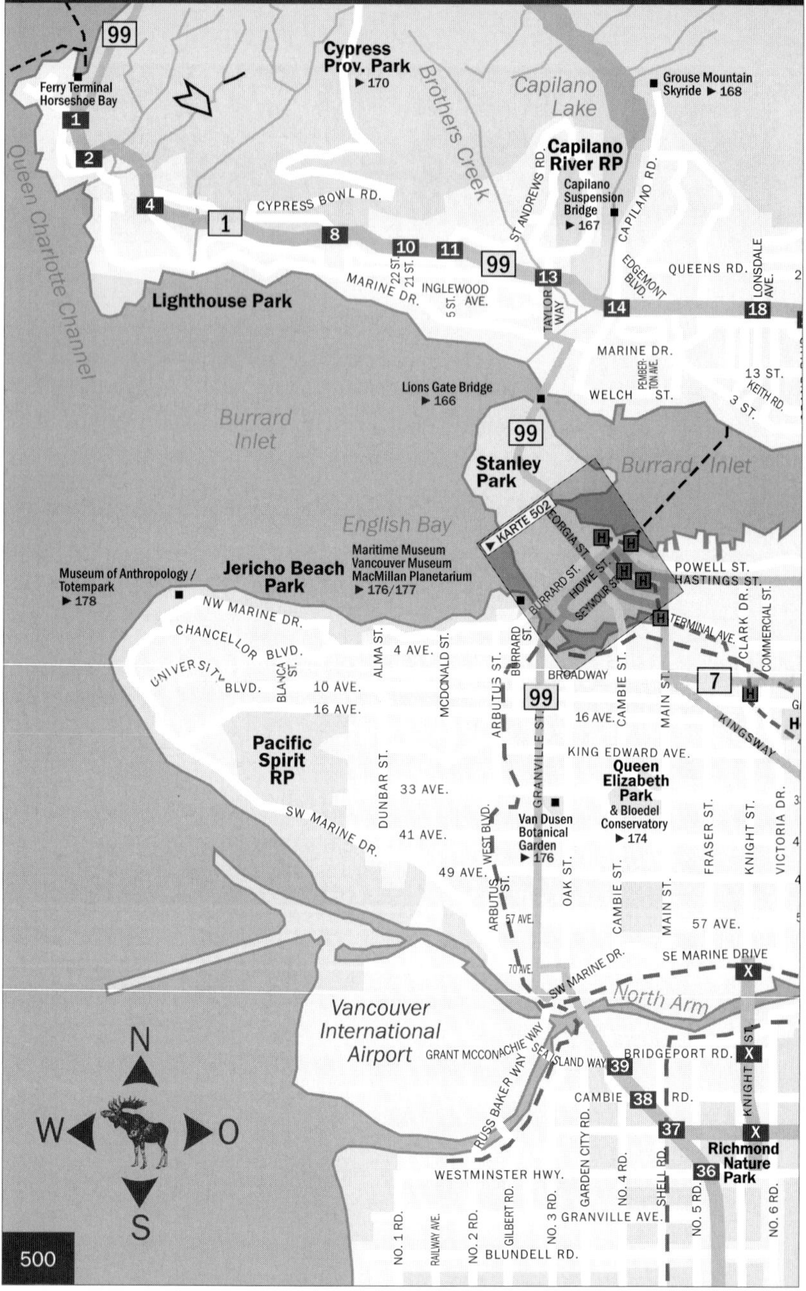

Cypress Prov. Park ▶ 170
Ferry Terminal Horseshoe Bay
Grouse Mountain Skyride ▶ 168
Capilano Lake
Brothers Creek
Capilano River RP
Capilano Suspension Bridge ▶ 167
Queen Charlotte Channel
CYPRESS BOWL RD.
Lighthouse Park
MARINE DR.
INGLEWOOD AVE.
QUEENS RD.
Lions Gate Bridge ▶ 166
Burrard Inlet
Stanley Park
English Bay
▶ KARTE 502
Maritime Museum
Vancouver Museum
MacMillan Planetarium
▶ 176/177
Jericho Beach Park
Museum of Anthropology / Totempark ▶ 178
NW MARINE DR.
CHANCELLOR BLVD.
UNIVERSITY BLVD.
POWELL ST.
HASTINGS ST.
BROADWAY
KINGSWAY
Pacific Spirit RP
KING EDWARD AVE.
Queen Elizabeth Park & Bloedel Conservatory ▶ 174
Van Dusen Botanical Garden ▶ 176
SW MARINE DR.
SE MARINE DRIVE
North Arm
Vancouver International Airport
GRANT MCCONACHIE WAY
SEA ISLAND WAY
BRIDGEPORT RD.
RUSS BAKER WAY
CAMBIE RD.
WESTMINSTER HWY.
GRANVILLE AVE.
BLUNDELL RD.
Richmond Nature Park
N
W
O
S

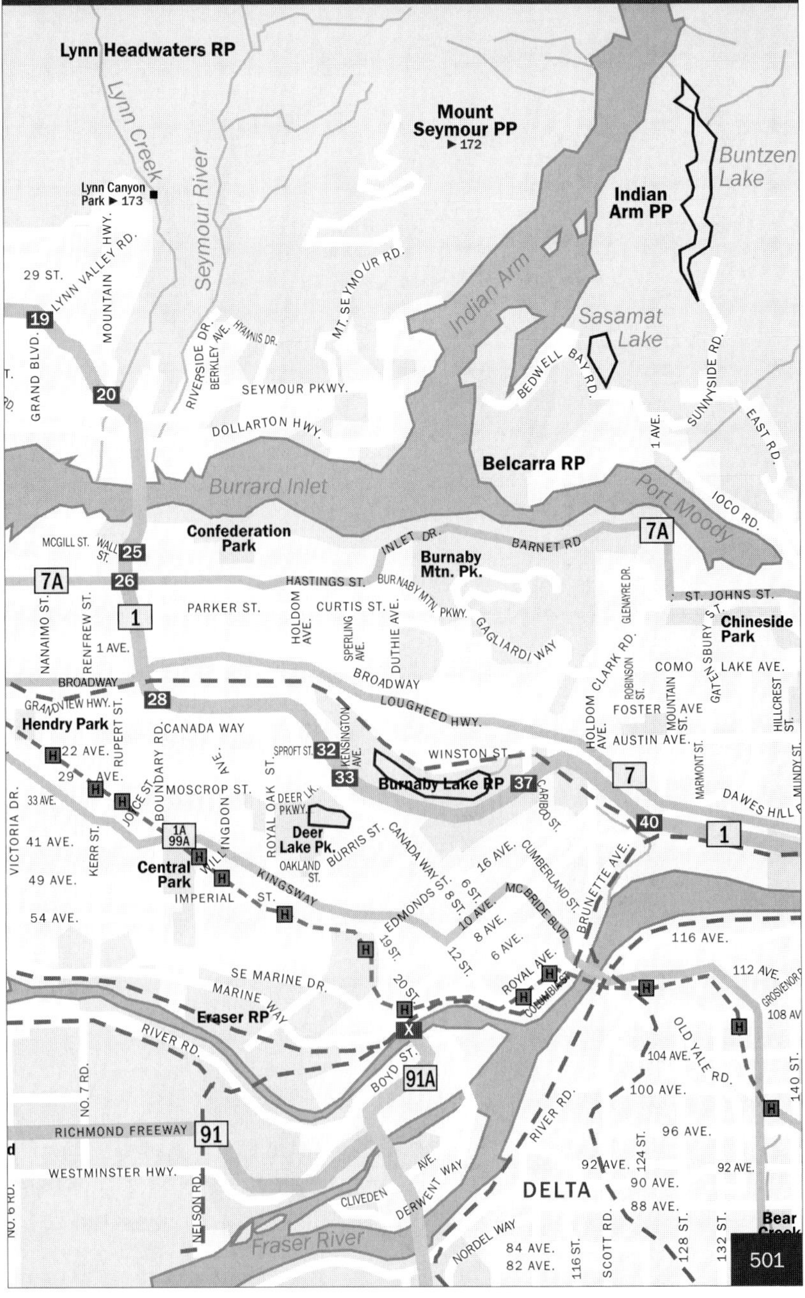
Lynn Headwaters RP
Lynn Creek
Seymour River
Mount Seymour PP ▶ 172
Lynn Canyon Park ▶ 173
Indian Arm PP
Buntzen Lake
Indian Arm
Sasamat Lake
Belcarra RP
Burrard Inlet
Port Moody
Confederation Park
Burnaby Mtn. Pk.
Chineside Park
Hendry Park
Burnaby Lake RP
Deer Lake Pk.
Central Park
Fraser RP
Fraser River
DELTA
Bear Creek
29 ST.
LYNN VALLEY RD.
MOUNTAIN HWY.
GRAND BLVD.
MT. SEYMOUR RD.
RIVERSIDE DR.
BERKLEY AVE.
HYANNIS DR.
SEYMOUR PKWY.
DOLLARTON HWY.
BEDWELL BAY RD.
SUNNYSIDE RD.
1 AVE.
EAST RD.
IOCO RD.
MCGILL ST.
WALL ST.
INLET DR.
BARNET RD
HASTINGS ST.
BURNABY MTN. PKWY.
GAGLIARDI WAY
PARKER ST.
CURTIS ST.
HOLDOM AVE.
SPERLING AVE.
DUTHIE AVE.
NANAIMO ST.
RENFREW ST.
1 AVE.
BROADWAY
GRANDVIEW HWY.
LOUGHEED HWY.
GLENAYRE DR.
ST. JOHNS ST.
GATENSBURY ST.
CLARK RD.
ROBINSON ST.
COMO LAKE AVE.
HOLDOM AVE.
FOSTER AVE
MOUNTAIN ST.
HILLCREST ST.
AUSTIN AVE.
MARMONT ST.
MUNDY ST.
DAWES HILL RD.
RUPERT ST.
BOUNDARY RD.
CANADA WAY
22 AVE.
29 AVE.
SPROFT ST.
KENSINGTON AVE.
WINSTON ST.
JOYCE ST.
MOSCROP ST.
WILLINGDON AVE.
ROYAL OAK ST.
DEER LK. PKWY.
CARIBOO ST.
33 AVE.
VICTORIA DR.
KERR ST.
41 AVE.
49 AVE.
54 AVE.
BURRIS ST.
OAKLAND ST.
KINGSWAY
IMPERIAL ST.
16 AVE.
CUMBERLAND ST.
BRUNETTE AVE.
EDMONDS ST.
6 ST.
8 ST.
10 AVE.
8 AVE.
6 AVE.
12 ST.
MC BRIDE BLVD.
19 ST.
20 ST.
ROYAL AVE.
COLUMBIA ST.
116 AVE.
112 AVE.
GROSVENOR RD.
108 AVE.
SE MARINE DR.
MARINE WAY
RIVER RD.
BOYD ST.
OLD YALE RD.
104 AVE.
100 AVE.
96 AVE.
NO. 7 RD.
140 ST.
RICHMOND FREEWAY
WESTMINSTER HWY.
RIVER RD.
92 AVE.
124 ST.
92 AVE.
90 AVE.
88 AVE.
NO. 6 RD.
NELSON RD.
CLIVEDEN AVE.
DERWENT WAY
NORDEL WAY
84 AVE.
82 AVE.
116 ST.
SCOTT RD.
128 ST.
132 ST.
19
20
25
26
7A
1
28
32
33
37
7
40
1A 99A
X
91A
91

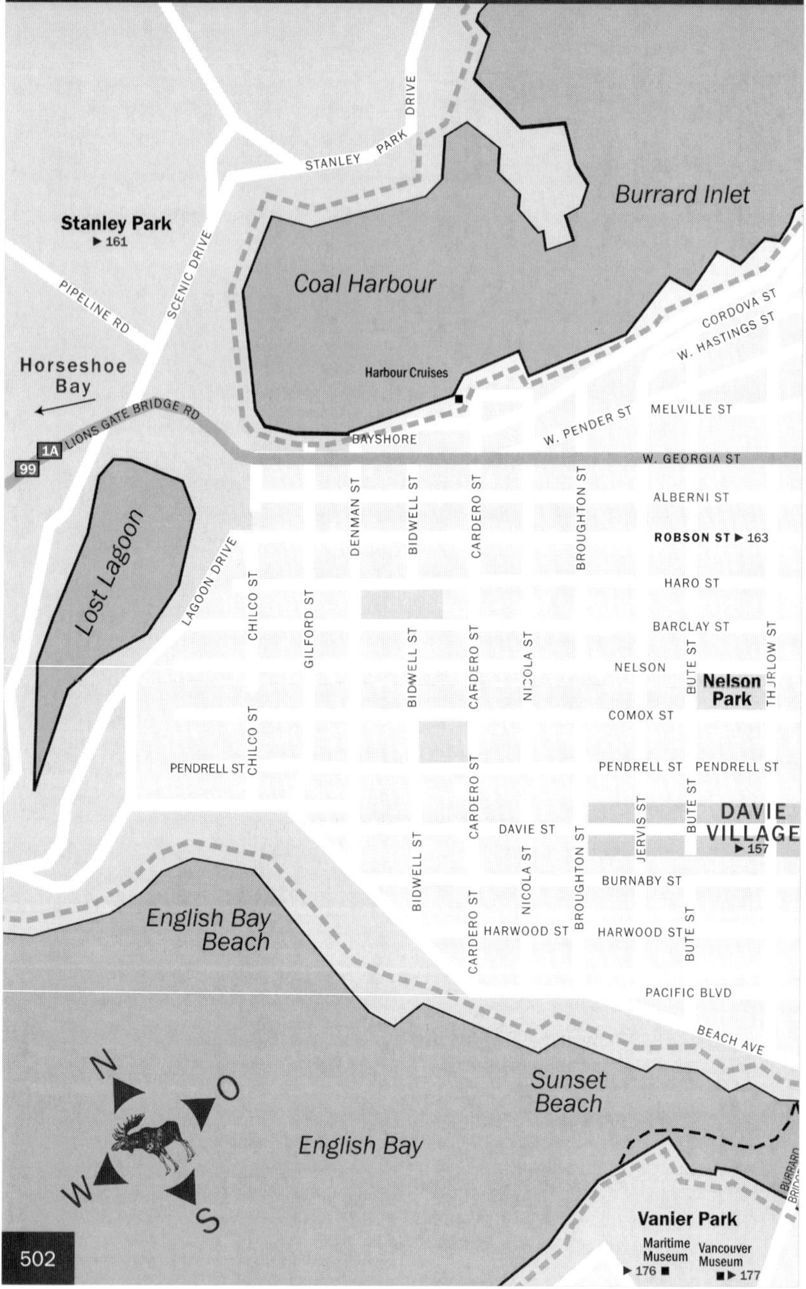
Stanley Park
▶ 161
STANLEY PARK DRIVE
SCENIC DRIVE
PIPELINE RD
Burrard Inlet
Coal Harbour
Horseshoe Bay
Harbour Cruises
LIONS GATE BRIDGE RD
1A
99
BAYSHORE
CORDOVA ST
W. HASTINGS ST
MELVILLE ST
W. PENDER ST
W. GEORGIA ST
ALBERNI ST
ROBSON ST ▶ 163
HARO ST
BARCLAY ST
NELSON
Nelson Park
COMOX ST
PENDRELL ST
DAVIE ST
DAVIE VILLAGE
▶ 157
BURNABY ST
HARWOOD ST
PACIFIC BLVD
BEACH AVE
Lost Lagoon
LAGOON DRIVE
CHILCO ST
GILFORD ST
DENMAN ST
BIDWELL ST
CARDERO ST
NICOLA ST
BROUGHTON ST
JERVIS ST
BUTE ST
THURLOW ST
English Bay Beach
Sunset Beach
English Bay
N
O
S
W
BURRARD BRIDGE
Vanier Park
Maritime Museum
▶ 176
Vancouver Museum
▶ 177

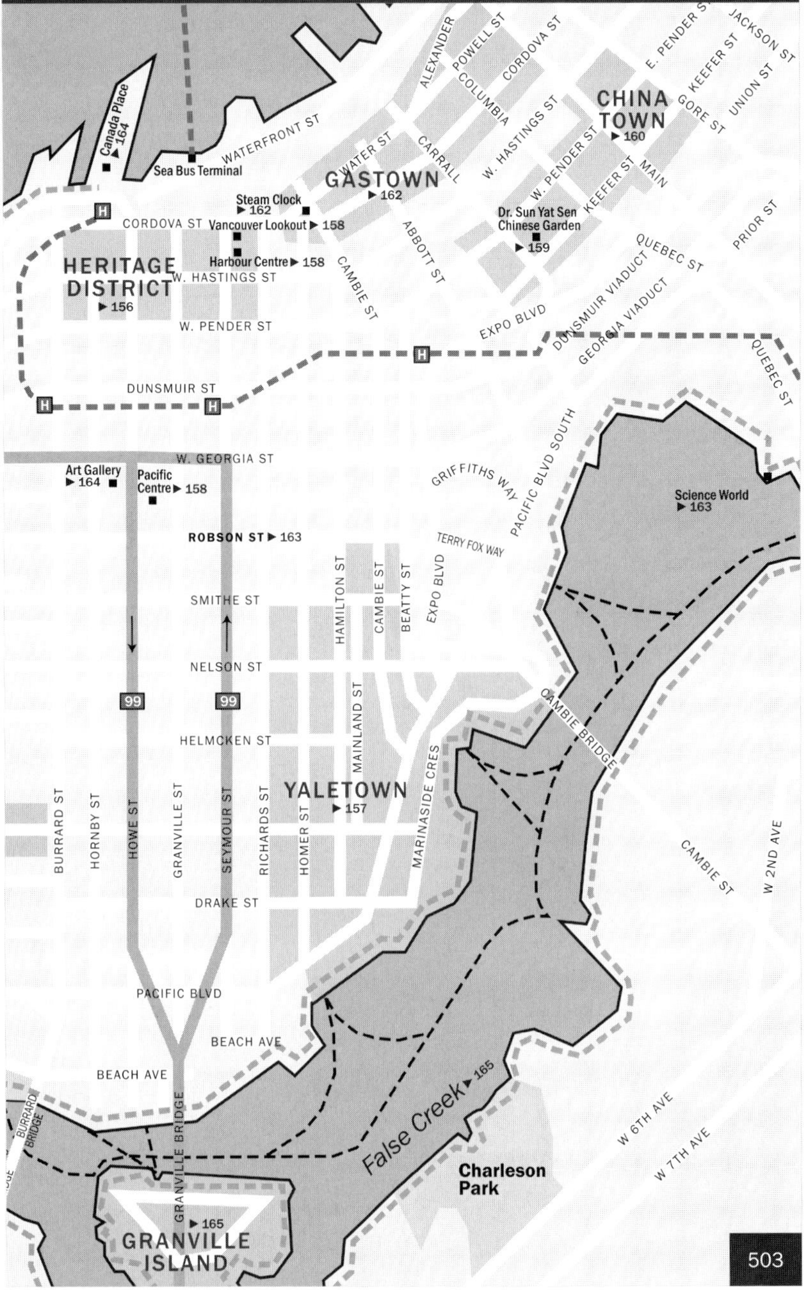

Canada Place ▶ 164
Sea Bus Terminal
WATERFRONT ST
Steam Clock ▶ 162
Vancouver Lookout ▶ 158
Harbour Centre ▶ 158
CORDOVA ST
HERITAGE DISTRICT ▶ 156
W. HASTINGS ST
W. PENDER ST
DUNSMUIR ST
GASTOWN ▶ 162
WATER ST
CARRALL
ABBOTT ST
CAMBIE ST
ALEXANDER
POWELL ST
COLUMBIA
CORDOVA ST
W. HASTINGS ST
W. PENDER ST
CHINA TOWN ▶ 160
E. PENDER ST
JACKSON ST
KEEFER ST
GORE ST
UNION ST
MAIN
KEEFER ST
Dr. Sun Yat Sen Chinese Garden ▶ 159
QUEBEC ST
PRIOR ST
EXPO BLVD
DUNSMUIR VIADUCT
GEORGIA VIADUCT
QUEBEC ST
W. GEORGIA ST
Art Gallery ▶ 164
Pacific Centre ▶ 158
ROBSON ST ▶ 163
GRIFFITHS WAY
PACIFIC BLVD SOUTH
TERRY FOX WAY
Science World ▶ 163
SMITHE ST
HAMILTON ST
CAMBIE ST
BEATTY ST
EXPO BLVD
NELSON ST
99
99
HELMCKEN ST
MAINLAND ST
CAMBIE BRIDGE
MARINASIDE CRES
YALETOWN ▶ 157
BURRARD ST
HORNBY ST
HOWE ST
GRANVILLE ST
SEYMOUR ST
RICHARDS ST
HOMER ST
DRAKE ST
CAMBIE ST
W 2ND AVE
PACIFIC BLVD
BEACH AVE
BEACH AVE
BURRARD BRIDGE
GRANVILLE BRIDGE
False Creek ▶ 165
W 6TH AVE
W 7TH AVE
Charleson Park
▶ 165
GRANVILLE ISLAND

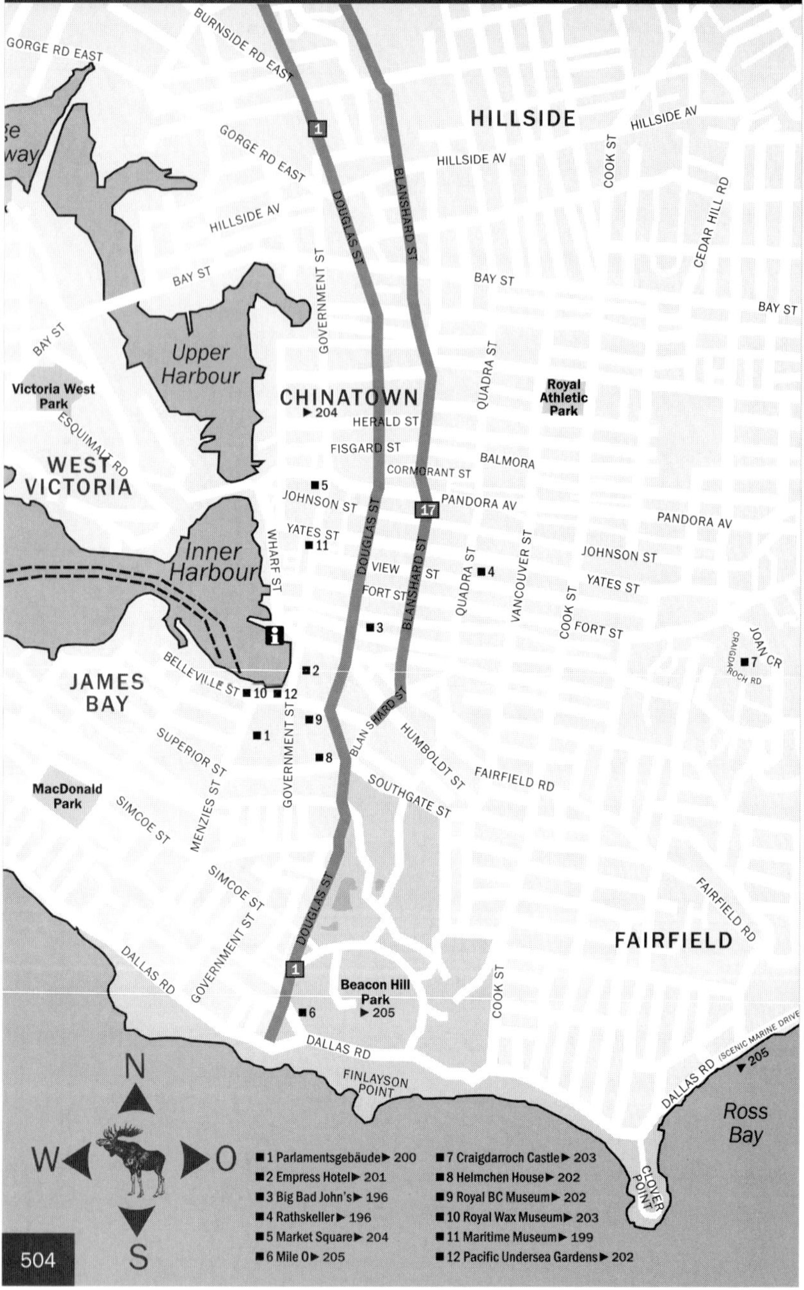

HILLSIDE
CHINATOWN
► 204
WEST VICTORIA
JAMES BAY
FAIRFIELD
Upper Harbour
Inner Harbour
Ross Bay
Victoria West Park
Royal Athletic Park
MacDonald Park
Beacon Hill Park
► 205
FINLAYSON POINT
CLOVER POINT
GORGE RD EAST
BURNSIDE RD EAST
HILLSIDE AV
BAY ST
COOK ST
CEDAR HILL RD
DOUGLAS ST
BLANSHARD ST
GOVERNMENT ST
QUADRA ST
ESQUIMALT RD
HERALD ST
FISGARD ST
CORMORANT ST
BALMORA
PANDORA AV
JOHNSON ST
YATES ST
WHARF ST
VIEW ST
FORT ST
VANCOUVER ST
JOAN CR
CRAIGDARROCH RD
BELLEVILLE ST
SUPERIOR ST
HUMBOLDT ST
FAIRFIELD RD
SOUTHGATE ST
MENZIES ST
SIMCOE ST
DALLAS RD
DALLAS RD (SCENIC MARINE DRIVE)
N
W
O
S
1
17
1 Parlamentsgebäude ► 200
2 Empress Hotel ► 201
3 Big Bad John's ► 196
4 Rathskeller ► 196
5 Market Square ► 204
6 Mile 0 ► 205
7 Craigdarroch Castle ► 203
8 Helmchen House ► 202
9 Royal BC Museum ► 202
10 Royal Wax Museum ► 203
11 Maritime Museum ► 199
12 Pacific Undersea Gardens ► 202

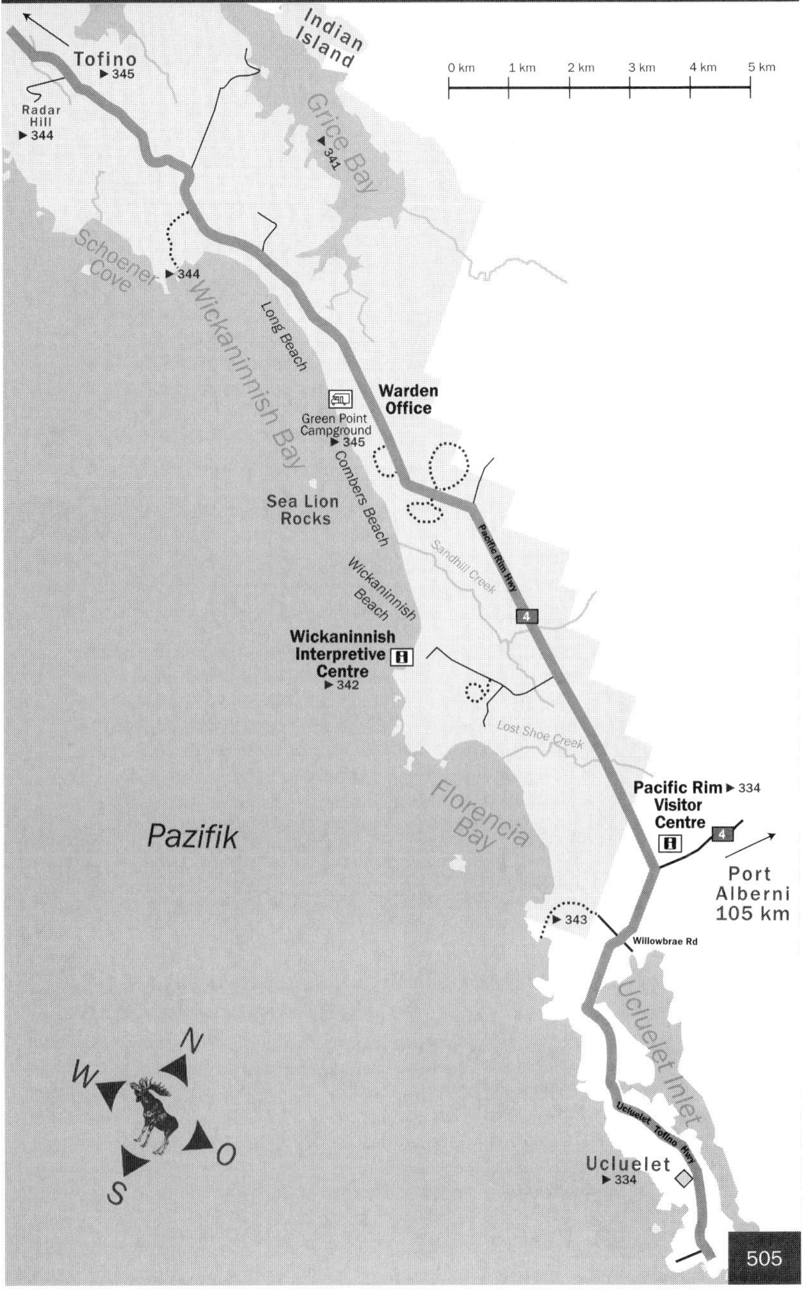
Indian Island
Tofino ▶ 345
Radar Hill ▶ 344
0 km 1 km 2 km 3 km 4 km 5 km
Grice Bay ▶ 341
Schoener Cove
▶ 344
Wickaninnish Bay
Long Beach
Warden Office
Green Point Campground ▶ 345
Sea Lion Rocks
Combers Beach
Pacific Rim Hwy
Sandhill Creek
Wickaninnish Beach
4
Wickaninnish Interpretive Centre ▶ 342
Lost Shoe Creek
Florencia Bay
Pacific Rim ▶ 334
Visitor Centre
Port Alberni 105 km
Pazifik
▶ 343
Willowbrae Rd
Ucluelet Inlet
N
W
O
S
Ucluelet Tofino Hwy
Ucluelet ▶ 334

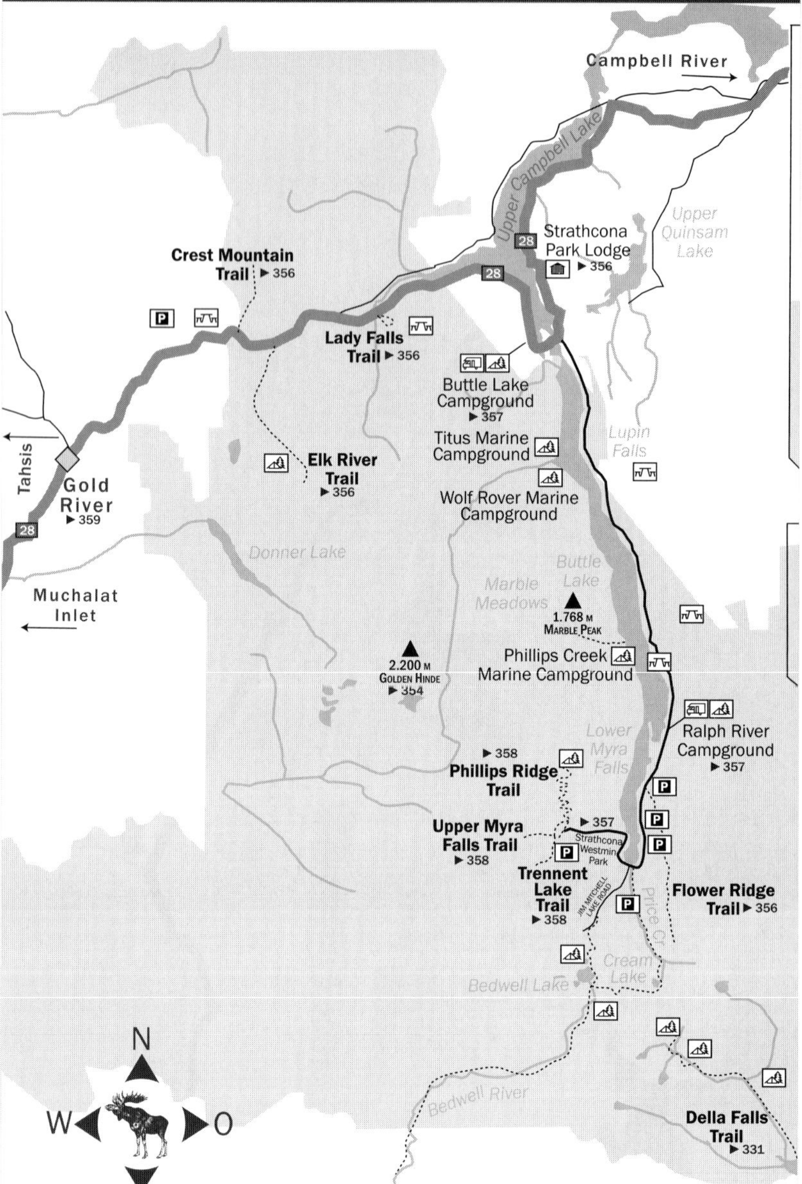
Campbell River
Upper Campbell Lake
28
Strathcona Park Lodge ▶ 356
Upper Quinsam Lake
Crest Mountain Trail ▶ 356
28
Lady Falls Trail ▶ 356
Buttle Lake Campground ▶ 357
Titus Marine Campground
Lupin Falls
Tahsis
Gold River ▶ 359
28
Elk River Trail ▶ 356
Wolf Rover Marine Campground
Donner Lake
Buttle Lake
Marble Meadows
Muchalat Inlet
1.768 M
MARBLE PEAK
2.200 M
GOLDEN HINDE
▶ 354
Phillips Creek Marine Campground
Ralph River Campground ▶ 357
Lower Myra Falls
▶ 358
Phillips Ridge Trail
▶ 357
Upper Myra Falls Trail ▶ 358
Strathcona Westmin Park
Trennent Lake Trail ▶ 358
JIM MITCHELL LAKE ROAD
Price Cr
Flower Ridge Trail ▶ 356
Cream Lake
Bedwell Lake
Bedwell River
Della Falls Trail ▶ 331
N
W
O
S

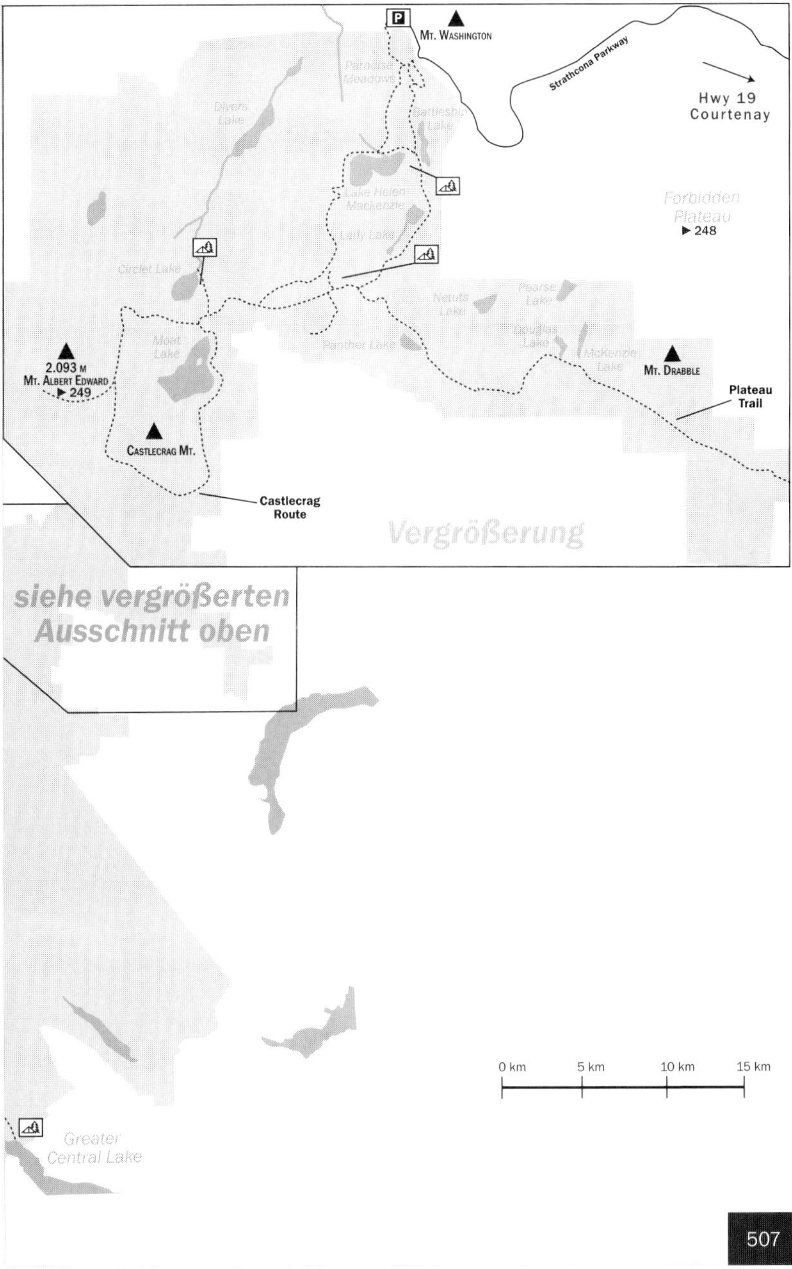
Mt. Washington
Strathcona Parkway
Hwy 19
Courtenay
Paradise Meadows
Divers Lake
Battleship Lake
Lake Helen Mackenzie
Lady Lake
Forbidden Plateau
▶ 248
Circlet Lake
Moat Lake
Panther Lake
Netuts Lake
Pearse Lake
Douglas Lake
McKenzie Lake
Mt. Drabble
Plateau Trail
2.093 m
Mt. Albert Edward
▶ 249
Castlecrag Mt.
Castlecrag Route
Vergrößerung
siehe vergrößerten Ausschnitt oben
0 km
5 km
10 km
15 km
Greater Central Lake

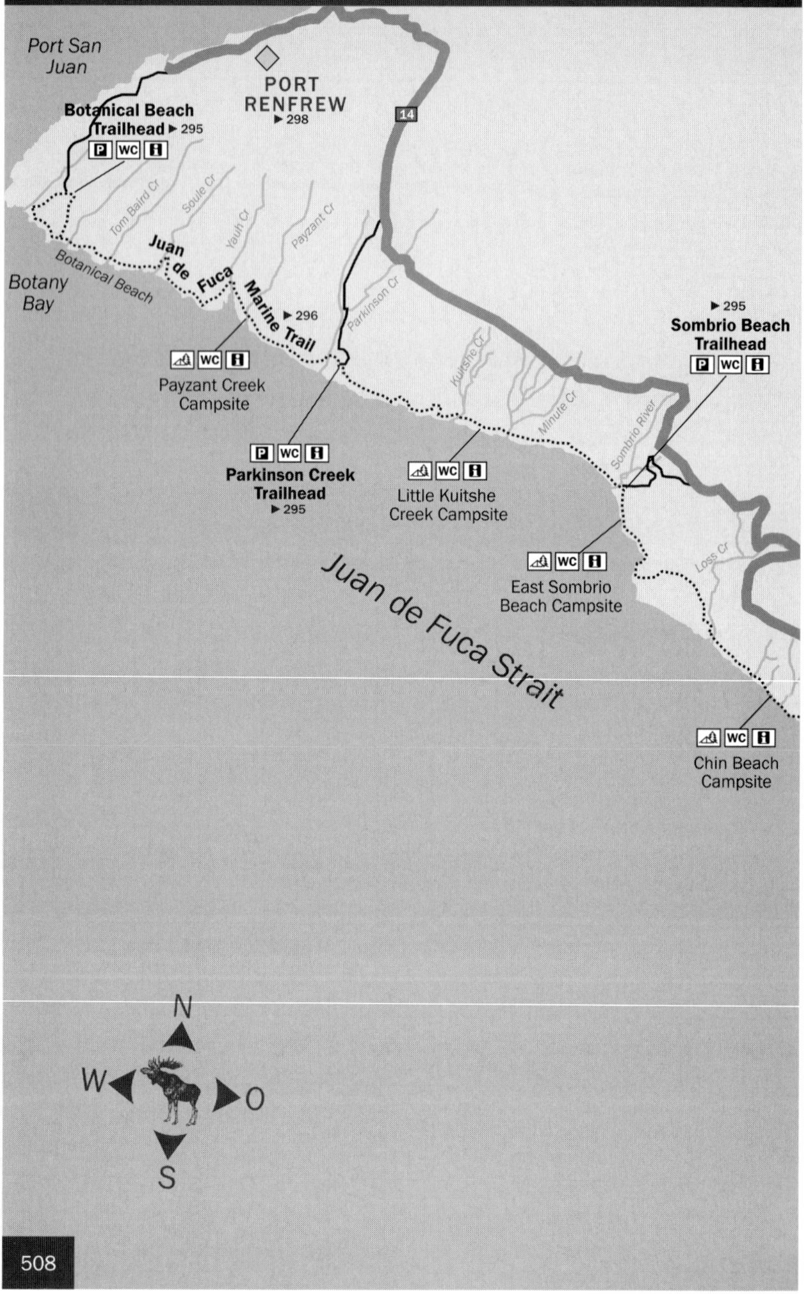

Port San Juan
PORT RENFREW
▶ 298
14
Botanical Beach Trailhead ▶ 295
P WC i
Tom Baird Cr
Soule Cr
Yauh Cr
Payzant Cr
Parkinson Cr
Juan de Fuca Marine Trail
▶ 296
Botany Bay
Botanical Beach
WC i
Payzant Creek Campsite
P WC i
Parkinson Creek Trailhead
▶ 295
Kuitshe Cr
Minute Cr
WC i
Little Kuitshe Creek Campsite
▶ 295
Sombrio Beach Trailhead
P WC i
Sombrio River
Loss Cr
WC i
East Sombrio Beach Campsite
Juan de Fuca Strait
WC i
Chin Beach Campsite
N
W
O
S

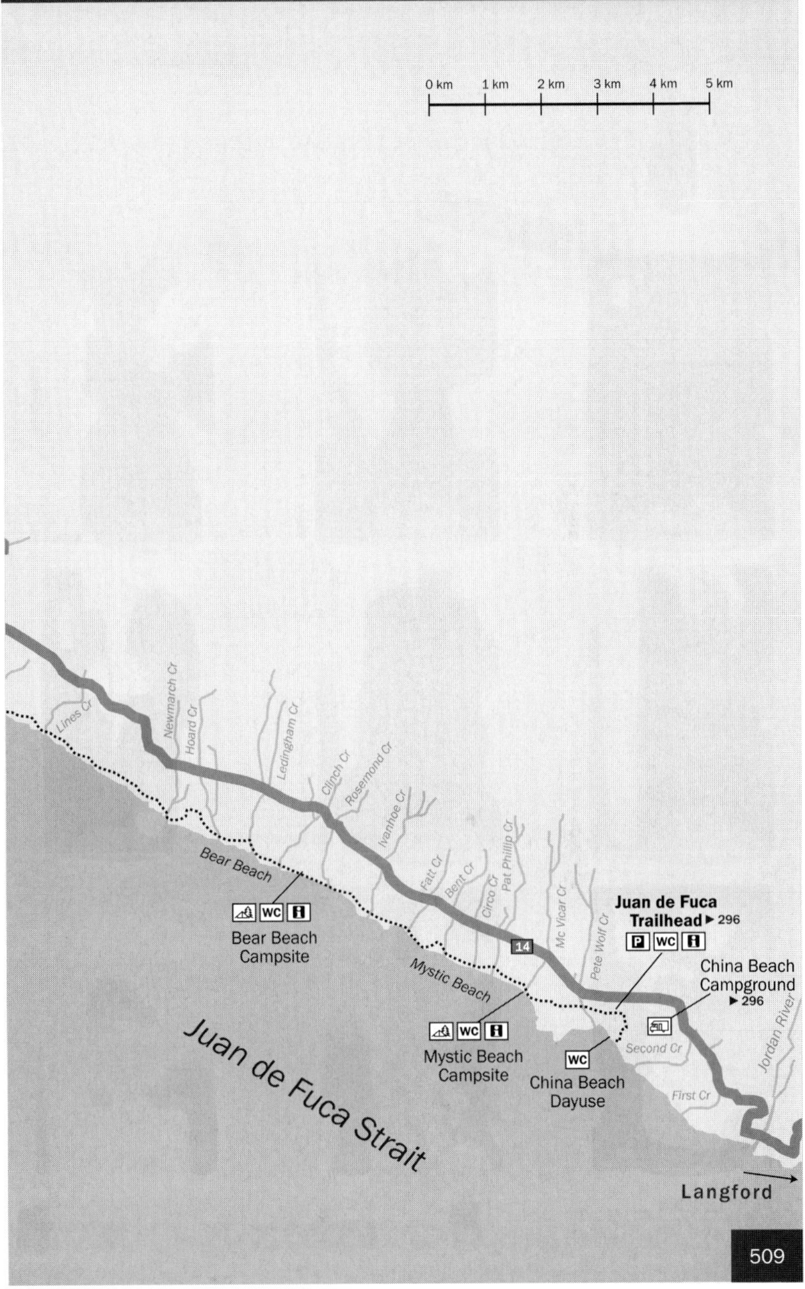
0 km
1 km
2 km
3 km
4 km
5 km
Lines Cr
Newmarch Cr
Hoard Cr
Ledingham Cr
Clinch Cr
Rosemond Cr
Ivanhoe Cr
Fatt Cr
Bent Cr
Circo Cr
Pat Phillip Cr
Mc Vicar Cr
Pete Wolf Cr
Bear Beach
Bear Beach Campsite
Mystic Beach
Mystic Beach Campsite
14
Juan de Fuca Trailhead ▶ 296
China Beach Campground ▶ 296
China Beach Dayuse
Second Cr
First Cr
Jordan River
Langford
Juan de Fuca Strait